Aziz Tunç 1956 Maraş - Elbistan'da doğmuştur. Orta ve Lise eğitimine Elbistan ve Malatya'da devam etmiştir. 1970'li yıllarda gelişen siyasal mücadelede yer alan Aziz Tunç, 1980'lere kadar süren bu dönemde çeşitli defalar cezaevine girmiştir. Bu dönemde sıkıyönetim koşullarında Maraş'ta uzun süren işkenceli sorgulardan geçmiştir. Aziz Tunç, 12. Eylül askeri darbesini ve faşizmin ağır koşullarını cezaevinde karşılamıştır. 12. Eylülden kısa süre sonra tahliye olan Aziz Tunç, hemen arkasından tekrar aranmaya başlanmıştır. 1991 yılına kadar 12. Eylülcülerin 'arananları' listesinde yer alarak yaşamını örgütlemek zorunda kalmıştır.

Bu koşullarda 1986'da gelişen mücadeleye katkı sunmaya devam etmiştir. 1991 yılına kadar devam eden bu sürecin bitmesiyle birlikte Aziz Tunç, ilk gençlik yıllarında başladığı özgürlük, eşitlik ve demokrasi mücadelesini çeşitli parti ve kurumlarda sürdürmüştür.

Halen çeşitli gazete, dergi, dernek ve partilerde bu çalışmalarına devam eden Aziz Tunç, yayıncılık yapmaktadır.

BELGE YAYINLARI : 675
Türkiye İncelemeleri Dizisi

Maraş Kıyımı
Tarihsel Arka Planı ve Anatomisi

Kapak ve Sayfa Düzeni:
Feyzullah Tunç

Redaksiyon - Düzelti:
Fidan Eroğlu

1. Baskı: Nisan 2011
2. Baskı: Temmuz 2011

ISBN:
978-975-344-090-5

İç / Kapak Baskı-Cilt
Engin Matbaacılık
Litros Yolu 2. Matbaacılar
Sitesi No: 1NA33 Topkapı
İstanbul
Tel-Fax: (212) 612 05 53

BELGE ULUSLARARASI YAYINCILIK
Divanyolu Cad. Binbirdirek İşhanı No: 15/1
Sultanahmet / İstanbul
Tel: (0212) 638 34 58
Fax: (0212) 517 44 53
E-Mail: belgeyayinevi@hotmail.com
belgekitapkulubu@yahoo.com
www.belgeyayincilik.com

Aziz Tunç

Maraş Kıyımı

Tarihsel Arka Planı ve Anatomisi

belge
yayınları

İçindekiler

İKİNCİ BASKI İÇİN...

Uzun süredir hazırlanan "Maraş Kıyımı-Tarihsel Arka Planı ve Anatomisi" kitabı 2011-Haziranının son haftasında yayınlandı. Kitabın yayınlanmasıyla birlikte konuyu kamuoyuna taşımak için yapılan etkinlik, demokratik kurum ve çevreler tarafından güçlü bir destekle karşılandı. Bu durum demokratik kamuoyu adına oldukça sevindirici ve önemli bir gelişmeydi. Başta Kürt siyasal hareketi olmak üzere bu toprakların ilerici-demokrat ve devrimcilerinin duyarlı Alevi kurumlarının konuya gereken ciddiyetle ve sorumlulukla sahip çıkmaları önemlidir.

Öncelikle şunun belirtilmesi gerekir. Söz konusu etkinlik, salt bir kitap tanıtımı olmadığı gibi, aynı şekilde konuya gösterilen ilgi de bir kitaba gösterilen ilgi olarak görülmemelidir. Gerek yapılan etkinlik ve gerekse gösterilen ilgi, katliamlar karşısında ortaya konan bir irade beyanıdır ve Maraş Kıyımı konusunda var olan duyarlılığın bir kez daha ortaya konmasıdır. Bu kitabın yayınlanmış olması, bilinen duyarlılığın bilince çıkartılmasına ve Maraş Kıyımı konusunda var olan yanlış ve eksik bilgilerin tartışılmasına hizmet edecektir. Kitap ikinci olarak, Maraş kıyımının bilinmezlerinin açığa çıkmasına vesile olabilirse amacına ulaşmış olacaktır. Çünkü katliamlarla yüzleşmek, onlarla hesaplaşmak doğru bilgiyi de içeren başlı başına bir süreç olarak görülmelidir. Tek başına her hangi bir gelişmeyle bunun yapılabileceğini düşünmek doğru değildir.

"Maraş Kıyımı - Tarihsel Arka Planı ve Anatomisi" kitabı, konusunda birçok yönüyle bir ilk kitap olma özelliği de taşımaktadır. İlgili olduğumuz coğrafyanın tarihinin direnişler ve katliamlar tarihi olduğu bilinir, ama ne hikmetse bunların yazılmasında önemli bir sınırlılık yaşanmaktadır. Maraş kıyımı gibi son derece komplike ve travmatik bir katliamla ilgili sadece tanık anlatımlarına dayanan çok az sayıda yayın bulunmaktadır. Elbette bunların olması önemlidir. Ama bu yayınlar Maraş kıyımının unutulmasını önleyecek yeterlilikte değildirler. Çünkü bilgisizlik unutmamıza veya yanlış bilgilerin etkisine girerek konuyu yanlış hatırlamamıza yol açacaktır. Bu anlamda Maraş ve benzeri katliamların çok yönlü olarak yazılması önemli bir sorumluluktur.

Ayrıca kitapta işlenen katliamların egemen politik gücün bir yönetim aracı olduğu gerçeği, toplumsal hayatın her döneminde ve her boyutta tekrar-tekrar yaşanmaktadır. Maraş ve tarihte yaşanmış diğer katliamların bu gerçekle birlikte ele alınması katliamcılara karşı izlenmesi gereken tutumu da göstermektedir. Böyle olduğu içindir ki, 1978 yılında yaşanan Maraş katliamının benzerleri yıllardır Kürt halkına karşı değişik biçimlerde ve değişik yerlerde gerçekleştirilmeye çalışılmaktadır. Aynı durum dünyanın birçok yerinde yaşanmaktadır. Yıllar sonra gerçekleştirilmek istenen yeni Maraş katliamlarına karşı donanımlı olabilmek, yaşanmış katliamları doğru bilmekle mümkün olabilir.

Doğru bilginin gerek toplumların, gerek bireylerin hayatında önemli bir etkiye sahip olduğu bilinir. Ancak öte yanda doğru bilgiye ulaşmanın her yol ve araçla engellendiği ve doğru bilgi diye egemen anlayışın ihtiyacına uygun sözde "bilgilerin" ezberletildiği de ortadadır. Egemenler gerek genel eğitim sistemleriyle gerek farklı yöntemlerle toplumsal hafızaya biçim vermektedirler. Bu uygulama hem Maraş'a dair bilgi ve algılarımızda hem de Maraş kıyımıyla ilgili bilgilerimizde çok net ve zararlı bir biçimde ortaya çıkmaktadır. Maraş'ın olumsuz olarak tanıtılan toplumsal yapısı ve Maraş katliamını devrimcilerin yaptığı iddiası bu sözde bilgilerin konumuz olan iki boyutudur. Bu kitap, belirtilen dezenformasyonları deşifre etmeyi amaçlamaktadır. Katliamcı politika ve yapılara karşı sürdürülen ve sürdürülecek olan mücadelenin başarısı bunu gerektirmektedir.

Kitap, Maraş kıyımına dair yazılabileceklerin ne tamamıdır ne de sonuncusudur. Umulan o ki bu konuyla ilgili daha çok yazılsın daha çok doküman ortaya çıkartılsın, bu kıyım insanlığın lanetinden uzak tutulmasın. Ancak gerek bu kitaptan dolayı gerek benzer çabalara karşı çok sinsi bir propagandaya karşı dikkatli olmak gerekmektedir. Bu tür çalışmalara karşı "yaraları kaşımayalım..." diye başlayan ve masumiyet kılıfıyla sürdürülen bir söylem karşımıza çıkartılmaktadır. Kimsenin yara kaşıdığı yok, çünkü ortada kaşınma gerektirecek kadar kabuk bağlamış bir yara yok. Tam tersine katliamcı yapı ve politikalar sonucu oluk-oluk kanın akıtıldığı bir yara var ortada. Onun için bu tür çalışmalarla yapılmak istenen tamda bu yaralara yol açan süreç ve yapıları teşhir ve tasfiye etme çabasıdır. Egemenlerin kan revan içinde bıraktığı ve böyle sürdürmek istediği dünyayı halkların ve ezilenlerin gül bahçesi yapmak içindir bütün bu yapılanlar.

Teknik bazı açıklamalara geçmeden bir anekdotun paylaşılması gerekir. Kitaba en etkileyici ilgi Ermeniler tarafında gösterilen ilgiydi. Doğrusu böyle bir ilgi hiç hesaplanmamıştı, ama ortaya böyle bir ilgi çıkınca bunun ne kadar anlamlı ve önemli olduğu daha net olarak görülmüştü. Kitapla ilgili olarak Agos Gazetesi ziyaret edildiğinde, kitabın üstünde Maraş adını gören orta yaş üstü bir erkek ve yine orta yaş üstü profesör bir kadın, kitabı alıp incelemeye başladılar. Kitabın içinde geçen

Zeytun Ermenilerini görünce ayrıntıları okumadan ve dışa vurmaktan kaçınmadıkları bir heyecanla, kitabı kimin yazdığını ve satın almak istediklerin belirttiler. Amerika'da yaşıyorlardı ve Zeytun'lu çok sayıda Ermeni'nin Amerika da yaşadığını söylediler.

"Maraş Kıyımı - Tarihsel Arka Planı ve Anatomisi" kitabının yayınlanması ve arkasında yapılan etkinlik sonrasında, kitabın 1. Baskısı çok kısa sürede tükendi. Bu durum kamuoyunun yukarıda belirtilen değerlendirmelerle aynı noktada baktığını göstermesi açısından da önemlidir.

"Maraş Kıyımı- Tarihsel Arka Planı ve Anatomisi" kitabının ilk baskısının beklenmedik bir sürede tükenmesi zorunlu olarak, 2. Baskının hazırlanmasını gündeme getirdi. Doğrusu kitabın tartışılması, okunması, değerlendirilmesi gibi bir sürecin yaşanması, bunun sonucunda kitabın yeniden ve kapsamlı olarak gözden geçirilerek yeni baskısının yapılması arzu edilirdi. Ancak buna fırsat olmadan yeni baskının yapılması zorunlu hale geldi.

Buna rağmen aradan geçen kısa süre içinde kitabı okuyan çeşitli çevrelerde ilk değerlendirmeler yapılmaya başlandı. Bu değerlendirmelerin çok büyük bir kısmı insanın hayatında duymak istediği en güzel kelimelerle kurulmuş cümlelerdi. Okuyan her arkadaş büyük bir beğeni ifade ediyor olumlu yorumlar yapıyordu. Bunun yanında geliştirici eleştiriler ve olumlu katkı önerileri de yapılmıştır.

Yapılan eleştirilerin büyük bir kısmı, çeşitli teknik eksikliklere yöneliktir. Ancak bazı eleştiriler güçlendirici kimi düzeltmeleri kapsamaktaydı. Bütün eleştiriler dostça ve geliştiriciydi. Söz konusu eleştirilerin belki hepsi değil ama önemli bir kısmı değerlendirilmeye çalışıldı. Bu eleştirilerin içinde birisi kitabın adıyla ilgiliydi. Adı ile içeriği arasında uyum anlamında bir orantısızlık olduğu düşünülmüştü. Ancak bu eleştirinin değerlendirilme imkânı yoktu. Artık olan olmuştu. Bir başka öneri kitaba harita ve resim konması şeklindeydi. Haritanın konuyu anlamada pratik faydaları olabileceği, resimlerinde görsel anlamda önemli olduğu düşünülüyordu. Bu önerilerin hepsi de değerli ve zenginleştirici önerilerdi. Ancak bu öneriler, hem kitabın hacmini zorlaştırdığı için, hem de zaten bu kitabın devamı olarak bir albüm hazırlandığı için, değerlendirilemedi.

Yapılan bu değerlendirme ve önerilerden hareketle ikinci baskının hazırlıkları yapılmaya başlandı. Ancak kapsamlı bir gözden geçirme imkânımızın olmadığı ortaya çıktı. Öte yandan bir gözden geçirmeye fazlasıyla ihtiyaç vardı ve olabildiğince zorunlu bazı düzeltmeler yapılarak ikinci baskı yayıma hazırlandı. Bu süreçte çok istenmeyen bir durum ortaya çıktı. Yapılan düzeltmelerden dolayı sayfa numaraları değişti. Ana metinde herhangi bir değişiklik yapılmamasına ve herhangi bir kısaltma veya ekleme olmamasına rağmen sayfa numaraları değişmek zorunda kalındı. Bir araştırma kitabında böyle bir durumun okur açısında hoş olmadığı biliniyor, ama yapılacak bir şey yoktu. Ortaya çıkan bu durumdan dolayı okurun hoş görüsüne sığınmak tek çare olarak görünmektedir. Daha az hatalı ürünler, hatalı ürünler üretilerek öğrenilebiliniyor. Okurun hata ve eksiklere bu gerçeğin ışığında yaklaşacağını umuyoruz.

Aziz Tunç

ÖNSÖZ

Daha en başında Maraş Hititlerin önemli bir şehriydi. Hitit döneminde başlayarak Maraş'ın demografik yapısı, tarihi geçmişi üzerine bölgenin Ortaçağdan beri stratejik konumunu ortaya çıkaran Aziz Tunç, Pers Kralı I. Darius'un Anadolu'yu istila edişiyle Maraş'ın serüvenini başlatıyor. Maraş Romalılar zamanında Kapadokya Satraplığına, Bizans döneminde Suriye, Halep, Şam şehirleriyle ilişkideyken Araplarla Bizans ilişkileri başlıyor. Ardından Selçuklu dönemi ve Moğol saldırıları baş gösteriyor. Anadolu'da oluşmuş en önemli Beyliklerden Dulkadiroğlu Beyliği sırasında ise Elbistan ve çevresinin ilişkilerini ayrıntılarıyla ortaya koyuyor. Osmanlı döneminde ise Dulkadiroğlu Beyliğinin, "Dulkadir Eyaleti" ismiyle Osmanlı içerisindeki konumu ve sürecini anlatıyor. Osmanlı toplumsal düzeninde, Antep, Kadirli ve Samsat sancak ve livaları içerisinde idari değişiklikler yaşayan Maraş, İkinci Meşrutiyet'e kadar Halep Vilayetinin sancaklığını yapıyor. Aziz Tunç, 1908 Jön Türk hareketi sırasında Maraş'ın Halep Vilayeti'nden ayrılıp Mutasarrıflık oluş sürecini irdelerken Baba İshak ve Baba İlyas önderliğinde başkaldıran Aleviler - Kızılbaşlar kendilerine yönelen katliamlara nasıl direnmişlerdi, bunları irdelerken; Yavuz döneminde Alevi katliamları sırasında Maraş'ın demografik yapısının değiştirildiği Maraş ve yöresinde Alevi - Kızılbaşlara karşı Doğubayazıt'tan

Sünni Kürtlerin getirtilerek Alevi Kürt - Sünni Kürt-Türk kitlesinin arasında kanlı çatışmaların başlatıldığını gözler önüne seriyor. Anadolu'da bu sıralar Tokat, Amasya ve yöresinde Alevilerin başkaldırıları vardı. Yavuz'un Alevilere - Kızılbaşlara yönelik saldırı ve katliamları durmak bilmiyordu. Bölgede katliamlara karşı gelişen direnişlerin tarihini ayrıntılarıyla ortaya koyan Aziz Tunç'un bu çalışmasında Celali ayaklanmalarını, Tokat'tan başlayarak Maraş ve yöresini kana bulayan Yavuz'a karşı sürdürülen Alevi isyanlarının tarihini ilgiyle okuyacaksınız. Dulkadiroğlu Ali'nin Elbistan ve yöresindeki Alevi - Kızılbaş katliamlarına karşı bölgede 1525'te Sülünoğlu Koca ve Zünnünoğlu önderliğinde Alevilerin katliamlara karşı direnişleri ve yine bölgede 1526'da Kalender Çelebi önderliğinde yürütülen sürecin ayrıntıları titizlikle ortaya konulmuştur. Bu çalışmada ayrıca Maraş ve yöresindeki Alevilere - Kızılbaşlara karşı egemenlerin saldırılarının tarihi ve Osmanlının son dönemlerine dek Maraşlı Alevilerin üzerlerindeki baskılara, katliamlara karşı çetin yaşam mücadelesi dillendirilmiştir. Bu bilgilerle tarihi bir gerçek, toplumsal bilincimize yerleştirilmiş olmaktadır. O gerçek Maraş ve çevresinin, tarihte Alevi İsyanı diye bildiğimiz isyanların mekânı olduğu gerçeğidir.

1. Dünya savaşı sırasında ise İngilizler, Fransızlar ve Almanlar Osmanlı topraklarına girince buraları paylaşmışlardı. İngilizlerle Fransızların 1919'da yaptıkları Suriye sözleşmesiyle Musul'u çevresi ile birlikte Maraş'ı, Antep'i, Urfa'yı Fransızlardan devralışları ve bölgenin tarihsel geri planı dillendirilmiştir.

Cumhuriyet sürecinde Maraş vilayete dönüşünce, Maraş orta çağdan başlayarak sürdürdüğü tüm özelliklerini kaybetmiş, sıradan bir cumhuriyet ili olmuştu. 1950'lerde itibaren ise köyden kente göçler başlayınca Maraş pek çok göç almıştı. Özellikle Pazarcık, Göksun, Nurhak gibi yerlerden Alevi Kürt köylüleri Maraş'a gelmişlerdi. Kente gelenlerin farklı bir yaşamla karşılaşmaları, iktisadi, siyasi, politik, kültürel sorunların derinleşmesi açığa çıkmış ve 1978-80 süreci Maraş'ta kanlı katliamları beraberinde doğurmuştu. Aziz Tunç özellikle

Maraş'ın bu süreçteki politik analizlerini, kanlı katliamı ayrıntılarıyla gözler önüne sermektedir.

Türkiye'nin o yıllarda ki 1977-78 sürecinde gecekondulardaki yoksullara, işçilere, Alevilere yönelik başlayan kanlı saldırılar, katliamlar, uygulanan sıkıyönetimler ve sonuçları günümüze kadar gelen uygulamalar, Sıkıyönetim Mahkemeleri'ndeki yargılamalar ve sonuçları, halkın yoksul oğullarına, kızlarına, işçilere, Alevilere - Kızılbaşlara yönelik katliamlar ayrıntılarıyla gözler önüne serilmiş tarihe tanıklık edilerek titiz bir çalışmaya dönüştürülmüştür.

Türkiye'nin o yıllarına tanıklık eden, alanında doyurucu, ciddi bir çalışma. Türkiye'nin ekonomik, politik, iktisadi, siyasi toplumsal düzenine şimdiki gibi uluslar arası emperyalist güçlerin sürekli müdahaleleri dillendirilmiştir. Maraş'ın demografik yapısı uluslar arası emperyalistlerin müdahaleleri için uygun bir coğrafyaya dönüştürülen Maraş'ın konumu dillendirilmiştir. Maraş Alevi Kürt - Türk nüfus için şovenist gerici saldırılara açık hale getirilmiş, bölgede ırkçı saldırı için insanlar örgütsüz ve savunmasız bırakılmıştır. Aziz Tunç bu çalışmasında bölgedeki sendikal örgütlenmeler, devrimci demokrat örgütlenmeler ile Alevilerin örgütlülüklerini anlatırken şunu belirlemeye çalışmaktadır: "Emperyalistlerin ve işbirlikçileri olan illegal yapıların Maraş'ta ırkçı, gerici, faşist örgütlenmeleri MHP eli ile tırmandırılıyordu. Maraş Katliamı, Alevi - Sünni, Kürt - Türk ve Ermeni düşmanlıkları körüklenerek tezgâhlandı. Ortam oluşturuldu. Koşullar hazırlandı. Türkiye'de hem genel bir faşist bir askeri darbe planları yapılıyor, ona göre katliamlar, saldırılar tezgâhlanıyordu, hem de etnik arındırmanın koşulları yaratılıyordu. Sivil faşistler eliyle, işbirlikçiler ve derin yapılanmalar, Maraş'ta bir katliam gerçekleştirmek için tüm hazırlıklarını yapmışlardı."

O yıllar AP, MSP, MHP gibi partilerin birlikte oluşturdukları Milliyetçi Cephe hükümeti iktidardaydı. Demirel başbakandı. Demirel ve Türkeş gibi milliyetçilerin oluşturdukları Demirel'in

AP'si ile Türkeş'in MHP'si ve Erbakan'ın MSP'si gibi partiler aralarında bir cephe oluşturmuş, Milliyetçi Cephe adıyla iktidar olmuş ve ülke yönetimine gelmişlerdi. Ardından "Milliyetçi Cephe" hükümetleri düşürülmüş, Ecevit'in CHP'si iktidar olmuştu. Türkiye'nin o yıllarına dair pek çok ayrıntı ülke ekonomisi, politik, kültürel ve siyasi yapısı ile işçilerin, emekçilerin bütün halkın içine düşürüldüğü durumu dillendiren Aziz Tunç bu çalışmasında o yıllardaki karaborsa, işsizlik, rüşvet, yoksulluk; şekerden, gaza, ekmekten, benzine peş peşe zamlar karşısında kalan işçiler fabrikalarda grevler başlatmış, köylüler toprak işgalleri geliştirmiş, öğrenciler üniversitelerde boykotlar başlatmışlardı. Maraş'ta o yıllarda gelişen toplumsal devrimci mücadele ve muhalefet temsilcileri katledilmiş, susturulmak istenmişti. 12 Eylül 1980 askeri faşist darbesinin gerçekleşmesi, Türkleştirme programı kapsamında emperyalist işbirlikçilerin çıkarı için Kürt - Türk, Alevi - Sünni karşıtlığı yapılarak Maraş Katliamı gerçekleşmiş, emekçiler, yoksullar Aleviler katledilmişlerdi Katliamdan sonra sıkıyönetim ilan edilmiş, ülke top yekûn baskı altına sokulmuştu.

Elinizdeki bu çalışma dünden günümüze tüm katliamlar gibi Maraş Katliamı'nın da halkın vicdanında mahkum oluşunu gözler önüne seriyor. Tarih tüm katliamları ve Maraş Katliamı'nı lanetleyecektir. Bu kitapta bir sürece ve bir döneme dair bütün yaşanılanları ilgi ve merakla okuyacaksınız.

Turabi SALTIK

Giriş

Bu çalışma, yazarlık gibi entelektüel bir faaliyet olmaktan çok, Maraş Katliamı'yla ilgili eksikliğini duyduğumuz, bir dokümanın ortaya konması olarak görülmelidir. Türkiye'de yaşadığımız ve hesaplaşmamız gereken çok kanlı, kalıcı sonuçları olan bir katliamı "bütün yönleri ile ve bir bütünlük içinde" ortaya koymaya, Maraş Katliamı'nın zamanın tahrip edici etkisiyle unutulmasını önlemeye yönelik bir görevin yerine getirilmesidir, yapılan. Bu anlamda var olan bir boşluğun doldurulmasına, tamamen ve eksiksiz olmasa da, katkı sunulmak istenmiştir.

Bu çalışma yeterli olmadığı gibi elbette sonuncu da olmayacaktır. Ancak olabilecek tüm eksikliklere rağmen, katliamcı politikalarla hesaplaşabilmek için işlevsel olmasını beklediğimiz bu çalışmanın, benzerlerinin devamının geleceğine inanıyoruz.

Maraş Katliamı'nın, belirtildiği gibi, akla gelebilecek "bütün yönleriyle ve bir bütünlük içinde" ortaya konması, bunun üzerinde gerçeğin, Maraş Katliamı'nın nasıl ve kimler tarafında yapıldığının şifrelerinin çözülmeye çalışılması için, gerekli verilerin ortaya konmasıdır, esasında. Yoksa biliyoruz ki Maraş Katliamı'nı çözecek olan asıl bilgiler, egemen siyasal organizasyonun en karanlık dehlizlerinde, kozmik odalarında veya bir ilgilinin arşivinde yer almaktadır. Bu bilgilerin açığa çıkması ise çok özel, kapsamlı ve özgün gelişmelerle mümkün olabilmektedir, ancak. Dolayısıyla Maraş Katliamı'nın giz'lerinin ortaya çıkması belki de böyle bir gelişmeyle mümkün olacaktır.

Bilindiği gibi 6-7 Eylül saldırıları, yıllar sonra özel harpçı Sabri Yirmibeşoğlu'nun yaptığı açıklamalar sonucu netleşmişti. Aynı şekilde Maraş Katliamı'yla ilgili en önemli bazı bilgiler, Ecevit'in arşivinde bulunmuştu. Dolayısıyla bu çalışma,Maraş Katliamı'yla ilgili, somut ve net bilgilere sahip olan veya doğrudan sürecin içinde yer alan herhangi bir ilgilinin yapacağı çeşitli açıklamaları zorlayabilir veya önünü açabilir. Bu kitap, bu amaçla yapılacak olan herhangi bir girişimin, açıklamanın tetikleyicisi olabilirse, amacına hizmet etmiş olacaktır.

Bu kitapla, Maraş'la ve Maraş'ın Türk ve Sünni halkıyla ilgili olarak, farkında olmadan yaptığımız bir dizi yanlışı da tartışmak istiyoruz. Yaşanan katliam, doğal olarak, özellikle mağdurlar cephesinde ve geniş bir demokratik kesim tarafında, Maraş'a dair olumsuz yargıların gelişmesine ve giderek bu yargıların kemikleşmesine yol açmıştır. Katliamın konuşulduğu hemen tüm ortamlarda, katliam, Maraş'la ve Türk Sünni halkla özdeşleştirilerek ele alınmış, Maraş, bu şekilde değerlendirilmiştir. Sanki Maraş Katliamı, tüm Maraşlılarca işlenmiş veya tüm Maraşlılar bundan sorumluymuşlar gibi, her seferinde Maraş'ı yargılayan, itham eden bir tutum içine girmişizdir.

İlk başlarda ve özellikle kitleler tarafında gösterilen duygusal tepkilerin sonucu olan bu yaklaşımlar, bir ölçüde, anlayışla karşılanabilir. Ancak giderek durum o hale getirildi ki, katliamla Maraş'ın yapısı arasında bir ilişkinin varlığını ileri sürenlerimiz oldu. Maraş tanımlanırken, hep gerici olduğu ön kabulü üzerinde tartışmalar yapıldı. Maraş'ın yobazlığından, gericiliğinin kalıcılığından söz etmek, konuya giriş için farzmış gibi ele alındı. Bütün bu tür söylem ve algılamaların, geniş kitleler ve burjuva-küçük burjuva aydınlar tarafında yapılıyor olması ayrı bir sorundur ve izahı vardır. Halk, hassasiyetinden dolayı, burjuva aydınları ise, ya konunun öneminin farkında olmayarak veya genel kabullerle çelişmemek için böyle davranabilirler. Ancak devrimci- ilerici çevrelerin, bu değerlendirmelere yol açan bir tutum içinde olmaları veya bu tutumu mahkûm etmemeleri doğru değildir.

Maraş'la ilgili olarak, katliamdan hemen sonra oluşan ve bizimde farkında olmadan ve devam etmesine müdahale etmeyerek, katkı sunduğumuz bu algılama, tarihsel ve güncel olarak doğru değildir ve terk edilmesi gerektiği açıktır. Yapılan katliamla, tam da bu algılamanın yaratılması amaçlanmış ve ne yazık ki başarılı olunmuştur. Tüm Maraş'ı ve Maraşlıyı itham eden bu yaklaşım, salt bu nedenden dolayı kabul edilemez.

Ayrıca şu ya da bu nedenden dolayı faşizmin etkisi altına girmiş olan herhangi bir toplumsal veya coğrafi kesimi, bu yönünü esas alarak tanımak veya tanımlamak, bu tanım üzerinde ilişkilenmek, faşizme ve sömürgeciliğe karşı yapılmış politik bir hata, atılmış bir geri adım olacaktır. Bu nedenle de bu yaklaşımın aşılması gerekir. Özetle Maraş ne kanlıdır, ne gericidir ve nede bu tanımlamanın bizim tarafımızda kabul edilmesi doğrudur. "Kahramanlığı" ise burjuva devlet yapılanmasının bir sorunu olduğu için bizim konumuzun dışındadır. Bilelim ve inanalım ki, Maraş Katliamı'ndan en az sorumlu olanların içinde, Maraşlı Türk ve Sünniler, çoğunluktadırlar.

En önemlisi, çalışmanın içinde görüleceği gibi, bu yaklaşım Maraş'ın tarihsel gerçekliğine de uygun değildir. Tam tersine Maraş, cumhuriyet öncesi döneme kadar bir isyanlar ve başkaldırılar yurdu olagelmiştir. Bu gerçeği, Maraş'ın yakın tarihinde çok önemli rolü olan ve Osmanlının "Özel Harp"çısı Cevdet Paşa, "Maraş'ın bir isyanlar ve başkaldırılar yurdu olduğunu" belirterek ifade etmektedir. Cumhuriyetten sonra ise bu özelliğini, potansiyel olarak, kısmen sürdürmeye çalışmıştır.

Bu bağlamda Maraş'ın bu özelliğinin anlaşılmasına katkı sunmak amacıyla Maraş'ın "aykırı tarihi" diyebileceğimiz tarihini gün ışığına çıkartmak, Maraş'a dair tarihi bilgileri bir bütünlük ve doğru bir yaklaşımla ortaya koymak, bir ihtiyaç ve görev olarak önümüzde durmaktadır. Konumuz tarih değil, profesyonel tarihçide değiliz. Bu nedenle ayrıntılı, ihtiyaca uygun bir çalışma yapmaktan ziyade, biraz katliamın anlaşılması, en çokta belirtilen yanlış algılamaları gözden geçirmek için, Maraş'ın, özellikle yakın tarihine dair bilgileri sunmaya çalıştık. Böylece Maraş Katliamı'nın tarihsel arka planını görme imkânımız olacaktır. Bu yolla, her ne kadar egemen tarih yazımının, Maraş'ın tarihine ilişkin çarpıtmalarını ve bunun yarattığı olumsuz sonuçları, bütün boyutlarıyla açığa çıkartacak kapsamda bir çalışma olmasa da, bir fikir edinmemiz sağlanacaktır.

Bu çalışmada ikinci olarak, Maraş halkının yakın dönem sosyo-kültürel yapısı ortaya konmaya çalışıldı. Maraş mahalle ve özellikle merkez köylerinin sakinlerinin büyük bir bölümünün, 1860'lardan başlayarak 1920'lere kadar süren bir süreçte, bölgenin asi aşiretlerinden ve Kafkaslardan, Balkanlardan, Rumeli'den ve Arnavutluktan gelen göçmenler olduğu açığa çıkartılarak görülmesi sağlandı. Yakın dönemde yaşanan bu zorlu sürecin ve yine 1895 ve sonrasında yaşanan Ermeni Katliamı'nın, Maraş Katliamı'nda nasıl bir etkisi ve rolü olmuştur sorusu, sorulmaya ve cevabı aranmaya çalışıldı. Maraş Katliamı'nda yer alan kesimlerin, gerek zorla yerleştirme olgusunda, gerek Ermeni Katliamı'nda nasıl etkilendiğini bilmek, bu çalışmayla mümkün olamaz elbette. Ancak katliamda yer almış olan bu sanıkların veya suçluların, "arada kalmışlık" duygusu yaşadıklarına, "velinimetleri olan egemenlere kendilerini ispat etme ihtiyacı" duymuş olabileceklerine ve bu duygunun katliamcılığı güçlendirici etki yapmış olabileceğine dikkat çekilmeye çalışıldı. Bir katliamcı figürün oluşumunda tek etken bu olamaz elbette, ancak Maraş'ta, yakın dönemde yaşanan bu toplumsal travmaların, Maraş Katliamına etkisinin açığa çıkartılarak bilinmesinin katliamcı politikalarla mücadele etmekte işlevsel olacağı açıktır.

Kitapta işlenen bir başka nokta, katliamın güncel sebepleriyle, tarihsel-stratejik sebepleri arasında ortaya çıkan ilginç örtüşmedir. Biliniyor, katliamlar siyasal amaçlarla yapılmıştır. Bu siyasal amaçlar, genellikle görünen amaçlar olarak karşımıza çıkmış ve ilk elde yapılan değerlendirmeler, bunun üzerinden yapılmıştır. Ancak aradan geçen zaman, yapılan katliamlarda başka boyutların da olabildiğini- olduğunu göstermiş, en azında böyle düşünmekte haksız olmadığımızı ortaya çıkartmıştır.

Yapılan incelemede, katliamların, Osmanlının son dönemlerinde başlayan Türk ulusu yaratma projesinin bir enstrümanı olduğunu ortaya çıkartmıştır. Bu gerçek, yapılan katliamların, güncel sebepleri dışında, stratejik amaçlarının olduğunu göstermektedir. Gerek Maraş Katliamı, gerek öncesi ve sonrasında yapılmış veya yapılmaya çalışılmış olan katliamların tamamında, böyle bir boyut olduğu görülmüştür. Böylece yıllardır uygulanan Türkleştirme-etnik arındırma politikalarında eksik kalan tamamlanmamış yönler, konjektürel gelişmelerin ortaya çıkarttığı "fırsatlarla" tamamlanmaya çalışılmış, yani bir taşla iki kuş vurulmuştur.

Kısacası, bu çalışmada, katliamcı politikalarla hesaplaşmak ve arada geçen zamanın yarattığı "hafızayı beşer nisyan ile maluldür"ün kahredici gerçeğine karşı durabilmek için, Maraş Katliamı "akla gelebilen bütün yönleriyle ve bir bütünlük içinde" ele alınmaya çalışılmıştır.

Bu yaklaşımların gereği olarak bu çalışmada, gerek tarihsel planda, gerekse yakın dönem açısında Türkiye'nin ve dünyanın yaşadığı siyasal sosyal gelişmelere yeri geldikçe girmek durumunda kalındı. Ne Türkiye'nin bir şehri olan Maraş, Türkiye'de gelişen olaylardan soyutlanabilirdi ve ne de Türkiye'deki sosyal ve siyasal gelişmeler, dünyadaki gelişmelerden bağımsız ele alınabilirdi.

Anlaşılmış olmasına rağmen özel olarak belirtmek gerekir ki bu çalışma, esas olarak Maraş Katliamı'nda hayatını kaybeden Kürt, Türk, Alevi ve Sünni tüm halktan insanlara ve devrimcilere karşı bir sorumluluğun yerine getirilmesi amacıyla, yapılmıştır. Ayrıca Maraş Katliamı'yla ve katliamcı politikalarla hesaplaşmak için yapılan çalışmalara katkısı beklenmekte ve umulmaktadır.

Aziz Tunç

MARAŞ'IN GİZLENEN TARİHİNDEN KISA NOTLAR

Binlerce yıl sağılmışım,
Korkunç atlılarıyla parçalamışlar
Nazlı, seher- sabah uykularımı
Hükümdarlar, saldırganlar
haydutlar,
Haraç salmışlar üstüme.
Ne İskender takmışım,
Ne şah, ne sultan
Göçüp gitmişler, gölgesiz!
Selam etmişim dostuma
Ve dayatmışım...

A. Arif

Maraş'ın tarihsel süreç içinde ki coğrafi durumu ve idari yapısı

Maraş, coğrafi konumu, dağları, ovaları ve zengin su kaynaklarıyla, en eski çağlardan bu yana insanlığın yerleşimine uygun bir coğrafi yapıya sahiptir. Torosların uzantısı olan Gavurdağı, Nurdağı, Binboğa, Cerit, Nurhak ve Engizek dağlarının sunduğu çeşitli olanaklar, Maraş'ın önemini artırmış ve devam etmesini sağlamıştır. Göksün, Elbistan, Pazarcık ovalarıyla, Ceyhan, Aksu gibi nehir ve akarsular, Maraş'ı yaşamsal anlamda değerli kılan diğer coğrafi olgulardır.

Bu coğrafi özelliklerinin dışında Maraş, ilk çağdan beri, bir geçiş bölgesi durumundadır. Anadolu ve Mezopotamya arasında bir yerde bulunması, Maraş'ı stratejik bir şehir haline getirmiştir. Geniş anlamda bölgenin iletişiminin Maraş üzerinde geçen yollarla sağlanması, Maraş'ı vazgeçilmez ve önemli kılmaktaydı. İlk ve ortaçağda çok sık yaşanan insan sirkülâsyonu ve bunun yarattığı savaşlar, isyanlar, çatışmalar için Toros ve uzantısı dağlar, tahkim edilmiş mevziler olarak insanlığın barınakları olmuştur. Maraş'ın sahip olduğu bu coğrafi özellikler, ilerleyen dönemlerde de, Maraş'ın öneminin sürmesini sağlamıştır.

Maraş'ın kadim tarihini ve bugününü anlamamız için, bu coğrafi bilgilerin dışında, tarihsel dönem içindeki idari düzenlemesini de bilmek durumundayız.

Maraş'ın bugün içinde bulunduğu idari bölünmeyi dikkate almakla birlikte, tarihsel olarak Maraş'ı, bundan ibaret göremeyiz. Maraş, cumhuriyet dönemine kadar, bugün bildiğimizden farklı bir idari ve coğrafi yapı içindeydi. Tarihsel olarak Maraş, Adana'dan, Malatya'dan, Adıyaman'dan, Sivas, Halep, Şam ve Antep'ten soyutlanarak ele alınamaz, değerlen- dirilemez veya böyle bir değerlendirmenin sonucu yanlış ve eksik olur.

Çünkü gerek tarihsel dönem içinde, gerek bugün yapılan idari düzenlemeler, yönetenlerin daha sorunsuz yönetmek için ihtiyaç halinde yaptıkları düzenlemelerdir. Bu yöntem, egemenlerin kullandıkları bir yönetim üslubudur ve Maraş'a özgü değildir. Eğer bölge veya şehir halkı, sorun yaratan, baş eğmeyen, yönetilemeyen bir özellikte ise, egemen siyasal otorite, bölgenin veya şehrin idari yapısına müdahale etmektedir. Yönetmeyi kolaylaştırmak için, söz konusu yerleşim birimini, toplumsal bağlantılarında kopartarak, esas güç kaynaklarını, ilişkilerini keserek istediği idari düzenlemeyi yapmakta, böylece kontrol edilemezleri, kontrol altına alabilmektedir. Bu yöntem, Maraş özgülünde, tarihsel dönemlerin tümünde kullanılmış ve böylece Maraş'ın değişik zamanlarda, hem idari yapısı, hem de coğrafi sınırları değiştirilmiştir.

O dönemde Maraş, bazen kısmi özerklik, bazen de bölgedeki egemen devlete sınırlı bağlılık içinde yaşamıştır. Bu durum, ilkçağda yerleşim yerlerinin azlığından ve Maraş'ın bölgenin önemli bir şehri olmasından dolayı, Maraş'a geniş bir etki alanı yaratmıştır.

Yakın hinterlandıyla birlikte Hititlilerin önemli bir şehri olan Maraş, Geç Hitit döneminde, Gurgum Şehir Devletinin başkenti olmuştur. Bu durum Maraş'ın, bölgenin küçük yerleşim yerlerinin resmi veya doğal merkezî olmasına yol açmıştır. Daha sonra, uzunca bir süre, Asurluların ve Medlerin şehri olan Maraş, bu dönemde, bölgenin en önemli ve merkezî birkaç şehrinden birisi olarak yaşamını sürdürmüştür.

Maraş, ortaçağda sahip olduğu stratejik öneminden dolayı, bölgenin siyasal güçlerinin hedefi durumundaydı. Hititliler ve Asurlulardan sonra Pers kralı I. Darius, Maraş'ı elinde tutan Med İmparatorluğunu yıkarak, bölgeyi işgal etmiştir. Pers yönetimi, işgal ettiği tüm bölgelerle birlikte Maraş'ı da, yeni bir idari sisteme bağlamıştır. Kapadokya Satraplığına dâhil edilen Maraş, buraya bağlı olarak yönetilmeye başlandı. Böylece, Maraş'ın ilişki ve etki alanları daha fazla genişlemiştir.

Maraş, Romalıların ilk dönemlerinde ve Bizanslılar zamanında, merkeze bağlı olarak yönetilmiştir. Her iki dönemde de şehir, Suriye, Halep ve Şam şehirleriyle yakın ilişki içinde bulunmuş, buralarla bağlantılı olmuştur.

Ortaçağ tarihi kaynaklarında Maraş ve çevresi, Araplarla Bizans arasında, her iki tarafın da saldırılarına maruz kalan bir sınır şehridir. Bundan dolayı "Suğur ve Avasım" bölgesi olarak adlandırılmıştır. Emevi ve Abbasiler tarafında Maraş'ın içinde olduğu bölge, idari olarak "Biladi'ş-Şam" ya da "Biladu'r-Rum" olarak adlandırılmaktaydı. (1)

Selçuklular döneminde belirtilen özelliğinden dolayı Maraş, yine önemini koruyan bir şehir olarak çevreye göre merkez olmuştur. Maraş'ın merkezî durumu, Dulkadiroğlu Beyliğinin kurulması ve Beyliğin bir dönem Elbistan'ı başkent yapması üzerine, kısmen, geri plana düşmüştür. Ancak, Dulkadiroğlu Beyliği yönetiminin Maraş'a taşınmasıyla, merkez olma özelliğini tekrar kazanmıştır.

Osmanlıların 1522 yılında Dulkadiroğlu Beyliği'ni, Osmanlı topraklarına katmasının akabinde, Maraş'ın merkez olduğu, "Dulkadir Eyaleti" oluşturulmuştur. Eyalet-i Zülkadıriyye ya da Eyalet-i Maraş'da denen bu yeni eyalete, Maraş, Malatya, Ayıntab sancak ve livaları bağlanmıştır.

Maraş, Osmanlının son döneminde, Malatya'nın Darende, Akçadağ, Doğanşehir, Adıyaman, Besni, Gölbaşı gibi ilçelerini, Antep'in İslâhiye, Yavuzeli, Araban ilçelerini, Kayseri'nin Sarız, Pınarbaşı ilçelerini, Sivas'ın, Gürün ve Adana'nın çeşitli ilçelerini içine alan bir yerleşim birimi olmuştur.

1-Belazuri Fütühu'l Buldan s. 234

Osmanlı döneminde yapılan idari düzenlemeler sık-sık değiştiği için Maraş, 1866 yılından, 1908 İkinci Meşrutiyet'in ilanına kadar, Halep Vilayetinin bir Sancağı olarak kalmıştır. 1908 yılında Halep Vilayetinden ayrılarak, müstakil mutasarrıflık olmuş, Cumhuriyet'in ilanı ile birlikte de vilayet haline getirilmiştir.

Bütün bu özet bilgilerde ortaya çıkan iki temel gerçek vardır. Bir, Maraş tarihsel dönemin tamamında, geniş bir çevreyi etkileyen merkezî bir şehir olmuştur, iki, bu durum Maraş'ın, farklı halkların, din ve inançların yaşadığı bir yerleşim birimi olmasına yol açmıştır. Bundan dolayıdır ki, kadim Maraş'ın, ne idari yapısı Bugün olduğu gibiydi ve ne de demografik-toplumsal yapısı böyle idi.

Maraş'ın tarih öncesi dönemi

Maraş, anlaşılacağı gibi, tarihin ilkçağlarından bu yana, insanoğlunun yaşadığı bir yerleşim yeri olarak çıkmaktadır karşımıza. Maraş'ın çeşitli örenlerinde yapılan arkeolojik araştırmalarda, 10 bin yıl öncesine tarihlenen insan yapımı ürünler bulunmuştur. Tarihin ilkçağlarında, etnik yapıların oluşmasının gerektirdiği süreç yaşanıp tamamlanmadığı için, Maraş'ın da içinde olduğu bölgede, ulusal topluluklar değil, çeşitli kabileler yaşamaktaydı. Herodot, meşhur tarihinde, bu kabilelerden söz etmektedir. (2)

Daha sonraki dönemlerde, Maraş ve çevresinde, Hititliler, Asurlular, Hurriler, Medler, Gutiler bulunmuşlar, bunların bazıları zaman zaman Maraş'ın hâkimi olmuşlardır. İnsanlığın en uzun süren dönemi olan ilkçağın, MÖ.2000 yıllarında, Maraş'ın o zamanki adı olan Markasi adına, Asur kaynaklarında rastlanmıştır. Maraş'ın Hititli komutan Markasi tarafından kurulduğu ve onun adından dolayı şehre bu ismin verildiği belirtilmektedir.

Maraş, takriben 650-700 yıl gibi bir süre Hititlilerin önemli bir şehri olmuştur. Hitit İmparatorluğunun MÖ.1200 yılında dağılmasıyla, Gurgum Şehir Devletinin merkezî olarak, tarihsel yaşamına devam etmiştir. Asurlular, MÖ.721 yılında Gur-

---

2-Heredotos Tarihi

gum Şehir Devletini ortadan kaldırarak, Maraş'ı doğrudan kendilerine bağlamışlardır.

Asurluların, MÖ.650 tarihinde, bölgede gelişen Med İmparatorluğu tarafından ortada kaldırılmasıyla Maraş, Med İmparatorluğunun yıkıldığı MÖ.550 yılına kadar süren 100 yıl boyunca, Medlerin şehri olmuştur.

MÖ.550 yılında, Persler, Med İmparatorluğunu yıkarak, Maraş'ı Perslerin şehri yapmışlardır. Pers kralı I. Darius döneminde Maraş, Kapadokya Satraplığına bağlanmıştır. Yaklaşık 220 yıl Persler, Maraş'ın sahibi olmuşlardır.

MÖ.333 yılında, Persleri ortadan kaldıran Makedon Kralı İskender, Suriye ve İran'a doğru geliştirdiği imparatorluğuna, Maraş'ı da katmıştır. Yine Kapadokya Satraplığına bağlı kalan Maraş, Makedonya İmparatoru İskender'in ölümü üzerine, İskender'in generallerinden Selefkoslar'ı, daha sonra Kapadokya Krallığının denetimine geçmiştir.

Bir dönem Komegana Krallığı'yla da bağlılık ilişkisi olan Maraş, Kapadokya Krallığı, Roma İmparatorluğu tarafında MS 17 yılında ortadan kaldırıldığında, Romalıların eline geçmiştir. Bu dönemde Maraş'ın adı, Romalı krala izafeten, Germanikea olarak değiştirilmiştir.

Maraş, toplumsal bir birim olarak var olduğu düşünülen takriben MÖ.1700'lü yıllardan, Romalıların hâkim olduğu MS 17 yılına kadar geçen süreçte, bölgenin her siyasal devleti tarafında işgal edilmiş veya işgal edilmeye çalışılmıştır. Bu amaçla yapılan savaşlar ve isyanlar sonucu şehir, büyük tahribatlar ve yıkımlar yaşamıştır. Bununla beraber, Maraş'a sahip olan her hâkim güç, yeni bir kültürün, yeni bir toplumsal yapının da taşıyıcısı olmuştur. Dolayısıyla, bu yıllarda Maraş'ın etnik ve dini yapısı sürekli değişmiş, gelişmiş ve çeşitlenmiştir.

Maraş'ın bir geçiş noktasında bulunmasının yarattığı göçler ve şehri ele geçiren devletlerin, döneme özgü bir politika olarak, kendilerine bağlı insanları yerleştirmeleri, o dönem Maraş'ta yaşayan toplulukları belirlemiştir. Bunlar yerleşik olan ilk kabilelerle, daha sonra yerleşen halkların toplamından oluşmaktaydılar. Buna göre, Romalıların Maraş'a hâkim oldukları yıllara kadar, kadim Maraşlıların, yerleşik ilk kabilelerle birlikte, doğuda Urartulardan, güneyde Hurrilerden, batıda Luwilerden veya bu toplulukların etkisinde bulunan çeşitli kabilelerden oluştuğu söylenebilir.

Roma İmparatorluğunun bölgeye hâkim olmasıyla, tüm bölgede olduğu gibi, Maraş içinde, Rumlaşma–Hellenleşme süreci yaşanmaya başlamıştır. Rumlaşma-Hellenleşme süreci, aynı dönemde gelişen Hıristiyanlıkla birlikte, etnik-toplumsal yapıların daha fazla netleşmesini sağlamıştır. Bu gelişme, Maraş'ın da toplumsal kimliğinin, bu çerçevede oluşmasına yol açmıştır.

Roma İmparatorluğunun Doğu-Batı olarak, MS 395 yılında, ikiye bölünmesinden sonra, Maraş, Doğu Roma'da-Bizans İmparatorluğunda-kalmıştır. Bizanslılar zamanında Maraş'ın adı "Marasion" olarak değişmiştir. Şehir, bu dönemde Sasanilerle Bizans arasında geçen çatışmaların yaşandığı merkezlerden birisidir. İslam'ın yayılmaya başlamasına kadar aradan geçen yaklaşık 250 yıl boyunca Maraş, Bizans'a bağlı, Rumlardan başka halkların da yaşadığı bir Bizans şehri olarak kalmıştır.

İlkçağda Hititlilere bağlı olan Maraşlıların dini inançları, çok tanrılı dinlerdi. Hititliler çok tanrılı oldukları için Hititlilerin vatanına "bin tanrı ülkesi" denilmekteydi. Hitit İmparatorluğundan sonra kurulan Gurgum Krallığı döneminde Maraş krallarından birisinin dini simgesinin geyik olduğu tespit edilmiştir.[(3)]

Maraş'a belli zamanlarda hâkim olan Medlerin ve Perslerin, Zerdüşt ve Mitra dinine bağlı oldukları ve uzunca bir süre hâkim oldukları Maraş'ı bu dinlerin etkisiyle yönettikleri, objektif ve tarihsel bir veridir. Buna göre Maraş, MÖ.650 yılları ile MÖ.330 yılları arasında geçen 320 yıl boyunca, Zerdüşt ve Mitra dinlerinin etkisi altında bulunmuştur.

Binlerce yıl devam eden çok tanrılı inançlardan sonra, Hıristiyanlığın doğuşu ve bölgede yayılmaya başlamasının etkileri Maraş'a da yansımıştır. Hıristiyanlığın doğuşundan kısa süre

---

3-Bilge Umar İlkçağ Tarihi S. 248

sonra, üç büyük ruhani kilisenin ilki olan "Antakya Kürsü"sü, MS 37-43 yılında kurulmuştur. Roma İmparatorluğunun iki yüz yıl boyunca süren baskılarına karşın, Hıristiyanlık, Antakya Kilisesi aracılığıyla, bölgede gelişmeye başlamıştır.

Hıristiyanlığın gelişme gösterdiği bu yıllarda, kimi tarihçilerin Kürdistan'ın Mardin şehri olduğunu ileri sürdükleri Mardino köyün de, 216 yılında doğan Mani,[4] bölgenin dinsel atmosferini etkilemeye başlar. Mani dini, egemen inançlar karşısında daha barışçı bir din olarak, Maraş'ın da içinde bulunduğu bölgede, hızlı bir yayılma gösterir.

Aynı yıllarda Maraş'la etkileşim içinde olan Adıyaman'a bağlı Samsat'ta, Samsatlı Pavlus, yeni bir din geliştirmeye ve yaymaya başlar. Samsatlı Pavlus, Hıristiyan dininin, gelişmesine bağlı olarak, ortaya çıkan baskıcı özelliğine itiraz eden dini görüşler savunmaktaydı. Bunlara, daha sonra gelişen Pavlukanların öncelleri denecek ve bu inanç sahipleri, ilerleyen birkaç yüz yıl boyunca, Bizanslıları uğraştıracaklar, bundan dolayı büyük baskılara ve işkencelere maruz kalacaklardır. [5]

Maraş'ın Bizanslılara bağlı olduğu bu dönemde, bölgede gelişen Hıristiyanlık, 325 yılında toplanan İznik Konsülü tarafında, resmi din olarak kabul edilmiş ve bunun sonucunda Maraş'ında resmi ve egemen dini Hıristiyanlık olmuştur.

Satır başlarıyla anlattığımız Maraş'ın takriben 2000 yıllık tarihinde, tarihi verilerden çıkartılan sonuca göre, Maraş halklarını oluşturan insan toplulukları, Heredotos'un tek-tek isimlerini saydığı ilk kabilelerle birlikte, bölgede yaşayan veya bölgeye işgal amacıyla gelip yerleşen ve yukarıda belirtilen halklarda oluşmaktaydı. Roma İmparatorluğu döneminde ise, Maraş'ta yaşayan bu insan toplulukları, Rumlaşma-Helenleşme sürecine girmişlerdir. Maraş'ın, Romalılar tarafında alınmasıyla başlayan ve İslam'la tanışmasına kadar yaklaşık, 600 yıl geçmiştir. Bu dönem boyunca bir Bizans şehri olan Maraş'ta yaşayan kadim insan toplulukları, Rumlar, Ermenilerin öncelleri olan

---

4-Ön Asyalı Üç Bilge S. 98-99

5-Bilge Umar Ortaçağ Tarihi s. 70-71

Urartular, Kürtlerin öncelleri olan Medler-Hurriler, Süryaniler, ayrıca Persler ve diğerlerinden oluşmaktaydı.

Bu dönemde Maraş halklarının, yukarıda belirtildiği gibi, çok tanrılı dinlere, fazla etkili olmadığı anlaşılan Yahudiliğe, Zerdüşt ve Mitra dinlerine inanarak yaşadıkları görülmektedir. Zerdüşt inancıyla yaşamış halkların, uzunca bir süre Maraş'ta egemen oldukları göz önüne alınırsa, bu gerçek ortaya çıkmaktadır. Özellikle Zerdüşt ve Mitra dininin, bu tarihlerde, Maraş'ta ki varlığını ve etkisini ortaya çıkartan herhangi bir tarihsel kaydın bulunamamış olması, böyle bir geçeğin olmadığından değil, bunun açığa çıkartılamamış olmasındandır ve bu görev araştırmacıların önünde durmaktadır.

Hıristiyanlığın doğmasıyla birlikte, Maraş'ta yaşayan değişik etnik yapıda halklar arasında bu din gelişip etkinleşirken, farklı din ve inançlar da varlıklarını sürdürmekteydiler. Çünkü tarihsel gelişmenin kanunları açısından, farklı inançlar, bir anda yok olmamakta, bütün baskılara rağmen uzunca bir süre, varlıklarını sürdürebilmekte, yaşama imkânına sahip olabilmekteydiler. Bilindiği gibi o günün koşullarında inançların tekleştirilmesine yönelik özel bir politik uygulama olmadığı gibi, çok sık bir biçimde yeni dinsel inançlar ortaya çıkmaktaydı.

Maraş'ın İslam'la tanışması - Ortaçağda Maraş

Bizans İmparatorluğunun bölgeye hâkim olduğu yıllarda, bölgeyi ve dünyayı etkileyecek olan en önemli gelişme, İslam'ın doğması ve Arap-İslam Devleti'nin kurulmasıdır. İslam dini, Hz.Muhammed dönemini, kuruluş ve Arabistan'da yayılmakla geçirmiştir. İlk halife Ebubekir dönemi, İslama ve Arap-İslam Devletine karşı, baskı altına alınmış toplulukların, çeşitli isyan ve karşı koyuşlarıyla ve bu isyanların bastırılmasıyla yaşanmıştır. Daha sonra gelen halifeler Hz.Ömer ve Hz.Osman ise, bölgede İslamı yaymaya ve Arap-İslam Devletini güçlendirmeye yöneldiler. Bu halifeler fetihçi ve saldırgan politikalar izlemekteydiler. Tarihin kaplumbağa hızıyla ilerlediği, büyük toplumsal dönüşümlerin çok uzun yıllarda ancak mümkün olabildiği bu dönemde, İslam Devleti, bu politika ve örgütlenmesiyle, geniş anlamda bölgeyi kontrol altına almaya başlamıştı.

Mezopotamya'ya, Kürdistan'a ve Anadolu'nun içlerine doğru İslam'ın yayılma süreci başladığında, Hz.Ömer, İslam halifesiydi. O dönem bölgede, iki büyük imparatorluk olan Sasani ve Bizans İmparatorlukları vardı. Bu iki İmparatorluğun sınırlarını zorlayarak İslam'ı yaymaya çalışan Arap-İslam Devleti, 651 yılında, Pers İmparatorluğunun mirası üzerinde kurulan Sasani İmparatorluğunu yıkarak, bu İmparatorluğun topraklarını ele geçirmişti. Bizans Devletini de aynı akıbete uğratmaya çalışan İslam Devleti, bu topraklara da her yıl birkaç defa saldırıyordu. Bu nedenle bölgenin iki büyük devleti, sürekli savaş halindeydiler. Maraş'ın Bizans'la Arap-İslam Devleti arasındaki sınır bölgesinde bulunması, Maraş'ı da içine alan Toros Dağları'nda şiddetli savaşların yaşanmasına yol açıyordu.

Bizans İmparatorluğu, yaşadığı iç sorunlarından dolayı sınır güvenliğini sağlamada başarılı olamıyordu. Bizansın bu durumu, İslam'ın yayılmasını kolaylaştırıyordu. İslam, Hıristiyan Bizans topraklarında, esas olarak baskı yöntemiyle, ama yeni olmasının getirdiği çeşitli ve özgün yaklaşımlarıyla, yayılmaya başlamıştı. Mezopotamya-Kürdistan ve Anadolu, İslam'ın önce tehdidi, sonra etkisi ve baskısı altına girdi.

İslam'ın bölgedeki yayılmasının yaşandığı koşullarda, 638 yılında, Halid B. Velid, Maraş kalesini kuşattı. Halkın şehri terk etmesi şartıyla, savaş olmadan, Maraş teslim alındı. Böylece İslam tarihinin ilk yıllarında Maraş, İslam'la karşılaşmış oldu.

Ancak Maraş halklarının, bu karşılaşmanın sonucunda ve hemen, İslamlaştığı düşünülemez. Bilindiği gibi dinlerin kabul edilmesi ve egemen hale gelmesi, kısa sürede gerçekleşebilen bir değişim değildir. Kaldı ki Maraş'ın İslam güçleri tarafında fethedilmesi sonrasında, uzunca bir süre Maraş, İslam'la Bizans arasında el değiştirmiş, Arap-İslam Devleti'nin Maraş'ta ki egemenliği kalıcı olamamıştır.

İlgili ayrıntılara giremesek de, yazının akışını bozma pahasına, ele aldığımız konu bağlamında, Maraş'ın İslamlaşma sürecinin daha yakında incelenmesine ve bu amaçla bazı soruların sorulmasına ihtiyaç vardır.

O yıllarda Maraş'ın İslamlaşma süreci nasıl yaşandı ve İslam, Maraş'ta hangi toplumsal yapıya dayandı? Maraş'a İslam'ın geldiği 638 tarihinde başlayarak, Selçukluların geldiği 1086 tarihleri arasında geçen 450 yıl boyunca, Maraş'ta, İslam'ın toplumsal alt yapısını oluşturan topluluklar kimlerdi? Bu ve benzeri soruların cevapları, şüphesiz, daha kapsamlı bir çalışmanın konusudur, düz mantıkla ve basmakalıp biçimde verilemez. Buna rağmen, kısaca, bu sorunların cevaplarını aradığımızda konuyu anlamak mümkün olmaktadır.

Bu anlamda bölgede ve Maraş'ta, resmi anlamda hâkim olan dinin, Hıristiyanlık olduğunu kabul etmekle birlikte, diğer din ve inançların buhar olup kaybolduklarını düşünmek veya sanmak yüzeyselliğe düşmek olacaktır. Dolayısıyla Maraş'ta, o yıllarda, Hıristiyanlığın dışında Pavlusçuluk, Manicilik, Yahudilik gibi başka din ve inançların varlığının dikkate alınması ve hesaba katılması gerekir.

Bu demektir ki, İslam dini yayılmaya başladığı yıllarda, Maraş, birçok din ve inancın bir arada yaşadığı, çok dinli bir şehirdir. Bu gerçekten baktığımızda, Maraş'ta yaşayan toplulukları iki dinsel kategoride ele alabiliriz. Bu kategorilerin birisi, Hıristiyanlar ve Yahudiler, diğeri; bu dinlerin dışında kalan çeşitli din ve inançlara inanan topluluklardır.

Bu bilginin yanında, Müslümanların, tek tanrılı ve meşru kabul ettiği Hıristiyanlık ve Yahudilik dinlerine inananları, belirlenmiş bir vergi olan cizye karşılığı özgür bırakan politikasını da dikkate almak durumundayız. Bu olguları birlikte değerlendirdiğimizde, Maraş'ta bulunan Hıristiyanların ve Yahudilerin, cizye ödeyerek, dinlerini değiştirmeden yaşamalarının mümkün olduğunu tespit edebiliyoruz. Bu durumda, İslamlaşmaya zorlanacak olan Maraşlı toplulukların, büyük ölçüde, Hıristiyan ve Yahudi olmayan topluluklar olacağı ortaya çıkmaktadır.

Bu koşullarda gelişmenin nasıl yaşandığını tahayyül etmek zor değil. Muhtemelen, İslam'ın meşru din olarak kabul ettiği Hıristiyan ve Yahudi dinlerine inanan Maraşlılar, İslam'la uzlaşarak da olsa, kendi dinlerine bağlı kalarak yaşayabiliyorlardı. Dolayısıyla, Hıristiyan ve Yahudiler içinde, güçlü ve yoğun bir

İslamlaşmadan söz etmek, hele de bu ilk dönemde, gerçekçi ve doğru olmaz. (Yine de bu toplulukların içinde, İslam'ın cazibesine kapılarak, İslamlaşmış olan sınırlı bir kesim olabilir. Böyle davranılmasının politik bir yanı da bulunmaktaydı. Bu yolla bölge halkları, Bizans devletinin baskılarına karşı, İslam Devleti ile işbirliği içine girmiş oluyorlardı, bu durum, İslam'ın etkisini artırıyor, yayılmasını kolaylaştırıyordu).

Bu yıllarda, Maraş'ta, diğer din ve inançlara bağlı olarak yaşayan farklı toplulukların bulunduğu belirtilmişti. Hıristiyanlık ve Yahudilik dışında İslam'ın meşru kabul etmediği, çeşitli din ve inançlardan insan toplulukları, İslam'ın kazanmayı hedef aldığı ve İslamlaşmaya zorladığı toplumsal kesimlerdi. Maraş'ın İslamlaşma sürecinin anlaşılabilmesi, Maraş'ta İslamlaşan bu toplumsal kesimlerin kimlerden oluştuğunun bilinmesi ile mümkün olacaktır.

Başından beri verilen bilgilere göre Maraş'ın Kürdistan'la iç içe olması, zaman-zaman Kürtler tarafında ele geçirilmiş olması, Kürdistan'ın diğer bölgelerinde yönetimi eline almış olan İslam ordusunda Kürtlerin varlığı, Maraş'ta İslam'ın dayanacağı toplumların, Araplar ve İranlılarla, İslamlaşmış Kürtler olacağını, ortaya koymaktadır.

Maraş'ın İslamlaşmasını sağlayan söz konusu sürecin işleyişinde şu düzenlemenin etkisi olmuştur. Arap, Fars ve Kürtlerden oluşan Arap-İslam ordusu, Maraş'ı işgal ettiğinde, işgalin kalıcı olabilmesi için bu topluluklardan bazı larını, işgal bölgesine yerleştirerek, İslamlaştırma sürecini başlatıyordu. Bu şekilde başlayan İslamlaştırma süreci, devamında, yerli toplulukların İslama özendirilmesi veya zorlanmasıyla sürdürülüyordu. İslam'ın manevi veya fiziki baskısı sonucu İslamlaşan kesim, İslam'ın meşru kabul ettiği Hıristiyan ve Yahudilik dışındaki din ve inançlara inanan topluluklar olmaktaydı. Egemen noktaya taşınamadıkları için, geçen zamanla güç ve etkileri zayıflayan, özgün varlıklarını koruyamayan farklı inançlardaki bu topluluklar, İslam'ın çeşitli yöntemlerle geliştirdiği baskılara direnemiyor İslamlaşıyorlardı. İslamlaşan bu toplulukların içinde çeşitli biçimlerde ve zamanlarda Maraş'a yerleşmiş olan Kürdî toplulukların önemli bir ağırlık teşkil ettiklerini kabul etmek gerekmektedir. Bu olgular göstermektedir ki, Maraş'ta İslam'ın gelişmesini sağlayan etnik toplumsal yapı, Arap ve Farslılarla birlikte, İslam ordularında görev almış olan Kürtlerle, Maraş'ta yaşayan ve kolaylaştırıcı çeşitli etkiler sonucu kısa sürede İslamlaşan Kürtlerdir.

Maraş'ta İslamlaşmaya başlamış olan bu kesimlere rağmen, henüz İslamlaşmamış olan önemli bir toplumsal kesimin varlığını sürdürmüş olması söz konusudur. İslam'ın bütün baskılarına karşı direnen diğer din ve inançta çeşitli toplulukların varlıklarını sürdürdükleri, süreç içinde gelişen tarihi olaylardan anlaşılmaktadır.

Toparlarsak İslam, Maraş'a, Arapların ve diğer halkların yanında, Kürtler vasıtasıyla girmiş ve İslamlaşan ilk topluluk, Maraş'ta bulunan veya Maraş'a İslam güçleri tarafından yerleştirilmiş olan Farslılar ve Arapların yanında, Kürtler olmuşlardır. Bu gerçeği, 800'lü yıllarda yaşayan El Belazuri, el-Masissa dediği Maraş'a "İran, İslav ve Hıristiyanların" "Hintli çobanların" ve "Horasanlıların"(6) İslam Devleti tarafından yerleştirildiklerini ifade etmektedir.

İslam'ın bu ilk yıllarında, Türkler Müslüman olmadıkları gibi, İslam ordusunda ve devletinde önemli bir varlık göstermeleri de söz konusu değildi. Türkler, İslam'la daha sonraki yıllarda karşılaştılar. Dolayısıyla Belazuri'nin Maraş ve çevresine yerleştirildiğini söylediği bu "Horasanlıların, İranlıların ve çobanların" içinde Kürtlerin bulunduğuna hükmetmek yanlış olmayacaktır.

Maraş'ın yaşadığı tarihsel akışa dönersek, Maraş'a İslam Devleti'nin girmesiyle başlayan ve Selçukluların gelmesine kadar geçen 450 yıl boyunca, Maraş, uzun süreliğine bir devlete bağlı kalmamış, sürekli el değiştirmiştir. Bu durum İslam dininin, Maraş'ta egemen olmasının koşullarını ortada kaldırmıştır. Öte yanda Maraş'ta bu dönemde, önemli bir çoğunluğa sahip olan Hıristiyan, Yahudi ve diğer inanç ve dinlerden toplulukların varlığı devam etmekteydi. Dolayısıyla, Maraş bu yıllarda, tamamen bir İslam şehri olamamıştır.

6- Fütühu'l Buldan eseri El Belazuri S. 234-238

Bu yıllarda, İslam'ın içinde, bir yanda iktidar içi paylaşım kavgaları, diğer yanda zorla İslamlaştırılmak istenen halkların, baskılara karşı geliştirdikleri isyanlar yaşanmaktaydı. Bu gelişme, İslam'ın yayıldığı coğrafyayı, adeta bir savaşlar diyarı, bir kan denizi haline getirmişti.

İslam içi iktidar mücadelelerinde, dönemin belli başlı sorunu, İslam toplumlarının, Hz.Ali yanlıları ve Muaviye yanlıları olarak ikiye ayrılması ve bunun getirdiği çatışmalardı. Bu çatışmaların sonucunda Ebu Müslim ve O'nun öldürülmesinden sonra O'na bağlı gelişen Hürremiye hareketi, arkasında, İslam dünyasında, hükmedenlerin korkulu rüyası olan Karmatiler, bir süre sonra Babek isyanları yaşanmıştı. Daha sonraki yıllarda, Fatımilerden ayrılarak, Alamut kalesinde kendi devletini kuran İsmaili Hasan Sabah ve fedaileri, egemen devletlere kan kusturuyorlardı.

Bütün bunların dışında, örgütlü, kitlesel ve şiddete dayalı hareket etme imkânının bulunmadığı yer ve zamanlarda, farklı yöntemlerle egemen İslam karşıtlığını formüle eden başka akımlar ve anlayışlarda gelişiyordu. Kürt Baba Tahir, Kalenderiler, Haydariler, Cavlakiler, Melametiler vs bunların ilk akla gelenleridir.

Bunun yanında ve dışında zorla İslamlaştırılan Kürtler, Yezidiliği geliştiriyorlardı. Aynı tarihlerde Maraş'la birlikte bölgeyi de etkileyecek olan Kürt Ebül Vefa'nın geliştirdiği Vefailik tarikatı oluşmuştu. MS. 1000'li yıllara, bu sosyal ve siyasal ortamda giren Maraş'ın, bütün bu gelişmelerden etkilenmediği düşünülemez, ancak ne kadar etkilendiği, araştırılması gereken bir konu olarak beklemektedir.

Bu yıllarda, belirtilenlerin dışında, Maraş'ı doğrudan ve derinlemesine etkileyen iki önemli gelişme olur. Birisi, Ermenilerin, diğeri ise Selçukluların Maraş'a gelmeleridir. Diğer bölümlere geçmeden önce, konumuzu ilgilendirdiği ve bütünlüğün bozulmaması için, bu yıllarda Maraş'ta yaşayan halklarının durumuna ilişkin, birkaç cümle ile de olsa, bazı bilgilerin aktarılması gerekmektedir.

Kürtler ve Maraş

Kürtlerin ilkçağda Maraş'ta ki varlıklarını, Hurriler, Medler, Mitanniler temsil etmektedir. İlkçağda Maraş'ın da içinde olduğu Hitit ve geç Hitit devletlerinin Hurrilerle olan ilişkileri ve Hurrilerin bölge üzerindeki kültürel etkisi, Kürtlerin Maraş'ta ki izlerinin sürülmesi için bir başlangıç noktası olarak görülebilir. Kürtlerin, tarihin ilk dönemlerinden beri, Maraş'ta bulunmuş olmaları, toplumsal gelişmenin doğal ve zorunlu sonucu olarak kabul edilmelidir. Ayrıca ilkçağda bir proto-Kürt devleti olan Medler, Maraş'ı, 100 yıl boyunca, kendi şehirleri olarak yönetmişlerdir. Medlerin Maraş'ta bıraktıkları izler ve bu izlerin Maraş'taki Kürt yerleşimiyle ilişkisi, gözlerden uzak tutularak yok edilemez.

Ortaçağda, İslam'ın Kürdistan'da yayılması döneminde, gerek İslam ordularında, gerek İslam Devleti'nin işgal ettiği yerleri İslamlaştırmak için yaptığı yerleşimlerin içinde, Kürtlerin bulundukları biliniyor. Yukarıda gösterildiği gibi bu tür yerleştirmeler ve gönüllü göçler sonucu, Kürtlerin Maraş'a gelmiş oldukları düşünülmelidir. Bundan daha önemlisi, Hamdani Devleti'nin 950'li yıllarda Maraş'ı kendi topraklarına katmış olmasıdır bir süre burayı yönetmiş olan Hamdani Devleti'nin Kürt yerleşimini teşvik etmiş ve kolaylaştırmış olması mümkündür.[7]

Bilindiği gibi Kürdistan adıyla Kürt coğrafyasının belirlenmesi, Selçuklu Sultanı Sencer zamanında yapılmıştır.[8] Gerek Selçuklular tarafından belirlenen Kürdistan'a sınır olması, gerek yakın çevresinde Kürt beyliklerinin bulunması, Maraş'ın, Kürtlerle her dönem, derin ve yoğun ilişki içinde olmasını sağlamıştır. Doğaldır ki bu ilişki, Kürtlerin zaman içinde Maraş'ta yerleşmelerine ve Maraş'ı yurt edinmelerine yol açmıştır.

Selçukluların Maraş'ı işgallerinde ve sonrasında, bölgedeki Kürt varlığına dair, somut bilgilerin ve tarihi kayıtların yeterince açıklığa kavuşturulmamış olmasına rağmen, birçok olgu, Maraş'ta ki, Kürt varlığını göstermektedir. Bu yıllarda, Maraş

---

7 -Maraş Tarihi ve Coğrafyası Besim Atalay S. 61

8 -Kürtler ve Kürdistan Minorsky S. 11

ve çevresinde etkili olan, başta Eyyübiler olmak üzere çeşitli siyasal yapıların, bu yerleşimlerde rol oynadıkları görülmektedir.

Kürtlerin Maraş'taki varlıkları, Dulkadiroğlu Beyliği döne minde, tartışma gerektirmeyen bir açıklıktadır. Bölümün başından beri anlatıldığı gibi, Kürtler için Maraş, tarihin her döneminde, hem bulundukları çevre yerleşimlerine yakınlığı, hem benzer bir kültürel şekillenmeye sahip olmasından dolayı, çok sık ve kolay gidebildikleri bir yer olmuştur.

Osmanlı döneminde Maraş'ta, Kürt yerleşiminin yoğun olduğu biliniyor. Ayrıca Dulkadiroğlu Beyliğini yıkarak Maraş'a ve bölgeye hâkim olan Yavuz Sultan Selim'in, Doğubayazıtlı büyük bir Kürt ailesi olan Beyazıtlar ailesini, Maraş'ın içine yerleştirdiği görülmektedir. [(9)]

Osmanlının ilerleyen döneminde, Maraş ve çevresinde yaşayan isyancı aşiretlerin içinde çok sayıda Kürt aşiretinin bulunduğu, bu aşiretlerin baskı ve zorla iskân edilip Maraş ve köylerine yerleştirildiği görülmektedir. 1600 ve sonrası yıllarda Osmanlının bölgede izlediği iskân politikalarının hedeflerinde birisi, bölgede dolaşan asi Kürt aşiretleri olarak belirtilmektedir.[(10)]

Bu dönemde Maraş'ı da gezen ünlü gezgin Evliya Çelebi'nin Maraş'ın adıyla ilgili olarak yazdıkları dikkat çekicidir. Evliya Çelebi Maraş ve adı ile ilgili olarak şunları yazmaktadır. "sultan Dahhak'ın şehri idi. Dahhak'ın iki omuz başını şeytan öpünce omzunda iki ejderha peyda oldu. Şehir halkının her gün bir kaçını katledip beyinlerini bu iki yılana verirdi... "bütün ahalisini o ejderha yediği için Mar-ı İş'ten galat Maraş derler... Nihayet Demirci Kawa başkaldırır Dahhak'ı öldürür."[(11)]

Evliya Çelebi'nin aktardığı bu bilgi Maraş'ın Kürtlerle olan ilişkisinin anlaşılması için önemli bir bilgidir. Kürtçe yılan "Mar' demektir, "Reş" de siyahın Kürtçe adıdır. Buna göre Maraş'ın adı "Siyah Yılan" olarak çıkmaktadır karşımıza. Maraş'ın adının

---

9-Anti Toroslarda Alevi Kürt Aşiretler Mehmet Bayrak S. 22

10-Osmanlı İmp. Aşiretlerin İskanı Cengiz Orhunlu S. 43

11- Evliya Çelebi Cilt 9-10 S. 45

Kürtçe telaffuzla oluşmuş olması, söz konusu dönemde Kürtlerin Maraş'taki etkinliğini göstermektedir. Bilindiği gibi Hititliler döneminde Marasion olan Maraş'ın adı, Bizanslılar tarafından Germenika olarak değiştirilmiştir. Ama anlaşılan İslam'la birlikte eski ad Kürt mitolojisinin etkisiyle ve Kürtçe Mar–i Reş'ten Maraş'a dönüşmüştür. Buradan hareketle Maraş'ın adının Kürtçeden etkilenerek oluştuğunu görüyoruz. Adı Kürtçe olan ama Kürtlere yasaklanmaya çalışılan bir başka şehir daha var mı bilinmez.

Osmanlının son döneminde Kürtler, Maraş ve çevresinde güçlü bir varlık göstermektedirler. Büyük bir çoğunluğu Kürt Alevi olan çok sayıda Kürt aşiretinin, Maraş'ın kaza ve köylerinde yaşadıklarını, tarihi kayıtlardan ve seyyahların yazdıklarından takip edilebiliyoruz. Osmanlı ordusunun eğitmeni olan H. V. Moltke, 1838 yılında uğradığı Pazarcık'ta bulunan Kürt aşiretlerinde ve onların yaşamlarında söz eder.(12) Ayrıca 1860 yıllarında Maraş ve çevresinin kaderini değiştiren Fırka-i İslâhiye adlı "Özel Ordu"nun fikir babası ve siyasi yöneticisi Cevdet Paşa, "ıslah ettikleri" aşiretler içinde Kürt aşiretlerinin bulunduğunu ifade etmektedir.(13) 1919 yılında bölgeyi gezen Binbaşı Noel olarak bilinen Edward William Charles Noel, Maraş'ta yaşayan Alevi Kürt aşiretlerini, günlüklerinde ayrıntılı olarak anlatır. (14)

Bütün bunlara rağmen, Maraş'ta Kürtlerin kendi adlarıyla varlıklarına, çok geç tarihte rastlanmaktadır. Bunda şaşılacak herhangi bir durum yoktur. Etnik ve ulusal yapılanmalar, tarihin her döneminde yoklardı. İlkçağ toplumları, uzun yıllar kabileler halinde yaşadıkları için, tarihte hiçbir topluluğa, bugünkü adlarıyla rastlayamayız. Bugün varolan Türkler dâhil her etnik yapı, tarihin ilk dönemlerinde başka-başka adlarla karşımıza çıkmaktadır. Aynı durum Kürtler içinde geçerlidir. Kürtlerin tarihini aramak demek, o yıllarda Kürt adıyla bir toplumun

---

12-H. V. Moltke Türkiye Mektupları S. 191

13-Tezakir Cilt 3 S. 144

14-Kürdistan 1919 Binbaşı Noel'in Günlüğü S. 67 ve devamı

varlığını aramayı gerektirmez, Kürtlerin, öncelleri üzerinde izlerini aramak, tarihlerini açığa çıkartmak, bu sorunu çözecek olan en bilimsel yoldur ve bu yapılmaktadır. Başka halklar ve topluluklar için yapılan da budur. Kürtlerin de diğer topluluklar gibi, uzun yıllar boyunca, o dönem kullanılan öncellerinin adlarıyla anıldıkları düşünülürse, Maraş ve çevresinde, Kürtlerin bugün kullanılan şekilde Kürt adıyla, neden tarihi kayıtlara geç geçtikleri anlaşılır.

Tarihte çeşitli adlarla insan topluluklarının siyasal birlik ler kurmaya ve etnik kimlikler oluşturmaya başladıkları dönemlerde, her etnik topluluk gibi Kürtler de, bugün bilinen adlarıyla tarih sahnesine çıkmışlardır. Ancak Kürtlerin küçük, lokal ve uzun süreli olamayan siyasal birlikler kurmuş olmaları, daha sonra, uluslaşma sürecinden bugüne yaşananlar, Kürtlerin tarihteki varlıklarının yok sayılmasına yol açmıştır.

Kürtlere yönelik olarak sürdürülen inkâr ve asimilasyon politikaları, aynı şekilde, Kürtlerin Maraş'la ilişkilerinin tarihinin yazılmasını ve açığa çıkartılmasını da engellemiştir. Gerekli araştırmalar yeterince yapılamadığı gibi, aynı zamanda "üretilmiş egemen tarih", gerçekleri gizlemeye çalışmaktadır. Bu durumun sonucudur ki belirtildiği gibi, Maraş' ta Kürtlerin tarihi yeterince bilinmemektedir.

Bundan ve egemen tarih anlayışından dolayı, Maraş ve Kürtlere ilişkin yukarıda yapılan belirlemelerin, özel bir zorlama sonucu olduğunun düşünülmesi mümkündür. Tarihte, bu konuda yeterince açık olguların bulunmadığı iddia edilebilir.

Ancak biliniyor ki, her etnik yapı, uluslaşma sürecinde kendi tarihlerini yazmaya başladılar ve tarihlerini yazarlarken, tarihteki verileri günün siyasal durumuna ve uluslaşmanın ihtiyaçlarına göre değerlendirdiler.

Belirtilen nedenlerden dolayı, uluslaşma sürecinin başladığı yıllarda Kürtler, bu süreci eksik ve geç yaşadılar. Bunun için Kürtlerin tarihi bütün boyutlarıyla açıklığa kavuşturulmamış, yazılamamıştır.

Fakat gerçeğin bugüne kadar açıklığa kavuşturulamamış olması, gerçeği ortadan kaldırmaz, sadece bir görevi dayatır.

Bu görevi yerine getirmek amacıyla yakın dönemde yapılan çalışmalar, henüz yeterli olmadığı için, Maraş'ta Kürtlerin tarihi sorunu, araştırılmayı ve yazılmayı bekliyor. Gizlenen gerçeklerin ortaya konmasını sağlayacak olan ve özel bir çaba gerektiren böyle bir çalışmanın, Kürt tarih yazıcıları tarafından mutlaka yapılması gerektiği ve yapılacağı açıktır.

Süryaniler ve Maraş

Ortaçağda, Maraş'ta yaşayan halkların içinde, Süryani halkı da bulunmaktaydı. Çok ayrıntılı bilgi ortaya konamasa da Süryanilerin, Maraş'ta önemli bir etkinliklerinin olduğu görülmektedir.

Yukarıda belirtildiği gibi, Hıristiyanlık, yüzyıllar boyunca, Maraş'ın en etkin dini olmuştur. "Antakya Kürsü"sü üzerinden Maraş'ta etkin olan Hıristiyanlık, kendi içinde çeşitli tartışmalar yaşamaya başlamıştı. Doğal olarak Maraş'ta yaşayan Süryaniler, Hıristiyan dini içinde yaşanan tartışmalardan etkilenmekteydiler. Maraşlı Hıristiyanlar, bu tartışmalarda önemli bir rol oynamışlar ve etki yapmışlardır.

O yıllarda Hıristiyanlık içinde yaşanan bu gelişme, tartışma ve çatışmalara, Maraşlı Mor Nastur yön vermekte, tartışmalara etkin bir unsur olarak katılmaktaydı. Mor Nastur ya da Süryanicedeki adı ile Mor Barsawmo, MS. 380 yılında Maraş'ta, Süryani anne ve babadan dünyaya gelmiştir. Mor Nastur farklı görüşlerini Hıristiyan toplumu içinde, bir grup olmayı sağlayacak kadar yayınlaştırabilmiş, güçlendirebilmiştir. Bu etkisinden dolayı, egemenler tarafından baskı görmüş, sık-sık sürgün edilmiştir. Bu grubun taraftarlarına, Mor Nastur'un adına izafeten, Nasturiler denmiştir. Halen varlıkları devam eden Süryanilerin önderi Mor Nastur, Maraş'ta doğmuş, bir süre Maraş'ta yaşamıştır.[15]

Görüldüğü gibi Süryaniler, yüzyıllar boyunca Maraş'ta yaşamış, Maraş'ın kadim halklarındandırlar. Maraş'ta yaşayan Hıristiyanların en sonuncusunun sürüldüğü 1922 yılına kadar Süryanilerin varlığı devam etmiştir. Bugün ise Maraş'ı renklen-

---

15-www.suryaniler.com/suryani-tarihi.asp?id=33

diren çiçeklerden birisi olan Süryani renginin varlığı değil, adı da, izi de, kaybedilmiş, unutturulmuştur. Bu ülkede yaşayan herhangi birine, Maraş'ta bir dönem Süryanilerin yaşadığı söylense kim inanır?

Ermeniler ve Maraş

Ermenilerin adı, MÖ.500'lü yıllarda, Pers kaynaklarında geçmektedir. Ermeniler, 800'lü yıllarda, bölgenin ve dönemin egemen devletleri olan Bizans, Arap-İslam ve Sasani imparatorluklarının birbirleriyle sürdürdükleri savaşların içinde, kendi özgün varlıklarını sürdürmeye çalışmışlardır. Çoğu zaman, bu büyük güçlerin baskılarını en yoğun biçimde yaşamak zorunda kalmışlardır. Buna rağmen Ermeniler, ortaçağ boyunca kendi bağımsızlık veya kısmi özerkliklerini koruyarak yaşamışlardır. Bu amaçla, genellikle, Bizans'ın egemen olduğu dönemlerde, Bizans'a karşı, İslam-Arap, Türk-Kürt devletleriyle ortak hareket etmişlerdir.

Bizans devleti, 900'lü yılların sonlarına doğru, büyük bir Ermeni topluluğunu, Rumlarla aralarında mezhep kavgaları olduğu iddiasıyla, Maraş'a ve diğer bazı şehirlere sürgün etmiştir. Uygulanan toplu sürgünde, Hıristiyan mezhepleri arasında, hâkim mezhebe karşı olan mezheplerin, zor ve baskı ile denetim altına alınması amaçlanmıştır.

Ermenilere uygulanan sürgün, 1042 ve daha sonrası yıllarda devam etmiştir. Bu toplu sürgünle, Maraş'a Ermenileri yerleştiren Bizans egemenleri, aynı zamanda, İslama karşı sınırlarını güvenli kılmak istemekteydiler. Böylece, halklar ve inançlar arası kavgadan, yaşamsal medet umduklarını göstermiş oluyorlardı. Bizanslıların bu sürgünle, Ermenilerin bağımsızlıkçı yaklaşımlarını cezalandırmayı hesapladıkları da görülmektedir.[16] Ermenilerin yerleştirilmesinden sonra Maraş, artık, daha önceki sakinlerden başka, Ermenilerinde şehri, vatanı olmuştur.

16-Selçuklular Zamanında Ermeniler-Mehmet Erşan s.-7

Maraş'ta Ermeniler-Nejla Günay s.-37

Ermenilerin yerleşmesinden bir süre sonra Maraş, Bizans'a bağlı Ermeni valiler tarafından yönetilmeye başlandı. Kısmen özerk bir statüde yaşayan, ancak bununla yetinmeyen Ermeniler, Bizans'ın bağımlılığını reddederek, bağımsız bir prenslik kurdular. Ermeni asıllı Bizans komutanı Philaretos Brachmins tarafından, 1079 yılında, Maraş'ta kurulan Ermeni Prensliği, Maraş'la birlikte Malatya, Harput, Palu, Elbistan, Tarsus ve Urfa'yı içine almaktaydı. [17] Selçuklular geldiklerin de Maraş, özerk Ermeni Prensliği tarafında yönetilen bir Ermeni şehri durumundaydı.

Selçukluların Gelişi

a. Türklere Dair

Selçukluların Anadolu'ya ve Maraş'a gelmeleri, Anadolu için olduğu gibi, Maraş içinde önemli bir tarihsel olgudur. Ancak Selçukluların Maraş'a gelmelerinin tarihi sürecine geçmeden, Türklere ilişkin kısa bir değerlendirmenin yapılmasında fayda vardır.

Türklerle ilgili olarak egemen tarih anlayışının yaygınl aştırarak toplumda etkin kıldığı çeşitli tanımlamalar bulun maktadır. Şoven ve ırkçı değerlendirmelerin uç noktada olan larını tartışmaya konu yapmak beklenmemelidir. Halkların kendilerine de zarar veren bu tür kaba, ilkel-ırkçı anlayışların, tartışılarak meşrulaştırılması değil, teşhir edilmesi gerekir. Ancak bazen öyle basit, sıradan ve masum olarak sunulan kavram ve tanımlamalar var ki, bunların mahkûm edilmesi bir zorunluluk halini almaktadır. Bu anlamda, ele alınacak olan ve Türklere izafe edilen çeşitli tanımlamalardan birisi, Türklerle, Türkmenleri birbirinden farklı gösteren tanımlamadır. Diğerleri ise, Türkleri "göçebe", "barbar," "yağmacı" vs gösteren kavramlardır. Uluslaşma sürecinde yaratılan bu kavramlaştırmaların anlaşılması ve yanlışlıklarının ortaya konması konumuz açısından önemlidir.

Türk Ulusu yaratma projesi, Osmanlının son döneminde başlamış, cumhuriyetle birlikte temel-stratejik politika haline

---

17-Urfalı Mateos s.-147-170 Maraş'ta Ermeniler-Nejla Günay s.-41

gelmiştir. Bir ulus yaratılması sürecinde, iki önemli kavramın içinin doldurulması gerekir. Birisi, tarihsel bir dayanak noktası tespit edilerek, yaratılacak olan ulusun, olabildiğince "uzun ve şanlı" bir tarihinin oluşturulmasıdır. Diğeri ise, dayanılacak toplumsal bir tabanın olmasıdır. Çünkü bir ulus, tarihsel geçmişi ve toplumsal tabanı ile var olabilir ancak.

Türk Ulusu yaratma sürecinde, bu kavramların birincisi, "şanlı tarih" oluşturulması, Orta Asya'dan Selçuklulara, oradan Osmanlı üzerinden Türk uluslaşmasına getirilecek şekilde kurgulanıp, teorize edilmiştir. Bu süreçte, söz konusu dönemin egemen siyasal iradesi, tarihçiler ve ideologlar, yaratılmak istenen Türk Ulusuna tarihsel dayanak aradıklarında, karşılarına, -konuyu dağıtmamak için ayrıntılara girmiyoruz- devraldıkları Osmanlı ve onun önceli olan Selçuklular çıktı. Böylece Türk Ulusu ve devleti, Selçuklu ve Osmanlı devletleri üzerinden, Orta Asya'ya kadar giden bir tarihe, dayandırıldı.

Türk Ulusu yaratmak isteyen siyasal iradenin ve tarihçilerin, ihtiyaç duydukları ikinci olgu ise, toplumsal tabandı. Uluslaşmanın ikinci koşulu olan, dayanılacak toplumsal taban olarak, bu coğrafyada yaşayan ve Ortaçağdan beri "Türkmen" olarak tanımlanan topluluk belirlenmiştir. Uluslaştırılacak olan halk, bu halktı. "Türkmen" topluluklar, Türk olarak tanımlanıp bu tanımı kabul etmeleri sağlanarak toplumsal dayanak yapılmıştır. Geçen zaman içinde, yapılan ideolojik-kültürel çalışmalarla değiştirilip dönüştürülen Türkmenlerle, Türk Ulusu yaratılmaya çalışılmıştır.

Ancak, Türk Ulusu yaratma sürecinin tarihsel dayanağı yapılmak istenen gerek Selçuklular, gerek Osmanlılar, yaşadıkları dönem içinde, hiçbir zaman Türk olduklarını söylememiş, kabul etmemişlerdi. Dahası, bu siyasal devletler ve onların ideolojik kültürel yapılanması, Selçuklulardan başlamak üzere, bütün tarihleri boyunca, yoksul Türk köylüleri olan "Türkmen"leri aşağılamışlar, ezmişler, baskılamışlar ve düşman kabul etmişlerdir. Türkmenler ise, tarihleri boyunca, bu egemen devletlere karşı savaşmış, isyan etmişlerdir.

Bu durumda Türk ulus yaratıcıları, yaman bir çelişki ile yüz yüze kalmaktaydılar. Bir yanda, ulus yaratmak için "şanlı ve uzun" tarihi geçmiş adına, Selçuklu ve Osmanlıya sahip çıkma zorunluluğu, diğer yanda, toplumsal taban olarak, bu devletlerin düşmanı olan Türkmenlere dayanma mecburiyeti. Bu iki zorunluluk arasındaki tarihsel ve toplumsal çelişkiyi gidermeye mecbur olan Türk ulus yaratıcıları, Selçuklu ve Osmanlı egemenleriyle, Türkmenler arasındaki düşmanlığı aşmanın yolunu, Türk-Türkmen tasnifi ve adlandırmasını geliştirmekte aramışlardır.

Böylece, Selçuklu ve Osmanlı, iradeleri dışında Türkleş tirilirken, Türkmenlerde, Selçuklu ve Osmanlı ile Türk kimliği üzerinde barıştırılıp buluşturulmak istenmiştir. Normal koşullarda hiç olmamış ve olmayacak olan yoksul Türk veya Türkmenlerle egemen devlet sahibi kesimlerin bu buluşturulması, hem uluslaşmanın hem de ulusların doğmasına yol açan sistemin ihtiyacıydı.

Dolayısıyla Türk-Türkmen ayrımı, aslında varolan sınıfsal ayrımın açıkça söylenememesinden, hatta gözden uzak tutulmak istenmesinden kaynaklanmaktadır. Egemen ideolog ve tarihçilerin yaptığı Türk-Türkmen ayrımını izah etmek için kullanılan bütün argümanlar, sadece bu sınıfsal ayrımı gizlemek için yapıldığı içindir ki, bu ayrım, bilimdışıdır. Yoksa bir Türkmen, ne kadar Türkmen'se o kadar Türk'tür, aynı şekilde bir Türk, ne kadar Türk'se, o kadar da Türkmen'dir.

"Barbar" Türk kavramı, biliniyor, Avrupalı hâkim güçlerin yakıştırmasıdır. Bu kavramın Türklerin veya başka herhangi bir etnik yapının tanımında kullanılması, tarihe ırkçı perspektifle yaklaşmanın sonucudur. Günlük dilde kullanılmaya başlanan bu kavram üzerinden Türklerin tanımlanması, tarih ve toplum bilgisine de aykırıdır. Bu tanımlama, Türk halkına ve emekçilerine yapılan ve zararlı sonuçları olan bir yakıştırmadır.

Bu kavram hem ortaçağda, hem daha sonraki dönemlerde, egemenlerin halklar arası düşmanlığı körüklemekte kullandıkları bir kavramdır. Nasıl ki Osmanlı egemenleri, bir bütün olarak Avrupa halklarını "gâvur" diye tanımlamış ve Avrupalı halklara karşı düşmanlık geliştirmek istemişse, aynı şeyi Avrupalı egemenler, Türkleri "barbar" olarak tanıtarak yapmak istemişlerdir. Hâlbuki ortaçağ koşullarında, bir halk diğerine göre daha fazla veya daha az barbar değildir. Bu gerçeğin örnekleri o denli çok ve o denli bilinir durumdadır ki, anlatmaktan ziyade, Avrupalıların Engizisyon Mahkemelerini ve Amerikalı yerlilere yapılanları hatırlatmak yeterli olacaktır.

İşin aslı şu ki, ortaçağ koşullarında egemen sınıf, hükümranlığını devam ettirmek için, ne kadar vahşi, ne kadar barbarlık içeren yöntem ve araç varsa, halklara karşı savaşında, hepsini kullanmıştır. Bu Türk egemenleri içinde, İslam egemenleri içinde, Hıristiyan egemenleri içinde böyle olmuştur, Çin, Mısır vs. egemenleri de aynı tutum içinde bulunmuşlardır. O nedenle "barbar" egemenler vardır, "barbar" halklar değil. Başka türlü bir anlatım ve tasnif gerçeğe aykırıdır.

"Barbar" Türk kavramı, bir yanıyla demokratik damarın Türkler içinde gelişmesini önlerken, diğer yanıyla da Türk ırkçılığının ve şovenizminin güçlendirilmesi için kullanılmıştır. Türk ırkçılığı ve şovenizmi, her ne kadar bu kavramı sahiplenmiyor ve karşı çıkıyor görünse de, aslında bu kavramdan gizli bir haz duyuyor ve güç alıyordur.

Türklerle özdeşleşmiş bir diğer tanımlama ise, "göçebelik" ve bununla birlikte yapılan "yağmacılık" tanımlamasıdır. Doğrusu bu tanımlamaların ikisi de doğrudur. Türkler, ilk ve Ortaçağın belli dönemlerinde, göçebe yaşamışlar ve göçebe yaşam esnasında, yağmacılıkda yapmışlardır. Ancak yanlış olan, bu tanımlamaların sadece Türklere özgü ve olumsuzlamak amacıyla kullanılmasıdır.

Göçebelik, bir tercih değil, dönemsel bir zorunluluktur. İnsanlığın ilk yaşama geçtiği yüz binlerce yıl önce, insanın tek sorunu yemek, barınmak ve karşısına çıkan engellerle mücadele etmekti. Böyle olunca, yaşamsal tehlikenin olduğu bir yerden, yaşamsal tehlikenin olmadığı başka bir yere göçmek, zorunlu bir refleks halini almaktadır ve öyle değerlendirilmelidir. Toplumların tarihsel evrimi ve gelişmesi, ne düz bir çizgi izler ve ne de belirlenmiş genellemelerle açıklanabilir. Dolayısıyla göç olgusu, onu doğuran zorunluluklar bulunduğu için, ilk ve erken ortaçağ boyunca, hemen her toplum tarafında yaşanmış tarihsel bir zorunluluktu.

O günün koşullarını ve ilgili coğrafyayı tahayyül edersek, dünya, bomboş koca bir alan. Bugün anladığımız anlamda, ne sınırlar var ve ne de kural ve kaideler, Bugün olduğu gibi, yaygın ve etkin. Ayrıca o yıllarda pasaport yok, vize yok. Bu koşullarda bütün toplumlar, daha iyi bir yaşam ortamı, daha iyi tarımsal alanlar ve otlaklar bulabilmek veya yaşadıkları yerde karşılaştıkları sorunlardan kurtulabilmek için, fırsat ve imkân buldukça göç etmek zorunda kalmışlardır.

Amerika kıtasında, Bugün yaşayanların büyük bir kısmı Avrupa'dan ve İngiltere'den giden göçmenlerdir. Bundan dolayı onlara göçebe veya yarı-göçebe deniyor mu? Tersten soralım, göçebe Türkler, neden bugün de aynı şekilde, toplu halde göç yaşamıyorlar? Çeşitli toplulukların, ilk ve ortaçağ koşullarında, bulundukları topraklardan başka topraklara göçmesi, ayırt edici bir özellik, kimliksel bir farklılık olarak tanımlanamaz. Böyle bir tanımlama, yanlış sonuçların doğmasına veya zararlı algıların oluşmasına yol açmaktadır.

Göç yaşamamış hiçbir halkın olmadığı bir dönemde ve coğrafyada, özellikle Türkleri seçip, onların göçebeliğini bir tanımlama unsuru olarak ortaya koymak, özel bir tarih çalışmasının sonucu olarak karşımıza çıkmaktadır. Bunun neden böyle yapıldığı ayrıca incelenebilir. Şimdilik şu kadarını belirtelim ki, Selçuklu ve Osmanlı hâkim sınıfı, bu durumu, bir aşağılama unsuru olarak kullanmış ve bu amaçla yararlanmaya çalışmıştır. Aynı durum, cumhuriyetin Türk Tarih Tezi çalışmasında, Türklerin Aleviliğini anlatmak amacıyla değerlendirilmek istenmiştir.

Özetle Türklerin göç ettikleri bir gerçektir, ancak bu durum Türklerin alâmetifarikası, Türk tanımının bir unsuru değildir. Bu duruma C.Cahen, kitabında dikkat çekmiş, ancak buna rağmen bu yargı değişmemiştir.[(18)]

18-Osmanlılardan Önce Anadolu'da Türkler C.Cahen S. 152

Yağmacılık sorununa gelince. Yağmacılık Ortaçağda, Bugün anladığımız anlamda, bir anlam içermemektedir, öncelikle bunun belirtilmesi önemlidir. Yağmacılık, o koşullarda, yaşamsal bir faaliyettir. Egemenlerin denetiminde ve esası egemenlere ait olmak üzere, bütün halklar tarafında yağmacılık yapılmaktadır.

Dönemde tüm savaşlar, işgal edilecek şehirlerin, köylerin ve toprakların dışında, ganimet elde etmek ve diğer ürün veya üretim araçlarını gasp etmek için yapılmaktaydı. O dönemin egemenleri için yağma, baskı ve sömürü mekanizmalarını güçlendirmenin ve büyütmenin zorunlu bir aracıydı.

Aynı dönemde ezilenler için yağmacılık, geçinmek amacıyla yapılan olağan bir üretim faaliyeti durumundaydı.

Kapitalizm koşullarında, dünyanın tüm üretim araçlarını ve zenginliklerini gasp etmiş olan burjuvazi, yağmayı yeniden tanımlamıştır. Bu yeni tanıma göre yağma, egemenlerin zorla gasp ettiği söz konusu zenginliklerin ve varlıkların, "baldırı çıplaklar" olarak tanımlanan emekçiler tarafından ele geçirilmesinin önlenmesi için, "ahlaken" ve "hukuken" büyük suç olarak ilan edilmiş ve yasaklanmıştır.

Dolayısıyla bu kavram üzerinden Türklüğü tanımlamak ve tartışmak, doğru bir yaklaşım olmadığı gibi, toptan bir halkı yargılayan, itham eden bir anlatım olarak da zararlı ve yanlıştır. Bunları belirttikten sonra, Selçukluların Anadolu'ya ve Maraş'a gelmeleriyle ilgili gelişmelere geçilebilinir.

b. Anadolu'ya giriş süreci

Bilindiği üzere Türkler, özgünlükler dışında, genellikle ve esas olarak, tarih sahnesine çıkan her toplumun yaşadığı süreçleri yaşamış bir etnik yapıdır. Tarihsel süreç içinde bu etnik yapı, bütün diğer toplumların yaşadığının benzeri süreçleri yaşayarak, Bugüne gelmiştir.

Türkler, Orta Asya steplerinde çıkıp, kendilerine yeni yerleşim alanları aramaya başladıklarından bir süre sonra, İslam'la tanıştılar. İslam'a karşı sürdürdükleri uzun süreli mücadelelerden sonra, 960 yıllarında, Müslümanlığı kabul ettiler. Türklerin Müslümanlaşmaları, tarihi masallarda anlatıldığı gibi herhangi bir mistik gelişmenin değil, bölgede yaşanan sosyal-siyasal gelişmelerin sonucu olmuştur.

Bölgede, bu dönemde varolan çeşitli Türk hükümdarlı devletlerin içinde, bağlı oldukları devletten baskı gören diğer etnik grupların yanında, Türk kökenli gruplar ve kesimler de bulunmaktaydı. Bu ezilen ve yoksul yığınlar, egemen devletlere karşı, birçok isyanlar çıkartmışlardır. Bu isyanların bazıları, sözü edilen Türk kökenli topluluklar tarafından, doğrudan Türk Hakanlarına-Sultanlarına karşı yapılmıştır. Öyle ki 1153 yılında yaşanan ve tarihe Oğuzlar İsyanı diye geçen isyanda, Selçuklu Sultanı Sencer, yoksul Türk aşiretleri tarafından, iki yıl esir alınmış ve bu esaret altında ölmüştür.[19]

Selçuklular, Anadolu'ya gelmeden önce, Türk Gazneli devletinin denetimi altında yaşamaktaydılar. Geçimini hayvancılık, yağma ve çapulla temin eden bu Türk aşiretleri, hâkim Gazneli Devleti ile çelişkiler yaşamaya başladılar. Bu çelişkiler öyle bir hal aldı ki, Gazneli Devleti, söz konusu Türk aşiret ve gruplarını bulundukları bölgeden kovmaya yöneldi. Selçukluların Gazneli Devleti tarafından, Gazneli topraklarında kovulma sürecinin hikâyesi, ırkçı tarihçiler tarafından, şovenizme uygun olarak anlatılmaktadır. Ancak bu gerçeği olduğu gibi ifade eden anlatımlar da bulunmaktadır. [20]

Gazneliler tarafında kovulan bu Türk aşiretler, Horasan'a ve çevresine yerleşip devletleşerek, o zaman Bizans toprakları olan Anadolu ve Mezopotamya-Kürdistan'a doğru yayılmaya başladılar. O dönemde, sınırlarını yeterince koruyamayan Bizans'ın bu durumu, Selçukluların Bizans topraklarına girmesini kolaylaştıran bir rol oynamıştır.

Belirtilen gelişmelerin sonucunda Selçuklular, Malazgirt savaşından önce Anadolu'ya girmeye başlamışlardır. Anadolu' ya ve Mezopotamya-Kürdistan'a 1020 den başlayan ve çeşitli

---

19-Selçuklular Devri Türk Tarihi-M. Altay Köymen S. 300-301

20-Selçukname-Ahmed bin Mahmud cilt 1 S. 8 ve devamı

defalar tekrarlanan bu ilk girişler, talan amacıyla olduğu için işgale dönüşmemiştir. Selçukluların Anadolu'ya yaptıkları bu seferlerde, ordularında Kürtler de bulunmaktaydı. Kürtlerle dinsel ortaklıkları ve bulundukları bölgelerde Kürtlerin varlığı, bu ilişkinin doğmasına yol açmıştır.

Selçukluların Bizans topraklarına sık_sık girmeleri ve yaptıkları tahribatlar sonunda, Bizans ordularıyla, bilinen Malazgirt savaşı yaşandı. Malazgirt savaşında bölgenin halkı olan Kürtler, Selçukluların ordusunun yardımına koşup Alpaslan'la birlikte Bizans'a karşı savaşırken, Bizans ordusunda bulunan paralı Türk askerleri, Alpaslan'ın ordusuna karşı savaşıyorlardı.[21] Malazgirt savaşında, Bizans ordusunun yenilmesiyle, Anadolu ve Kürdistan toprakları "hiçbir Bizans mukavemeti görülmeden" Selçukluların işgali altına girmiştir.[22]

Selçukluların, Anadolu içlerinde ele geçirdikleri şehirlerden birisde, 1085 yılında Maraş'tır. [23] Selçuklu Sultanı Süleyman Şah, 1086 yılında, Emir Buldacı komutasında bir ordu ile Elbistan ve çevresinin fethedilmesini sağladı. Daha önce belirtildiği gibi bu tarihte Maraş, özerk Ermeni Prensliği tarafında yönetilen bir Ermeni şehriydi.[24] Maraş'ın Selçuklular tarafından alınmasında, Maraş'ı o dönem yöneten Ermenilerin belirleyici bir payının olduğu görülmektedir.

Ermeni Prensliği, Bizans'ın baskılarına karşı, Selçukluların yanında yer alıp onlara bağlanmanın, baskılardan kurtulmayı sağlayacağını düşünmüş olmalıdır.[25] Malazgirt'te, dindaşları oldukları için Selçuklulara yardım eden Müslüman Kürtlerin, Maraş'ın Selçuklular tarafında alınmasına da çeşitli biçimlerde destek verip yardımcı oldukları, mantıksal bir sonuç olarak, söylenebilir. Böylece Maraş ve çevresi, Kürtlerin ve Ermenilerin yardımı ve desteğiyle Türklerin eline geçmiş oldu.

21-Türkler Kürtler-Ahmet Özer S. 61-63

22-Selçuklu Tarihi-İbrahim Kafesoğlu S. 42

23-Anadolu'nun Fethi-Ali Sevim S. 89

24-Sel. zamanında Ermeniler Mehmet Erşan S. 34, Urfalı Mateos S. 164-165

25-Abul Farac Tarihi Gregory Abûl Farac cilt 1 S. 330-333,

Ancak, dönemin tümü boyunca Maraş, Bizanslılar, Memluklular ve Selçuklular arasında, sürekli mücadele konusu ve alanı olmuştur. Ayrıca Haçlılar da, Maraş'ı zaman_zaman işgal ederek ele geçirmişlerdir. Eyyübi Devleti'nin kurucusu Kürt komutan ve devlet adamı Selahattin Eyyübi'nin de, Malatya ve Maraş'ı, belli bir süreliğine etkilediği yazılmaktadır.[(26)] Maraş o yıllarda, taşıdığı stratejik önemden dolayı, dönemin tüm büyük devletleri tarafında elde edilmek isteniyordu. Bu nedenle Maraş, sürekli el değiştiriyor, uzun süreliğine herhangi bir hâkimiyet oluşmuyordu.

Bölgenin gelişen yeni siyasal gücü olan Moğollarla, 1243 yılında yapılan Kösedağ savaşı sonucu yıkılan Selçuklu Devleti, Moğolların bağımlısı olarak, bir süre daha varlığını sürdürmeye çalıştı. Bu tarihten sonra, bazen Memlukluların, Zengilerin, Eyyübilerin elinde bulunan Maraş, 1248'de Selçukluların eline geçti. 1297'de ise yeniden Memluklulara bağlandı.

Selçuklu Devletinin 1243 yenilgisinden sonra, Anadolu ve Kürdistan coğrafyasında yeni siyasal yapılar, beylikler oluşmaya başlamıştı. Bunlardan biriside Maraş'ın da içinde olduğu Dulkadiroğlu Beyliğiydi. Böylece Maraş'ın sürekli el değiştiren durumu, 1337'de Memluklulara bağımlı Dulkadiroğlu Beyliğinin kurulmasıyla yeni bir evreye girmiş oldu.

Bu dönemde Maraş'a, daha önce gelen Türk göçlerinin dışında, Moğolların baskısı sonucu, yeni bir Türk göçünün ve yerleşiminin olduğu görülmektedir. Moğolların zulmünden kaçarak Maraş'a gelen bu Türkler, genellikle egemen Selçukluların dışında kalan, onlarla sorunları olan ve Türkmen olarak adlandırılan kesimlerdi. Bu yeni gelenlerin Selçuklularla aynı etnik kökende olmaları, sınıfsal farklılıktan dolayı, karşı karşıya konumlanmalarına engel olmamıştı. İslam'ın hâkim mezhebi olan Sünniliğin koruyuculuğuna soyunan Selçuklular, Maraş ve çevresine gelen ve Sünni olmayan bu Türkleri benimsememişlerdi.

Maraş, 1337 Dulkadir Beyliği döneminden önce, büyük bir Türk yerleşimi olmasına rağmen, henüz gerçek anlamda bir

---

26-Türkler Kürtler A. Özer S. 72, Kürt Sultan Selahaddin-Tori S. 64

Türk şehri olmamıştır. Demografik yapısının ve dinsel çeşitliliğinin yanında, egemenlerin Türkleştirmeye yönelik bir politikalarının söz konusu olmamasının da, bu sonuçta rolü olmuştur.

Bu dönemde, egemenlerin baskıları ve hak gasplarının katlanılmazlığı, öte yanda, yaşanan dinsel gelişmeler sonucunda, Maraş'ı da içine alan Babailer İsyanı yaşanmıştır.

c.Dede Garkın Babailer İsyanı ve Maraş

Selçukluların Anadolu'yu işgalleri ve yerleşmeleri sürecinde, Maraş'ı ilgilendiren en önemli toplumsal olay, Babailer İsyanı'dır. Bu İsyanın doğru anlaşılabilmesi için, İsyanın düşünsel koşullarının hazırlanmasında önemli bir rolü ve katkısı olan Dede Garkın'ın anılması gerekmektedir. Dede Garkın, aynı zamanda Alevilerin kutsadığı bir Ocak adıdır. Kayıtlardan çıkartılan sonuca göre Dede Garkın, 1220 yıllarda Elbistan ve dolaylarında yaşamış, Vefaiye tarikatının bir dini otoritesi olarak, Maraş, Elbistan, Malatya bölgesinde önemli bir etki bırakmıştır.(27) Babailer İsyanı'nın önderi olan Baba İlyas'ın, Dede Garkın'ın halifesi olduğu ve bu inancı yaymak amacıyla Rum iline Amasya'ya Dede Garkın tarafında görevli olarak gönderildiği, yazılmaktadır.(28)

Babailer İsyanı'nın düşünsel yapısını oluşturan bir diğer din büyüğü ise, Vefailik tarikatının kurucusu, Kürt Ebül Vefa'dır. İsyanın yaşandığı dönemde, dinin bugün anladığımız anlamda değiştirilemez olmadığı o günün koşullarında, egemen dinlere karşı ezilen köylü kitleleri, kendi ihtiyaç ve taleplerini, Zerdüştlükle, Mazdekilikle, Karmatilikle, Manicilikle, İsmaililikle ifade etmekteydiler. Bu muhalif inançların yayıcıları, Anadolu ve Kürdistan'da yoğun ve faal halde, sürekli bölgeye geliyorlar, çalışmalarını yürütüyorlardı.

Bu ortamın bir ürünü olarak ortaya çıkan ve yayılan Vefailik, o günün koşullarında, egemen dinlere karşı ezilenlerin dinsel görünümlü sosyo-politik duruşlarını ifade etmekteydi.

27-Minakıbu'l Kudsiyye fi Menasibı'l Ünsiyye-A. Yaşar Ocak S. XLII

28-Babailer İsyanı A. Yaşar Ocak S. 50

Bu dinsel anlayış, yeni bir heyecan ve umut olarak, bölgede yaşayan asi halk toplulukları için çekiciydi. Hıristiyanlığa başkaldıran, İslamı kabul etmeyen, yoksul Anadolu halkları, hızla bu inanç etrafında buluşmaya, kümelenmeye başladılar. Anadolu ve Kürdistan'da gelişen Vefailik tarikatının, diğer halklarla birlikte, Kürtleri de etkilemiş olması kaçınılmazdır.

Baba İlyas, bugünkü Amasya yakınlarında bulunan Çat Köyünde kurduğu tekke vasıtasıyla Vefailik inancını Orta Anadolu'da yaymaya başladı. Maraş ve çevresinde, Vefailik inancını yaymak için, Baba İlyas'ın halifeliğini yapan Baba İshak, Kefersud'ta, yani bugünkü Adıyaman'a bağlı bir yerde yaşamaktaydı. Baba Resul de denen Baba İlyas, çalışmalarını sürdürürken, Selçuklu Sultanı tarafında cezalandırılmak istenir. Bu gelişmeden haberdar olan Baba İshak, Baba Resul'e yapılan baskıya karşı, İsyanı başlatır.

Baba İshak önderliğinde, Adıyaman'da, Maraş'ta, Elbistan ve Malatya'da birleşen halklar, İsyanı büyüterek Selçuklu üstüne yürüyüşlerini sürdürürler. Bu İsyanın önderi Baba İlyas'ın Hacı Bektaş Veli ve kardeşi Menteş'le ilişkileri olduğu, tarihi belgelerde belirtilmektedir. Bu bilgilerden yola çıkılarak, Hacı Bektaş'ın kardeşi ile birlikte bu isyana katıldığı ve kardeşi Menteş'in bu isyanda şehit olduğu sonucuna varılmaktadır.[29]

Selçuklu ordularıyla on iki kez karşılaşan ve savaşan yiğit Babailerle başa çıkamayacağını gören ve kaçıp saklanan Selçuklu Sultanı, çareyi paralı Grek askerlerini getirtmekte bulur. Selçuklu devletinin örgütleyip görevlendirdiği bu "Özel Ordu"nun yabancı askerleriyle, Malya Ovası'nda yaptıkları son savaşta, isyancı Babailer, yenilir ve topyekûn kılıçtan geçirilirler. Babailer, başlattıkları isyanda yenilmelerine rağmen, Anadolu ve Kürdistan'ın bütün bölgelerine yayılarak, amaçları doğrultusunda faaliyetlerini ve varlıklarını sürdürmüşlerdir.

Sistemin tarihçileri, Babailer İsyanı'nın, Türkmen İsyanı olduğunu iddia ede geldiler. İster Türk, ister Türkmen diyelim, sınıfsal kimlikleri gizlenmek istenen isyancı Türklerin bu isyanda önemli bir güç oldukları tartışılmazdır. Ancak yapılan bu

---

29-Aşıkpaşa Tarihi S. 164

ayrım, masum bir ayrım değildir. Selçuklu ve Osmanlı döneminde bu adlandırma isyancı toplulukları olumsuzlamak, aşağılamak için kullanılmıştır. Türkleştirme politikalarının hayata geçirilmeye çalışıldığı yıllardan bu yana ise, aynı ayrım, Aleviliğin bir Türk inancı ve tüm Alevilerin Türk olduğunun tarihsel dayanağı yapılmak istenmektedir. Ancak tarihi bilgilerin doğru yorumu göstermektedir ki, egemen Selçuklu devletine karşı isyan eden bu yoksul Türk köylülerine dayanılarak, gerici faşist ideolojiye, tarihsel dayanak üretilemez, bu olgu, Türkçülük propagandasının malzemesi yapılamaz. Babailer İsyanı'na katılan Türk aşiretleri, olsa olsa bugünün isyancılarının tarihine yazılabilirler.

Babailer İsyanı'nın kitlesel gücünün sadece Türk-Türkmenlerden oluştuğu tezi, tarihi gerçeklere uygun değildir. Bu isyanda Türklerin önemli bir topluluk olarak bulunmaları, tek başına, İsyanın ana kitlesinin Türklerden oluştuğunu kanıtlamaya yetmez. İsyanın yaşandığı yıllarda Maraş, Elbistan, Adıyaman ve Malatya bölgesinde, önemli bir Türk nüfus bulunmakla birlikte, farklı etnik yapılardan ve dinlerden topluluklar da bulunmaktaydı. Hatta o yıllarda, bölgede Türklerin varlığı, genel nüfusun toplamı içinde, en fazla üçte bir oranında olabilir. Nüfusun geriye kalan üçte ikisinin Türk olmadığını söylemek, abartı değil, kabul edilmek istemeyen gerçektir.

Türklerin Maraş'a ve bölgeye yerleşmeye başladıkları tarih göz önüne alındığında, bu gerçeğin anlaşılması kolay olacaktır. Türklerden önce Ermenilerin etkin bir şehri olan Maraş'a Türklerin gelmeye başlamasıyla, isyan arasında geçen 150 yıllık zaman içinde, diğer bütün Maraş ve çevre halklarının, azınlığa düştüğünü, Türklerin Maraş'ta en çok nüfus olduklarını gösteren hiçbir tarihsel bilgi söz konusu değildir.

Bu bölgede o yıllarda, Kürtlerin ve Ermenilerin önemli bir nüfus olarak yaşadıkları bu denli açıktır. Söz konusu Kürtlerin ve Ermenilerin bu isyana katılmamış olduklarını düşünmek için, nasıl mantıklı bir gerekçe olabilir? Hadi, var sayalım ki Ermeniler, dinsel inançlarından dolayı ve bir bütün olarak, bu İsyanın dışında kalmış olsunlar. Kürtlerin bu isyana katılmamış oldukları, nasıl iddia ve izah edilebilir? Üstelik Kürtlerle Türkler arasında varolan dinsel beraberlik ve kültürel yakınlık, Kürtlerin isyanda güçlü bir etnik yapı olarak bulunmalarını mümkün kılan bir olgudur. Babailiğin kaynağı olan Vefailik tarikatının kurucusunun Kürt olması da, Kürtlerin Babailer İsyanı'na önemli bir toplumsal güçle katılmalarını sağlayan bir başka unsurdur. Son olarak, İsyanın çıkmasına yol açan ana neden, yaşanan sosyo-ekonomik koşullarsa -ki öyledir- o zaman, benzer koşulları yaşayan Ermenilerin ve Kürtlerin, bu isyan karşısında kayıtsız kaldıklarını, isyana katılmadıklarını var saymak, sadece bir çarpıtmayla veya bu çarpıtmanın yarattığı ezberi tekrarlamakla mümkün olabilir.

Belirtilen nedenlerden ve kaynakların yeterince ve bilimsel olarak incelenmemiş olmasından dolayı Babailer İsyanı'nı salt Türklerin katıldığı bir isyan olarak görmek ve göstermek, düpedüz bir çarpıtmadır. Bu yaklaşım, tarih bilimini, sosyal bir bilim olarak değil, kronolojik bilgiler yığını olarak görmenin sonucudur. Babailer İsyanı'yla ilgili bu sorunlu yaklaşım, aynı zamanda, Kürtler "kendi kitaplarını" yazamadıkları ve birilerinin yıllardır Kürt gerçeğini gizlemek istemesinden güç almakta, beslenmektedir.

Özetle; Selçuklu saltanatına karşı yapılan Babailer İsyanı, ortaçağda ve Maraş'ın içinde olduğu bölgede yaşanmış en büyük isyandır. Bu isyan, baskı ve zorbalık düzeninden rahatsız olan ve bölgede yaşayan Türk, Kürt, Ermeni ve diğer tüm etnik ve dinsel yapıların birlikte başlatıp, birlikte sürdürdüğü ve ölümü birlikte paylaştıkları, bir "Birleşik Haklar İsyanı" dır.

Babailer İsyanı'nın çıkış nedeni ise, sanıldığı ve gösterilmek istendiği ve bir kısım Alevi çevreninde rağbet ederek benimsediği gibi, salt Alevilik değildir. Babailer İsyanı, yoksulluğa ve zulme karşı yapılmış bir isyandır. Alevilik, İsyanın ideolojik ve politik programının ifadesidir. Çünkü o günün koşullarında din, statik değildir, dönemin politika yapma tarzıdır ve öyle olduğu içindir ki hemen hemen bütün toplumsal hareketlilikler bir din üretmiş veya varolan bir dini güncel politik çıkarlarına uyarlanıp kullanılmıştır.

1100'lü yıllara kadar Maraş, Ermenilerin, Kürtlerin, Süryanilerin ve Rumların şehriydi. Belirtilen tarihten sonra, Türkler

Maraş'ta yerleşmeye başladıkları için, Maraş'ın çok kimlikli etnik yapısına, Türkler de eklenmiş oldular. Aradan geçen uzun süre içinde, yoğun göçlerle gelen Türkler, şehrin nüfusunun önemli bir kısmını oluşturmaya başladılar.

Aynı dönemde Maraş'ta inanç olarak, Hıristiyanlığın ve İslam'ın büyük bir etkisi olmasına rağmen, bunların dışında kalan inançlar da varlıklarını devam ettirmişlerdir. Bu dönemde gerek Kürt ve diğer halklar içerisinde, gerek Selçuklulara tabii olmamış olan Türkler içinde, başta Vefailik olmak üzere, birçok muhalif inancın, güçlü bir etkisinin olduğu anlaşılmaktadır. Maraş'ın bir sınır bölgesi olması, bu durumun doğmasında önemli bir rol oynamıştır. Zaten Babailer İsyanı da bu gerçeğin sonucu ve göstergesidir.

Selçukluların Maraş'a geldikleri 1086 yılından, Babailer İsyanı'nın yaşandığı 1240 yılları arasında Maraş, tam ve gerçek anlamıyla, ne Türkleşmiş ve ne de İslamlaşmıştır. Aynı şekilde, tam olarak Bizans-Rum ve Hıristiyan olma özelliği de kalmamış, değişmiştir. Maraş bu dönemi, etnik çeşitliliği ve dinsel farklılığı içinde yaşayan kozmopolit bir şehir olarak geçirmiştir. Bu durumundan dolayı, her ne kadar egemen bir devlete bağlı gibi olsa da, boyun eğmeyen, isyancı özelliğini korumuş, muhafaza etmiş, sürdürmüştür.

Bu yıllarda, Anadolu'ya gelip Maraş'a yerleşen ve Selçuklulara tabii olmayan isyancı Türk aşiretlerine, kısaca ve konumuzla ilgisinden dolayı, değinmek gerekiyor. Mevcut kaynaklara göre, Selçuklular döneminde Maraş'a yerleşen, söz konusu Türk aşiretlerinin başında, Babailer İsyanı'nın düşünsel önderi Dede Garkın'ında bağlı olduğu, Garkın veya Karkın aşireti gelmektedir.(30) Maraş, Elbistan Malatya bölgesine yerleşmiş olan bu Türk aşireti, aynı zamanda yukarıda belirtildiği gibi Babailer İsyanı'nın toplumsal tabanı olan bir aşirettir. Aynı dönemde Maraş ve çevresine yerleşen ve Karkın aşireti gibi Babailer İsyanında yer almış olan bir diğer aşiret ise, Ağaçeriler aşiretidir.(31)

30-Menakub'l Kudsiyye A. Yaşar Ocak S. XLII

31-Dulkadir Beyliği Rafet Yinanç S. 2

Söz aşiretlerden açılmışken, sosyolojik bir bilginin kaydına gerek vardır. Etnik temelde asimilasyonun gündemde olmadığı bu koşullarda, aşiretler arası geçişler ve kaynaşmalar yaşanıyor, Türk olan aşiret, Kürtleşebiliyor, Kürt olan Türkleşebiliyordu. Bu değişim-karışım ve geçişler, Maraş gibi etnik farklılık ve çeşitliliğinin zengin olduğu bir bölgede, daha fazla gerçekleşiyordu. Bu anlamda Maraş'ta yaşayan Avşar, Beğdili, Ağaçeri gibi aşiretlerin bir bütün olarak Türklüğü veya Kürtlüğü tartışmalı bir konudur. Bunu fark eden Türkleştirme tezinin önemli teorisyenlerinden A.Zeki Velidi Toğan,(32) aşiretlerde yaşanan bu duruma ve ortaya çıkardığı sonuçlara dikkat çekmektedir.

Maraş ve çevresinde yaşayan, daha sonraki yıllarda adı çok geçecek olan Avşar Aşireti böyle bir aşirettir. Avşar Aşireti, "Kürt Avşarı" şeklinde adlandırılacak kadar Kürtlerle iç içe geçmiş, birbirine karışmışlardır. Tecirli Aşireti de, bu dönemde, Maraş ve çevresinde yaşayan ve Kürtlerle yaşadığı yoğun ilişkilerden dolayı etnik özelliği farklılaşan bir başka aşirettir. Bu aşiret, 1800'lü yıllara kadar isyancı özelliğini koruyarak, egemen devletlere boyun eğmemiş, zaman zaman isyancı Kürt aşiretleriyle, egemen devletlere karşı mücadelede işbirliği etmiştir. Bunların dışında, benzer durumda olan birçok aşiret bulunmaktadır.

Bütün bu ve saymadığımız diğer aşiretler, hem Babailer İsyanı'nın, hem de yıllar sonra Osmanlı Devletine karşı yapılan diğer isyanların, temel kitle gücünü oluşturmuşlardır. Bu yıllarda Maraş'ta yaşayan Ermenilerden, Süryani ve Rumlardan daha önce söz edildiği ve daha sonra tekrar değinileceği için, şimdilik, geçiyoruz.

Dulkadiroğlu Beyliği döneminde Maraş ve Şah İsmail'in Maraş'la ilişkisi

1243 yılında, Selçuklu İmparatorluğu'nun dağılmasına yol açan Moğol saldırısı sonucunda, Anadolu'da Beyliklerin oluşmaya başladığı belirtilmişti. Oluşan Beylikler, önemli ölçüde

---

32-Umumi Türk Tarihine Giriş-A. Zeki Velidi Toğan S. 216

Moğolların denetimindeydiler. Bu yıllarda Mısır'da hüküm süren, ama Mezopotamya-Kürdistan ve Anadolu içlerine kadar etkinlik alanını genişletmiş olan Memluklular da, Selçuklunun topraklarına göz dikmişlerdi. Bu siyasal ortamdan yararlanan, Maraş'ta yaşayan Türk aşiretlerinden Dulkadirliler, Memluk Sultanlarının ilgisi ve vesayeti altında, 1337 yılında, Dulkadir Beyliğini kurdular. Dulkadiroğlu Beyliği Maraş ve çevresinin en etkin Beyliği olarak bölgeyi önemli ölçüde kontrolü altında tutmuştur.

Dulkadiroğlu Beyliğinin kuruluşu, Maraş'ın Bugüne gelen tarihsel yolculuğunda, bir dönüm noktasıdır. Bu Beyliğinin kuruluşuyla Maraş, ilk kez ve uzun süreliğine, Türk soyluları ve İslam-Sünni inançlı Türklerin yönetimi altına girmiş oluyordu. 1401'de Timur, Dulkadiroğlu Beyliğine saldırarak Elbistan, Besni, Malatya ve Maraş'ın bir bölümünü işgal etti. Timur'un gücü karşısında çaresiz kalan Dulkadirliler, Timur'un egemenliğini kabullenmek zorunda kaldılar

Dönemin Dulkadir Beyi Nasreddin, Timur'a karşı, bölgenin diğer güçlü devleti olan Osmanlıyla ilişkilerini iyi tutabilmek için, Osmanlı padişahı Mehmet Çelebi'ye kızını vererek yakınlık kurdu. Dulkadiroğlu Beyleri, Osmanlı sarayında yaşanan taht kavgalarıyla, yakından ilgilenmekteydiler. Bu kavgalardan kendi geleceklerini garanti etmek amacıyla yararlanmaya çalışıyorlardı. Dönemin Dulkadir Beyi, bu kavgalarda diğer şehzadelere karşı, eniştesi olan Mehmet Çelebi'yi, oğlu Süleyman'ın komutanlığında asker göndererek desteklemiştir. Mehmet Çelebi, Şeyh Bedrettin İsyanını bastıran padişahtır. [33] Egemen güçlerin birbirlerini böyle zamanlarda desteklemeleri, elbette salt akrabalık sonucu değil, ezilenlere karşı, egemenler arası dayanışmanın dönemsel biçimi olarak görülmelidir.

Dulkadiroğlu Beyliği, varlığını ve yaşamını, çevresindeki büyük devletler karşısında izlediği diplomatik manevralara borçluydu. Osmanlılara kız vererek hısımlık oluşturuyor, aynı yöntemle Memluklularla ilişkilerini normalleştiriyordu. Dulkadiroğlu Beyliği, benzer diplomatik manevraları, Moğollara ve

---

33-Dulkadir Beyliği Rafet Yinanç S. 41-42

Akkoyunlu Devletleri'ne karşı da uygulamıştır. Maraş'ı elinde tutan Dulkadiroğlu Beyliği, varlığını, bu türden diplomasi oyunlarıyla sürdürmüştür.

Buna rağmen, bölgenin büyük devletleriyle bazen savaşmak zorunda kaldığı da oluyordu. Dulkadiroğlu Beyliği, zaten kendi tebaası olan halkın sorunlarını bastırarak çözüyordu, bütün halk düşmanı devletlerin yaptığı gibi. Uzun süre izlediği bin bir türlü diplomatik oyunla yaşamaya çalışan Dulkadiroğlu Beyliği, artık bu yöntemlerin işe yaramayacağı bir sürece giriyordu.

1500'lü yıllardan, kısa süre önce Akkoyunlu devletinin mirası üzerinde kurulan Safevi devleti, Dulkadiroğlu Beyliğinin topraklarında faaliyet yürütmeye başladı. Safevi Devleti'nin kurucusu Şah İsmail, dinsel farklılıklar üzerinde, Dulkadiroğlu Beyliği'nin topraklarında yaşayan halklara yönelik çalışmalar yürütüyor, bu halkları, kendi dinsel inanışına kazanmaya, onları kendisine bağlı olarak örgütlemeye, yönetmeye çalışıyordu. Şah İsmail'in bu çalışmaları sonuç vermiş, Beyliğe bağlı halkları etkilemiştir. Bu faaliyetler sonucu Şah İsmail, Elbistan, Malatya, Maraş bölgesinin halkları üzerinde önemli bir dinsel otorite haline gelmiştir. Bölgede yaşayan Kürt-Türk aşiretlerin çok büyük bir kısmı, Şah İsmail'in müritleri, dinsel yandaşları durumuna gelmişlerdir.

Yaşadıkları baskı ve zorbalıklardan kurtulmak için mucizeler bekleyen yoksul halklar, Şah İsmail şahsında ortaya çıkan gelişmeyi, kurtuluşlarına giden yol olarak görüyorlar ve bütün benlikleriyle bağlanıyorlardı. Özellikle Dulkadiroğlu Beyliğinin Maraş ve çevresinde yaşayan Türk-Kürt aşiretleri, bağlılıklarını, bölük-bölük Şah İsmail'in ordusuna katılarak veya onun tabiiyetine girerek gösteriyorlardı. Şah İsmail, 1501 yılında kurduğu Safevi Devleti'nin sınırlarını, buradan aldığı güçle genişletiyordu. Bu gelişmelerin verdiği güvenle Şah İsmail, 1508 yılında Elbistan'a kadar gelerek, Dulkadiroğlu Beyliğine bir sefer gerçekleştirmiştir.(34)

34-Safevi Devleti'nin Kuruluşu ve Gelişmesi Prof. Dr. Faruk Sümer S. 27 -28

Şah İsmail'le kişisel yakınlığından söz edilen 2.Beyazıt'ın Osmanlı Padişahı olduğu yıllarda yaşanan bu gelişmenin, 2.Beyazıt'ın dolaylı desteğiyle yapıldığı iddia edilmiştir. Şah İsmail'in yayılmacılığı, padişah 2. Beyazıt'ın buna karşı izlediği pasif tutum Osmanlı devlet bürokrasisini rahatsız etmiştir. Padişah 2. Beyazıt'ın Şah İsmail'e karşı izlediği politikayı doğru bulmayan Osmanlı devlet bürokrasisi ve askeri yapısı, orta şiddette bir darbe ile 2. Beyazıt'ı padişahlıktan indirerek, oğlu Yavuz Sultan Selim'in padişah olmasını sağlamıştır.

Şah İsmail'in Osmanlı topraklarında Kızılbaşlık inancını yayarak, bu topraklarda yaşayan halkları kendisine bağlamaya çalışması, Yavuz'un yönetimindeki Osmanlı Devleti tarafından tehlikeli bulunmuş ve engellenmek istenmiştir. Bunun üzerine dönemin ve bölgenin iki güçlü devleti olan Şah İsmail'in yönettiği Safevi Devleti ile Yavuz Sultan Selim'in yönettiği Osmanlı Devleti arasında doğan ve yaşanan çelişki, Dulkadiroğlu Beyliğinin sonunu hazırlayan başlangıç oldu.

Osmanlı – Safevi çelişkisi, nihayet 1515 yılında Çaldıranda yapılan savaşa yol açtı. Savaşta Dulkadiroğlu Beyliğinin desteğini isteyen Osmanlı Sultanı Yavuz Sultan Selim'e, Dulkadiroğlu Beyliği yöneticileri, istenen desteği vermediler. Ayrıca Beyliğin topraklarında yaşayan çok sayıda Türk ve Kürt aşireti, büyük bir heyecanla ve bizzat katılarak Şah İsmail'i desteklemekteydiler. Bu koşullarda başlayan savaş, Osmanlının kazanımıyla sonuçlandı.

Dulkadiroğlu Beyliğinin Osmanlıya yardım göndermeme sini ve Beyliğinin denetiminde yaşayan Türk-Kürt aşiretlerin Şah İsmail'i desteklemesini gerekçe yapan Yavuz Sultan Selim, Çaldıran Savaşı'ndan dönerken, 1515 yılında, Dulkadiroğlu Beyliğini yıkmak için harekete geçmiştir. Dulkadiroğlu Beyliği ile Osmanlı arasında yapılan savaşta, Yavuz Sultan'ın akrabası olan Dulkadir Beyi Alaüddevle ve 4 oğlu, başları kesilerek öldürülmüşler, Dulkadiroğlu Beyliği işgal edilerek, Osmanlıya bağlanmıştır. Dulkadiroğlu Beyliği, 1522 yılına kadar kısmî özerk haldeyken, bu tarihte Osmanlının bir eyaleti yapılarak Beyliğe son verilmiştir.

Şah İsmail'in Maraş-Elbistan bölgesinde büyük bir destek bulduğu biliniyor. Bu durumun salt Alevi inancına bağlanması, eksik bir yaklaşım olur. Alevi inancı bu gelişmede, gerek Şah İsmail cephesinden, gerekse Şah İsmail'le birlikte savaşa katılan Maraş ve çevresinin halkı açısından, pratik siyasal mücadelede sonuç almayı sağlayacak olan politik bir tutumun ifadesidir.

Konuyla ilgili Şah İsmail'in tutumunda, dönemin koşulları itibarıyla anlaşılmayan bir husus yoktur. Sonuçta savaşan siyasal bir odak olarak, taraftar edinmek ve güç toplamak için bu yolu değerlendirmiştir. Şah İsmail'in saflarında savaşa katılan Maraş ve çevresinin halkları ise, ezen devletin karşısına çıkan her yeni gücün, kurtarıcı olduğunu varsayılmışlar ve bundan dolayı, eski baskıcı Osmanlı Devletine karşı, yaşadıkları baskılara son vereceğini sandıkları ve umdukları Şah İsmail'in Safevi Devletini desteklemişlerdir.

Dulkadiroğlu Beyliği dönemi, Maraş'ın Türk ve İslam kimliğinin oluşmasında belirleyici olmuştur. En başta yönetim düzeyinde Türk ve İslam kimlikli bir yönetimin bulunması, bu sonucun doğmasını zorunlu kılmaktadır. İkincisi, bu dönemde Moğol saldırıları sonucu Maraş'a gelen Türklerle, Türk ve İslam Sünni nüfus, büyük bir artış göstermiş ve Maraş'ın eski nüfus yapısı, Türkler ve Sünni-İslam lehine değişmiştir. Ortaçağda etnik kimliklerden çok dinsel kimliklerin önemli olması, ayrımların Müslim-gayri Müslim şeklinde yapılarak, Kürtlerin, Türklerle birlikte, ortak kimlik olan Müslümanlık içinde sayılmaları, Türk nüfusun baskın görünmesine yol açan bir başka olgu olmuştur. Böylece Maraş'ta, Kürtleri de içine alan Müslümanlık üzerinde, Türk-İslam kimliği etkin hale gelmiştir.

Ancak buna rağmen yinede, Maraş ve çevresinde, gerek Hıristiyan-Yahudi, gerek farklı inançlardan İslam dışı kesimlerin yoğun olarak yaşamaya devam ettikleri açık ve kesindir. Bu durumda, o dönemde Maraş'ta İslam'ın Sünni inancının hâkim inanç olduğunu söylemek mümkün değildir. Mevcut bilgiler ışığında ve sonraki yıllarda yaşanan isyanlar göz önüne alındığında, bu iddia, havada kalmaktadır.

Maraş halkları için böyle olan dinsel durum, egemen Dulkadir Beyleri içinde özgünlükler taşımaktaydı. Dulkadiroğlu Beyleri, Sünni-İslam olarak yaşamış ve buna uygun bir toplumsal pratik içinde olmuşlarsa da, özel bir Sünnileştirme çabası içinde olmamışlardır. Memluklulara ve Osmanlılara karşı Sünni bir görüntü verirlerken, öte yandan, hem kendi geleceklerini korumak için, hem de tebaası olan halkın durumundan kaynaklı olarak, Şah İsmail ve Safevi Devleti ile de iyi geçinmeye çalışmışlardır. Dulkadir Beylerinin Sünnilikleri, Kızılbaşlarla işbirliği yapmaya engel teşkil etmeyecek düzeydedir.

180 yıl süren bu Beylik döneminde Maraş, tarihten gelen çok kimlikli ve çok dinli özelliğini korumuştur. Egemen tarihçiler, bu gerçeğin üstünü kapatmak için, olağanüstü çaba içinde bulunmuşlar ve aslına bakılırsa önemli bir gelişme göstermişlerdir. Selçukluların Maraş'a girmelerinde önemli bir rolleri olan Ermenilerin, bu dönemde, Maraş'ta bulunmadıkları bile iddia edilebilmektedir. Bu iddialara göre daha önce varolan Ermeniler, nasıl olmuşsa, "yok!" olmuşlardır.

Yine Selçukluların Maraş'a yerleşmelerinde ve Maraş'ın İslamlaşmasında büyük rolleri olmuş olan Kürtler, Müslümanlıklarından dolayı, Türk sayıldıkları için hesaba gelmemektedirler. Böylece Dulkadiroğlu Beyliği döneminde Maraş ve çevresi tamamıyla bir Türk yerleşimi olarak sunulmaktadır.(35) Tarih böyle çarpıtılmakta, gerçekler böyle gizlenmektedir.

Hâlbuki Selçuklular döneminde Maraş'a gelmiş olan Türk aşiretler, yeni katılımlarla ve doğal yolla artmış olmakla birlikte, Maraş ve çevresinde diğer etnik ve dini topluluklarda önemli ölçülerde varlıklarını sürdürmekteydiler. Ayrıca Dulkadiroğlu Beyliği tarafından tam anlamıyla kontrol altına alınabilmiş değillerdi. Bölgeye yerleşen bu Türk aşiretleri, hükümdarlara tabii olmayan isyancı özelliklerini, bir yaşam biçimi olarak sürdürmekteydiler.

Ermeniler kendi özgün varlıklarını ve yaşamlarını korumakta, Kürtler ise, gerek bölgede yaşanan çeşitli savaşlar sonu-

---

35-K.Maraş 1. Kurtuluş Sempozyumu Faruk Sümer S. 39

cu, gerek farklı gelişmelerden dolayı, Maraş'la daha fazla ilişki içindeydiler. Bunun sonucu olarak, Kürtler Maraş'ta, çok açığa çıkmamışda olsa, eskisinden daha etkili durumdaydılar. Bu etnik toplulukların birbirleriyle ilişkileri çok sık değişmekle birlikte, bulundukları sosyal konum gereği ve esas olarak çatışmalı bir ilişki olmamıştır.

Osmanlı Dönemi

1515 yılında, Maraş ve çevresi Osmanlılar tarafından ele geçirilerek, kısa bir süreliğine Osmanlıya bağlı olarak yaşamış 1522 yılında Osmanlı topraklarına katılmıştır. Osmanlılar döneminde Yavuz Sultan Selim, daha önce belirttiğimiz gibi, Kürt Beyazıtlar ailesini getirip yerleştirerek, Maraş'ın demografik yapısına, bir defa daha, müdahale etmiştir.

Osmanlı işgalinin hemen sonrasında, Maraş ve çevresi, isyanlar ve katliamlarla kaynamaya başlamıştır. Osmanlının bölgede uygulamak istediği politikalar, Maraş ve çevresinde yaşayan Türk-Kürt, Ermeni halklarının isyan ve başkaldırılarına yol açmıştır. Bundan dolayı dönemin bütün tarihçileri, Maraş'ı, "Kızılbaşların şekavet yurdu" olarak tanımlarlar.

Şah İsmail'i destekleyen bölge aşiretlerine karşı Osmanlı, düşmanca bir politika izlemekteydi. İzlenen bu düşmanca politika, sadece intikamcı bir anlayıştan kaynaklanmıyordu, elbette. Bu politikayla, bir yandan isyancı ve başına buyruk bölge aşiretleri denetim altına alınmaya çalışılırken, diğer yandan, bu insan topluluklarından gerek asker olarak ve gerekse vergi alınması için, daha fazla yararlanılmak isteniyordu.

Bölgenin Türk-Kürt aşiretlerinin, büyük bir kısmının Osmanlının İslam-Sünni inancının dışında, farklı inançta olmaları, bu baskıcı politikanın görünürdeki bir diğer nedeniydi. Dulkadiroğlu Beyliğinin yıkılmasının akabinde başlayan bölge halklarının isyanları, Osmanlının yıkılışına kadar geçen yüzyıllar boyunca devam etmiştir. Geçen bu uzun süre içinde, isyanların yaşanmadığı dönemler, Osmanlının bu aşiretlerin özerkliğine fazla müdahale edemediği dönemler olmuştur.

Bu isyanların hepsini tek tek ele almamızı gerektiren bir durum olmadığı için, bunların içinde konumuzla ilgili olan bir kaçına temas etmekle yetineceğiz. Maraş ve çevresinde yaşanmış olan bu isyanların konumuzla ilgisini, vurgulamak adına, tekrarda fayda vardır.

Anlatılmak istenen ilişkinin birincisi, Maraş'ın tarihsel-toplumsal dokusunun baskı ve sömürü mekanizması olan sistemden yana olmadığının ortaya konmasıdır. İkincisi, genel olarak Türk halkının, ama özellikle tarihten bu yana Maraş'ta yaşamaya devam eden Türk halkının, baskıya ve zulme karşı mücadele içeren tarihinin açığa çıkartılmasıdır. Yakın dönemde yaşanan Maraş Katliamı'nda yer almış olan bu insanların, geçmiş tarihlerini bilmek, Maraş Katliamı'nı anlamamızın yanında, siyasal iktidarların süreç içinde toplumları nasıl değiştirip dönüştürerek, değerlerine yabancılaştırdıklarını ve nasıl faşizmin toplumsal tabanı haline getirdiklerini izleme imkânı vermektedir. Üçüncü olarak, dün Kürt-Türk Alevileri katleden bu insanların, aslında tarihsel süreç içinde, kendilerinin isyanlar ve katliamlar yaşamış aşiretler oldukları gerçeğinin açığa çıkartılmasıdır. Öyle ki Selçuklular ve Osmanlılar döneminde, bu egemen devletlere karşı isyan eden, başkaldıran ve bundan dolayı katledilen söz konusu aşiretler, yıllar sonra Ermenilerin ve yakın tarihte Kürt-Türk Alevilerin katliamında yer alabilmişlerdir.

a. Celali İsyanları ve Maraş

Bu gerçeklerin daha yakında görülmesi için tarihte yaşanmış olan bu isyanların bazılarına çok kısaca değinmek gerekmektedir.

Selçuklulara, Dulkadiroğlu Beyliğine teslim olmayan Türk, Kürt, Ermeni, Süryani, Rum ve Alevilerden oluşan Maraş halklar topluluğu, en son Osmanlıya karşı da isyan etmeye devam etmiştir. Celali İsyanları olarak adlandırılan isyanlar dizisinin, kimisi Maraş'ta yaşanmış veya çıkmıştır, ama hemen hepsi, bir biçimde, Maraş'la yakın etkileşim içinde olmuştur. Bu durumun en önemli temel nedeni, Maraş'ın toplumsal dokusunun "isyan kitlesi" olmasıdır. Muhtelif şekillerde belirtildiği gibi,

Maraş'ta yaşayan toplumsal kesimlerin özelliği ile bu isyanlar arasında kopmaz bir bağ vardır. İsyancı bir topluluk, bir bölgeye, ya İsyanı güçlendireceği toplumsal bir kesimi kazanmak isteğiyle veya yine İsyanı sürdürebilmek amacıyla, korunmak için gider. Her iki durumdan da, Maraş'ta, isyancıların yanında olan, onları koruyan veya öyle olabilecek bir toplumsal yapının var olduğu gerçeği ortaya çıkmaktadır. Osmanlı ise, egemen devlet olarak, bu isyancı halklar topluluğunu dağıtmaya, bastırmaya çalışmaktadır.

M. Akdağ, Celali İsyanları olarak tarihe geçen bu isyanları, "belli bölgelerin Osmanlı Türk sosyal-siyasal evrimi içinde, hep ayrıksı bir yaşantı süregelmiş toplulukların başkaldırıları" olarak değerlendirir.(36)

b. Şeyh Celal Ayaklanması-1519

Celali ayaklanmalarına adını veren Şeyh Celal, 1519 yılında Tokat bölgesinde başlattı, isyan yürüyüşünü. Böylece, Maraş ve çevresini işgal ederek Kızılbaşların kanını döken Yavuz Sultan Selim, henüz ölmeden, Kızılbaşlar ayaklanmış oldular. Yirmi binden fazla, "işsiz, güçsüz, levent"(37) taraftarıyla Osmanlıya başkaldıran Şeyh Celal, Maraş ve Elbistanlılardan oluşan askerler tarafında durduruldular. Bu ayaklanmayı bastıran askeri kuvvetlerin içinde, Dulkadiroğlularından Şehsuvaroğlu Ali Bey'de bulunmaktaydı ve askerlerini Maraş ve çevresindeki aşiretlerden oluşturmuştu.

Osmanlının gözüne girmek için Ferhat Paşa ile yarışan Şehsuvaroğlu Ali Bey, isyancılara uygulanan katliamı yapmanın şerefine nail olmak için, hızla hareket etti. "Celali kanı ile kılıçlar cilalandı" "Kadınlar tutsak edildi, erler kılıçtan geçirildi."(38)

Bu İsyanın konumuz açısından ilginç olan bir başka boyutu bulunmaktadır. Kendileri mazlum olan ve bundan dolayı sürekli isyan hali içinde bulunan bölge halkı, Osmanlıya hizmette kusur

---

36-Celali İsyanları M. Akdağ S. 15

37-Hoca Sadrettin cilt 4 S. 347

38-Hoca Sadrettin cilt 4 S. 348

etmeyen Dulkadir Beyinin askerleri olarak, kendileriyle benzer sosyo-kültürel özellikleri olan bir diğer toplumsal kesimin yaptığı İsyanın bastırılmasında kullanılmışlardır. Çünkü egemenler, her dönem varlıklarını, halklar arasında yarattıkları düşmanlıklar üzerinden ve halkları birbirlerine kırdırarak yürütebilmişlerdir.

c.Sülünoğlu Koca ve Zünnünoğlu İsyanı 1525-1526

Bu isyan, Maraş'ın içinde olduğu bölgede, Yavuz Sultan Selim'den sonra padişah olan Kanuni Sultan Süleyman döneminde yaşanmıştır. Sultan Süleyman'ın Kanuni olarak tanınması, devlet yönetimi için çıkarttığı kanunlardan gelmektedir. Çıkartılan kanunlara göre, bölgenin köylülerinden alınan vergiler artırılmış, vergilerin alınması zora bağlanarak, vergi vermeyenlere karşı çeşitli cezaların uygulanması sistemi getirilmiştir.

Bu kanunlara göre vergi toplayan Osmanlı görevlisi, kendisinden istenen verginin çok olduğunu ileri süren Sülün- oğlu Koca'nın sakalını kesmiştir. Aşiretin ileri geleni Sülünoğlu Koca'ya karşı yapılan bu aşağılayıcı hareket, bu İsyanın çıkmasına yol açan ilk saldırı olmuştur. Sakalı kesilen Sülünoğlu Koca ve aşireti, özgürlüklerine yapılan bu müdahaleye ve bu hakarete karşı, söz konusu İsyanı başlatmışlardır.

İsyancılar, ilk karşılarına çıkan askeri kuvvetleri ve birçok devlet ileri gelenini öldürerek İsyanı başarı ile sürdürmüşlerdir. Osmanlı kuvvetlerinin çeşitli saldırılarını boşa çıkartan isyancı güçlere, Osmanlı, daha büyük bir kuvvetle saldırmıştır. Ayrıca Osmanlıda çokluğu bilinen bir "savaş hilesi" tezgâhlanmıştır. Osmanlının hilelerine karşı hazırlıklı ve donanımlı olmayan isyancı halk güçleri, son saldırı üzerine yenilmişlerdir.[39] Bu İsyanın önderliğini yapan Süklün Koca, Akçakoyun aşiretindendir.[40] Bu aşiret, kısa süre sonra, yine bölgenin etki alanında yaşanan Atmaca İsyanı'nda da faal, isyancı bir aşiret olarak görülmektedir.[41]

39-Peçevi Tarihi cilt 1 S. 90

40-Kızılbaş Türkler Necati Çetinkaya S. 494

41-Osmanlıda Alevi Ayaklanmaları Baki Öz S. 180

Dönemin bir diğer İsyanı Zünnünoğlu İsyanı'dır. Aynı toplumsal kesimlerin, bir yıl sonra, 1527 yılında, başlattığı Zünnünoğlu İsyanı, Sülünoğlu Koca İsyanı'nın devamı bir isyan olarak değerlendirilmektedir. Zünnünoğlu İsyanı da Maraş ve çevresinin içinde yer aldığı coğrafyada yaşanmıştır. İsyanın kitle gücü, Hisar Beğli, Akçakoyunlu, Mesutlu, Çiçeklü aşiretlerinden oluşmaktaydı. İsyan önderi Zünnünoğlu, Hisar Beğli Aşireti'nin Boybeyi idi.(42)

d. Kalender Çelebi-1526

Osmanlının, Dulkadiroğlu Beyliği'ni ele geçirmesinden bir süre sonra, 1526 yılında Ankara'da başlayan Kalender Çelebi İsyanı, Maraş-Elbistan bölgesine kadar yayılmıştır. Kalender Çelebi İsyanı, gerek yayıldığı alan açısında, gerekse toplumsal gücü ve etkisi itibarıyla, Osmanlılara karşı, o güne kadar yapılan isyanların en güçlüsü idi. Kısa sürede geniş bir alana yayılan ve o günün koşullarında büyük bir kitle desteği kazanan isyan, Osmanlının hesaplarını alt üst etmiştir. İsyanın kitle gücü, "parasız, pulsuz buriniler, Abdal Torlaklar ve dinsiz meşrepliler ile mezhepsizlerden" oluşmaktaydı.(43)

Kalender Çelebi, karşılaştığı Osmanlı ordusunu birkaç kez yenerek, Padişahın Macaristan seferinden dönmesine yol açmıştır. Kalender Çelebi'yi "teke tek" dövüşte alt edemeyeceğini anlayan Osmanlı, isyancı güçlerin içinde bölünme yaratmaya çalışır. Bu amaçla isyanda yer alan Dulkadir Tımar Beylerine, daha önce ellerinden alınmış olan toprakların iade edileceği taahhüt edilerek, bu Beylerinin isyana ihanet etmeleri sağlanmıştır. Ayrıca, yine bu Beylerin tüm isteklerinin yerine getirileceğine söz verilmiştir.

Bu vaatler üzerine, Dulkadirlerden Bişanlu, Dokuzbey, Karaçalu Beyleri, Kalender Çelebinin isyancı kuvvetlerinden ayrılırlar. Bu isyancı aşiretlerin isyana ihanetleri ve ayrılmaları, Kalender Çelebi kuvvetleri içerisinde moral bozukluğu yaratır

---

42-Osmanlıda Alevi Ayaklanmaları Baki Öz S. 182

43-Müneccimbaşı Tarihinden aktaran Osmanlıda Alevi Ayaklanmaları Baki Öz S. 186

ve Kalender Çelebi kuvvetlerinde çözülme başlar. Buna rağmen mücadelesinden vazgeçmeyen Kalender Çelebi'ye karşı, günümüzde çok duyduğumuz türden bir "Özel Birlik" kurulur. İki tane "Özel Kuvvet" Paşasıyla, beş yüz seçkin "insan avcısı", Kalender Çelebi'yi yakalamakla görevlendirilirler. Nihayet Nurhak dağlarının Başsaz Yaylası'nda yapılan son çarpışmayla, bu büyük ve "Birleşik Haklar Direnişi" bastırılarak, Kalender Çelebi'nin ve yoldaşlarının kesik başı padişaha sunulur.[44]

Hacı Bektaş'ın torunu olan Kalender Çelebi İsyanı'na, bölgenin Türk-Kürt aşiretleri dışında, Dulkadiroğlu Beylerinin de katıldığı görülmektedir. Yine görüldüğü gibi bu Beylerin büyük bir kısmı, daha sonra Osmanlıyla anlaşarak isyana ihanet etmişlerdir. Bu durum, isyan gibi can bedeli bir toplumsal mücadelede yer alanların sosyal konumlarının ne denli önemli olduğunu göstermektedir.

Ancak buna rağmen, Kalender Çelebi ile birlikte ölüme giden Dulkadiroğlu Beylerinden Veli Dündar Bey, sosyal konumuna ihanet etmiş, ama isyana ve yoldaşlarına ihaneti reddetmiş, Kalender Çelebi ile birlikte ölümü göğüslemiştir.

Son olarak da belirtilmesi gerekir ki, Maraş ve çevresinde, bu isyana katılan Türk-Kürt aşiretlerin büyük bir kısmı, Bugün Maraş'ta yaşamaya devam eden Kürt-Türk aşiretleriydiler.

e. Şah İsmail kod adlı Maraşlı isyancı ve isyanı 1577-1578

Osmanlı dönemi boyunca, Maraş ve çevresinde, isyanlar başlıyor ve başlayan her isyan büyük katliamlarla bastırılıyordu. Buna rağmen bölgenin isyancı toplulukları, her katliamdan sonra, kendisini toparladığı ilk anda, tekrar isyana hazırlanıyor, dürülmüş isyan bayraklarını yeniden dalgalandırıyorlardı. Kalender Çelebi İsyanı'nın bastırılmasından yıllar sonra, yeni bir isyan hazırlığı başlıyordu Maraş bölgesinde. Bu isyan, Osmanlı belgelerinde, "Düzmece Şah İsmail İsyanı" olarak geçmektedir.

Tüm egemenlerin tarihleri boyunca yaptıkları gibi, Osmanlı egemenleri de, kendilerine baş kaldıran her kesimi ve bire-

---

44-Peçevi Tarihi cilt 1 S. 92-94

yi, aşağılamaya, küçük düşürmeye, toplumda rencide etmeye, özel bir önemle yaklaşmışlardır. Bu ideolojik yaklaşımın sonucu olarak, adı geçen isyan önderini küçük düşürmek isteyen Osmanlı devlet bürokratları ve ideologları, isyan önderini, kullandığı "Şah İsmail" kod adından dolayı, "düzmece" diyerek, aşağılamak istemişlerdir.

Osmanlı Devleti'nin konuyla ilgili fermanında, "Zülkadriye Beylerbeyisi ve Elbistan Kadısı serdara müracaat ederek: Şam-Bayadı Türkmenleri arasından birisinin ortaya çıkıp "Ben Şah İsmail'im dediği' Sultan Korusu ve Aslantaş Mevkiinde "bu sevda ile nice şenaatler ettiği', Hacı Bektaş ocağında kurbanlar kesip meşhur asi ve şaki Ebu Rişoğlu'yla haberleştiği" belirtilmektedir.[45]

Bu isyancının adını kullandığı Şah İsmail, 1500'lerin ikinci yarısında, Safevilerin başında bulunan hükümdar II. Şah İsmail'dir ve isyan yıllarından kısa süre önce ölmüştür. Şah İsmail'in ismi, daha önce gördüğümüz sürecin sonucu olarak, Maraş-Elbistan ve yakın bölgelerde yaşayan Türk-Kürt Alevi aşiretleri için, halen önem taşımakta ve değer ifade etmekteydi. Osmanlının zulmüne karşı koymaya karar vermiş olan bu yiğit isyancı, Şah İsmail adının yoksul halklar üzerindeki etkisini kullanarak, yeni bir isyan örgütlemek üzere meydana atılmıştır. Ölen Safevi Devleti'nin hükümdarı II. Şah İsmail'e atfen, "Şah İsmail ölmedi, benim" diyerek ortaya çıkan bu isyan önderi, Maraş-Elbistan ve çevresinde yaşayan, Şam-Bayat Türkmenlerindendir.

Arşiv belgelerine göre, isyan önderi ve yoldaşları, İsyanı örgütlemek amacıyla, Elbistan Kazası'nın Sultan Korusu mevkiinde, iki yüz kadar atlı militanıyla çevre köylere dağılarak, hazırlık çalışmalarına başlamışlardır.

Osmanlı Devleti'nin yerel unsurları, yapıldığını öğrendikleri isyan hazırlıklarına karşı harekete geçerek tedbir almaya çalışmaktadırlar. İsyana karşı geliştirilen tedbirler kapsamında yakalanan Mehmet adlı bir isyancıyı, işkence ile konuşturarak,

---

45-http://sbe.erciyes.edu.tr/dergi/sayi_17/05_soylemez.pdf

isyan hakkında bilgi alırlar. Alınan bilgiler, merkezî yöneticilere bildirilir. Merkezî yönetim bir fermanla, söz konusu İsyanı önlemek veya bastırmak için gerekli hazırlıkların yapılmasını bildirir.

Bu fermanda, isyana hazırlanan aşiretler, isim-isim belirtilirler. Söz konusu fermanda, adı geçen aşiretlerin, ortaya çıkan Şah İsmail adında isyancıya bağlı olarak, isyan çalışmaları içinde oldukları ifade edilmektedir.

Bu arada, Şam-Bayatlı Şah İsmail kod adlı isyancı, Boz-ok ile Malatya arasındaki bölgede, yerleşik halk ve konargöçer aşiretlerin yardımlarını temin ederek, taraftar sayısını arttırmaya ve faaliyet sahasını genişletmeye çalışmaktaydı.

Şam-Bayatlı Şah İsmail kod adlı isyancının önderliğinde, isyana hazırlanan Malatya ve Maraş çevresindeki, konargöçer hayatı yaşayan Kürt-Türk aşiretler, İzollu, Rişvan, Eşkanlu, Bazuki ve Cihanbeyli Solaklu, Şeyh Hüseyinlü, Soydanlu, Eğribüklü, Adaklu, Kalaçaklu, Beziki, Çakallu, Mihriman, Karasaz ve Kömürlü adlı cemaat ve aşiretlerden oluşmaktadır. Şam-Bayatlı isyancı, Elmalı, Çermik, Bozan, Mezrum ve Boyalıca köylerinden ve Arguvan Nahiyesi'nde, bazı taraftarlarıyla, Solaklı, Şeyh Haletli, Havili cemaatleriyle, Solaklı obalarından çıkarak, önce Malatya'ya, oradan Arapkir Kazası'na, sonra Maraş'a varmak ve daha sonra Karaman'ı ele geçirmek niyetindeydi.

Gerek yapılan istihbarat çalışmaları, gerek Şam Bayatlı Şah İsmail'in taraftarlarına yapılan baskılar sonucu alınan bilgilerle, isyan hazırlıkları, Osmanlı Devleti tarafında, çok yakından takip ediliyordu. Bu yolla elde ettiği bilgileri değerlendiren Osmanlı Devleti, bütün yerel güçlerini harekete geçirerek, saldırı için uygun fırsatı beklemekteydi.

Nihayet fırsat kollayan Osmanlı, hazırlık çalışmalarının bir yerinde, isyan kuvvetlerine saldırmış, yapılan saldırı sonucu, isyancı kuvvetler yenilmiştir. Ancak isyan önderi Şam Bayatlı Şah İsmail, çatışmalar sonucunda, Osmanlı kuvvetlerine yakalanmayarak, isyan bölgesinden ayrılmış ve izini kaybettirmiştir.

Osmanlı belgelerinde, bu isyanda, bölgenin Kürt aşiretlerinin yer aldıkları, çok açık olarak görülmektedir. Şam Bayatlı Şah İsmail İsyanında yer alan Kürt aşiretlerinden Rişvanların, İzollu aşiretinin, Beritiz aşiretinin ve başkaca Kürt aşiretlerinin sayılması, bu durumu açıklıkla ortaya koymaktadır. [46]

Maraş ve çevresinde bulunan çeşitli aşiret ve topluluklar, Osmanlı yönetimine karşı, 1600'lü yıllara kadar, belirtildiği şekilde, sürekli "isyan hali" içinde bulunmuşlar, merkezî devlete bağımlılıklarını sınırlı olarak sürdürmüşlerdir.

1600-1700'lü yıllarda, Maraş ve çevresinde, toplumsal hareketliliklerde bir durağanlık yaşandığı görülmektedir. O yıllarda, Osmanlı Devleti ile Maraş ve çevresi halklarının güçlü çatışmaları görülmez. Bunun nedeni, büyük ölçüde, Osmanlı Devleti'nin yaşadığı, çeşitli iç ve dış sorunlarından dolayı, Maraş halklarını kontrol altına almaya yönelik politikalarını, uygulayamaz durumda olmasıdır. Dolayısıyla, o yıllarda, adı konmamış bir kısmi özerklik hali yaşayan Maraş ve bölge halklarının bu durumları, bir süre böyle devam etmiştir.

Bu tarihlerde ve sonrasında, dünyanın ve Osmanlının değişen koşullarına bağlı olarak, bölgenin "denetlenemez" durumuna son vermek isteyen Osmanlı Devl ·ti, yeni politikalar geliştirmeye başlamıştır. Maraş ve çevresindeki isyancı toplulukları denetim altına almayı amaçlayan bu politikalar yeni bir sürecin başlamasına yol açmıştır. Devreye konan yeni politika, Maraş'ta yaşayan isyancı Kürt ve Türk halklarını zorla, çeşitli mekânlara iskân etmek, yerleştirmektir. Bölge halklarına büyük acılar yaşatan bu zorla yerleştirme, iskân çalışmaları, uzunca bir süre ve sistematik olarak devam etmiştir.

Bu politikaların birinci bölümünün uygulandığı 1661-1696 yılları, Maraş ve bölgesinin Türk-Kürt aşiretlerinin yaşadığı "cehennem" yıllarıdır. Bu yıllarda, Maraş ve çevresinde yaşayan aşiretler, Osmanlının denetiminde olan çeşitli şehirlere sürgün edilmişlerdir. Buna karşı sürgünü kabul etmeyen aşiretler ise, ya çatışmaya girerek dağlara çekilmişler veya sürgün

---

46-http://sbe.erciyes.edu.tr/dergi/sayi_17/05_soylemez.pdf

edildikleri yerlerde, tekrar kendi yurtlarına dönmeye çalışmışlardır. Osmanlının Türk-Kürt aşiretlerine uyguladığı, zorla göç ettirme ve söz konusu aşiretlerin sürgün edildikleri yerlerde, Osmanlının baskısına rağmen, tekrar yurtlarına dönmesi, bir döngü olarak, yıllar yılı devam etmiştir.

Osmanlının zorla yerleştirme politikalarının hedefi olan aşiretlerin büyük bir kısmı, halen Maraş'ta yaşamakta olan aşiretlerdir. Görülmektedir ki, zorla sürgün etme politikası, Kürt-Türk haklarının hayatında yarattığı binlerce dram ve trajediye rağmen, başarılı olamamış, istenen sonucu vermemiştir. Sürgün edilen halklar tekrar geri dönmenin bir yolunu bulmuşlardır.(47)

Bütün bu bilgilerde ortaya çıkan gerçek şu ki, Maraş-Elbistan bölgesi, Osmanlının geldiği yıllarda başlamak üzere 1860 yılına kadar disipline edilememiş, yönetilmekten zorlanılmış, kontrol altına alınamamış bir bölgedir. Bölge halkları söz konusu yılları, isyan, direniş ve katliam yılları olarak yaşamışlardır.

İlginç bir örnek olarak belirtilenlerin dışında, Maraş'ın etki alanında bulunan, Akçadağ'da, 1834 yıllarında, "Hafız Paşa'da isyancılarla uğraşmış, özellikle Sincar ve Akçadağ taraflarında başkaldırmış Yezid'leri tenkilde başarılı olduğu için Padişah tarafından taltif edilmiştir" denmektedir.(48) Burada "Yezid" diye ifade edilen topluluğun Yezidiler olduğu anlaşılmaktadır ki, bu bilgi, bölgede o yıllarda, Yezidilerin de bulunduklarını göstermektedir.

Bu dönemde Maraş'ın toplumsal-dinsel yapısı, Babailerden başlayıp, Safeviler döneminde yaygınlaşan ve güçlenen bir biçimde, İslam'la bağdaşmayan Kızılbaşlık-Alevilik inancına yönelmişti. Maraş ve çevresi halklarının asiliğiyle örtüşen bu inanç sistemi, belirtilen dönemde, bölgede yaşayan Türk-Kürt topluluğunun temel inancı, yaşam kültürü ve politik programı olmuştur.

47-Osmanlı imp. Aşiretlerin İskanı Cengiz Orhon S. 39 ve devamı

48-http://dergiler.ankara.edu.tr/dergiler/18/20/40.pdf

1800'lü yıllardan cumhuriyet dönemine kadar, Maraş ve çevresinde, yoğun ve yaygın bir eşkıyalıkla karşılaşılmaktadır. Birkaç örnekle yetinmek durumundayız. "1817 yılında Maraş'taki Akçakoyunlu Aşireti'ne mensup bir grup, Elbistan taraflarında yaylada bulunan aşiretlerine katılmak üzere geldiği Elbistan Yaylası'nda Reyhanlı, Çelikanlı, Atmalı ve Kılıçlı aşiretlerine mensup bir grup eşkıyanın saldırısına uğramıştır" denmektedir. Ayrıca "Kılıçlı Aşireti"ne mensup bir takım eşkıya, birkaç yüz süvari ile 1770 yılında Malatya-Elbistan arasındaki yaylalarda konargöçer hayatı yaşayan Mihmatlı Aşireti'ne saldırdığı", belirtilmektedir. Bir başka örnekte "Tacirli Aşireti eşkıyası 1852 yılında, Maraş sancağı dâhilinde bulunan Sinemenli Aşireti halkı üzerine saldırarak önemli miktarda hayvan ve mallarını gasp ettiği" yazılmaktadır.[(49)] Tacirli Aşireti'nin söz konusu bölgede bu tür hareketlerine sıkça rastlandığı ifade edilmektedir. Buna benzer çok sayıda eşkıyalık hareketlerinin olduğunu görüyoruz.

Bütün bu gerçekler, Osmanlı tarihinin bu döneminde, Maraş ve çevresinde yaşayan Kürt, Türk ve Ermeni halklarının baş eğmezliğinin, Osmanlı Devleti'nin en temel sorunlarından birisi olduğunu göstermektedir. Sorunun kapsam ve önemini gören Osmanlı, bu sorunla ilgili, özel politikalar geliştirmiş ve uygulamaya koymuştur. Bu amaçla güncellenen politika, daha önce denenen zorla iskân politikasıydı. Kararlaştırılıp uygulanmaya çalışılan zorla iskân politikasının başlangıçta istenen sonucu vermemiş olması, adı geçen politikanın daha özel yöntem ve araçlarla uygulanmasını gündeme getirmiştir.

Tanzimat'tan Cumhuriyet'e Maraş'ta iskân politikaları / Fırka-i İslâhiye-Zor Nizam

1800'lü yılların ikinci yarısına girildiğinde, dünyada yeni bir dönem yaşanıyordu. Kapitalist ve emperyalist gelişmeler dünyanın her karış toprağını ve istisnasız her toplumu etkilemeye başlamıştı. Klasik imparatorluk sistemleri çözülme ve dağılma sürecine girmişti. Bu gelişmelerin birçok sonuçlarından bizi

---

49-http://sbe.erciyes.edu.tr/dergi/sayi_17/05_soylemez.pdf

ilgilendireni, ulusal kimliklerin oluşması ve toplumsal-politik hayata girmesidir.

Dünyada yaşanan gelişmenin sonucunda, Osmanlı Devleti, 1839 yılında Tanzimat'ı ilan etmiştir. Gerek çok uluslu bir devlet olarak, gerekse yaşanan kapitalist gelişmenin yarattığı diğer sorunlardan dolayı Osmanlı, değişiyor, ama bu değişim süreci, aynı zamanda Osmanlının sonunu hazırlıyordu.

Bu yıllarda Osmanlı, fetihçi politikaların yükü altında eziliyor, askeri yenilgi ve kayıplar yaşıyordu. Yaşanan yenilgilerden doğan asker ihtiyacı, dönemin emperyalistlerine olan bağımlılığın ve sarayın çürümüşlüğünün getirdiği mali yük, Osmanlıyı, tebaası olan yoksul halkların sırtına daha fazla binmeye zorluyordu.

Osmanlı, yaşadığı sorunları aşmak için, o güne kadar yeterince denetim altına alıp ezemediği, sömüremediği toplumsal kesimlere yönelmeye başladı. Önce, fetihçi ideolojiyi yücelten bir tutumla, Rumeli'nde "Evlad-ı Fatihan" adında bir örgütlenme yarattı. "Evlad-ı Fatihan" yapılanmasının verimli olmasını sağlamak üzere, tarım yapabilmeleri için toprak ve destek verildi. Aynı yöntem, Anadolu'dan da uygulanmak isteniyordu. Böylece, hem denetim altında olmayan toplumlar denetim altına alınmış olacaklar, hem de bu toplumların insan gücünden, asker ve üretici olarak yararlanılmış olunacaktı.

Osmanlı Devleti, bu politikanın gereği olarak, o güne kadar askere gitmek ve vergi vermek konularında sorun çıkartan, Maraş ve bölgesi halklarına, yönelmeye karar verdi. Bu amaçla daha önce deneyip istediği sonucu elde edemediği, bölgenin asi halklarını, çeşitli yerlere iskân etme-zorla yerleştirme politikasını tekrar, ama daha etkin olarak uygulamayı önüne koydu. O yıllara kadar bu zorba politikaya karşı direnen bölgenin yoksul halklarının direncini hesaba katan Osmanlı Devleti, iskân etme-zorla yerleştirme politikasını, bir "Özel Ordu" ile gerçekleştirmeyi planladı. Osmanlı Devleti'nin, bu iskân uygulaması, Maraş'ın kaderinde ve toplumsal kimliğinin değişiminde belirleyici bir rol oynamıştır.

Kör olasın Derviş Paşa
Hep dul kodun gelinleri
Dadaloğlu

a. Osmanlı Devleti'nin "Özel Harpçısı" Cevdet Paşa ve "Özel Ordu"su Fırka-i İslâhiye

Maraş ve çevresinde yaşayan çeşitli halklardan aşiretler için, tayin edici ve değiştirici zorlu süreç, bu tarihlerde başlamıştır. Selçukluya, Dulkadiroğlu Beyliği'ne ve en son Osmanlıya tabii olmayarak, uzun yıllar kendi ulusal, dini ve kültürel kuralları ve normlarıyla yaşamlarını sürdüren bu kitleler, nihayet 1865- 1866 yılında, Osmanlı Devleti tarafından kurulan bir "Özel Ordu" ile denetim altına alınmaya başlandı.

Bu amaçla kurulan ve görevlendirilen dönemin "Özel Ordu"su, Fırka-i İslâhiye'dir. Osmanlı Devleti, Fırka-i İslâhiye'nin çalışmalarını kolaylaştırmak için, "özel" iskân kanunu çıkartmış, "özel" yetiştirilmiş yetkin kadrolarını bu işe memur ederek, her türlü olanağı sunmuştur.(50)

İsyancı Maraşlı halklara baş eğdirme misyonuyla kurulan Özel Ordu Fırka-i İslâhiye'nin görevlerinden biri de, o yıllarda, Maraş-Zeytun'da kısmi bir özerklik içinde yaşayan Ermenileri "yola getirmekti."(51) Ancak, çeşitli gelişmelerden dolayı planın bu boyutu, o yıllarda, gerçekleştirilememişti.(52) Bu süreci anlayabilmek için, Fırka-ı İslâhiye "Özel Ordu" sunun siyasi komutanı Cevdet Paşayı ve faaliyetlerini, kendisinin yazdıklarında izleyelim.

Cevdet Paşa, Osmanlının son döneminde kendi önerisiyle kurulmuş ve son yılların Ergenekon tartışmalarında konu edilmiş olan "Encümen-i Daniş"ın kurucu üyesi ve fikir babasıdır. İşkodra'da yaşanan İsyanı bastırmak için "Fevka'l-ade komiserlik ile İşkodra'ya" gönderilmiş ve "görevini" yapmıştır.(53)

50-Tezakir cilt 3 S. 107 ve devamı

51-Maraş'ta Ermeniler... Nejla Günay S. 244

52-Tezakir cilt 3 S. 121

53-Tezakir cilt 2 S. 157

Aynı dönemde yaşanan Bosna İsyanı'nda, Cevdet Paşa, yine en önde, iş başındadır. İsyanın önderlerini satın almak dâhil, tüm hile ve savaş oyunlarını kullanarak, "Boşnakları terbiye etmek"[54] adına, Bosna halkının kısmi özgürlüğünü bağımlılığa dönüştürmek için onları Osmanlı askeri olmaya zorlamıştır.[55] Cevdet Paşa, gittiği her yerde, "koloni militer" olarak adlandırdığı, tam yetkili bir askeri sömürge valisi gibi çalışmaktadır.[56]

Başarılı faaliyetlerinden dolayı, çeşitli defalar, Osmanlı Devleti ve padişahı tarafında taltif edilen, rütbeler ve nişanlar verilen Cevdet Paşa, Osmanlının en temel ve önemli sorunlarından birisi olan Maraş ve çevresinin halklarının kontrol altına alınması sorununu çözme görevine, özellikle, talip olmuş, konuyla ilgili ilk adımın atılmasını sağlamıştır.

Bölgenin halklarını denetim altına alma sorunu ve çözümüyle ilgili olarak, Cevdet Paşa'nın da içinde bulunduğu bir toplantı yapılır. Toplantıda Cevdet Paşa, "Hısnı Mansur," "Kozan" "Cebel-i Bereket," "Akçadağ" "Dersim" "Gâvur Dağı" çevresini isim isim sayarak, buraların Devlet-i Aliye tarafında, işgal edildikleri günden beri, "hal-i isyan içinde olduklarını" belirtir.[57] Cevdet Paşa, yaptığı bu tespitten hareketle, yapılacak kapsamlı bir operasyonla, Türk-Kürt isyancı aşiretlerin, "zorla iskân" edilmelerini önerir.

Böylece, kontrol altına alınacak olan adı geçen toplulukların askere alınmalarının ve vergilendirilmelerinin mümkün olacağını söyler. Bu programın başarılı yürümesi için, bir harekât planı sunan Cevdet Paşa, bölge aşiretlerinin "Islahı"nı ifade etmesi anlamında, adı Fırka-i İslâhiye olan özel bir ordunun kurulmasını teklif eder. Osmanlı Devleti tarafında kabul edilen projenin teorisyeni Cevdet Paşa, bu "Özel Ordu"nun tam yetkili siyasi sorumluluğuna getirilir.

---

54 -Tezakir cilt 3 S. 33

55 -Tezakir cilt 3 S. 40 ve devamı

56 -Tezakir cilt 3 S. 33

57 -Tezakir cilt 3 S. 107

Osmanlının bu "Özel Ordu"sunun askeri komutanlığına ise, Karadağ İsyanını bastıran[58] Müşir Derviş Paşa atanır. Fırka-i İslâhiye'nin vurucu gücü, Çerkeslerden, Gürcülerden ve Kürtlerden oluşturulmuş atlı birliklerdi.[59] Fırka-i İslâhiye'nin görevi ve görev alanı İskenderun'dan Maraş ve Elbistan'a, Kilis'ten Niğde ve Kayseri'ye, Adana sahillerinden Sivas'a kadar olan bölgede, kontrol edilemeyen kitleleri "ıslah" etmekti.

Hemen ve büyük bir gayretkeşlikle işe başlayan Özel Harpçı, Encümen-i Daniş üyesi Cevdet Paşa, oldukça deneyimlidir. İlk olarak aşiretlerin "ileri gelenlerine" daha önceki isyanlarda yaptığı gibi, devletin çeşitli kademelerinde ve ordu içinde görevler vererek ve buna benzer başkaca rüşvetlerle, satın alarak işe başlar. Cevdet Paşa, satın aldığı bu "ileri gelenler" vasıtasıyla da isyancı toplulukları kontrol altına almaya amaçlamaktadır. Siyasi komutan olan Cevdet Paşa, bu faaliyetleri yürütürken, askeri komutan olan Derviş Paşa ise, baskılara karşı çıkacak olanlar için, Zeybeklerden ve Arnavutlardan oluşan daha özel "vurucu" bir birlik kurmaktaydı.

1866'da, bölgede, harekâta başlayan Fırka-i İslâhiye, Halep, Kozan, Adana, Maraş ve çevresinde yaşayan tarihleri boyunca boyun eğmemiş isyancı Türk-Kürt aşiretlerini, kısa sürede, büyük acılar yaşatarak, çeşitli şehirlere, kasabalara ve köylere yerleştirerek teslim almıştır. Gerektiğinde yeni köyler ve kasabalar kurularak, buralara, söz konusu Türk-Kürt aşiretlerinin zorla yerleştirilmesi sağlanmıştır. Osmaniye, Kadirli, İslâhiye gibi şehirler ve birçok köy, Fırka-i İslâhiye tarafından ve isyancı aşiretlerin iskân edilmesi amacıyla, bu yıllarda kurulmuşlardır.

1866 yılında, zorla iskân edilerek, yerleşime tabi tutulan, bölgenin Kürt aşiretleri de bulunmaktadır. Atmililer, Sinemillililer, Rışvan aşiretinin çeşitli kolları gibi birçok Kürt, Kürt-Alevi aşiretleri bunlar arasındadır. Ayrıca Kürt aşiretleri olarak, "Okçu İzzeddinlü ve Şıhlar ve Amiki namıyla üç aşiretin" de[60] zorla

---

58 -Tezakir cilt 2 S. 251

59 -Tezakir cilt 3 S. 135

60-Tezakir cilt 3 S. 144

iskâna tabii tutulduğunu, yine Cevdet Paşa'dan öğreniyoruz.

Osmanlının "Özel Ordusu" tarafında zorla yerleştirilen bu isyancı Türk ve Kürt aşiretlerin, Maraş Katliamı bağlamında, kapsamlı ve ayrıntılı incelenmesi, çok ilginç noktaların açığa çıkmasını sağlayacaktır. Mesela bu aşiretlerden olan Tecirliler, o döneme kadar yaşanan ve yukarıda belirttiğimiz isyanlarda büyük roller oynamış ve 1866 zorla iskân yıllarına kadar, isyancı özelliklerini korumuş ve sürdürmüşlerdir. Hatta bu aşiret, 1860-61 yılında, Osmanlının yerel yöneticileri tarafında, Zeytun Ermenilerine karşı yapılan bir seferde, Zeytun Ermenilerinin yanında yer alarak, Maraş Mutasarrıfına ve onun şahsında Osmanlı Devletine karşı tutum almış, mücadele etmişlerdir.(61) Daha da ilginç olanı, Tecirli Aşiretinin geliştirdiği bu tutum değişikliğinin nedeni olarak, Osmanlı Devleti'nin, Ermenilere yaptığı zulmün benzerinin, daha sonra kendilerine yapılacağını öngörmüş ve bunu ileri sürmüş olmalarıdır.

Tecirli Aşiretinin, ezenlere karşı sürdürdükleri mücadele ve yaşadıkları tecrübelerden çıkartarak, pratik-politik hayata uyarladıkları bu gerçek, politikleşmenin düzeyini göstermektedir. Aynı şekilde ve aynı Tecirli Aşireti, 1600 yıllarında, Kürt Lek aşiretiyle birlikte, Osmanlıya karşı başkaldırmıştır.(62) Örnekler göstermektedir ki, halklar arasın daki dostluk ve dayanışma, politik bir özellik kazanarak Osmanlı Devleti'ne karşı mücadeleye dönüşebilmiştir. Tecirli Aşireti'nde görülen, egemen Osmanlıya karşı baskı altında olan Ermeni, Türk, Kürt halklarının işbirliği içinde olması, sadece bu aşirete özgü bir durum değildir. Dönemin özelliğinden dolayı, başka aşiretlerinde benzer ilişkiler içinde oldukları görülmektedir. Aşiretler arasında egemenlere karşı birlikte mücadele etmeye dayanan halklar arasındaki ilişkiler kısa bir süre sonra, ırkçılığın ve şovenizmin korkunç etkisi ve tahribatıyla, düşmanlık noktasına getirilmiştir.

Bu aşiretin ve bölgede yaşayan diğer aşiretlerin dinsel algılamaları ve dini pozisyonları konusunda fikir vermesi açısın-

---

61-Tezakir cilt 3 S. 120

62-http://www.osmangokce.net/ericek/66-tecrl-dedn

da, şu bilgiler de dikkat çekicidir. "Tecirli Aşiretinde cenaze namazı kıldıracak hoca olmadığından insanlar öldükleri yerde hemen defnedilirler ve üç beş ay sonra bir hoca bulunursa mezarı üzerine götürülüp cenaze namazı kıldırırlardı. Evliliklerde de benzer uygulama yapılırdı. Zifaftan nice zaman sonra bir hoca bulurlarsa iki tanık ile nikâh kıydırırlardı. Çoğu kere de bu nikâh kadın hamile iken yapılırdı. Üç Aylar dolayısıyla aralarına bir hoca girerse birçok cenaze namazları birden kılınır ve birçok nikâh birden kıyılırmış. Hoca efendi bu suretle epeyce para kazanırsa da bu paranın hayrını göremezmiş. Çünkü hoca efendi işleri bitirip dönüş vakti geldiğinde görünüşte obadan hoşnutlukla ve güler yüzle uğurlanırmış ama yolunun üzerine üç beş Tecirli atlısı gönderilmesi de ihmal edilmezmiş. Obadan ayrılan hoca efendi, ıssızda yakalanır ve bütün paraları ve üstelik hocanın kazanç aracı olan Mushaf'ı da elinden alınırmış. Hoca da Tecirli obasından, canını zor kurtarır ve geldiğinden daha da yoksul olarak kös-kös dönermiş."[63]

Ne yazık ki bütün bu hoşgörülü ve halklar arası dayanışmaya örnek olacak tutumlarına rağmen aynı aşiret mensupları, gerek 1895-1922 Ermeni Katliamı'nda ve sürgününde, gerekse 1978 Maraş Katliamı'nda, yer alabilmişlerdir. Bu durum Maraş'ta yaşayan diğer aşiretlerin hemen hepsi için aynı şekilde yaşanmıştır. Maraş Katliamı'na katılan köy ve köylüleri incelediğimizde bu irkilten gerçekle karşılaşmaktayız.

Fırka-i İslâhiye'nin zorla yerleştirmelerini, kendisi de Anadolu'da yaşayan her kavmi Türk sayacak kadar ırkçı olan ve Osmanlının son yıllarında Maraş'ta yöneticilik yapan Besim Atalay, şöyle anlatmaktadır. "Kuru iskân imha demektir; asırlardan beri alışılan bir hayat ve bir tarz-ı maişet birden bire değiştirilemez. Bunlar tedricen islâh ve iskân edilmek lazım gelir iken, yapılmadı. Üzerlerine asker çekildi. Ordular sevk edildi. Topa tutuldu. Obalar, yaylaklar, kışlaklar yakıldı ve yıkıldı. Beğler kurşuna dizildi. Kadınlar ve çocuklar bile öldürüldü; gelinler esir edildi. Düşman gibi kırıldı; geçirildi... Bu babayiğitlerle beraber ocakları, hanümanları, atları, koyunları

63-Tezakir cilt 3 S. 163-164, http://www.osmangokce.net/ericek/66-tecrl-dedn

mahvolup gitti. İşte körü körüne Avrupa medeniyetini taklîd beliyesi. Şu hizmetlerine!. Mükâfat olmak üzere vaktin hükümeti Derviş Paşa'ya, Kurt İsmail Paşa'ya, Cevdet Efendi'ye, niş'anlar ve pâyeler verdi" (64)

Konunun bir diğer yönü ile ilgili olarak Besim Atalay şöyle devam etmektedir. "Fırka-i İslâhiye, Farsakları, Ceridlileri Adana ovasına ve Cebelibereket'e, Avşarları Göksun'a ve Kayseri'ye taraflarına, Bozdoğan'ı Andırın havalisine, Tecirliyi Me'raş ve İslâhiye nevahiyesine yerleştirir; yok öldürür; defneder. "(65)

Zorla iskân zulmünü yaşayan bölge halkları, bu yılları, "zor nizam" olarak adlandırmıştır.(66) Ali Rıza Yalkın bölgeyi gezerek yazdığı kitabında, Nedirli aşiretinin yaşlılarında birisi ile yaptığı görüşmede, yaşlı Maraşlının "zor nizam" tanımlamasının nerede kaynaklandığını bilmezden gelmekte, yolları çatallaştırmaya çalışmaktadır. Nede olsa Türkçülüğün revaçta olduğu bu yıllarda, bölgeyi gezen bir Türkçü olarak "kol kırılır yen içinde" diye düşünmüş olmalı.

Bölgenin bir insanı olarak bu dönemi bütün boyutlarıyla yaşayan isyanların ozanı Dadaloğlu'nun bu zorla iskân etme -yerleştirme uygulamalarıyla ilgili birçok şiiri bulunmaktadır. Bu yiğit isyancı ozan, bu bölgede ve bu tarihte yaşamış, Afşar Türkmenlerindendir. "Belimizde kılıcımız kirmani, Taşı deler mızrağımın temreni, Hakkımızda devlet vermiş fermanı, Ferman padişahın dağlar bizimdir" diyerek, Osmanlı "Özel Ordusu" nun zulmüne karşı, halkların İsyanını dile getirmiştir. "Kaypak Osmanlılar size aman mı" diyen Maraş ve çevresinin asi ozanı Dadaloğlu, bağlı olduğu aşiretde dâhil, aşiretlere uygulanan bu zorla yerleştirme zulmünü, buna karşı aşiretlerin öfke ve direnişlerini, ezilenlerin tarihine mal etmiştir. "Zor nizam" denen bu iskân yıllarında, 60'li yaşlarını yaşayan yiğit isyancı ozan Dadaloğlu, halen ezilenlerin duygularının ve düşünceleri-

---

64-Maraş Tarihi ve Coğrafyası Besim Atalay S. 105-106

65 -Maraş Tarihi ve Coğrafyası Besim Atalay S. 107

66-Cenupta Türkmen Oymakları Ali Rıza Yalkın Cilt 2 s. 371

nin tercümanı olmaya devam etmektedir. Ama Dadaloğlu'nun aşiretinde geldiklerini söyleyenler, ne yazık ki, O'na uygun bir yerde bulunmamışlar, tam tersine, yıllar sonra yaşanan Maraş Katliamı'nda, şu ya da bu biçimde yer alarak, Dadaloğlu gibi isyancı bir halk ozanına ihanet etmişlerdir.

Kafkasya'nın gururlu evlatları,
Dehşetli dövüştünüz, öldünüz,

Puşkin

b. "Dağlı" Çerkeslerin Maraş ve çevresine sürgün trajedisi

1860'lı yıllarda Maraş'ı ilgilendiren başka bir gelişme daha yaşanmıştır. Bölgenin büyük devletlerinden Rusya'da yaşayan Kafkas halkları, Rus Çarlığına karşı sürdürdükleri mücadelelerinde yenilmişler ve Çarlık tarafından toplu katliama tabi tutulmuşlardır. Bu çilekeş halkın özgürlük mücadelesini kanla bastıran Rusya, diğer emperyalist güçlerle birlikte, "Dağlılar" dedikleri Kafkas halklarını, topraklarından kopartmaya, sürgün etmeye karar vermişlerdi.

Bunun üzerine daha önce Hıristiyan ve Yahudi olan, 17. yüz yılda İslam'la tanışan Çerkes halkının, Osmanlı topraklarına sürgünü başlatılır. Bu kararın alınmasında, başkaca nedenlerin yanında, Çerkes halkının Müslüman olması da etkili olmuştur. Çünkü Osmanlı padişahı, aynı zamanda İslam dininin halifesi ve bütün Müslümanların "koruyucusu" olarak görülüyordu.

Olağanüstü acılar ve gözyaşları demek olan ve 1859 yılında başlayan toplu sürgün ve zorunlu göç, 1866 yılına kadar devam etmiştir. Dağlı halkların yaşadığı bu trajediyle ilgili olarak Rus-Çarlık ordusunun bir görevlisi şunları yazmaktadır. "yolda önümde arz eden manzara şöyleydi. Oraya buraya dağılmış ve köpekler tarafında parçalanmış, yarı yenmiş, çocuk, kadın ve erkek cesetleri. . Açlıktan ve hastalıktan tükenmiş, zayıflıktan bacaklarını zor kaldıran, bitkinlikten düşen ve aç köpeklere canlı-canlı yem olan... "(67) diyerek devam eden an-

---

67-Vatanından Uzak Çerkesler Murat Papşu s. 132

latımların bu kadarı, yaşanan trajedinin anlaşılması için yeterince açıklayıcıdır.

Bu koşullarda ve bu şekilde yurtlarında sürgün edilen Çerkesler, gemilerle taşındıkları Osmanlı topraklarında, ölümlerin envai çeşidini yaşamaya mahkûm edilmişlerdir. "Üç dört günlük gemi yolculuğunda, 600 Çerkes'in 370'i karaya ulaşabilmiş"[68] 230'u ölmüştür.

Ruslar, Çerkeslere kan ve acı dolu sürgünü dayatırken, Osmanlı Devleti bu gelişmede kendi hesabına yararlanmaya çalışıyordu. Birçok sorunu bir arada yaşayan ve özellikle kendi içindeki halkların başkaldırılarıyla uğraşmak zorunda kalan Osmanlının bu göçleri kabul etmesi, elbette İslam adına değildi. Osmanlı Devleti, bu yeni gelenleri, imparatorluk içinde hızla azalan üretici insanları ve asker sayısını çoğaltmak amacıyla değerlendirmek istiyordu. Dönemin yabancı basınına yansıyan haberlere göre, Osmanlı yetkilileri "200 bin Dağlıyı orduya almanın"[69] çalışmalarını yapmaya başlamışlardı bile.

Rus Çarlığı'nın emperyalistlerle birlikte planladığı zulme tabi tutularak Anadolu'ya sürgün edilen Çerkeslerin sayısının 470 bin[70] olduğu belirtilmektedir. Anayurtlarında kopartılarak Anadolu'ya sürgün edilen bu Çerkeslerin bir kısmı, Maraş'ın ilçe ve köylerine yerleştirilmişlerdir.

Maraş'ın ilçe ve köylerine sürgün edilerek unutulmaz bir trajediye uğratılan Çerkesler, yaşadıkları bu dramın hesabını soramadıkları gibi, kendilerine sahip çıktıklarını sandıkları Osmanlı Devleti'nin hizmetine girmeye mahkûm ve mecbur edilmişlerdir.

c. Maraş'ta Ermeniler ve isyanları

Ermenilerin, Maraş'taki varlıklarından ve süren kısmi özerk toplumsal yapılarından söz edilmişti ilgili bölümde. Osmanlı Devleti, zaman zaman müdahalelerde bulunarak bu özerkliği

---

68-Vatanından Uzak Çerkesler Murat Papşu s. 52

69-Vatanından Uzak Çerkesler Murat Papşu s. 53

70-Kafkasya Adolf Berje s. 123

yok etmeye çalıştıysa da, istediği sonucu alamamış, Ermenilerin yarı özerk durumları, 1900'lü yıllara kadar, devam etmiştir.

1850'li yıllarda Osmanlı İmparatorluğu'nda yaşanan ve kısmen değindiğimiz toplumsal hareketliliğin esası, İmparatorluğun boyunduruğu altında yaşayan halkların bağımsızlık savaşlarıydı. Balkanlarda Yunanlıların, Bulgarların ve diğer halkların, Ortadoğu ve Afrika'da Kürtlerin ve Arapların başlatıp geliştirdiği bağımsızlık savaşları, Ermeni halkını da etkilemişti.

Dünyada ve Osmanlıda yaşanan bu gelişmelerin sonunda, o güne kadar Osmanlının "Millet-i Sadıka" diyerek, bir avuç Ermeni işbirlikçisi vasıtasıyla, kontrolde tutmaya çalıştığı Ermeniler, artık bu yalana kanmamaya başladılar.

Ermeniler açısından ulusal hareketlenme süreci, 1856 Islahat Fermanı, 1863 Ermeni Milleti Nizamnamesi, 93 Harbi olarak bilinen (1877-78 Osmanlı-Rus Harbi) harbin sonunda imzalanan 1878 tarihli Ayastefanos ve Berlin Anlaşmaları ile uluslararası anlaşmalara yansımıştı.

Böylece Ermeni halkının mücadelesine Ermeniler ve Osmanlı Devleti dışında başka önemli politik aktörler de dâhil olmuşlardı. Dünyanın emperyalist devletleri, Osmanlının içinde bulunduğu durumu ve ulusların bağımsızlık mücadelelerini, kendi yayılmacı politikalarının aracı olarak kullanmaya, gelişmeleri, bu şekil ve yönde etkilemeye çalışıyorlardı.

Ermeniler, bu siyasal koşullarda ulusal talepleri için, diğer ulusların yaptığı gibi, çeşitli hareketler geliştirmeye başladılar. Bu süreç isyanlar, anlaşmalar, çatışmalarla, 1895'e kadar devam etti. 1895 yılında, Maraş-Zeytun Ermenileri, Zeytun İsyanı adıyla bilinen Ermeni İsyanını başlattılar. İsyana ve ayrıntılarına geçmeden, konuya hâkim olabilmek için, daha önceki bölümlerde, kısaca değindiğimiz Maraş – Zeytun Ermenilerinin durumuna ilişkin biraz ayrıntı vermek faydalı olacaktır.

c1. Maraş'ta Ermeni nüfusu

Osmanlıda belli aralıklarla yapılan sayımların işlendiği ve Maraş'ın da bağlı olduğu Halep Vilayeti yıllıklarına göre, 1895-

1902 yılları arasında Maraş'ın çevresi ile birlikte toplam nüfusu, 54. 000 ile 60. 000 arasında görülmektedir.

1895 tarihi itibariyle Maraş merkezde gayrimüslim nüfusun, toplam nüfusa oranı % 32'dir. Maraş Sancağı içerisinde Ermeniler, Maraş merkez ve Zeytun'da daha yoğun olarak yaşamaktadırlar. Vilayet salnamelerine göre, 1900 tarihi itibariyle Zeytun kazasında yaşayan Ermeni nüfusu 9352 iken, Müslüman nüfus 8356 idi. Bu yıllarda Maraş'a bağlı 28 Ermeni köyü olduğu görülmektedir.(71) Ayrıca 1600'lü yıllarda bölgeyi gezen Evliya Çelebi' de Künek ve 500 hanelik Değirmen Boğazı adlı Ermeni köylerinden söz eder.(72)

Maraş şehir merkezî ve köylerindeki Ermeni nüfus için, Maraşlı bir Türk olan 1875 doğumlu Nacipzade Mehmet Suphi Tolun şunları söylemektedir. "Maraş'ta Şekerdere ve Kuyucak mahalleleri hemen hemen Ermeni nüfusu ile meskûn idi. Bu mahallelerde İslâm nüfusu pek azdı. Diğer mahalleler karışık olup takriben şehrin üçte biri Ermeni idi. Kaza ve köylerdeki durum da şöyleydi. Merkeze bağlı Fındıcak, Kişifli ve daha bir iki köy; Yenicekale'de Büyükköy ve keza üç beş köy; Andırında beş altı köy Ermenilerle meskûndu. Elbistan kasabasından da 100 kadar Ermeni hanesi vardı. Zeytin kasabasıyla Feniz (Fırnız) nahiyesi Mihal ve Alabaş köyleri ve daha birkaç köy Ermeni idi" .(73) Bu bilgi, 1860'lı yıllarda bölgenin özel valiliğini yapan Fırka-i İslâhiye'nin siyasi komutanı Cevdet Paşa tarafından da teyit edilmektedir. Cevdet Paşada çeşitli Ermeni köylerini saymaktadır.(74)

1914-15 yılında Maraş'ta Osmanlı devlet görevlisi olan Besim Atalay, "Maraş kasabasının nüfusu 32, 704' dür. Bunun 23, 552'si Müslüman, 8480'i Hıristiyanlardan ibarettir." demektedir.(75)

71-www.agos.com.tr/tr/arsiv/birzamanlar/marash.html

72- Seyahatnamelerde ...Maraş Hz.r:Yaşar Alptekin-Serdar Yakar S. 27

73 -http://www.dergiler.ankara.edu.tr/dergiler/19/1267/14571.pdf Yrd.Doç. Dr.Ahmet EY/C/L

74 -Tezakir cilt 3 S. 120

75 -Maraş Tarihi ve Coğrafyası Besim Atalay S. 205

Maraş'taki Ermeni nüfusu ile ilgili Ermenilerin tahminleri, Osmanlı Devleti'nin kayıtlarından bulunan bilgilerden farklılık göstermektedir. Ermeni kaynakları, Maraş'taki nüfuslarının, toplam nüfus içerisindeki payının %40'ın üzerinde olduğunu ileri sürmektedirler. Maraş'ın yarısının Ermeni olduğu iddiaları da ileri sürülmektedir. Türk tarafından kabul edilen rakamlara göre, hangi kayda bakılırsa bakılsın, 1800'lü yıllarda, Maraş içinde, Zeytun kazasında ve bazı köylerinde yaşayan Ermenilerin nüfusu, en az gösteren rakamlar esas alınsa bile, cumhuriyet öncesine kadar, aşağı yukarı Maraş'ın toplam nüfusunun üçte birinde fazla görünmektedir.

Ayrıca Fırnız, Zeytun gibi kasabaların dışında çok sayıda, sakinlerinin büyük çoğunluğu veya hepsi Ermeni olan köyler bulunmaktaydı. Bu demektir ki, o yıllarda çevresi ile birlikte nüfusu 150 bin olan Maraş'ın, nüfusunun 50 bini Ermeniydi. Kürtleri, Türk Alevilerini ve Çerkesleri dikkate aldığımızda, Bugün faşizmin kendisine toplumsal dayanak yapmaya çalıştığı bir Maraş değil, çok uluslu, çok dinli bir Maraş çıkmaktadır karşımıza. Üstelik Türk şovenizmine dayanak yapılmak istenen Türklerin, genel nüfus içinde, azınlıkta olduğu bir Maraş. Hem de çok eskilerde, tarihin derinliklerinde değil, yakın tarihteki Maraş'ın demografik yapısı böyleydi.

c2. Maraş'ta Ermeni kurum ve kuruluşları

Ermeniler, yüzyıllardır yaşadıkları bu topraklarda, kendi kurumlarını da oluşturmuşlardı. Ermeni okulları, ibadet yerleri, hastaneleri ve gerekli olan diğer tüm kurumları bulunmaktaydı. Ermeniler, Osmanlı kaynaklarında "Mekâtib-i Gayr-i Müslim" olarak adlandırılan okulları vasıtasıyla düzenli eğitim yapmaktaydılar. I.Dünya Savaşı öncesinde Maraş, en fazla Ermeni okulunun bulunduğu kentlerden birisiydi. Maraş"ta bu okulların dışında, ayrıca, Fransa ve Amerika'ya mensup yabancıların açtığı okullar da vardı ki bunlara "Mekâtib-i Ecnebiyye" denmekteydi.

Osmanlı eğitim sisteminin o zaman ki adlarıyla, iptidai, rüştiye ve idadi olmak üzere, üç dereceli okulları bulunmaktaydı. Bu derecelendirme, ilk, orta ve lise olarak Bugüne uyarlanabilir. 1800'lerin ilk yarısında açılmaya başlanan Ermeni okullarının

1901'deki toplam sayısı, 23'ü Maraş'ın içinde, 10'u Zeytun'da olmak üzere 33'tür. (76) Gerek okul sayısı, gerek öğrenci sayısı itibarıyla Maraşlı Ermeniler, kendi bölgelerindeki diğer halklara kıyasla oldukça ilerdeydiler.

Maraş-Zeytun'da ve Ermenilerin diğer köylerinde, çok sayıda Ermeni kilisesi mevcuttu. 1897 yılında, 17 adet Ermeni kilisesi bulunmaktaydı. Kuyucaklı, Kalealtı, Beyazıtlı, Şeyh, Akdere, Hatuniye, Şekerdere mahalleleri ve Zeytun kazası, ayrıca Fırnız bu kiliselerin bulunduğu mahalleler ve yerleşimlerdi.(77)

Ayrıca Maraşlı Ermenilerin, vakıfları, hastaneleri ve toplumsal hayatta ihtiyaç olan diğer kurumları da işlevsel varlıklarını sürdürmekteydiler. Ermenilerin kendi okul, kilise ve diğer kurumları dışında, belirtildiği gibi Amerika, Alman ve Fransız misyonerlerinin açtığı, Hıristiyanlara hizmet eden okul, kilise vb kurumlarda bulunmaktaydı.(78)

Konumuzla doğrudan ilgili olmamakla birlikte, misyoner okulları olarak adlandırılan bu okullardan çok söz edildiği için, birkaç cümle yazmak yanlış olmayacaktır. Bu okullar ve faaliyetleri, Türkiye entelektüel dünyasında, emperyalizme hizmet eden bir olgu anlamında, olumsuzlanırlar. Dünya emperyalistlerinin, çeşitli ad ve biçimlerde yaptıkları her türlü faaliyetin, kendi çıkarları için yapıldığından herhangi bir kuşku yoktur. Aynı şekilde emperyalistler, ulusların ve halkların çeşitli demokratik mücadeleleriyle, kendi çıkarları için yararlanmak amacıyla, ilişkilenmektedirler. Bu gerçekler tartışmasızdır. Ermeni halkının emperyalistlere dayanmakla, onlara umut bağlamakla nasıl tarihi bir hata yaptığı, misyoner okullarının bu süreçte negatif rollerinin bulunmuş olması, Ermenilerin yaşadıklarıyla ortadadır.

Bunun yanında, bu veya başkaca bir toplumsal gelişmeyle ilgili olarak, görüş belirtmek, eleştirmek karşı çıkmak veya desteklemek gibi düşünsel aktiviteler, her düşünce üreten insanın hakkıdır, kullanılabilinir.

76-Maraşta Ermeniler... Nejla Günay S. 91

77-Maraşta Ermeniler... Nejla Günay S. 86

78-Maraşta Ermeniler... Nejla Günay S. 85-86

Bu anlamda, Ermeniler ve misyoner okullarıyla ilişkilerine dair, eleştiriler yapılabilir, karşı çıkışlar olabilir. Fakat söz konusu ezilen bir ulusun yerine, tercih belirlemeye çalışmak, doğru bir yaklaşım değildir. Osmanlının son dönemlerinde Abdülhamit'e yapılan "yardımları", Atatürk'ün emperyalistlerle geliştirdiği ilişkileri ve yapılan "yardımları," emperyalist ilişkiler çerçevesinde, ele alıp eleştirmeyenlerin, Ermenileri emperyalistlerde koruma adına, misyoner okullarına karşı çıkmaları bir aldatmacadan ve sahte antiemperyalistlikten başka bir anlam ifade etmemektedir.

c3. Maraş, Zeytun Ermenilerinin ekonomik-sosyal durumu

Maraş, o yıllarda Halep vilayetine bağlı sancak durumundaydı, Elbistan, Göksun, Andırın Maraş'ın kazalarıydılar. Bu dönemde, Maraş merkez ile Zeytun Kaza'sı, belirtildiği gibi, Ermenilerin, Osmanlı Devleti içerisinde, en yoğun olarak yaşadıkları yerleşim birimleriydiler. Şehirdeki ticaret, esnaflık, tıp, kuyumculuk ve diğer birçok zanaat kolları, büyük ölçüde, Ermenilerin kontrolündeydi. Maraş'ta tüccarın %60'ı Hıristiyan idi. Bunlardan Agop Hırlakyan ailesi, Maraş Ermenileri arasında en zenginlerinden birisi olarak, şehirdeki çarşının büyük bir kısmına sahipti. [79]

Maraş-Zeytun Ermenilerinin ekonomik durumuyla ilgili olarak. "1860'ta İngiliz Konsolosu T. H. Skene'nin raporuna göre, kırsaldaki toprakların tümünün sahibi Müslümanlardır. Hemen-hemen şehirlerdeki tüccarların tümü Hıristiyan'dır. Yaklaşık tüm toprağı işleyenler Arap, Kürt ve Türkmen Müslümanlardır. Hemen hemen tüm atölye sahipleri Hıristiyan'dır" şeklinde belirtilmektedir. [80]

Burada bir notla araya girmek gerekiyor. Bu bilgileri veren hemen tüm akademisyenler, bilerek veya farkında olmayarak, her Ermeni'nin zengin olduğu, Ermenilerde yoksullar bulunmadığı gibi tehlikeli ve yanlış bir yanılsamanın doğmasına yol açmaktadırlar. Irkçı tarihçiler tarafında güçlendirilen bu yanılsamayla,

---

79 -Maraş'ta Misyoner Faaliyetleri ve Misyoner Okulları Mustafa Çubuk s. 59 ve devamı

80-Maraş'ta Ermeniler... Nejla Günay s. 144

Ermenilere yapılan zulümle ilgili olarak, gizli, içsel bir meşruiyet yaratılmaktadır. Böylece yoksulların geleneksel ve haklı zengin düşmanlığı, ırkçılığın hizmetine sunulmuş olmaktadır.

Ortaçağ koşullarında, Ermenilerin bazılarının şehir merkezlerinde, çeşitli ticaret ve üretim faaliyetlerinde bulunmaları, onların ekonomik olarak bazı olanaklara sahip olmalarını sağlamıştır. Bu durum, sözü geçenler tarafından hep istismar edilmiş, bir bütün olarak Ermenilerin zenginliğine kanıt olarak değerlendirilmiştir. Hâlbuki gerçeğin böyle olmadığını, teorik izahlara girmeden, anlayabilecek pratik bilgilere sahibiz. 1890 yılında Maraş ve çevresinde yaşanan kolera salgınından dolayı, bölgeyi gezen bir Osmanlı bürokratı olan Şerafettin Magmumi, Zeytunlu Ermenilerin nasıl zor ve yoksul koşullarda yaşadıklarını, açlıkla pençeleştiklerini anlatmaktadır. Hatta gördüklerinden hareketle, Ermenilerin daha verimli topraklara yerleştirilmelerini önerecek kadar, Ermenilere acımaktadır. [81] Bu gerçek, konuyla ilgili kalem oynatan hiç kimsenin dikkatini çekmemekte, buna rağmen Ermenilerin zenginliği, katliamların haklılığına gerekçe yapılmak istenmektedir.

Görüldüğü üzere, 1800'lerin sonu, 1900'lerin başında Ermeniler, Maraş'ta, Bugün olduğu gibi, "ilaç için aransa" bulunamayan bir durumda değil, hem ekonomik, hem sosyal olarak önemli toplumsal bir varlık ve güç idiler. Hatta örgütlülükleriyle birlikte değerlendirilirse, Maraş'ın en etkin toplumsal yapısı olduklarını söylemek yanlış olmayacaktır. Böyle oldukları, o yıllarda Maraş'ın en güçlü ailelerinden biri olan Beyazıt ailesi ile Ermenilerin ilişkilerinden de görülebilmektedir. Beyazıt ailesi, yerel devlet yetkilileriyle yaşadığı bir sorundan dolayı, Maraş-Zeytun Ermenilerinden destek ister. Ermeniler, olaya müdahale ederek şehrin kontrolüne hâkim olurlar. Yerel devlet yetkilileri, şehirde saklanarak kendilerini kurtarabilirler ancak. On gün boyunca şehri ellerinde tutan Ermeniler, şehri terk ettikten sonra, devlet yetkilileri ortaya çıkarlar.[82] Bu durum, Ermenilerin Maraş üzerindeki etkisini ve gücünü gösteren önemli bir veridir.

81-Gezginlerin Gözüyle Maraş s. 75-76

82- Maraş'ta Ermeniler... Nejla Günay s. 233

1864-1871 yıllarında Osmanlı Devletinde uygulanmaya başlanan Islahat Fermanı'na göre, yerel yönetimler yeniden tanzim edilmiş, düzenlenmiştir. Yapılan bu düzenlemeyle, her yerel birim, il, ilçe, kasaba ve köylere bölünmüştür. Yerel yönetimlerde merkezî yönetimi temsil eden vali dışındaki yöneticiler, özel olarak belirlenmekteydi. Yapılan bu düzenleme sonucu Ermeniler, Maraş'ın yerel yönetiminde, etkin ve yetkin bir toplum olarak, yer ve sorumluluk alıyorlardı.

Buna göre, Maraş'ta bulunan bütün yönetim birimlerinde Ermeniler, Müslümanlarla birlikte, bazı birimlerde onlardan fazla olarak, bazı birimlerde eşit sayılarda, bazı birimlerde ise, Müslümanlardan daha az olmak üzere yer alıyorlardı. Maraş'ın yerel yönetiminde Ermenilerin yer alması, sembolik veya işlevsiz bir yer alış değildi. Tam tersine, Ermeniler, Maraş'ın yerel yönetiminin her kademesinde ve oldukça etkili bir konumda bulunmuşlar ve yönetimde ciddi ölçüde söz sahibi olmuşlardır. 1914 yılında Osmanlı Meclis-i Mebusan'ına seçilen Maraş milletvekillerinden birisi, yukarıda adı geçen Ermeni Agop Hırlakyan'dı. (83) Bu bilgiler göstermektedir ki, 1867-1914 yılları arsında Maraş, yerelde Ermenilerle birlikte yönetilen Türklerin, Kürtlerin, Ermenilerin, Çerkeslerin ve az sayıda da olsa Süryanilerin şehriydi.

c4. 1895 Zeytun İsyanı

Zeytun, Halep'e 56, Maraş'a 12 saatlik mesafede bulunan ve Maraş'a bağlı, bir yerleşim birimidir. Aşağı ve Yukarı Zeytun olmak üzere ikiye ayrılan, içinden derin bir vadinin bulunduğu, dağlık ve sarp bir arazisi olan Zeytun'da, nüfusun kahir ekseriyeti Ermenilerden oluşmaktaydı. Bu nedenle Zeytun, belli başlı Ermeni yerleşimlerinden birisi olarak kabul ediliyordu. Zeytun'un çevresinde Ermeni, Kürt ve Türk köyleri bulunmaktaydı. Zeytun Ermeni halkı, her ezilen halk gibi, savaşçılığıyla şöhret kazanmıştı.

Daha önce belirttiğimiz gibi, bu dönemde, Osmanlı topraklarında yaşayan Ermeniler, gelişmeler sonucu ortaya çı-

---

83-Maraş'ta Ermeniler... Nejla Günay s. 112

kan ulusal bilinçle, ulusal hakları için ayağa kalkmaya hazırlanıyor, çeşitli çalışmalar yapıyorlardı. Bu amaçla, Osmanlı topraklarında, örgütlülükler oluşturulmuş, kurumlar yaratılmış, dünyada ve Türkiye'nin başka yerlerindeki Ermenilerle ilişkiler kurulmuştu.

Ermenilerin ulusal talepleri için başlatıp sürdürdükleri hareketlilik, Maraş-Zeytun'dan da yaşanıyordu. 1895 yılının Temmuz ayında başlayan çalışmalar, çeşitli Ermeni kurumları tarafında yürütülüyordu.

Ermenilerin ulusal amaçlarla sürdürdükleri çalışmalarla, emperyalist devletler de ilgiliydiler. Osmanlı Devleti yaşanan ulusal-toplumsal hareketliliği önlemek için uğraşırken, emperyalistler gelişmelerden yararlanmak istiyorlardı.

Kapitalizmin ve Emperyalizmin kucağında can çekişen Osmanlı Devleti, Ermenilerin yaşadığı kaynaşmayı bastırmak, Ermenileri zapturapt altına almak için harekete geçti. Planlı ve hazırlıklı bir isyandan önce, plansız ve zamansız bir İsyanı bastırmak, daha kolaydır ve bu konularda Osmanlı Devleti'nin çok fazla tecrübesi vardır. Osmanlı Devleti'nin Ermenilere saldırmak için bahanesi hazırdı, Zeytunlu Ermeniler askere gitmiyor, istendiği ölçüde vergi vermiyorlardı.

Osmanlı Devleti, Ermenilere saldırmak amacıyla geliştirdiği provokasyon planını bu zemin üzerinde yürütmeye başladı.

19 Ağustos 1895 tarihinde, Zeytun Naibi yetkilisi Süleyman Efendi, suçlu diye bir Ermeni'yi, askerlere yakalattı. Gelişmeden rahatsız olan Bozbayır Mahallesi'nin Ermeni halkı, bu duruma karşı çıkar ve yakalatılan Ermeni'nin serbest bırakılmasını isterler. Ermenilerin bu talebini bastırmaya çalışan yerel yönetimin tutumu, yoğun çatışmaların yaşanmasına yol açtı. Olay büyür ve çatışmalar yaşanmaya başlar.

13 Ekim 1895 Pazar günü, Maraş'ta çıkan bu çatışmalarla yaratılan gerilim tırmandırılmıştır. Süren silahlı çatışmalar esnasında, şehirde bulunan 290 Ermeni öğrenci, Maraş Kız Koleji ve İlahiyat Fakültesi'ndeki sığınaklarda saklanmaya mecbur oldular. Ermenilerin üzerine giden askerler, adı geçen kolej ile fakülteyi ateşe vermişlerdir.

15 Ekim 1895' de bir grup Zeytunlu Ermeni ile çevre köylüler arasında altı saat süren, iki tarafın da ağır kayıplar verdiği bir çatışmayla, ortamın gerginliği had safhaya ulaştırılmıştır. Köylerin suyu ve iletişimleri kesilmiştir.

Yaşanan bu gelişmeler üzerine Ermeni Hınçak Komitesi 19. Ekim. 1895 tarihinde, isyan başlattığını ilan etmiştir. Ermeni önderleri Baran Agasi ve arkadaşları, Zeytun'da Ermeni halkını örgütlemeye, İsyanı güçlendirmeye çalışıyorlardı. Ermenilerin yaşadığı Zeytun, Fırnız, Geben, Alabaş köyleri isyan bölgesi olmuştu artık.

Bu arada, Maraş Mutasarrıfı, 22 Ekim 1895'te Maraş'tan asker göndererek, Zeytun'a saldırmanın hazırlıklarını başlatmıştır. Bu saldırılar, Ermenileri "erken öten horoz" durumuna sokmak amacıyla yapılmış, provakatif-kontra saldırılar olarak karşımıza çıkmaktadır. Osmanlının yerel yöneticileri, topyekûn imhanın koşullarını oluşturmak için, şehirde ve bölgede gerilimi artırarak sonuca gitmeye hazırlanıyorlardı.

23 Ekim 1895 günü akşamı, Maraş'ta Karamanlı Mahallesinde Protestan Ermenilerin ileri gelenlerinden Karabet Ağa Topalyan'ın cesedi bulunmuştur. Şehirde Ermeniler, kendilerini güvende görmüyor, korkuyor, dışarı çıkamıyor, işlerine gidemiyorlardı.

Benzer bir olay, 24 Ekim 1895 Perşembe gecesi yaşanmıştır. Maraş'ın katliamcı unsurları provakatif bir biçimde, Maraş İdare Meclisi'nin Ermeni üyelerinden ve Ermeni ileri gelenlerinden Çorbacıyan Agop Efendi'nin evine saldırmışlardır.

Bu şekilde başlayıp büyüyen saldırılar ve çatışmalar, Ermenilerin yaşadığı diğer mahallelerde, köylerde ve Zeytun' da yoğunlaşarak devam etmekteydi.

Yaratılan gerilim işe yaramış, arkasında gelişen saldırılarla Ermenilere, iki seçenek dayatılmıştı. Ya saklanacaklar, teslim olacaklar, kaçacaklar veya zamansız, hazırlıksız ve emperyalistlere bağlanan bir isyan başlatıp yenilecekler.

Osmanlı Komutanı, aynı gün askerin isyancılar üzerine top ateşi ile saldırmasını emretti. Ancak durum, yerel Osmanlı yönetiminin beklediğinden farklı gelişmeye başlamıştı. Ermeniler, her şeye rağmen inisiyatif almış, İsyanı halka mal ederek, büyütmüş, geliştirmişlerdi.

Zeytun Ermenileri, 26 Ekim 1895 Cumartesi günü, dört yüz askerin bulunduğu Zeytun kışlasını kuşatmışlardır. 30 Ekim 1895'te kışla işgal edilir. 420 Osmanlı askeri, silahlarını bırakarak isyancı Ermenilere teslim olmak zorunda kalmışlardır.

Zeytun'da Ermenilerin geliştirdiği bu isyan üzerine Osmanlı Devleti, Zeytun'a yeni askeri kuvvetler gönderdi. Askeri komutan olarak dönemin "Özel Harpçı" paşaları da vardı, Zeytun seferine çıkan. 27 Ekim 1895 tarihinde Maraş'a gelip göreve başlayan paşalardan Mustafa Remzi Paşa'nın ilk işi, "Özel Harp" taktiklerini uygulamaya başlamak olur. Hafiyeliği, ihbarcılığı geliştirir. Zeytun İsyanını bastırmak için harekete geçen "Özel Harpçı" Paşanın yardımcısı olan Miralay Ali Bey, üniformalarını çıkararak sivil kifayetleriyle köyleri dolaşır, isyan hakkında istihbarat almak ve Müslüman Türk-Kürt halkını isyancılara karşı kışkırtmak için.

Ayrıca isyan bölgesinin dışında kalmış olan Ermeni köyleri basılarak Ermenilere zulmedilir. Mustafa Remzi Paşa, Zeytun'da teslim olmayan isyancı Ermeniler için, Babıâli'ye, Osmanlı Devlet merkezîne, "Zeytun'da devlete karşı koyan eşkıyayı yok etmek için, Zeytun'un topyekûn yakılması"nı önerecek kadar "Özel Harpçı"ydı.[84] Ancak günün siyasal konjöktöründen dolayı, Mustafa Remzi Paşa'nın bu önerisi ve planı, Padişah tarafından onaylanıp, pratiğe geçirilemedi.

Ermeniler, 1 Kasım'da Zeytun kalesini işgal ettiler. Garnizonda bulunan Osmanlı askerleri, iki topu bırakarak kaçmak zorunda kaldılar. İsyan gelişiyordu. Ermeni Hınçak Komitesi üyeleri, Zeytun'da köylüleri toplayarak, nizami birlikler şeklinde düzenlediler. Ermeni köylülerine üniforma ve şapka giydirilerek, Ermeni-Hınçak bayrağı dağıtıldı.

Osmanlı Devleti İsyanı bastırmak için, Elbistan ve Maraş'ta bulunan 700 askeri, Zeytun'a gönderdi. 3 Kasım 1895 Pazar günü Maraş'ta "Örfi İdare" ilan edildi ve "Divan-ı Harb-i Örfi"

84-Maraş'ta Ermeniler... Nejla Günay s. 309

kuruldu. 5 gün sonra 8 Kasım 1895 tarihinde güvenlik sağlandığı ileri sürülerek "Örfi İdare" kaldırıldı.

O günün adlandırmasıyla "Örfi İdare" denen sıkıyönetimin ilanı ve 5 gün gibi çok kısa bir sürede kaldırılması, aslında, Osmanlı Devleti'nin, İsyanı nasıl bastıracağına dair yeni bir konsept belirlediğini göstermektedir. Yoksa bu kadar kısa bir sürede, ne güvenlik sağlanmış olabilir, ne de isyan gibi büyük bir toplumsal hareket bastırılmış olabilir.

Osmanlı Devleti'nin, emperyalist devletlerin baskısının yanında, "köklü çözüm" amacıyla, yeni bir saldırı hazırlığının parçası olarak, sıkıyönetimi kaldırdığı anlaşılmaktadır. Ermenilerin, sonradan yaşadıkları bunu göstermektedir. Çünkü aynı günlerde Maraş'ın bağlı olduğu Halep'teki yerel yöneticiler görevden alınarak, yerlerine sorunu "kökten çözmek" isteyen yöneticiler getirtilmiştir.

14 Kasımda, Maraş'ta yapılan saldırılarda, 40 Ermeni öldürüldü, 300 Ermeni yaralandı. Şehrin biraz dışında olan Karamanlı Mahallesi'nde, 20 Ermeni evi yağmalandı ve bunlardan 5'i yakıldı. Kiliseler ve dükkânlar açılmadı. Osmanlı Devleti, yerel halkları, özellikle Kürtleri ve Çerkesleri, Ermenilere karşı kışkırtmış, harekete geçirmişti. Çevre köylerde halk, "gâvur" Ermenileri öldürme "iş"ine çıkmaktaydı. Katliamcılık, iş olmuştu artık. Ermenileri öldürmek için silahlı Müslüman Türk, Kürt ve Çerkes, milisler örgütlendirilmişti.

18 Kasım'da, Ermenilerin yoğun olduğu Akdere ve Kırklar Kiliseleri ile benzeri yerlere yönelik tacizler, saldırılar yaşandı. Ermenilerin oturduğu Şekerdere semti tamamen yakılarak yok edildi. 2 gün süren çatışmalarda, 150 ev yandı, Müslümanlardan 27, Ermenilerde 98 kişi öldü. 22 Kasım'da, Maraş'ta saldırılar ve çatışmalar devam etti. Maraş Ermeniler için ölüm şehri olmuştu artık. Evlerinde bile güvende değillerdi. Yaşamla ölüm arasındaki çizgi belirsizleşmişti. Her an, her yaşayan Ermeni, çizginin ölüm tarafına geçebiliyordu. 24 Kasım'da, Ermeniler, dükkânlarını, işyerlerini açamayarak, toplu halde ölümü beklemeye başladılar.

30 Kasım 1895 Cumartesi günü, isyanla ilgili olarak, Vali başkanlığında askeri ve mülki erkân, ulema, ileri gelenler, eşraf ve ruhani reisler, Halep'te bir toplantı yaptılar. Bu toplantıda, Hıristiyan ruhani liderlerin padişaha bağlılıklarını tekrarlamaları dayatılarak, kendi halkına ihanet etmeleri istendi ve sağlandı. Bunun yanı sıra, "eşkıya" dedikleri isyancıları bastırmak için alınması gereken tedbirler belirlendi.

18 Aralık 1895 Çarşamba günü, Zeytun isyancıları, Osmanlı ordusu tarafında kuşatıldı. Ordu, 23 Aralık pazartesi günü, Zeytun'u bombaladı. Yapılan "hücum"la kale yakılarak, kullanılmaz hale getirildi ve Zeytun kontrol altına aldı. Kışkırtılmış Türkler, Kürtler ve Çerkes milisler, İslam adına, yollarda Ermeni avına çıktılar. Silahsız savunmasız Ermeni kadın, çocuk ve erkekleri, görüldükleri her yerde öldürülerek, tam bir Ermeni Katliamı gerçekleştirildi.

Osmanlı Devlet yetkilileri katliamın çapını gizlemek için, öldürülen Ermenilerin gerçek sayısını açıklamaktan kaçındılar. "kışla ateşe verilmeden evvel eşkıya, ölü ve yaralılarını sürükleyerek kazaya götürdüğünden, bunların sayısı, tam olarak tespit edilemedi" diye yazdılar, kayıtlarına.

İsyancıların kışlayı ısrarla savunmaları üzerine kışla yaktırıldı. Tamamen yanan kışlanın ahşap kısmı ve duvarları kullanılmaz hale geldi. 24 Aralık 1895 Salı günü asker, Zeytun'u, akşama kadar top ve tüfek atışına tuttu. Binlerce Ermeni, çukur bir vadide, toplu öldürülme korkusu ve endişesi içinde, esir olarak tutuldular. Bütün bu baskı ve katliama rağmen, Zeytun Ermeni İsyanı bastırılamıyordu. İsyanın ana güçleri olan silahlı Ermeniler, Zeytun içinde direnişlerini sürdürmekteydiler.

Emperyalist devletlerin yetkilileri, Ermenileri destekliyor görünerek, gelişmeleri, Osmanlı Devleti ile pazarlık amacıyla kullanmaya çalışıyorlardı. Bu amaçla, arabulucu rolüyle, sürece dâhil ve müdahil oldular. Böylece emperyalist devletlerin elçileri, 28 Aralıkta toplanarak, Halep konsoloslarının Osmanlı Devleti ile Ermeniler arasında aracı olmasını teklif ettiler ve ayrıca önerileri kabul edilirse, Ermenileri, anlaşma yapmaya zorlayacaklarını belirttiler. Osmanlı Devleti, bu zorlamalar karşısında direnebilecek durumda olmadığı için, emperyalistlerin önerilerini kabul etti.

Bunun üzerine, tam olarak bastırılamamış olan Zeytun Ermeni İsyanı, emperyalist devletlerin arabuluculuğuyla başlayan Ermenilerle Osmanlı Hükümeti arasındaki görüşmeler sonucunda, bitirildi.

Ermeniler, bu isyanla, sınırlı, kalıcılığının güvencesinin olmadığı bazı kazanımlar elde etmişlerdir. Elde edilen kazanımların en önemlisi, Ermenilerin, Zeytun'da kısmi özerklik içinde yönetilmeyi ve yerel yöneticilerin Ermeniler tarafından belirlenmesini, Osmanlı Hükümeti'ne kabul ettirmiş olmalarıydı.

Ermeniler elde ettikleri kazanımların sonucu olarak, 29 Aralık 1895 tarihinde Zeytun Kazası hükümet konağına ve Tekke Manastırına Ermeni bayrağını asmışlar ve dalgalanan Ermeni bayrağı, Ermeni milisler tarafında, mevzilerde siper alınarak korunmuştur.

Bu İsyanın önemli bir yönü ise, daha önce belirtildiği gibi, isyancı Ermenilere karşı, Türk halkı yanında, Kürt ve Çerkes halkının Osmanlı Devleti tarafında, kullanılmasıdır. Osmanlı, Ermeni İsyanını bastırmak için İslam olgusunu değerlendirmiş, bu olgu üzerinde adı geçen halkları, kendi katliamına ortak etmiştir. İngilizler ise aynı şekilde kendilerinin ve müttefikleri Osmanlının, bu insanlık suçunu, Kürtlerin üzerine atmaya çalışmıştır. İngiliz emperyalistleri, "Kürtlerin Ermenileri katlettiği" iddiasını, suçlarını gizlemek için diline dolamışlardır.

Son bir dipnot olarak, bir noktanın altı çizilmelidir. Ermeni Katliamı, 18 Aralık 1895'te başlamıştır. Maraş Katliamı'nında ilk saldırısı, 19 Aralık 1978'de yapılmıştır. Aynı Aralık ayında ve aynı günlerde, 93 yıl önce Ermenilere yapılan katliam, 93 yıl sonra, Kürt ve Türk Alevilere yapılmıştır. Tarih tekerrür etmiyor evet, ama ezenlerin sömürü ve baskı politikaları, her dönem ve durumda aynı oluyor, çünkü amaç değişmiyor. Değişmeyen amaca gidilen araçlar, çoğu zaman, şaşırtıcı ölçüde benzer olabilmektedir.

c5. Adana ve Maraş'ta Ermenilere yapılan 1909 saldırıları

Ermenilerin, dönemin koşullarında ve emperyalistlere fazla bel bağlamış olmalarından dolayı, 1895 İsyanıyla kazanılmış haklarına bağlı olarak, önemli bir gelişme gösteremedikleri görülmektedir. Yaşanan isyanla elde ettikleri çeşitli haklar üzerinden on yılı aşkın süre geçtikten sonra, Ermeniler, herhangi bir ilerleme kaydedemedikleri gibi, kazandıklarını koruyamamışlardır.

Bu durum, Ermenilere karşı devlet eliyle geliştirilen aşırı ırkçı yaklaşımlardan, halklar arası yaşanmış travmaların sonucunda doğan güvensizlikten, Ermenilerin güçsüzlüğü ve izole edilmişliğinden, ayrıca Ermeni kurumlarının yanlış ve zararlı politikalarından kaynaklanmıştır.

Ermenilerin Zeytun İsyanında elde ettikleri kazanımlar, 1909 yılına kadar devam etmiştir. Bu tarihte Adana'da Ermenilere yapılan saldırılar, Maraş ve Zeytun'u da etkilemiş, benzer saldırılar, Maraşlı Ermenilere yönelik olarak yapılmaya başlanmıştır.

Ermenilerin yoğun olarak yaşadığı Sarayaltı, Kuyucak ve Demirciler çarşısı bölgelerinde yaşanan bu saldırıların, açığa çıkmamışta olsa, dönemin egemen illegal yapısı tarafında organize edilmiş olduğundan kuşku yoktur. Aynı şekilde, Ermenilere yapılan saldırılar için kullanılan unsurlar, küçük esnaflar ve yoksullar olmuştur. Maraşlı Ermenilere yapılan söz konusu saldırılar, şöyle anlatılmaktadır. "Demirci Halil ustanın ortağının bir elinde demir, diğer elinde çekiç "vurun" diye bağırarak halkı galeyana getirdiğini, Bakkal Arif'in elinde kama olduğunu... Demirci Fatır oğlu Derviş'in dükkânında bir silah atılmasıyla Hamparsum'un yere düştüğünü..."(85) yazmaktadır kaynaklar.

Görüldüğü gibi Maraşlı Ermenilere yapılan saldırılarda, kullanılan yöntemler, saldırıların kitle gücü vs tümü, diğer katliamlarda olduğu gibi, bildik, tanıdıktır.

Maraş'ın içinde başlayan saldırılar, Pazarcık'a sıçramış, ayrıca Erkenez köprüsü, Maraş Katliamı'nda olduğu gibi, Ermenilere yapılan katliama da tanık olmuştur. (86) Ermenilerin

---

85-1909 Maraş'ta Ermeni Olayları Nejla Günay s. 52/

86-1909 Maraş'ta Ermeni Olayları Nejla Günay s. 54

yaşadığı bu saldırılarda, Maraş'ta, 43 kişi ölmüştür. [87] Yapılan söz de yargılamaların sonucunda, suçlu olarak tutulan sıradan katiller, basit cezalarla kurtarılmışlardır.

Ermeniler, bu saldırılardan sonra artık bir daha kendilerine gelemediler. Osmanlı Devleti'nin Türkleri, Kürtleri ve Çerkesleri kullanarak Ermenilere karşı geliştirdiği provokasyonlar ve katliamlar devam etmiştir. Yapılan bu saldırılar sonunda Maraş-Zeytun Ermenileri, biraz daha geleceklerinde uzaklaştırılmışlardır.

c6. Ermenilerin Maraş'ta ve Zeytun'da yok edilmeleri-tehciri

1915 tarihi, bilindiği gibi, Türkiyeli Ermeniler için bir dönüm noktasıdır. Bu tarih, Osmanlı Devleti'nin Ermenilere karşı geliştirdiği, tehcir-kırım politikalarının, işlerliğe girdiği tarihtir. Aslında 1915'te uygulanan kırım politikalarının oluşturulması, 1895 yılında düşünülmüş, 1895 yılında yaşanan Zeytun Direnişi, bu yıllarda İttihat ve Terakki tarafında, kırım politikalarına gerekçe yapılmak istenmiştir.[88]

Ermenilere karşı tehcir adı altında geliştirilen kırım politikaları, diğer bölgelerdeki Ermenilere uygulandıktan sonra, sıra Zeytun'a ve Maraş'a gelmiştir. 1915 yılında, Maraş-Zeytun Ermenileri, uygulanan kırıma karşı, tedirginlik, öfke ve çaresizlik içindeydiler.

Osmanlı yönetimi, önce İttihatçı kadronun izlediği politikaların daha rahat uygulanabilmesi için, bölgede yeni görevlendirmeler yapmıştır. Daha sonra, Zeytun'u Halep'ten ayırıp özel bir statüye bağlayarak, saldırmanın zemini hazırlanmıştır. Devamında, bilinen kontra yöntemlerle yine askere gitmeyen Ermeniler bahane edilerek, Zeytun'a saldırılmıştır. Güçlü bir direnişin gelişmemesi üzerine, göç, kırım ve tehcir uygulamasına başlanmıştır.[89]

87-AGE S. 54

88- İnsan Hakları ve ermeni sorunu Taner Akçam S. 139

89-İnsan Hakları ve ermeni sorunu Taner Akçam S. 333

İstenen sonucun alınması için yapılan bir provokasyonla Zeytun'un Ermeni belediye başkanı öldürülerek, cesedi teşhir edilip, Ermeni halkına korku ve gözdağı verilmiştir.[(90)] Böylece kırıma karşı olası direnişlerin önü kesilmek istenmiştir. 1915 yılının Mart ayında başlayan kırım uygulaması, hızlandırılarak kısa sürede Zeytun'un Ermenilerinden "temizlenmesi" sağlanmıştır. Tehcirin sonunda, "Ermenilerin ekonomik üstünlüğüne son vermek, böylece piyasayı Türk ve Almanlar adına temizlemek" için çıkartılan bir kanunla, Ermeni mallarına el konarak, yeni zenginler yaratılmıştır. [(91)]

Ermenilerin yaşadığı bu kırım, izledikleri politikalarla doğrudan bağlantılıdır. Gerek güçlü bir örgütlülüklerinin olmamış olması ve emperyalistlere bel bağlamış olmaları, gerek lokal olarak, gelişmelerin sonucunu bekleyen edilgen tutumları, bu sonucun doğmasına yol açmıştır. Bu sürecin sonunda Maraşlı Ermeniler büyük ölçüde yok edilmişler ve Maraş artık Ermenilerin şehri olma özelliğini kaybetmiştir.

Ancak uygulanan kırım politikalarına rağmen, Maraş-Zeytun Ermenileri bir bütün olarak, Maraş ve Zeytun'dan ayrılmamışlar, önemli bir Ermeni nüfus, varlığını korumuştur. Maraş'ın Fransızlar tarafında işgal edilmesinde yaşananlar bunu göstermektedir. Dolayısıyla 1915'li yıllar, Maraş Zeytun Ermenileri için, henüz son değil, sondan bir öncesidir.

Maraş'ta işgal ve Cumhuriyet-1919/ 1923

a. Maraş'ın işgali

Toplumsal kaynaşmanın yaşandığı bu yıllarda, bilindiği gibi, emperyalistlerin dünyayı paylaşmak için yaptıkları 1. Emperyalist Dünya Savaşı sonlanmıştı. Bu savaşa Almanların safında ve pay kapmak amacıyla giren Osmanlı İmparatorluğu, yenildiği için söz konusu emperyalist güçler tarafında, paylaşılmış ve işgal edilmişti. Ancak amaçlanan paylaşım tamamlanmamış, koşulların özgünlüğünden dolayı, istedikleri gibi dağıtıp

---

90 -Güney Cephesi Yaşar Akbıyık S. 11

91 -İnsan Hakları ve ermeni sorunu Taner Akçam S. 440-441

paylaşamadıkları Osmanlı üzerinden savaş devam ediyordu. Osmanlı coğrafyası, İngiliz ve Fransız emperyalistleri tarafından Mondros Mütarekesi ile yeniden düzenleniyor, yapılandırılıyordu.

Savaş döneminde, Osmanlı Devletini yöneten İttihat Terakki Fırkası, fiziki olarak tasfiye olmuş, yöneticileri kaçmak zorunda kalmışlardır. İttihat Terakki Fırkasında gelen Mustafa Kemal ve arkadaşları bir yanda, Osmanlı padişahı ve çevresi diğer yanda, gelişmelerde rol oynamaya çalışıyorlardı.

Mustafa Kemal ve arkadaşları dağılan Osmanlının kalan bölümü üzerinde yeni bir devlet örgütlemek istiyorlardı. Onların böyle davranmalarına fazlasıyla uygun bir ortam vardı. Ezilen Anadolu ve Kürdistan halkları, yüzyıllardır yaşadıkları baskı ve zulme karşı, 17 Ekim Sovyet devriminin de etkisi ile emperyalistlere karşı örgütleniyor ve mücadeleye atılıyorlardı. Emperyalist işgale karşı örgütlenen Anadolu ve Kürdistan halklarının, yüksek mücadele azim ve kararlılıklarına önderlik edecek bir yapının olmaması, gelişen halk hareketlerinin kontrolünü ele alarak bir Türk Devleti kurmak isteyen Kemalistlerin, iştahını kabartıyor, işlerini kolaylaştırıyordu.

Öte yanda işgalci emperyalist odaklar, bir Türk Devleti'nin oluşmasına, karşı çıkmıyor, önlemek istemiyorlardı, esasında. Genel politik ve sosyolojik durum, dağılmış Osmanlı topraklarının bir kısmı üzerinde bir Türk Devleti'nin kurulmasını engelleyecek bir politikayı, hem gerektirmiyordu, hem de böyle bir politika birçok yönden pratik değildi.

Emperyalistler ve belli başlı siyasal odaklar için biri temel olmak üzere üç sorun vardı. Birincisi, oluşturulmak istenen Türk Devleti'nin sınırları, ikincisi, Kürtlerin ve Ermenilerin durumu, üçüncüsü ve temel olanı, oluşacak/oluşturulacak olan devletin padişah ve çevresi mi, yoksa Kemalistler ve çevresi mi tarafında yönetileceğiydi. Üçüncü sorunun emperyalistler açısında esas olan yanı ise, kimin kendilerine daha iyi hizmet edeceği üzerineydi. Zaten emperyalistlerin meşgul oldukları boyut, bir Türk Devleti'nin kurulmasını engellemekten ziyade, oluşacak olan devletin kendilerine bağlı olup olmayacağı ve ne kadar bağlı olacağıyla ilgiliydi. Onlar için önemli olan kimin iktidarı alacağı değil, iktidarı alacak olanların kendilerine bağımlılık biçim ve düzeyiydi.

Emperyalistlerin politikalarını doğru okuyan Kemalistler, ortaya çıkarlarken, emperyalistleri doğrudan karşılarına almamaya, kitlelerin gözünde meşruiyet oluşturmak içinde İslam olgusunu kullanmaya özel dikkat gösteriyorlardı.

Maraş işgalinin yaşandığı günlerde, Kemalistler çalışmalarına başladıklarında, emperyalist devletler henüz Kemalistleri tanımıyor, geliştirdikleri politikalarda Kemalistleri dikkate almıyorlardı.

Bu koşullarda, Osmanlı Devleti ile emperyalist devletler arasında yapılan anlaşmalara uygun olarak Maraş, 22 Şubat 1919 da İngilizler tarafında işgal edildi. Sekiz ay süren İngiliz işgaline karşı, Maraş ve çevresinde, anlamlı herhangi bir tepki, herhangi bir karşı koyuş yaşanmadı.(92) Çünkü İngilizler, öncelikle, Osmanlının hamisi durumundaydılar. Cumhuriyeti kurmaya çalışan Kemalist kadronun ise henüz, Maraş'taki işgale karşı bir mücadele geliştirme tutumu ve politikası yoktu, belirtilen nedenlerden dolayı.

İngilizler, 15 Eylül 1919'da Fransızlarla yapılan Suriye İtilafnamesine göre, Musul ve çevresini Fransızlardan devir alarak, Maraş, Antep ve Urfa Sancaklarını Fransızlara bıraktılar. Böylece Maraş, Fransızlar tarafında, 29 Ekim 1919 Çarşamba günü Yüzbaşı Joly komutasında işgal edildi. İşgal gücü olan askerlerin önemli bir kısmı, İngiliz işgalinde olduğu gibi, Hintli, Cezayirli Müslüman askerlerden oluşmaktaydı.(93) Fransız işgalcileri de, İngiliz işgalciler gibi, karşı çıkılarak değil, Maraş'ın en büyük ailelerinden olan Beyazıtlar tarafından, ziyafet verilerek karşılandılar. Hatta bölgenin "Kuvayı Milliye öncülüğünü yapanlar bile Fransızlara hoş görünülmesini öğütlemekteydiler".(94) Buna rağmen Maraş halkı, işgali ön-

92 -Milli Kurtuluş Tarihi Doğan Avcıoğlu cilt 1 s. 7

93-Milli Kurtuluş Tarihi Doğan Avcıoğlu cilt 1 s. 8-9

94-Milli Kurtuluş Tarihi Doğan Avcıoğlu cilt 1 s. 9

lemek için, Aksu üzerindeki köprüyü yıkarak işgal karşıtlığını ortaya koymuştur.

Fransız emperyalistleri, kısa süre önce yaşanan Ermeni isyanlarından dolayı, genel bir Ermeni düşmanlığının yaratıldığı Maraş'ta, Ermenileri işgal sürecine dâhil etmişlerdir. Böylece halklar arasında yaratılmış olan düşmanlıkta, hem yararlanmışlar, hem de derinleştirmişlerdir. Ermeniler ise bu durumu, kendi özgürlük talepleri için bir avantaja dönüştürebileceklerini sanmışlardır.

Fransız emperyalistlerinin Ermenileri işgal gücü olarak değerlendirmesi, Türk, Kürt ve Çerkeslerden oluşan Müslüman Maraş halkını, "gavur" Ermenilere karşı mücadeleye yöneltmiştir. Böylece, daha önce yaratılmış olan Ermeni düşmanlığı, fiilen, işgal karşıtlığı üzerinde pratikleşmeye başlamıştır.

Bu ortamda başlayan işgal karşıtlığı adına Ermenilere yönelik saldırı ve çatışmalar, büyüyerek sürmüştür. Doğan Avcıoğlu bu gerçeği söyle ifade etmektedir. "Fakat direnme, işgalci İngiltere ve Fransa'dan çok, savaşı kazanan bu emperyalist devletlerin kullandıkları Ermenilere karşıydı"[95]

Maraş'ta, görünüşte işgale karşı, ama fiilen Ermenilere karşı yapılan bu saldırılar yaşanırken, 21 Kasım 1919'da Fransız yetkili G. Picot'la Mustafa Kemal arasında bir görüşme yapılmıştır. Bu görüşmede Fransız yetkili, "Türk çoğunluğun bulunduğu bölgede müstakil bir Türk Devleti'nin kurulmasını istediklerini" "en nihayet Kilikya'yı (Maraş'ın içinde bulunduğu bölge) tahliye edeceklerini" belirtmiştir.[96]

Bu anlatımlarda anlaşılması gereken, aslında Fransızların, kendi emperyalist politik çıkarları gereği, Maraş işgalini uzun süre sürdürmek istemedikleri ve ilk fırsatta, Maraş işgalinden vazgeçerek çekip gidecekleri gerçeğidir. Ayrıntılarına giremesek bile bu durum, çok açık bir biçimde, "Fransız işgaline karşı mücadele" adı altında yıllardır üretilen tevatürlerin, aslında, Maraş'ta yapılan Ermeni Kırımı'nın kılıfı olduğunu göstermektedir.

95-Milli Kurtuluş Tarihi Doğan Avcıoğlu cilt 1 s. 5-6

96-Güney Cephesi Y. Akbıyık s. 158-159

Henüz yeni toparlanmaya ve siyasal bir grup olmaya çalışan Kemalistler, 22 Haziran 1919'da Amasya Genelgesini yayınlamış, 23 Temmuz-7 Ağustosta Erzurum Kongresini, 4-11 Eylülde, Sivas Kongresini yapmışlardır. Maraş, ne Erzurum Kongresine ve ne de Sivas Kongresine, herhangi bir delege ile katılım sağlamamıştır.[97] Bu süreçte, ne Maraş'ta işgale karşı bir hareket bulunmaktadır ve ne de cumhuriyeti kuracak olan Kemalistlerin Maraş'la ilgili bir planı vardır.

Maraş'ta işgalin ilerleyen günlerinde, Ermeni karşıtlığı üzerinde çatışmalar yaşanmıştır. Çatışmaların yoğunlaştığı bir devrede, Kemalist kadro sürece dâhil olmuştur. Bu süreçten sonra Kemalistler, Maraş'ta, Ermeni düşmanlığı üzerinden gelişen ve o ana kadar ilgili olmadıkları işgal karşıtı harekete, ilgi göstermeye, sahip çıkmaya başlamışlardır. İşgalden sonra bölgeye gelen Kemalistlerin önemli kadrolarında Kılıç Ali, gelişmelerin yönetimini eline almış ve kısa sürede hâkim olmuştur. Ancak Maraş'ta yaşanan sürecin yönetimini ele alan Kemalistler, İngiliz ve Fransız karşıtlığı içine girmemeye, özellikle, dikkat etmişlerdir.

Kemalistler, Fransız emperyalistlerinin politikalarını esasta zorlamayan, ama zaten kaldırılacak olan işgalin kalkmasını hızlandıracak olan sorunlu işgal karşıtlığını yararlanılması gereken bir olanak olarak görmüşlerdir. Maraş'ta yaşanan gelişmelerin kendileri için önemli fırsatlar ve imkânlar yaratacağının farkındaydılar. Kemalistler, bu gelişmeyi kullanarak, hem emperyalistlerle, hem Osmanlı yönetimiyle pazarlık güçlerini artıracaklarını görüyorlardı. Ayrıca mücadele içine girmeye hazırlanan farklı çevreler üzerinde, manevi bir etki oluşturarak, politik nüfuzlarını güçlendirmeyi hesaplamışlardır. Bütün bunları ve durumu değerlendiren Kemalistler, Maraş' ta yaşananların kontrolünü ele alarak, kendi pozisyonlarını kuvvetlendirmiş, tahkim etmiş oldular.

Kılıç Ali'nin sürece katılarak inisiyatif almasıyla, işgale karşı toplantılar örgütlenmiş, çalışmalar yapılmıştır. 8 kişilik temsil grubu oluşturularak, doğrudan Sivas Heyet-i Temsiliyesi ile ilişki

---

97-Milli Kurtuluş Tarihi Doğan Avcıoğlu cilt 1 s. 7 / AGE Taner Akçam s. 511

kurmakla görevlendirilmiştir. Yapılan çalışmalar düzene sokularak, gerekli örgütlenmeler yaratılmış ve merkezîleştirilmiştir. Kemalist kadronun başına geçtiği, Ermeni karşıtlığı üzerinde yürüyen Fransız işgaline karşı mücadele, nihayet, Fransız işgalinin sona ermesi ve beraberinde, Ermenilerin Maraş'ta bir bütün olarak yok edilmeleriyle sonuçlanmıştır.

Görüldüğü gibi Maraş'ta yaşananlar, sonuçları itibarıyla, Fransız emperyalistlerinin şehri terk etmelerini sağlamış olmasına ve esas olarak Maraş'ın Kürt-Türk halklarının örgütlülüğüne ve direnişine dayanmasına rağmen, Ermeni düşmanlığı üzerinden gelişmiş olmasından dolayı, sorunlu bir direniştir. Kemalist yönetimin direnişe el koyup ucuz ve kolay bir zafer çıkartarak, emperyalistlerle pazarlık aracına dönüştürmesi, direniş esnasında ve sonrasında Ermeni halkına karşı yapılan katliam ve kırım, direnişin antiemperyalist demokratik özelliğini zedeleyen, zayıflatan, karartan noktalardır.

Bu sürecin, "Maraş'ın Kurtuluşu" diye egemenler tarafından göklere çıkartılması, tamda bu özelliğinden ve rolünden dolayıdır. Maraş'ta gelişen olaylardan önce emperyalistler, Kemalistleri politik ve askeri güçleri ve toplumsal etkileri bakımından tanımıyorlardı. Kemalistler de, henüz emperyalistlere kendilerini kanıtlama imkânına sahip olamamışlardı. Maraş'ta yaşanan süreç, emperyalistlerin, Osmanlıya alternatif olarak, Kemalistlerle işbirliği içinde olunabileceğini görmelerini sağlamıştır. Böylece emperyalistler, Kemalistlerle işbirliğine yönelmişler ve sonrası gelişmeler, bu politik belirleme üzerinde ilerlemiştir.

Özetle, Maraş'ın bu dönemi, hamasi ve ırkçı söylemlerden arındırılarak ele alınınca, ortaya farklı gerçekler çıkmaktadır. Yukarıda görüldüğü gibi, Maraş'ta İngiliz işgaline karşı bir hareket söz konusu değildir ve bu anlamda, emperyalizm karşıtlığı yoktur. Aynı durum, Fransız emperyalistlerinin işgalinden de geçerlidir. Ne zaman ki işin içine, Fransız işgal gücü olarak Ermeniler girdiler, o zaman Ermeni düşmanlığı üzerinden işgal karşıtlığı söz konusu olmaya başlamıştır. Gelişmenin bu şekilde seyretmesinde, Kemalistlerin Ermeni düşmanlığını körüklemiş olmasının da ayrıca rolü olmuştur. Kısacası Kemalistler ve emperyalist güçlerin her biri, Maraş'ta yaşananlardan kendi cephelerinde yararlanmışlardır.

Dönemin en önemli tanıklarında birisi, hiç kuşkusuz Kuva-yı Milliye adına Maraş-Antep bölgesinde faaliyet yürüten Kılıç Ali'dir. Mustafa Kemal'in kişisel güvenini ve yakınlığını da kazanmış olan Kılıç Ali, Mustafa Kemal tarafından, yanında Teşkilat-ı Mahsusa'cılarla birlikte, Maraş ve Antep bölgesine gönderilerek, harekete önderlik etmekle görevlendirilmiştir.

Kılıç Ali'nin anıları, şovenizmin etkisinden arındırılarak okunduğunda, yukarıda belirtilen noktaları güçlendirmektedir. Kılıç Ali, kitap olarak yayınlanmış anılarında, Ermenilere ilişkin dişe dokunur bir açıklama yapmamaktadır, ilginç olarak. Kılıç Ali gibi hem sorumlu, hem de özel olarak ilgili birisinin, Ermenilerin, Maraş'ın işgalindeki durumlarına ilişkin anlatabileceği birçok şey olmasına rağmen, detay bilgi vermeden konuyu geçiştirmiş olmasının bir anlamı var mı, bilinmiyor.

Ancak Kılıç Ali'nin anılarında, konumuzu ilgilendiren başka bir ayrıntı bulunmaktadır. Özel olarak Maraş işgalinde, sürecin ve dönemin tamamında, Kemalistlerin kullandığı temel ideolojik argüman, "Müslümanlık" olarak karşımıza çıkmaktadır. Kılıç Ali'nin Maraş'ta yürüttüğü işgal karşıtı tüm faaliyetlerde, ana tema, Müslümanlıkla-gâvurluk arasındaki çelişki olarak işlenmektedir.

Kılıç Ali tarafından, işgale dair yayınlanan bildirilerde, halka dönük yapılan propagandalarda ve çeşitli görüşmelerde, işgal olgusu, "gâvurların Müslümanlara saldırısı" olarak değerlendirilmektedir. Yine, yayınlanmış halka hitap eden bildirilerin hiç birinde, "Türk" sözcüğü kullanılmamıştır. Tüm vurgu, Fransızlarla işbirliği yapan Ermeniler üzerinde, gâvur-Müslüman düşmanlığına yapılmıştır. Maraş halklarına yönelik olarak yazılan bildirilerde, bu konuya özel bir dikkatle yaklaşıldığı görülmektedir.[98]

Fakat Kılıç Ali'nin anılarının aynı sayfalarında yazılanlara göre, merkezî yönetimle veya işgal güçleriyle yapılan yazışmalarda, "Türk milleti","Türk Devleti" şeklinde ifadeler kullanıl-

---

98-Kılıç Ali'nin Anıları s. 86-92

mıştır. Halka yönelik bildirilerde "Türk" vurgusunda kaçınılarak Müslümanlığın öne çıkartılması, öte yandan Kemalist merkezî kadro ve işgal güçleriyle yazışmalarda "Türk" sözcüğüne özel vurgu yapılması, bilinçli, özel ve temel bir politik tercih olarak görülmelidir. Gerek, Osmanlının devamı olarak halifeliğe bağlılığın sürüyor olması ve gerek Türk olmayan, ama Müslüman Kürt ve Çerkeslerin, en azından düşmanlığını kazanmamak, onları "gâvur" Ermenilere karşı birlikte davranmaya yönlendirmek için, böyle bir politikanın izlendiği anlaşılıyor.

Aynı şekilde Kılıç Ali, anılarında, Kemalist olmayan "Elbistan kaymakamıyla birlikte, Çerkes ve Kürt ileri gelenlerini sürgüne gönderdiklerini, Ermeni mebus Hırlakyan'ın damadı Ohannes'i müfrezesiyle birlikte tutukladıklarını" yazar. [99]

Bu da göstermektedir ki izlenen politika Türkçülük esaslı bir politikadır. Böyle olduğu için bu politikayı desteklemeyen farklı etnik unsurlar, bir biçimde ve geliştirilen çeşitli yöntemlerle etkisizleştirilmişlerdir. Böyle olmakla birlikte, aynı Kılıç Ali, anılarının bir başka yerinde, Kürt süvarilerinin Fransız işgaline karşı sürdürdükleri mücadeleden ve gösterdikleri kararlılıktan, sempati ile söz edebilmektedir.[100] Bir yanda farklı etnik kökende olanlara karşı etnik arındırma politikası acımasızca uygulanırken, diğer yanda Kürtlerin savaşçılığından yararlanılmaktadır.

b. Maraş işgali ve Ermeniler

Maraş işgalinde Ermenilerin tutumu, ırkçılığın ve şovenizmin politik malzemesi olarak tartışılan konulardandır. Maraş-Zeytun Ermenilerinin tarihsel durumlarına, 1895 Zeytun İsyanı ve kazanımlarına, daha sonra yaşanan 1909 ve 1915 süreçlerine ve son olarak işgal koşullarındaki tutumlarına, önceki bölümlerde değinilmişti. Ancak Ermenilerin işgal ve işgal sonrasındaki durumlarına, öneminden dolayı, ayrı bir başlık altında bakmak gerekiyor.

99-Kılıç Ali'nin Anıları s. 85-86

100-Kılıç Ali'nin Anıları s. 93

Fransız emperyalistlerinin Maraş'ı işgali ve işgal gücü olarak Ermenileri kullanmaları, bin yıldır birlikte yaşamış olan Maraş'ın diğer halkları nezdinde, Ermenilere karşı, düşmanlığın gelişmesine yol açmıştır. Yakın tarihte yaşanan Ermeni isyanları üzerinde yaratılmış toplumsal travmalardan beslenen Ermeni düşmanlığı, işgal koşullarında, Ermenilerin Fransızlar tarafında işgal gücü olarak kullanılmasının da yarattığı tepki ile birleşince, en büyük saldırıların Ermenilere karşı yapılmasına yol açmıştır.

21 Ocak 1919'dan, 12 Şubat 1920'ye kadar, 22 gün süren ve esasında tam bir Ermeni Kırımı olarak gerçekleşen bu süreçten sonra, Ermeniler, tarihin en büyük dramını yaşamışlardır. 26 Ocakta, özellikle Ermenilerin yoğun oldukları, Abarabaşı ve Şekerdere'de, Ermeni evlerinin büyük bir kısmı yakılmıştır. 27 Ocakta Ermenilerin Tekke Kilise'si kuşatılmış, kiliseye bomba atılmış, sağ kalan Ermeniler esir alınmıştır.

Bu çatışmalarda Ermenilerin kayıpları 3500 ile 12000 arasında değişen rakamlarla ifade edilmiştir. Savaş sonunda şehirde kalan ve Amerikan Misyoner Kompleksi, Alman Hastanesi, Betişalom Yetimhanesi ve Katolik Ermeni Kilisesi'nde toplanan Ermenilerin sayısı 9700 olarak yazılmaktadır. Bir başka kaynağa göre, savaşın başında 22000 olan Ermenilerin, 5000'i ölmüş, 3000'i Fransızlarla birlikte gitmiştir.

Ermenilerin yoğun olarak yaşadığı mahalleler olan Şekerdere, Kümbet, Kuyucak, Çukuroba, Tekke, Akdere, Çarşı içinde, yaklaşık 1000 ev ve 350 dükkân, 10 kilise, 15 mektep ile Kışla yanmış ve yıkılmıştır. Maraş'ta genel olarak, evlerin %40'nın yandığı, çarşıdaki tüm Ermeni dükkânlarının yağmalandığı tespit edilmiştir. Aynı zamanda, çeşitli camilerin ve Türk evlerinin yanmış olması da söz konusudur. Ancak, yakılıp yıkılan Türk evlerinin, ne kadarının Ermeniler tarafında, ne kadarının Teşkilat-ı Mahsusa'cılar tarafında yakılıp yıkıldığı bilinmemekle birlikte, Teşkilat-ı Mahsusa'cıların daha fazlasını yakıp yıktıklarını söylemek için kâhin olmaya gerek yok.

Ermenilerle çatışmaların yaşandığı bu koşullarda, Fransız emperyalistleri, Kemalistlerle yaptıkları anlaşmanın ve politik karakterlerinin gereği olarak, kendi politik ihtiyaçlarına göre davranıyor, Ermeni halkının geleceği ile ilgilenmiyorlardı artık. Fransız emperyalistleri, işgali kaldırarak Maraş'tan çekilmeye karar vermişlerdi. Halklar arasında savaşı yaratıp derinleştiren Fransız emperyalistlerinin çekilmesi, Ermeniler için, katliam anlamına geliyordu. Bunu fark eden Ermeniler, mücadeleye devam etmenin yol ve çarelerini aramışlardır. Bu amaçla Agop Hırlakyan, Ermeni ileri gelenlerini toplayarak, eldeki güçleri ve silahları gözden geçirip durum değerlendirmesi yapmıştır. Hırlakyan, Türk ordusunda daha önce görev yapmış olan oğlu Setrak'ın komutasında, yeniden bir askeri yapı oluşturmayı tasarlamış, ancak çok geç kalındığı için herhangi bir gelişme yaratılamamıştır.

Çatışmaların bitmesi ve emperyalist anlaşmalar gereği, Fransız ordusunun Maraş'tan ayrılmaya başlamasıyla Ermeniler, mazlum bir halk olarak geleceklerini kaybetmişlerdi. Abarabaşı Ermeni Katolik Kilisesindeki son silahlı Ermeniler de, Amerikalıların arabuluculuğu ile teslim olmak zorunda kalmışlardı. Bu noktadan sonra Ermenilerin ölüm sürgünü başlamış ve sürgünle birlikte, Maraş tarihinin bin yıllık rengi olan Ermeniler, yok edilme sürecine girmişlerdir.

Fransızların çekilme kararı üzerine, birçok Ermeni, Fransız emperyalistleriyle birlikte çekilmek istemiştir. Ancak Fransız emperyalistleri çekilmeyi gizli tutarak, Ermenilerin kendileri ile birlikte gitmelerini engellemişlerdir. Fransız emperyalistlerinin böyle davranmalarında Türk güçleri tarafından taciz edileceklerinden duydukları korku ve endişenin de etkisinin olduğu anlaşılmaktadır.

Buna rağmen, Rus Albay Simonoff'un ısrarlı talebi üzerine, Ermenilerin, Fransızları bir kilometre ara ile takip ederek, şehirden çıkmalarına izin verilmiştir. Öldürülecekleri korkusuyla saklanmış olan yetişkin kızların, erkeklerin, çocuk ve kadınların gitmesini sağlamak, özel izinlerle mümkün olabilmiştir. İslâhiye'ye doğru kaçışarak şehri terk etmek zorunda kalan Ermeni, çocuk, kadın ve kızlar, yolun çetin zorluklarından ve Türk güçlerinin saldırılarından dolayı, yol boyunca binlerce kayıp vermişlerdir. Bu süreçte, Belpınar'dan İslâhiye'ye kadar yol kenarlarının, Ermeni ölülerinin cesetleriyle dolduğu yazılmaktadır.

Bu gelişmelerden kısa süre sonra Maraş'ta, idari ve adli işler yeniden tesis edilmiş hükümet, mutasarrıf olarak İrfan Bey adında birisini görevlendirmiştir. İrfan Bey şehirde asayişi ve düzeni sağlamak adına, kalan Ermenilerden biat almakla işe başlamış, böylece Ermeniler, tam anlamıyla teslim alınmışlardır. Aynı durum, adı Süleymanlı olarak değiştirilen Zeytun içinde yaşanmıştır. Askerlik şubesi başkanı Binbaşı Cemil başkanlığında, Zeytun'da geçici bir idare kurulmuş, bu idare, kalan Ermeni ileri gelenlerinde bazılarını suçlu kabul ederek, asılmalarına karar vermiştir.

Bu katliam ve sürgün günlerinde henüz Maraş'ta ayrılamamış olan Ermeniler, Amerikan Yakın Doğu Yardım Organizasyonunda, Amerikan misyonerlerinin, doktor ve öğretmenlerin gözetimine ve denetimine bırakılmışlardır. Ancak Ermenilere yardım etmeye çalışan Amerikalılar, Türk yetkililerinin gözünde Ermenileri destekleyen zararlı kimseler olarak kabul edilmişler ve bu nedenle, şehri terk etmeleri istenmiştir. Türk yönetimi, Ermenilere yardım eden Amerikalı misyonerleri kovmak için Amerikalıların Ermeniler tarafında istenmediğini, Ermenilere söyleterek, kirli oyunlarını, mazlum Ermeni halkı aracılığıyla gerçekleştirmek istemişlerdir. Bu amaçla Ermenilere, yerel eşraf ve yöneticiler baskı yapmışlar, ancak bu isteklerini mazlum Ermeni halkından insanlara kabul ettirememişlerdir. Bu koşullarda, Ermenilere yardım etmeye çalışmanın karşılığı ölüm olmuş, Ermenilerin yaşadığı trajediye ilgi gösterdikleri için Maraş'a gitmek isteyen iki Amerikalı, Antep yakınlarında öldürülmüşlerdir.

Şovenizmin ve ırkçılığın cezbedici zehrine eklenen zafer sarhoşluğu içindeki İttihatçı Türk yöneticileri, yaşanan kırımdan sonra, geride kalan az sayıda Ermeni'nin, hala kendileri için tehlike olduğunu düşünüyorlardı. Bu nedenle, kadim topraklarından ayrılamayan Maraşlı Ermenilerin, şehri terk etmelerini istiyorlardı. Hatta şehirde dolaşmalarına, hava almalarına tahammül edilmiyor, Ermenilere yiyecek ve diğer ihtiyaç malzemesi satılmasına dahi karşı çıkılıyordu. Bu baskıları ve zorbalığı gidermek için Amerikalıların öncülüğünde bir grup Ermeni, mutasarrıf İrfan Bey'e başvurmuş ve ancak bu yolda oluşturulan baskı sonucu zorunlu ihtiyaçlarını tedarik edebilmişlerdi.

Ermenilere düşmanlıktan ölçü kalmamıştı. Daha önce Ermeniler, kendi okullarında okurken, bunu engellemeye yönelik tutumlar geliştirilmeye başlamış, Ermeni çocuklarının Türk okullarına gönderilmesi dayatılmıştı. Ermeniler bu ırkçı zorbalığa gidermek için, "denize düşenin yılana sarılması" misali, Maraşlı Müslüman eşraf nezdinde, çeşitli girişimlerde bulunmuşlardır. Yaptıkları görüşmelerde, kendilerine, İslam dininin üstünlüğünü kabul etmeleri dayatılınca, Ermenilerin bütün umutları tükenmiştir. Nihayet, Maraş'ta kalan Ermenilere tek yol olarak, Maraş'ı, bin yıldır yaşadıkları toprakları, geleceği bilinmeyen bir biçimde terk etmek kalmıştı. Bu ölüm sürgününde, Maraşlı son Ermeniler, Halep'e ve oradan da Beyrut'a gönderilmişlerdir.

Böylece topraklarından ayrılmak zorunda kalan Ermenilere, büyük acılar, toplu ölümler, kıyımlar, yaşatılmıştır. Yapılanlarla yetinmeyen ırkçı zihniyetli siyasal güç sahipleri, isteyenin istediği yere gitmesini engellemiş, ailelerin parçalamasına yol açmış, anneyi kızından, babayı oğlundan ayırarak ayrıca bir zülüm yaşatmıştır.

Maraşlı Ermenilerin söz konusu sürgün sürecinde, ilk Ermeni kafilesi, jandarmaların denetiminde 1400 çocuk ve kalabalık bir grup olarak, şehirden ayrılmıştır. Bu grup Aksu'yu geçerken "maskeli ve silahlı" çeteler tarafında soyulmuştur. Sözde bu tür soygunların önlenmesi amacıyla, çetelere verilmek üzere, sürgün edilen Ermenilerden ayrıca paralar alınmıştır. İllegal devletin çeteler eliyle yarattığı bu büyük ve dayanılmaz mağduriyet üzerinde alınan paralar, hem bölgedeki çapulcuların kazanç kapısı yapılmış, hem de bu yolla Ermeniler, son kuruşuna kadar soyulmuşlardır.

Büyük bir kısmı Fransızlarla birlikte veya aynı dönemde giden Ermenilerin kalanları, böyle bir ölüm sürgünüyle Maraş'tan ayrılmışlardır. En son, Maraş'ta, 3000 Ermeni kalmıştır. Bunların birçokları, Ermenilikleri asimile olmuş orduda görevli kimselerdi. Bazılarının ise çok yoksul olduklarından, başka yere gidecek yol paraları bulunmamaktaydı. Ancak yine de tüm Ermenilerin şehri terk etmesini isteyenler baskın çıkmış, Ocak 1922'de son kalan Maraşlı Ermeniler de şehri terk ederek, Suriye ve Lübnan'a, Deyr-i Zor çöllerine sürgün edilmişlerdir.

Buna rağmen çok az sayıda Maraşlı Ermeni'nin, ya Maraş'ta kalarak din değiştirdikleri veya çeşitli ilçelerin Kürt Alevi köylerine sığınarak, onların içinde yaşama tutundukları görülmektedir. Elbistan, Sarız ve Afşin'in bazı Kürt Alevi köylerinde yaşayan çok az sayıda Ermeni'nin bu insanlar oldukları kuşkusuzdur.

Maraş'ta ki çatışmaların bittiği 12 Şubat 1920'den, son Ermeni kafilesinin şehri terk ettiği Ocak 1922 tarihine kadar Ermeniler, hayattan, üretimden kopuk olarak, şehirde, kendi ev, okul, kilise ve hastanelerinde, Amerikalı misyoner, öğretmen, doktor ve yardım kuruluşu üyelerinin denetim ve gözetiminde, tam bir esir ve mülteci hayatı yaşamışlar, zaten belirtilen tarihten sonra da yok edilmişlerdir.(101)

Ermeni toplumuna yaşatılan insanlık dramında, belirtildiği gibi, politik amaçlarla yaratılan halklar arası düşmanlık iyi değerlendirilmiştir. Bununla birlikte, halkların yoksullukları da bu amaçla kullanılmıştır. Katliamcı hale getirilmiş olan yoksul Kürt, Türk ve Çerkeslere, katliamdan sonra, Ermeni halkının mal varlıklarına sahip olacakları yönünde, yoğun telkin ve taahhütler yapılmıştır.

c. Zeytun Ermenilerinin kıyımı

Maraş'ta bunların yaşandığı günlerde, Zeytun Ermeni halkı, çepeçevre düşmanla çevrili ve izole edilmişlik içinde bulunmaktaydı. Maraş işgalinde Ermenilere karşı yapılanlardan sonra, Zeytun Ermenilerinin, kendi vadilerinde, köylerinde, kasabasında, tedirginlik, korku, öfke ve telaş içinde, beklemeye başladıkları anlaşılıyor. Devletin ise, Maraşlı Ermeniler "hal" edilmeden, Zeytun'da yeni bir cephe açmamak için, zaman planlaması yapmakta olduğu görülmektedir. (102)

101-http://www.atam.gov.tr/index.php?Page=DergiIcerik&IcerikNo=132

102-Güney Cephesi Y. Akbıyık s. 325

Ancak devlet, yine de boş durmuyor, Zeytun Ermenilerinin teslim olmaları için, Ermeniler içinde devşirilmiş işbirlikçilerde oluşan "nasihat-ikna heyetlerini" Zeytun'a gönderiyor, Ermenileri sessiz sedasız teslim almak istiyordu. (103) Egemenlerin bir özel savaş yöntemi olan bu yöntem tarihin tüm dönemlerinde kullanılmıştır. Böylece teslimiyetin içselleştirilmesi sağlanmak isteniyordu.

Bu şekilde, 1920 Şubat ayında başlayan, karşılıklı bekleyiş döneminde devlet, aynı zamanda Zeytun Ermenilerine saldırmanın hazırlıkları içindeydi. Bölgenin askeri komutanlarından İsmail Hakkı Bey ve Fırnız Bucak müdürü Saadettin Bey raporlar yazıyorlardı, merkezî hükümete. Maraş'ın yerel yöneticileri olan bu yetkililer raporlarında, Zeytun'lu Ermenilerin, "Zeytun'u büsbütün terk etmeleri gerektiğini ve bunun için emir beklendiğini" belirtiyorlardı. Bu raporlara dönemin Erkan-ı Harbiye Reis Vekili Fevzi Paşa, "Zeytunun boşaltılarak İbrahimuşağı aşiretinin yerleştirilmesini, Ermenilerin ise isterlerse, başka yerlere gidebileceklerini, hatta isterlerse yurt dışına gitmelerine yardımcı olunacağını"(104) belirten cevapla, Zeytun'un fermanını vermiş oluyordu.

Zeytun'lu Ermeni halkı, kadını, çocuğu, yaşlısı, genci ve hastasıyla, olası bir saldırıya karşı, Zeytun kışlasında toplanmış, bir arada yaşamaya, barınmaya, birbirlerine güç vermeye çalışmaktaydılar. Ermenilere karşı düşmanlaştırılmış olan çevredeki Türk, Kürt ve Çerkes köylüleri, bırakalım doğal sosyal ilişkileri, Zeytun kışlasında mahsur kalmış olan Ermeni halkına, mal ve ürün satmamakta, alış veriş yapmamaktaydılar. Yiyecek ve erzak satın almak isteyen Ermeniler, çevre esnaflar tarafından, düşmanca saldırılarla karşılaşmaktaydılar. Çok yönlü bir ambargo içine alınan Zeytun Ermenilerinin bu tecrit edilmişlik durumları, bölgede faaliyet yürüten illegal devlet unsurlarından bağımsız yaşanmıyordu. İllegal devletin bir organı olan Teşkilat-ı Mahsusa'nın kadrolarının bu sürece etkin olarak katıldıkları görülmektedir. Kılıç Ali, Maraş'a gider-

---

103-Güney Cephesi Y. Akbıyık s. 325-326

104-Güney Cephesi Y. Akbıyık s. 329

ken Teşkilat-ı Mahsusa'nın bir kadrosunu yanına alarak gittiğini belirtmektedir.[105]

"Tarih boyunca, Türkler için diken olan Zeytun'un"[106]yok edilmesi süreci, hızla işliyordu. Zeytun Ermenileri, sayılı günleri bitirmiş, sona giden adımların atılmasını bekleyen idam mahkûmu durumundaydılar.

Nihayet kahredici ölümcül bekleyiş bitmiş ve 25-26-27 Haziran 1921'de Zeytun, son defa olmak üzere, bir daha kuşatılmıştır. Kuşatmanın ilk gününde, Ermeni işbirlikçilerinin de marifetiyle, çok sayıda Ermeni kadın ve çocuk teslim olur. 27 Haziranda, Zeytun Kışlası, içindeki çocukların ve kadınların varlığı hesaba katılmadan, top ateşine tutulur. 28 Haziranda, içindeki insanlarla birlikte, gözü dönmüşçesine kışlanın yakılması tasarlanır. 29 Haziranda, Zeytun'lu Ermeniler, gecenin karanlığından yararlanarak, çoluk-çocuk ve kadın demeden, hep birlikte, mazlumların ve hak arayan isyancıların "meskeni" olan dağlara çekilirler. Bunun üzerine Zeytun'a giren ordu birlikleri, çatışan Ermenileri öldürmüş, kaçabilenler kaçmış, kaçamayan Ermenileri esir alarak, sürgün uygulamasını başlatmıştır.

Böylece "tarih boyunca diken" olduğu düşünülen Zeytun meselesi, Haziran ayının son günlerinde, "hal" edilmişti. Zeytun zapt edilmiş, kontrol altına alınmıştı. Bütün bu badirelerde kurtulup dağlara sığınan Ermenilerin birçoğu, yakalanıp öldürülmüş, yakalanmayanlar yapa yalnız ve çaresiz dağlarda yaşamak zorunda kalmışlardır. Sonuçta Maraş'tan sonra Zeytun kasabası da, çevresi ile birlikte, bin yıllık sakinlerinden, Ermenilerden, "temizlenmiştir."

Osmanlının son dönemine ve cumhuriyetin ilk yıllarına kadar, Türklerin, Ermenilerin ve Kürtlerin şehri olan Maraş, Ermenilerin yok edilmesiyle, değerlerinden birisinden mahrum bırakılmış oldu. Maraşlı Ermenilerin temsil ettiği bütün zenginlikler, bütün varlıklar, Maraş'a kattıkları bütün güzellikler, zamanla tamamen yok edildi. Daha sonraki yıllarda, Maraş'ta yapılan düzenlemeler

---

105-Kılıç Ali Anılar S. 85

106- Güney Cephesi Y. Akbıyık S. 326

ve geliştirilen ırkçı şoven propaganda sonucu, sanki bu topraklarda Ermeniler hiç yaşamamışlar gibi bir atmosfer yaratıldı. Ermenilerin varlıklarını gösteren bütün izler silindi. Daha önemlisi, bu tarihte ve bu katliamla, korkunç acılarla yaşanan Maraş'ın sosyo-kültürel kimliğinin değiştirilerek bozulmasının ve dönüştürülmesinin en büyük adımı atılmış oldu.

Ermenilerinin sosyal travmalarla dolu olan bu durumu, yüzyıllarca unutulması mümkün olmayan destansı trajedilere konu olabilecek binlerce hikâye barındırmaktadır. Ermenilerin yaşadığı bu trajediyi, doğrudan Maraş Ermenileriyle ilgili olmasa da, bir Osmanlı aydını, şöyle anlatıyor.

"Bu ufak kafile o kadar hazin, o kadar elim bir manzara irâe ediyordu ki, yumruk kollarıyla anasının arkasına sarılan, haziran güneşinin ateşleri altında, aç ve terler içinde, boyunlarını bükerek uyuyan yavruların hali, yürekleri parça layacak derecedeydi. Acaba hepsi bu kadar mıydı? "Konya'ya gidecekler" deniyordu; fakat ceplerinde on para şimendifer navlunu yoktu. Hepsi de fakir, bedbaht köylülerdi. İstasyonda parmaklığın önünde, ihtiyar bir kadın kucağında sarışın, mavi gözlü, beş-altı yaşlarında bir kız, yanında bir erkek çocuğu, boyunlarını bükmüş oturuyorlardı. Sordum: Asker ailesiymiş, babaları askere alınmış. Anaları ölmüş. Bu iki tâli'siz öksüzü kendi büyütüyormuş, kızın adını sordum.

- Siranuş!. . .

"Zavallı masum, elinde bir kuru ekmek, suya batırarak yiyordu. Siranuş'a yiyecek buldurdum, sevdim, okşadım. O günden itibaren aramızda bir samimiyet hâsıl oldu. Fakat Siranuş, hiç gülmüyordu. Nazarlarında, kaşlarında, simasında bir melâl, bir teessür vardı. Bu tehcirden, bu zulümden, bu i'tisafkârâne hareketten ruhu ezilmiş, masum kalbi kırılmış: mensup olduğu millete karşı kalbinde derin bir kin bağlamış gibi, verdiğim yemişleri, hiç gülmeden, yüzüme bakmadan alıyor, zayıf parmaklarıyla mini-mini ağzına götürüyordu.

"O gün istasyonda bu hazin manzara karşısında herkes müteessirdi. Ve hepsi de bu kadar zannediliyordu. Gece gelen tren bu zannı kâmilen tekzip etti. Hat boyunda acı bir vâveyla koptu. İstasyonun ovaya nazır cephesinde ağlamalar ve feryatlar işitiliyordu. Koştum... Ne hazin manzaraydı: Fener yok, ziyâ yok, rehber yok, hiçbir şey yoktu. Kucağında çocukları ağlayan kadınlar, perişan sakallarıyla ceplerini toplayan, yükünü sırtlarına vuran papazlar, kan ter içerisinde eşyasını çıkarmaya uğraşan, hastalarını, kızlarını, çocuklarını taşıyan analar, fakir, zengin, aç, sefil binlerce aile, yük vagonlarından çıkmaya uğraşıyor, çocuklarını, analarını, eşyalarını kaybetmemek için gecenin karanlıkları içinde çırpınıyorlardı. Bu manzarayı görmek kabil değildi gözlerden bilâihtiyar yaşlar dökülüyordu hiç kimseye yardım etmek mümkün değildi, hiç kimsenin imdadına yetişmek kabil olamıyordu. Zaten edilse de kabul eden yoktu. Bu haksız zulüm, kalplerinde o kadar derin bir me'yûsiyet, o derece sarsılmaz bir adâvet hâsıl etmişti ki, en aciz, en biçare, en kimsesiz bir kadına bile yardım etmek istenilse, kaşlarını çatıyor, kindar nazarlarla yüzünüze bakıyor, metin kalbi, müteessir ruhuyla felakete, açlığa, ölüme doğru bîpervâ gidiyordu.

"Trenler birbirini vely ediyordu. Her trenden binlerce aile, binlerce köy halkı çıkıyordu. O derecede ki, gelenlerin Eskişehir'den sevki mümkün değildi. Gitmekten ümitlerini kesenler, istasyon bahçesinde, yol üzerinde yerleşiyorlardı. Birkaç gün içerisinde Eskişehir istasyonunun civarı on binden, yirmi binden ziyade aile ile dolmuştu. Trenle sevk edilemeyen çoluk çocuk, kadın, erkek, ayakları kanlar içinde, etraflarında birkaç fakir jandarma, karadan gelmişlerdi. Bu manzara pek feciydi. Bu bedbaht aileler nereye gideceklerdi? Kimsenin bildiği yoktu. Şimendifer, yarım biletle bile taşımaya razı olmuyordu. Artık hiçbir ümitleri kalmamıştı. Birçok aile babaları, evlatlarını soğuktan muhafaza için çadırlar yapmaya başlamışlardı. Çarşıdan, tanıdıklarından tahtalar ve sırıklar getiriyorlar, kilimlerini ve pırtılarını üzerine örtüyorlar, evlerini, bağlarını, bahçelerini bırakan zengin aileler bile geceyi topraklar üzerinde geçiriyorlardı. Artık Eskişehir civarında yirmi bin kişiden mürekkep bir ordugâh husûle gelmişti. Çadırlar arasında sokaklar açılmış, pazarlar kurulmuştu. Gece dağlar kararıyor, bedbaht Ermenilerin perişan bir halde yattıkları ovalardaki ışıkların sönük lem'aları görülüyordu. Bazen bu çadırlar altında birbirine sarılıp yatan masumların kalbi, teessür ve heyecanlar içinde, en tatlı emel ve saadetini mahvolmuş gören, sabahtan beri ağzına bir lokma ekmek koymadan, çadırın bir köşesinde uyuyan zavallı bir kızın sarışın başı, zayıf bir mum ışığı altında parlıyordu. " ...Siranuş'u merak ettim. Mini-mini yavruyu görmek istedim. "Binlerce Ermeni'nin içinde, o sarışın, masum, öksüz yavruyu aradım. Nihayet buldum. Büyükanası'na yalvardım:

-bırak bu çocukları. Bu felaket geçer. Sonra gel, beni burada yine bul, dedim.

İhtiyar kadın yaşlarla dolu gözlerini semaya dikti;

-Hayır, dedi. Hayır, efendi, sağ ol. Biz hep gideceğiz, beraber öleceğiz. Hem ben onları nasıl taşıyacağım? Yapacağım şey, pek sade: Yolda evvelâ onları, sonra kendimi dereye atacağım... Kalbim sızladı..."(107) Ahmet Refik Efendi'nin kalbini sızlatan bu zülüm, İttihat ve Terakki Fırkası'nın şeflerinin, mutluluk ve saltanatlarının kaynağıydı.

Ahmet Refik, Ermenilerin yaşadığı o korkunç günleri anlattığı makalesinde, "genç ve kibar kızlar, normal zamanlarda kendilerine uşaklık bile edemeyen adamlarla izdivaç etmeye başladılar. Bu izdivaç, canlarını kurtarmak içindi. İçlerinden bir kısmı Müslüman olmak istiyor hükümet kabul etmiyordu" (108) diye yazıyordu. Hükümet yetkililerinin, yani Teşkilat-ı Mahsusa'cıların derdi, Müslümanlık değildi ki. Onlar, Türkleştirmenin gereği olarak bir halkı topyekûn yok etmeyi planlamışlardı.

Sürgüne gönderilen Ermenilere uygulanan kırım için, resmi devlet güçleri dışında, yakın dönemde ve günümüzde yapıldığı gibi, illegal devletin kontrolünde yarı-resmi, çeşitli çeteler oluşturulmuştur. İllegal devletin birer unsuru olarak Ermeni Katliamı'nda kullanılmış olan bu çeteler ve marifetleri, çeşitli kayıtlara geçmiştir. İttihat ve Terakki yapılanmasını yakından bilen Ahmet Refik Altınay, "Ermeniler'in en ziyade korktukları Pozantı'ydı. Orada çetelerin hücumu kalplerini titretiyordu.

107-İki Komita İki Kıtal s. 47-49

108-İki Komita İki Kıtal s. 35-38

Bunlar hangi çetelerdi? İttihat Hükûmeti'nin Turan siyaseti, İslam ittihadı namına Kafkasya'ya gönderdiği çetelerdi."[109] Ahmet Refik ayrıca, Teşkilat-ı Mahsusa'cı Çerkes Ahmet adlı bir çete reisinden söz etmektedir."Çerkez Ahmet ve mülazım Halil, Teşkilat-ı Mahsusa marifetiyle gönderilen çete reisleriydiler."[110]

Bu çete reislerinden "Çerkes Ahmet İttihat Hükümetinin gözbebeğiydi... Zeki Bey'i katledenler arasında bulunan bu İttihad fedaisi, . . İttihat'ın sukutu üzerine cinayetle mahkûm edildiği halde, 10 Kanunusânî Bâb-ı Ali Kıtâli'ni müteâkip af olunan bu vatan mücahidi, İttihad'ın selameti için her fedakârlığı göze almıştı. Hatta cihat arkadaşı Nazım'la beraber, son Harb-i Umumi'de de İttihad-ı İslam namına Kafkas cephelerine kadar kat-ı merahil etmemiş miydi?. . Çerkes Ahmet, Ermenilere karşı arkadaşı Nazım ve Halil'le beraber birçok fecaatler ika' eyledikten sonra, Cemal Paşa'nın mıntıkasına gitmiş, orada yığınlarla Ermenileri görünce hayret etmiş. Askerce bir selam ifasından sonra:-Emir buyurun. Bir teşkilat yapalım. Bunları da temizleyelim, demiş ve dediğini yaparak "Zöhrab ve refikleri, müteessir ve dilhûn, bir arabayla Diyarbekir'e doğru yola çıkmışlar. Nihayet yolda Çerkes Ahmet'in çetesine rast gelmişler. Çerkes Ahmet, bu zavallı mütefekkirleri birer hamlede perişan etmiştir."[111]

Ahmet Refik Altınyan'ın sözünü ettiği Çerkes Ahmet'le ilgili anlatımların, uzamaması için buraya alınamayan ayrıntıları okunduğunda, çok tanıdık olduğu görülmektedir. Geçmiş yakın yıllarda devlet adına kirli katliamlarda yer almış olan Abdullah Çatlı, Yeşil veya adını bilmediğimiz birçok illegal devlet unsuru neyse, Çerkes Ahmetde odur. Aslında İttihat ve Terakki'ciler, sözde temsil ettikleri Türkler adına işledikleri bu cinayetlerle, bir yandan da, Türk halkını, ırkçılıkla zehirleyerek onlara da kötülük ediyor ve zaten bunu istiyorlardı.

Bunca yıldır dökülen kanların ve gözyaşlarının bir nedeni de, o yıllarda İttihat ve Terakkicilerin izlediği bu politikalar-

---

109- İki komita İki Kıtal S. 49

110-İki Komita İki Kıtal s. 38

111-İki Komita İki Kıtal s. 46-47

dır. İttihat ve Terakki Fırkası'nın söz konusu politikaları ve bu politikaların Maraş'ta uygulanması ile Maraş'ta yaşayan çeşitli etnik ve dini toplulukların geçmişinin bilinmesi, özellikle konu edilen sürecin ayrıntılı bir incelemesinin yapılması, bu sürecin içinde ve arkasında, devletin illegal yapılarının marifetlerini daha net gösterecektir.

Yukarıya alınan alıntılar, Çerkes Ahmetlerin ve illegal devletle ilişkilerinin, ayrıca illegal devletin ne olduğunun anlaşılması için bütün bilgileri içermektedir. Bugün ve yakın dönemde, o kadar çok Çerkes Ahmet gördük ve tanıdık ki...

d. Maraş işgalinde Kürtler

Maraş işgal edildiğinde, Anadolu'nun her tarafında olduğu gibi, emperyalist işgale karşı kitlelerin, bazen örgütlü, bazen kendiliğinde gelişen anti-emperyalist karşı koyuşu yaşanmaktaydı.

Bu karşı koyuş, salt Türkler tarafında yapılmadığı gibi, tek başına İslami duyarlılıktan da kaynaklanmıyordu. Ancak Türkiye'de hâkim kılınan faşist-gerici siyasal yapı, emperyalist işgale karşı sürdürülen mücadelelerin tarih yazımını, kendi politik hesaplarına göre formatlamış ve kitlelere sunumunu bunun üzerinde yapmıştır.

Bu faşist-gerici yaklaşım, Maraş'ta yaşanan işgal karşıtlığını, sadece Türklere özgüymüş gibi göstermiş, göstermektedir. Maraş'ın, İngiliz ve Fransızlar tarafından işgal edildiği günlerde, işgale karşı mücadele edenler, sadece Türkler değildi. Söz konusu gelişmenin Ermeni Kırımı'na dönüşmüş olmasına ve bundan dolayı doğruluğundan ve yanlışlığından ayrı olarak, işgal karşıtı mücadelede, Kürtler ve Çerkeslerde yer almışlardır. Bu gerçek, çok açık ve net olmasına rağmen, yıllar yılı hiç yokmuş gibi davranılmıştır.

Bu anlamda Maraş'ta Alevi Kürtlerin işgal karşıtı tutumlarını belirtmek için iki örnek vermek yeteri olacaktır. Birinci örnek, o dönemde Sinemilli Aşireti'nin lideri Tapo Halil Ağadır. Kemalistlerin, Maraş'ta tam yetkili ve muteber kadrolarından Kılıç Ali, işgale karşı Sinemilli Aşireti'nin mücadelesiyle ve gösterdiği destekle ilgili olarak, eksikte olsa, bilgiler vermektedir. Kılıç Ali,

Tapo Halil Ağa'ya gönderdiği telgraflarda, Tapo Halil Ağa'nın ve aşiretinin katkılarını çok önemsediğini, özellikle belirtmekte, teşekkür telgrafları göndermektedir. Sinemilli Aşireti'nin lideri Tapo Halil Ağa'ya, desteğinden dolayı, sadece Kılıç Ali değil, Mustafa Kemal de teşekkür telgrafı göndermiştir.(112)

İkinci örnek, Pazarcık Kuvayı Milliye üyelerinden, Atmalı Aşireti reisi Yakup Paşadır. Atmalı Aşireti reisi Yakup Paşa, Kurtuluş Savaşı'nda gösterdiği üstün hizmetlerinden dolayı "Kırmızı Şeritli İstiklal Madalyası" ile taltif edilmiş, ayrıca ilk meclise, milletvekili olarak atanmıştır. (113)

Aynı şekilde Atmalı Aşiretinin Malatya kolunun reisi Çıplakzade Battal Efendi, konuyla ilgili kendisinden yardım istenmesi üzerine, şu telgrafı göndermiştir.

"Arapkir Kazası Anadolu ve Rumeli Müdafaa-i Hukuk Cemiyeti Riyaset Fasilhanesine 02. 02. 1336

"Maraş'ın medeniyet barbarları tarafından tahrip ve imhası... Mektubunuzdan anlaşılmıştır. Bu hal karşısında Maraş darul cihadına koşmak farz olduğu şüphesizdir. Söz bir tarafa bırakılmalı derhal faaliyete geçmeliyiz... Bütün aşiretim feda-i cana hazırdır..." *Atma Aşireti Reisi Çıplakzade Battal.*"(114)

Bu denli açık olan Maraş'ın Kürt Alevilerinin işgale karşı mücadeleleri ve fedakârlıkları, ne yazık ki, ısrarla gizlenmekte, görmezden gelinmeye çalışılmaktadır. Hâlbuki Maraş işgaline karşı sürdürülen mücadelenin kitlesel gücünün ana gövdesi, Maraşlılarla birlikte, Elbistan ve Pazarcık halkıdır. Bu kitlenin de önemli bir kesiminin, Türk-Kürt Alevilerden meydana geldiği açıktır. Ancak daha sonra geliştirilen Türkçü anlayışın gereği olarak, işgale karşı mücadele eden Kürtler, Aleviler ve Çerkesler, yok sayılmış, adları sanları unutturulmuştur. Buna rağmen bölgenin yaşlı insanları, Pazarcık ve Elbistan'ın Türk-Kürt Alevilerinin işgale karşı gösterdikleri fedakârlıkları ve sürdürdükleri mücadeleleri, halen anlatırlar.

112-Yeşil Kuşak Hasan İldeş Fırat Yay. s. 227 ve devamı

113-http://atmalilar.org.tr/forum/index.php?

114-http://atmalilar.org.tr/forum/index.php?

e. Sütçü İmam sorunu

Bilindiği gibi, Maraş işgalinde, işgal karşıtı hareketin başlama sembolü olarak, Sütçü İmam'dan ve Sütçü İmam'ın Fransız askerlerine karşı geliştirdiği direnişten söz edilir. Anlatılanların özeti şöyledir. Maraş'ın işgali koşullarında, işgalci askerler, çarşıda gezen kadınlara sarkıntılık ederler. Bu durumu gören Çakmakçı Sait müdahale eder. İşgalci askerlerin Çakmakçı Sait'i vurmaları üzerine, adı İmam olan süt satıcısı askerlere silahlı karşılık verir. Çıkan çatışmada işgal askerlerinin vurulması üzerine, Maraş halkı ile işgalci güçler arasında gerginlik oluşur ve bu gerginlik, işgal karşıtı hareketin gelişmesini tetikler.

Sütçü İmam'ın tavrının nasıl bir anlamı vardır diye baktığımızda, elbette, bu tavrın anti-emperyalist bir özünün olduğu tartışmasızdır. Dolayısıyla Sütçü İmam, faşistlerden ve gericilerden daha çok, faşizmin ve gericiliğin ideolojik malzemesi olamayacak kadar bizdendir, bizimdir. Ayrıca Sütçü İmam'ın tavrı insani, değerli ve saygın bir tavırdır. Yarattığı toplumsal sonuç itibarıyla da önemlidir. Ancak, konuyla ilgili olarak, egemen anlayışın üretip dayattığı kabulün, sorgulanmaya ihtiyacı bulunmaktadır. Çünkü egemenlerin tüm ideolojik-politik doğruları, özel amaçlarla ve manipüle edilmek için üretilmektedirler ve kuşkuyla yaklaşmak gerekmektedir.

Bu anlamda söz konusu eylemin yapıldığı günle, işgal karşıtı çatışmaların başlaması arasındaki zaman farkı dikkat çekicidir. Yazılanlara göre, Sütçü İmam olayı, 31 Ekim 1919'da yaşanmıştır. Maraş'ta işgale karşı çatışmalar, 21 Ocak 1920'de başlamıştır. Arada geçen süre, 3 ay gibi, böyle durumlar için az olmayan bir süredir. Bu göstermektedir ki, Sütçü İmam'ın tutumu, kitlelerin motivasyonunda değerlendirilen manevi bir etki yapmıştır. Ama sürecin tayin edici özgün bir unsuru değildir. Bugün böyle gösterilmesi özel amaçlarla kullanılması içindir. Yoksa buna benzer binlerce durum yaşanmıştır, bu topraklarda. Konunun bir yanı budur.

Konunun bir diğer yanının anlaşılabilmesi için bazı basit sorular soralım. Tahayyül edilebilecek en zor şartlarda bile, herhangi bir insanın, değerlerine ve dostlarına yönelik olarak geliştirilen düşmanca bir saldırganlığa karşı tutum alması, tepki göstermesi, çok olağan ve normal bir durum değil midir? Kim, yanında-yakınında bulunan ve korunmaya muhtaç birisinin, saldırıya uğraması karşısında sessiz kalabilir? Normal koşullarda herkes, böyle durumlarda, saldırgana karşı, saldırıya uğrayanın yanında yer alan bir tutum gösterir. Kişisel hayatta çok sık karşılaşılan böyle bir durum, neden büyük bir olağanüstülük olarak sunulmaktadır?

Ayrıca benzer bir durum işgal edilmiş başka bir şehirde olsaydı, Sütçü İmam'ın yaptığı gibi, aynı karşı koyuş, aynı tepki ortaya çıkmayacak mıydı? Yani işgalci askerler, İstanbul'da, İzmir'de, Antep'te vs de, böyle bir saldırı yapmış olsalardı, bu saldırıya, kimse karşı çıkmayacak, saldırılar karşılıksız mı kalacaktı? O bölgelerin insanları, bu türden bir saldırıyı kabul mü edeceklerdi? Bu soruların cevabının "hayır" olacağı ortadadır. O zaman herkesin benzer bir durumda ortaya koyacağı normal bir tepki, neden bu kadar "tarihi" ve "özel" bir durum olarak sunulmaktadır?

Bu soruya, nasıl bir cevap verilebileceği, ne söylenebileceği, aşağı yukarı bellidir. Verilecek cevaplar, hamasi nutuklardan öteye geçmeyecek, bu soruların kendileri değil, sorulmaları sorgulanacak, ırkçılık edebiyatıyla gerçekler örtbas edilmeye çalışılacaktır. Problem de tam burada başlamaktadır. Sütçü İmam'ın direnişi elbette desteklenmesi gereken saygın bir davranıştır. Ancak bu durum, olağanüstüleştirilerek, ideolojik bir amaçla kullanılmakta, ırkçılığın aracına dönüştürülmekte ve toplumsal hassasiyetlerin bu şekilde oluşması istenmektedir.

Böyle olduğu içindir ki Sütçü İmam, Maraş'ta şovenizmin ve ırkçılığın geliştirilmesinde ve dinsel gericiliğin güçlü tutulmasında, önemli bir ideolojik unsur olarak kullanıldı, kullanılmaya devam edilmektedir. Faşizm ve gericilik, bu olgudan yararlanarak, Maraş'ın sosyo-kültürel özelliğiyle oynamaya çalışmakta ve bu çalışmasını sürdürmektedir.

Maraş'ın önemli bir Kürt ve Alevi nüfus barındırıyor olması ve Kürt-Türk Alevilerin, yakın dönemde yaşanan Ermeni Kırımında, muhtemelen pasif Ermeni yanlısı bir tutum takınmış olmaları karşısında, Sütçü İmam şahsında, dini gericiliği içeren şovenizmin geliştirilmesi ve yaşatılması istenmektedir. Sütçü İmam'ın meşru tutumu, katliamların gerekçesi, malzemesi yapılmakta, "Sütçü İmam aşkına" denilerek, katliamcılar motive edilmektedirler. Bunu engellemek, buna fırsat ve imkân vermemek, bu amaçla inisiyatif almak günün önemli görevleri arasındadır.

Konuyla ilgili ilginç bir noktada, dönemin en yetkililerinden ve başında sonuna kadar sürecin içinde olan Kılıç Ali'nin, anılarında, Sütçü İmam'dan hiç söz etmemesidir. Yıllar sonra yazılmış bu anılarda, Sütçü İmam adının bu denli kabul gördüğü ve öne çıktığı koşullarda, Kılıç Ali'nin Sütçü İmam'dan söz etmemesi, bir ihmal veya unutkanlıkla açıklanamaz. Kılıç Ali'nin, Sütçü İmam'dan söz etmemiş olması, ne olayın olmadığı anlamına gelir ve nede bu tutumun değerini azaltır. Belki de Kılıç Ali, Kemalist kadronun etkisini azaltarak, halkın rolünü öne çıkartacak olan böyle bir olguyu, gözlerden uzak tutmaya çalışmaktadır. Sütçü İmam'ın fazla öne çıkartılmasında, kendisinin de içinde bulunduğu Kemalist yapının önemini gölgeleyecek bir sonuç çıksın istememektedir, anlaşılan. Ancak Kılıç Ali'nin Sütçü İmam'dan söz etmemiş olması, bu olayın o günün koşullarında Bugün algılandığı gibi algılanmadığını da göstermektedir. O günün koşulların da uluslaşma çalışmasının daha büyük sorunları, bu özel ayrıntının formülasyonuna el atmaya uygun değildir. Bundan dolayı ilk başlarda sıradan bir durum olarak görülen Sütçü İmam olayı, 1936 yılında dönemin Maraş belediye başkanının özel çabasıyla Türkleştirmenin malzemesi haline getirilmiştir.

1923 – 1950 yıllarında Maraş

Cumhuriyet döneminde Maraş'ın eski özellikleri ve önemi, önce azalmaya, giderek kaybolmaya başladı. Dünyada ve Türkiye'de yaşanan yeni dönemde, eski yollara ihtiyacın olmaması, ekonomik merkezlerin başka şehirlere kayması, ulaşım olanaklarının değişmesi ve Maraş'ın bu olanaklara sahip olamaması, yaşanan teknik ve siyasal gelişmeler gibi bir dizi olgu, Maraş'ın önemini azaltmıştı. Maraş, artık eskiden olduğu gibi bölgenin en güçlü devletlerinin üzerinde çok sık savaştıkları bir yer olmaktan çıkmıştı. Zaten bölgenin eski devletleri de kalmamıştı. Ne Safevi devleti vardı, ne Memluklular. En son Osmanlının da ortada kalkmasıyla kurulan Cumhuriyet koşullarında Maraş, uzun yıllar, sıradan bir şehir olarak, sessiz sedasız yaşamına devam etmiştir.

Genel olarak sosyal anlamda, hareketsiz geçen bu yıllarda, Maraş'ta toplumsal bir kaynaşmanın olmamış olması, tek başına Maraş'ın değil, Türkiye'nin durumundan kaynaklanıyordu. Aynı yıllarda, Kürdistan'da yaşanan Kürt isyanları dışında Türkiye'nin hiç bir yerinde, herhangi bir toplumsal hareketlilik söz konusu değildi. Kaldı ki Maraş'ta toplumsal hareketliliğin olmasını sağlayacak altyapı da yoktu. Ne güçlü bir işçi sınıfı ve ne de büyük bir üniversite öğrenci kitlesi vardı. O yıllarda Maraş merkez, 30-40 bin, ilçe ve köyleriyle 150 bin nüfusu olan, kasaba görünümlü bir şehirdi.

Cumhuriyetin bu yıllarında, Maraş'la ilgili, biri sadece ansiklopedik bilgi olan, diğerleri ise konumuzla bağlantılı üç olaydan söz edebilir. Önce, genel bilgi olarak belirtilmesi gereken, cumhuriyetin zorla kabul ettirdiği kanunlarından birisi olan ve halen "devrim" olarak topluma kabul ettirilmeye çalışılan "Şapka Kanunu" ile ilgili gelişmeye değinilebilinir. 26 Kasım 1925 yılında yapılan kılık kıyafet düzenlemeleri kapsamında uygulanan "Şapka İnkılâbı"na karşı, Maraş' ta, küçük ölçekli bir isyan çıkartılmıştır. 27 Kasım 1925 Cuma günü Ulu Cami'de toplanan halk, Hükümet Binası'na yürüyerek, "Şapka İnkılâbı"na karşı İsyanı başlatmıştır. Cezaevinin kapıları kırılarak, 200 mahkûmun dışarı çıkması sağlanmıştır. Daha sonra bastırılan bu isyanda, 7 kişi idam, 9 kişi onar yıl kürek cezalarına çarptırılmışlardır. Bu yıllarda Maraş'ta yaşanan ve konumuzu ilgilendiren diğer gelişmeler ise, mübadillerin ve Dersimli muhacirlerin Maraş'a yerleştirilmeleridir.

a. Mübadiller sorunu

Bu dönemde, Maraş'ın demografik yapısıyla ilgili yaşanan yeni bir müdahale olarak mübadillerin yerleştirmesi sağlanmıştır. Cumhuriyetin bu ilk yıllarında, Maraş'a Selanik'te, Arnavutluk'ta ve çeşitli Balkan şehirlerinde, göçmen mübadiller getirilip yerleştirilmişlerdir.

Osmanlının mirası üzerine kurulan cumhuriyet, diğer birçok sorunun yanında, emperyalistler ve komşu devletlerle varılan çeşitli anlaşmalar gereği, karşılıklı göç sorunu yaşamıştır. Bu sorun, başta Yunanistan olmak üzere, çeşitli Balkan ülkelerinde yaşayan Türklerin, Türkiye'ye gelmeleri ve Türkiye'de ayrılmak isteyen Rumların, Yunanistan'a vb. yerlere gitmeleri şeklinde planlanmış, kararlaştırılmıştı ve bu insan sirkülâsyonuna "mübadele" deniyordu. 1923-1928 yılları arasında yaşanan ve korkunç acılara sebep olan bu ilk "mübadil" göçlerinde, her iki devletin kendi siyasal menfaatleri bulunmaktaydı.

Yeni oluşan devletlerin ve emperyalist-kapitalist sistemin çıkarlarına uygun olarak uygulanan politikalar ve bunun sonucu gerçekleştirilen göçler, tam ve gerçek anlamıyla insanlık dramı olarak yaşanmıştır. Yüz binlerce insan, kadın, çocuk, yaşlı, hasta, doğdukları büyüdükleri, hayatlarının şekillendiği yerleri bırakmaya ve bilmedikleri topraklarda, tanımadıkları insanlarla yaşamaya zorlanmışlardı.

Bu mübadelelerde, Maraş'a 1200 kişi yerleştirilmişti.(115) Maraş'a getirilen mübadiller, kısa süre önce boşaltılan Ermeni yerleşim bölgelerinde iskân edilmişlerdir. Özellikle Ermeni halkının en önemli merkezlerinde birisi olan Zeytun'a, "Selanik Langaza kazasından mübadil olarak 80-100 evlik bir göçmen kafilesinin yerleştirildiğini" Ermenilerin sürgününden bir süre sonra, bölgeyi gezen ve kendiside namlı bir Türkçü olan Ali Rıza Yalman Yalkın ifade etmektedir. (116)

Bu mübadillerle, Maraş'ın toplumsal yapısı bir kez daha değiştirilmiştir. Ermenilerde boşaltılan köylere yerleştirilen,

---

115 -Türkiye Yunanistan Nüfus Mübadelesi Mihri Belli s. 96

116-Cenupta Türkmen Oymakları Ali Rıza Yalkın cilt 2 S. 324

Selanikli, Arnavut vs göçmenlerle Maraş, biraz daha gerçekliğinden uzaklaştırılmıştı. Yapılan mübadele ile Maraş ve köylerine gelenler, yoksul bir yaşamı, kendilerine bağışlanmış olağanüstü bir olgu gibi görüyor olmalıydılar. Vatan, toprak vs gibi kavramlarla anlatılan ırkçı şoven anlayışlar, mübadillerin yoksullukları ve içine çekildikleri çaresizlikleriyle birleşince, bu insanlar, ırkçılığın etkisi altına girmeye hazır hale getirilmişlerdir.

Yeni gelen göçmenler, insanını, toprağını, hayvanını tanımadıkları bu bölgede, devletin yönlendirdiği her gelişmeye açık olmak zorundaydılar. Bunun için fiziki baskıya da gerek yoktu. Bu insanların içine itildikleri sosyo-ekonomik ve kültürel koşullar, bu davranış tarzını içselleştirmelerini dayatıyordu. Bunun sonucu olarak, bölgenin gerici ve ırkçı atmosferi, göçmenleri içine çekmişti. Artık mübadiller, kendi özgünlüklerini, farklılıklarını, hızla kurtulmaları gereken bir yük olarak algılamak zorundaydılar. Varlıklarını güvencede hissedebilmek için, kendilerini, hâkim atmosfere en çok ve en çabuk uyum gösteren insanlar olarak göstermeye ve ispatlamaya mahkûm edilmişlerdi. Bu sosyo-kültürel atmosfere uygun davranmak zorundaydılar. Daha önce yerleştirilen Çerkesler de aynı durumu yaşamış, şoven ve gerici etkilere maruz kalmış, uyum sağlamaya zorlanmışlardır.

b. Dersim Muhacirleri

1930'ların sonlarında Maraş'a yeni bir göç daha gelmiştir. Dersim İsyanı'ndan önce çıkartılan mecburi İskân Kanunu ile bir kısım Dersimli Kürt-Alevi, yerlerinden, yurtlarında kopartılıp göç ettirilerek, Maraş merkezde Yörükselim Mahallesine yerleştirilmişlerdir.

Asimilasyon politikaları kapsamında uygulanan meşhur Şark Islahat Kanun'una bağlı olarak çıkartılan İskân Kanunu ile yapılmak istenen, Kürt Alevi kimliğinin, asimilasyonla yok edilmesiydi. Irkçı-şoven Türkleştirme politikaların bir uygulaması olan bu iskânla, Dersim-Erzincan'dan göçertilen ve kendilerine "muhacir" denen bu Alevilerin bazıları, Maraş'a yerleştirilmişlerdir. Bu Aleviler, önceleri çok fazla değillerdi, zaman içinde çoğaldılar. Ancak asimilasyon amacıyla Maraş'a yerleştirilen Alevi Kürtler, asimile olmadan, kendi özgünlüklerini koruyarak, varlıklarını sürdürmüşlerdir. Böylece Maraş'ın içinde Sünni Kürtlerle birlikte Alevi Kürtlerde kendilerine yer açmış oldular.

Cumhuriyetin ilk yıllarından 1950-60'lara kadar olan dönem içinde, Maraş'ın içinde, büyük çoğunluğu Türklerden oluşan, ama Kürt-Sünnilerin, Kürt-Türk Alevilerin, Balkan göçmelerinin ve Çerkeslerin oluşturduğu bir sosyal yapı meydana gelmiştir. Böylece her şeye rağmen, Maraş'ın "çok" lu kimliği, bu yıllarda, zayıflamış olarak varlığını devam ettirmiştir.

Ancak bu koşullarda varolan "çok"lu kimlik, Türkleştirme politikaları nedeniyle, sorunlu bir durumdaydı. Bu yıllarda Maraş'ta, farklı etnik ve dinsel toplulukların birlikte ve özgünlükleriyle bir arada yaşaması yok edildiği gibi eskiden varolan isyancı özellikleri de kalmamıştır. Maraş'ta yaşanan bu gelişme, belirtilen Türkleştirme politikalarının yarattığı bir sonuçtu. İsyancı kültürün yerini biat, özgürlüklerin ve farklılıklara karşı hoşgörünün yerini benzeştirme, aynılaştırma, tekleştirme kültürü almıştır. Türkiye'nin her yerinde uygulanan bu politikanın, belirtilen dönemde, birçok pratiği yaşanmıştır.Bunlardan konumuzla ilgili olanlarından bir kaçına, kısaca değinmek gerekmektedir.

1920/1945 Yılları arasında, Türkiye'de yaşanan gayri nizami savaş örnekleri

Bilindiği gibi Maraş'ın işgal ve sonrası yılları, aynı zamanda Türkiye Cumhuriyeti'nin kuruluş yıllarıdır. İşgalin kalkmasından kısa süre sonra, Türkiye Cumhuriyeti kurularak yapılanmasını ve belirlediği politikalarını hayata geçirmeye başlamıştır.

Daha önce değişik nedenlerle değindiğimiz gibi, Türk Devletini oluşturan siyasal iradenin en belirgin stratejik ve temel politikası, İttihat ve Terakki Fırkası'ndan devralınan Türk Ulusu yaratma politikasıydı. Bu politika aynı zamanda, yoksulların sırtında yaşamak isteyen egemen sömürücü sınıfların, oluşturulmak istenen sınıfsal diktatörlüğünün de politikasıydı.

Dolayısıyla, bu politikanın gereğine uygun olarak, yeni devlet yapılandırılıyor, varolan veya doğan sorunlar, bu politikanın esaslarına göre çözülmeye çalışılıyordu. Bu çerçevede ele alınan sorunların bazılarının ve izlenen politikaların bilinmesi konumuz açısında faydalıdır.

a. Kürt isyanları

Bu çalışma, Maraş Katliamı bağlamında, egemen illegal siyasal otoritenin açıkça içinde olduğu ve kışkırtılmış güruha yaptırılan katliamları konu edinmiştir. Kürtlerin ulusal başkaldırılarına karşı devlet, açıktan ve resmi güçleriyle savaş ilan ettiği için, konumuz olan türden katliamlara çok fazla ihtiyaç duymamıştır.

Bilindiği gibi 1920 Koçgiri ile başlayan ve 1938 Dersim'le devam eden Kürtlerin başkaldırı süreci, illegal güçler içinde yer almış olsalar da, resmi ordunun doğrudan yürüttüğü bir savaş şeklinde gelişmiştir. Dolayısıyla Kürtlere karşı yapılan katliamlar, bu çalışmanın sınırları dışında tutulmuş, katliam ve saldırıların ayrıntılarına girilmemiş, konumuzla bağlantısı nedeniyle ve o ölçüler içinde ele alınmıştır.

Bu anlamda dağılan Osmanlı Devleti'nin mirası üzerinde kurulmak istenen Cumhuriyetin kuruluş yıllarına gelindiğinde, Osmanlının boyunduruğunda bulunan birçok ulusal topluluk ayrılmış, Ermeniler bastırılmışlardı. Gündemde olan Türkleştirme politikasının asıl potansiyel hedefi Kürtler kalmıştı.

Bu sorun, cumhuriyetin kurucularının önünde önemli bir sorun olarak durmaktaydı. Osmanlı İmparatorluğu'nun sınırları içinde bulunan Kürtler, Osmanlının son yıllarında başlamak üzere, diğer halkların yaptığı gibi, özgürlük mücadelesi içine girmişlerdi. Yaşanan birçok siyasal gelişmeden, ama özellikle, İslam kardeşliğinin yarattığı ortak kültürel şekillenmeden dolayı, Kürtler, bu taleplerini ileri noktalara götürememiş, özgürlüklerini elde edememişlerdi.

Kürtlerin özgürlük sorunu, Koçgiri İsyanı'yla tekrar gündeme girmiştir. Türk Ulusu yaratmak isteyen cumhuriyetin kurucu kadrosu, Koçgiri İsyanı'yla başlayan, 1925 Şeyh Sait, 1930 Ağrı İsyanı'yla devam eden bir dizi Kürt ayaklanmasını, kanla ve çeşitli illegal yöntem ve araçlarla bastırmıştır. Bu isyanların bastırılmasından sonra, devlet, Kürtleri "Ağrı Dağında meftun" ilan ederek sorunu çözdüğünü sanmış, daha doğrusu öyle bilinsin istemiştir. Böylece Türkleştirme politikası, diğer halklardan sonra Kürtlere de uygulanmış olmaktaydı.

Kürtlere dayatılan bu asimilasyon ve imha politikaları, "son çıban" olarak tanımlanan Dersim'in, 1938 yılında vahşi bir katliamla "hal" edilmesine kadar, aralıksız devam ettirilmiştir.

Adı geçen politikalar kapsamında gerçekleştirilen Dersim Katliamı'nın, ikili bir işlevi bulunmaktaydı. Dersimin Kürt-Alevi ve isyancı özelliği, Türkleştirme politikaları açısından önemliydi.

Bilindiği gibi, Osmanlı dönemi boyunca, devlete kulluk etmemiş olan Alevilerin asimilasyonu ve Türkleştirilerek İslama dâhil edilmeleri, söz konusu politikaların önemli bir ayağını teşkil etmekteydi. Dersim Katliamı'yla, hem Kürt Alevilerin Türkleştirilmeleri, hem de genel olarak Türk-Kürt Alevilerin İslam içine dâhil edilerek isyancı özelliklerinin kontrol altına alınması sağlanmak istenmiştir.

Gerek Dersim Katliamının kendisi, gerek öncesi ve sonrasında yaşanan iskân ve diğer asimilasyon uygulamaları, zaten bir kısmı Türk olan Alevilerin ve Kürt Alevilerin asimile edilmesi için yapılan uygulamalardı. Dersim Katliamının, Kürt Alevilerin asimilasyonunda önemli bir etkisinin olduğunu söylemek mümkündür. Bu katliam ve ayrıca Türk Aleviler üzerinde yapılan çeşitli çalışmalar, Aleviler arasında etnik ayrımları körüklemekle kalmamış, Kürt Alevilerin, ulusal kimliklerinde uzaklaşmalarına da hizmet etmiştir.

Böylece Dersim Katliamı'yla, cumhuriyetin Türk Ulusu yaratma projesinin önündeki engellerden birisi olan Alevilerin asimilasyonu süreci, daha etkin hale gelmiştir. Bu durum, aynı zamanda, genel olarak Kürtlerin asimilasyonunu kolaylaştırıcı çeşitli imkânlarda sunmuştur.

Ancak, bu yıllarda, dökülen onca kana, yapılan onca zulme rağmen, ne Kürtler asimile edilebilmişler ve nede Aleviler, topyekûn devlete tabii olmuşlardır.

b. Mustafa Suphi ve yoldaşlarının katledilmesi

Söz konusu Türkleştirme politikalarının, ezilen halklara karşı sürdürdüğü katliam ve saldırılarının yanında, ezilen sınıflara ve politik temsilcilerine yönelik bir boyutu da bulunmaktaydı. Bilindiği gibi, cumhuriyetin kuruluş yıllarından kısa süre önce, Sovyet devrimi gerçekleşmiş, devrimin bütün dünyanın ezilenlerinde yarattığı heyecan, Türkiye'nin ezilenlerini de etkilemişti. Bu etki, Sovyetlerde bulunan Mustafa Suphi ve yoldaşlarının Türkiye Komünist Partisi'ni kurarak, Türkiye'de sürdürülen işgal karşıtı mücadeleye katılmak istemesiyle, ileri bir noktaya taşınmıştı.

Türkiye Komünist Partisi'nin üst düzey yöneticileri olan Mustafa Suphi ve yoldaşları, mücadelenin sıcaklığı içinde yerlerini almak amacıyla, Türkiye'ye dönmek üzere yola çıktıklarında, dönemin etkin siyasal güçlerini, korku ve telaş sarmış, hemen katliam planı yapılmıştır. Gerekli düzenlemeler için yerel katliamcılar ortaya çıkartılmış ve örgütlendirilmiştir. Bölgede en üst düzey askeri yetkili olarak bulunan Kazım Karabekir'in, bir yandan bu dönüşü onaylıyor görünürken, diğer yandan katliam hazırlıklarının içinde olduğu, daha sonra açığa çıkmıştır. Ayrıca bu katliamın Ankara'dan gelen şifreli bir telgrafla başladığı da ileri sürülmüştür.

Mustafa Suphi ve yoldaşları, önce Kars'ta resmi törenlerle karşılanmışlardır. Orada kaldıkları süre içinde, herhangi bir sorun yaşanmamıştır. Ankara'ya gitmek üzere Erzurum'a geldiklerinde, katliam süreci için ortam oluşturulmaya başlanmıştır. Artık tüm süreçler, diğer katliamlarda gördüğümüz gibi, tekrarlanmıştır. Etkin illegal siyasal güçlerin ortaya saldıkları katillerin öncülüğünde, komünistlere karşı, bulundukları her yerde, tepkiler sergilenmiş, saldırılar geliştirilmiştir.

Trabzon'a gelen Mustafa Suphi ve yoldaşlarına yapılacak olan katliamın tüm hazırlıkları tamamlanmış, icraat anı gelmişti. İllegal devletin kadrolu çeteci başı, "bin operasyoncu" Topal Osman'ın adamlarında Yahya Kâhya, komünistlerin, Ankara'ya yapmak istedikleri yolculuklarını engellemiş ve Mustafa Suphi ile yoldaşlarını Sovyetlere geri dönmeye zorlamıştır. Mustafa

Suphi ve arkadaşları, yaşadıkları saldırılar sonunda, bindirildikleri taka ile Karadeniz'in deli dalgalarında ölüm yolculuğuna yollanmışlardır. Arkasından giden İllegal organizasyonun basit uşağı Yahya Kâhya ve çetesi, Mustafa Suphi ve yoldaşlarını Karadeniz'in sularına gömerek komünistlerin katliamını gerçekleştirmiştir.

Nazım Hikmet, "saplandı kalbime on beş kara saplı bıçak" diye betimlediği bu katliamla ilgili yazdığı şiirlerinin birinde,

"-Karadeniz,
On beş kere açtı göğsünü,
On beş kere örtüldü,
On beşlerin hepsi bir komünist gibi öldü"

Diye anlatmıştır, komünistlerin katliamını.

Başından sonuna kadar dönemin etkin siyasal ve askeri otoritesi olan Kazım Karabekir'in merkezden gelen şifreli emirlerle yönettiği bu katliam da, diğer katliamlarda olduğu gibi saldırgan bir güruh eliyle yapılmıştır. Katliam sürecinde, Mustafa Suphi ve yoldaşlarına saldıranlar, hamallar ve diğer yoksullardır. Saldırıyı gerçekleştirenler, etkin siyasal yapının kadrolu katilleridir. Saldırılar, ilgililerin bilgisi ve gözetiminde gerçekleştirilmiş, ancak "deniz kazası" süsü verilmiştir.

Komünistlere karşı, 28-29 Ocak 1921 gecesi yapılan bu barbarca katliamın gerçekleştirildiği günlerde, Maraş'ta başka bir hareketlilik yaşanmaktaydı. Trabzon'da Mustafa Suphi ve yoldaşlarına saldıranlarla aynı sosyal profile sahip olan kesimler, egemenlerin oyuncakları olarak, Ermenileri katletmekteydiler. Ezilen yığınların güruhlaştırılarak kendilerini ezenlere hizmet eden politikalara alet olması, onların suçu değil, izlenen politikaların sonucuydu.

c. 1934 Trakya Yahudilerine yapılan saldırılar

Konumuzla ilişkisinden dolayı, 1934 ve 1942'de yaşanan iki saldırıya daha, çok kısaca, değinmek gerekiyor. Türkiye 1923-1950 arasında, bilindiği gibi, önce Mustafa Kemal ve daha sonra Milli Şef İ. İnönü'nün tek parti diktatörlüğüyle yönetildi.

Bu yıllarda Türk Ulusu yaratma projesi bütün katılığıyla ve derinlemesine gerçekleştirilmeye çalışılıyordu. Tek parti yönetimiyle uygulanan bu politikalarla, Türkiye halkları ve ezilenleri, en azında bir süreliğine, kıpırdayamaz duruma getirilmişlerdi. Almanya'da Hitler'in, İtalya'da Mussolini faşistlerinin iktidar olduğu, kan, vahşet ve barbarlık yılları yaşanıyordu, dünyada.

Türkiye, Almanya ile ilişkilerini iyi götürmek istiyor, buna göre politikalar belirlemeye çalışıyordu. Bunun için savaşa hazırlanan Almanya'nın çıkarlarına uygun faşist ve ırkçı politikalara ihtiyacı vardı, Türkiye'nin. Sovyetlerle düşmanlığı göze alamıyor, ama Sovyetlerin düşmanlarıyla dostluk geliştirmek için yanıp tutuşuyordu.

Sovyetlere saldırmaya hazırlanan Hitler Faşizmi, Yahudileri düşman ilan etmiş, ülkesinde yaşayan Yahudilere karşı soykırım uygulamaları geliştiriyordu. Almanya'nın bu politikalarını yakından takip eden Türk devlet yöneticileri, Hitler'in Yahudi düşmanlığı politikasından, Hitler'le yakınlaşmak için yararlanmayı planladılar. Bu amaçla Yahudilere karşı geliştirilecek bir saldırıyla, Hitler'e dostluk mesajı verilmek isteniyordu.

Yahudilere karşı geliştirilecek olan bir saldırı, aynı zamanda, Türkleştirme politikasına da hizmet edecek, onun pratikleşmesini de sağlayacaktı. Böylece uygun fırsatlar bekleyen Türkleştirme projesi için, yeni bir olanak doğmuş olmaktaydı. Yahudilere karşı yapılacak olan saldırılarla, hem Alman faşizmiyle ilişkiler geliştirilecek, hem de Yahudilerin asimilasyonu veya yok edilmeleri sağlanmış olunacaktı.

Bu işlerde oldukça ustalaşmış olan siyasal erk sahibi illegal güçler, hemen harekete geçtiler. Cevat Rıfat Atilhan diye birisi sürüldü alana. Görevi, Yahudi aleyhtarı yazılar yazarak, halkı Yahudilere karşı kışkırtmaktı. Dönemin "iyi çocuğu" Cevat Rıfat Atilhan, işini hakkıyla yapıyordu. Bunun için Nazilerde eğitim bile almıştı. Milli İnkılâp adlı dergi ile Yahudilere karşı, olmayan halkın kin ve nefretini üretiyor, geliştiriyor, Yahudilerin öldürülmelerini, sürgün edilmelerini öneriyordu.

Bu faşist provokatörü destekleyen diğer bir faşist ise meşhur Nihal Atsız'dı. Ölçüyü kaçırmışlık derecesinde ırkçılık yapan Nihal Atsız, Orhun dergisinde şunları yazıyordu, "Yahudi denilen mahlûku, dünyada Yahudi'den ve sütü bozuklardan başka hiç kimse sevmez. Çünkü insanlık daima kuvvete, kahramanlığa ve iyiliğe tapındığı halde Yahudi zilletin, korkaklığın, kötülüğün ve seciyesizliğin örneği olmuştur."

Devlet geliştirdiği politikalarla, Yahudilerin, Türklüğe kabul edilmeyecek kadar "aşağılık olduklarını ve hadlerini bilmeleri gerektiği ihtarını" yapan bu faşist sözde yazarların, işlerini kolaylaştırmaktaydı. Bu amaçla üretilmiş olan meşhur, "vatandaş Türkçe konuş" kampanyasıyla, provokatörler için malzeme üretilmiştir. Zaten Yahudi düşmanlığının üst perdede seyrettiği söz konusu koşullarda, bir de onları Türkçe konuşmaya zorlamak, ana dillerini kullanmalarını engellemek, saldırılar için yeterli olanakları ve bahaneleri sunmaktaydı.

Bu atmosferde ve fiziki saldırılardan 20 gün önce, Yahudiler, psikolojik olarak taciz edilmeye başlanmıştır. Yahudi topluluğu diken üstünde yaşıyordu. Yahudi cemaat ileri gelenleri, durumu dönemin CHP hükümetine bildirmek için, 22 Mayıs 1934'te bir heyetle, başbakanlığa bir dilekçe vermişlerdir. Bu girişime rağmen sorunla ilgilenen de olmaz, hiçbir gelişme de. Bu arada Yahudilere yapılan tacizler, daha ileri noktalara vardırılmış, göçmeleri dayatılmaya başlanmıştı. Yahudilerle alış veriş yapılmıyor, dıştalanıyorlar, öteleniyorlardı.

Bu yıllarda Trakya bölgesinde müfettiş olarak görev yapan, Kürt isyanlarının bastırılmasının müfettişi, İ.Tali Öngören'di. Devletin, yeteneklerine güvendiği İ.Tali Öngören'in, tecrübelerinden ve birikiminden yararlanmak istediği görülüyor.

Saldırı için, yukarıda belirtildiği gibi, gerekçe hazırlanmıştı. Yahudiler, Türkçe konuşmadıkları zaman saldırı hedefi durumundaydılar. Dikkat edileceği gibi, her dönemde, katliamlar ve saldırılar için malzeme yaratılabilmektedir. Bu saldırılarda gerekçe, din veya bayrak değil, Türkçe konuşmamaktır.

Artık her şey hazırlanmış, işaret fişeği bekleniyordu. "Vatandaş Türkçe konuş" kampanyasının yarattığı psikolojik atmosfer altında, provokatör Cevat Rıfat Atilhan ve Nihal Atsız'ın da Trakya'da bulunduğu günlerde, Yahudilere yönelik fiziki saldırılar başlatılmıştır.

Saldırıların ilki, 21 Haziran 1934'te, Çanakkale'de yapılmıştır. Yahudilerin, şehri terk etmeleri gerektiğini, yoksa akıbetlerinin iyi olmayacağını ve daha birçok tehdidi içeren mektuplar yazılıp bırakılmıştır, evlerine, işyerlerine. Bu yapılanların hiçbirisi, saklı gizli değil, göstere-göstere yapılmıştır. Buna rağmen bu mektupların kimler tarafında yazılıp bırakıldığı "öğrenilemez", ancak bunların illegal siyasal yapılanmanın yerel unsurları olduğu açıktır. Bunun üzerine Yahudiler, 25 Haziran 1934 tarihinden itibaren Çanakkale ve Gelibolu'yu terk etmeye başladılar. Şehri terk etmeye zorlanan Yahudiler, mallarını, mülklerini yok pahasına satmak zorunda kaldıkları için ekonomik anlamdan da yok ediliyorlardı.

Bu gelişmeden cesaret alan saldırgan güruh, 28 Haziran-dan başlamak üzere, Kırklareli, Edirne, Babaeski, Uzunköprü, Keşan, Lüleburgaz'da, saldırılarını hem yaygınlaştırdı, hem geliştirdi. Tüm bu saldırılara önderlik eden provokatörler de vardı, bu saldırıları teşvik eden, destekleyenler de dâhil bunların hepsi biliniyordu.

Devlet gelişmelerden memnundu ve o da kendisine düşeni yapıyor, Yahudileri istemediğini göstermek için, Yahudi esnaflarının vergi borçlarını "hemen" ödemelerini istiyordu. Bu yolla, yapılan saldırıları tasvip ettiğini gösteriyordu. Saldırıya uğrayan Yahudilere de, herhangi bir destek göremeyecekleri, ifade edilmek isteniyordu. Bu gelişmeler karşısında Uzunköprü'de yaşayan 100 Yahudi hanesinin, 95 hanesi göçmek zorunda kalmıştır. Plan iyi yürüyor, sonuç veriyordu. Devam edilmesine karar verildi ilgili güçler tarafından.

Saldırganlar, 2 Temmuz 1934'te "Yahudilere ölüm" diye bağırarak doluştular, Edirne sokaklarına. Evler basıldı, insanlar dövülerek, şehri terk etmeye zorlandılar. Arabası olanlar arabalarıyla, olmayanlar yayan-yapıldak düştüler yollara ve terk ettiler yıllardır yaşadıkları topraklarını. Şehri terk edemeyenler, su bulamadılar, ekmek verilmedi. Yahudilere yapılan bütün bu saldırılar, devletin yetkili ve ilgililerinin gözleri önünde yaşanıyordu ve hiçbir yetkili, bu saldırıların engellenmesi için herhangi bir çaba içinde değildi. Çünkü asli güç odakları, bu gelişmelerin yaşanmasını istiyorlardı.

3 Temmuz 1934 günü, saldırıların merkezî Kırklareli oldu. Daha önce Kırkpınar'da yapılan güreşler, bu sene, anlaşılan, salt bu amaçla, Kırklareli'nde yapılıyordu. Böylece saldırılar, hem daha büyük bir kalabalıkla yapılabilecek ve hem de toplanan bu kalabalığın, şoven-ırkçı duygularla zehirlenmesi sağlanacaktı.

Güreşlerin bittiği gün, dağılan şartlandırılmış güruh, başladı Yahudi mahallelerine saldırmaya. Diğer katliamlardan bildiğimiz ve yaşadığımız süreç, Yahudilere yönelik olarak tekrarlanıyordu. Evler yağmalanmış, kadın, çocuk, erkek tüm Yahudiler, dövülmüş, yaralanmış, genç kızlara, kadınlara sarkıntılık yapılmış, bir Yahudi din adamı çırıl çıplak soyularak aşağılanmıştır. Bu saldırıların yaşandığı günün sabahında, 400 Yahudi, sabahın ilk ışıklarıyla tren garına giderek, bir daha dönmemek üzere ayrılmıştır, emeğinden, hatıralarından, umutlarından, hayallerinden ve Kırklareli'nden. Bu saldırıların sonunda, 15000 Yahudi, Trakya'yı terk etmiştir. (117)

Aynı günlerde, Atatürk, İran Şahı Rıza Pehlevi ile birlikte Çanakkale'ye gelmiştir. Bir Yahudi, yaşadıkları saldırıları, çözüm olacağını sanarak, Atatürk'e anlatmak istemiştir. Atatürk'ün bu mazlum Yahudi'ye verdiği cevap, "halk isterse beni de kovar" şeklindedir. Bu cevap, konuya nasıl yaklaşıldığını ve saldırıların kaynağını, açıkça göstermektedir. Saldırıya karşı tedbir alınması isteneceğine, saldırıya uğrayan Yahudi'ye sahip çıkılacağına, saldırı, meşru ve olağan gösterilmekte, ayrıca saldırgan güruh "halk" olarak tanımlanıp sahip çıkılmaktadır.

d. Tan Gazetesi'ne yapılan saldırı-1945

2. Emperyalist savaşın öncesinde ve başladığı yıllarda, Almanlara yakın duran Türk Devleti, savaşın Almanların aleyhine dönmesinin belirginleşmesiyle, ABD'ye yanaşmaya başladı. Devletin ABD'ye bağlanmaya karar verdiği bu koşullarda, İstanbul'da, Sovyetlere yakın bir politika savunan Tan Gazetesi yayınlanıyordu. İllegal devlet, ABD yanlısı politikalarını kitlelere kabul ettirmek ve bu politikaların önünde engel olabilecekleri sindirmek için, Tan Gazetesi'ne yönelik bir saldırıyı

117- Varlık Vergisi Ayhan Aktar S. 71 ve devamı

örgütlendirerek gerçekleştirilmesini sağladı. Ve tabii maalesef, hep olduğu gibi, istediği sonucu aldı.

Bu saldırı, dönemin Milli Şef'li CHP hükümeti tarafından organize edilmiş bir saldırı olarak tarihe geçmiştir. Tan Gazetesi, o günün koşullarında devleti tümüyle elinde tutan CHP'nin tek parti diktasına karşı çıkanların ilgi ile izlediği bir gazete olarak, muhaliflerin odağı durumundaydı.

Aynı şekilde bu gazete, o günlerde CHP'de ayrılıp, DP'yi kurmak isteyenler tarafından da izlenmeye başlanmıştı. Zaten ABD karşıtı politikalarından dolayı hedefte olan Tan Gazetesi'ne, CHP'de yeni ayrılan bu çevrenin yakınlık göstermesi, bu provokasyonu tetikleyen bir gelişme olmuştur.

3 Aralık 1945'te CHP il teşkilatı, üniversite gençliğini toplantıya çağırmıştır. Bu çağrıyla toplanan 10 bin kişilik saldırgan grup, Tan Gazetesi'nin binasını işgal ederek, bütün makineleri ve eşyaları dağıtmışlar, parçalamışlardır.

Saldırıya katılanlar, yıllar sonra afişe oldular. Saldırganlıklarını itiraf etmekten hiç bir rahatsızlık duymuyorlardı. Çünkü saldırganların her biri, kamuoyunun yakından tanıdığı insanlardı artık. Bu saldırılara katılanların içinde Demirel'den, Orhan Birgit'e İlhan Selçuk'tan, Turgut Özal'a kadar uzanan bir liste çıkmıştır ortaya.

Görüldüğü gibi saldırıya katılanların çok büyük bir kısmı, devletin ve sistemin en muteber noktalarında yer almışlardır. Kimi cumhurbaşkanı, kimi bakan, kimi büyük işadamı olmuşlardır. Böylece, bu saldırı, bu sistemde "yükselmek" için nelerin yapılması gerektiğinin yolunu göstermiştir. Egemen siyasal güçlerle, katliamlar arasındaki ilişkinin sırrı, burada saklıdır.

Gazetenin sahip ve sahibesi olan Zekeriya ve Sabiha Sertel'lerin kızı Yıldız Sertel, Tan gazetesine yapılan saldırılar karşısında, "demokrat", olduğu sanılan İngiliz devletinin ve basınının tavrını anlatır, "Ardımdaki Yıllar" adlı kitabında. İngiliz basınının Türkiye'de yapılan bu saldırılara karşı tepkisiz kaldığını, bu tepkisizliği kırmak için giriştiği çabalardan dolayı

İngiliz Devleti tarafında yurt dışı edildiğini yazar.[118] Anlatılanlar emperyalizmin demokrasisinin nasıl bir demokrasi olduğunu göstermektedir.

Türkleştirme politikalarının en yoğun ve en kanlı bir biçimde uygulandığı bu yıllarda, 1945 yılında, aynı amaca hizmet eden Varlık Vergisi uygulamasının yapıldığı bilinmektedir. Bu vergi türü ve uygulaması, tüm boyutlarıyla, ulus yaratmanın değişik bir aracı olarak ortaya çıkartılmış ve uygulanmıştır. Bu yolla, hem farklı etnik yapıların elindeki varlıklar gasp edilerek yeni burjuvazinin yaratılması sağlanmış, hem de etnik arındırma politikası işletilmiştir.

Uygulaması tam bir despotizm ve zorbalık olan Varlık Vergisi, sonuçları itibarıyla da, aynı şekilde, katliam etkisi yapmıştır. Bir yanda Türk olmadıkları için ellerindeki varlıkları gasp edilen farklı etnik yapıda insanlar, diğer yanda bu olanakların üstünde büyütülmeye çalışılan haramiler. Üstelik bu vergi uygulamasında, istenen vergiyi veremeyen yoksullar, zorla ve uzun sürelerle çalıştırılıp emekleri gasp edilmiştir.

Kısaca İttihat ve Terakki Fırkası'nın geliştirip uyguladığı daha sonra yeni devletin kurucuları tarafında sürdürülen Türkleştirme politikasıyla, tarihsel süreç içinde yapılanların özeti şudur. 1909-1922'de Ermeniler, 1920-1938'lerde, Sünni-Alevi Kürtler, 1934'te Trakya Yahudileri, 1945'te uygulanan Varlık Vergisi ile tüm gayri Müslim halklar, Türkleştirilmeye, etnik arındırmaya ve asimilasyona tabii tutulmuşlardır. Güncel sebeplere dayandırılarak başlatılan bu katliam ve saldırılar, söz konusu temel-stratejik politikanın sonucu olarak yapılmışlardır.

İttihat ve Terakki fırkasından kalan miras, ulus yaratma projesi ve Teşkilat-ı Mahsusa

Bu bölümü bitirirken, hem sonraki bölümlerle bağlantısı açısında, hem Maraş Katliamı'yla ilgisi bağlamında hem de önceki bölümlerin anlaşılması için, İttihat ve Terakki Fırkası, Teşkilat-ı Mahsusa ve Türk Ulusu yaratma politikasına ilişkin konunun, kısaca da olsa, ayrıca ele alınmasında fayda vardır.

118-Ardımda ki Yıllar Yıldız Sertel S. 94

Bilindiği gibi İttihat ve Terakki Fırkası'nın Osmanlı yönetiminde bulunduğu yıllar, Osmanlının son ve sorunlu yıllarıdır. Bir yanda Alman emperyalistleri, bir yanda İngiliz emperyalistleri, diğer yanda Fransız devrimiyle başlayan uluslaşmanın etkisiyle, İmparatorluğun boyunduruğundan kurtulmak isteyen halkların başkaldırıları ve yaşanan diğer bir dizi siyasal gelişmeler, Osmanlı Devletini yönetilemez hale getirmişti. Dünyada ve Osmanlıda emperyalist hegemonya derinleşirken, öte yandan gelişen uluslaşma süreci, farklı halkları ve ulusları harekete geçirmişti. Buna bağlı olarak ulusal toplulukların mahkûm edildiği bir cendere olan Osmanlı coğrafyası, kaynamaya başlamıştı. Her ulus, ulusal bağımsızlığı için, Osmanlıya başkaldırıyordu.

Bütün bu sosyal-siyasal gelişmelerin sonucu olarak, Osmanlı yönetiminde gördükleri baskılar sonucu Avrupa'ya kaçan muhalifler, Osmanlı yönetimine karşı çeşitli biçim ve içerikte muhalif kurumlarda örgütlenmeye başladılar. Avrupa'ya yakınlığı ve Anadolu'dan farklı siyasal-sosyal bir atmosfer taşıyor olmasından dolayı, Makedonya ve Rumeli'nde yoğunlaşan bu kesimlerden bazıları, birleşip, büyüyerek, İttihat ve Terakki Fırkası'nı oluşturdular. Bu yapı, kısa sürede Osmanlının politik hayatında daha aktif, etkin ve hâkim bir güç oldu ve etkileri Bugünlere kadar gelen politikaları hayata geçirmeye başladı.

İttihat ve Terakki Fırkası, ilk başlarda, Osmanlıda bulunan tüm halklarda insanları içinde barındıran bir yapıydı. Ulusal hareketlerin siyasal gündemi belirlemesiyle, Osmanlıcılık ve İslam, birleştirici unsur olma özelliğini kaybetti. Osmanlının çok uluslu ve çok dinli kimliği, böyle bir politikaya ve buna uygun bir örgütlenmeye müsait olmadığı için, İttihat ve Terakki içinde farklılıklar ortaya çıkmaya başladı.

Bu gelişme üzerine diğer din, etnik yapı ve düşüncede bulunanları tasfiye eden, Alman emperyalizminin uşakları Enver, Talat ve Cemal Paşa üçlüsü, İttihat ve Terakki Fırkası'na hâkim oldular. Böylece batıda gelişen ve ilk başlarda, "Büyük Osmanlıyı" kurtarma ve "İslam Birliği" projeleri ile yola çıkan bu politik yapı, kimlik ve politika değiştirmeye yönelmiştir. İlk projelerinden vazgeçmek zorunda kalan İttihat ve Terakki Fırkası, rotasını, "Türk ve Turan" ülküsüne ve Türkleştirme politikasına çevirmiştir. Bu politik değişiklikle beraber İttihat ve Terakki Fırkası, ırkçı, despotik, komplocu, amaçları için şiddetin her türü dâhil, her yola başvurmakta sakınca görmeyen bir yapıya dönüşmüştür.

Türkçülük-Turancılık politik projesini gerçekleştirmek isteyen İttihat ve Terakki Fırkası, 1912'de, illegal örgütlü- lüğünün marifetiyle ve kanlı bir darbe yaparak, Osmanlıda yönetimi ele geçirdi. Böylece İttihat ve Terakki Fırkası, Osmanlı boyunduruğunda yaşamaya mahkûm edilmiş olan, ama Türk olmayan halklara yönelik, Türkleştirme politikasını uygulama imkânına kavuşmuş oldu.

Türkleştirme politikası, kendi içinde, dinsel-mezhepsel tekçiliği de gerektiriyordu. Bunun için, din'in, Türkleştirme politikalarının hizmetinde kullanılmasına dair planlar oluşturuldu. Bu kapsamda, Osmanlı coğrafyasında, Türkleştirmeye en uygun topluluk, Türk Alevilerdi. Adı geçen Alevi topluluğunu Türkleştirerek, genel Türkleştirme politikaların yürütülmesinde aktifleştirmek ve bunun üzerinde Türk olmayan Alevilere yönelmek, önemli bir politik faaliyet olarak, İttihat ve Terakki Fırkası'nın merkezî tarafında gündemleştirilmiştir. Bu amaçla İttihat ve Terakki Fırkası, 1914 yılında başlamak üzere, sistemli çalışmalar yapmaya yönelmiştir.

İttihat ve Terakki Fırkası, merkezî teorisyen kadrolarında Baha Sait'i, Aleviler üzerinde çalışma yapmak amacıyla, görevlendirmiştir. Teşkilat-ı Mahsus'a ve Karakol cemiyet inden de çalışmış olan Baha Sait, 1916 yılında, Talat Paşanın emriyle, Alevilerin içinde bir çalışma ve araştırma yapmaya başlamıştır. Yaptığı araştırmadan arzu ettiği sonucu elde etmek için, gerçekleri tersyüz eden Baha Sait, bugün de fazlasıyla revaçta olan, bütün Alevilerin Türk olduğu tezini geliştirmiş ve bu çerçevede yazdığı raporu, İttihat ve Terakki Fırkası'na sunmuştur. Bu raporla, Türkiye'de yaşayan her dini veya etnik toplumsal grubun, "behamal Türkleştirilmesi" teorileştirilmişti.(119)

119-Türkiyede Alevi Bektaşi Ahi ve Nusayri Zümreler Baha Sait s. 13-19

Yakın dönemlere kadar kamuoyunda çok fazla bilinmeyen bu rapor ve ileri sürdüğü tezler, o gün Bugündür, Alevilik konusunda, devletin politikalarının temel tezleri olmuştur.

Bilindiği gibi Alevilerin sisteme entegrasyonu politikası, cumhuriyetle birlikte daha ileri bir noktaya götürülmüş ve Bugün bildiğimiz Aleviliğin, İslam'ın Türkî yorumu olduğu tezi, etkinleştirilmeye çalışılmaktadır.

İttihat ve Terakki Fırkası, bu çalışmalarının sonucunda Türkleştirme politikalarının gereği olarak, Alevi ve Bektaşiler içinde de örgütlülüğünü yaratmıştır. Bu amaçla dönemin Bektaşi önderi Cemalettin Çelebi'yi, Balabanlı Aşireti reisi Gül Ağa'yı ve Şadıllı Aşireti reisi Kırmo Yusuf'u, İttihat ve Terakki Fırkası'nın illegal örgütlülüğü olan Teşkilat-ı Mahsusa içinde örgütlemiştir. (120)

Bu süreçte söz konusu politikalarını hayata geçirmek için illegal örgütlenmeler oluşturan İttihat ve Terakki Fırkası, dönemin birçok siyasal olayında, bu illegal yapıları kullanmıştır. Bu illegal örgütlerin en bilineni, meşhur Teşkilat-ı Mahsusa'dır. Osmanlı Devleti'nin, diğer kurumları yanında, bir "Hafiye Teşkilatı" vardı ve çalışıyordu. Ancak Osmanlı padişahı ve devleti, genel olarak bütün politik gücünü ve iddiasını yitirdiği için, Osmanlının bu teşkilatının da kıymet-i harbiyesi kalmamıştı. Dolayısıyla İttihat ve Terakki Fırkası ve Teşkilat-ı Mahsusa, döneminin ve Bugüne kadar süren sürecin temel politikalarını, örgüt modellerini ve çalışma tarzını belirleyen, etkileyen kurumların başından gelmektedirler.

İttihat ve Terakki Fırkası'nın bu dönemde örgütlediği, daha sonrada devlet yapılanması içindeki varlığını farklı adlarla sürdüren bu illegal yapılanma, 1909 yılında İttihat ve Terakki Fırkası'nın önderlerinden Enver Paşa tarafında oluşturulmuştur. Mustafa Kemal'in de mensubu olarak içinde çalıştığı(121) Teşkilat-ı Mahsusa'nın dönem boyunca bir dizi, karanlık, kanlı ve kirli faaliyet yürüttüğü bilinmektedir. 30 bin mensubu olan

---

120-İktidar Oyunu Avni Özgürel S. 203

121-Mit'in Gizli Tarihi Tuncay Özkan s. 54-55

(122) Teşkilat-ı Mahsusa'nın, kanlı faaliyetlerinin konumuzla ilgili yanı, bu illegal devlet yapılanmasının, Kürt isyanlarında ve Ermeni Kırımındaki rolünün, ayrıntılarıyla, açığa çıkartılmamış olmasıdır.

İttihat ve Terakki Fırkasının geliştirdiği ve Teşkilat-ı Mahsusa'nın da uygulayıcılarında olduğu Türkleştirme politikası, dönem boyunca uygulandı ve istenen sonuç, şu ya da bu biçimde alındı. Ancak bu arada yaşanan diğer bir sürü politik gelişme, özellikle I.Dünya Savaşı'nda İttihat ve Terakki Fırkası'nın hükümet olduğu Osmanlının yenilmesi, İttihat ve Terakki Fırkası'nın iktidardan düşmesine ve İttihat ve Terakki Fırkası kadrolarının yurt dışına kaçmak zorunda kalmasına yol açtı. Böylece fiziki olarak ortada kalkan İttihat ve Terakki Fırkası'nın politikaları, onların yerine geçen Kemalistler tarafında devralınarak, değişen koşullara uyarlanıp pratikleştirilmeye başlandı. İttihat ve Terakki Fırkası'ndan sonra, illegal devlet organı olan Teşkilat-ı Mahsusa da, 1918 yılında görevini ardıllarına bırakarak, sahneden çekilmek zorunda kalmıştır. Teşkilat-ı Mahsusa'nın deney ve pratiği de, çeşitli adlarla faaliyet yürüten ardıllarınca sürdürülerek bugünlere getirildi.

Devlet politikalarının devamının gereği olarak, cumhuriyet tarafında devralınan ve temel-stratejik politika olan söz konusu politikalar, devleti yönetmek için kim gelirse gelsin, sürdürülmüştür. Çünkü cumhuriyetin kadroları, İttihat ve Terakki Fırkası'nın söz konusu politikalarının taşıyıcılarıydılar. O gün Bugündür, her gelen yönetimden yönetime, hükümetten hükümete geçen bu politikadan, hiçbir dönem vazgeçilmemiştir.

Bu politikaların ve projenin düşünsel boyuttaki ifadesi için çok sayıda örnek verilebilir. Ama Türkleştirme düşüncesinin o dönem en önde gelen temsilcilerinden Rıza Nur'un şu ifadesi, projenin içeriğini anlatmak için yeterince açıktır. Rıza Nur, "Türkiye'yi... yeknesak Türk yapmak en mühim şeydi..."(123) Diyerek, esas amaçlarını, olabilecek en veciz şekilde ifade etmekteydi.

122-İktidar Oyunu Avni Özgürel s. 186

123-Varlık Vergisi Ayhan Aktar S. 42

Türkleştirme politikası ve projesi, cumhuriyet koşullarında, çok daha net, belirgin ve kararlı şekilde uygulanmıştır. Aynı zamanda bu politika ve proje, yine bu dönemde sınırlı da olsa sonuç vermeye başlamıştır. Cumhuriyetten önce Teşkilat-ı Mahsusa eliyle yürütülen Türkleştirme politikalarının sonucunda, 1920'lerden önce, bugün Türkiye olarak belirlenmiş sınırlar içinde yaşayan insanların yüzde 20'si Türk olmayanlardan oluşurken, yapılan operasyonlarla birkaç yıl gibi çok kısa bir sürede, bu oran, yüzde 2,5'a düşmüştür. Yani 1920'den önce bu coğrafyada yaşayan her yüz kişiden yirmisi hem Türk hem Müslüman değilken, yapılan katliamlar, operasyonlar ve baskılarla gerçekleştirilmiş olan asimilasyon ve imha sonucunda, birkaç yıl içinde, bu sayı, yüz kişiden 2,5 kişiye kadar düşmüştür.[(124)]

Ancak bu rakamlarda, Türk olmayan gayri Müslimler ifade edilmektedirler. Yani Kürtler Müslüman oldukları için Türk sayılmışlardır. Bu durum göz önüne alındığında, uygulanan etnik arındırma politikalarının gayri Müslim halklar üzerinde başarılı olmasına rağmen, henüz yeterli sonucu vermediği, asimile veya imha edilmemiş önemli bir kesimin varlığını koruduğu ortaya çıkmaktadır.

Bu eksikliği bilen ve tespit eden sistemin ve projenin sahipleri, Türkleştirilememiş olan başta Kürtlerin ve Alevilerin yer aldığı bu kesimlerinde, kendi özgün kimlikleriyle yaşamalarını değil, mutlaka Türkleştirilmelerini sağlamak istiyorlardı.

Bu nedenle, cumhuriyet dönemi boyunca, bütün baskı, katliam ve benzeri politikalara rağmen, istenen ölçüde gerçekleşememiş olan Türk Ulusu yaratma projesi, illegal güçlerin stratejik politikası olarak, hep gündemde olmuştur. Bu durumun iki nedeni vardı. Birincisi, Türkleştirme projesinin henüz tam anlamıyla istenen ve beklenen düzeyde pratikleşmemiş olması, ikinci neden ise, birinci nedene bağlı olarak, projenin bir gün akamete uğrayabileceğinden doğan dehşetli korkuydu. Projenin sağlam bir zeminde olmadığı, bir gün çatlayabileceği korkusu, boşuna değildi. Çünkü toplumsal gelişmeler, her du-

---

124-Varlık Vergisi Ayhan Aktar s. 24

rumda, karşılıklı güçlerin savaşlarıydı ve sonucu belirleyen, her zaman, egemen güç olmayabilirdi.

Bu korkudan dolayı illegal siyasal güçler, Türkleştirme politikalarında eksik kalan yanları tamamlamayı önemli ve asli bir görev olarak belirlemişlerdir. Dolayısıyla buna uygun bir yapılanma ve konumlanma içinde olmaya, bu sorunlardan topyekûn kurtulmaya hizmet edebilecek olan olanaklardan yararlanmaya, bu çerçevede doğabilecek sorunlara ve fırsatlara göre örgütlenmeye ve hazırlıklı olmaya, fazlasıyla dikkat etmişlerdir. Yaşamımızda yer almış olan ve halen sürdürülmeye çalışılan katliamlar, saldırı ve operasyonlar belirtilen bu politika ve bağlı gelişmeler kapsamında değerlendirilmeli, görülmelidir.

MARAŞ KATLİAMI'NIN SOSYO-POLİTİK ARKA PLANI VE KATLİAMLAR ÜLKESİNE DÖNÜŞTÜRÜLEN TÜRKİYE

Katliamlara dair

Uzak yakın tarihine çok özet değindiğimiz Maraş'ın yaşadığı katliama geçmeden, döneme ve ilgili politik gelişmelere değinmek gerekmektedir. Konunun daha doğru anlaşılması için de "katliamlar" konusunda bazı belirlemelerin yapılmasına ihtiyaç bulunmaktadır.

Katliamlar, genellikle, insanlarda ilk anda yarattığı sonuçlar nedeniyle, olumsuzlanır ve karşı çıkma duygusu yaratır. Böyle olması, doğal, doğru ve insani olandır. Ancak katliamlara sadece sonuçları üzerinden karşı çıkmak, yetersizliği yanında, ciddi bir tehlikeyi de içinde barındırmaktadır. Katliamların sebepleri bilince çıkartılmaz ve bunun üzerinden katliamlara karşı tutum alınmazsa, katliamlara ve ihtimallerine karşı mücadelede, önemli bir eksiklik yaşanır.

Onun için katliamların tanımlanmasına ve bunların hangi koşulların sonucu olduğuna bakmak ve bunun üzerinden katliamlara karşı konumlanmak gerekmektedir. Yoksa katliam karşıtlığımız işlevsiz, hümanist bir çığlık olmaktan öteye gidemeyecektir. Hâlbuki katliam mağdurlarının, işlevsiz çığlıklara değil, Picasso'nun Guernica'sının yarattığı gibi işlevli çığlıklara ihtiyaçları vardır.

Tartıştığımız katliamlar, farklı toplumsal kesimlerden birisinin, düşmanlaştırıldığı diğer kesime karşı kullanıldığı katliamlardır. Örgütlü askeri ve siyasi güçlerin yaptıkları katliamlar konumuzun dışındadır. Aralarındaki farklardan bizim için belirleyici olanı, birisinde doğrudan "resmi" askeri kuvvetler kullanılırken, diğerinde, bedava askerler olarak düşmanlaştırılmış, şuursuzlaştırılmış, toplumsal bir kesimin kullanılmasıdır.

Konumuz olan kışkırtılmış toplumsal bir kesimin, yok edilmek istenen diğer kesime karşı kullanıldığı katliamların, göze çarpan en temel özelliği, bir din, inanç ya da ulusal topluluğun veya politik düşüncede olan kesimlerin, karşıt ve düşman kabul edilenleri, hâkim siyasal erke bağlı olarak, katliama tabi tutmasıdır.

Çeşitli toplumsal farklılıklardan katliamlar yaratılmasının nedeni, kapitalizm-emperyalizm koşullarında, etnik arındırma olarak karşımıza çıkmaktadır. Aşağıda değineceğimiz gibi, hiçbir katliamın, görünürdeki nedenlerle yapılamayacağını, ayrıca katliamcı toplulukların, özel, illegal ve hâkim güçler ve uygun ortam olmadan katliam yapamayacaklarını göz önüne aldığımızda, katliamların yapılmasını gerektiren temel neden veya nedenlerin politik olduğu görülmektedir. Buradan hareketle, şu sonuca varılabilinir, kışkırtılmış toplulukların kullanıldığı gayri resmi katliamlar, genellikle, etnik arındırma amacıyla veya özgün politik projelerin gereği olarak yapılmaktadır.

Bu tür saldırı ve katliamların, özellikle yine egemen siyasal güçler tarafındann, sanki mahallede yaşanmış sıradan bir vukuattan söz eder gibi, "olay" olarak tanımlandıklarını görüyoruz. Bu tanımlama, genel olarak devletin bütün toplumsal mücadelelerle ilgili olarak izlediği bilinçli bir politikanın dili ve terminolojisidir. Dolayısıyla bu tanımlamanın kabul edilmesi, farkında olarak veya olmayarak, egemen terminolojininideolojinin etkisine girilmesi demektir.

Her şeyden önce, yapılan bu tür saldırı ve katliamlar, bütün boyutlarıyla, "olay" tanımlamasına sığmayacak kadar kapsamlı ve çok yönlüdürler. Bakkal Mehmet'le, komşusu Hatice'nin yaşadığı bir sorunda, bir "olay"dır, köylü-şehirli herhangi bir insanın trafikte yaşadığı kavga da bir "olay"dır. Katliam ve saldırıların, bilinçlerimize bu şekilde, "olay" tanımlamasıyla, önemsizleştirilerek yerleştirilmek istenmesi, özel amaçlı politik bir anlayışın dayatılmasının sonucudur. Bu dayatma mutlaka reddedilmeli, etkileri hızla aşılmalıdır.

Dahası "olay" olarak tanımlanan bu saldırı ve katliamların, "olaylarda" olduğu gibi, geçici, sıradan sebepleri değil, tarihsel ve siyasal sebepleri bulunmaktadır. Dolayısıyla dünyanın her tarafından ve tüm zamanlarda yapılmış ve yapılan bu saldırı ve katliamlar, "olay" olarak değil, gerçek adlarıyla, katliam ve saldırı olarak adlandırılmalıdırlar.

Katliamlar, lokal, belli bir topluma özgü veya kendiliğinden, Tahrikler sonucu, tesadüfen olan "olaylar" değildirler. Aynı şekilde katliamlar, dönemler ve coğrafyalar üstüdürler. Dünyanın herhangi bir yerinde, herhangi bir dönemde ve üretilmiş değişik nedenlerle, katliamlar yapılmış ve yapılabilmektedir. Bu türden katliamların, dünyanın her tarafından ve her dini, etnik yapı ve toplumlarda yapılabildiğini göz önüne aldığımızda, yukarıda belirtilen sonuca gitmek, kaçınılmaz olmaktadır. Bu gerçek, katliamların anlaşılması için, son derece, önemlidir. Bu noktadan bakılınca, katliam yapılabilmesi için, mutlaka, egemen sosyal-siyasal gücün işin içinde olması gerektiği, daha net anlaşılmaktadır. Hâkim ve belirleyen olmayanların, ellerinde yönetim erkini ve araçlarını bulunduramayanların veya bu güçlerin desteğini alamayanların, katliam yapmaları olanaksızdır.

Herkesin günlük hayatta çok kolay bilebileceği basit bir gerçekten hareketle, katliamların, ancak devasa bir organizasyonun sonucu olduğu görülebilir. Bir katliamda yer alanların istisnasız hepsi, sıradan bir sosyal organizasyonu, örneğin bir düğünü, bir toplantıyı, bir cenaze törenini, aylarca uğraşarak ve bütün uğraşlarına rağmen, yüzlerine gözlerine bulaştırarak, yapabilecek tipolojidedirler. Yine katliamlara fiili olarak katılan ve katil olan bu unsurların her biri, bırakalım siyasal silahlı katliam yapmayı, en sıradan hak alma sürecinde, devletin ve toplumun değil, gelişmiş herhangi bir bireyin karşısında bile, en küçük bir tutum geliştiremezler. Bu durumda olan katliamcı güruh, herhangi bir örgütlü siyasal destek olmadan, nasıl olur da, bir anda bütün bir şehri, kasabayı, çevresi ile birlikte, günlerce işgal edebilir ve yüzlerce, binlerce insanı öldürebilir? Kimse böyle bir saldırganlığı, kullanılan güruhun hassasiyeti gibi masum bir kavramla açıklayamaz.

Bu durumu belirttikten sonra, katliamlarla ilgili temel iki olgudan / kavramdan söz etmemiz gerekir. Bunlardan birisi, "Kutsallık", diğeri ise "Tahrik", olmaktır. Bütün katliamlardan, "Kutsanan" bir değerden, bu değere yönelik saldırıdan ve "Tahrik" olmuş kitlelerden söz edilir. Önce bir "Kutsal" sembol vardır, cami, bayrak, dil vs gibi. Sonra o "Kutsal"a yapılan bir saldırı ve bundan dolayı "Tahrik" olan kesimlerin, "Tahrik" oldukları için, yapmaya neredeyse zorlandıkları, mecbur edildikleri bir katliam!. Toplumsal-siyasal hayata hâkim olan ve katliamları yaratan veya destekleyen anlayış, katliamları bize böyle anlatmaktadır.

Belirtilen iddianın çarpıklığını, manipülasyon amacıyla üretildiğini anlayabilmemiz için, dayandırıldığı kavramlara yakından bakılması gerekmektedir. İlk olarak "Kutsallık" kavramı ele alınabilir.

Toplumların hayatında büyük bir önemi olan çeşitli kutsal objelerin, nasıl yaratıldığına, ayrıntılı olarak, girilemez elbette. Ancak sürecin nasıl geliştiğine bakıldığında, toplumların hayatlarında, önce, "Kutsal" obje ve olgu ihtiyacı belirginleşmekte, gündemleşmektedir. Toplumsal bir ihtiyaç olarak dayatan bu olgu, "Kutsal" obje ve sembollerin ortaya çıkmasına yol açmaktadır. Süreç içinde, ortaya çıkan "Kutsal" obje veya sembollerin ihtiyaca uygun olan birisi, öne çıkarak egemen olmakta, diğerleri "Kutsal" olarak kabul edilmeyerek, insanlığın hafızasında unutulmaya terk edilmektedir.

Dolayısıyla "Kutsal" ihtiyacını belirlemek, hâkim kılınmak istenen bu ihtiyacın nasıl giderileceğini gösterebilmek ve tespit edilmiş bu "Kutsalı" topluma kabul ettirmek, bazı özellikler gerektirmektedir. İhtiyaç duyulan bu özellikler, bilgiye hâkim olmak, bilgiyi topluma kabul ettirmek için gerekli öz güvene, güce ve iktidara sahip olmaktır.

Bu özelliklere, ancak sosyal-siyasal hâkimiyeti elinde tutan kesimler sahip olabileceği için, "Kutsal"ı, güçlüler belirlemektedirler. Güçsüzlerin "Kutsal" yaratma veya belirleme hak ve olanakları yoktur. Dolayısıyla sosyal-siyasal egemenlik olmadan, egemen bir "Kutsal" yaratabilmek, mümkün değildir. Muktedir olmayanlar, en fazla kendileri için ve geçici olarak, lokal "Kutsal"ını yaratabilirler.

Bu gerçek, "Kutsal" olguların başında gelen din ve inançları ilk yaratanların, kimi zaman güçsüz, yoksul insanlar olmasıyla çelişmez. Elbette ilk ve ortaçağda, yoksulların, güçsüzlerin içinde, egemen inançlara karşı kendi inancını üretmek için ortaya atılanlar olmuştur, olacaktı. Diğer birçoklarının yanında, Hz. İsa böyleydi ve Hz. Muhammed, ilk döneminde böyleydi.

Bu inançları yaymaya ve etkin kılmaya çalışanlar, ya yoksulluklarının gereğine uygun devrimci bir tutumda ısrar etmişler, bunun sonucunda bilindiği gibi yok edilmişlerdir, Babek gibi, Mazdek gibi. Veya belirtilen inançlar, egemenlerin ihtiyaç ve çıkarlarına uygun değişimler geçirerek, onlar tarafından kabul edilip, egemenliklerinin bir unsuru haline getirilmişlerdir, bildiğimiz dinler gibi.

Birinci durumdakiler, yarattıkları "Kutsal"ları, sadece kendi çevrelerinde etkili kılabilmişler, genel egemenlik yaratamamışlardır. İkinci durumda ise, zaten "Kutsal"ların işlevi değişmiş, egemenlerin, egemenlik aracı olmuştur. Her iki halde de bu dinlerin ve peygamberlerin zaman içinde yaşadıkları değişimler göz önüne alınırsa, yukarıda yazılanlarla, herhangi bir çelişmenin olmadığı anlaşılır.

"Kutsal" yaratma hak ve olanakları olmayanların "Tahrik" olması da söz konusu değildir. Güçsüz, muktedir olmayan hiç kimse, yaşadığı mağduriyetten dolayı Tahrik olamamaktadır. Ancak iktidar olanlar veya egemen sosyo-politik anlayışın etkisinde bulunanlar, "Tahrik" olabilmektedirler. Erkek "Tahrik" olabilir, kadın "Tahrik" olamaz. Çoğunluk "Tahrik" olabilir, azınlık olamaz. Devletin silahlı güçleri "Tahrik" olurlar, silahsız halk çoğunluğunun "Tahrik" olması mümkün değildir.

Türkiye'de, küfür amacıyla kullanılan "Ermeni dölü" söyleminden, Ermenilerin "Tahrik" olması söz konusu değildir. Ama Ermenilerin varlığdan söz edilmesi bile, Hrant Dink'e yapılanlardan olduğu gibi, birilerini "Tahrik" edebilmektedir. "Hıristiyanların ve Yahudilerin" günlük dile yerleşmiş olan "gavur" nitelemesinden "Tahrik" olup, herhangi bir saldırı veya katliam gerçekleştirdiklerini kimse gösteremez. Ama bu kesimlerin herhangi bir etnik veya dinsel davranışından "Tahrik" olanların, bunlara karşı yaptıkları saldırılar ve katliamlar biliniyor.

Aynı şekilde, her durumda ve ortamda aşağılanan Çingenelerin-Romanların, "Tahrik" olup katliam girişiminde bulundukları görülmemiştir. Ama Çingenelerin-Romanların, "Tahrik" olanlar tarafındann, katliam amaçlı saldırılara uğradıklarını, yerlerinden, yurtlarından edildiklerini, kimse inkâr edemez. Kürtlerin, Alevilerin, kendilerine yönelik tüm saldırı, aşağılama ve yok saymalara rağmen, "Tahrik" olup, karşı saldırıya geçtikleri gösterilemez, ama bu insanların, "Tahrik" olan başkaları tarafındann, çok sayıda katliama ve saldırıya maruz kaldıkları biliniyor.

Kısacası katliamlar, toplumu, çıkarları doğrultusunda yöneten ve bu konumunu sürdürmek isteyen egemen güçlerin veya egemenlik tesis etmek isteyen halk düşmanı siyasal güçlerin, yaptıkları, politik uygulamalar, operasyonlardır. Tıpkı, savaşlar ve benzer diğer olgular gibi. Egemen siyasal güç odakları olmadan, hiçbir güç, ne denli "Kutsal" olursa olsun, herhangi bir değer için, hiç kimseyi katliam yapmaya zorlayamaz, hiç kimseyi öldürme makinesi haline getiremez. Bu tespitte ortaklaşmak, bunu bilince çıkartmak, katliamların öznesi olmuş tüm toplumsal kesimler için önemlidir.

Katliamların tartışıldığı, konuşulduğu her durumda, gündeme gelen en temel kavramların birisi de devlet, derin devlet vs, tanımlamalarıdır. Eğer devlet denen organizasyonun, tapu veya evlendirme dairesinden ibaret olmadığını, asıl olarak bir egemenlik aracı olduğunu, bu egemenliğin, ancak ve mutlaka, illegal ve özel kurumlar vasıtasıyla, özel yöntem ve araçlarla sürdürülebildiğini, bunun devletin asli görevi olduğunu kabul edersek, derin devlet kavramını anlamak ve anlamlandırmak kolaylaşacaktır.

Egemen siyasal güç, toplumu, arzu ettiği düzey ve biçimde kontrol altına almak amacıyla, devlet denen mekanizmayı kullanmaya başladığında, belirlenmiş kural ve yöntemlerin yeterli olmadığını görmüş, alttakilerin her başkaldırısında veya zorlandığı her durumda, illegal yöntem ve faaliyetlerle pozisyonunu korumaya çalışmıştır. Bu nedenle, devletlerin tarihinde, felsefesinde ve gerçeğinde, illegal örgütlenme, legal örgütlülüğünün yanında, devlet denen mekanizmanın en temel ve asli örgütlülüğü olmuştur. Ezilenlerin geliştirdiği her mücadele, devletlerin, egemen konumlarını sürdürebilmelerinin illegal bir devlet organının varlığı ile mümkün olacağı gerçeğini dayatmıştır.

Egemenler işin başında oldukları sürece kitlelerin, örgütlü güçleri vasıtasıyla sürdürdükleri mücadeleler sonucunda, bazı haklar kazanmış ve bazı değerler yaratmış olmaları, böylece devleti geriletmiş olmaları, bu gerçeği değiştirmemektedir. Tam da böyle durum ve dönemlerde devlet, illegal organları vasıtasıyla, kitlelerin zoruyla belirlenmiş kuralları değiştirmekte, bu araçlarla kitleleri ezmekte, onları aldatmanın yöntemlerini üretebilmektedir. Böyle olduğu içindir ki. devletlerin, gerektiğinde ve güçleri yettiğinde, bağlı kalmak zorunda kaldıkları ve kitlelerin mücadelesiyle belirlenmiş kuralları değiştirmekten ve kazanılmış hakları gasp etmekte en küçük bir beis görmedikleri, sayısız defalar ve çeşitli coğrafyalarda görülmekte, yaşanmaktadır.

Bütün bu gerçeklere rağmen, son yıllarda, yaşanan birçok gelişmeden hareketle, devlet sorunu, farklı biçimlerde ele alınmaktadır. Özellikle İtalya'da başlayıp, daha sonra tüm Avrupa'ya yayılan ve genel adlandırmasıyla "Gladio" operasyonları olarak adlandırılan operasyonlardan sonra ve Türkiye'de bilinen gelişmelerden dolayı, illegal devlet yapılanması sorunu, liberal düzlemde tartışılmaktadır. Bu tartışmalarda, illegal devlet organizasyonlarının, geçici, dönemsel, vazgeçilebilir veya kimi durum ve çevrelere bağlı olduğu şeklinde bir görüşün etkin olduğu görülmektedir. Bugünlerde devletin "derin"inden kurtulmaya yönelik çabalar, bu anlayışın ifadesi ve sonucudur.

İllegal devlet yapılanmaları, zamana, mekâna veya benzer değişebilir olgulara bağlı, vazgeçilebilir, geçici ve konjektürel yapılanmalar değildirler. Bu kurumlar, egemen devlet var olduğu sürece, adı ne olursa olsun, var olmak zorunda olan kurumlardır. Günümüzün kapitalist-emperyalist çağında, bırakalım bu tür yapıların tasfiye edilmesini, halkların mücadelelerinin gelişmesi ve dünyada yaşanan olağanüstü değişiklikler nedeniyle, devletler, daha etkili ve güçlü illegal yapılara ihtiyaç duymaktadırlar.

Bu çerçevede ve bu tartışmalarda, devletin en tecrübeli ve muteber adamlarından Süleyman Demirel'in bir sözü çok kullanılmaktadır. Demirel, illegal devlet operasyonlarıyla ilgili olarak yaptığı bir açıklamasında, devletin bazen "rutin dışı" faaliyetler içine girmiş olabileceğini söylemiştir. Demirel'in bu sözü, yıllardır devlete hizmet etmiş olan birisinin sahip olduğu bilgilere dayanmasına ve aslında gerçeği bütün çıplaklığıyla ifade etmesine rağmen, söz konusu tartışmalarda başka bir boyutuyla değerlendirilmiştir.

Demirel bu sözüyle gerçek devleti, bir devlet adamının dikkati ve hassasiyetiyle tarif etmiştir. İllegal güçler tarafındann yapılan katliamların saldırıların yapılmadığını söylememiş, yapılanları "rutin dışı" göstermeye çalışarak, manipüle etmeye çalışmıştır. Zaten Demirel'in devlet adamlığı da buradan gelmektedir, yoksa Demirel'in illegal devleti zor durumda bırakan bir tutum alması beklenemez.

Bu durumda Demirel'in bu sözünü tartışanlar, bu sözden hareketle, "devletin illegal faaliyet yürütemeyeceği" tezlerini güçlendiren bir sonuç çıkartmaya çalışmışlardır. Hâlbuki gerçek devlet, Demirel'in "rutin dışı" dediği faaliyetleri yapan ve yapmakla görevli olan yapıdır. Bundan dolayı Demirel'in sözünü ettiği rutin dışılık kamuoyunu aldatma amaçlı bir söylemdir, yoksa yapılanlar devletlerin "asıl rutini"dirler.

Dolayısıyla, her durum ve koşulda, bu yapılanmalara karşı mücadele, devlete ve sisteme karşı mücadele ile birleştirilmek durumundadır. Yoksa sürdürülen mücadeleler, elde edilen kazanımlara rağmen, devletin ve sistemin aklanmasına hizmet edebilecek, egemen illegal güçlerle aynı çizgiye düşülebilecek handikapları içinde barındırmaktadır.

Bir başka nokta ise, sanki bu illegal yapılanmalar, sadece ABD ile başlayan süreçte gündeme gelmişler ve sanki tek sorumlu yalnız ABD'ymiş gibi sunulan yaklaşımdır. Belirtildiği gibi, bırakalım emperyalist kapitalist dönemi, devlet yapılanmasının tüm dönemlerinde, devleti elinde tutan güçlerin, bu türden illegal yapılanmaları olmuştur, çünkü asıl devleti bu yapılanmalar temsil etmektedirler. Günümüzde ise bütün emperyalist devletler, ilgili oldukları devletlerin tamamında, bu türden örgütlerle birlikte var olmak zorundadırlar. Bu durum dünyanın gerçek sahipleri olan yoksulların ve ezilenlerin siyasal iktidarı ele alacakları ve dünyayı haramilerden kurtaracakları güne kadar da, esas olarak böyle devam edecektir. Dolayısıyla bu tür illegal devlet yapılanmalarına karşı alınacak her tutum, soyut bir ABD karşıtlığı üzerine bina edilemez.

Ayrıca ABD dışındaki diğer emperyalist kapitalist güçler de, aynı illegal yapılara sahiptir, buna zorunludurlar. Bu gerçek göz önüne alınmadan yapılan ABD karşıtlığı, başka bir emperyalist devletin güdümüne girmek veya mevcut illegal devlet yapısıyla aynı çizgiye düşmek gibi arzu edilemeyen bir sonuca götürebilir.

Devlet denen devasa organizasyonun asli gücü olan bu illegal yapılanmalar, aynı zamanda uluslararası tekellerin yanında, uluslararası mafya sisteminin de içinde ve hizmetinde olan örgütlülüklerdirler. Böyle oldukları, her gün ortaya dökülen sayısız olay ve gelişmeden görebilmektedir.

Bu yapıların unsurları, orduların karar organları, illegal istihbarat örgütleri ve bunlara bağlı çok sayıda örgütlenmeler ve çeşitli örgütler içinde bulunan, sözde sivil unsurlardan oluşmaktadır.

Bunlar yasal olmadıkları gibi yasal görünseler de, hiçbir dönemde yasalara karşı kendilerini sorumlu görmezler. "Devletin ve milletin korunması veya kurtarılması" adına faaliyet yürüttüklerini ileri süren bu yapıları, herhangi bir gücün denetim altına alması veya engellemesi mümkün değildir, çünkü bunlar güçlerini, diğer dayanaklarıyla beraber, devletin bu konulardaki illegal düzenlemelerinden almaktadırlar.

Katliam organizatörü olan bu yapılanmaların, katliamları örgütleyebilmesi için, bazı koşullara gereksinmeleri vardır. Bu koşullar, 1.Toplumsal farklılıklar, 2.Egemen sistemi zorlayan toplumsal siyasal uyanış, 3.Egemen gücün katliam yoluyla amacına varabileceğini düşünmesi, buna karar vermesi, 4.Daha güçlü bir karşı koyuşun olmayabileceğinin, katliamcılar tarafından, öngörülmesidir. Belirtilen bu koşullar, yaşanmış katliamlardann çıkartılan sonuçlardan hareketle, ortaya çıkan genel bir durumu ifade etmektedir. Yoksa ne bu koşulların varlığı her zaman katliam yapılabileceği anlamına gelir, ne de farklı ortam ve şartlarda, katliamların olmayacağı sonucunu içerir. Dolayısıyla belirtilen koşulları göz önüne alarak, katliamların olmasını beklemek gerekmiyor.

Katliamların her zaman olmuyor olması, egemenlerin bu yönteme her zaman ve durumda ihtiyaç duymuyor olmasındandır. Ayrıca, egemenlerin her istediklerinde katliam yapamamalarının önemli bir başka nedeni de, katliamların hedefi durumunda olan toplumsal kesimin gücü ve içinde bulunduğu pozisyondur. Örgütlü ve hazırlıklı olan toplumsal kesimlere karşı egemenler, bütün istemelerine rağmen, katliam veya girişiminin yaratacağı sonuçları göze alamadıkları zamanlarda, katliamlarını gerçekleştiremeyebilirler.

Burada katliamlara karşı ne yapılacağı sorusunun da cevabı ortaya çıkmaktadır. Katliamlara karşı korunmayı sağlayacak olan tek çare, ezilenlerin, katliamları önleyebilecek donanımdaki örgütlü gücüdür. Katliamcıların, mağduriyet ve mazlumiyet üzerinden geliştirilen politikaları dikkate alarak, katliam yapmaktan vazgeçtikleri görülmemiştir. Onları kanlı arzularından alıkoyacak olan yegâne güç, halkın gerekli uygunluktaki örgütlü karşı koyuşudur. Bu gerçek, sübjektif bir belirleme veya arzu değil, yakın-uzak tarihsel süreçlerde yaşanmış benzer katliamlardann çıkartılmış bir ders ve sonuç olarak görülmelidir.

Katliamlar sorunuyla ilgili olarak karşımıza çıkan önemli bir başka soru bulunmaktadır. Katliamcı güruh, kimlerden ve nasıl oluşturulmaktadır. Bazılarımız bu soruya çok kolay cevap verebilir. Kimimiz, bu insanların eksik eğitimlerinin, kimimiz sosyal konumlarının, kimimiz dinsel veya buna benzer değerlere verdikleri aşırı önemin, kimimiz katliamlardan elde edebilecekleri ekonomik imkânların, bu yaratıkları, katliama sevk ettiğini düşünebiliriz. Ama yinede bulduğumuz cevaplardan tatmin olmaz, soruyu tekrar-tekrar sorarız kendimize ve çevremize. Nasıl olur da bir "insan" katliamcı olabilir sorusu, kafamızın içinde, demirden bir çengel gibi, döner durur. Öyle ya katliamcı, nasıl "insan"dır ki, tanımadığı birçok insanı, kadını, çocuğu, yaşlıyı, hastayı, gözünü kırpmadan ve hiçbir somut neden olmadan öldürebilmektedir.

Aslında sorunun cevabı kabul edemeyeceğimiz kadar basittir ve yukarıdaki cevaplarda tatmin olamayışımız, birazda bu cevapların, hayatın içinde, "basit" cevaplar olmasından kaynaklanmaktadır. Sorun, tek başına ne ekonomiktir, ne eğitimdir ve ne de bazı manevi değerlere verilen önemin düzeyidir.

Altı-yedi milyar insanın yaşadığı bu yerkürede, her gün milyonlarca insan, milyonlarca haksızlık yapmakta, yaşamaktadır. Bunca haksızlığı yaşayan bu insanların herhangi birisi, katliam yapıyor mu? Veya dünyanın en eğitimsiz insanlarının yaşadığı coğrafyalarda, insanların durup dururken, katliam yaptıkları görülmüş müdür? Ama buna rağmen, eğitimli olan emperyalistlerin ve onların uşaklığını yapan devletlerin, bin bir türlü üretilmiş siyasal nedenlerden dolayı, toplumsal kesimleri birbirlerine yabancılaştırdıklarını, toplumların bu şekildeki pozisyonlarından, gerektiğinde katliamlar üretebildiklerini biliyoruz.

Demek ki sorun, siyasal bir sorundur ve siyasal erk sahipleri, belirtilen olguların bazılarını veya hepsini kullanarak, ihtiyaç duyduklarında toplumun bir kesimini, diğer kesimine karşı katliamcı yapabilmektedirler. Bunda hiçbir gariplik, olağan dışılık, cevabı olmayan veya zor olan bir soru söz konusu değildir.

Sistemin çabalarıyla da olsa, tek-tek bireyler, nasıl katliamcı olabiliyorlar, diye sorulabilir. İnsanı katliamcı olmaya götüren olgu, her dönem ve durumda egemen politik sistemlerdir. Sömürü ve baskıya dayalı bütün yönetim sistemleri, toplumlar arasında düşmanlıklar yaratmakta ve bu sanal düşmanlıklar üzerinden kendilerini yaşatmaktadırlar.

Ancak tehlikeli ve yanlış bir algıya değinmeden geçmemek gerekir. Bu tür katliamlardan, genellikle, din ve inanç farklılıkları kullanılmaktadır. Bundan dolayı da bu tür katliamların din ve inançlarla bağlantısı olduğu ileri sürülebilmektedir. Bilmeli, kabul etmeli ve inanmalıyız ki, genel olarak din ve inançlar, kendi başlarına, katliam üretemezler. İnanç farklılıklarından katliamlar yaratmak, siyasal bir çaba ile mümkün olabilir ancak.

Aynı şekilde, din ve inançların bazılarının, toplumları "katliamcı" olmaya yönelttiği, bazılarının "barışçı" olduğu şeklindeki önerme de isabetli bir önerme değildir. Din ve inançlar üzerinden katliamların yapılması, genellikle, egemen siyasal yapıların din ve inançları kullanması sonucunda gerçekleşebilmiştir. Yoksa her din ve inanç, ilk çıkışında, barışçı mesajlar vererek, kendisini katliamların diliyle değil, barışın diliyle anlatmaya çalışmıştır. Din ve inançların, "barışçılığı" veya "katliamcılığı," kendi özgün mesaj ve tutumlarından ziyade, egemen siyasal gücün müdahaleleriyle bağlantılıdır.

İnsanlığın kapitalizm öncesi uzun döneminde, din ve inançlar, aynı zamanda, dönemin politika yapma araçlarıydılar. Bu gerçek göz önüne alındığında, belirtilen dönemde din ve inançlar üzerinden yapıldığı sanılan çeşitli katliamların, aslında politik katliamlar olduğu anlaşılacaktır.

Kapitalizm ve emperyalizm koşullarında ise, din ve inançlar, yine politik amaçlarla kullanıldıkları için, katliamların yapılmasında değerlendirilmişlerdir. Belirtilen gelişmeler, bazı katliamların din ve inançlardan kaynaklandığı şeklindeki yanlış ve zararlı algılamanın temelini oluşturmuştur.

Din ve inançların dışında, ırkçılık ve şovenizm de insanların katliamcı olmalarının koşullarını hazırlamaktadır. Bilindiği gibi ırkçılık ve faşizm, çağımızda egemenler tarafından, katliamlar için kullanılan temel kavramlardan birisi oldu ve halen gündemde olması, toplumsal gelişmenin önemli bir açmazıdır. Bugünün koşullarında, katliamcı politikaların dayandırıldığı temel politik zemin, ırkçılık ve şovenizmdir. Dinsel gericilikle buluşturulan ırkçılık ve şovenizm, kitlelerin geri unsurlarını etkileyen, dolayısıyla katliamcı olmalarına yol açan en önemli argümanlardır. Bu nedenle, katliamcılığa karşı mücadelenin, esas olarak bu ideolojik-politik anlayışlara karşı sürdürülmesi gerekmektedir.

Katliamcılaştırılmış bireylerin kendileri için ne yaptıklarından ziyade, "Kutsal" bildikleri din, cami, dava, bayrak, millet uğruna, ne yaptıkları ve bu yaptıklarından dolayı katliamcı güçler tarafından taltif edilip edilmedikleri önemlidir. Çünkü katliamcı kişilik, korkularını yenememiş, kendisine ve geleceğe güveni olmayan, "Kutsal"ın yüzü suyu hürmetine yaşayan ve o "Kutsal"dan şefaat edinebilmek için ölen, öldüren kişiliktir.

Bireyleri katliamcı olmaya götüren bu kavram ve olgular, her toplumsal kesimde aynı etkiyi ve sonucu yaratmayabilir. Dolayısıyla katliamda kullanılacak olan hedef kitlenin, başka bazı özelliklerinin de olması gerekiyor. Bireyi katliamcı olmaya götüren tamamlayıcı unsur, yoksulluktur. Mahkûm edildiği yoksulluk sonucu yeterince toplumsallaşamamış bireylerin, katliam gibi süreçlerde kullanılıyor olması, bir tesadüf değil, sosyo-ekonomik temeli olan bir olgudur. Katliamcının, katliamda yer almasını kolaylaştıran, kaybedecek herhangi bir şeylerinin olmaması hali, katliam organizatörleri için çok boyutlu bir avantaj olarak kullanılmaktadır.

Bu avantajlardan olarak, sistem, yoksullukla terbiye ettiği kesimleri katliamlardan kullanarak, bedava askeri operasyonlarını yaptırmış olmaktadır. Yoksul katliamcıları, katliamcılığa özendiren bir diğer unsur ise, ekonomik kazanımlar elde etme arzusuyla birleşen bu amaçlı yönlendirmelerdir. Gerek illegal organizatör yapının, gerek fiilen katliama katılanların, katliam esnasında buna uygun davrandıkları unutulmamalıdır.

Katliam organizatörleri, katliamda kullanılan yoksul güruhu suçlu ilan ederek, katliamın pratik sonuçlarından da kurtulmaktadırlar. Ayrıca yine katliamcı yapı, katliamlardan yer alanların yoksulluklarını olumsuzlayarak, kendi sitemlerini meşrulaştırmakta, ideolojik etkilerini artırmaktadırlar. Katliamcı güçler, bütün bunların yanında, bu olgu ve sonuçları, halklar ve inançlar arası düşmanlığın kalıcılaşması için değerlendirmektedirler.

Ancak her durumda katliamcı güruhu cesaretlendiren, onları katliamcı kılan temel olgu, egemen siyasal güçte görecekleri düşündükleri, bekledikleri ve genellikle de gerçekleşen himaye edilme, korunma, sahiplenme ve taltif edilme durumudur. Bu himaye ve taltif edilme, açıktan ve tek-tek bireylere yönelik veya doğrudan ekonomik sonuçları olan bir himaye görme ve taltif edilme olmayabilir. Toplumsal ve kültürel olarak yaratılan onaylayıcı, onure edici tutum ve davranışlar, himaye ve taltif etmenin en yaygın uygulanan biçimleridirler. Eğer böyle bir himaye göreceklerine dair herhangi bir emare olmamış olsa, bu insanların hiçbirisi, katliamcı olamazlar. Toplumsal kabul edilmişlik, toplumsal bir rol oynamış olmak, yeterince sosyal ve siyasal bilinç edinememiş olan bu kesimlerde insanların katliamcı olmalarını kolaylaştıran en önemli olgudur. Katliamlara ilişkin bu belirlemeleri yaptıktan sonra, Maraş Katliamı'na giden süreci incelemeye çalışabiliriz.

1950'lerden 1977'ye kadar Dünya

Maraş Katliamı'nın yapıldığı coğrafyanın ve sosyal yapının tarihsel geçmişinin yanında, ilgili dönemine giden sürecinin de bilinmesi gerekmektedir. Katliamın hangi somut koşulların ve nedenlerin sonucu olduğu ancak böyle anlaşılabilir. Bunun için katliama giden sürecin, başından bu yana izlenmesi, Maraş Katliamı'nın toplumsal-siyasal süreç içindeki yerinin tespit edilmesi, soyut bir katliam anlatımından kurtulabilmek için, zorunludur.

İnsanlık tarihinin en kanlı dönemlerinden biri olan 1.Emperyalist paylaşım savaşında, dünya, hallaç pamuğu gibi atılmış, halkların hayatı alt üst edilmişti. O güne kadar emperyalist kamp içinde en güçlü olanlar gerilerken, yeni gelişen güçler inisiyatif almaya başlamışlardı. Savaştan galip çıkan emperyalistler, daha saldırgan bir tutum içinde hareket etmekteydiler. Buna uygun olarak kendi içindeki ve dünya devletleri ile olan ilişkilerini yeniden düzenlemeye yönelmişlerdi.

Bunun yanında dünya halkları ve ezilenler, egemenlerin toplumsal hayata dâhil olmalarından beri süren çetin sınıf savaşında, özgünlükleri olan ve daha güçlü oldukları bir sürece girmişlerdi. Rus çarlarını devirerek insanlığın kurtuluşunda önemli bir yol açan Ekim Devrimi'nin etkisi ile dünyanın birçok ülkesinde devrimler veya devrimsel gelişmeler yaşanıyordu.

Ancak bu yıllarda Almanya'da gelişen devrimin yenilmesi, dünyanın gidişatını çok derinden etkileyen bir sürece vesile oldu. Devrimin yenilgisinde sonra, Almanya'da büyük sermayenin ve silah şirketlerinin desteklediği, dünyayı kan deryasına dönüştürecek olan Hitler'in faşist Nazi Partisi iktidara geldi. İtalya'da, Mussolini'nin faşist partisi devleti ele geçirmişti. Almanya'da Hitler Faşizmi, hem içerde, hem dışarıya yönelik olarak, saldırgan savaş politikaları sürdürmekteydi. Hitler Faşizminin bu saldırgan politikaları, dünya emperyalistleri tarafındann hayırhah bir tutumla karşılanıyordu. Nasıl olsa Hitler, sosyalist Sovyetleri yok edecek, böylece dünya ezilenlerinin umudu ortadan kaldırılacaktır, diye öngörmüş olmalıdırlar.

Gelişmelerin sonucu olarak 1939'da, 2.Emperyalist Dünya Savaşı başladı. Bu savaş, insanoğlunun emperyalizm koşullarında yaşadığı vahşeti gösteren bir olgu olarak, tarihe kaydedilmiştir.

Savaş sonucu Sovyetler karşısında büyük bir yenilgi alan Alman faşizmi, dünya üzerindenki paylaşımda söz hakkını kaybetti. Dünyayı paylaşımda, yeni bir emperyalist güç olarak ABD belirleyici olmuştu artık. Bu yeni politik durum, dünyada yaşanan tüm gelişmeleri etkiliyor ve belirliyordu. ABD, emperyalist kampın lideri olarak dünyaya, kendi çıkarlarına ve yeni duruma göre "nizamat" vermeye çalışıyordu. Bu amaçla, savaş sürecinde oluşturulmuş olan çeşitli emperyalist planlar, devreye konmaya başlandı.

Ancak, ABD ve diğer emperyalistler, tarihlerinde ilk kez, kendilerini sınırlayan, engelleyen, ezilen halkların devletleri ve siyasal yapılarıyla karşı karşıya kalmaktaydı. Artık, emperyalistlerin karşısında, örgütlü dünya halklarının gücü vardı. Sovyet Devrimi'nden ve sonrasında kazanılan zaferden etkilenen tüm dünya halkları ve ezilenleri, emperyalistlerin önünde büyük bir engel durumundaydılar. Sovyet Devrimi ile başlayan, Çin Devrimi'yle ve Balkanların, Orta Avrupa ülkelerinin devrimleriyle devam eden süreç, dünyanın bütün ezilenlerini harekete geçirmiş, her yerde isyan, özgürlük ve kurtuluş bayrakları dalgalanmaya başlamıştı. Vietnamlılar, Filistin halkı, Güney Amerika, Asya'nın, Afrika'nın yoksulları, hepsi, ayaktaydılar.

Hiçbir şey eskisi gibi değildi ve hiçbir emperyalist talep veya düzenleme, emperyalistlerin istediği gibi gelişmeyebiliyordu.

Bu durum, başta ABD olmak üzere tüm emperyalistleri, en büyük düşman olarak gördükleri Sovyetlere ve dünya halklarının özgürlük mücadelelerine karşı, eskisinden farklı, daha kanlı, daha saldırgan, değişik ve çeşitli mücadele yöntem ve araçları geliştirmeye, buna uygun yapılanmalar oluşturmaya zorladı.

Yeni durum ve dönemin iki temel unsuru bulunmaktaydı. Birincisi, ABD emperyalizmi, dünya halklarına karşı oluşturacağı yeni örgütlenme biçim ve modelinin, çok daha ileri düzeyde merkezi olmasını istiyordu. Ulusal devlet, ulusal bağımsızlık vs hiçbir biçimde kabul edilemezdi. İkincisi, halklara karşı sürdürülecek olan savaşın, aleni, nizami, kanuni, insani vs olması gerekmiyordu. Tam tersine, bu örgütlenmelerle dünyanın ezilen yoksullarına ve baskı altında bulunan ulusal kimliklere karşı "Gayri Nizami Usul"lerle savaş ilan ediliyordu ve bu savaşta, hiçbir kurala bağlı olmadan, sonuç almayı sağlayacak her yol, yöntem ve araç kullanılacaktı.

ABD emperyalistleri, bu politikalar bağlamında, 2. Emperyalist Savaş içinde başlattıkları hazırlıklarını, savaş sonrasında, hızla pratikleştirmeye yöneldiler. ABD, dünya halklarına ve ezilenlerine karşı, bu yıllarda başlattığı dünyanın her karış toprağının kanla sulanmasına, milyonlarca insanın yok olmasına yol açan bu "nizamsız ve kuralsız" savaşı, halen sürdürmektedir.

Dünya halklarına karşı sürdürülen "Gayri Nizami Savaş" Truman Doktrini ve Marshall planı

Emperyalizmin günümüzdeki en büyük temsilcisi ABD, 2.Emperyalist Dünya Savaşı'nın bitimiyle birlikte, dünyanın zenginliklerini gasp etmek amacıyla sürdürdüğü yayılmacı politikalarını, yeni duruma uyarlayarak hayata geçirmeye hız verdi. ABD'nin devlet başkanlığında, Hiroşima ve Nagazaki'ye atom bombalarını attıran, Dresden'de 250 bin sivil Alman'ın katlinden sorumlu olan Henry S. Truman bulunmaktaydı. Henry S. Truman, kendi adına izafe edilerek "Truman Doktrini" diye anılan emperyalist bir plan geliştirdi. Bu doktrinle beraber, doktrinin ekonomik boyutunun tamamlayıcısı olarak, "Marshall Planı" devreye kondu.

Bu doktrin ve planla ABD, daha önce belirtildiği gibi, önünde engel olarak gördüğü ve "kızıl tehlike" diye tanımladığı, dünya halkları ve ezilenleri nezdinde, büyük bir saygınlık kazanmış olan Sovyetlerin önderliğinde oluşan sosyalist kampı ve gelişen halk hareketlerini, saldıracağı ilk ve esas hedef olarak belirlemişti. Bu belirleme, doktrinin özü ve yegâne amacıydı. Truman Doktrini'nin pratik anlamı, dünya halklarına karşı kuralsız saldırı olmakla birlikte, gerçek niyetlerinin bilinmesinden korkan bu zulüm ve sömürü güçleri, planlarını, dünya ezilenlerini manipüle etmek için, uygun ad ve ambalajlarla süslemeyi ihmal etmiyorlardı.

Emperyalistler, dünya halklarına karşı hazırladıkları bu savaş planlarını, sözde, "Sovyetlere ve komünizme" karşı dünyayı koruma/kurtarma taahhüdüyle sunuyorlardı. Bu söylem üzerinde politikalarını pratikleştirmek istiyorlardı. Böylece Truman Doktriniyle, dünyada gelişen sosyal ve ulusal kurtuluş mücadelelerine karşı emperyalizmin yapmaya hazırlandığı saldırılar, kamufle edilmekteydi.

Bu doktrin ve plan, halklara ve ezilenlere karşı sürdürülmeye başlanan ilan edilmemiş savaşın adını "Gayri Nizami Harp" olarak belirlemişti. "Gayri Nizami Harp" ise, "adam öldürme, bombalama, silahlı soygunculuk, işkence, kötürüm hale getirme, adam kaçırma suretiyle tedhiş, olayları Tahrik, misilleme, kundakçılık, sabotaj, propaganda yalan haber yayma, zorbalık ve şantaj yöntemlerinin" kullanıldığı bir savaştı. (1)

Hemen hayata uyarlanan bu plana göre, ABD önderliğinde, 24 Ekim 1945 yılında BM kuruldu. BM her ne kadar amaç ve ihtiyaca uygun bir kurum olsa da, emperyalistlerin gerçek ihtiyaçlarını tam olarak karşılamıyordu. Emperyalistlerin, planlarını uygulamak için bir savaş örgütüne, bir askeri karargâha ihtiyaçları vardı. Bu amaçla, 9 Nisan 1949'da, başlangıçta 12 devletin katıldığı NATO adıyla bilinen örgüt oluşturuldu. Böylece emperyalistlerin dünya halkalarına karşı sürdürecekleri

---

1-Özel savaş terör ve kontgerilla Talat Turhan S. 45

kanlı süreçler için, askeri saldırı kurumu da oluşturularak, planın gereksindiği kurumsallaşma sağlanmış oluyordu.

Lakin uluslararası emperyalist tekeller için bunlar yeterli değildi. Bunların yanında, devletin "aslı" olarak tanımlanan illegal devlet yapılanmalarının da, aynı amaçlarla yeniden düzenlenmesi gerekiyordu. ABD, bu tarihten başlamak üzere kontrolüne aldığı tüm devletlerin illegal yapılarını, hem kendisine bağımlı hale getirmeye, hem de günün ihtiyaçlarına göre biçimlendirmeye başladı. NATO, bağlı devletlerin illegal yapılarını, yeni duruma göre reorganize etmek, gerekiyorsa yeni illegal yapılar kurmak ve onları işletmek görevini de üstlendi ve bu görevi yerine getirecek şekilde yapılandırıldı.

Böylece, emperyalizme ve ABD'ye bağımlı her devletin, illegal yapıları "Gayri Nizami Savaş" esasına göre yapılandırılarak, işletilmeye başlandı. Amaca uygun kadrolar eğitildi, yetiştirildi. Bu çalışmalar için gerekli olan finans ve teknik olanaklar ABD tarafındann ve NATO üzerinden ilgili devletlere sunuldu. Böylelikle "NATO'nun Gizli Orduları" oluşturulmuş oluyordu.

Bu doktrinin ve planın başka boyutları da vardı. Bu boyutlardan ikisi, birbirine bağlı ve tamamlayan unsurlar olarak, kamuoyu oluşturan basın-yayın, propaganda araç ve yöntemlerinin, amaca uygun olarak düzenlenmesi ile "komünizmle mücadele" veya buna benzer adları olan, çeşitli dernek, sendika, vakıf gibi kurumlarının devreye sokulmasıydı.

Yapılan çalışmalarla, bugün medya dediğimiz ve kamuoyu oluşturmada etkin olan basın, kontrol altına alınıyordu. Ayrıca "sivil toplum örgütleri" denen ve provokatör kadrolar tarafındann, kitleleri şuursuz yığınlara dönüştürüp güruhlaştırarak, kirli amaçları için kullanacakları, çeşitli paravan kurumlar oluşturuluyordu.

Bunların yanında, satın alınmış kişiler, yaratılmış siyasal partiler, göbeğinden bağımlı hale getirilmiş iş adamları ve üniversitelerde, sanat alanında uşaklaştırılmış kişilikler, tümü, Truman Doktrini doğrultusunda örgütlendirilerek, ABD'nin ve yerel siyasal iktidarın hizmetinde konumlanmaktaydılar. Bu çalışmaları yapan egemen illegal devlet yapılanmaları, bu çalışmalarının önünde engel olan politikaları, toplumsal kesimleri, örgütleri, çevre ve kişilikleri, bazen katliamlarla, bazen kişilere, kurumlara yönelik çeşitli saldırılarla, ama çoğu durumda "Gayri Nizami Savaş" yöntemleriyle etkisizleştiriyor, bastırıyor, yok ediyorlardı.

Marshall Yardımlarıyla birlikte yürütülen Truman Doktrini, sözde yardımlarla, ilgili ülkelerin halklarının gözüne şirin gösteriliyor, bu yolla, gerekli bağımlılık ilişkilerinin alt yapısı oluşturuluyordu. Devletler, ekonomik, sosyal, siyasal yöntem ve araçlarla, bağımlı hale getiriliyor, varolan bağımlılıklar derinleştiriliyordu. Yaratılan bağımlılık ilişkileriyle, tezgâhlanan katliamlar ve saldırılarla, halkların sosyal politik ve kültürel hayatları kontrol altına alınıyor, biçimlendirilmeye çalışıyor, dünyanın her köşesindeki yoksulların emeği ve kanı sömürülüyordu. Bağımlılıkları uşaklık düzeyine getirilmiş olan dünya devletleri ve devletleri elinde tutan ordular, işbirlikçi sermaye çevreleri, partiler, meclisler ve bilumum devlet kurumları, emperyalizmin çıkarına uygun olarak dizayn ediliyor, şekillendiriliyordu.

Emperyalistlerin hızına dikkat edilmiş ve görülmüş olmalıdır. ABD, bütün bu örgütlenmeleri ve politikaları, yaşanan 2. Emperyalist Savaşın içinde, 1940'lı yıllarda, tespit etmiş ve savaşta sonraki ilk birkaç yıl içinde, 1947-1952 arasında, ihtiyaç duyduğu tüm kurumları, arka arkaya oluşturmuştur. Böylece Truman Doktrini, NATO'nun askeri gücü ve Marshall Yardımları vasıtasıyla, ABD dâhil, tüm dünyada, hemen uygulanmaya başlanmıştır.

Özgün konumuzla bağlantısından dolayı, tarihsel-pratik boyutu ile ele aldığımız bu konunun teorik arka planına dair, emperyalizmin önemli teorisyenlerinden H. Kıssinger, çok net ve dolaysız ifadeler kullanmaktadır. "Kolonyalizm'e karşı ayaklanma hareketinin hemen her tarafı sardığı bir dönemde eğer hür dünya yavaş fakat sürekli bir erozyondan kurtulmak istiyorsa, lokal savunma harplerine hazırlanmalı ve bu harpler için gerekli tedbirleri alıp, gerekli orduyu kurmalıdır."(2)

Aynı şekilde, o yıllarda, Samuel Huntingtonsu, Kennedy'nin danışmanı olarak şunları anlatmaktadır; "önümüzdeki on yıl içinde, doğrudan doğruya saldırılarla devletlerin sınırlarına te-

---

2-Bıçağın Sırtında ki Türkiye Süleyman Genç S. 20

cavüz etmeninin imkânları gittikçe azalmaktadır. Bu cinsten saldırıların yerini, devletlerin kendi sınırları içindeki hükümet darbeleri, partizan hareketler ve iç harplerin alması imkânları artmaktadır."(3)

Görüldüğü gibi, emperyalizmin her iki teorisyeni, meramlarını çok açık anlatmaktadırlar. Kıssinger, "Hür Dünya" diyerek sempatileştirmek istediği emperyalist-kapitalist sistemin sömürgeci politika ve uygulamalarını, ayaklanmalara karşı korumak için "lokal savunma harpleri" diye tanımladığı, "Gayri Nizami Harp"lere hazırlamaya çalışmakta, diğer emperyalist teorisyen ise, "Gayri Nizami Harp"in başka boyutlarına dikkat çekmektedir.

Böylece, ABD önderliğinde ve dünya emperyalist kampın aktif katılımı ve desteğiyle ve adı geçen doktrin çerçevesinde oluşturulmuş olan "NATO'nun Gizli Orduları", dünyanın ezilenlerine ve halklarına karşı, alçak, acımasız ve kanlı saldırılarına başladılar. Bu saldırılarla, gelişebilecek her türlü hak alma mücadelesi, illegal örgütlenmeler vasıtasıyla ve tüm insanlık dışı yöntemler kullanılarak bastırılmaktaydı.

Sürdürülen bu savaşta, her yol ve yöntem denenmiştir. Kimi yerde ve zamanda darbeler yapılmıştır. Yunanistan'da yapılan darbenin başındaki adam, CIA'nin maaş bağladığı bir elemanıydı.(4) Kimi yerde ve zamanda katliamlar, bazen de gerici ayaklanmalar örgütlendirilmiştir. Ama her durumda binlerce, on binlerce, insan ölmüş, öldürülmüş, evler yakılmış, insanlık, akıl almaz acılar yaşamak zorunda bırakılmıştır.

Bu plana göre, emperyalistler, herhangi bir coğrafyada, halklara karşı yapacakları katliam türü bir operasyon için harekete geçtiklerinde, önce "ortam hazırlama" dedikleri bir süreci gerçekleştirmektedirler. Bu süreç için ilk yapılması gereken, "toplumsal gerilim" yaratılmasıdır.(5) Mekanizma şöyle işletilmektedir; önce belirlenmiş konuyla ilgili taraflar tespit edilmekte, tespit edilen taraflardan birisi desteklenmekte, diğeri

3-Bıçağın Sırtında ki Türkiye Süleyman Genç S. 21

4-Nato'nun Gizli Orduları Daniele Ganser S. 25

5-Kuklacılar Philip Willan S. 211

"düşman" ilan edilmektedir. Desteklenen tarafın, "düşman" olan tarafa saldırması için, kışkırtılmakta, böylece "gerilim yaratılmaktadır". Bu şekilde yaratılan gerilim, saldırıda kullanılacak olan tarafın saldırmasının koşullarını oluşturma aşamasına kadar tırmandırılmaktadır. Arkasından, "düşman" tarafa saldırılması için gerekli olan son hamleye sıra gelmektedir.

Son hamle, genellikle, saldırıyı yapacak olan tarafın, "Kutsal", herhangi bir değerine, "birileri" tarafından yapılan saldırıdır. Bu "Kutsal" değer, ulusal ve dini herhangi bir sembol olabileceği gibi, o an yaşanan herhangi bir siyasal-sosyal olay da illegal devlet tarafındann bu amaçla değerlendirilmektedir.

Artık, planlanan katliamda kullanılacak taraf, kutsallarına yapılan bu saldırıdan dolayı, "Tahrik" olup, harekete geçecektir. Sürecin bu aşamasında, illegal devlet aktif ve işlevseldir. Katliamcı güruhun "Tahrik" olup katliama katılması için "Kutsala" saldırıyı yapacak veya yaptıracaktır. Böylece yaratılmış "gerilim" üzerinden "ortam hazırlığı" tamamlanınca, fiili aşamaya geçilebilmekte, katliam gerçekleştirilmektedir.

Bütün bu süreçlerden sonra, söz konusu katliamı veya saldırıyı planlayanlar, bir yerlerde "marifetlerinin" zevkini çıkartmaya bakarken, öte yandan, bu katliama veya saldırıya maruz kalan dünyanın çeşitli halkları, can derdinde, kan içinde yaşam savaşı vermektedirler.

Dünya halklarına karşı yürütülen bu topyekûn, nizamsız ve kuralsız savaş plan ve uygulamaları, başta tüm devrimci çevreler olmak üzere, adını sayamadığımız birçok aydın, yazar ve sorumluluk duyan insan tarafındann, Türkiye halklarına, çeşitli biçim ve araçlarla aktarıldı, anlatılmaya, duyarlılık yaratılmaya çalışıldı.

Dünyanın birçok ülkesinde uygulanan bu politikayı ve sonuçlarını Daniel Gansier, şöyle anlatmaktadır. "gizli ordular, bir dizi saldırı ve insan hakları ihlallerinde yer alıp, seçimlerde solcuların güvenirliliğini sarsmak amacıyla bu saldırıların suçunu komünistlerin üzerine attılar. Saldırıların amacı, topluma korku ve dehşet salmak oldu, trenlerden ve pazar meydanlarında gerçekleştirilen bombalı katliamlardan (İtalya) rejim karşıtlarına sistematik işkence uygulanmasına(Türkiye) sağ kanat askeri darbelerin desteklenmesinden(Türkiye-Yunanistan) muhalif gurupların paramparça edilmesine uzanan geniş bir saldırı yelpazesi kullanıldı" (6)

Truman doktrini kapsamında, ABD ve tüm emperyalist güçler ve yerli uzantıları vasıtasıyla, o günden beri devam eden bu saldırıları, katliamları, komploları ve elbette buna karşı sürdürülen özgürlük mücadele ve savaşlarını, şu yeryüzü yuvarlağının, "dili olsa da anlatsa" demek geçiyor insanın içinde.

a. Truman Doktrinin ABD uygulaması-CIA'nin kurulması ve Mc.Carthycilik dönemi

Emperyalist tekeller için düşman, sadece başka ülkelerin halkları değildir, kendi halkı da dâhil tüm halklar düşmandır. Böyle olduğu için emperyalistler, o yıllarda ABD'de varolan güçlü demokratik yapıyı yok etmek için, bu politikalarını ilk olarak, ABD'de uygulamaya başladılar. Bu amaçla ABD'de varolan altı illegal devlet örgütü, yeniden organize edilip birleştirilerek, 18. Eylül 1947'de CIA adıyla, sınırsız yetki ve olanaklarla donatılmış, dünyanın en barbar ve en kanlı illegal örgütü oluşturuldu.

Bu kanlı-karanlık örgüte ilişkin, bir dönem bu örgütün üst düzey yöneticiliğini yapmış olanlardan, eski CIA ajanı Philip Age, yazdığı "CIA Günlüğü" isimli kitapta şunları söylemektedir. "Ben kapitalizmin gizli polislerinden biriydim... CIA, Amerikan kapitalizminin gizli polisinden başka bir şey değildir... CIA, karşı-sindirme öğretisi, milliyetçilik, vatanseverlik kavramlarını ileri sürüp, azınlıkta kalan zenginlere karşı gelişen halk hareketlerini Sovyet yayılımıyla ilgiliymiş gibi göstererek, bu uluslararası çıkarcı sınıflar arasındaki ilişkiyi örtmeye çalışır." Aynı Philip Age, CIA'nin propaganda konusunda kullandığı yöntemleri de şu şekilde açıklamaktadır;

"Bu propagandalarda CIA'nin rolü, resmi propaganda bölümünce "Beyaz, Gri ve Siyah" olarak üç genel gruba ayrılır. Beyaz propaganda, açıkça Amerikan hükümeti, yani Amerikan Danışma Bürosu'nca (USIA) yapılan propaganda olarak kabul edilir. Gri propaganda, malzemesinin kaynağını Amerikan hü-

6-Nato'nun Gizli Orduları S. 25

kümeti olarak göstermeyen ve kendi malzemeleri gibi yayan kişi ya da örgütler aracılığıyla yapılır. Siyah propaganda ise, hiçbir kaynağa dayanmayan, var olmayan bir kaynağa dayandığı gösterilen ya da gerçek bir kaynakla ilgili sahte bir propagandadır.

"CIA, siyah propaganda çalışmaları yapmaya yetkili tek Amerikan hükümet kuruluşudur. Gündelik basın, kitaplar, dergiler, radyo-televizyon, duvarlara yazılan yazılar, el ilanları, dini ve politik konuşmalarla siyah ve gri propagandanın uygulandığı, ülkeler de vardır."(7)

Bu emperyalist katiller örgütünün, devletin asli gücü olduğu yukarıda ifade edilmişti. Bu gerçeği, yani bu illegal örgütlemenin devlet organizasyonu içindeki yerini, şu satırlar yorum gerektirmeyecek kadar açık göstermektedir. "bugün ABD'den iki hükümet var. Biri görünen, diğeri görünmeyen. Birinci hükümet yurttaşların gazetelerden, çocukların yurttaşlık bilgisi kitaplarından öğrendikleri hükümettir. İkincisi ise ABD'nin politikasını yürüten, birbiri içine geçmiş gizli hükümettir. Bu ikinci hükümet, istihbarat toplar, casusluk yapar ve bütün dünyada gizli hareketler planlar ve bu planları uygular. Görünmeyen hükümet resmi bir kuruluş değildir... Görünmeyen hükümet, görünüşte diğer hükümetin normal kısımlarıymış gibi gelen birçok birim, örgüt ve bireyleri de içine alır. Dıştan özel gibi görünen ticaret şirketleri ya da kurumları, görünmeyen hükümetin birer organı olabilir. Bu görünmeyen hükümet, milyonlarca Amerikalının hayatına şekil verir. Barış, savaş gibi ana kararlar halkın bilgisi dışında alınmaktadır. " (8) Bu itiraftan da anlaşılacağı gibi, bu kurumun varlık sebebi egemenlerin çıkarı için dünya halklarına ve ABD halklarına karşı mücadele etmektir ve bu güçler esas devleti temsil etmektedirler.

CIA'nin oluşturulduğu günlerde, 26 Haziran 1947'de, ABD'nin Milli Güvenlik Kurulu da kuruldu. Aynı tarihte yaşanan 400 bin kömür işçisinin grevi, CIA ve öncelleri olan bu eli kanlı çeteler tarafından, kanla bastırıldı. (9)

7-www. ozgurluk. org/kitaplil/webarsiv/kurtulus/eskisayilar/H-icin48/CIA. HTML

8-Bıçağın Sırtındaki Türkiye-Süleyman Genç s. 29-30

9-ABD KP Tarihi s. 95

ABD'nin, yeniden yapılandırdığı illegal devlet kurumu CIA, belirtilen politikaların gereği olarak, Amerikan halkına karşı saldırılarla işe başladı. İlk olarak "Komünist sızma ve faaliyet olduğu" iddiasıyla, belirlediği demokrat, ilerici, komünist, herhangi bir biçimde muhalif olan insanlara, kurum ve organlara karşı, saldırılara yöneldi.

Bu saldırılar, Mc. Carthycilik olarak adlandırılmış ve yakın tarihin siyasal bir olgusu olarak, insanlığın hafızasına kaydedilmiştir. Bu politikaya ismini veren kişi, 1946 yılında senatör seçilen J.Mc. Carthy'dir. Mc. Carthycilik, dünya politika sözlüğüne halk düşmanlığının, sınır tanımaz şiddetin, en kirli, en karanlık entrika ve komploculuğun, tüm bunları gizlemek amacıyla komünizm ve Sovyet düşmanlığının adı olarak geçmiştir. Mc. Carthycilik, tekelci sermayenin büyümesi için çalışan, "komünizm tehdidi" adı altında, ülke güvenliğinin tehlikede olduğu yalanıyla, halklara karşı komplolar ve katliamlar düzenleyen, halkta korku, dehşet ve yılgınlık yaratan, bir yalan ve savaş makinesinin diğer adıdır.

J.Mc. Carthy, 1950 yılında, Dışişleri Bakanlığı'nda görevli 205 komünist olduğu iddiasıyla işletti komplo makinesini. Saldırılarına, daha etkili devam edebilmesi için, Senatoda oluşturulmuş olan "Amerikan Düşmanı Faaliyetleri İnceleme Komisyonu" Başkanlığı'na getirilip, onurlandırıldı. 1954 yılına kadar süren başkanlığı süresince, Amerika'nın yoksullarına ve ilericilerine yönelik sayısız komplo örgütlemiştir J.Mc. Carthy. Komünistlik suçlamasıyla sürdürdüğü "cadı avı" sonucunda, binlerce insan, ya hayatlarından oldular veya hayatları alt üst edildi. Mc. Carthy, insanları "uyumlu yurttaşlar" yapmak adına, kişiliksizleşmeye zorluyor, "yıkıcı" ve "komünist" oldukları ithamlarıyla, insanları, sindirmeye çalışıyordu. Mc. Carthy, bu saldırıların da en büyük desteği, radyo, televizyon ve basında alıyordu.

Uluslararası emperyalizmin uşağı Mc. Carthy ve "Amerikan Düşmanı Faaliyetleri İnceleme Komisyonu", tüm muhalif çevre, birey ve ilerici-devrimci güçlere karşı, sistemli saldırılarına, büyük bir gayretkeşlikle, ara vermeden devam ediyordu. Komite, her yerde bir "kızıl hayalet' gördüğünü iddia etmekte, her gelişmede "Amerikan düşmanılığı" veya "yıkıcı" bir yan aramaktaydı.

"Irk Eşitliği"ni savunmak, tek başına yıkıcı ve bölücü olarak itham edilmek için yetiyordu. Adalet istemek, özel mülkiyetin kaldırılmasını savunmak, materyalist felsefeye bağlanmak, aynı suçlamaların hedefi olmak demekti. İnsanlar keyfi olarak "komite" tarafındann soruşturmaya alınıyor ve kişi, "Amerika'nın dostu" olduğunu kanıtlamaya zorlanıyordu. Bunun için, ya kendisinin "temiz vatandaş" olduğunu ispat edecek veya "muhbir vatandaş" olmayı kabul ederek, ihbarcılık yapacaktı. Kişi eğer bunları yapmaya yanaşmazsa, "düşman' olarak yeniden sorgulanabilecekti.

Bu komite'nin "yardımcıları"da vardı. Bu yardımcılar, zenci düşmanlığı, Yahudi düşmanlığı, emek düşmanlığı, yabancı düşmanlığı, komünist düşmanlığı gibi çeşitli düşmanlıklarla kendilerini tanımlayan "Nefret Grupları' adlı "Amerikan milliyetçisi" gruplardı.

"Nefret Gruplarının" işi, komünizme karşı, Mc. Carthy'nın komitesine yardımcı olmak, hak almak için mücadele ede. toplumsal kesimlere saldırmak, ilericileri ihbar etmekti. Zaten bu grupların en temel özelliği, gerici, şoven, anti-komünist oluşlarıydı.

"Nefret Grupları" hedef aldıkları kişilere isimsiz tehdit telefonları, küfür mektupları gönderiyor, olmadı, yaralıyor, öldürüyorlardı. Şüphesiz saldırıların ilk ve en önemli hedefi, örgütlü komünistler olduğu için ABD Komünist Partisi, bu hedeflerin en başında yer alıyordu.

1947 yılında, ABD Komünist Partisi'nin Genel Sekreteri Eugene Dennis, "Amerikan Düşmanı Faaliyetleri İnceleme Komisyonu" tarafından sorguya alındı. Eugene Dennis'ten, parti üyelerinin listesi, Partinin çalışmaları ve ilişkileri hakkında bilgi isteniyordu. Eugene Dennis, ifade vermeyi ve komisyonun isteklerini yerine getirmeyi reddetti. Bu faşist baskılara karşı, "kişi olarak özgürlüğüm, halkımın özgürlüğünden daha önemli değildir" diyerek direnen Eugene Dennis, hapis cezasıyla cezalandırıldı. [10]

10-ABD KP Tarihi s. 106

ABD'den bu şekilde uygulanan bu savaş planının isim babası Henry S. Truman'dan sonra, 1952 yılında, ABD başkanlığına gelen Eisenhover da, bu emperyalist stratejik politikaları sürdürdü. "Komünizm tehlike"si adı altında, Amerikan halkına ve dünya halklarına karşı, aynı yöntemlerle savaşı devam ettirdi. Onlarca demokratik örgüt, "yıkıcı örgütler" listesine alındı. Bu demokratik kurumların üye ve yöneticileri izlendi, fişlendi. İstenilen yer ve kişinin dinlenmesi, elde edilen kayıtların mahkemelerde delil olarak kullanılması kararlaştırıldı. Kitaplar toplatılarak "komünist yanlısı ya da sol eğilimli" diye yakıldı. Mc. Carhty, komite başkanı olarak, Eisenhover yönetiminin bütün bu uygulamalarında ön planda oldu.

Bu şekilde sürdürülen terör ve komplolarla, faşizmin kitleler üzerinden egemen kılınması ve sömürünün katmerleşerek, devam etmesi amaçlanıyordu. Mc. Carthycilik'ın en kesif yaşandığı yıllarda, Alparslan Türkeş, ABD'den bu katillerin öğrencisiydi. Burada eğitim amaçlı bulunuyordu.

Çok şey öğrendiği anlaşılıyor.

b. Truman Doktri'nin Dünyada uygulanması ve Endonezya'da "Maraş" Katliamı

ABD emperyalizminin hazırladığı ve sürdürdüğü bu kirli savaş yöntemi, dünyanın başka ülkelerinde de işletilmeye başlanmıştı. ABD, nerede bir anti-emperyalist kalkışma, nerede bir halk hareketi varsa veya bunlar olmasa bile, nerede kendisinin çıkarları zorlanıyorsa, orada, "Gayri Nizami Harp" planını uyguluyordu. Söz konusu karanlık – komplocu illegal örgütlenmeyle ilgili olarak, ilerleyen yıllarda, en yetkili ağızdan yapılan açıklamaya göre, "ABD, dünyanın 49 ülkesinde 344 ekipten oluşan casus ve provokatör çalıştırdığını" itiraf etmekte hiçbir sakınca görmüyordu. [11]

ABD, Truman doktrinini yeni koşullara uyarlamış, o yıllarda adı sık duyulan "domino teorisi" diye bir teori geliştirmişti. Buna göre, dünyanın herhangi bir ülkesinde komünizm gelişirse, komşu ülkelerde başlayarak ve birbirini etkileyerek, bütün dünyanın komünist olmasına yol açabileceği ileri sürülmektey-

---

11-Bıçağın Sırtındaki Türkiye-Süleyman Genç s. 230

di. Emperyalistler açısından, bu yönlü herhangi bir gelişmenin, en şiddetli ve acımasız yöntemlerle de olsa, engellenmesi gerekiyordu. Yaratılan bu korku ile dünya halklarına saldırının koşulları oluşturulmaktaydı.

Bu politikaların sonucu olarak, takip eden yıllarda ABD, Vietnam'ı işgal etti. Sürdürülen "Gayri Nizami Harp"la, Vietnam halkına, insanlığın hafızasından silinmeyecek acıları yaşattı. Vietkongluları diri-diri helikopterden (ölümleri geç ve can çekişerek olsun diye) alçaktan atmalardan, toplu halde yapılan işkencelere, insanları canlı-canlı yakmalara, biyolojik saldırılara, napalm bombalarına, köy baskınlarına, toplu cinayetler ve yağmalara kadar, her yol denendi. Bütün bu süreçte nizami olmayan savaş uygulamaları CIA ve benzeri illegal devlet örgütleri tarafından yürütülmekteydi.

Benzer uygulamalar CIA vasıtasıyla dünyanın hemen tüm ülkelerinde uygulandı. Şili'de, Güney Amerika' da olduğu gibi, darbeler yapıldı. Afrika'nın yoksul bıraktırılmış halklarına, farklı yöntemler uygulandı. Ama bazen de, Küba'nın Domuzlar Körfezi'nde olduğu gibi, emperyalistler ters yüz edildiler.

ABD emperyalizminin bu uygulamalarından, daha nicelerinin anlatılması mümkündür. Ancak bunun yerine, şu kadarını söylemekle yetinelim. Dünya, emperyalizm döneminde, daha önceki binlerce yılda yaşamadığı, görmediği kadar vahşi, kanlı ve gaddar savaşlar yaşamıştır. sözde uygarlık adına. Kimse bu iddiayı kuru ve soyut bir propaganda olarak almasın diye, bunca ayrıntıya girmeye, yaşanmışları, hatırlamaya ve hatırlatmaya gerek duyulmuştur.

ABD'nin oluşturduğu bu yapılanmalarla, insanlığa ve ezilenlere karşı yaptığı katliamların hesabını çıkartabilmek, başlı başına bir çalışma gerektirmektedir. Sadece Maraş Katliamı'na benzeyen yönlerinden ve benzer katliamların karakteristik özelliklerini taşıyor olmasından dolayı, Endonezya Katliamına bakmakla yetineceğiz.

Endonezya'da, bu yıllarda, ABD eliyle yapılan büyük katliam, bu politikaların gereği ve sonucu olarak yaşanmıştır. Endonezya, Güneydoğu Asya'da, çok sayıda adadan oluşmuş ve 1945 yılında, yani savaşın bittiği, ABD'nin dünya "efendisi" olmaya yöneldiği yıllarda, bağımsızlığını kazanmış, nüfusunun büyük kısmı Müslüman olan bir ülkedir. .

Bağımsızlığını yeni kazanmış olması, bu ülkede, siyasal hareketliliğin yoğun ve hızlı yaşanmasına ve toplumsal özgürlükten yana politikaların yaygınlaşmasına yol açmıştır. Yoksul Endonezyalıların, zaten kötü olan hayat şartları, gittikçe daha da kötüleşmekteydi. Bunun sonucu olarak Endonezya'da, sosyalizme yönelik politikalar, daha geniş kitleler tarafındann benimsenmiş ve Endonezya Komünist Partisi, çok önemli bir siyasal güç olmuştu. İlgili plan ve "domino teorisi" gereği, bu durumun yaratacağı sonuçlardan korkan ABD, 1965 yılının eylül ayında, bu ülkeye müdahale ederek tarihin kaydetmekten utanacağı bir katliam yaşattı, Endonezya yoksullarına.

Katliamdan önce, "gerilim yaratma" ve "ortam oluşturma" adına, Müslüman Endonezya halkı, komünistlere ve gayri Müslimlere karşı düşmanlaştırılmıştır. Geliştirilip, canlandırılan bu düşmanlık çeşitli provokasyonların zemini olarak değerlendirilmiştir.

Katliamın ilk adımı olarak emperyalist tekeller ve CIA, ülkede siyasal karışıklıklar yarattılar. Darbe girişiminde bulunanlar oldu. CIA ve ülke içindeki uşakları tarafından, faili meçhul siyasal cinayetler işlenmeye başlandı. Bütün bu saldırı, komplo ve darbe planlarından komünistler ve oldukça önemli bir kitle gücü olan Endonezya Komünist Partisi sorumlu ilan edilerek "komünist avı"na çıkıldı.

İkinci adım olarak, diğer halklara karşı düşmanlaştırılmış olan Müslümanların, yoğun olarak katıldığı, özellikle Endonezya Komünist Partisi şahsında komünistleri hedef alan büyük gösteriler düzenlenmiştir. Bu gösteriler, başta Jakarta olmak üzere tüm önemli şehirlerde gerçekleştirilerek Müslümanların Tahrik edilmesi için kullanılmıştır.

Katliamda son adım olarak, paramiliter-faşist örgütler, fiziki saldırılara başlamıştır. Endonezya Komünist Partisi'nin binalarına girilmiş, parti genel merkez binası kundaklanmıştır. Anlatılan noktaya kadar gelen saldırılardan sonrası korkunç ve vahşi katliamdır artık. Döneme ait kaynaklarda sağlıklı bilgilerin bulunmaması nedeniyle, katliamda öldürülenlerin sayısı bilinmemektedir. Kabul edilen sayılara göre, 300.000 ile 1 milyon arasında insanın öldürüldüğü sanılmaktadır.

Endonezya halkının maruz kaldığı bu kitlesel katliam, Time Dergisi'nin 17 Aralık 1966 sayısında, şöyle yansıtılır, "Yöreye özel uzun saplı bıçaklarla, gece insanların evine saldıran Müslüman haydutlar, tüm aileleri öldürüp evlerine gömdüler. Katliam öyle bir hal aldı ki, Java kırsalında Müslümanlar kurbanlarının kafalarını sopalara takıp yürüyüş yaptılar. Cesetler o kadar çoktu ki, doğu Java ve Sumatra'da, ciddi salgın hastalık tehlikesi baş gösterecektir. Bölgede bulunan gözlemcilere göre küçük dere ve ırmaklar cesetlerle doludur."(12)

Bu katliamda, ABD-CIA üretimi olan ve etkileri halen devam eden, komünistlerin din ve İslam karşıtlığı yalanı da, ülkemizde olduğu gibi, çok iyi kullanılmıştır. Çoğunluğu Müslüman olan, ama Müslüman olmayan halklarında bulunduğu Endonezya'da, Müslüman halk, komünistlere saldırtılarak, Endonezya Katliamı gerçekleştirilmiştir.

Emperyalistler ve yerli uşakları, bu katliamda sadece Müslümanlığı kullanılmamışlardır. Aynı şekilde, diğer din ve inançlarda kullanılmıştır. Endonezya'nın birçok şehrinde cihat adına Müslümanlar tarafındann yapılan katliam, Endonezya'nın bir adası olan Bali'de, Hindular tarafından, Hinduizm adına yapılmıştır.

Bu katliamın diğer ilginç bir tarafı, Endonezya'da yaşayan Çinli azınlığın durumudur. Çinli azınlık, komünizmle hiçbir ilgileri olmadığı halde, çoluk-çocuk, topluca katledilmişlerdir. Yani Endonezya Katliamı'nın Ermenileri, Yahudileri, Kürtleri ve Alevileri, Çinliler olarak belirlenmişti. Çinliler, bu katliamla etnik arındırma uygulamasına maruz bırakılmışlardır.

Endonezya Katliamı'nın, Türkiye'de, Ermenilere, Yahudilere, Kürtlere Türk-Kürt Alevilere yapılan katliamlardan olduğu gibi, ekonomik sonuçları da olmuştur. Çinlilerin elindeki ekonomik değer ve olanaklar, Müslüman kökenliler tarafındann gasp edilmiş, yağmalanmış, el konmuştur.

12-http://www. marksist. com/selim_fuat/endonezya_da_1965_darbesi. htm

Tüm katliamlardan olduğuna benzer biçimde, bu katliamda da, mafya ve çeteler kullanılmıştır. Bu çeteler ve mafya, her sömürücü devlette ve hep olduğu gibi, devletin üst kademeleri tarafındann sırtı sıvazlanarak desteklenmiş, katliamdaki rollerinden dolayı müsamaha görmüş, taltif edilmişlerdir.

Endonezya Katliamı'nın karakteristik özelliklerinden bir diğeri, komünistlere karşı yapılmış olmasına ve öldürülenler komünistler ve taraftarları olmalarına karşın, katliamın sorumluları olarak, hayatta kalmayı başarabilmiş olan komünistler, yargılanmışlardır. Katledilen komünistlerdi, katliamdan sorumlu tutulan ve özel askeri mahkemelerde yargılanıp cezalandırılanlar da komünistler oldular. Türkiye'de ve başka ülkelerde hep olduğu gibi.

Daha önce değinilmişti bütün bunların neden anlatıldığına. Ama tekrar etmekte sakınca yok veya hoş görülsün. Görüldüğü gibi katliamların, yöntemleri, amaç ve sonuçları, o denli bir birine benzemektedir ki, bunlardan birisini bir diğerinin yerine yazmak veya anlatmak, hiçbir anlam ve bilgi farklılığına yol açmayacaktır. Bu gerçeği, yani bütün bu katliamların, aynı veya benzer siyasal yapıların organizasyonu olduğunu, amiyane tabirle, aynı fabrikada üretilmiş ürünler olduğunu ve bizim, bu gerçek üzerinden konuyla ilişkilenmemiz gerektiğini ortaya koymadan, Maraş Katliamı'nı anlatmak, mutlaka eksik kalacaktır.

Sorun sadece bir benzerliğe dikkat çekmekte değildir. Asıl anlatılmak istenen, katliamların egemen siyasal güçler tarafındann kullanılan, yönetim enstrümanlarından, araçlarından biri olduğu gerçeğidir. Bu kadar farklı toplumlarda, bu kadar benzer siyasal katliamların yapılabilirliğinin anlaşılması ve izahı, ancak bu yaklaşımla mümkün olabilir.

Bunca ayrıntıya girmemiz bu gerçeği açığa çıkartmak ve bilince kazımak içindir. Ayrıca bu yaşanmışlıklar, katliamlar karşısında nasıl bir tutum almamız gerektiğine ve katliamların nasıl önlenebileceğine dair yol gösterici olacaktır. Katliamları unutmamak, unutturmamak ve asla affetmemek, bu yaşanmışlıklardan çıkartılacak doğru derslerle sağlanabilir.

Türkiye'de siyasal durum ve Truman doktrininin kurumları ve uygulamaları

2. Emperyalist Savaşın, Almanya'nın yenilgisiyle biteceğinin belirginleşmeye başlamasıyla, savaş süresinde Alman faşizmiyle yakın ilişki içinde olan Türk Devleti'nin, ABD' den yana yön değiştirmeye yöneldiği belirtilmişti. Böylece, 1947 yılında ikili anlaşmalarla başlayan ABD'nin Türkiye'yi kontrol altına alma süreci, hızla gelişti.

Daha önce gördüğümüz üzere, ABD, geliştirdiği plan ve politikalarını, ilgili olduğu dünya ülkelerinde uygulamaya başlamıştı. Doğal olarak bu çalışmalar, Rusya'nın sınırında, farklı din ve uluslardan toplumların yaşadığı bir ülke olan ve komünist gelişme potansiyeli taşıyan Türkiye'de de sürdürülmekteydi.

ABD'nin bu emperyalist politikalarıyla örtüşen Türk Devleti'nin stratejik amacı olan "Türk Ulusu yaratma" projesi. birbirini tamamlamaktaydı. Veya en azında bu politikalar. birbirlerini ret eden politikalar olmadıkları gibi, güçlendiren politikalardı. Bu iki politik talep birleştirilip ortaklaştırılarak uygulanmaya başlandı. Böylece ABD emperyalizmin halklara karşı sürdürdüğü genel savaş politikaları, Türkiye'de, aynı zamanda, Türk Devleti'nin etnik arındırma politikalarının uygulanması olarak şekillendi.

ABD, söz konusu politikalarının gereği olarak, ilk elde, Türkiye'de, o yıllara kadar devam eden tek parti diktatörlüğüne son verilmesini ve "çok partili parlamenter demokrasi" denen sisteme geçilmesini dayattı. ABD, bu yolla daha kolay kontrol sağlamak, istediklerini sorunsuz alabilmek, başına buyruk hareket etme ihtimali olan anlayışları önlemek istiyordu. ABD'nin bu politikası, aynı zamanda, daha fazla büyümek ve bu amaçla uluslararası sermaye ile bağlantı kurmak isteyen, ama tek partili Milli Şef iktidarında bu şansı yeterince bulamayan, Türk işbirlikçi sermayesinin bir kesiminin ve bir kısım büyük toprak ağasının, politik ihtiyaçlarına denk düşüyordu.

Topluma "demokratlık" olarak lanse edilen, aslında bir ABD dayatması olan "çok partili parlamenter sistem', böyle gerçekleştirilmiştir. Bu politikaya, kitleler nezdinde sempati kazandırmak için kullanılan "demokratlık' maskesi, ABD ve CHP'yi meşrulaştırmanın aracı olarak, hayli zaman kullanılmış ve bu anlamda, işe yaramıştır.

ABD'nin çok partili demokrasicilik oyunu, Türk Devleti tarafından kabul edilince, büyük toprak ağaları, savaş koşullarında büyümüş sermayenin bir kesimi ve bir kısım eski İttihat ve Terakkici, 1946 yılında, Demokrat Parti'yi kurdular. Tek parti döneminde sermaye çevrelerine hâkim olan CHP, ABD'nin politika değiştirmesiyle, etki ve gücünü önemli ölçüde kaybetmeye başladı. Ayrıca CHP, 1950 yılına kadar tek parti olarak yönettiği ülkede, uyguladığı halk düşmanı politikalarından ve önceki bölümde sadece birkaç örneğini verdiğimiz gizli devlet operasyonlarından dolayı, kitleler nezdinde teşhir ve tecrit olmuş, derin bir karşıtlık kazanmıştı.

CHP'ye duyulan tepkinin dorukta olduğu koşullarda yapılan 1947 seçimlerinde, DP, CHP'nin seçim oyunları sonucu-gizli oy açık tasnif-başarılı olamamıştı. Ancak 1950 yılında yapılan seçimlerde, ezici bir çoğunlukla, hükümet olmuştur.

Böylece cumhuriyeti kurmak ve Atatürk'ün partisi olmak gibi avantajları olmasına rağmen CHP, ABD'nin dayatmasıyla, 1950 seçimlerinde hükümeti DP'ye devretmek zorunda kaldı. DP hükümeti, uşaklıkta, ABD'yi yanıltmadığını göstermekte fazlasıyla heveskâr ve gayretliydi.

ABD, dünya ile birlikte Türkiye'yi kendi çıkarlarına uygun düzenlemeye ve bu amaçla yeni örgütlenmeler yaratmaya çalışırken, dünyanın bir başka köşesinde Kore'nin yoksul halkı geleceğini kazanma savaşı veriyordu. "Amerika, Güneydoğu Asya'da komünist yayılmanın yerini alacağından koktuğu Milli Kurtuluş Savaşlarına" müdahale etmek amacıyla Kore'ye asker göndermeye karar vermişti. (13)

ABD emperyalizmi, Kore halkına karşı girdiği savaşın askerlerinin bir kısmını Türkiye'den karşılamak istiyordu. Aynı tarihte ve bu koşullarda, Türkiye, NATO'ya girmek için başvurmuştu. Türkiye'nin NATO'ya girmek üzere yaptığı başvurunun kaderi, ABD'nin ellerindeydi ve bu durum, ABD'nin Kore'ye asker gönderilmesi talebi için, uygun bir pazarlık aracıydı. Türkiye,

---

13-Amerikan Harp Doktrinleri, M. Fahri Yön Yay. 1966 s. 14

NATO'ya girmek istiyor, ABD, Kore'de ölüme göndermek için, asker istiyordu. Al gülüm ver gülüm için koşullar eşit değildi, ama fazlasıyla uygundu.

Böyle olduğunu, Türkiye'ye gelerek asker gönderilmesini görüşen, dönemin ABD Silahlı Kuvvetleri'nden Senatör Cain, 26 Temmuz 1950'de, şu sözlerle ifade etmiştir. "Kore'ye asker yollarsanız Türkiye NATO'ya girer". Türk Devleti bu talebi, en hızlı ve seri bir biçimde yerine getirdi. Hatta normal koşullarda parlamento kararı gerektiren yurt dışına asker gönderilmesi kararı, parlamentoda tartışılmasına gerek görülmeden, Bakanlar Kurulunda kararlaştırılarak yürürlüğe kondu.

Böylece DP hükümeti, ABD'nin çıkarları için, 25 Temmuz 1950'de, Kore halkına karşı sürdürülen haksız bir savaşa, Türkiyeli yoksulları, asker olarak gönderdi. Kore'ye gönderilen 5 bin askerden 218'i ölmüş ve bu asker ölüleri, ABD'nin, Türkiye'yi NATO'ya almasının diyeti olmuşlardır. Bu şekilde NATO'ya giren Türkiye'de, CIA ve NATO'ya bağlı "Gayri Nizami Harp" süreci işlemeye başlamıştır.

1950 ve sonrası yıllarda, Türkiye, sosyo-ekonomik alanda, derin ve kalıcı etkisi olan değişiklikler yaşamaktaydı. ABD'ye ve genel olarak emperyalizme bağımlılığın derinleşmesi, kapitalizmin hızlı gelişmesi, feodal, yarı-feodal bir toplum olan Türkiye'yi çözüyor, köylülük dağılıyor, kapitalist üretim ilişkileri toplumun tüm dokularına nüfuz ediyordu. Hızlı ve yoğun bir göç yaşanıyordu, köyden şehre.

Bunun sonucunda, özellikle yoksul köylüler şehirleşiyor, işçileşiyorlardı. Eskiden kapalı ekonomi içinde bir yaşam sürdüren insan yığınları, bambaşka bir dünyaya açılıyorlardı. Yaşanan bu toplumsal değişim, sistem ve devlet karşıtlığının koşullarını oluşturuyordu.

Bu gelişmelerin yarattığı sistem ve devlet karşıtlığı, toplumsal-siyasal hareketlenmelere yol açmaktaydı. Bu toplumsal hareketlenmenin olası sonuçlarına karşı, ABD, Türkiyeli sermaye güçleri ve devletin illegal yapılanması, yeni, özgün ve elbette kanlı hazırlık planları yapmaktaydılar. Egemenler açısından ortaya çıkan bu politik ihtiyacı karşılamak amacıyla, daha önce başlatılmış olan çalışmalar hem hızlandırıldı, hem de sonuçlandırılmaya başlandı.

Kısa süre önce kurulmaya başlanan askeri üslerle, yapılan ikili anlaşmalarla Türkiye'yi "küçük Amerika" yapan emperyalist ABD, esas amacına uygun olarak, yaptığı çalışmalarla, Türkiye'de büyük bir komünist düşmanlığı yaratmıştır. Bunun üzerinden komplo ve katliamlarını, CIA ve diğer egemen yerel illegal güçler ve paramiliter kurumlar vasıtasıyla, yeri ve zamanı geldikçe, uygulamaya yönelmiştir.

Türkiye'nin içinde bulunduğu sosyal, siyasal ve kültürel yapı, emperyalistlerin ve Türk Devleti'nin bu yönelimini kolaylaştırmaktaydı. Osmanlıdan devralınan ırkçı, şoven, gerici kültürel anlayış ve politikalar, cumhuriyetin ilk yıllarında, aynı dünya görüşü üzerinden topluma dayatılan ruhsal, kültürel şekillenme, 1930'lardan sonra İtalyan-Mussolini ve Alman-Hitler Faşizmi'yle girilen düşünsel ve siyasal bağlantılar, egemen Türk Ulusunu ırkçı ve şovenist bir sosyo-kültürel atmosfere mahkûm etmişti.

Bu ortamda, ABD emperyalizmi ve Türk Devleti, komünizme karşı mücadele adıyla kamufle ettikleri saldırı ve katliam planlarını gündemleştirmeye başladılar. Bunun için ihtiyaç duyulan kurumları oluşturmaya, varolan kurumları amaçlarına uygun olarak yeniden yapılandırmaya koyuldular. Konumuz, bu kurumları ve faaliyetlerini ayrıntılı olarak incelemek değildir. Katliamlar ve özel olarak Maraş Katliamı'nın izlerini aramak bağlamında, adı geçen ilgili kurumlar hakkında, asgari bilgi ihtiyacını gidermek için konuya girilmiştir.

a. Özel Harp Dairesi

Bu yıllarda yapılanları, yukarıda anlatılanlardan hareketle özetlersek, ABD, NATO vasıtasıyla içinde Türkiye'nin de bulunduğu ülkeleri askeri olarak yapılandırıyordu. Amaç, Sovyetlere karşı sürdürülen ve sürdürülmek istenen "Gayri Nizami Savaş"ların örgütlendirilmesiydi. Bunun için ABD'ye bağlı bütün ülkelerde, gizli ordular kurulmaktaydı. Bu ordular, tüm yönleriyle ABD ve NATO tarafından yönetilen illegal ordulardı.

ABD ve NATO'nun söz konusu gizli ordularının ilk mimarı Nazilerin faşist komutanlarından Reinhard Gehlen'di. R. Gehlen, Alman faşizmi yenilip Hitler'in intihar etmesinden sonra, ABD'nin hizmetine girerek, insanlığa karşı sürdürdüğü kanlı faaliyetlerine orada devam etmiştir.

R. Gehlen ABD'den aldığı destekle, önce Almanya'da ulaşabildiği tüm Nazi katillerini bir araya toplamakla işe başlamıştır. Gehlen'in çabalarıyla bir araya gelen bu faşist subayların her biri, binlerce insanın kanına girmiş, birer insan kasabıydılar. Nazi R. Gehlen'in eliyle pratikleştirilen NATO'nun gizli ordu kurma çalışmaları, kısa sürede sonuç vermiş, çok sayıda eli kanlı karanlık cinayet şebekeleri, dünyanın değişik yerlerinde, halklara karşı saldırılarını örgütlemeye başlamışlardır.

NATO'nun Gizli Ordularının bir Nazi generali tarafındann oluşturulmuş olması, bu illegal yapılanmaların niteliğinin anlaşılmasını sağlayan önemli bir veridir. Adı geçen illegal oluşumların, özellikle derin komünizm düşmanlığı içinde olmaları, buna bağlı olarak gelişen veya gelişebilecek olan halk hareketlerine karşı düşmanlıkları, söz konusu cinayet şebekelerinin ayırt edici özelliği olarak ortaya çıkmaktadır. Dolayısıyla bu "orduların" varlık sebepleri ve tüm icraatları, halka karşı, ABD ve diğer emperyalistlerin ve onların yerel işbirlikçilerinin çıkarlarına hizmet etmek üzerine kurgulanmıştır.

Bu gizli ordular, askeri yapılar içinde oluşturulan merkezi güç dışında, özellikle, komünizm düşmanlığı üzerinde kendilerini tanımlayan sivil unsurları da içermekteydi. Bu illegal yapılar, toplumun tüm farklı kesimlerinde ilişki üretebiliyor, onları amaçları doğrultusunda değerlendirebiliyorlardı. Ayrıca sınırsız yetkiye ve imkâna sahip olan bu yapılar, devletin bütün ilişki ve olanaklarına, hiçbir engelle karşılaşmadan ulaşabiliyor, bunları kullanabiliyorlardı.

Sözü edilen illegal yapılanmaların toplumsal hayata dâhil olduğu ve diğer ülkelerde yaşanan bu süreç, Türkiye'de de yaşanmaktaydı. Devletin illegal askeri ve istihbarat kurumları, yeni durumda, ABD'nin ve devletin ihtiyaçlarına uygun biçimde yapılandırılarak faaliyetlerini icra etmeye başladılar. İlk olarak, 1947 yılında "Amerika Askeri Yardım Kurulu" adında bir yapı kuruldu. Genelkurmayda kendisine ait ofisi bulunan ve kısa süre sonra oluşturulacak olan Seferberlik Tetkik Kurulu ile aynı binada çalışan bu kurul, farklı adlarla, yeni dönem icraatlarına hazır hale getirildi. (14)

14-Bay Pipo Soner Yalçın s. 256

Türkiye'de devletin illegal yapılanmasının reorganizasyonuna, ABD generallerinin "lütfüne ve teveccühüne" mazhar olmuş 16 Türk subayının ABD'ye, eğitilmek amacıyla götürülmesiyle devam edildi. 1948'de ABD'de "Özel Harbin" kural, taktik ve stratejisini öğretmek amacıyla eğitilen bu 16 subay, Özel Kuvvetlerin resmi çekirdeğini oluşturmuştur. Bu subayların içinde, Daniş Karabelen, Turgut Sunalp, Ahmet Yıldız, Alparslan Türkeş, Suphi Karaman ve Fikret Ateşdağlı gibi isimler bulunmaktaydı. Özel Kuvvetler için ABD tarafındann eğitilen bu subayların büyük kısmı, belirtilen politikalara bağlılık anlamında, birbirlerinden farklı değillerdi. Ayrıca Daniş Karabelen doğrudan Teşkilat-ı Mahsusa'nın içinde gelmekteydi. Gayri Nizami Savaş yöntemlerini oradan öğrenmişti.

ABD, kendi denetim ve olanaklarıyla götürüp eğittiği bu subaylarla oluşturduğu söz konusu illegal yapının, aynı zamanda, finansörlüğünü de yapmıştır. Oluşturulan bu illegal kurul, kâğıt üzerinden ve hiyerarşik olarak Özel Kuvvetler Komutanlığına, oradan da Genelkurmay İkinci Başkanı'na bağlı olarak gösteriliyordu. Seferberlik Tetkik Kurulu (STK), dönemin Milli Güvenlik Kurulu olan Yüksek Savunma Kurulu kararı çerçevesinde, 27 Eylül 1952'de, resmi faaliyetine başlamıştır. Kurulun ismi, 1967 yılında, Özel Harp Dairesi'ne (ÖHD) dönüştürüldü. Gayri Nizamî Harp konusunda uzmanlaşan ÖHD, "ordu içindeki gizli-asıl ordu" olarak anılıyor, nitelendiriliyordu.

Özel Harp Dairesi, bilindiği gibi ilk kez, 1974 Ecevit hükümeti döneminde, deşifre edilerek toplumsal gündeme girdi. Özel Harp Dairesi, 1970'li yıllarda, Türkiye'de sayısız operasyon yapmış ve bundan dolayı kontrgerilla adıyla, tartışmalara konu olmuştu. Bu tartışmalarla ilgili olarak, özellikle Ecevit, yıllar sonra şunları söylemiştir. "1974'teki başbakanlığım sırasında" diye başladı anlatmaya: '... Zamanın Genelkurmay başkanı rahmetli Orgeneral Semih Sancar, başbakanlığın örtülü ödeneğinden acil bir ihtiyaç için birkaç milyon istedi. Benden istenen miktar, örtülü ödenekteki paranın tümüne yakındı. Genelkurmay'dan bu paranın ne amaçla istendiğini sormak zorunda kaldım. Sancar "Özel Harp Dairesi" (ÖHD) için istiyoruz' dedi. "Öyle resmi bir dairenin bu zamana kadar adını bile duymamıştım." Şimdiye kadar bu dairenin giderleri nereden karşılanıyordu?' diye sordum. O zamana kadar dairenin tüm giderlerini bir gizli ödenekle ABD'nin karşıladığı; ancak artık ABD'nin bu parasal katkıyı kestiği, o nedenle Başbakanlığın örtülü ödeneğinden para istemek zorunda kalındığı bana bildirildi."

"Özel Harp Dairesi'nin nerede bulunduğunu sordum. "Amerikan Askeri Yardım Heyeti' ile aynı binada, yanıtını aldım. (TBMM'nin hemen arkasında). Hayrete düşmem ve kaygılanmam herhalde doğaldı. Bu dairenin işlevleri ve kuruluş biçimi, hakkında bilgi istedim. Benim için bir brifing düzenlendi. Bilgi vermek üzere de rahmetli Genelkurmay Başkanı Semih Sancar'la, o sırada Özel Harp Dairesi Başkanı olduğunu öğrendiğim General Kemal Yamak ve bir iki subay katıldı. "

"Özel Harp Dairesi, Türkiye'nin veya bir kısım topraklarımızın düşman istilasına uğraması durumunda, istilacılara karşı gerilla yöntemleriyle ve her türlü yer altı etkinliğiyle mücadeleye hazırlanmak üzere kurulmuştu (Gladioların kurucusu sayılan eski CIA Başkanı William Colby "amacın olası bir Sovyet işgaline karşı her ülkede direniş yuvaları oluşturmak" olduğunu açıklamamış mıydı? Nitekim brifingde aynı tez, Ecevit'e yineleniyor). "Adları gizli tutulan bazı "vatansever" gönüllüler de Özel Harp Dairesi'nin sivil uzantısı olarak çalışmak üzere ömür boyu görevlendirilmişlerdi. "

Ecevit'in yıllar önce açıkladığı bu bilgileri, 1980 Darbesi'nde, Diyarbakır zindanında görev yapmış olan Özel Harp Dairesi'nin eski başkanlarından özel harpçı General Kemal Yamak'da teyit etmektedir. Özel Harpçı Kemal Yamak, ÖHD'nin ABD parasıyla beslendiğini gizleyemediği için, kabul etmek zorunda kalmış, ancak bu paranın kesilmesinde dolayı, ABD'lilere rest çektiğini iddia ederek zevahiri kurtarmaya çalışmıştır.

Ecevit Özel Harp Dairesi'ni anlatmaya devam ediyor, "1978-79'daki başbakanlığım sırasında bir doğu ilçemizi ziyaret ederken, oradaki askeri birliğin komutanı olan generalle görüşüyordum. Kendisinin bir ara Özel Harp Dairesi'nde çalıştığını öğrenince, kuşkularımı belirterek, kendisinden bilgi almaya çalıştım. General'in kuşkularımı yersiz bulması üzerine bir soru yönelttim; "Farz-ı muhal bu ilçedeki MHP Başkanı aynı zamanda Özel Harp Dairesi'nin sivil uzantısındaki gizli elemanlardan biri olamaz mı?" General, "Evet öyledir, ama kendisi çok güvenilir, vatansever bir arkadaşımızdır, yanıtını verdi. [15]

Ecevit'in sözünü ettiği askeri birlik komutanı, Özel Harp Dairesi'nin yetkililerinden Sabri Yirmibeşoğlu'dur. Sabri Yirmibeşoğlu, NATO'da çalışmış, Türkeş'in sevgisine mazhar olmuş, sözde "Kıbrıs'ta sivil direnişi örgütleyen lider" olarak kabul edilmiştir. Bir Özel Harpçı olarak, her türlü illegal faaliyeti örgütlemiş, ABD'nin kontrgerilla yöntemlerini övünerek anlatmıştır.

Ecevit'in bu açıklamalarını yayınlayan Cüneyt Arcayürek şu yorumu yapmaktadır. "Özel Harp Dairesi'yle Kontrgerilla'yı özdeşleştiren Ecevit; anlattığı son olayla bu örgütün sivil uzantılarının MHP'li olduklarını ifade etmeye çalışıyordu. B. Ecevit ile eşinin 2000'li yıllara kadar MHP'ye hangi gözle baktığı biliniyor. Kontrgerilla örgütü içinde MHP'nin (Bozkurt'ların) yerini yadırgamadıklarını, hatta kanlı eylemlerin bir numaralı sorumlusu olarak bu partiyi gördüklerini yadsımak olanaksız".[16]

Görüldüğü gibi, ABD ve CIA denetiminde bir asli devlet yapılanması olarak ÖHD, öncellerinden devraldığı karanlık icraatlarını, kesintisiz ve devletin birçok karar gücüne haber vermeye bile gerek görmeden, sürdürmüştür.

Bu illegal yapı, ABD'nin ve devletin çıkarlarının kollayıcısı, koruyucusu ve uygulayıcısı olan bir yapıdır. Bu çerçevede olmak üzere, Özel Harp Dairesi, 6-7 Eylülü gerçekleştirmiş, Kıbrıs'ta çeşitli kontra ve karanlık faaliyetler sürdürmüştür. Özel Harp Dairesi' nin bu faaliyetleri, Sabri Yirmibeşoğlu'nun itiraflarıyla, kamuoyuna mal olmuştur. Sabri Yirmibeşoğlu, gazeteci Fatih Güllapoğlu'na yaptığı açıklamada, "6-7 Eylül'de bir özel harp işidir ve muhteşem bir örgütlenmeydi. Amacına da ulaştı" diyerek, söz konusu saldırıları deşifre etmenin yanında, adı geçen illegal kurumun işlevini de açıklamış olmaktadır.

Eski Özel Harpçi, emekli Orgeneral Yirmibeşoğlu, "Eğer bir yerde halkın galeyana gelmesini bir mukavemet hareketini

---

15-Derin Devlet C. Arcayürek s. 39-40

16-Derin Devlet C. Arcayürek s. 39-40

göstermesini arzu ederseniz, sizin saygın değerlerinize düşmanın, karşı tarafın bir şey yaptığını, küçültücü hareket yaptığını gösterirseniz, halkı galeyana getirirsiniz. Özel Harp'te bir kural vardır; halkın mukavemetini artırmak için düşman yapmış gibi bazı değerlere sabotaj yapılır. Bir cami yakılır. Kıbrıs'ta cami yaktık biz. Cami yakılır mesela" dedi. Her ne kadar daha sonra Gazeteci, "Cami mi yaktınız" diye sorunca itirafının farkına varan Yirmibeşoğlu "Mesela diyorum..." diyerek, çark etmeye çalıştıysa da bu itiraf, daha önce yapılan itiraf gibi, "kılıfa sığdırılamayan minare" olarak kalmıştır. (17)

Özel Harp Dairesi'nin bahsini bitirirken, bu dairenin ABD tarafındann kurulmuş ve finanse edilmiş olması gerçeği, hemen her zaman yapılan, son zamanlarda ise oldukça etkili olan bir çarpıtmanın ispatı için kullanılmamalıdır. Söz konusu gizli orduların, ABD'nin hizmetinde ve denetiminde olması, ülke ve devlet içindeki işbirlikçi unsurları aklamanın aracı olmamalı, hedef şaşırtılmamalıdır. Söz konusu illegal kurumlar, yerel dayanaklarından bağımsız ve yerel dayanaklarının isteği dışında oluşan kurumlar olarak görülemez, değerlendirilemezler.

b. MİT

Cumhuriyet öncesi süreçte kurulmuş olan Teşkilat-ı Mahsusa, Karakol Cemiyeti ve en son Milli Emniyet Hizmeti-MAH adındaki kuruluşların devamı olarak, 1965 yılında, yeniden yapılandırılan devletin illegal kurumu, adını Milli İstihbarat Teşkilatı, MİT olarak belirlemiştir.

MİT'in kuruluşuna kadar geçen süreçte, devlet, illegal yapılanması için, kılıf da olsa, herhangi bir yasal düzenleme yapmamıştır. O tarihe kadar yapılan tüm illegal devlet faaliyetleri, herhangi bir yasası olmayan, tamamen ABD'ye bağlı ve giderleri ABD tarafından karşılanan, gerçekten illegal yapılar tarafından sürdürülmüştür. Bu illegal yapılanmanın, 1960'lara kadar ABD tarafından yönetildiği, Yassıada Mahkemeleri'nde dava konusu olduğu için, devlet yetkilileri tarafından, açığa çıkmış, itiraf edilmiştir.

17-http://www. samanyoluhaber. com/h_454931_ozel-harp-turkiyede-de-cami-yaktimi. html--http://www.yenisafak. com. tr/diziler/mah/index. html

Yassıada Mahkemeleri'nde konuyla ilgili ifadesi alınan sanık Ahmet Salih Korur, ifadesinde, "Bütün dosyalarımıza Amerika'nın Millî Emniyet Servisi hâkimdir... İstanbul'da bir mektep, İstanbul teşkilâtı ve Yeşilköy'deki Soruşturma Teşkilâtı tamamı ile Amerikalıların emrinde idi. İstanbul'daki mektebin maaşını Amerikalılar, doğrudan doğruya mektebin müdürüne tevdi etmekte idi. Yeşilköy'deki soruşturma teşkilâtının da maaşını doğrudan doğruya Amerikalılar vermekte idi. Ayrıca İstanbul Millî Emniyet Teşkilatımıza da para vermekte idiler. Amerikan İstanbul Servisi'nin Başkanı, bu paraları doğrudan doğruya verip ve doğrudan doğruya onlardan hesap almakta ve iş istemekte... Amerikalılar... Doğrudan doğruya maaşlarını ödemekte oldukları için, bizim memurları kendi memurları gibi kullanmaktadırlar. Dinleme servislerindeki memurlarımız da Amerikalıların elinde" demektedir.[18]

Anlatımlardan da görüldüğü gibi, yasadışı bir Amerikan kurumu gibi çalışan MİT, ilk kez 1965 yılında, yasal bir mevzuata ve statüye kavuşturulmuştur. Bu yolla, daha önce direk sürdürülen ABD bağımlılığı, bu kez kamufle edilerek, kitlelerde gizlenmeye çalışılmıştır.

Bu kuruluş, gerek Teşkilat-ı Mahsusa'dan gelen birikimi ve tecrübeleriyle, gerek ABD'nin desteğiyle ve gerekse ileri derecede ilişki içinde oldukları Nazilerde edinilen bilgi ve olanaklarla, muhtemeldir ki, NATO'nun "gizli orduları" içinde en güçlü olanıdır.

1970'li yıllarda bu kurumun adı, CIA ve MHP-ÜGD, işbirliği ile Türkiye'de sürdürülen özgürlük ve hak alma mücadelesine karşı, gerçekleştirdiği operasyon, katliam ve komplolarla anılmıştır.

Uluslararası düzeninin yerel karargâhı olan bu yapı, devletin diğer kurumlarıyla işbirliği içinde, 1971 12 Mart Darbesinde, devrimci çevrelere ve halkın mücadelesine karşı bir dizi operasyonel faaliyet yürütmek, cinayetler işlemek, işkence tezgâhları kurmakla itham edilmiştir. Kızıldere Katliamı, Ziverbey işkenceleri, sokak infazları, faili meçhuller, bu dönemde yaşanmış ve bu yapıyla birlikte anılmışlardır.

18-Atatürk'ten 12 Mart'a Sadi Koçaş Cilt 1 S. 61 Akt. Süleyman Genç

1970'li yılların bu yapısı, bağlı olduğu yasalara bile uygun davranmamıştır. Bu durumu her boyutta sürecin ve olayların içinde olan illegal devletin önemli kadrolarından Sadi Koçaş, şöyle anlatmaktadır; MİT, "kanunen bağlı olması gereken başbakanın adına (belki başbakanın haberi bile yokken) yasadışı eylem ve operasyonlara girişti... ve yalnız müsteşar değil, yasa dışı işlerde onunla işbirliği yapanlar... Artık birbirlerinde ayrılmaları mümkün olmayan suç ortakları durumuna düşerler... Bizde MİT 1971'e kadar bu durumdaydı...1971-1973 arasında yeni tayin edilen namuslu bir müsteşara rağmen, cumhurbaşkanının himayesinde teşebbüs etmedikleri yasa dışı iş kalmamıştır."(19)

Bu ifadeler MİT karşıtı herhangi birisinin değil, MİT'in yöneticiliğini yapmış birisinin ifadeleridir. Sadi Koçaş, 27 Mayıs Darbesi'ni planlayan ekibin içinde bulunmuş, devletin önemli bir kadrosudur. Onun için söylediklerinin özel bir anlamı vardır. Bütün ayrıntılara vakıf olan birisi olarak Sadi Koçaş'ın, MİT'in yasallaştıktan sonra geçen ilk sekiz yılına dair değerlendirmesine göre, bu kurum, yasadışı faaliyetlerin merkezi durumdadır.

Yukarıda yapılan değerlendirmelerde, bu tür kurumların yasallığında ve yasalara uygun davranmalarında, bu kurumların meşru, gerekli ve haklı olacaklarının savunulduğu sonucu çıkartılmamalıdır. Hemen eklenmelidir ki, yasal olmak, haklı ve doğru olmak değildir. Dolayısıyla bu kurumları, yasal olması halinde bile, gerekli ve doğru bulmak söz konusu edilemez. Yukarıdaki alıntılardan yola çıkılarak yapılan değerlendirmeler, bu tür kurumların içinde ve yanında olanların ağzından, bu kurumların anlaşılmasına yarayacak bilgiler olarak alınmalıdır.

MİT'in belirtilen döneminden sonraki dönemi ise, çok sayıda bilgi, belge ve dokümanla kamuoyuna sunulmuştur. Bu doküman ve belgelerden biliyoruz ki, 1970'ler boyunca MİT'in adı, uyuşturucu ve silah kaçakçılarıyla, uluslararası cinayet şebekeleriyle, seri katillerle, katliamlar ve katliamcılarla birlikte anılır oldu.

19-Atatürk'ten 12 Marta cilt 1 Sadi Koçaş s. 61 Akt. Süleyman Genç

Sadece şu kadarının not edilmesi yeterli olacaktır. Sadi Koçaş'ın belirttiği yıllardan sonra, yani 1975-1978 arasında geçen üç yıl içinde, Türkiye, 1 ve 2. MC hükümetleri denen ve MHP'nin etkin olduğu hükümetler tarafından yönetildi. Daha da önemlisi, bu hükümetler döneminde, MİT'in içinde Türkeş özel bir ekip kurmuş ve bu ekip MİT'e hâkim olmuş durumdaydı.[20] Bu dönemde, Türkeş'in dünürü Şahap Homriş, üst düzey MİT yöneticisiydi. Türkeş'in ABD'de Mc Carthycilik döneminde tanıştığı Türkistanlı CIA ajanı Ruzi Nazar, CIA üzerinde, MİT'le olan ilişkilerini, Türkeş'in hizmetine sunuyordu.[21]

c. Kontrgerilla

İllegal devlet kurumlarından, bir dönem, adı en çok duyulan Kontrgerilla yapılanmasıydı. Kontrgerilla, illegal devletin söz konusu örgütlenmelerinin, dönemsel bir tezahürüdür. 1970'li yıllarda, devlet içi illegal örgütlenme, Türkiye'deki adıyla, kontrgerilla olarak hayatımıza girdi. Nasıl ki, illegal yapılanma, 1990'li yıllarda, Jitem adıyla faaliyet yürütmüşse, 1970'li yıllarda da böyle bir adı kendisine yakıştırmıştır.

Kontrgerilla ile ilgili olarak, o dönem, yukarıda belirtildiği gibi, işin içinde olan Sadi Koçaş'ın yaptığı belirlemeler, konunun anlaşılması için yeterlidir. Sadi Koçaş'ın "Atatürk'ten 12 Mart'a" adlı kitabında belirttiği şekilde ortaya koyacak olursak: "...1971'in son günlerinde kurulduğunu öğrendiğimiz Kontrgerilla örgütü, Genel Kurmay Başkanının emriyle, İstanbul Sıkıyönetim Komutanlığı ve MİT tarafındann müştereken kanun dışı kurulmuş, yönetilmiş ve kanun dışı çalışmış bir örgüttür. Kuruluşu yasaya aykırıdır. Genel Kurmay Başkanının yasa dışı emriyle kurulmuştur. Ve bir af ile yaptıklarının hesabını vermemiş, üstelik asıl suçlulara söz bile söylenmeyerek yapılan işler iki üç memurun üzerine atılıvermiştir. Böyle devlet olmaz ve böyle devlet yönetilemez. "[22] Bunca açıklığa eklenecek başka ne olabilir ki?

20-Ecevit'in Gizli Arşivi C. Dündar R. Akar S. 240

21-Bay Pipo Soner Yalçın s. 264-273

22-Bıçağın Sırtındaki Türkiye S. Genç s. 231

Birbirlerinden ayrı özelliklere ve kuruluş gerekçelerine sahip olan bu illegal yapıların, asli işlevleri halkların özgürlük mücadelesine karşı konumlanmış olmaktır. Bu nokta onlar arasındaki ilişkiyi belirleyen temel zemindir. Bu zeminde sürdürülen ilişkiler, halkların mücadelesine karşı onları ortaklaştırmakta, birleştirmektedir.

Ancak bu illegal örgütler arasında, her zaman uyum ve ahenk olmayabilir. Bunlar birbirleriyle farklılaşabilir, ayrışabilirler. Bu yapılar arasındaki hukuku belirleyen, ilişkileri düzenleyen, en başta bulunan CIA'in tutumu olmaktadır. Yani bunlardan herhangi birisi ile bir diğeri arasındaki ilişkide, birisini tasfiye edecek, diğerini öne çıkartacak olan, CIA'in tavrı olmaktadır. Ancak bu yapılanmalar arasında yaşanan kimi çelişkiler, bu kurumların ezilenlere karşı sürdürdükleri icraatlarının anlaşılmasına ve iç ilişkilerinin görülmesine, bu konularda bilgilenmeye hizmet etmektedir.

Bu illegal yapılanmaların sık sık adı değişebilir, hatta bazen yok edildikleri ileri sürülebilir, ancak bunların hepsi manipülasyondan ibarettir. Asıl olan, devlet yapılanmasının devamlılığının, bu tür illegal devlet kurumlarının varlığına bağlı olduğudur. Adlarının ne olduğunun, içinde kimlerin bulunduğunun ayrı bir önemi olsa da, esas olan, bu kurumların varlığı ve yaşanmış/yaşanacak olan katliam süreçlerindeki rolleridir.

d. Komünizmle Mücadele Dernekleri

Truman Doktrini'nden beri izlenen politikaların, bir ayağı yukarıda anlatılanlarsa, bir diğer ayağı da, ABD'nin "Nefret Gurupları"nın karşılığı olarak, Türkiye'de bu yıllarda kurulan, Komünizmle Mücadele Dernekleriydi. Komünizmle Mücadele Dernekleri, manipüle edilmiş güruhlar oluşturmak ve bunları gelişen, gelişebilecek olan toplumsal-siyasal hareketlere karşı kullanmak için ABD'nin belirtilen planına uygun olarak kurulmuştur. Tıpkı ABD'de, Mc. Carthy tarafından oluşturulmuş "Nefret Grupları" gibi.

Komünizmle Mücadele Dernekleri veya benzeri kuruluşlar, illegal güç odaklarının yönlendiriciliğinde ve onların desteğiyle, önce komünizm diye bir heyula yaratmaya çalışıyorlardı.

Toplumu korkularla yönetmek, biçimlendirmek isteyenlerin buna ihtiyaçları vardı. Korku yaratmak için kullandıkları argümanlar bir gün komünizm olmuş, başka bir gün başka bir şey. Söz konusu dönemin korku aracı, komünizmdi.

ABD'den aldığı icazetle, bu derneklerin kuruluşuna önderlik eden, Asya Milletleri Komünizmle Mücadele Derneği'nin Türkiye ve Ortadoğu sorumlusu, Nihal Atsız ve A. Türkeş'in dava arkadaşı, Fetih Tevetoğlu'dur. 1944'te Türkeş'le beraber ırkçılık davasından yargılanan Tevetoğlu, "Ne mutlu Türküm diyene" sloganını yetersiz bularak, yerine, "Ne mutlu Türk yaratılana" sloganını üretecek kadar ırkçıdır.

Bu derneklerin ilk kuruluş başvurusu, 1948 yılında Zonguldak'ta yapılmıştır. İki yıl bu başvuru üzerinden çalışan dernek, 1950 yılında resmileşmiştir. Merkezi şehirler değil de Zonguldak gibi bir taşra şehrinde, Komünizmle Mücadele Derneği'nin kurulması anlamlıdır. Çünkü Zonguldak, o dönemde, işçi yatağı olarak gelişmekteydi, emperyalistlerin en çok korktukları ise işçilerdi, dolayısıyla derneğin kuruluş yeri, bilinçle seçilmiştir.

7 Aralık 1956'da, İstanbul'da, bu derneğin bir benzerinin kurulması sağlandı. 1960 darbesinin başı olan Cemal Gürsel, bir ara bu derneklerin fahri başkalığını kabul etmiş, ancak daha sonra ayrılmıştır. 1960 darbesiyle, çalışmalarına ara verilen bu dernekler, 1963'ten yeniden örgütlendirilmişler ve şube sayıları, kısa sürede yüzleri bulmuştur.[23]

Komünizmle Mücadele Derneği ile başlayan süreç, değişik adlarla oluşturulan diğer kurumlarla devam ederken, Türkeş'in "kılıç şakırtılarıyla" ele geçirdiği CKMP, yeni gençlik örgütlenmeleri oluşturuyordu. Bu amaçla kurulan kuruluşlar, CKMP'ye bağlı gençlik kolları ve ülkü ocakları diye adlandırılıyorlardı. Bu yapılar, 1970'lerin ülkücülerinin öncelleriydiler.

İllegal güçlerin kurdurup desteklediği bu kurumlar, toplumu komünizme ve komünistlere karşı düşmanlaştırmak için, hiperaktif bir çalışma içindeydiler. Yani tam anlamıyla, dünya

---

23- Ülkücü Hareket Hakkı Öznur cilt 2 s. 97-106

ve ABD'deki benzerleri gibi, sistemi ve devleti korumak için, resmi devlet kurumlarının yanında, yarı-resmi devlet kurumları gibi çalışıyorlardı, bu dernekler.

Büyük çoğunluğu lümpen unsurlardan oluşan bu derneklerin mensupları, gelişen her toplumsal muhalefet hareketinin engellenmesinde, bu hareketlerin provoke edilmesinde, aktif saldırgan bir rol almışlardı. Devleti ve sistemi, halklara karşı korumak, politikleşmiş özel görev ve misyonlarıydı.

15-16 Haziran büyük işçi eyleminin karşısında bunlar vardı. ABD'nin 6. Filo'sunun İstanbul'a gelişini protesto eden devrimcilere saldıranlar, bu gruptu. 1971 12 Mart Darbesi'ni, bu güçler, "ordumuzun ve devletimizin yanında ve emrinde olduğumuzu ilan ederiz" (24) diyerek selamlıyorlardı.

Devletin paramiliter gücü olduklarını her durum ve fırsatta ortaya koymaya çalışan bu dernekler, sıkıyönetim tarafından kapatılmış olmaktan dolayı devletlerine sitem ediyorlardı. Bu dernekler ile ilgili olarak dönemi izleyenler, bu derneklerin ABD tarafından parasal olarak desteklendiğini ve ayrıca devletin güvenlik güçlerinin de bu dernekleri sürekli koruyup, kolladıklarını anlatırlar.

e. 6-7 Eylül saldırıları için kurulan dernek; "Kıbrıs Türk'tür Derneği"

ABD emperyalizminin dünya halklarına saldırı politikalarının gereği olarak, Türkiye'de kurulmuş olan bu derneklerin bir diğeri de,"Kıbrıs Türk'tür" adıyla kurulan dernektir. İllegal siyasal güçler tarafından kurulan bu dernek, kuruluş amacına uygun olarak, yapmakla görevlendirildiği katliamı yaparak rolünü hakkıyla oynamış ve sahadaki yerini başka provakatörlere bırakmıştır.

Kıbrıs Türk'tür Derneği, Ağustos 1954 tarihinde, adından da anlaşılacağı gibi, Kıbrıs sorunuyla ilgili olarak kurulmuş, gerçek anlamda paravan bir dernektir. Derneğin Başkanı dönemin gazetecisi Hikmet Bil'dir. 2.Başkanı, Yeni Sabah gazetesi muhabiri, yıllar sonra CHP'de bakanlık yapan, Orhan Birgit'tir. Ahmet Emin Yalman da bu derneğin yönetim kuru-

---

24-Ülkücü Hareket Hakkı Öznur cilt 3

lundadır. Tanınmış başka yöneticileri de vardı bu derneğin. Derneğin Genel Sekreteri, Milli Emniyet Hizmetleri-o zamanki MİT-üyesi, aynı zamanda gazetecilik yapan Kamil Önal adında bir ajan-provokatördür. Dernek, devlet tarafındann maddi olarak desteklenmiş, özel olarak himaye edilmiştir. (25)

Kuruluşunda 350 bin TL, daha sonra da her sene 200 bin TL, ayrıca 5000 TL, devletten yardım parası almıştır. Bu dernek bir yıl gibi kısa bir sürede, birçok yerde örgütlenmiş, çok sayıda şube açmış ve Kıbrıs'la ilgili birçok etkinlik gerçekleştirmiştir. Derneğin kadro desteği ve mensupları dönemin hükümet partisi DP'den gelmekteydiler. Dernek yöneticileri, başbakan tarafından, açılışlara ve özel yemeklere götürülerek, onure edilmekte, kamuoyu ile buluşturulmaktadır.(26)

Bu derneğin ve gerçekleştirilmesinde özel olarak rol ve görev aldığı 6-7 Eylül saldırılarının anlaşılabilmesi için, Kıbrıs sorununun, dönemdeki durumunun anlaşılması gerekmektedir. Kıbrıs, İngilizlerin vesayeti altında, Rumların ve Türklerin yaşadığı, bir ada-devlettir. 2.Emperyalist Dünya Savaşı'ndan sonra, dünya yeniden biçimlendirilirken, ABD, İngilizlerin Ada üzerindenki etkisini kırmak, zayıflatmak istiyordu. ABD'nin bu politikalarından yararlanmak isteyen Yunanlılar, Kıbrıs'a hâkim olmak amacıyla politikalar geliştirdiler. İngilizler buna razı olmadılar ve kendi pozisyonlarını güçlendirmek için, işin içine Türkiye'nin girmesini sağladılar.

Böylece emperyalistler, aslında halkların sağduyusuna bırakılsa, hiç olmayacak olan bir Kıbrıs sorunu çıkartarak, başında konuyla ilgili olmayan Türkiye'yi, bu soruna dâhil ettiler.(27) Çıkan çelişkide Türkiye, köşeye sıkıştırılmıştı. Kıbrıs'tan çekilmesi istenmekteydi. Zor durumda olan Türkiye, ihtiyaç duyduğu desteği, bağımlı olduğu emperyalistlerde bulamamaktaydı.

Kıbrıs Türk'tür Derneği, bu politik ihtiyacın sonucunda, illegal güçler tarafından kurdurulmuş ve 6-7 Eylül saldırılarında önemli bir rol üstlenmiştir. Derneğin görevi, Kıbrıs politikala-

---

25-6-7 Eylül Olayları Hulusi Dosdoğru s. 22

26-6-7 Eylül Olayları Hulusi Dosdoğru s. 22-23

27-6-7 Eylül Olayları Hulusi Dosdoğru s. 18

rında, emperyalistler tarafından yalnız bırakılan Türkiye'nin dikkate alınmasını sağlamaktı. Türk Devleti, emperyalist devletlere, "eğer bizi dikkate almazsanız, burada yaşayan halkların hayatı tehlikeye girer. Üstelik bu anlamda yapılacak olan saldırıları devlet değil, halk yapacaktır, biz de bu tür bir saldırıyı önleyemeyiz" demek istiyorlardı. Bu amaçla planlanan ve yapılan 6-7 Eylül saldırılarıyla, emperyalist devletlerle Türk Devleti arasındaki Kıbrıs pazarlığında Türk Devleti'nin eli güçlendirilmek istenmiştir.

Emperyalistler karşısında pazarlık yapacak gücü olmayan illegal siyasal yapı, emperyalistlerin baskısında kurtulmak ve desteğini kazanmak için Rumlara ve kalan Ermenilere yönelik bu saldırıları planlayıp gerçekleştirdiler. İllegal devlet, geliştirip hazırladığı bu plan için, görüldüğü gibi, öncesinden gerekli hazırlıkların parçası olarak, dernek kurdurmuş, finanse etmiş ve gerekli kadrolarını oluşturmuştur.

Yapılan plana göre, Londra'da, Türkiye, Yunanistan ve İngiltere arasında, Kıbrıs görüşmeleri yapılırken, Türkiye'de, Rumlara yönelik "küçük çaplı" saldırılar yapılacaktır. Görüşmelerin yapıldığı esnada yaşanacak bu saldırıları, Türk yetkililer, kendi tezlerini güçlendirmek için kullanacaklardır. Böylece Muhataplarına, "biz Kıbrıs'ta sizin politikanıza uyarsak, halk galeyana gelir. iddiasıyla tezlerinin gerekçesini oluşturarak, kendi çözümlerini tartışma masasına getirmenin imkânını yaratmış olacaklardır.

Nihayet plana uygun olarak, Londra'da Kıbrıs konferansı devam ederken, görüşmeci Türk yetkilisi Fatih Rüştü Zorlu, Türkiye'yi arayarak, "müzakerelerde elinin güçlendirilmesi için", saldırıların beklenen startını vermiş oldu.

Planlanan saldırılara "ortam hazırlamak" için, Atatürk'ün Selanik'teki evine, MİT ajanı Oktay Engin tarafından, "tahrip gücü düşük" bir bomba atılmıştır.

Bunun üzerine İstanbul Exspres Gazetesi, önceden hazırlanmış olan haberi baskıya vererek, İstanbul basın tarihinde görülmedik bir hızla yayınlamıştır. 290 bin gibi, o güne göre çok yüksek bir tirajla yayınlanan bu gazetenin, ne böyle bir tirajı basacak kadar parası, ne de bu denli seri ve hızlı hareket edecek teknik olanağı vardı. İstanbul Exspres Gazetesi, illegal siyasal güçlerin desteği ile bunu yapabiliyordu. Besleme gazetenin bu provakatif haberiyle, tansiyon yükseltilmiş, saldırılar için ortam hazırlanmıştır. Artık planlanan saldırıların başlatılması için, bugün ve bu amaçla kurulmuş olan Kıbrıs Türk'tür Derneği'nin, düğmeye basma anı gelmişti.

Selanik'te Atatürk'ün evine atılan bomba provokasyonu ve bunu sansasyonel bir biçimde duyuran İstanbul Exspres Gazetesinin yayını üzerine, Kıbrıs Türk'tür Derneği, acil olarak bir toplantı yapmıştır. Toplantı sonrası bir bildiri yayınlayarak saldırıların başlaması için işaret fişeğini ateşleyen dernek, görevini yerini getirmiş ve hazır kıta bekletilen saldırganların harekete geçmesini sağlamıştır.

Saldırgan güruhu harekete geçiren bu bildiriyi, Orhan Birgit, Marks'tan alıntı yaparak, yazmıştır. Hayatını dünya emekçilerinin kurtuluşuna adamış olan Marks, günün birinde yaptığı doğru belirlemelerin, bir katliam için kullanılacağını bilseydi, acaba ne düşünürdü?

Söz konusu derneğin çabalarıyla hazır hale getirilmiş olan saldırganlar, sokakları işgal ettiler. İstanbul'da ne kadar Rum, Ermeni ve Yahudilere ait ev ve işyeri varsa, hepsine saldırdılar, dağıttılar, yağmaladılar. İnsanlar öldürüldü, yaralandı, kadınlara tecavüz edildi.

Türkiye'nin belli başlı şehirlerinde yaşayan Rumlara ve diğer azınlıklara yapılan bu saldırılar, sadece İstanbul'da değil, Ankara ve İzmir'de de planlanmıştı. İstanbul'da başlayan saldırılar, aynı günlerde İzmir'den de devam ettirildi. İzmir'de, bu saldırıları önlemesi gereken 1960 darbesinin başı, "Korgeneral Cemal Gürsel, müdahale etmeyerek gösterdiği pasif destekten dolayı, göstericiler tarafındann, omuzlar üzerinden taşınmış ve alkışlanmıştır."[28]

İstanbul'da yapılan saldırıları, bir tanık şöyle anlatmaktadır. "hadiseler sırasında yüzbaşı idim. Bütün gece İstanbul'u dolaştım... Polis ve asker olaylara hiç müdahale etmedi. Eminönü'nde hoparlörle bir otomobilin içinde "ırkdaşlar, Adalar'a Kadıköy'e gidelim" diye bize bağırıp Tahrik ediyor-

28-6-7 Eylül Olayları Hulusi Dosdoğru s. 6

lardı. Orada bulunan polisin birine Tahrikçiyi göstererek yakalamalarını istedim"... Polis bana "cesaretin varsa sen yakala" dedi. diye anlatıyordu.

Başka bir tiyatrocu tanık Ömer Lütfi, tesadüfen tiyatroda oynadığı papaz rolünün gereği olarak, papaz elbiseleriyle kalabalığın içine karışır. Papaz olduğu sanılarak saldırıya uğrar. Papaz olmadığını ileri süren Ömer Lütfi'den, sünnetli olup olmadığını ispat etmesi istenir ve Ömer Lütfi, "sünnetli olduğunu ispat ederek" öldürülmekten kurtulur.(29)

Komünist olarak fişlendiği için tutuklananlar arasında bulunan Hulusi Dosdoğru, bu saldırılarla ilgili olarak şunları yazmaktadır.

"6-7 Eylül 1955 Olayları (saldırıları) ne bir komünist kışkırtması ne de nasırına Kıbrıs sorunu dolayısıyla basılan halkın kendiliğinden bir reaksiyonudur. 6-7 Eylül 1955 Olayları (saldırıları) ... yönetimin İstanbul-İzmir metropollerinin her köşesindeki Rum azınlığa karşı baştan sona planlı programlı tertip ve kışkırtmaları ve illegal uzantılarıyla kotarılmış bir toplu yıkım ve kırım kasırgasıdır."(30)

1950'li yıllarda, faşizmin, gençlik içerisinde gelişmesini sağlamaya çalışan MTTB, yayınladığı bildiri ile gayri Müslim halklara yapılan bu saldırıların "komünist Tahriklerin bir neticesi olduğunu" söyleyerek, hedef şaşırtmaya çalışıyordu. MTTB, "Türk milletine has olgunluğu elden bırakmayarak hükümetimize yardımcı olmayı kendimize düşen en mühim vazife sayarak" (31) saldırıları organize eden hükümetlerine yardımcı olmaya çalışmaktaydılar. Bu tür paramiliter örgütlenmelerin, her toplumsal gelişmede hükümetlerine yardımcı olmaları tesadüf değil, asli görevleri ve rolleridir.

6-7 Eylül saldırılarında kullanılanların büyük çoğunluğu sendikalı işçiler ve yoksullardı. Tutuklanan 3000 kişinin büyük bir kısmı bu insanlardan oluşmaktaydı. Yapılan saldırılardan sorumlu oldukları iddiasıyla 34 sendika kapatılmıştır.(32)

29-6-7 Eylül Olayları Hulusi Dosdoğru s. 234

30-6-7 Eylül Olayları Hulusi Dosdoğru Kapak Yazısı

31-6-7 Eylül Olayları Fahri Çoker arşivi s. 258

32-6-7 Eylül Olayları Dilek Güven s. 83

Katliamda mafyatik unsurlar da rollerini oynamışlardır. Yağmalamaların yanında, büyük çaplı gasp etmeler yaşanmıştır. Saldırı ve katliama katılanların içinde, gasp ettikleri mal, ürün ve gayrı menkullerle, çırıl çıplak yoksul olanların zengin işadamı, mafya bozuntularının itibarlı tüccar, oldukları bilinmektedir.

Resmi rakamlara göre 16 insanın öldürüldüğü, gayri Müslimlere ait tüm ev ve işyerlerinin tahrip edildiği bu saldırıların sonunda, Rumlar, Yahudiler ve Ermeniler, büyük ölçüde, İstanbul ve İzmir'i, terk ettiler. Rumların, Ermeni ve Yahudilerin bütün mal varlıkları gasp edildi. Saldırıların figüranlarının tamamı, devlet tarafından ödüllendirildiler. Atatürk'ün evine bomba atan ve yaptığı kirli provokasyonu "kahramanlık" olarak tanımlayan Oktay Engin, yıllar sonra vali, Orhan Birgit, CHP hükümetinde, Turizm ve Tanıtma Bakanı oldular.

Bu komplo ve katliam, henüz tasarlanırken, fişlenmiş komünistlerin üzerine yıkılacak şekilde tasarlanmış ve hazırlanmıştır. Fişlenmiş komünistlerin suçlu gösterilmesi, planın bir parçasıydı. Buna uygun olarak katliamdan sorumlu diye, Aziz Nesin, Nihat Sargın ve Kemal Tahir gibi tanınmış aydınlarında dâhil olduğu, 45 ilerici tutuklanarak, aylarca suçsuz yere hapsedildiler.

H. Dosdoğru, "Yunan hükümeti, Atatürk'ün evine bombayı atanların, Menderes'in emriyle Selanik konsolosu, konsolosluk kavası ve onlarla işbirliği eden Oktay Engin olduğunu meydana çıkartmıştır" diyerek saldırının faillerini göstermiştir. [33]

Yapılan provakatif saldırıda görev alanlar, Yunan hükümeti tarafından yargılanmışlar ve suçlu bulunarak cezalandırılmak istenmişlerdir. Ancak Türk Devleti, kadrolarına sahip çıkarak, bomba atan Oktay Engin'i Türkiye'ye kaçırmış, diğer sanıkların da üstünkörü yargılanmasını sağlayarak, bir katliama gerekçe yapılan bu provokasyonun üstünü örtmeye çalışmıştır

İllegal devletin bu saldırılarının açığa çıkması, 1960 Darbesi'nde, devlet içinde yaşanan çelişmelerle mümkün olmuştur. Darbe sonrası hükümetin teşhir edilerek suçlanabilmesi için bu saldırılar ve sorumluları deşifre edilmiş, böylece

---

33-6-7 Eylül Olayları Hulusi Dosdoğru s. 311

gerçek, kısmen de olsa açığa çıkmıştır. Ancak buna rağmen 6-7 Eylül saldırıları, sadece hükümet yetkililerine mal edilerek, illegal güçler aklanmıştır. Yassıda Mahkemeleri'nde, yukarıda değindiğimiz, Devlet Başkanı Cemal Gürsel'in saldırganlar tarafındann omuzlara alındığı iddiası ortaya çıkar çıkmaz, hemen örtbas edilmiş, iddiayı ileri süren sanık İzmir valisi Kemal Hadımlı susturulmuştur. (34)

Yapılan yargılamalar sonunda, 6-7 Eylül saldırılarının esas sorumluları, net ve kesin bir biçimde ortaya çıkartılmamış, gizlenmeye çalışılmıştır. Buna rağmen yıllar sonra Özel Harp Dairesi'nin yetkilisi Sabri Yirmibeşoğlu, daha önce gösterildiği gibi, 6-7 Eylül saldırılarının, kimler tarafından düzenlendiğini, oldukça açık bir biçimde itiraf etmiştir.

6-7 Eylül 1955 saldırılarıyla, bir taşla, üç kuş vurulmuştur. Birincisi, güncel politikada Kıbrıs sorunu için kullanılmış, ikinci olarak, Rumlar ve kalan Ermeniler kaçırtılarak, etnik arındırma projesi uygulanmıştır. 6-7 Eylül saldırıları, üçüncü olarak, o dönem ABD' nin ve devletin temel sorunu olan komünizme ve komünistlere karşı bir saldırı aracına dönüştürülmüştür.

Bitirirken bir parantez açmaya ihtiyaç vardır. Bu katliam ve saldırıların işaret fişeği olarak Kıbrıs Türk'tür Derneği adına, Tahrik edici bildiriyi yazmış olan Orhan Birgit, yaptığı provokatörlükle ilgili olarak, ilginç bir yaklaşım geliştirmiştir.

CHP'li eski bakan Orhan Birgit, gerek bu konuyu da yazdığı anılarında, gerekse çeşitli zamanlarda yaptığı açıklamalarında, Kıbrıs Türk'tür Derneği bildirisini "yazmaz olaydım" "keşke yapmasaydım dediğim çok olmuştur" diyerek pişmanlığını itiraf etmiştir. Üstelik Orhan Birgit bu tavrını, 6-7 Eylül saldırılarında dolayı suçlanmadığı, yargısal bir süreç yaşamadığı halde geliştirmiştir. Lakin bu itiraflar, her nedense, yaş kemale erdikten sonra yapılmaktadır. Aslında bu itiraflar, bunca yıl beklenmeden yapılsa, kim bilir, ne kadar faydalı olacaktır.

Yine de, bu itirafın yapılmış olması önemlidir. Orhan Birgit'in yaklaşımının benzeri katliamlara karışmış olanlara, halklara karşı işledikleri suçların hafiflemesi için, örnek olmasını önermek, yanlış olmayacaktır.

34-6-7 Eylul Olayları Hulusi Dosdoğru s. 6

Ortaya çıkan benzerlikleri tek tek ele almış olmasak ta İstanbul'da 6-7 Eylül 1955'te gerçekleştirilmiş olan saldırılar, bütün boyutlarıyla Maraş Katliamı'na benzemektedir. Bu saldırıları, 1955 yılında yaşanmış bir Maraş Katliamı olarak tanımlamanın hiçbir eksiği ve yanlışı olmayacaktır.

1960 Darbesi

Belirtilen katliamcı politikalar ve uygulamalar 1960'larda daha da gelişmeye başlamıştır. 1960'lara doğru gelindiğinde, DP hükümeti, kısmen çoğunlukta olmanın avantajıyla ve halkta Kemalist diktatörlüğe karşı varolan tepkiyi arkasına alarak, ayakta kalabiliyordu. Ancak, DP hükümeti ile ABD arasında sorunlar çıkmaya başlamıştır. ABD ile DP hükümeti arasındaki politik farklılıklar, o noktaya varmıştı ki, ABD, DP hükümetinin çeşitli yatırımlar için ihtiyaç duyduğu krediyi vermiyor, "Türkiye'nin ekonomik yaşamını kendi başına düzeltmesini" istiyordu.[35] Buna karşı DP hükümeti, kredi almak amacıyla, SSCB'yi ziyaret etmeyi planlamıştı.

Bu amaçla ve bu koşullarda, Sovyetlerle ilişki kurmaya yönelen hükümet, ABD açısından, ders verilmesi gereken bir pozisyona girmişti artık. CIA, "Menderes'in günleri sayılıdır" diye yazdığı raporlarıyla, DP hükümetini gözden çıkartan kararını netleştirmişti. Darbenin ön günlerinde, 8. Mayıs. 1960'ta, Newyork Times gazetesi, "Menderes, politikasını değiştirmediği takdirde olayların nasıl gelişeceği bilinmez"[36] diyerek, bir anlamda, darbenin ayak seslerini duyuruyordu.

Bu sorunlara kapitalist bağımlılığının yarattığı göç, işsizlik ve yoksulluk gibi sosyo-ekonomik sorunlar da eklenince, DP'nin hükümet etmesi olanaksızlaşmıştı. Bu durumu değerlendirmek isteyen CHP'deki klasik Kemalist ekip, DP'ye karşı yükselen milliyetçi sol muhalif dalgayı arkasına almayı amaçlayan politikalar geliştirmeye başladı.

1960'a doğru siyasal tablo aşağı yukarı şu haldeydi. Çoğunluk oylarıyla hükümet olmuş olan emperyalizm bağımlısı DP hükümeti, yine emperyalizme bağımlı, ama DP'ye muhalif

---

35-Cüneyt Arcayürek Açıklıyor cilt 4 s. 262

36-Bıçağın Sırtındaki Türkiye S. Genç s. 63

olan CHP. ABD'ye bağımlılığı tartışmasız olan ordunun hâkim unsurları ise, ABD ile birlikte, DP karşıtlığı pozisyonundaydılar.

Ordunun, DP hükümetine muhalifliği, CHP ile ordunun, geçmişten gelen yakınlığının güncellenmesini sağlamıştır. Zaten ordu içinde, klasik Kemalist kesimin önemli bir gücü bulunmaktaydı. Kemalist CHP, gelişme eğilimi gösteren ve sol terminolojiyle tanışarak gençlik ve aydınlar üzerinden halka açılan muhalefeti kontrol altına almak ve cuntacı faaliyetlerinde kullanmak için, sol kavramlar kullanıyor, bu toplumsal muhalefetle organik ilişkiler içinde bulunuyordu.

Bu belli başlı siyasal güçlerin dışında, siyasal ortama etki eden herhangi bir demokratik halk muhalefeti söz konusu değildi. Kemalizm, hâkim olan yegâne politik-ideolojik güçtü. En muhalif çevreler bile, muhalefetlerini, Kemalizm kılıfı ile sürdürmekteydiler. Üstelik bu durum sadece fiziki baskı sonucu olmuyordu. Kemalizm, sürdürdüğü baskılarla içselleştirilmişti bir anlamda.

Kemalizm'in ideolojik-siyasal hegemonyasında yaşanan yıllar, insanların düşünce dünyasını dumura uğratmış, Kemalizm'in her derde deva olduğu yanılsaması yaratmıştı. Ne yazık ki bu durum, solun da bütün versiyonlarını etkisi altına almış, sol kendi değerlerini Kemalizm sosuyla savunur hale gelmişti. Ancak buna rağmen özellikle öğrencilerin ve aydınların geliştirdiği mücadeleler, gerçek devrimci politikaların açığa çıkmasına ve gelişmesine de hizmet etmiştir.

DP hükümetinin ABD ile yaşadığı çelişkiler ve ABD'nin geliştirdiği yeni politikalar, Kemalist aydın ve öğrencilerin demokratik muhtevası cılız olan muhalefeti, askeri cuntanın iktidar arzularıyla birileşince, "birkaç vatansever subay" ABD onaylı, 27 Mayıs 1960 darbesini gerçekleştirdiler. ABD, hızla darbeyi destekleyen açıklamasını yaparak, Türkiye'nin ihtiyacı olan kredileri göndermeye başladı.[37]

ABD'nin, CIA'in, bu darbede değerlendirdiği en muteber subaylardan birisi, zaten uzun süredir ilişkide bulunduğu Alparslan Türkeş'ti. Ancak bu durum, darbede yer alan diğer subayların

---

37-Bıçağın Sırtındaki Türkiye S. Genç s. 67

ABD karşıtı oldukları anlamına gelmeyeceği gibi, "iyi" niyetlerle darbe cuntası içinde yer almış, bazı "yolunu şaşırmış" subayların varlığı da, darbenin niteliğini değiştirmemektedir.

ABD'nin desteğiyle yapılan bu darbenin ilerici olduğu savunuldu yıllarca. 1960 darbesini yapan Cuntanın, sömürücü ve anti-demokratik DP ve Menderes Hükümeti'nin uygulamalarına karşı, ülkeyi kalkındırmak ve demokratikleştirmek amacıyla darbeyi yaptığı iddia edildi. Aynı iddiaları bugünde ileri sürenler bulunmaktadır. Başka hiçbir şey değilse bile, bu kadar yıldır yaşanan gelişmelerden ve ortaya çıkan bunca bilgiden sonra böyle düşünebilmek, ya fazlasıyla zorlama bir düşüncedir veya sistemin avukatlığına soyunmaktır.

1960 darbesi ile devlet, yaşanabilecek yeni gelişmelere karşı iç örgütlülüğünü yeniden düzenlemiş, ezilenlerin ve özellikledе Kürt halkının gelişebilecek olan özgürlük mücadelelerine karşı, legal-illegal örgütlülüğünü, ABD'nin desteği ile sağlamlaştırmıştır. Özgürlükler için darbe yaptığı iddia edilen cunta, ilk ve temel sorun olarak önüne Kürt sorununu koyarak, devletin temel politikası olan Türkleştirme politikasından vazgeçmediklerin. göstermiş olmaktaydılar. Bu amaçla cuntacılar, yaşanabilecek yeni gelişmelere karşı devletin iç örgütlülüğünü yeniden düzenlemiş, ezilenlerin ve özellikledе Kürt halkının gelişebilecek olan özgürlük mücadelelerine karşı, legal-illegal yapılanmalarını, ABD'nin desteği ile sağlamlaştırmış, tahkim etmişlerdir. Devletin değişmez sorunu olan Kürtlerin özgürlük taleplerinden korkan cuntacılar bu korkularının gereği ve sonucu olarak, birçok Kürt ileri gelenini, Sivas'ta kurulan kampa sürgün etmişlerdir.

1960 darbecilerinin İttihat ve Terakki Fırkası'ndan beri sürdürülen Türkleştirme politikalarını sahiplenmeleri devletin stratejik politikalarının devamlılığının sonucudur ve bunda şaşırtıcı bir durum yoktur. Bu gerçek, Ecevit'in arşivinden çıkan ve 1960 cuntacılarına sunulmak üzere hazırlanmış olan raporla, açıkça ortaya çıkmıştır. Adı geçen raporda, Doğu ve Güney Doğu olarak adlandırılan Kürdistan ve Kürtlerle ilgili asimilasyon politikalarının nasıl oluşturulacağı ve oluşturulan politikaların nasıl yürütüleceği bütün ayrıntılarıyla ele alınmıştır. Hayli kapsamlı ve uzun olan rapor, 1961 Şubatında, çeşitli defalar, "Doğu Bölgesi Danışma toplantıları" yapıldığından, "Doğu Grubu" adında bir yapılanmanın, Kürdistan'a dair çalışmalarından söz etmektedir.

Raporun içinde geçen bazı cümlelerde her şey fazlasıyla açıkça belirtilmektedir. "Doğu Grubunun, MAH-dönemin MİT'i, Genelkurmay, Emniyet Umum Müdürlüğü gibi kuruluşlarla işbirliği halinde çalışması gerektiğinin" vurgulandığı rapor, o dönemin "Siyaset Belgesi"dir. "İnkılâp Hükümeti" olarak tanımlanan darbe hükümetine, "bu raporla belirlenen politikaların gelecek hükümetlerin işine müdahaleyi değil, onların işini kolaylaştırmayı amaçladığı ve bunun için bu politikaların değiştirilmeden uygulanması gerektiği" anlatılmaktadır. Kürtlerin asimile edilmesi için ne tür tedbirlerin gerekli olduğunu, bütün ayrıntılarıyla ortaya koyan bu raporda, önerilen tedbirlerin bir kaçını alıyoruz buraya.

"Muhaceret, iskân ve toprak işleri"

a. Acil işler:

"(1) Hali hazırda iskân kanunu ve tatbikatı, tespit edilen politika ihtiyaçlarını karşılayacak ve asimilasyon temin edecek şekilde ve ilmi olarak incelenmeli ve icabında tadil edilmelidir.

"(2) Bölgenin, kendilerini Kürt sananlar lehindeki nüfus sürtüktürünü, Türk lehine çevirmek için, bölgedeki iktisadi şartların zorluğu karşısında, başka taraflara hicrete mecbur kalan, Karadeniz sahillerindeki fazla nüfusla, memleket dışından gelen Türkleri, bu bölgeye yerleştirmek, bölgedeki kendilerini Kürt sananları bölge dışına hicrete teşvik ve bu hicreti finanse ederek, memleketin Türk çoğunluğu bulunan yerlerine iskân etmek işini planlamak..." [38]

Tamamını incelememizin konu dışı olduğu bu rapor göstermektedir ki, devlet, Türk Ulusu yaratma ve bunun gereği olarak farklı etnik ve dinsel kimlikleri yok etme politikasını, ısrarla sürdürmeye devam etmektedir.

38-Ecevit'in Gizli Arşivi Can Dündar R. Akar s. 96

1960 Darbe sonrasından

1960 cuntacıları, birçok siyasal gelişmenin sonucunda, seçimlere gitmek zorunda kaldılar. 1961'de yapılan seçimlerde DP'nin devamı olacağını iddia ederek seçimlere giren AP, önemli oy almasına rağmen, CHP birinci parti oldu. 1961 Kasımında 1965 seçimlerine kadar Türkiye, İsmet İnönü başbakanlığında hükümetler tarafından yönetilmiştir.

1965'te yapılan seçimlerde AP, en çok oyu alan parti olarak hükümeti kurmakla görevlendirildi. Sistem, istikrarsızlık yaşıyordu. Bu durum sitem içi çelişkileri derinleştiriyor, devletin işleyişini zorlaştırıyordu. Bu tarihten sonra Türkiye, genellikle sağ partiler olarak adlandırılan, gerici-faşist partiler tarafındann yönetilmiştir.

Bu tarihte, ABD'nin başını çektiği emperyalist kampın hegemonyasını ve dünya halklarına karşı sürdürdüğü saldırı ve katliamları engellemek için, dünyanın her köşesinde, güçlü başkaldırılar yaşanıyordu.

1968'lere doğru gelindiğinde, yaşanan gelişmelerin temel özelliği, dünyanın "baldırı çıplaklarının" siyasal hayata daha fazla müdahil olmalarıydı. Vietnam, Filistin halklarının direnişleri, Küba'da yapılan devrim ve 1968 gençlik hareketleri, dünyanın her bucağında olduğu gibi, Türkiye halklarının da politikleşmesini sağlamıştı.

Türkiye halkları, gençliği ve aydınları sürdürülen mücadelelerdeki yerlerini almışlardı ve tarihi günler yaşanıyordu. Türkiye ve Kürdistan'da, özellikle genç öğrenciler arasında ve aydınlarda başlayan hareketlenme, hızla kitleselleşmiş, köylüler ve işçiler örgütlenmeye ve mücadele etmeye başlamışlardı.

Türkiye, hızlı, yaygın ve derin bir dönüşüm sürecine girmişti. Şehirlere akın eden halk, işçileştiği ve gelişen öğrenci hareketlerinde etkilendiği için, mücadeleye yöneliyordu. Kürtler, aynı şekilde, tarihsel olarak hiç vazgeçmedikleri özgürlük taleplerini yeniden yükseltmişlerdi. Yaşanan siyasal gelişmeler, toplumun her kesimini etkiliyor ve hareketlendiriyordu.

Öğrenci gençlik hareketleri olarak başlayan toplumsal hareketlenme, kısa sürede, kitlesel bir özellik kazanmaya başladı. Artık, öğrenci gençlik değil, devrimci gençlik vardı ve bu güçler, politik amaç ve programlar etrafında buluşmuş, çeşitli devrimci örgütler olarak faaliyetlerini sürdürüyorlardı. İşçiler, köylüler ve Kürt halkı, Türkiye'de, yeni bir toplumsal projeyi hayata geçirmeye çalışan devrimci yapılanmalar etrafında toparlanıyor, mücadeleye katılıyordu. Bu devrimci yapıların içinde, TİP ve DEV-GENÇ olarak örgütlenmiş olan çevreler, yaygın ve yoğun bir çalışma içindeydiler.

Dünyada ve Türkiye'de, üç temel siyasal güç mücadele ediyordu. Kurtuluşları için sürdürdükleri haklı mücadeleleriyle tüm ezilenler, ABD ve Rusya'nın başını çektiği, egemenlerin devletlerinden oluşmuş bloklar.

Yaşanan gelişmeler, aynı zamanda, CHP'yi ve diğer bütün siyasal yapıları etkiliyordu. CHP, bir yandan kitlelerde gelişen toplumsal kurtuluş mücadelesinin yarattığı baskı, diğer yandan devletin ve sistemin partisi olmasının getirdiği zorunlu görevlerle karşı karşıyaydı. 1954'te yaşanan dramatik seçim yenilgisiyle başlayan CHP içindeki tartışmalar, CHP'nin yeni politikalar belirlemesini zorunluluk haline getirmişti.

MHP ve Komando kampları

1960 darbe sonrası dönemde, siyasal ortam ve oluşumlar yeni duruma göre şekillenmekte, gelişmekteydiler. Bunun sonucu olarak çeşitli yapılar, politik hayata dâhil olmaya başlamışlardı.

ABD emperyalizmi, Truman Doktrini çerçevesinde Türkiye'de ihtiyaç duyulan partileri ve kurumları oluşturmaya başlamıştı. Özellikle belirtilen politikalar kapsamında, sistemi ve devleti halka karşı korumakla görevli olan bu partilerin başında, MHP ve bağlı kuruluşlar gelmekteydi.

Bu çerçevede, dönemin siyasal gelişmelerinde, MHP'nin ve kurduğu Komando Kamplarının özel bir önemi bulunmaktadır. 1965-1968 yıllarının bu anlamda en önemli gelişmelerinden birisi, Alparslan Türkeş'in aktif politik hayata girmesi ve faaliyetlerini, partileşerek sürdürmeye başlamasıdır. Alparslan Türkeş'in özellikleri, ilişkileri ve misyonuna bakıldığında, nasıl bir organizasyonun geliştirildiği kendiliğinde anlaşılacaktır. Alparslan Türkeş, 1944'te Turancılık-ırkçılık iddiasıyla yargılanıp cezaevinde yatmıştır. 1948 yılında ABD'de, CIA'in dünya halklarına karşı sürdürdüğü "nizamsız savaşın" eğitimini almıştır. A. Türkeş'in, bu eğitim döneminde, Amerika'da yaşanan Mc Carthcilik sürecini, fiilen yaşayarak, bu pratiği özümsediği anlaşıyor. Türkiye'ye döndüğünde, Çankırı Kontrgerilla Okulunda eğitmen olan Türkeş, 1960 darbesinin "kudretli albayı" olarak öne çıkmış, ancak cunta içinde yaşanan çelişkilerin sonunda, tasfiye edilerek yurt dışına gönderilmiştir.

Daha birçok meziyetini sayabileceğimiz Türkeş, yurt dışı dönüşünde, 1965 yılında, dönemin şoven ırkçı partisi olan Cumhuriyetçi Köylü Millet Partisi'ne girmiştir. Çeşitli süreçlerden sonra, "Nazi usullerini tatbik ederek" 1965' de, Ankara'da yapılan olağanüstü kongre ile CKMP Genel Başkanı olmuştur.

Türkeş, bu kongreye katılmadan önce, darbedaşı ve devlet başkanı Cemal Gürsel'i ziyaret ederek, tavsiyelerini ve manevi desteğini almayı ihmal etmemiştir. Cemal Gürsel, Türkeş'in kongrede yapacağı konuşmaya dair önerilerde bulunarak, "ne zaman ve ne gerekiyorsa senin için her an, elimde geleni yapmağa hazırım. Arzu ettiğin zaman bana gelebilirsin" [(39)] diyerek, Alparslan Türkeş'e, başlattığı ırkçılık ve etnik arındırma çalışmalarında, devlet başkanı olarak, sınırsız desteğini sunmuş, ilgisini göstermiş oluyordu.

Alparslan Türkeş'in çeşitli yöntemlerle ele geçirdiği CKMP'nin eski genel başkanı Osman Bölükbaşı, "yahu orası ordu karargâhına döndü, çizme gıcırtısından, kılıç şakırtısından oraya girilmiyor"[(40)] diyerek, Türkeş'in genel başkan olmasıyla oluşan militarist havaya dikkat çekmiştir.

İzaha çalışılan yaşam serüvenine bakılınca, A. Türkeş'in bu faaliyetlerini hangi amaca yönelik olarak, kimlerin hizmetinde ve kimlerle birlikte geliştirilip örgütlendirdiği anlaşılmaktadır. Türkiye'yi de etkilemiş bulunan emperyalizm kapitalizm karşıtlığı ve sosyalizme ve devrime yönelik toplumsal hareketlilik, ABD'nin ve legal-illegal güçlerinin temel sorunu olmuştu. Halkların gelişen bu mücadelesini engellemek isteyen halk düşma-

---

39-Ülkücü Hareket Hakkı Öznur cilt 1 s. 106

40 -Ülkücü Hareket Hakkı Öznur cilt 1 s. 107

nı sistemin sahibi güçler, Türkeş'i bu alana, fonksiyoner olması için sürmüşler ve her yolla desteklemekteydiler. Türkeş, adı geçen güçlerin desteğiyle ve kendisine verilen rolü yerine getirmek için, ele geçirdiği CKMP içinde muhalif olan kesimlerin tasfiyesini sağlamış, partinin adını MHP olarak değiştirmiştir. Böylece halklara yönelik saldırıların pratikleşmesi yolunda, bir adım daha atılmış olunuyordu.

Dönemin MHP'si, ele geçirdiği önceli partiden sonra, gerek Nazi subaylarıyla, gerek devlet içindeki illegal yapılar ve askeri güçlerle ve gerekse CIA-ABD bağlantılarıyla, emperyalistlerin kapsamlı politik projelerinin ürünü ve sonucu olarak örgütlendirilmiştir. Bu anlamda o yılların MHP'si, burjuva hukuku ölçüleri içinde bir parti olarak görülemez. Dönemin MHP'si ve bağlı kuruluşlar, ABD ve egemen siyasal güçlerin belirlediği politik projenin hayata geçirilmesini sağlayacak olan komplike bir mekanizma olarak görülmelidir. Böyle olduğu içindir ki bu yapı, yasal görüntüsüne rağmen her illegal ilişkinin içinde bulunabilmekte, amaçları için tüm şiddet yöntemlerini kullanabilmekteydi.

Türkeş, bu özelliklere sahip bir parti vasıtasıyla yerine getirmek istediği ve böylece üstlendiği "Gayri Nizami Harp" görevi için, ele geçirdiği veya oluşturduğu olanak ve ilişkilerin yeterli olmadığının, özel olarak genç kadroların eğitilip yetiştirilmesi gerektiğinin farkındaydı. "Marksist militanlar ve sokaklarda kızıl ihtilal provası yapan"lara karşı, illegal güçlerin silahlı özel birliklere ihtiyaçları vardı. [(41)]

Belirtilen ihtiyaçtan hareketle Türkeş, gençliğin örgütlendirilmesine özel bir önemle yaklaştı. Gerçekleştirmek istediği paramiliter örgütlülük için, ABD'de öğrendiklerine uygun olarak, Komando Kampları kurmaya yöneldi.

CKMP Gençlik Kolları ve bağlı çeşitli derneklerin çalışmaları sonucunda, "Komando Kampları", 1968 yılının yazında, Türkiye siyasal hayatına girmiş oluyorlardı.

Türkiye'nin yaşadığı sosyo-ekonomik değişimler sonucu, büyük bir genç nüfus, henüz alışıp anlamlandıramadığı bir hayatın içine atılmıştı. Şehir, okul, yaşanan bir dizi teknik ve

---

41-Ülkücü Hareket Hakkı Öznur cilt 3 s. 5

sosyal dönüşümler, gençliğin özellikleriyle ve arayışlarıyla birleşince, yönünü arayan devasa bir gençlik kitlesi çıkmıştı ortaya, Türkiye'de.

Sistemin zorunlu sonucu olarak, uygun yaşam koşullarına ve olanaklarına sahip olamayan bu gençlerin bir kısmı, uzun yıllardır sürdürülen ırkçı-şoven politikaların ve dinsel gericiliğin etkisiyle, faşizmin tuzağına düşmeye hazırdılar. Dolayısıyla fazlasıyla uygun olan bu sosyal zeminde ve belirtilen yapıdaki gençlerin içinde Türkeş'in "Komando Kamplarına" katılacak komando adayları bulmak, hiç de zor olmamaktaydı. Bu ortamda kurulan "Komando Kampları"na katılmaya uygun unsurlar, çeşitli yollarla paramiliter gençlik örgütlerine çekiliyor, oradan kamplara alınıyorlardı.

Bu kampların birisi "1968 ağustos ayı içinde İzmir ilinin Gümüldür-Akrepkaya mevkiinde, eski Mardin milletvekili Rıfat Baykal'ın arazisi üzerinden, takriben 150-200 kişilik katılımla açılmış, Rıfat Baykal tarafındann yönetilmiştir. "[42]

1968-1969-1970 yıllarında, "üniversitelerde ve sokaklarda, Marksist bölücü sol örgütlere" karşı "ülkücü gençliği ciddi manada motive eden" bu kamplarda, çok sayıda lümpen genç, beyin yıkama yöntemine tabi tutularak ve ellerine tutuşturulan silahlarla, daha sonraki yıllarda cinayetler işlemiş, katliamlar yapmıştır.

NATO'nun Gizli Ordularının bir parçası olan ve silahlı eğitimin yapıldığı bu kamplar, o yıllarda, basında haber olmaya ve böylece deşifre edilmeye başlandı.

1968'de Demokrat İzmir Gazetesi, "CKMP'li gençler, komando kursuna tabi tutulacak" haberiyle olayı duyuruyordu. Arkasından 1 Ağustos 1968 tarihli Cumhuriyet Gazetesi'nde yayınlanan "CKMP komandoları: 100 genç İzmir'de her gün talim yapıyor" başlıklı haberde şöyle deniliyordu: "Akrepkaya'da bir komando birliği eğitim görmekte. Birlik, Türk Silahlı Kuvvetleri'ne bağlı değil. Bir siyasi partiye CKMP'ye bağlı. CKMP, Akrepkaya'da komandolar yetiştiriyor. Kursta çoğunluğu MTTB'li olan 100 kadar gence judo, taş ve sopa kullanımı,

42-Ülkücü Komando Kampları s. 14

bunlara karşı korunma, açlığa ve eziyete dayanma tekniği..." adı altında, halka karşı her türlü saldırı eğitimi yapılıyordu.

Çıkan bu haberler üzerine, Türkeş, "bu kurslarda gençler boks yaptılar, judo öğrendiler. Komünistlerin harekete geçmeleri halinde bir mitingin nasıl dağıtılacağı, nasıl karşılanacağı, tecavüzden nasıl korunacağı gibi belirli ve esaslı bilgiler verildi. Şu anda disiplinli ve eğitimli olanların sayısı binin üzerindendir. Bu yaz derhal bütün yurtta, her ilde komando yetiştirecek kuruluşlar yapacağız. Biz bu gençlerimizle barajı kurduk. Komünistlerin hareketi artık gelişemez." diye açıklama yapıyordu. Türkeş'in konuyla ilgili plan ve hesaplarını, Günaydın Gazetesi manşetten veriyordu. "Türkeş'in hedefi 100.000 komando".

Bu kamplarda, yıllar sonra Cumhurbaşkanı Turgut Özal'a suikast yapmış olan Kartal Demirağ da, eğitilmiş, yetiştirilmiştir. Kartal Demirağ "komando kamplarını" şöyle anlatıyor, "amacımız Türkiye'yi komünist, Siyonist, faşist, mason gibi kötü güçlerden korumaktı. Başımızda emekli bir general vardı."(43) Kartal Demirağ, anlatımlarına şöyle devam ediyordu. "80 öncesi dönemde Ülkü Ocaklarına kayıtlıydık. Onların eğitim kamplarına katıldım. Orada her türlü eğitim vardı. Türkiye'nin belirli yerlerinde kamplar vardı ama onlar gizliydi. Emekli ordu mensupları eğitiyorlardı gençleri... Orada milliyetçilik eğitimi var. Türk milliyetçisi, İslam, vatan, millet davası diye müthiş bir eğitim var. Bilinç eğitimi de var tabii o zihinsel eğitimi kimler veriyor işte o ihtisası gören kişiler var. Adam milliyetçiliğin kitabını yazmış. O kadar iyi biliyor ki her şeyi. Dış Türklerden tut, Türk'ün kafatasına kadar her şeyi incelemiş."(44)

Kartal Demirağ'ın sözünü ettiği Komando Kamplarında bu eğitimleri verenler arasında, Kıbrıs'ta kurulan Türk Mukavemet Teşkilatı'na bağlı ve kontrgerilla eğitimi almış olan yüksek rütbeli askerler bulunmaktaydı. MHP'nin komandolarını eğiten subaylardan birisi de, daha önce sözünü ettiğimiz ve en son "Kıbrıs'ta camii yaktıklarını" itiraf eden, Özel Harpçı Emekli Org Sabri Yirmibeşoğlu olduğu ileri sürülmüştür.

43-21 Aralık 1991 Tarihli Hürriyet Gazetesi

44-5 Haziran 1992 Tarihli 32. Gün Adlı Program

Türkeş, Nazilerin teşkilat modeline göre kurduğu Komando Kampları hakkında, 18 Ağustos 1968'de şöyle diyordu, "gençlik kolları çeşitli sportif ve kültürel faaliyetlerde bulunuyorlar. Bu arada kendilerine judo öğretiliyor. Komünistler memleketi sahipsiz sanıp, sokak hâkimiyeti kuramazlar. Onların anlayacağı dilden konuşan memleketçi-milliyetçi çocuklar vardır" Türkeş'in anlatımlarının ne anlama geldiğini, yaşayanlar biliyorlardır.

Dönemin Demirel Başbakanlığındaki AP hükümeti, kamuoyunun baskısı sonucunda, Komando Kamplarına dair, 26 Ekim 1970 yılında, Emniyet Genel Müdürlüğü Önemli İşler Dairesi'ne bir rapor hazırlattı. Raporda, çeşitli yerlerde açılan Komando Kampları ile ilgili geniş bilgiler bulunmaktaydı. Söz konusu raporda, bu kampların, MHP tarafındann, siyasal amaçlarla örgütlendirildiği açıkça belirtilmekteydi. Ayrıca yapılan eğitimler, bulunan silahlar dikkate alındığında, bu kamplarda yetiştirilen komandoların, siyasal şiddet uygulamak amacını taşıdıkları görülmektedir. Bu anlamda Komando Kampları, "Türkçülüğü-Turancılığı öngören MHP'nin vurucu kuvveti"[(45)] olarak tanımlanmaktaydı. Bütün bu gerçekler göstermektedir ki, Komando Kampları, "Gayri Nizami Harp" politikalarının bir parçası olarak kurulmuş ve bu rolü oynamışlardır.

Raporla ortaya çıkan çarpıcı bilgilere rağmen,raporu hazırlatan dönemin Başbakanı Demirel, "Komando Kampları"yla ilgili herhangi bir işlem yapmamış, kendi hazırlattığı raporun, "mevhum," yani hayali bir rapor olduğunu söyleyerek, gerçeklerin üstünü örtmeye çalışmıştır.[(46)] Başbakan Demirel'i böyle davranmaya zorlayan, A. Türkeş'in illegal yapılar içindeki gücü ve bu anlamda, vazgeçilemez konumuydu.

1970 yılında dönemin başbakanı Demirel'in hazırlattığı ancak yukarıda belirtildiği gibi daha sonra inkâr etmeye çalıştığı bu rapor, Ekim 1978'de kamuoyu tarafındann öğrenilmiş, tartışılmaya başlanmıştır. Bu gelişmeler üzerine Türkeş şiddetli tepki göstermiş, Ecevit'i kleptoman olarak itham etmiş ve raporun düzmece olduğunu ileri sürmüştür. Ancak bir gün sonra, devlet belgelerini kontrolünde tutan dönemin İçişleri

45-Ülkücü Komando Kampları S. 21

46 -Ülkücü Komando Kampları S. 50

Bakanı İrfan Özaydınlı, konuyla ilgili olarak yaptığı basın toplantısında, "söz konusu rapor ne düzmecedir ne mevhumdur. Gerçektir. 1970 yılında Emniyet Genel Müdürlüğü Önemli İşler Müdürlüğü'nce, muhtelif akımlar hakkında hazırlanan raporlardan birisidir" (47) diye açıklama yaparak, raporun gerçekliğini ifade etmiştir.

Komando Kampları, 12 Eylül döneminde, MHP iddianamesinden de yer almış, uzun-uzun bu Nazi örneği kampların, "marifetleri" anlatılmıştır. Bu kamplarda yetiştirilenlerin, sayısız provokasyon, cinayet ve katliamda, çeşitli düzeylerde yer ve görev aldıkları yazılmıştır.

Bu kamplarda silahlı eğitim alan "vatansever" komandolar, gelişen her toplumsal muhalefet hareketinin engellenmesinde, bu hareketlerin provoke edilmesinde, en önemli vurucu güç olarak görev yapmaktaydılar. İllegal güçlerin birer unsuru olarak, devleti korumak adına, yarı-resmi görevliler gibi, saldırılarını gerçekleştirmekteydiler. Ayrıca, özellikle halkın çıkarları için mücadele eden aydınlar, yazarlar ve devrimciler, bu komandolar tarafından saldırıya uğruyor, öldürülüyorlardı.

Komandoların yarı resmi askeri unsurlar olarak, Türkiye de siyasal alana dâhil olmaları, "Gayri Nizami Savaşın" farklı bir noktaya evrilmesine yol açmıştır. Bu yeni evre, katliamlar dönemiydi. Komandolar, uygun buldukları her yerde ve fırsatta, halka yönelik saldırı ve katliamlar örgütlüyorlardı. Konumuzla ilgisinden dolayı bölgede yaşanan bu saldırıları ele almak gerekir.

İllegal güçlerin Maraş ve çevresinde geliştirdikleri provokasyonlar ve saldırılar

Bu yıllarda, dünyada ve Türkiye'de gelişen toplumsal hareketlilik, Maraş ve çevresini de etkilemekteydi. Bölgede yaşayan halklar, hızla politikleşiyor, mücadele sürecine dâhil oluyorlardı.

Bölgede sürdürülen siyasal mücadelenin en büyük kitlesel gücü, genel olarak Aleviler, özel olarak Kürt Alevilerdi. Bu toplumsal kesimin, kitlesel olarak devrimcilerin yanında yer alması, esas olarak, mezhepsel yapılarından ve tarihleri bo-

---

47 -Ülkücü Komando Kampları S. 53

yunca maruz kaldıkları mezhep baskısına karşı gelişen tepkilerinden kaynaklanmaktaydı. Kürt ulusunun özgürlük talepleri, bu kesimlerin belirleyici gündemi değildi, henüz. Ancak Kürt Alevilerin siyasallaşmasının, Kürt halkının gelişen ulusal özgürlük talepleriyle buluşma ihtimali çok güçlüydü ve bu ihtimal, egemen güçleri fena halde korkutmaktaydı.

Aynı şekilde bölgede yaşayan Türk Sünni emekçilerinin, gelişmelerden etkilenerek sürece ve mücadeleye katılabilme ihtimalleri, illegal güçlerin bu bölgeyle ilgili korkular yaşamasına yol açıyordu.

Bu nedenlerle Maraş-Malatya bölgesi illegal ve paramiliter güçler için önemli ve hassastı. Benzer özelliklere sahip olan Elazığ, Bingöl, Sivas ve Çorum'u da içine alan bölge, illegal güçlerin söz konusu korkusundan doğan, etnik arındırma politikalarının hedefi olan bir bölgeydi.

Belirtilen korkularının yanında, farklı toplumsal kesimlerin bölgede bir arada yaşıyor olmaları, özellikle Kürt-Türk Alevilere karşı kışkırtılmış Sünni toplumun varlığı, illegal güçlerin bu kesimler üzerinden, çeşitli komplo, katliam ve provokasyonlar yapmasının zeminini yaratıyordu.

Yaşanan koşullarda, o günlere kadar istenen sonucu verecek düzeyde uygulanamamış olan, ama mutlaka uygulanmak istenen Türkleştirme politikalarının, mevcut siyasal gelişmelerin yarattığı fırsatlar vasıtasıyla güncellenmesi ve uygulanması, illegal güçler açısından mümkün hale gelmiştir. Dolayısıyla dönemde ve sonrasında gerçekleştirilen saldırı ve katliamların, belirtilen güçler tarafındann ve belirtilen nedenlerle gerçekleştirildiğini, hiçbirisinin tesadüf veya lokal nedenlerden kaynaklanmadığını söylemek durumdayız.

a. Elbistan-1967

Maraş'ın bir ilçesi olan Elbistan, özellikle köylerinde önemli oranda Kürt-Türk Alevi nüfusun yaşadığı bir şehirdir. Köylerde yaşayan Alevilerin şehirle tanışmaları, şehrin dokusuna zenginlik katıyordu.

1960'lı yıllarda gelişen devrimci politika, öğrencileri, aydınları, işçileri, dahası politikayı hiç bilmediği varsayılan yoksulları ve köylüleri, politik söylemlerle donatmış, bu kesimlerin kendi toplumsal çıkarları doğrultusunda, aktif politika yapmalarını sağlamıştı. Bu yıllarda yaşanan politikleşme sürecini kitlelere taşıyan halk ozanları önemli bir işlev görmekteydiler. Bu ozanların en tanınmışı ve en etkini olan Mahsuni, bölgenin insanıydı.

Elbistan halkı ve ilericileri, şehirde, Mahsuni'nin bir konserini yapmak için harekete geçerler. Sinemilli Aşireti'nde olan Kul Ahmet ve o dönemde Elbistan'da küçük bir işletmesi bulunan Âşık İbreti de, hem bu hazırlıkların içinde, hem de konsere katılacak olan sanatçılar arasında yer almaktaydılar.

Yapılan hazırlıklarla konserin, 6 Haziran 1967 Pazar günü saat 8'de yapılması planlanır. Köylerde, şehirde ve çevre kasabalarda, Kürt, Türk, Alevi, Sünni emekçiler ve devrimciler, heyecanlı bir mutluluk ve coşku içindeydiler. Kendi kimlik ve özgünlükleriyle ifade edilecekleri, kendilerinin anlatılacağı, bir gece yaşanıyordu. Hayatları boyunca, gizli saklı yaşamışlar, hiç kendileri olamamışlardı. Bu konser ile ilk kez, toplumsal hayatın içine, kendi özgünlükleriyle dâhil olacaklardı. Coşku ve sevinçleri bundandı. Konser bu sıcak ve heyecanlı atmosferle başladı.

O dönem Elbistan'da faaliyet yürüten paramiliter dernekler ve derneklerin içindeki komandolar, gelişmeyi yakından izlemekte, yapacakları provokasyon için hazırlanmaktaydılar. Aldıkları eğitimi uygulamak için fırsat doğmuştu.

Bu amaçla katıldıkları konserde, Mahsuni konuşma yaparken, karışıklık çıkartarak konseri dağıtmaya çalıştılar. Bir yandann Mahsuni'nin konuşması kesilmeye çalışılırken, öte yandann, topluluğa yönelik, faşist, ırkçı ve gerici sloganlar atarak saldırılarını sürdürdüler. Saldırı esnasında konser kitlesi itilip kakılmış, horlanmış ve tartaklanmıştır.

Böyle bir saldırıya karşı hiçbir hazırlığı ve örgütlülüğü olmayan, dahası tereddüt ve tedirginlik içinde olan konser kitlesi, dağılmak zorunda kalmıştır. Bu arada saldırganlar, Mahsuni'ye fiziki saldırı yapmak istemişler, ancak bu girişim önlenmiştir. Saldırganlar, gece olmasına rağmen, şehir içinde silahlı gösteri yaparak, şehirde terör estirmişlerdir.

Dağıtılan konserden sonra faşist saldırganlar, yaptıklarıyla yetinmemişlerdir. Başlattıkları saldırıları daha ileri taşımak ve bir katliamla tamamlamak için hazırlıklara başlamışlardır. Sünni köylere dağılarak, onları, bildik yalanlarıyla kışkırtmışlar ve pazartesi günü yapmayı planladıkları saldırılara hazırlanmışlardır.

Pazartesi, Elbistan'ın alış veriş günü, "pazar"ıdır. Bütün çevre köylüler, pazartesi günü şehre inerek, hem alış verişlerini hem de varsa farklı işlerini yaparlar.

Pazartesi günü, hiçbir şeyden haberi, hiçbir tedbiri ve hazırlığı olmayan, Türk-Kürt Alevi köylüleri, şehre indiklerinde, topyekûn saldırıya maruz kalmışlardır. Bütün şehir bir anda savaş alanına dönmüştür. Aleviler görüldükleri her yerde, dövülmüş, yaralanmışlardır. Alevi dedelerinin sakal ve bıyıkları kesilmiştir. İşyerleri ve evleri yağmalanmıştır. Şehri ele geçirmiş olan saldırganlar, ellerinde saldırı araçlarıyla Elbistan'ın sokaklarında gösteri yaparak, saldırmak için Alevi arayacak kadar şehre hâkim olmuşlardır.

Yapılan Elbistan saldırılarıyla, onlarca Kürt-Türk Alevi ve ilerici yaralanmış, çok sayıda ev ve işyeri tahrip edilmiş, yağmalanmıştır. Elbistan o günü, savaş naralarıyla dolaşan faşistlerin işgalinde, Türk-Kürt Alevi ve ilericilerin saklanmaya çalışmaları, kaçmaları veya yakalanarak yaralanmalarıyla tamamlamıştır.

Saldırganların elebaşları, komando kamplarında eğitilmiş komandolardı. Saldırılarda kitle gücü olarak kullanılanlar, Sünni köylülerdi. Saldırıların gerekçesi ise, "dinsiz Türk-Kürt-Alevilere ve komünistlere karşı, dini ve Türklüğü korumaktı."

Saldırıları yaşayanlar, saldırıların sorumlusu olarak devlet yetkilisi savcıyı ve belediye başkanını işaret ediyor ve unutmuyorlar.

Bu saldırılarla ilgili olarak yapılan yargılamalarda, hiçbir suçlu bulunamamış, saldırıların bütün suçu ve sorumluluğu, beyinsel özürlü birisine yıkılmış ve akli melekeleri yerinde olmayan saldırgan, bundan dolayı, cezalandırılamayarak, serbest bırakılmıştır.

Irkçı-faşist politikaların, bölgeye yönelik bir uygulamasıydı Elbistan saldırıları. Bu saldırılar, 1938 Dersim Katliamı'ndan sonra, Alevilere yönelik ilk saldırı olması yönüyle ayrıt edici, dikkat çekici ve önemlidir. Elbistan saldırılarıyla, 1938 Dersim Katliamı'yla susturuldukları sanılan, ancak devrimcilerin başlattığı mücadeleden aldıkları güç ve cesaretle ve onlarla birlikte, bir kez daha kendilerini ifade etmeye başlayan Alevilere yönelik olarak, belirtilen politikaların uygulanması yeniden başlatılmıştır. Bu saldırıyla, geçmiş katliamlar ve asimilasyon politikalarından vazgeçilmediği hatırlatılarak, Aleviler korkutulmak istenmiştir. Ayrıca Elbistan saldırılarıyla, gelişme yönünde ilerleyen toplumsal mücadelenin kitle tabanı olan Alevilerin, devrimcilerden kopması da amaçlanmıştır.

Elbistan saldırılarının bir diğer özelliği ise, güruhlaştırılmış topluluklara yaptırılan saldırıların ilki olmasıydı. Bu saldırılardan önce, illegal güçler, politikalarını uygulamak için, asimile olmamış Kürtlere ve Alevilere karşı, doğrudan ve resmi güçlerle saldırmışlardır. İlk kez Elbistan saldırılarıyla, gayri Müslimlere karşı kullanılmış olan şuursuzlaştırılmış yığınlar vasıtasıyla yapılan saldırı ve katliam yöntemi, Türk-Kürt Alevilere karşı da kullanılmaya başlanmıştır. Böylece, Elbistan saldırıları, yeni dönemde, yeni denenen bir politik uygulamanın sonuçlarının test edilmesi işlevini görmüştür. Bilindiği gibi, bu dönem "Gayri Nizami Harp'ın uygulandığı ve bu amaçla gerekli kurumların oluşturulduğu dönemdi. Elbistan saldırılarını, bu gelişmelerden bağımsız düşünmek doğru değildir.

b. Malatya Saldırıları

1968 yılı bilindiği gibi, dünyada ve Türkiye'de baskılara karşı özgürlükler için ezilenlerin mücadele yılı olmuştu. Bu mücadele yılı, Malatya'dan da adına uygun yaşanıyordu. Her tarafta köylüler, yoksullar, konuşuyor, örgütleniyor, politika yapıyor, yaşanan politik gelişmeleri değerlendiriyorlardı. Bundan önce böyle şeyler olmaz, köylülerin ve yoksulların politikadan söz ettiklerine rastlanmazdı. Hele hele yoksul Türk-Kürt ve Alevi köylülerin böyle faaliyetlerle uğraşması, dehşetli yadırganan bir gelişmeydi. Onların politikayı bilmedikleri, bu konularda yapmaları gereken tek şeyin egemenlerin partilerine oy vermek olduğu sanılırdı. Hâlbuki onlar, yani ezilenler, artık politika konuşuyor, dahası, yapıyorlardı. Onlarında partileri ve çeşitli örgütleri bulunmaktaydı. Devrimci politik gelişmeler, TİP aracılığıyla, Malatya'da halklara ulaşınca ve köylüler yoksullar, konuşmaya başlayınca, kazan kaynamış, korku sarmıştı haramileri.

Malatya'da bu korkunun esir ettiği, ABD'nin ve yerel siyasi güçlerin zavallı uşakları, birilerinin planlarının unsurları olarak, Dersim'li bir öğretmeni, Kemal Abbas Altunkaş'ı kurban seçtiler. Saldırının hedefi olan Dersimli öğretmeni, tuzağa düşürmek için kirli bir oyun düzenlediler. Düzenledikleri kirli komplolarında, öğretmen Kemal Altunkaş'ın öğrencisini alet olarak kullandılar. Ocak 1968'de öğretmenini uyuşturarak yaralayan zavallı piyon öğrenci Kenan Çırak, öğretmeninin kendisini taciz ettiğini ileri sürdü. Yapılan komployu genel bir saldırının malzemesi olarak planlamış olanlar, hemen harekete geçtiler. Yapılan plana göre, bu komplo üzerinden Alevilere saldırılacaktı. Amaçlanan saldırıların yapılması, Alevilerin, önlem almak için devleti ısrarla zorlamasıyla önlenebildi.

O günün koşullarında, henüz illegal güçler herkesi teslim alamadığı için ve gelişen devrimci dalganın etkisi ve gücüyle, komplo deşifre edilerek teşhir edildi. Yapılan yargılama sonucu, komploya aracı yapılan öğrenci Kenan Çıtak cezalandırıldı, öğretmenin suçsuzluğu ispat edildi.

Malatya halklarına yönelik komplo ve saldırılar bitmemişti. Çünkü illegal güçler, bölgenin insanlarından korkmaktaydılar. Onları sindirememiş, yeterince asimile edememişlerdi. Bu amaçla geliştirilen tezgâhlardan biri diğeri de Hekimhan Lisesi'nde yapılmak istenen saldırılardı.

1968 yılında Hekimhan Lisesi hareketlenmiş, genç öğrenciler ve öğretmenler, ilerici devrimci bir tutum içine girmişler, bu yönlü çalışmalar yapmaktaydılar. Bu çalışmaları engellemek isteyen AP'li belediye başkanı, yanına aldığı birkaç avenesi ile birlikte, Hekimhan Lisesi'ndeki devrimci öğretmen ve öğrencilere yönelik olarak bir saldırı tezgâhı hazırlamıştır. Saldırının sloganı, dünyanın her yerinde ve her dönem olduğu gibi "vurun komünistlere" ve Türkiye'ye uyarlanmış özgün slogan olarak "vurun Alevilere"dir. Bu sloganlarla başlayan, 15 Aralık 1968 saldırıları sonucu, çok sayıda öğrenci ve öğretmen yaralanmıştır. Saldırıyı planlayan ve uygulayan mekanizma, yaptıklarıyla yetinmeyerek, saldırıya uğrayan ilerici devrimci öğretmen ve öğrencileri sürgün ettirmiş, okuldan attırmıştır. [48]

c. *Kırıkhan-5 Mart 1971*

Benzer bir saldırı, yine aynı bölge kapsamında değerlendirilmesi gereken, aynı sosyal-kültürel yapıda insanların yoğun olarak yaşadığı Kırıkhan'da, birkaç yıl sonra yaşandı. Kırıkhan'da, o yıllarda, Kürtler, Aleviler ve Araplar yaşıyorlardı.

Dönemde gelişen demokratik muhalefetin çalışmaları sonucu Kürt Türk Aleviler, Türkiye İşçi Partisi'ne ve devrimci gençliğin örgütü olan Dev-Genç'e yönelmeye başlamışlardı. Böylelikle bu küçücük şehirde, ezilenlerin ve gençliğin örgütlendiği Tip ve Dev-Genç örgütlenmeleri yaratılmıştı. Tip'in ve Dev-Genç'in Kırıkhan'da örgütlenmesi, karanlıktan, baskı ve sömürüden yana olanları korkutmuş, harekete geçirmiş ve bu saldırı planlanmıştı.

Tüm benzerlerinde olduğu gibi, camiye saldırı yapıldığı klasik yalanıyla başlayan Kırıkhan saldırıları, komandoların başını çektiği, savcının bu provokasyonun içinde olduğu bir saldırı olarak gerçekleşmiştir.

1 Mart 1975'te Hamidiye Cami adında bir camiye tahrip etkisi olmayan bir ses bombası atılmıştır. Bunu bahane eden katliam planlayıcıları, 5 Mart'ta sözde bir tellin mitingi yapmaya karar verirler ve bunu hoparlörlerle ilan ederler. Bu arada komşu il ve ilçelerden çok sayıda katliamcı taşınır Kırıkhan'a. Ve belirledikleri gün olan 5 Mart'ta, sivil faşistler ve gericiler, devletin yarattığı siyasal atmosferinde desteğiyle, yoksul Türk, Arap, Kürt-Alevi halklarına ve devrimcilere saldırı başlatırlar.

48-Yakın Tarihimizde Kitlesel Katliamlar H. N. Şahhüseyinoğlu S. 15-19

Kırıkhan saldırısı, yıllar sonra yaşanan Madımak Katliamı'na benzerliğiyle akıllarda kalmıştır. Saldırıların mağduru ve hedefi durumunda olan Ali Göçmen'e ait matbaa, içindekilerle birlikte, benzin dökülerek yakılmaya çalışılmıştır. Ancak içerdekilerin kararlı ve silahlı direnişi üzerine, katliam gerçekleştirilemez. Yoksa Madımak türü bir katliam, o zaman yaşanmış olacaktı. Kırıkhan saldırılarında 2 kişi ölmüş, 17 kişi yaralanmış, evler yakılmış ve yağmalanmıştır.

Bu saldırı da, diğer bütün saldırı ve katliamlardan olduğu gibi, "dinsiz Kürt-Türk Alevilere ve komünistlere karşı, Türklük ve İslam" adına yapılmıştı. Kırıkhan saldırılarında da, yine diğer saldırı ve katliamlardan olduğu gibi devletin himayesi altında, komandoların fiili önderliği ve kışkırtılmış güruh kullanılmış, yargılamalarda ise, saldırganlar değil, saldırılara maruz kalanlar yargılanmış, cezaevlerinde yatırılmışlardır. Bir benzerlik daha, bu saldırı da tahrip gücü olmayan bir patlayıcının camiye atılması bahane edilerek gerçekleştirilmiştir. Benzerlikler karşısında insanın aklı şaşıyor denir ya, tam öyle bir durum. Bu saldırılardan bir hafta sonra, bilinen 1971 12 Mart Darbesi yapılmıştır. (49)

1971 Darbesi ve sonrası

1965-1971 arasında devrimci çevrelerin toplum üzerinden önemli bir etkisi ve saygınlığı bulunuyordu. Ciddi ilerlemeler sağlamış olan devrimci halk güçlerinin bu pozisyonu, kitleleri derinden etkilemekteydi. Gelişen toplumsal muhalefet yeniydi, tecrübesizdi. En önemlisi, Kemalizm tuzağını kıramamış olmanın zaafını yaşıyordu. Buna rağmen devrimcilerin yiğit ve kararlı duruşu ve ilk kez gündemleştirdikleri silahlı mücadele gibi kimi politik belirlemeler, illegal güçlerin uykularını kaçırmaya yetmiş,korkularını büyütmüştü.

Bu korku içindeki ABD-CIA ve yerli illegal güçler, gelişen devrimci demokratik muhalefete diş biliyor, bastırmaya çalışıyordu. Bu amaçla oluşturulmuş, illegal kurumlar, harıl-harıl çalışıyor, baskın üstüne baskın, komplo üstüne komplo ve seri cinayetler işliyorlardı. Halkın nefes almasını, hak istemesini

49-Olaylar Tanıklıklar Alevile. Ali Göçmen S. 28-34

engellemek, bu yönde çalışan devrimci hareketleri bastırmak için her yolu deniyorlardı.

Egemen illegal güçler tarafından yapılan 12 Mart Darbesi, bu saldırıların sonucuydu. 12 Mart 1971 Darbesi, tüm legal-illegal kurum ve kuruluşlarıyla, işkencelerle, idamlar ve yargısız infazlarla yüklendi devrimcilere, ilericilere, onları destekleyen halka ve işçilere. Nurhak'ta, Kızıldere'de, Ziverbey'de ve daha nice yerde, nice yiğit devrimcinin kanına girdiler.

İki yıl devam eden bütün bu saldırılara rağmen, 12 Mart Darbesi'nin etkisi uzun sürmedi. Toplumsal hareketlilik, tam olarak bastırılamamış, illegal güçler istediği sonucu alamamıştı. 1971 darbesinin faşist baskıcı sistemini geride bırakan Türkiye halkları, yeniden ayağa kalkmışlardı. Sistemin ve devletin sahibi olan egemen güçler, bu gelişmeyi sindiremiyor, ama normal koşullarda önleyemiyorlardı da.

Halkın devrimcilerle buluşmasını dikkate alan CHP, 1972 yılında yaptığı kongresinde, resmi klasik politikalarında revizyon yaparak, "Kemalizm üzerinden solculuk" demek olan "ortanın solu" politikasını resmileştirdi. 1954'ten beri parti içinde yapılan tartışmaların sonucu olarak gelinen bu noktada, Ecevit genel başkan olmuş, CHP'nin dümenine geçmişti. ABD'nin yetiştirip hazırladığı Ecevit, CHP'de Milli Şef İ. İnönü devrini kapatmış, kitleleri aldatmanın güncel politikalarını pratikleştirmeye yönelmişti.

CHP'de yaşanan değişim, CHP'nin iç işi veya "demokratik bir gelişme" olarak görülemez. CHP'yi bu politikalara zorlayan, kitlelerin gelişen mücadelesi ve ortaya çıkan irili ufaklı, politik hak arama çabalarıydı. Söz konusu çabaları gösteren, faaliyetleri yürüten devrimci-demokratik muhalefet odakları, kendi özgün kurum ve organlarını oluşturamadıkları için, kitlelerin ortaya çıkan gücünü, yeterince kendilerine kanalize edemiyorlardı. Ortaya çıkan bu sonuç, tek başına devrimci-demokratik güçlerinin yetersizliğinden değildi. Sistemin ve devletin, halk güçlerine karşı kendisini tahkim eden bir dizi düzenlemesi de, böyle bir sonucun doğmasında etkiliydi.

CHP, bu ortamda solun değerlerine karşı gelişen sempati ve prestijden yararlanmayı amaçlayan birçok politik söylem geliştirmişti. Bu koşullarda kitleler, kendisini sosyal demokrat olarak lanse eden Ecevit'i bir umut, bir kurtarıcı olarak görmeye başlamışlardı.

Bu olguyu değerlendirmek isteyen sistemin muktedirlerinin bir kesimi, sınırlı ölçülerde de olsa, çeşitli yöntemlerle Ecevit ve CHP'nin güçlenmesine yardımcı oldular. Bu yolla gelişen toplumsal muhalefetin kontrol altına alınarak daha ileri gitmesi, devrimcileşmesi, engellenmek isteniyordu.

ABD'nin ve Türkiye'nin egemen güçlerinin, Ecevit CHP 'sine yüklediği görev ve rol, böyle belirlenmiş ve bu çerçeveyle sınırlandırılmıştır. ABD, en azında o yıllarda, CHP'yi hükümet olarak değil, farklı biçimde değerlendirmeyi düşünmüştür. Nasıl olsa ABD'ye hizmet etmenin tek yolu hükümet olmak değildi. Sonradan yaşanan gelişmeler bunu göstermiştir.

Böylece siyasal hayatımıza İttihatçı, ırkçı bir parti olarak giren CHP, temel yönelim ve politikalarında esaslı bir değişiklik yapmadan, sosyal demokrat olduğu iddia ve görüntüsüyle, siyasal hayatını sürdürmeye devam etmiş oluyordu.

CHP'de yaşanan bu değişimin akabinde yapılan 1973 seçimlerine, CHP, belirtilen gelişmeler sonucu, solcu görüntüsüyle ve sola ait birçok kavramı kullanarak girmişti.

Bunun üzerine, yıllardan beri gelişen çeşitli mücadelelerle solun değerlerine karşı bir susamışlık içinde olan kitlelerde, CHP'ye, büyük bir yönelim olmuştu. Bu yönelimle CHP, seçimlerde büyük bir oy almış, ama tek başına hükümet olacak yeterliliğe ulaşamamıştı. Egemen partiler arsında sürdürülen görüşmeler sonunda, 1974 Ocak ayında, İslamcı söylemlerle seçimlere giren Erbakan'ın MSP'si ile yapılan koalisyonla, hükümet kuruldu ve Ecevit Başbakan oldu.

Bu dönemde, yasal bir düzenleme yapılarak, 1971 12 Mart faşist darbesiyle tutsak alınmış olan devrimcilerin cezaevlerinden çıkması sağlandı. Dışarıda toplumsal kaynaşmanın olduğu, devrimci mücadelenin yükselme eğilimi içine girdiği koşullarda bu durum halkların mücadelesini geliştiren, güçlendiren bir rol oynadı.

ABD'ye ve sermaye çevrelerine yeterince güven veremeyen CHP-MSP hükümeti, kısa süre içinde, Kıbrıs ve haşhaş sorunlarından dolayı, bu güçlerle çelişkiler yaşamaya başladı. CHP-MSP hükümeti, Kıbrıs işgaliyle şovenizm üzerinde, haşhaş sorununda da, köylülerden yana görünerek, soyut bir ABD karşıtlığıyla, yöneldiği milliyetçi-ırkçı politikalarla, kitle desteğini artırdı. Bu durum, CHP-MSP hükümetinin, ne ABD karşıtlığının, ne de köylü yanlılığının sonucuydu.

Ancak bu hükümet, belirtilen politikalarından dolayı, ABD ve yerel egemenler tarafından, istenmiyordu, artık. Bu nedenle, CHP-MSP Koalisyon Hükümeti, aynı yılın kasım ayında, yıkıldı. Yerine, Mart 1975 yılında AP-MSP-MHP koalisyonunda oluşan 1.MC hükümeti kuruldu. Bu tarih, Türkiye'de, sürdürülen, "Gayri Nizami Harp" sürecinde önemli bir dönüm noktasıdır.

CHP, içinde bulunduğu, daha doğrusu ABD tarafındann yapılan siyasal dizayn sonucu ve gereği olarak girdiği politik yolda sorun yaşıyordu. Daha önce değinildiği gibi, CHP, bir yandann geleneksel devlet kurucusu sınıfların partisi olarak bu çevrelerin, diğer yandann kitlelerde gelişen demokratik taleplerin baskısı altındaydı.

Kitleleri manipüle etmek, CHP açısından herhangi bir egemen sınıf partisinde olduğu gibi, kolay olmamaktaydı. Partiye hâkim olan egemen sınıf anlayışının temsilcileriyle, azımsanmayacak bir gücü olan taşralı politikerlerin, aydınların ve gençlerin temsil ettiği demokratik kesimler arasında, kıyasıya bir mücadele yaşanıyordu. Böylece ikili bir görüntü veren CHP, ne kararlılık ve açıklıkla kitlelere yönünü dönebiliyordu ve ne de egemenlerin taleplerini, koşulsuz kabul etmesine rağmen, tam olarak yerine getirebiliyordu.

Bu durum, CHP'nin söz konusu toplumsal kesimler nezdinde, güvenilmez ve iradesiz görünmesine yol açıyordu. Bu gelişmeler, doğası gereği, yazıldığı kadar kolay ve düz yaşanmıyor, oldukça karmaşık geçiyor, CHP'nin içyapısını da etkiliyordu.

1974'lerde Türkiye, tarihinde olmadık ölçüde güçlü ve etkili bir toplumsal mücadele sürecine girmişti. Kısa süre önce başlayan demokratik-devrimci mücadelenin yükselişi, cezaevlerinde çıkan devrimcilerin sürece katılmasıyla, siyasal dengeleri alt-üst etmişti. Bütün Türkiye ve Kürdistan, yükselen bu devrimci dalganın etkisi altındaydı.

Ayrıca devrimciler, artık ne bir öğrenci hareketi, ne de sınırlı etkisi olan bir aydın hareketiydi. Tastamam bir halk hareketi olarak gelişiyor, güçleniyor ve politik iktidarı zorluyorlardı. Yaşanan büyüme ve kitleselleşmeyle birlikte, devrimci hareketler sistemden ve Kemalizm'de kopmaya yönelmişlerdi. Türkiye'de sistemi yıkarak sosyalizmi kurmak isteyen devrimci güçler, buna uygun örgütlü mücadeleyi yakın görev olarak belirlemiş, gündemlerine almışlardı. Aynı şekilde Kürt siyasal örgütleri, Kürtlerin demokratik talepleri uğruna mücadeleyi geliştiriyorlardı.

Bu koşullarda, emperyalistler ve içerdeki ortakları illegal güçler, her türlü şiddeti ve kan dökücü yöntemi kullanarak, bu gelişmeleri bastırmaya, hak arayan kitleleri susturmaya çalışıyorlardı.

a. Birkez daha Malatya-Akçadağ saldırıları:

Bu yeni dönemde gelişen mücadeleye karşı, illegal güçlerin saldırıları eskisinden daha baskın, envai çeşit bir tarzda geliştiriliyordu. 1975 yılına girildiğinde, bölgenin önemli şehri olan Malatya, her gün faşist saldırıların yaşandığı bir kent durumdaydı. Malatya halkı ve demokratik kurumları, bu faşist saldırıları protesto etmek amacıyla bir miting yapmaya karar verdiler.

1975 yılının 2 Şubat'ında yapılacak miting için alana toplanan on binlerce köylü, genç işçi ve öğrenci, çevrede izleyen halk tarafından coşku ile selamlanıyordu. Mitingin sonlarına doğru, Malatya'nın Kürt-Türk emekçileri mutlu, coşkulu ve kendilerine güvenleri artmış olarak mitinglerini bitirmeye hazırlanırken, dönemin paramiliter faşist yapısı olan komandolar, aldıkları emirle, mitinge saldırdılar.

Bu saldırıyı bahane eden polis, saldırganları engelleyeceğine, mitinge katılan halka saldırarak, 22'si ağır olmak üzere, aralarında kadın ve çocukların da olduğu yüzlerce kişinin yaralanmasına yol açtı. Bu saldırılarda ülkücülerle polis, el ele kol kolaydı. Böylece Malatya, bir kez daha faşist güruhun saldırı alanı olmuştu. Ancak bu saldırılar, Malatya halkını ve ilerici devrimci kurumlarını yıldıramamış, mücadeleyi durduramamıştı.

Kısa süre sonra, TÖB-DER, öğretmenlere yapılan baskıları, sürgünleri ve öğretmenlerin özlük haklarını ve sorunlarını görüşmek için, 15 Şubat 1975'de, içinde Malatya'nın da olduğu 57 ilde, kapalı salon toplantısı yapılmasını kararlaştırmıştı. Bu yıllarda yoğunlaşan ve yükselen devrimci mücadele sonucu, toplumun birçok kesimi gibi öğretmenler de örgütlenmişlerdi ve TÖB-DER, bu örgütlenmenin adıydı. TÖB-DER, sadece öğretmenlerin sorunlarıyla değil, toplumun tüm sorunlarıyla ilgileniyor, toplumsal kurtuluş olmadan, kendi kurtuluşlarının olamayacağına inanıyorlardı.

TÖB-DER'in yapmayı planladığı bu demokratik çalışma, Malatya'da yeni saldırıların gerekçesi yapıldı. Toplantı öncesi günlerde, provakatif saldırıların olacağına dair duyumlar alan Malatyalı ilerici kurum temsilcileri, vali ile bu amaçla, bir görüşme yapmışlardır. Vali, "böyle bir saldırı olmayacağını, devletin güçlü olduğunu" söyleyerek, göndermiştir gelen heyeti. Anlaşılan Vali, illegal devleti tanımıyordu yeterince.

Toplantının yapılacağı 15 Şubat günü, çeşitli yerlerde kümelenmiş olan faşist saldırganlar, "Kahrolsun Ecevit, komünist Ecevit, başbuğ Türkeş" , "Yaşasın Müslüman Türkiye, Kahrolsun Komünizm" sloganlarıyla saldırılarına başladılar. Hem de ilk saldırıların birisi Vilayet binasına yapıldı. Valiliğin balkonuna çıkan ve birkaç gün önce, "devletin büyüklüğünden, saldırıların olmayacağından" dem vuran Vali, eşi ile birlikte, birkaç kez kelime-i şahadet getirerek ve böylece Müslümanlığını ispat ederek, ölümden kurtulabilmiştir. İki gün devam eden ve Kürt-Türk Alevilere ve solculara karşı yapılan bu toplu saldırılar sonucu, bir insan ölmüş, 29'u ağır olmak üzere, 220 kişi yaralanmıştı.[50]

Okuyucu, bu saldırılardan dolayı yapılan yargılamaların sonucunun ne olduğunu, genel bilgilere göre, tahmin etmişse eğer, yanılmamıştır. Evet, bu saldırıdan dolayı, çoğunluğu TÖB-DER yönetici ve üyeleri olmak üzere, ayrıca diğer demokratik kurum yöneticileri, yakalanıp tutuklandılar. Tabii zevahiri kurtarmak için saldırganlarından da bazıları tutuklandı. Ama mahkeme, saldırganları suçsuz göstermeye kararlıydı ve sonuç öyle oldu. Dava bir süre oradan oraya git gel yaşadı, sonra da zaman aşımından, tüm sanıkların beraatıyla sonuçlandı.

Türkeş, bu saldırılarla ilgili olarak, verdiği demecinde, saldırganlıklarını gizlemiyor, ama haklı göstermeye çalışarak "olayların devlete karşı değil TÖB-DER'e karşı olduğunu" belirtiyordu.[51]

50-Yakın Tarihimizde Kitlesel Katliamlar H. Nedim Şahhüseyinoğlu s. 20

51-23 Şubat 1975 Tarihli Tercüman Gazetesi

Yani yapılan saldırıları sahipleniyordu ama hedefin devlet değil, TÖB-DER olduğunu söyleyerek, başından beri göstermeye çalıştığımız gerçeği, bu paramiliter yapılanmanın, halka karşı sürdürülen "Gayri Nizami Savaşın" bir unsuru olduğunu itiraf etmiş oluyordu.

Malatya'da saldırılar bitmemişti. Köy Enstitülerinin kapatılmasıyla, Akçadağ Öğretmen Okulu olarak öğrenimine devam eden okul, faşist saldırıların yeni hedefi durumundaydı. Saldırıların uygulayıcısı Alevi kökenli okul müdürü, Cafer Toksun'dur. Aleviliğinden kopmuş, ırkçı faşist bir kişilik edinmiş olan müdür, okula geldiği andan itibaren,türlerinin yaptığı gibi, kraldan daha kralcı davranmıştır. Alevi köylülere, öğrenci ve öğretmenlere, aşırı bir saldırganlık içinde hareket etmiştir.

Bununla yetinmeyen haramzade, Ülkü Ocaklarıyla yaptığı işbirliğiyle, okulu faşist bir karargâha dönüştürmüştür. Bu durumun yarattığı kolaylıkla, 7 Kasım 1975 gecesi eli sopalı ve silahlı ülkücüler, aniden öğrencilerin yatakhanelerini basmışlardır. Demokrat, Kürt, Türk ve Alevi 600 öğrenci, beklemedikleri bu ani baskın karşısında panikleyerek ve can korkusuyla, elbiselerini giymeye fırsat bulamadan, dışarı fırlamışlardır. Okulun üst tarafından bulunan dağ ve tepelere kaçışan öğrenciler, can telaşı içindeydiler. Zaten soğuk bir iklime sahip olan Akçadağ'da, Kasım ayının dondurucu bir gecesini, dağlarda ve tepelerde geçirmek zorunda kalmışlardı. Öğrenciler, bir yandan gelebilecek yeni bir saldırının korkusuyla titreşirken, diğer yandan, soğukta donma tehlikesi içindeydiler.

Öğrencileri, bu cehennemî bekleyişte, demokratik kurum yöneticileri ve gelebilen aile bireyleri kurtarmışlardır. Dağ ve tepelerde gecenin ayazı ve karanlığında megafonla aranıp bulunan örgenciler, Malatya'da çeşitli evlere yerleştirilerek ölümden kurtarılmışlardır. Akçadağ Öğretmen Okulu'nda meydana gelen saldırılara karşı, yapılan bütün girişimlerin sonunda, saldırganlar korunmuştur. Fakat saldırılara maruz kalan 600 öğrenci, 20 öğretmen okuldan uzaklaştırılmıştır. Komünizmle Mücadele Dernekleri'nin devamı olan Ülkü Ocakları eliyle, bir saldırı daha böylece gerçekleştirilmiş ve hedefine ulaşmıştı.[52]

52-Yakın Tarihimizde Kitlesel Katliamlar H. Nedim Şahhüseyinoğlu s. 37 http://www. uzumbaba. com/Alevi/malatya_katliami. htm

b. Pazarcık saldırıları-1976-1977 Türkiye

Bölgenin toplumsal yapısıyla oynanarak yaratılan düşmanlıklar üzerinden, provokasyonlarını sürdürmek isteyen illegal güçlerin, saldırmak için belirledikler yeni hedef, Pazarcık'tı.

Pazarcık, bilindiği gibi, Kürt-Türk Alevilerle yine Kürt-Türk Sünnilerin birlikte yaşadığı bir şehirdir. Normal koşullarda birbirleriyle her türlü sosyal ilişkiyi yaşayan bu insanlar, belirtilen politik uygulamalarla, hızla birbirlerinden uzaklaştırılıyor, birbirine karşı kışkırtılıyordu. İllegal güçlerin uygulamaya çalıştığı bu politikayla, hem kitleler, korkuyla baskı altına alınıyor, hem de devletin stratejik politikasının gereği olarak asimilasyon ve etnik arındırma uygulamasının koşulları yaratılıyordu.

Bölgede uygulanan bu politikaların bir parçası olarak, 18-20 Ocak 1976 yılında, bu kez Pazarcık'ta, iki gün devam eden saldırılar yaşandı. Bu saldırılarda, 1 kişi ölmüş, 15 kişi yaralanmıştı. Aynı sosyal kesimlere yönelik olarak, aynı paramiliter güçlerin marifetiyle, Pazarcık'ta, yapılan bu saldırılardan, yine Kürt Alevi ve devrimciler sorumlu tutulmuş, onlar yargılanmışlardır. [(53)]

1967'de Elbistan saldırılarıyla başlayan bu saldırılarla, aynı sosyal özelliklere sahip olan Malatya-Maraş ve çevresi, sürekli ve sistemli olarak kanatılan bir yaraya dönüştürülmüştür. Bu bölgede yıllarca sürdürülen bu saldırı ve katliamlara, ayrıntılarına inilerek bakıldığında, belli bir sistematiğin olduğu görülebilmektedir. Elbistan saldırılarıyla Maraş Katliamı arasında geçen 11 yılda, bölgenin belli başlı yerleşimlerinde ya katliamlar olmuştur veya büyük ölçekli saldırılar gerçekleştirilmiştir. Üstelik bütün bunlar, 11 yıl gibi kısa bir sürede yapılmıştır. Aynı toplumsal kesime yönelik olan, aynı güruh tarafındann, aynı bölgede yapılan bu saldırıların, derinlikli bir izahının olması gerekir. Yüzeysel yaklaşımlar işimizi kolaylaştırıyor görünebilir, ama gerçeğe ulaşmamıza hizmet etmez. Bu çalışma, olabildiğince, bu gerçeğe ulaşmayı amaçlamaktadır.

Bu yıllarda, ABD ve Rusya arasında süren hegemonya mücadelesi keskinleşerek devam ediyordu. Dünyanın her tarafından, bu iki gücün parmağı vardı. ABD, önce alternatifi olarak

53-Maraş Olayları Gerekçeli Karar 5, Bölüm s. 290

korktuğu, sonra rakibi olarak karşısında konumlandığı Rusya'ya karşı, Türkiye'yi elde tutmaya ve bu yolla sağladığı olanaklarla, Rus yayılmasını durdurmaya çalışıyordu.

Aynı yıllarda, halkların mücadelesinde, geriye düşüş yaşanıyordu. Ezilenler, bir kez daha yenilme, halklara karşı ittifak halinde olan haramiler, bir kez daha kazanma sürecine girmişlerdi. Ancak bu gelişme, henüz Türkiye demokratik muhalif hareketlerinde hissedilmiyordu. Tersine bir durum vardı. Devrimci örgütlerde, kadrolarda ve halkta, büyük bir heyecan ve coşku yaşanıyordu. Kimse, geleceği bugün yaşandığı tarzda öngöremiyordu.

1977 yılında, AP'nin etkin olduğu MC hükümeti işbaşındaydı, ama aynı yılın 5 Haziranında, genel seçimler yapılacaktı. Egemen sistem partileri harıl harıl seçim çalışması adıyla, kitleleri aldatmanın yarışındaydılar.

1971 devrimci kalkışması, arkasında gelen 1974'teki yükseliş, devrimci yapıların, daha önce değindiğimiz gibi, kitleler nezdinde kabul görmelerine, daha ciddi ve ileri destek bulmalarına yol açmıştı. 1977'ye gelindiğinde Türkiye ve Kürdistan'ın hemen her köşesinde kitleler, üç yıllık kısa bir sürede, ülkenin siyasal sürecini etkileyecek duruma gelmişlerdi.

Seçim vaatleriyle kitleleri aldatma yarışına girmiş olan partilerin içinde, CHP'de bir yükseliş yaşanıyordu. CHP'nin söz konusu yıllarda yaşadığı yükseliş, daha önce belirtilen toplumsal gelişmenin sonucuydu. Kitleler, devrimcilere güveniyor ve destekliyor olmalarına rağmen, henüz, onları seçim alternatifi olarak görmüyorlardı. Devrimci muhalif çevrelerin hiçbirisi, kitleleri bu yönde etkileyememiş, uygun bir seçenek üretememişti. Bu koşularda girilen 1977 Haziran seçimlerinde halk, devrimcileri destekliyor olmakla birlikte, oylarını CHP'ye vermekteydi.

1977 yılı, Türkiye'nin daha sonra yaşadığı siyasal dönemin şekillenmesinde önemli bir yıldır. Toplumda yaygın, kitlesel ve ilerici bir muhalefet gelişmekteydi. Bu muhalefetin sıradan muhalefetten farklı ve egemenler açısından "tehlikeli" yönleri bulunmaktaydı. Kürt halkının bu muhalefetin önemli bir bileşeni olarak ulusal demokratik taleplerini gündemleştirmesi, yıllardır tamamlanmak istenen etnik arındırma ve asimilasyon politikalarını zorlamaktaydı. İkincisi bu muhalefet, sistem ve devlet karşıtlığının yanında, ciddi ölçüde silahlı mücadeleyi savunmaktaydı.

Bu "tehlikeli" siyasal muhalefeti bastırmak isteyen egemenler, bilinen yöntemlerle geliştirdikleri bütün saldırıların yeterli olmadığını görüyor, yaşıyorlardı. Böyle durumlarda sürece daha aktif olarak giren illegal güçler, özel harp yöntemleriyle, kanlı komploları, katliam ve saldırılarıyla, 1977 yılından başlayarak, tüm siyasal gelişmelerde belirleyici rol oynamaya başladılar. Bu yılın içinde, belirtilen nedenlerle, ilerici-devrimci muhalefet güçlerine ve kitlelere yönelik olarak başlayan bir dizi siyasi cinayet, katliam ve saldırı, bu illegal güçler ve sözde sivil paramiliter faşistler tarafından gerçekleştirilmiştir. Bu yılda yaşanan söz konusu cinayet, komplo, entrika ve katliamlar, Türkiye'nin geleceğinin şekillenmesini sağlayan sürecin adımlarıydılar.

Bu durumu en iyi görebilecek konumda olan Demirel, Mayıs ayının son günlerinde yaptığı bir açıklamada, "Türkiye de önemli bazı şeyler olacağını" söylüyordu. Şüphesiz, devletin has adamı Demirel, söylediklerini, bir tahmin veya öngörüden bulunarak değil, illegal devlet dehlizlerinde edindiği bilgiden hareketle söylüyordu. Demirel'in "şey"ler diye adlandırdığı ve Maraş Katliamı'ndan Çorum Katliamı'na, oradan 12 Eylüle giden süreç, belirtilen politikaların ve buna bağlı gelişmelerin sonucu olarak yaşanmıştır.

c. 1 Mayıs Katliamı

Türkiye ve Kürdistan emekçileri bu siyasal atmosferde hazırlanıyorlardı 1977 1 Mayısına. 1 Mayıs'ın tarihsel öneminden başka, Türkiye ve Kürdistanlı emekçiler için büyük bir anlamı olduğu hem devlet tarafındann hem de 1 Mayıs'ı kutlayan işçiler, emekçiler ve devrimci kurumlar tarafındann biliniyordu. Yaşanacak güçlü 1 Mayıs, mücadeleyi bulunduğu noktadan daha ileri taşıyacak, ezilen Türk ve Kürt emekçilerinin umutlarını büyütecekti. Böyle bir gelişmeye, ne ABD ve ne de devlet, izin vermek istemiyorlardı. Komplo ve tuzak, bu amaçla kuruldu.

Devletin karanlık mahfillerinde, günlerce önce "ortam oluşturma gerilim yaratma" süreci başlatılmış, 1 Mayısın "olay"lı geçeceğinin propagandası yapılıyordu. Israrlı ve sistemli bir biçimde yapılan bu propaganda için bütün kitle iletişim araç ve yöntemleri devredeydi. Yaşanan her gelişme, her durum, 1 Mayısın "olaylı" geçeceğinin ispatı için kullanılıyor, gerektiğinde buna uygun "olay"lar yaratılıyordu.(54)

Devrimci çevreler o günlerde bu durumu, kozmik odanın sıradan bir faaliyeti olarak görüyorlardı. Hep yapıldığı gibi, çeşitli provokasyon ve saldırılarla, 1 Mayıs'a kitlesel katılımın zayıflatılmasının amaçlandığı düşünülüyordu. Ayrıca bu propagandayla yaratılan ortamda, devrimcilere saldırmanın zemini oluşturulmak isteniyor diye varsayılıyordu. İşin böyle bir yanının olduğu kesindi, ancak daha sonra görüldü ki, 1977 1 Mayıs'ına yönelik kozmik oda merkezli saldırıların tek amacı bu değilmiş.

Gerçek amaç egemen klikler arası çelişkilerin sonucunda ortaya çıkan bilgilerden anlaşıldı. 1977 1 Mayısında yapılan katliam, belirtilen amaçların yanında, daha önemlisi, faşist bir darbenin gerekçesini oluşturmak için planlanmış ve gerçekleştirilmiştir. Ancak o günlerde hiç kimse, egemen güçlerin iç çelişkileri sonucu açığa çıkan bu gerçeğin farkında değildi. Bu darbe girişimi, illegal güçler tarafındann yürütülen ve Türkiye'nin kaderini değiştirecek bir planın ilk adımıydı.

Nihayet, hem darbe hazırlığı yapan katliamcıların hem ezilen kitlelerin ve devrimcilerin beklediği gün geldi. Türkiye, tarihinde kutlanabilen ve günlerdir hazırlanılan en büyük, en görkemli 1 Mayıs'ı kutlamak için hazırdı. Taksim 1 Mayıs alanına doluyordu işçi sınıfı, sınıf olmanın bilincini kuşanmış, tüm ezilenlerle birlikte, hak alınabileceğini gösteriyor ve bunu bayram ve mücadele günü olarak, 1 Mayıs'ta Taksim'de kutluyordu.

O yıllarda nüfusu 2 buçuk milyon olan İstanbul'da, 500 bin insan katılıyordu, 1 Mayıs'a. Yani İstanbul'da yaşayan her 5 kişiden birisi, o an Taksim 1 Mayıs alanında, mücadelenin görkemini, coşkusunu ve heyecanını yaşıyordu. 1977 1 Mayıs'ının rakamsal büyüklüğünü anlamak için, bugünün rakamlarıyla

54-1 Mayıs 1977 Nail Güreli s. 90-105

anlatmak gerekirse, 15 milyonluk İstanbul'da, iki buçuk milyon insanın 1 Mayıs'ı kutlamasına denk geliyordu o günün rakamı.

İllegal güçler, planlarını yapmış, gereğine uygun olarak Taksim alanına hâkim olan bir otelin üst kat odalarında ve çatısında, yerlerini almışlardı. Katliama başlamak için belirlenmiş an bekleniyordu. Kitlenin coşkusunun dorukta olduğu anda, katliam başladı. Beş yüz bin emekçi kadının, gencin, çocuğun üstüne üstüne, kurşunlar yağdırıldı. Panik, korku, telaş içinde, bir o yana, bir bu yana dalgalanan insan kitlesi, birbirinin üstünü basarak, yaşama tutunmaya çalışıyordu. Yapılan katliamda 37 işçi öldürüldü, yüzlercesi yaralandı.

Kim bilir 1 Mayıs Katliamı'nı gerçekleştiren "lacivert elbiseli"[(55)] katiller, o silahlarını kullanır, o mermileri işçilerin, yoksulların, gençlerin ve devrimcilerin üzerine hedef gözetmeden boşaltırlarken, nasıl zevk alıyorlardı. Ve Kim bilir, bu işin mimarları CIA, yerli illegal uşakları, ne denli mutluydular, yaptıklarından dolayı.

Bir sürecin başlangıcı olan 1977 1 Mayıs Katliamı'yla "Gayri Nizami Harp" sürecinin en kanlı senaryolarını devreye koyan ABD-CIA ve yerli illegal güçler, ne yazık ki, "başarılı" olduklarını düşünerek, planladıkları diğer katliamların hazırlıklarına başlayabilirlerdi.

d. Ecevit'e yapılan Suikastlar

1 Mayıs Katliamı'ndan kısa süre sonra, 29 Mayıs 1977'de, yaklaşan seçim çalışmalarını sürdüren CHP Genel Başkanı Ecevit'e, İzmir Çiğli Havaalanı'nda suikast yapılmıştır. Ecevit'in kurtulduğu suikast sonucu partili Mehmet İsvan yaralanmıştır. Suikastta kullanılan silahın, Türkiye'ye, kısa süre önce ABD'den getirtilen, Tengas marka, özel suikast silahı olduğu tespit edildi. Bu silahlardan, Türkiye'de sadece üç adet bulunduğu ve bunların Özel Harp Dairesi'nde olduğu ileri sürüldü. Silahın, zehirli mermi attığı için, kurbanını, aynı anda olmasa bile, yavaş-yavaş öldürdüğü yazıldı.

55-1 Mayıs 1977 Nail Güreli s. 140

Bu suikastın daha da ilginç olan yanı, suikasttan dolayı gözaltına alınan polis İsmet Çetin'in, POL-DER üyesi olmasıydı. POL-DER, o dönem demokrat polislerin örgütlendiği bir polis kurumuydu. İsmet Çetin'in POL-DER üyeliğinin suikastı daha sorunsuz yapabilmek, kamufle olmak ve kitleleri aldatmak için yapılmış bir düzenleme olduğu açığa çıkmıştır. Böyle olduğu için bu suikastçı, sözde POL-DER'li polis İsmet Çetin'i, mahkemede, A. Türkeş'in yakın arkadaşı, emekli Albay Ali Rıza Hafızoğlu savunmuştur. İsmet Çetin, aldığı 3 ay gibi komik hapis cezasından sonra, faşist bir kurum olan Pol-Bir üyesi olarak, polislik görevine devam etmiştir. [56]

İllegal güçlerin kim olduğunu merak edenlerin ve illegal güçleri soyut bir düzleme indirgeyenlerin dikkatine sunulur, işte illegal güç denen olgu böyle bir şeydir. Demokratik polislerin kurumu olan POL-DER'e üye olacaksın, benzerinde sadece üç tane bulunan silahların birisine sahip olacaksın, bu silahla ülkenin başbakanına suikast yapacaksın, böylesine önemli bir suçtan dolayı sadece üç ay yatacaksın,ırkçı-faşist parti kurum ve kişiler tarafından sahipleneceksin, işte illegal gücün bir unsuru olmanın kriterleri.

Ecevit'e yönelik suikast girişimleri bununla bitmemiş, devam etmiştir. İlk suikast girişiminden birkaç gün sonra, 3 Haziranda, yapılacak olan Taksim mitinginde, Ecevit'e yeni bir suikast yapılacağı, Başbakan Demirel tarafından ihbar edilmişti. Söz konusu suikastı önleyen Demirel'in ihbar mektubunda şunlar yazılmaktaydı.

"C.H.P Genel Başkanı Bülent Ecevit'in 3 Haziran 1977 günü İstanbul Taksim Meydanındaki CHP mitingi sırasında, Sheraton Oteli'nin üst katlarındaki odalardan birinden uzun namlulu ve dürbünlü bir silah ile ateş edileceği, bu teşebbüsün 29 Mayıs 1977 günü İzmir-Çiğli Havaalanı'nda cereyan eden olayla birlikte, 1 Mayıs 1977'de Taksim Meydanı'nda vukua gelen olaydan cesaret alan, iç barışı büyük ölçüde sarsabilecek kanlı tertiplere karar veren ve ayrıca 5 Haziran 1977 tarihinde yapı-

---

56-http://www.stratejikboyut.com/haber/Ecevite-suikastin-perde-arkasi--10606.html

lacak olan seçimlerden bir fayda ummayan, seçimlerin yapılmasını arzulamayan veya seçimlere gölge düşürmek isteyen illegal komünist terörist örgütlerin yanı sıra memleketimizi iç meselelerle uğraştırmak isteyen yabancı kuruluşların ve uluslar arası tedhiş teşekküllerinin muhtemel suikast ve sabotaj eylemleri ile özellikle vazifelendirilmiş kimseler tarafındann yapılmak istendiği alınan haberlerdedir. Keyfiyetten bilgi edinilmesini ve konunun üzerinden önemle durularak gerekli tedbirlerin alınmasını ve gereğinin ifasını rica ederim. "

Başbakan Süleyman Demirel[57]

Gerek 12 Eylül öncesi, gerek daha sonra, çeşitli dönemlerde hükümet başkanı konumuyla devlet yönetiminde görev alan Ecevit, kendisine yapılan bu suikastların sorumlularını açığa çıkartmamış, çıkartamamıştır. Bu gerçek illegal güçlerin etkisini gösteren önemli bir olgu olarak kabul edilmelidir. Ancak ortaya çıkan bu sonuç, tek başına Ecevit'in başbakan olarak güçsüzlüğünden kaynaklanmış değildir. Aynı zamanda Ecevit'in içsel olarak devlete sahip çıkmış olması da söz konusudur.

Yani Ecevit, bir yandan bu gerçekleri açığa çıkartacak fiziki güce sahip olmadığı gibi, diğer yandan gerçeklerin açığa çıkmasını istemiyordu da. Sistemin sahiplerinin "devlet adamlığı" diye göklere çıkarttığı devletin sırlarını saklama gerçeği budur. Yoksa sorun tek başına "Ecevit, yapmak istedi de yapamadı" gibi masum bir durumla izah edilemez.

Ecevit'e yapılmak istenen suikastın, başbakan Demirel tarafından ihbar edilmesinin, suikastın gerçekleşmesini engellediği kabul edilir. Ancak, yapılan ihbarın, gerginlik yaratmak amacıyla yapılmış kara propagandanın bir ürünü olması ihtimalini de göz ardı etmemek gerekir.

Bu suikast girişimiyle ilgili olarak ortaya çıkan bilgiler, illegal yapıların gerçekliğini de göstermektedir. "Ecevit'e karşı Taksim'de düzenlenen suikasttan, Alman İstihbarat Örgütü, Emniyet Genel Müdür muavinlerinden birini haberdar etmiştir. Olayları izleyen istihbarat örgütleri bir senatöre haber vermişlerdir."[58] denmektedir.

57-Cüneyt Arcayürek anlatıyor cilt 7 s. 104

58-Bıçağın Sırtındaki Türkiye S. Genç s. 238-239

Bu bilgilerden anlaşıldığına göre, suikastı, Alman İstihbarat Örgütü,bir emniyet yetkilisine bildiriyor, o bir senatöre bildiriyor, sonra haber başbakana gidiyor ve suikast deşifre edilerek engelleniyor. Görüldüğü gibi kimin eli, kimin cebinde dedirtecek kadar, kimin MİT ajanı, kimin senatör, kimin hangi gizli servisin elemanı olduğu, izleri takip edilemeyecek kadar birbirine karışmaktadır. Ama aslında hiçbir şey karışık değildir. Adı geçen ilişki ve kurumların örgütlü toplamı, egemen illegal güçlerin kimlerden ibaret olduğunu göstermektedir.

Dikkat çekici bir başka nokta, Başbakan Demirel tarafından yazılan ihbar mektubunda, söz konusu suikastı yapacak olanlar, öncelikle, "5 Haziran 1977 tarihinde yapılacak olan seçimlerden bir fayda ummayan, seçimlerin yapılmasını arzulamayan veya seçimlere gölge düşürmek isteyen illegal komünist terörist örgütler" olarak tanımlanmaktadır.

Bu yazılanlarla, Başbakan Demirel, illegal güçlerin bir planını bozuyor görünürken bile, aslında illegal güçlerin karanlık faaliyetlerinin üstünü örtmeye de dikkat etmekte, hiç ilgisi olmadığı halde yalan ve demagoji yolu ile bu suikast girişimini devrimcilerin üzerine yıkmaya çalışmaktadır. Böylece kitleleri, devrimci güçlere karşı kışkırtmaktadır. Mektupta yer alan ifadelerin anlamı bununla da sınırlı değildir. Demirel ayrıca, suikastı önlemek adına, devrimcilere ve halka karşı geliştirilecek yeni saldırılar için zemin yaratmaya, siyasal atmosferi devrimcilerin aleyhine çevirmeye çalışmaktadır.

Demirel, Ecevit'i haberdar ederek kurtulmasına yol açtığı, dolayısıyla kim tarafındann yapılacağını çok büyük ihtimalle bildiği suikastın ayrıntılarını, halen açıklamamıştır, güzide devletinin bekası için. Aynı şekilde, Ecevit de, hiçbir zaman kendisine yönelik olarak yapılan suikastların kim tarafındann düzenlendiğini araştırmayı, hesap sormayı göze almamıştır, yine devletinin selameti için. Nede olsa mevcut devlet, tüm oluşumlarıyla birlikte, onların varlık sebebi, velinimetleriydi. Uğruna, hayatlarını seve seve feda edebilecekleri devletlerine, herhangi bir zarar gelmesini istemezlerdi.

e. Orgeneral Namık Kemal Ersun'un darbe girişimi

Haziran 1977 seçimlerine giderken ve seçimlerden hemen önce tuhaf, alışık olunmayan bir gelişme yaşandı. Daha sonra açığa çıkan bilgilere göre, darbe hazırlığı yaptıkları iddia edilen, içinde bir generalinde bulunduğu çok sayıda subay, kısa süre sonra yapılacak olan Yüksek Askeri Şura toplantıları beklenmeden, emekli edilerek, tasfiye edildiler. Sözde, Demirel Hükümeti, bu tasfiye ile olası bir darbeyi önlemişti.

Ancak gelişmelerden anlıyoruz ki, darbeci cuntalardan birileri tasfiye edilmiştir, ama bu, darbe yapılmasına veya darbeciliğin engellenmesine dönük bir tasfiye değildir. Anlaşılan, darbeci güçler ve esas olarak ABD emperyalizmi ile darbe yapmak isteyen cunta arasında, bir anlaşmazlık olmuştur. Bunun gereği olarak yapılamak istenen darbe engellenmiş ve darbeciler tasfiye edilmişlerdir. Yoksa Demirel'in, darbeye ve darbeciliğe karşıtlığı, söz konusu olamayacağı gibi hayal bile edilemez.

Peki, Demirel, darbe girişimini neden önledi ve darbeyi önlemeye nasıl gücü yetti? Şüphesiz, bu sorular önemli bir konuya işaret etmektedir. Konumuzla doğrudan ilgili olmasa da şunlar söylenebilir. Demirel, bu darbeyi, çok kesindir ki ABD'nin ve hâkim illegal güçlerin isteği doğrultusunda ve onlar adına önleyebilmiştir. Bu kısa belirlemeyi yaptıktan sonra, söz konusu darbe girişimine ve hazırlıklarına dair süreci izleyebilir, inceleyebiliriz.

Yapılmak istenen, ama yapılamayan darbe için günler öncesinde, ortam hazırlama çalışmaları yapılmıştır. Bu kapsamda, Tercüman Gazetesi aracılığıyla kara propagandanın en pespaye örnekleri sergilenmiştir. 1 Mayıs Katliamı'ndan sonra, seçimler yaklaşırken, dönemin illegal organlarının ve sivil faşist güçlerin borazanlığını yapan Tercüman Gazetesi'nde, 31 Mayıs günü, bir sözde "belge' yayınlanmıştır.

Yayınlanan ve bildiri olduğu ileri sürülen bu sözde "belge'de, Tüsdek adında bir devrimci örgütten ve bu örgütün 17 ay önce yayınladığı ileri sürülen bir dokümandan söz edilmiştir. Söz konusu dokümanda, sözde devrimci çevrelerin iki yıl içinde devrim yapmayı planlandıkları yazılmaktadır. Bunun için, güya devrimcilerin bir dizi karanlık provokasyon hazırlığında oldukları ifade edilmektedir. (59)

Aslında bu belge, yapılamayan darbenin hazırlık faaliyetinin parçasıydı. Yayınlanan bu belge ile toplumda infial yaratılarak, darbenin toplumsal koşulları oluşturulmak istenmiştir. Her yönüyle illegal güçlerin manipülasyonlarından birisi olan bu karanlık belgeyle, katliamcılaştırılmak istenen şuursuz yığınlar hazırlanmaktaydı. Devrim ve sosyalizmden korkutulmuş olan bu iradesiz yığınlar, korktukları tehlikenin yakınlığına ikna edilerek, harekete geçmeleri sağlanmak isteniyordu. Toplum, yapılmak istenen katliamlar için, sosyo-psikolojik yönde hazırlanıyordu bu tür haberlerle.

Darbenin hazırlıkları kapsamında yapılacak diğer saldırı ve komplolar da belirlenmişti. Seçimden iki gün önce Ecevit'e yukarıda belirtilen suikast yapılacak, arkasında, doğan kargaşalıkta darbe gerçekleştirilecekti. Darbe için yapılan bu hazırlıklar, Alman istihbaratı vasıtasıyla deşifre edilince, darbe planı uygulanamadı ve planı yapanlar tasfiye edildiler.

Dış basın yayın organlarına göre, önce darbe girişimcileri etkisiz hale getirilmiş, sonra da darbecilerin başı olan Orgeneral Namık Kemal Ersun emekli edilmiştir. Darbe girişimi ile ilgili Amerika'da yayınlanan Monitör adlı gazetede çıkan yazıda:

"İhtilal teşebbüsü 2 Haziran günü planlanmıştı. Milliyetçi Hareket Partisinin adına "Bozkurt" denilen komando birlikleri caddelerde çatışma çıkarıp, resmi müesseselere hücum edecek ve seçim toplantılarına müdahalede bulunacaklar ve böylece "Ordu idareye el koyacaktı" denilmektedir.

Ayrıca aynı yazıda, "İhtilal teşebbüsüne yeni faşist eğilimli Milliyetçi Hareket Partisinin lideri Albay Alparslan Türkeş idaresinde aşırı sağcı 200 kadar subay giriştiler. Kara Ordusundan kıdemli asgari üç general de bu teşebbüste yer aldılar. Halen bu subaylar, ya nezaret ya da gözaltında tutulmaktadır." denmektedir. Aynı yazıda, "2 Haziran'da Cumhurbaşkanı Korutürk'ün tasvibiyle vaktinden önce ve sebep gösterilmeden emekliye sevk edilen Kara Kuvvetleri Komutanı General Namık

---

59 -Bıçağın Sırtındaki Türkiye S. Genç s. 238

Kemal Ersun'un da ihtilal liderlerinden biri olduğu. "[60] belirtilerek, darbecilerin kimlikleri ve ilişkileri de deşifre edilmektedir.

1977 Haziranında gündeme gelen darbe girişimiyle ilgili belli sayıda subay tasfiye edilmişse de, ne darbe planı iptal edilmiş ve ne de bu yönlü çalışmalarda vazgeçilmiştir. Bu darbenin engellenmesi ve darbecilerin tasfiye edilmesi, katliamlara ve darbeye giden yolda, bir yol kazası olarak yaşanmıştır. Bu yol kazası, illegal güçlerin devrimci demokratik halk güçlerine yönelik yoğun ve sistemli saldırılarını engellememiştir.

Bu darbeyi yapmaya kalkışan Namık Kemal Ersun Cuntasının Türkeş'in cuntası olduğu anlaşılmaktadır. Yapılması tasarlanan darbe başarılı olsaydı, Türkeş, hâkim güç olarak, çıplak faşist iktidarını oluşturacaktı. Dönemin özgün koşullarından dolayı, gerek ABD gerek hâkim olan illegal güçler, Türkeş'in etkin olduğu bir cuntanın iktidar olmasını istememekteydiler. Türkiye'de, Türkeş'in faşistliği-ırkçılığı, devrimcilerin yaptığı yaygın teşhir faaliyetleri sonucu, kitleler tarafından kabul ve tescil edilmişti. Böyle bir politik figürün etkin olduğu cuntanın sürdüreceği ırkçı politikalar, çok uluslu, çok dinli yapısı olan Türkiye'de, karşı tepkilerin yoğunlaşmasına, egemenlerin korktuğu bir sonucun doğmasına yol açabilirdi.

Böyle bir ihtimali ve kitlelerin içinde bulunduğu sosyal, siyasal yapıyı dikkate alan asıl darbeci güçler, Türkeş'in içinde olmadığı bir darbeye ihtiyaç duymaktaydılar. Dolayısıyla izlenecek politikalar aynı olsa bile, bu ırkçı-faşist politikaların ve uygulanmaların manipüle ve kamufle edilerek sunulması gerekmekteydi. Bu nedenle, darbeyi yapacak cuntanın ve kadroların teşhir olmamış olması, kitlelerin gözünü boyayacak özelliklerinin olması istenmiştir. Aranan özelliklere ve ABD'nin ve illegal güçlerin politikalarına uygun olmayan, N. Kemal Ersun Cuntası'nın darbe teşebbüsü, Türkeş'in şiddetli arzusuna rağmen, bu nedenle başarısız olmuştur.

Darbeyi ihbar eden MİT, o günün koşullarında büyük ölçüde Türkeş'in denetiminde ve kontrolündeydi. Türkeş'le olan bağlantısına rağmen MİT, ABD'nin istemediği darbe girişimini önlemek için Demirel'e bildirmiştir. Böylece süreç farklı geli-

60-Bıçağın Sırtındaki Türkiye S. Genç s. 239

şerek, istenen darbe, 12 Eylül 1980'de, ancak ABD'nin izni ve desteğiyle yapılabilmiştir.

Burada bir noktanın üzerinden kısaca durulması gerekir. Görüldüğü gibi, yukarıda anlatılanlarda, birbirleriyle iç içe, aynı safta olan, ama aynı zamanda çatışan siyasal güçlerden söz edilmektedir. Anlatılan ilişkilerin, hem birbirlerine bağımlılıkları, hem de çatışıyor olmaları, paradoksal bir durum olarak anlaşılmaz görülebilir. Fakat söz konusu siyasal güçlerin birbirleriyle ilişkilerinin varlığı, her zaman birbirlerinin dediğini yaptıkları anlamına gelmez. Veya birbirlerinden gizli, birbirlerinden farklı politikalarının olmadığını, olamayacağını göstermez. MHP'nin bu yıllarda izlediği halk düşmanı politika, ABD'nin ve illegal devletin birlikte geliştirdiği politikaydı. Ancak bu politik ortaklıkta, ne özgünlükler yok olmuş ne de egemen güçler arasındaki ilişki, emir-komuta, efendi-uşak ilişkisi şeklinde gelişmiştir.

Bu ilişkinin tarafları olan egemen illegal yapılar, MHP ve ABD'nin, her birisinin özgün politikaları olduğu gibi, birbirleriyle olan ilişkileri de, çeşitli zamanlarda ve biçimlerde, farklı davranmalarına engel değildir. Elbette, bu ilişkide en son kararı veren bir güç vardı ve o MHP değildi. Ama MHP'nin de kendince beklentileri ve bu beklentileri karşılamak için politikaları bulunmaktaydı. MHP ile ilişkili olan N. K. Ersun Darbesi, MHP için anlam ifade etmekteydi, ama böyle bir darbe, MHP'nin de efendisi olan ABD'nin çıkarlarına uygun bulunmadığı için desteklenmemiş, engellenmiştir.

Bu denli karışık ve yoğun geçen 1977 yılının sonuna kadar illegal güçler, belirlenen konsepte uygun olarak, sürekli saldırılar geliştirmiş, çok sayıda insanın katline yol açmışlardır.

1 Mayıs Katliamı'ndan ve Ecevit'e yapılan suikast girişimlerinden kısa süre sonra genel seçimler yapılmıştır. 5 Haziran 1977 genel seçimlerinde MHP oylarını, hükümette olma avantajını kullanarak, %3,4'ten %6,4'e çıkartmış, 3 olan milletvekili sayısını, 16 milletvekiline yükseltmiştir.

CHP, tek başına hükümet için gerekli çoğunluğu sağlayamamış, ancak en çok oy alan parti olarak hükümeti kurmakla görevlendirilmişti. Bu amaçla çeşitli girişimlerde bulunmaktaydı. CHP'nin hükümet kurmak amacıyla diğer partilerle yapmak istediği işbirliği, koalisyon çabaları sonuç vermiyordu. CHP, MHP'siz bir koalisyon arıyor, buna karşın AP ve MSP, CHP ile koalisyona yanaşmıyorlardı. Parlamentoda bulunan bağımsız milletvekillerinin sayısı ise, CHP ile hükümet kurmaya yeterli gelmiyordu.

Egemenlerin parlamentosunda ve partileri arasında bunlar yaşanırken, illegal güçler, halka ve devrimcilere yönelik siyasi saldırılarını ve katliamlarını, sürdürmekteydiler. Aynı anda legal devlet kurumları ve güçleri tüm şiddetiyle, devrimcilere karşı baskılara devam etmekteydiler.

CHP, hükümet kuramayınca, hükümet kurmak görevi, Demirel'e verildi. Bunun sonucunda, Türkeş'in de içinde yer aldığı 2. MC koalisyonu kuruldu. Demirel'in başbakanlığındaki 2. MC döneminde, halka yönelik saldırılar ve katliamlar, hızını artırarak devam etti. Hükümetin kurulduğu tarihten, yıkıldığı tarihe kadar geçen süre boyunca, halka ve devrimcilere yönelik sayısız saldırı, cinayet ve katliam yaşandı.

Bu koşullarda, 1977 Aralık ayında yerel seçimler yapıldı. Yerel seçimlerde CHP, MC hükümetlerine karşı devrimcilerin yürüttüğü olağanüstü çalışmaların semeresini oya çevirerek, en yüksek oyu aldı. Belediyelerin büyük bir kısmı CHP tarafındann kazanıldı. Hükümet olan AP, oy kaybederken MHP ve MSP sınırlı bir oy artışı sağlayabildiler.

Seçimlerde ortaya çıkan bu durum, CHP'nin hükümet olma arzusunu kamçıladı. Kamuoyunun da beklentiye girmesinin sağlanmasıyla, CHP'nin hükümet kurması gündeme geldi. AP'den transfer edilen ve Güneş Motel operasyonu diye siyasal literatüre geçen 11 milletvekilinin CHP'ye transfe. edilmesi ve arkasından verilen gensoru ile Demirel Hükümeti'nin düşürülmesiyle, CHP'nin hükümet kurmasının koşulları oluştu. Böylece 1978'in ocak ayında Ecevit CHP'sinin hükümeti kuruldu.

Ancak sistemin içinde ortaya çıkan dönemsel politik çatışma ve çelişkilerden dolayı, CHP, ABD ile çelişiyordu, sermaye ile çelişiyordu, devletin asli unsurları olan illegal kurumlarıyla çelişiyordu. Bu durum, Ecevit'in ve CHP'nin adı geçen egemen güçlere rağmen hükümet olduğu anlamına gelmemektedir. Egemen legal-illegal güçler, Ecevit hükümetinin varlığını, kendi politik uygulamaları için fırsata dönüştürerek, katliam, cinayet ve saldırılarını kolaylaştırmak için değerlendirmişlerdir.

1978-Türkiye'de Katliamlar yılı

Dünyanın emperyalist gücü ABD için iyi olmayan şeyler yaşanıyordu. Aslında her istediklerini yapabileceklerini sanan bu haydutlar için hiçbir gün kolay geçmemiş, 1950'lerde başlayan sürecin her anında ve dünyanın her mekânında, halkların direnişleri, onların işlerini zorlaştırmıştı. Bu olgu, 1978 yılında, Türkiye'nin içinde bulunduğu bölge için de geçerliydi.

İran'da, ABD'nin en büyük müttefiklerinden Şah Rıza Pehlevi, zor durumdaydı. İslam iktidarını gerçekleştirmek isteyen Humeyni ile Rusya yanlısı Tudeh ve Halkın Mücahitleri arasında yaşanan işbirliğiyle sürdürülen mücadele İran'da Şahın iktidarını önemli ölçüde zorlamaktaydı. Aynı zamanda Afganistan, Rusya'nın kontrolü altındaydı. Irak'ta ki yönetim, Rusya ile yakın ilişki içindeydi. Bölgede ABD'nin, dayandığı en önemli güç, Türkiye'yidi ve Türkiye'nin istenmeyen bir yola girmesi, ABD için kabul edilemezdi. ABD emperyalistleri, bölgede tek dayanağı durumuna gelmiş ve belirtildiği gibi kendileri için önemi tartışılmaz olan Türkiye'nin, ellerinden kayıp gitmesine sessiz kalamaz, Türkiye'yi gözden çıkartamazlardı.

ABD'nin bu korkularının dışında Türk egemenlerinin ve illegal yapılarının da kendilerince "çıldırtan" korkuları bulunmaktaydı. Mücadelenin geldiği kitlesellik ve nitelik düzeyi, ayrıca Kürt halkının ve Alevilerin mücadelenin içindeki konumları. devleti ciddi biçimde kaygılandırıyordu. Hâsılı mevcut durum, her yönüyle ve tüm egemenler için büyük bir korku vesilesiydi.

Öte yandan Türkiye ve Kürdistan'da halkın yaşamı, hem ekonomik olarak, hem belirtilen siyasal gelişmelerden dolayı katlanılmaz durumdaydı. Özellikle yaşamsal tehlikenin yakıcı hale gelmiş olması, en önemli sorun halindeydi. Faşist saldırılar önlenemiyor, halkın yaşam güvencesi sağlanamıyordu. Her devrimci demokratik çevrenin gündemi bu konuydu, ama makul, geliştirici, bir çözüm ortaya konamıyordu. Bu konuda çözüm olması gereken devrimci yapılar, illegal güçlerin ve devletin yoğun ve sistemli baskılarıyla etkisizleştirilmeye çalışıyordu. Buna eklenen devrimci yapıların yetmezlikleri, siyasal gelişmelerde bir tıkanmaya yol açmıştı.

Bu verili durum, ABD-CIA ve Türkiye'de bulunan illegal güçleri, hem halk hareketinin önünü kesmek, hem de asimilasyon politikaları için, birçok yöntem ve araçla sürdürdükleri kanlı planlarını, daha şiddetli ve daha acımasız bir biçimde uygulamaya yöneltti.

Kurulan CHP hükümetiyle birlikte, gizli güçlerin 1977 yılının Mayıs ayından bu yana sürdürdüğü "gerilim ve psikolojik ortam yaratma" hareketi, yeni bir evreye girdi. Demirel ve özellikle Türkeş ve MHP, yoğun, keskin ve saldırgan bir muhalefetle, Ecevit hükümetine yükleniyorlardı. Devrimciler her yerde ve ortamda, bir yandan illegal güçler, diğer yandan sivil faşist güçler tarafındann saldırıya uğruyorlardı. Her gün bir kaç halktan insan ve devrimci öldürülüyordu. Kahveler, otobüsler taranıyor, evler basılarak insanlar boğazlanıyordu. MHP genel başkanı Türkeş, bir yandan kadrolarını hareket halinde tutarken, diğer yandan orduyu müdahale etmeye çağırıyordu.

Faşist politik güçler, bütün demokratik kurum ve çevrelere karşı yürüttükleri saldırılarını, Ecevit ve CHP'ye karşıtlık adına, daha yaygın ve yoğun bir biçimde sürdürmekteydiler.

Devletin asli güç odakları da, yukarıda belirtildiği gibi, Ecevit CHP hükümetini istemiyor görünüyorlardı. Ecevit ise, istemediği halde, kendisini demokratik kurumlarla bir arada bulmak zorunda kalıyordu. Ancak Ecevit, her durum ve gelişmede, demokratik çevrelere karşı tutum alıyor, asli güç odaklarına, hizmetlerinde olduğunu kanıtlamaya, kabul ettirmeye çalışıyordu. Hâlbuki egemenler, Ecevit hükümetini ve ona karşı sürdürdükleri muhalefeti, belli bir plan ve politika üzerinden sürdürüyorlardı, dolayısıyla Ecevit'in çabaları beyhudeydi, bir karşılığı yoktu.

Her ne kadar CHP, sermaye, ordu, gizli devlet güçleri ve ABD tarafından istenmiyor gibi görünse de, CHP'nin hükümet olması, adı geçen güçler tarafından, fırsata ve imkâna dönüştürülmekteydi. "Gayri Nizami Harp" yürüten güçlerin, CHP hükümetinin varlığını gerekçe göstererek, gericiliğin ve ırkçılığın etkisinde olan toplumsal kesimleri saldırgan politikaları için ikna etmeleri, kışkırtmaları ve bu siyasal zemin üzerinden devrimcilere saldırtmaları, çok daha mümkün ve kolaydı.

Öncelikle düşman diye gösterdikleri devrimcileri, CHP hükümetiyle özdeşleştirerek, "yakın ve yakıcı. bir tehlike olarak sunmakta, böylece düşmanlaştırdıkları ırkçı-gerici kesimleri motive etmekteydiler. İkincisi, CHP'nin bütün tutarsız, halktan yana olmayan, ezen ve sömüren düzenin koruyuculuğunu yapan özellikleri, tamamen, devrimcilere fatura edilmekteydi. Üçüncüsü, CHP vasıtasıyla, devrimci kurum, kişi ve kuruluşların tecrit edilmesinin, kapatılarak etkisizleştirilmesinin olanakları doğmuştu. Dördüncüsü, CHP'yi solda gören halkın, CHP'ye solcu olduğu için sahip çıkarak, devrimcilerle ilişkilerinin kopartılması sağlanıyordu. Sonuç olarak CHP'nin hükümet olması istenmiyor gibi gösterilse ve öyle gibi olsa da, aslında illegal devlet güçleri için önemli olanak ve fırsatlar yaratmıştır.

Bütün bu sebeplerden dolayı, Ecevit hükümetinin başa geçmesiyle, devrimcilere ve halka yönelik saldırılarda, hızlı bir tırmanma ve çeşitlilik yaşanmaya başladı. Halkın mücadelesi karşısında egemenler, CHP'nin belirtilen özelliklerini de kullanarak, elbirliği ile başlattıkları "nizamsız savaş" sürecini derinleştirerek sürdürmekteydiler.

16 Mart'ta, İstanbul Üniversitesi öğrencilerine, katliam uygulandı. 7 öğrencinin ölümü, 41 öğrencinin de yaralanmasıyla sonuçlanan bombalı ve silahlı saldırının yapılacağı önceden biliniyor olmasına rağmen, gerekli tedbirler alınmamıştı. Katliamda, önleyici görevi yapması gereken polis şefleri Şükrü Balcı ve Reşat Altay, namlı illegal devlet görevlileri olarak, tam tersine, katliamı kolaylaştıran bir rol oynadıkları için itham edildiler.

Başka bir katliam girişimi, Ankara'da Yükseliş olarak da bilinen ADMMA öğrencilerine yönelik olarak, 12 Nisan 1978 tarihinde gerçekleştirildi. Öğrencilerin toplandıkları kahvehanenin önüne park edilen bir araca yerleştirilen bombanın patlaması sonucu 7'si ağır 23 öğrenci yaralandı.

16 Mayıs gecesi, Ankara, Etlik-Piyangotepe'de devrimcilerin ve halkın gittiği bir kahve, sivil faşist güçler tarafından tarandı. Sıkıyönetim koşullarında yapılan ve 7 kişinin öldürüldüğü bu katliamla, artık kimsenin can güvenliğinin olmadığı gösterilerek, korku ve panik yaygınlaştırılmaya çalışıyordu. Bütün bu saldırılar, NATO'nun Gizli Ordularının yetkililerince planlanan ve görevlendirilmiş katiller tarafından gerçekleştirilen illegal güçlerin operasyonlarıydı.

Her yerde bunca saldırının yaşandığı bu koşullarda, Maraş ve çevresinde, saldırıların ve katliamların planlanmadığı düşünülemez. İşte bu ortamda, bölgeyi derinden etkileyen Malatya Katliamı yaşandı.

a. Malatya Katliamı

Önceki bölümde belirtilmişti, Malatya, devletin derinliklerinde, özel önemi olan yerlerden birisidir. Bundan dolayı 1978'den önce, Malatya'nın Kürt-Türk Alevi halkına yönelik çeşitli saldırılar yapılmıştı. Ancak bu saldırılarla istenen sonuç alınamadığı için, 1970'lerde yaşanan siyasal gelişmeler basamak yapılarak, yeni katliamlar sürecinde seçilen şehirlerden birisi Malatya olmuştu. Zaten 1977-78 yılında Malatya'da demokratik devrimci kurum ve çevrelere karşı, sayısız siyasal saldırı yapılmış, çok sayıda devrimci öldürülmüştü. Faşist saldırı ve faaliyetlerin yoğunlaştırıldığı Malatya, bu yolla, mafyatik ve sivil faşist kadroların üretildiği bir merkez durumuna getirilmişti. Buna rağmen Malatya'nın demokratik damarı yok edilemiyor, faşizmin saldırıları, her seferinde, direnişlerle karşılanıyordu.

Malatya'da belediye başkanlığı, 1920'den 1977'ye kadar CHP adayları tarafından kazanılmıştı. Genel seçimlerde de, genellikle, oyların çoğunu CHP alıyordu. 11 Aralık 1977 belediye seçimlerinde, bütün sağ partiler, AP'den ihraç edilen Hamit Fendoğlu'nun, bağımsız adaylığı üzerinden birleştiler. Bunun sonucunda Belediye Başkanlığını, daha çok Kürt aşiretler tarafından desteklenen bağımsız aday Hamit Fendoğlu kazandı.

Hamit Fendoğlu, Malatya merkeze bağlı Bulgurlu Köyü'nde dünyaya gelen, Kürt İzollu Aşiretinde bir politikacıdır. 1946'da

DP'nin gençlik kollarında politik hayata atılmış, 27 Mayıs 1960 darbesinde Yassıada'da yatmış, 1965 seçimlerinde, AP'nin Malatya Milletvekili seçilmiştir. Hamit Fendoğlu'nun, öldürülmeden kısa süre önce, gelişen Kürt siyasal mücadelesine ilgi duymaya başladığı ve bu nedenle içinde bulunduğu siyasal çevreden ayrılmak istediği iddiası, o yıllarda, tartışılmaktaydı.

Hamit Fendoğlu'nun Belediye Başkanı seçilmesinden birkaç ay sonra, 1978 Nisanında, Ankara-Emek PTT'sinden dört ayrı adrese, dört ayrı bomba gönderilir. Bombaların gönderildiği adreslerden birisi Hamit Fendoğlu'nun adresidir. Bu bombaların bir diğeri CHP Pazarcık ilçe başkanı Memiş Özdal'a gönderilir. Diğer ikisi ise, Adana ve Adıyaman'da iki adrese gönderilmiştir.

Hamit Fendoğlu, 17 Nisan günü akşamı, paketi evine götürerek açmaya çalışır. Açılmaya çalışılan kolide, büyük bir patlama olur ve Hamido, gelini ve torunları ölürler.

Katliama ve ilgili gelişmelere geçmeden önce, Hamit Fendoğlu'nun ve Pazarcık'ta bir posta görevlisinin ölümüne yol açan bu ölüm bombalarıyla ilgili birkaç ayrıntıya değinmek gerekmektedir.

Konunun uzmanları, yaptıkları incelemeler sonucunda, bu tür patlayıcıların özel olduğunu ve ancak merkezi Ankara'da bulunan Atom Enerjisi Kurumu'nda yapılabileceğini, belirtmişlerdir. Atom Enerjisi Kurumu, MC Hükümetleri zamanında MHP'li kadroların istihdam edildiği bir kurum olarak kullanılmıştır. Stratejik bir öneme sahip olduğu için MHP'nin buraya özel önem atfettiği anlaşılmaktadır.

Atom Enerjisi Kurumu'nda çalışanların içinde 27 tane ÜGD'li bulunmaktaydı. ÜGD eski Genel Başkanı Muharrem Şemsek de söz konusu tarihte, bu kurumda çalışmaktadır. Malatya, Pazarcık ve diğer adreslere gönderilen ve Malatya'da katliama yol açan bu bombaların Atom Enerjisi Kurumu'nda çalışan ÜGD'liler tarafından gönderildiği iddia edilmiştir.

İleri sürülen iddialar üzerine Atom Enerjisi Kurumu'nda arama yapılmıştır. Yapılan arama ve soruşturma sonucunda, ölüm taşıyan paketlerin, MHP'li Muharrem Şemsek tarafından gönderildiği iddiasıyla, Muharrem Şemsek ve birkaç arkadaşı, gözaltına alınmış ve tutuklanmıştır. Ancak, söz konusu iddiaya dair önemli bulgular olmasına rağmen, Muharrem Şemsek ve arkadaşları, bir süre sonra, mahkemece serbest bırakılmışlardır.

Muharrem Şemsek, tahliye olduktan sonra, şunları anlatmıştır, MHP genel merkezinde ülküdaşlarına, "Allahtan ki beni gözaltına aldılar. Bana yapılan baskı, eğer başkasına yapılmış olsaydı her şey açığa çıkabilirdi. Çok şükür ben dayandım"[(61)] demiştir. Ancak tarihin ve halkların belleğine kazınan bu bilgi, hukuksal bir kanıta dönüştürülememiştir.

Sonuçta, bir devlet kurumunda imal edilmiş ve profesyonel bir katliam organizasyonunda kullanılan bu bombalarla ilgili dosya, kim tarafından gönderildiği belli olduğu halde, gerekli ciddiyette bir araştırma yapılmadığı için, "sır" olarak kalmış, konu hasıraltı edilmiştir. Bu davanın bu şekilde kapatılması, katliamcıların işini kolaylaştırmış, sonraki katliamların yolunu açmıştır.

Hamit Fendoğlu'na gönderilen ölüm bombasıyla ilgili dikkat çekici bir başka nokta ise, aynı dönemde, Atom Enerjisi Kurumu'nda, Şahin Tolunoğlu adında bir MİT görevlisinin de çalışıyor olmasıdır. [(62)]

Tabloyu netleştirelim. Atom Enerjisi Kurumu adında bir devlet kurumu var. Bu kurumda içlerinde Muharrem Şemsek'in de bulunduğu çok sayıda MHP ÜGD yöneticisi çalışmaktadırlar. Aynı zamanda Şahin Tolunoğlu adında bir MİT görevlisi de MHP'lilerle birlikte, burada çalışıyor görünmektedir. Adı geçenlerin çalıştığı kurumda ve yine adı geçenlerin çalıştığı dönemde, dört değişik adrese katliam bombaları gönderilmesi söz konudur. Bu bilgiler ışığında bakılınca, söz konusu ölüm bombalarının, hukuksal bir değerinin olup olmadığından bağımsız olarak,kimler tarafından gönderilmiş olduğu açıkça ortaya çıkmaktadır.

Lakin ne hikmetse, bu iddia yeterince araştırılmamış, üstü örtülmüş ve böylece bu bombaların kim tarafından gönderildiği sözde "tespit edilememiştir".

61-İtiraflar A. Yurtaslan s. 143

62-Kirli işler İmparatorluğu Suat Parlar s. 151

Belirtilen düzenlemelerle Hamit Fendoğlu'na gönderilen ölüm bombasının yarattığı vahşi sonuç, katliamcılar tarafından planlandığı gibi, Malatya Katliamı için gerekçe yapıldı. Olayın duyulmasıyla, köylerde, komşu il ve ilçelerde yığınla insan Hamido'nun evinde ve hastanede toplanmaya başladı. O günün komandoları, bugünün "iyi çocukları" iş başındaydılar. Bunlar tarafından kışkırtılarak birer canavara dönüştürülen katiller sürüsü, bir cenazeye değil, katliam yapmaya gelmişlerdi.

Tahrikler ve kışkırtmalar sonucu, 18 Nisan 1978 Salı sabahın erken saatlerinde, Türk-Kürt Alevi halka ve devrimcilere yönelik saldırılar başladı. Saldırganların içinde, ellerinde saldırı aleti olmayan yoktu. Silahların yanında, özel hazırlanmış sopalar, zincirler, nacaklar bulunuyordu. Yüzleri maskeli, elleri silahlı çok sayıda komando, toplanan grupları yönlendiriyor, önderlik ediyorlardı. "Kahrolsun Komünizm, katil Ecevit, Müslüman Türkiye, Dan-Dan Hamido'ya intikam" sloganlarıyla yürüyor ve saldırıyorlardı.

Saldırıların başladığı saatlerde, belediye ve camii hoparlörlerinde "Din elden gidiyor, Camiler bombalanıyor" anonsları, aralıksız, akşama kadar sürdürülmüştür. Bir kez daha dini duygular kullanılarak, katliamın büyümesi, saldırıların yaygınlaştırılması sağlanmıştır.

Belirlenmiş veya bilinen evler, işyerleri, mahalleler, semtler, saldırganlar tarafından yakılıyor yıkılıyor, yağmalanıyordu. Malatya sokakları ve çevre ile bağlantı yolları, gericilerin ve faşist cellâtların kontrolü altındaydı. Malatya'ya, katliam havası hâkim olmuştu. Katliama engel olması gereken ilgili ve yetkililer, katliamı izliyorlardı. Alçaktan uçan jetlerin sesleri, mağdurları tedirgin ediyor, saldırganları cesaretlendiriyordu.

Türk-Kürt Alevilerin yaşadığı mahallelerde halk, saldırılara karşı, kendi olanaklarıyla tedbirler almaya, direniş için örgütlenmeye çalışıyordu. Saldırganlara karşı, devrimcilerle birlikte, mahallelerde ve sokaklarda barikatlar kuruluyor, savunma olanakları geliştiriliyordu. Saldırı girişimleri karşılık buluyor, püskürtülüyordu. Mahallelere yapılan her saldırı sonrasında güvenlik güçleri, saldıranların peşine düşmek, onları yakalamak yerine, mahalle sakinlerini gözaltına alıyor, mahallede arama yapma adı altında, terör estiriyorlardı.

Malatya Katliamı'nın en dramatik cinayeti Çilesiz Mahallesinde yaşanır. Mahalleye, saat 12:00'ye doğru, bir araba gelir. Arabadan inenlerden birisi, top oynayan, mahallenin 14-15 yaşlarında lise öğrencilerini, adlarını söyleyerek "Naci, Sait, Özcan" diye çağırır. Bu üç Alevi çocuğu, geri dönemeyecekleri yolculuk için, kaygısızca binerler taksiye. Onları izleyen arkadaşları, "herhalde öğretmenleridir", düşüncesiyle, telaş etmezler. Ama sonra kuşkulanır ve çocukların ailelerine bildirirler.

Birkaç saat sonra, Özcan Türksever, Sait Hazar, Naci Erguvanlı'nın öldürüldükleri haberi gelir mahalleye. Üç liseli gencin cesetleri, Malatya'ya 8 kilometre uzaklıktaki Beylerderesi'nde, demiryolu tünelinde, rayların üstünde bulunur. Annelerin öpmeye kıyamadığı, babaların saçlarını okşamaya doyamadığı bu liseli gençler, işkence edilerek ve kurşunla öldürülmüş, cesetleri tren rayına bırakılarak, param parça olması sağlanmıştı. Çocukların aileleri, kuşkulandıkları bazı isimleri, ilgili makamlara vermişler, ancak sanki yer yarılmış, katiller içine girmiş gibi, bulunamamışlardır.

Malatya Katliamını, tanık Kalender Ağdaş, polis yetkilisine, "Sünnilerle 30-40 yıldan beri komşuyuz. Aramızda değil mezhep, çocuk kavgası bile olmadı. Faşistler silahla geliyorlar, dükkânları, evleri yakıyorlar, tahrip ediyorlar. Polisler de geliyor, onları değil, suçlu diye bizi alıp götürüyor. Bu nedir?" diyerek en veciz haliyle anlatmıştır.

Malatya Katliamı iki gün devam etmiştir. Katliamın bilançosu, 8 ölü, 20'si ağır olmak üzere 100 yaralı, tahrip edilmiş 960 işyeri ve konuttur. Devlet erkânı bildik teranelerle, katliamın sorumluluğunu, ya devrimcilere mal etmeye veya basit bir olaymış gibi göstermeye çalışmaktaydı.(63)

Cenaze için 21 Nisan 1978 Malatya'ya gelen devlet erkânından Cumhurbaşkanı Celal Bayar, klasik tehditler savururken, Alparslan Türkeş, yaptığı basın açıklamasıyla, kadrolarına, yol gösteriyordu. "İktidar Kahramanmaraş ve Erzurum'da milliyetçilere karşı baskılara girişmektedir. Bu iki ilde olayların çıkacağını söylemek kehanet değildir."(64) Diyen Türkeş'in bu

---

63-Yakın Tarihimizde Kitlesel Katliamlar Nedim Şahhüseyinoğlu s. 42-63

64-22. 04. 1978 Tarihli Sonhavadis, Hürriyet, Milliyet Gazeteleri

ifadeleri Maraş ve Erzurum'da da benzer katliam ve saldırıların yapılacağına işaret ediyordu. Her iki şehirde de Türkeş'in "öngörülerine" uygun olarak katliam girişimleri ve saldırılar yaşandı.

Malatya Katliamı'yla Türkiye, seri katliamlardan yeni bir döneme girmiş bulunmaktaydı. 1977-78 yıllarına kadar süren, okullarda öğrencilerin, iş yerlerinde işçilerin, sokak başlarında aydınların kurşunlanması, öldürülmesi, ev ve kahve baskınları, gözü dönmüş "iyi çocukların" ve paramiliter faşist odakların, politik hesaplarına yetmiyor, tatmin etmiyordu. Kitlesel katliamların yapılmasına karar verilmiş ve bu anlamda Malatya'da işe başlanmıştı. Artık "katliam günleri" yaşanmaktaydı. Bugünden sonra, belirlenmiş şehirlerde katliamlar ve katliam amaçlı saldırılar devam edecektir.

2 Mayıs 1978 tarihinde Elazığ'da, biri müezzin iki kişinin cami hoparlöründen "şehir içme suyunda zehir var, içmeyin" şeklinde yaptığı anonslarla ve telefonlarla, halk arasında panik yaratıldı. Gece sokağa dökülen halk, güçlükle yatıştırıldı. "Aldığımız önlemlerle ikinci Malatya Olayının Elazığ'da tekrarlanmasını önledik" diye açıklama yapan Vali Güngör Aydın, zehirlendikleri iddiasıyla hastaneye başvuran 58 kişi hakkında soruşturma açtı. 13 ve 14 Mayıs günlerinde Elazığ'da 4 kahve sırayla tarandı, 2 kişi öldü.

1978 yılı Temmuz ve Ağustos aylarında, Ankara'da bir dizi katliam ve cinayete tanık olundu. Sistemin ve devletin paramiliter katilleri, önce Hacettepe Üniversitesi öğretim üyesi Doç. Bedrettin Cömert'i katlettiler. Arkasından, Ağustos ayında, Mamak belediye otobüsünü ve Balgat'ta 4 kahvehaneyi silahla taradılar. Bu saldırılarda 7 kişi öldü, 4'ü ağır 27 kişi yaralandı.

b. Sivas Katliamı 4 Eylül 1978

Öyle bir siyasal iktidarın egemenliği altında yaşamaktayız ki, katliamlar arasında tercih yapmak zorunda kalmışız. Bir katliamın ağırlığı ve vahşeti, diğerini unutturabilmektedir. Ne yazık ki başka alanlarda değilse bile, katliamlar konusunda çok seçeneklerimiz bulunmaktadır.

1995 yılında Sivas'ta yaşanan Madımak Katliamı, 1980 öncesi yaşanan Sivas Katliamı'nı gölgede bıraktığı için, Sivas Katliamı denince, akla ilk olarak, Madımak Katliamı gelmekte, 1978 Sivas Katliamı hatırlanmayarak, unutulmaya terk edilmektedir.

Malatya Katliamı'ndan 5 ay sonra, benzer sosyo-kültürel özelliklere sahip bir başka yerde, Sivas'ta, katliam başladı. Her şey, ama her şey birbirinin tekrarıydı. Oyun aynı, senaryo aynı, oyuncular aynı, mağdurlar aynıydı. Henüz Malatya Katliamının acıları dinmemişken ve her tarafta faşist saldırılar yapılıyorken, yaşanan Sivas Katliamı, Maraş Katliamına giden yolu döşemekteydi.

4 Eylül 1978 sabahında, Alibaba Mahallesinde, "Ey Müslümanlar ne duruyorsunuz, Aleviler, komünistler namazdan çıkan Müslümanlara saldırdı, Müslümanlar katledildi" anonslarıyla başladı, saldırılar. Ramazan ayı olması, işlerini kolaylaştırmıştı, komandoların.

Bu saldırılarda, ilk olarak yaşlı bir kadın öldürüldü. Çok sayıda insan yaralandı. Pazar yeri ve sokaklar, yakılmış, tahrip edilmiş, eşya ve araçlarla doldu. Evler yakıldı, yıkıldı, saldırgan komandolar, tarafından.

Halk, şaşkınlık ve panik içindeydi. Sıkılan kurşunlar altında, sığınacak yer için, sağa sola kaçışıyordu. Sivas, saldırganlar tarafından işgal edilmiş, saldırganların başka mahallelerden sürdürdükleri saldırılarla, tüm şehir, saldırı alanı olmuştu. Megafonlarla slogan atarak dolaşan saldırganlar, "Aleviler camiyi bombaladı. 300 dindaşımız katledildi, gün cihat günüdür" propagandasıyla, saldırılarına destek almaya çalışıyorlardı.

Bu anonslara karşı çıkan bir camii imamı, saldırganlar tarafından dövülüp etkisizleştirilmiştir. Hükümet olan CHP'nin İl binası, belediye ve Valilik binaları, saldırganlar tarafından tahrip edilmişti. Halkın malını ve canını korumakla görevli olan Vali, halkı, saldırganların insafına terk etmiş, ailesiyle birlikte askeri birliklere sığınmıştı.

Saldırılar, 10 ölü, 100 yaralı ve 1000'e yakın işyerinin tahribi, talanı ve çok sayıda evin yakılıp yıkılmasıyla sonuçlanmıştır. Saldırılarda Alevi mahallelerine ambargo uygulanmış, giriş çıkışlar engellenmiştir.

Bu saldırılar yaşanırken, güvenlik kuvvetleri ya etkisizdirler veya saldırganların işini kolaylaştıran bir tutum içindedirler. Saldırıların başlamasından saatler sonra, devreye girmişlerdir. Bu arada suçlular izlerini kaybettirmişler, bunların yerine, hep olduğu gibi, evi, işyerleri yıkılan, yakılan, talan edilen ve saldırıya uğrayanlar gözaltına alınmışlardı. Yapılan sözde yargılamalarda, hiçbir sonuç çıkmadığı gibi, saldırılar, Alevi ve ilericilerin üzerine yıkılmak istenmiş, mağdurlar suçlanmıştır. 3-4 Eylül 1978 Sivas Katliamı'nın olduğu esnada, Ülkü Ocakları Başkanı Muhsin Yazıcıoğlu Sivas'taydı ve eski bir ülkücünün itiraflarına göre, Mustafa Mit'le birlikte Sivas olaylarının organizatörlüğünü yapmaktaydı.[65]

Bu tarihlerde MHP Genel İdare Kurulu, 1977'den beri uyguladığı politikaları bir kez daha 2 Eylül 1978'de kamuoyuna deklare etti. Sıkıyönetimin tüm ülkede ilan edilmesini, Devlet Güvenlik Mahkemeleri'nin yeniden kurulmasını talep eden kararlarını açıkladı. Yapılan katliamların ardından, kendilerine iktidar yolunu açacak, halkı teslim olmaya zorlayacak önlemleri dayatmak, faşist politikanın güncel talepleri olarak formüle edilmekteydi.

MHP üzerinde ifade edilen bu politik talepler, sadece MHP'ye ait değildi. Aynı zamanda diğer faşist illegal güçlerin politik ihtiyaçlarına karşılık gelen bu talepler, MHP adına dillendiriliyordu. Söz konusu faşist güç odakları, belirtilen amaçlarını gerçekleştirmek için katliamlarına aralıksız devam ettiler.

Faşistlerin kendi aralarında kahve tarama dönemi olarak adlandırdıkları bu dönemde, 8 Ekim 1978'de Ülkü Ocakları 2. Başkanı Abdullah Çatlı'nın "reis"liğinde, Haluk Kırcı'nın da içinde olduğu faşist çete, Ankara Bahçelievler'de 7 TİP (Türkiye İşçi Partisi) üyesi öğrenciyi boğarak ve kurşunlayarak, katlettiler.

Böylece ABD, CIA ve illegal güçlerin Türkiye ve Kürdistan halklarına yönelik kanlı planları, paramiliter kadrolar eliyle pratikleştiriliyordu. Adı geçen güçler, hem Türkleştirme ve etnik arındırma programı için, hem güncel politik hesapları için yaptıkları bu katliamların daha kapsamlı, daha vahşi ve daha kanlı olanlarına ihtiyaç duymaktaydılar. Ecevit ve hükümeti ise, sü-

65-İtiraflar Ali Yurtaslan S. 132

recin işlemesi için kendisine oynattırılan "başarısız solcu hükümet" rolünü, yerine getirmekteydi. Faşist katliamların üstüne gitme cesareti gösteremiyor, her geçen gün yeni katliam ve cinayetlerle, iyice köşeye sıkıştırılıyordu. Ecevit bu tutumuyla, yeni katliam ve cinayetlerin hem gerekçesi oluyor hem de kolaylaştırıyordu.

Katliamcı güçler, bu süreçte, bütün araç ve yöntemlerle, yoğun bir dezenformasyon geliştirmekteydiler. Manipülasyon amaçlı bu çalışmalarla topluma, yapılan saldırıların sağ-sol çatışması olduğu empoze edilmekteydi. Bütün basın-yayın organları, illegal güçlerin kontrolünde bulunan partiler, dernek ve kuruluşlar ağız birliği etmişçesine bu tezi tekrarlıyor, işliyorlardı. Böylece yapılan faşist katliamları meşrulaştırarak kitlelerin savunma reflekslerini zayıflatıyor, halkın devrimcilerle buluşmasını engelliyor, katliamcı güçlerin işlerini kolaylaştırıyorlardı.

Buna karşı demokratik kurumlar ve aydınlar, ısrarla, bu yaşananların faşist saldırılar olduğunu, meydana gelen tırmanışın sonunda, halklara büyük acılar yaşatılacağını, saldırılara karşı uygun örgütlülükler ve doğru bir mücadele hattı belirlenmesi gerektiğini anlatmaya çalışıyorlardı. Ancak, önderlik yetenekleri zayıf, etkileri yetersiz, sesleri kısıktı.

Devletin gelişmelerle ilgili olarak yaptığı değerlendirmeler ve Maraş Katliamı'yla ilgisi

Türk devlet yapısı kuruluş öncesinden başlamak üzere tüm tarihi boyunca Kürt sorununu, temel, hayati ve stratejik sorun olarak görmüş ve sürdüreceği politikaları buna göre belirlemiştir. İttihat ve Terakki'den cumhuriyete akan devletin bu politik yaklaşımı, 1960'larda başlayan süreç boyunca değişmeden ve gelişmelere bağlı olarak devam etmiştir.

Devlet, 1970'lerde başlayan toplumsal gelişmeleri önlemek amacını taşımakla birlikte, o dönem devrimci ve Kürt devrimci kurumlarının çok farkında olmadığı bir başka boyutla da, fazlasıyla ilgiliydi. Dönemle ilgili yayınlanmış devlet kaynaklı belgelerde, Kürt sorununa dair son derece çarpıcı ve ilginç değerlendirilmelerin yapıldığı görülmektedir. Döneme ait dokümanlarda devletin, yaşanan siyasal gelişmelerden hareketle, Kürtlerin özgürlük için ayağa kalkabileceği ihtimalini, sanılandan daha fazla önemseyerek ele aldığı anlaşılmaktadır. Dönemin devrimci demokratik muhalif güçleri, Kürt sorunu'nun devlet tarafından bu şekilde ele alındığının çok farkında değillerdi.

Bütün devrimci örgütlerin, Kürt sorunuyla ilgili çalışmaları, gündemleri ve değerlendirmeleri vardı. Hepsinin programlarında ve perspektiflerinde, Kürtlere ve Kürtlerin özgürlük sorununa dair eksik-fazla, yanlış-doğru, yazılıyor çiziliyordu. Aynı şekilde, ayrı örgütlenmiş demokratik devrimci siyasal Kürt örgütleri de bulunmaktaydı. Ancak, Kürtlerin özgürlük mücadelesi, henüz dönemin belirleyici ayrıt edici özelliği değildi. Dönemin belirgin unsuru, devrimci sosyalist güçlerle, bu güçlerin gelişmesini engellemek isteyen devlet güçleri ile paramiliter güçler arasında yaşanan çatışmalardı.

Somut gerçek böyle olduğu halde, devlet, bu siyasal hareketliliğin, ayrı bir Kürt devletinin kurulmasına doğru ilerleyebileceği korkusuyla gelişmelere yaklaşmış, "tedbirlerini ve çözümlerini" bu olgu üzerinde kurgulamıştır. Ulusal sorunun toplumsal hayattaki rolünü ve ağırlığını, kendi cephesinde daha doğru değerlendiren hâkim illegal güç odakları, dönemde yaşanan süreçleri böyle görmüş ve değerlendirmişlerdir.

Devletin gelişmeleri belirtilen şekilde ele aldığını ilgili belgelerde görmek mümkündür. Ecevit'in arşivinden çıkan ve dönemin politikalarının belirlendiği 1973-74 tarihli Milli Güvenlik Siyaset Belgesi, Türk Devleti'nin temel-stratejik politikalarının belirlendiği belgedir. Adı geçen belgede ifade edilen şu birkaç cümle, konunun anlaşılmasını sağlamak için yeterlidir.

"2. Siyasi partilerin, derneklerin, basın ve yayın organlarının yıkıcı, bölücü ve laikliğe ve ulusal çıkarlara aykırı her türlü faaliyetlerinin önlenmesi konusunda, ilgili devlet kuruluşlarınca gösterilen gayretlere rağmen, arzu edilen derecede bir başarı sağlanamadığı ve bu sebepten de milli bütünlüğümüzü zedeleyici teşebbüslerin bir türlü önünün alınamadığı görülmektedir." Denerek, hem ilgili politikalar belirtilmekte hem de bu politikaların uygulanmasında yaşanan yetersizlikler anlatılmaktadır.

Ayrıca "c. bölücülüğün yoğunlaştığı ve tehlike arz ettiği Doğu ve Güney Doğu Anadolu'da.... belirlemesiyle, devletin resmi literatüründe bölücülük olarak tanımlanan Kürt sorununa ve "doğu güney doğu" olarak adlandırılan Kürdistan'a dair belirlenmiş özel politikalara atıf yapılmaktadır.

"Anayasamızın "Türk Devleti ülkesi ve milletiyle bölünmez bir bütündür', ilkesinin ışığı altında Milli Güvenlik Politika Esaslarında en önemli iç tehdit olarak gösterilmiş olan bölücülük faaliyetlerinin önlenmesi ve halka tanıtılması..."[(66)] istenerek devamında,

"Yurdumuzun Doğu ve Güneydoğu yörelerinde yoğunlaşan Genelkurmay Başkanlığımızın 171973 gün ve ISTH: 3590-1-73 sayılı yazılarında "Türkiye'nin geleceğini yakından ilgilendiren en büyük tehdit" olarak nitelendirilen, bölücülük olaylarının önlenmesine dair 18.4.1961 gün ve 5-1108 sayılı kararname ile saptanan politikaların uygulanmasında."[(67)] Ve bu noktada ortaya çıkan sorunlardan söz edilmektedir. Bu ifadeler, Türk devlet yönetiminin Kürt sorununa özel bir önemle yaklaştığını bütün açıklığıyla göstermektedir.

1973-1974 yılında, Türkiye'de sürdürülen siyasal mücadelede, Kürt özgürlük mücadelesinin kapsadığı yeri bilenler için bu ifadeler, özgün, dikkat çekici ve anlamlıdır. Söz konusu yıllarda, PKK, henüz bulunmamaktaydı. Varolan çeşitli Kürt siyasal hareketleri ise, bu şekilde bir değerlendirmeyi karşılayacak kadar güçlü ve etkili değillerdi.

Öte yandan devrimci siyasal hareketler daha fazla etkili ve aktif durumdaydılar. Bu verili durumda, ilgili belge, komünizm tehlikesi adıyla devrimci hareketleri hedef almakla birlikte, ısrarla, Kürt sorununu birinci sorun olarak değerlendirmektedir. Kürtlerle ilgili asimilasyon çalışmalarını temel ve esas alan bu belge, Kürtleri "en önemli iç tehdit" "geleceğin en büyük tehdidi" olarak görmektedir.

Dönemin devrimci kurum ve çevrelerinin yeterince değerlendiremediği bu durumu, egemen siyasal otoritenin böyle ele

---

66 -Ecevit'in Gizli Arşivi Can Dündar R. Akar s. 184

67 -Ecevit'in Gizli Arşivi Can Dündar R. Akar s. 185

almasında, böyle değerlendirmesinde, bugünden bakılınca, anlaşılmayan hiçbir husus bulunmamaktadır.

Başından beri uygulanan, 1970'li yıllarda güncellenen bu belirleme ve bunlar üzerinden geliştirilen politikalar, daha sonrasından da değişmeden sürdürülmüştür. 1977 yılında ve sonrasında yaşananlar için Kenan Evren'in ve daha birçok en üst düzey devlet yetkilisinin anılarında, konuyla ilgili fazlasıyla bilgi mevcuttur. Bunların içinde, dönemde doğrudan ilgili ve sorumlu olan Kenan Evren'in anılarından bir kaç cümle konunun anlaşılmasını sağlayabilir.

Kenan Evren anılarında, Kürdistan'da kendisine gelen istihbarat raporlarının birisinden alıntı vermektedir. Söz konusu alıntıda, "iki Bitlis'li vatandaşın yarı Türkçe konuşmalarında başkenti Diyarbakır olmak üzere bir Kürt Devleti kurulacağını konuştukları"nın yazıldığını belirtmektedir.(68) Sıradan iki vatandaşın konuşmalarının, politika tayininde en belirleyici kurum olan Genelkurmaya rapor edilmesi ve bu bilginin politika oluşturmada değerlendirilmesi, devletin Kürt sorununa verdiği önemi göstermek açısında,dikkat çekici ve anlamlıdır.

Yine Genelkurmay başkanı Kenan Evren, 22. Mayıs 1978 yılında Milli Güvenlik Kurulu'nda yaptığı konuşmada şunları söylemektedir. "Bugün için en mühim ve acil konu kanaatimce bölücülüktür. Buna bütün devlet kuruluşları dört elle sarılmazsa yakın zamanda geç kaldığımızı anlamış olacağız."(69) Diyerek devletin en büyük sorununu dillendirmektedir.

Kürdistan'da görev yapan yüksek rütbeli askeri komutanların anlatımları da aynı içeriktedir.

"Van ve Hakkâri'de aşırı sol perde arkasındadır, Kürtçü kesim duruma hâkimdir. Yüksekova, Başkale, Şemdinli kurtarılmış bölge haline gelmiştir"(70) diye yazılan bir istihbarat raporunda açıkça görüldüğü gibi, aşırı sol dedikleri devrimci güçlerin varlığı,devleti yöneten en yetkililer açısından, Kürt

---

68 -Ecevit'in Gizli Arşivi Can Dündar R. Akar s. 185

69 -Kenan Evren Anılar cilt 1 s. 197

70 -Kenan Evren Anılar cilt 1 s. 198

sorununun "perde arkası" olarak algılanmakta, değerlendirilmektedir. Esas korkulan, Kürt halkının özgürlük mücadelesidir.

Bir örnek daha, "Mardin'de 1 Mayısın Kürt bayramı olduğunu belirten duvar yazıları bulunduğu"(71) ifade edilmektedir. Konuyu bilenlerin rahatça anlayabileceği gibi, bu türden bir belirleme ve slogan söz konusu değildir. Anlaşılan Kürt korkusu o denli ileri gitmiş ki, işgüzar bir istihbarat görevlisi, böyle bir bilgiyi önemli bir bilgi olarak sunmayı marifet sanmış ve istihbarat raporuna yazmıştır. Aslında yanılmamış, devlet, bu uyduruk bilgiyi bile önemsemiş, değerlendirmeye almıştır.

Kenan Evren'in korkulu rüyalar görmesine yol açan bu türden raporların oldukça sık yazıldığı ve çok yönlü olduğu anlaşılmaktadır. Bunların bir diğerinde, harita mühendisi kimliğiyle 15-26 Haziran 1978 tarihleri arasında, Trabzon, Erzincan, Tunceli, Elazığ Diyarbakır, Urfa, Gaziantep şehirlerini gezen bir ajanın raporunda, özellikle "Kürt halkına istiklal, "Kürdara Azadi" sloganlarının yoğunluğuna dikkat çekilmekte ve "Duvarlara sarı kırmızı yeşilli Kürt bayrağı yapıştırıldığı" belirtmektedir. (72)

Anılarında bu bilgileri veren Kenan Evren, kuvvet komutanlarıyla birlikte, başbakan Ecevit'le yapılan görüşmelerin birinde, birçok ırkçı faşist önerinin yanında, "bütün partiler Kürtçülük konusunda birleşmeli ve bunun karşısında olduklarını bir bildiri ile kamuoyuna bildirmelidirler."(73) Diyerek, esas sorunlarının Kürt sorunu olduğunu ve bu soruna karşı birlikte davranılması gerektiğini, Ecevit üzerinde devletin diğer kurumlarına hatırlatmış ve yine hükümet başkanı olan Ecevit vasıtasıyla, topluma dayatmaya çalışmıştır.

Devletin Kürt sorunuyla ilgili bu yaklaşımı doğal olarak her konuyu en yakından ilgilendirmekteydi. Özellikle fikir ve düşünce özgürlüğünün ve bu alanda yaşanan sorunların da Kürt sorunu bağlamında ele alındığı yine devlet kaynaklarından tespit edilebilmektedir. Özellikle hak ve hürriyetler konusu ile fikir özgürlüğü, 1973'lerden sonra Türkiye siyasal gündeminin

---

71-Kenan Evren Anılar cilt 1 s. 201

72-Kenan Evren Anılar cilt 1 s. 201-202

73-Kenan Evren Anılar cilt 1 s. 203

temel konuların da birisi olarak, demokratik çevre ve aydınların gündemleştirdiği bir konuydu. Bu gelişmeler devletin merkezi organlarında şöyle değerlendirilmiştir. "Hak ve hürriyetler bahsinde bütün engellerin kaldırılacağı, fikir suçu diye bir şey tanınmayacağı anlaşılan 1974 ve sonrası döneminde yıkıcı, bölücü, laikliğe ve ulusal çıkarlara aykırı fikirlerin ne şekilde önleneceği büyük bir sorun olarak ortada durmaktadır. Anarşik eylemlerin önce fikir düzeyinde başlayıp kâfi derecede olgunlaştırıldıktan sonra eyleme dönüştürüldüğünü"(74) belirten bu belgeye göre, fikir özgürlüğünü kabul etmek, bölücülüğün gelişmesine yol açacaktır.

Fikir özgürlüğü sorununa da Kürt sorunu kapsamında yaklaşan egemen güç odakları, bu konuda yaşanacak çeşitli gelişmelerin önünü kesmeye dikkat çekmektedirler. Aslında bu ifade ile ulusal sorunla demokrasi ve onun bir unsuru olan fikir özgürlüğü arasındaki ilişkinin, egemenler tarafında nasıl ele alındığı da ortaya çıkmaktadır. Belgeye göre, özgürce savunulan fikirler, daha sonra, kitleselleşerek maddi güce dönüşmekte, böylece milli bütünlüğe zarar vermekte ve dolayısı ile tehlikeli görülmektedir.

Bu yaklaşımdan da devlet politikalarını belirleyen en önemli kurum olan Genelkurmayın, demokrasiyi nasıl anladığı ve neden demokratikleşmekten köşe bucak kaçındığı anlaşılmaktadır. Milli Güvenlik Siyaset Belgesi, bu iki noktada yaptığı tespitlerden hareketle, ayrıca değineceğimiz, asimilasyon amacıyla geliştirdiği çözüm önerilerini de ortaya koymaktadır. Devletin en yüksek katında, sorunun nasıl ele alındığını gösteren bu örnekleri çoğaltmak ve çeşitlendirmek mümkündür, ama bu kadarının yeterli olması gerekir.

74-Ecevit'in Gizli Arşivi Can Dündar R. Akar S. 184

KATLİAMA DOĞRU

1977-1978 Maraş'ın sosyal-siyasal kültürel durumu

Katliama ve ayrıntılarına geçmeden önce, böylesine tarihi ve çok yönlü bir katliama sahne olan Maraş'ın katliam günlerindeki sosyo-politik durumuna bakılmasında yarar bulunmaktadır. Katliamın yaşandığı şehrin içinde bulunduğu koşulları bilmek, katliamın anlaşılması kolaylaştıracaktır.

Bu yıllar, Türkiye'nin, daha önce belirtildiği gibi, yoğun sosyal-siyasal değişim yaşadığı yıllardı. Söz konusu değişim süreçleri, doğal olarak Maraş'ı da etkiliyordu. Bu değişimlerin en önemli unsuru, köyden şehre göçtü ve Maraş'a, ilçelerde, köylerde ve çevresinde dönemin karakteristik özelliği olan bir göç yaşanıyordu. Göçle şehre gelenler, hayatlarında ilk kez, farklı bir yaşamla tanışıyorlardı. Karşılaştıkları çok boyutlu yenilikler, onların hayatını güçlü biçimde etkiliyordu.

Maraş'a göç edenler, daha çok Kürt-Türk Alevi köylüleriydi. Bu insanların Maraş'a göçmelerinde, 1925-38 arasında uygulanan "Şark Islahat Planı" gereği asilime edilmek için yurtlarında kopartılarak buraya yerleşmiş olan Erzincan-Dersim "Muhacir"lerinin varlığı teşvik edici bir rol oynamaktaydı. Özellikle Yörükselim mahallesine yerleşen "Muhacir" Aleviler, göçle gelenler için dayanacakları sosyal bir zemin işlevi görüyorlardı. Ayrıca "Muhacir" ler, söz konusu yıllarda, Maraş'ın toplumsal yapısının değişmesine yol açan sürecin önemli bir unsuru durumundaydılar.

Alevi Türk-Kürt köylülerin Maraş'a göçmeleri, iki yolda yaşanmaktaydı. İlk olarak, geçici ve ucuz iş gücü olan köylüler gelmekteydiler. Bu köylüler, belli bir süre şehirde çalıştıktan sonra, tekrar köylerine gidiyor ve şehirde elde ettikleri imkânlarla köylerinde daha rahat bir yaşam kurmaya çalışıyorlardı. Bunlar, genellikle köyde herhangi bir olanağı olmayan, köyün en yoksul ve en olanaksız kesimini teşkil ediyorlardı. Maraş'a biraz uzak düşen ilçelerde yaşayan köylüler, daha çok büyük şehirlere giderken, Maraş'a yakın olan Pazarcık, Göksün, Nurhak gibi yerlerdeki köylüler, Maraş'a geliyorlardı. Maraş'a geçici işçi olarak gelen bu kesim, gidiş gelişlerin bir aşamasında, şehirde ev tutmaya ve yerleşmeye başlayarak, yerleşik hayata geçişin ilk adımını atmış oluyorlardı. Aynı yıllarda köylülerin daha üst gelir grubunda olanlar, çocuklarını okullara göndermeye veya ticaret ve benzeri değişik nedenlerle şehirde bulunmaya başladılar.

Böylece bir yanda yoksul köylüler, diğer yanda orta gelir düzeyinde olan köylüler, farklı neden ve biçimlerde şehirleşiyorlardı. Köylülerin şehre göçmeye başlaması, köylülüğü ve bağlı olarak yaşam normlarını değiştiriyordu. Yoksul köylü, şehirde yeni bir kimlik edinirken, öğrenci olarak şehre gelen köylü genci ise, politik gelişmeleri taşıyordu köylere.

1960'lara gelindiğinde bu süreçte önemli bir yol alınmış, yoksul Alevi Türk-Kürt köylüsü ile Türk-Kürt Alevi kökenli öğrencilerin açtığı şehirleşme ve politize olma durumu, Kürt-Türk Alevileri, bir bütün olarak yaşanan siyasal mücadelenin özneleri haline getirmişti. Bunun sonucu olarak bütün Aleviler, etnik köken ayrımı olmadan, solcu-devrimci kabul edilmişler, Alevilerin kendileri de, bu tanımlamaya itiraz etmedikleri gibi, sahip çıkmışlar, benimsemişlerdi. Elbette Alevilerin yaşadığı bu gelişmenin, konumuz olmadığı için giremediğimiz tarihsel-felsefi bir arka planı ve sosyal alt yapısı bulunmaktaydı.

Köyden şehre göç olgusu, Maraş'ın Türk-Sünni köylülerinde, daha düşük hızla yaşanıyordu. Maraş'ın Türk-Sünni köylüleri, geleneksel yaşama bağlılıklarının derin olmasından ve şehir yaşamının neler getireceğinden duydukları tedirginlik ve kaygıdan dolayı, daha az göçüyorlardı. Ancak bu durum, Maraş merkeze bağlı ve oldukça yakın olan köylüler için geçerli değildi. Onlar, Maraş'ın içinde oturmasalar bile Maraş'ın içindelermiş gibi yaşıyorlardı. Zaten şehre yakın olan yerleşimlerin hepsinde böyle bir durum söz konusuydu.

Merkez köyler için Maraş, komşu kapısı gibiydi. Köylerinde tarım, bağ-bahçe ve hayvancılıkla uğraşan bu köylüler, oldukça yoksul bir yaşam içindeydiler. Hemen her gün veya günü birlik, şehre gelmekte, burada bulabildikleri çeşitli işlerde çalışmakta, varsa herhangi bir işlerini görmekteydiler. Köylülerin şehre yakınlığı, Cuma namazlarının Ulu Cami'de kılınması için şehre gelinmesini, olağan ve rutin bir faaliyet haline getirmişti. Merkez köylülerin bu durumu, zamanla, Maraş'ın içinde yerleşmelerine yol açmış, şehirleşmelerini kolaylaştırmıştır.

1950-75 yılları arasında Maraş'ın Türk ve Sünni köylüleri, içine kapalı bir durumda, kendi hallerine bırakılmış vaziyetteydiler. Bu durum, tüm yoksulların yaşadığı gibi, Maraş'ın Türk-Sünni köylülerinin dini referanslarını güçlendiren bir rol oynamış, dine olan bağımlılıklarını derinleştirmiştir. Çaresizliğe karşı tevekkül etmek, Maraş'ın yoksul köylüleri için, yoksulluğa katlanmalarının ilacı olarak işlev görmüş, bu insanların tesellisi olmuştur.

Maraş'a gelen eski köylü, yeni şehirli Türk-Sünniler, şehrin eşrafında ve bürokratik yapısında fazla ilgi görmüyorlardı. Cumhuriyetin yeni sosyal-siyasal yapılanmasına ve ideolojik yaklaşımlarına uygun davranamayan, dinine daha fazla bağlı Türk-Sünni köylüler, devlet bürokrasisi tarafında itibar görmedikleri gibi, cumhuriyetin 1950'lere kadar olan döneminde, dışlanıyorlardı. Bu durum ise Türk-Sünni köylülerin, şehirle bütünleşmelerini önlüyordu.

Cumhuriyetin laikçi-aydınlanmacı ideolojisini kendilerine daha yakın bulan Aleviler ise, cumhuriyete, dinsel gericiliğe karşı olduğu algılaması üzerinde sahip çıkıyor, devletin ve sistemin kendilerinin olduğunu düşünüyorlardı. Böylece cumhuriyetin ilk yıllarında, Kürt-Türk, ama özellikle Türk Aleviler, devlet bürokrasisi tarafında olumlanırken, dini bağımlılıklarından dolayı Sünni-Türk köylüler, devlete uzak duruyorlardı.

Bunun ve başkaca sebeplerin sonucu olarak Kürt-Türk Aleviler, okumaya ve şehirleşmeye daha hızlı yönelmiş, Türk-Sünni kesim, bu konuda daha ikircikli, kararsız, hatta isteksiz davranmıştır. Ne zaman ki kapitalist gelişme dayatmaya başladı ve ne zamanki devlet, onlarla da yakın ve özel ilişkiler içine girdi, Sünni Türk kesimin şehirleşme ve okumayla ilişkisi gelişmeye başladı. Bu süreç özellikle 1960'lardan sonrasına denk gelen bir süreçtir.

Bunun sonucu olarak göç olgusu, Maraş'ın hem nüfusunu artırıyor hem de çeşitlendiriyordu. Maraş'ın içinde az olan Kürt-Türk Aleviler ve Çerkesler, gittikçe çoğalıyorlardı. Ayrıca özellikle Kürt-Türk Aleviler, şehir içinde işyeri açıyor, ev, arsa gibi kalıcı olmayı sağlayacak mülk ediniyorlardı.

Göç eden Kürt-Türk Aleviler, konut sorunlarını, devrimcilerin etkisi ve çabasıyla, uygun buldukları alanları işgal ederek yaptıkları gecekondularla çözmek için mücadele ediyorlardı. Gecekondu yapmaya dönük çalışmalar, özellikle Yörükselim Mahallesinde pratikleşmeye başlamış, bunun için hazine arazileri, göçle gelen yoksul köylüler tarafında değerlendiriliyordu.

Konumuz olan yıllarda, Maraş'ın kültürel kodlarına ve atmosferine daha önceki bölümlerde değinilmişti. Maraş'ta ırkçılığı ve dini gericiliği güçlendiren sosyolojik olguların başında, burada yaşayan toplulukların geçirdiği kültürel, dinsel değişim gelmekteydi. Yüzyıllar boyu, çok dinli ve çok uluslu asi halkların diyarı olan Maraş, etnik arındırma programlarıyla, isyancı ve çokkültürlü özelliklerinden hızla uzaklaştırılarak, tabiiyetçi, boyun eğen ve Türkleştirilmiş-Sünnileştirilmiş topluluğun yaşadığı bir şehir haline getirilmek istenmiş, bu amaçla önemli bir mesafe kat edilmişti.

Maraş halklarında, özellikle Türk-Sünni olan topluluğun muhafazakâr-milliyetçi kimlik edinmesi ve bu kimliğe bağlanması, genel ve merkezi çalışmaların yanında, 1860-1922 yıllarında yaşananların sonucunda gerçekleşmiştir. Fırka-ı İslâhiye'nin zorla iskânları, Kafkasya'da sürgün edilen Çerkeslerin yerleşimi, yurtlarında kopartılan Balkan Mübadilleri, Ermenilere karşı yapılan kırım, Maraş'ın kurtuluşu kapsamında yürütülen aşırı ırkçı-şoven propaganda, Maraş'ın Türk, Kürt, Çerkes Sünni toplumunu, ırkçı-şoven yaklaşımların etkisi altına almış ve bu yönde şekillenmesini sağlamıştır.

Maraş'a kısa süre önce, zorunlu bir göç sonucu gelmiş olan Çerkesler ve mübadiller, hem fiziki baskılar ve uygulamalarla, hem de içselleştirilmiş psiko-kültürel baskılar sonucu, egemen toplumsal normlara uyum sağlamaya zorlanmışlardır. Bu toplumsal grupların, kısa denecek bir süre önce, yaşadıkları trajik sürgün ve mübadelede, kendilerine sahip çıktıklarını sandıkları merkezi otoriteye karşı geliştirdikleri vefa duygusuyla, kendilerini ispat etmeye çalışmaları ve bunu önemsemeleri, bu türden toplumsal alt-üst oluşların doğal sonucudur. Bundan dolayı, bu toplumsal yapılar, kendilerine yaşama olanağı sunduklarını düşündükleri devlete, "sırtını dayamayı" yaşamsal davranış kodu haline getirmişlerdir.

Bu sosyo-psikolojik etkilenme, toplumun bu kesimlerinde, egemen düşünce ve davranışların daha radikal biçimlerde ortaya çıkmasına yol açmıştır. Demokratik sosyal-siyasal koşullarda, Maraş'ın çok kimlikli özelliğini çeşitlendirecek olan bu toplumsal kesimler, egemen faşist-gerici siyasal koşullarda, milliyetçi-dinci yaklaşımların etkisiyle hareket etmişlerdir. Maraş'a, kendi iradeleri dışında, yerleştirilmiş olan bu toplumsal kesimlerde, özellikle genç unsurların, daha çok milliyetçi ve dindar bir tutum içinde davranıyor olmaları, bu gelişmenin sonucu olarak görülmelidir. En çok Türkçülerin, aslında Türk olmayanların içinde çıkması, bu psikolojik etkiyle bağlantılıdır.

Sünni olmalarından kaynaklı olarak Türk ırkçılığının toplumsal tabanı yapılmak istenen Çerkesler ve mübadiller, belirtilen nedenlerle, bu role yaktın bir durumda bulunmuşlardır. Ancak buna rağmen, Çerkeslerin ve mübadillerin bir bütün olarak böyle davrandıklarını söylemek son derece önemli bir yanlışa düşmek olacaktır. Halkların kültürel ve sosyal kodları üzerinde oynanan bütün oyunlara rağmen, halklar arasında topyekûn bir düşmanlık yaratılamamıştır. Bütün yapılabilen bu toplulukların mahkûm edildikleri çaresizlikler kullanılarak faşizmin etkisi artırılmış, faşizme karşı tutum almalarının olanakları sınırlandırılmıştır.

Söz konusu yıllarda, yaratılmış olan bu sanal ve kirli havayı dağıtmaya başlamış olan Türk-Kürt Alevilerin şehre yerleşmeleri ve devrimcilerin çalışmaları, Türkiye'nin her bölgesinde olduğu gibi, derin etnik ve dinsel ayrışmaları, Maraş özgülünde daha kolay hale getirmiştir. Bu gerici ayrışmanın sonucunda, diğer etkenlerinde katkısıyla, Maraş'ta yaşayan Türk, Çerkes, mübadil ve Kürt Sünniler içinde, faşizmin ilişki ve taban yaratması mümkün olmuştur. Böylece Maraş'ta yaşayan bu toplumsal kesimin, faşizmin ve ırkçılığın kontrolünde olduğu algısı yaratılmıştır. Gerçek olmayan bu algının yaratılması, gerçeğin bu yönde gelişmesinde kullanılmış ve istenen sonucun doğmasını kolaylaştırmıştır.

Maraş'ta, Türk-Kürt Alevilerin ve Türk, Çerkes, mübadil Sünnilerin varlığı ve bu toplumsal kesimlerin belirtilen özellikleri, onları karşı karşıya getirmeye uygun bir ortamın yaratılmasında değerlendirilmiştir. Etnik ve dinsel farklılıkları olan bu toplumsal gruplar arasında, sürekli körüklenen, canlı tutulan bir düşmanlaştırma pratiği zaten mevcuttu.

Farklılıklar üzerinde birbirine yabacılaştırılmış etnik ve dinsel topluluklar, yapılmak istenen bu türden katliamlar için uygun sosyal zeminler yaratmakla birlikte, farklılıkların varlığının tek başına katliamların sebebi olduğunu düşünmek doğru değildir. Hiçbir farklı inanç veya etnik yapı, özel bir siyasal düzenleme olmadığı sürece, genellikle, katliam yapamaz, yapmaz. Katliamlar için, toplumsal farklılıkların özel olarak kullanılmaya hazır hale getirilmesine ihtiyaç vardır. Şovenizm, ırkçılık ve dinsel gericilik üzerinde birbirine düşmanlaştırılmış sosyal bir yapının varlığı, sadece katliam yapabilmenin zorunlu bir sosyal şartı olarak görülebilir, yoksa katliamın esas nedeni olamaz.

Bu yıllarda Maraş'ın gerek yerlileri içinde, gerek çevre köy, kasaba ve ilçelerinde, Türk, Kürt, Çerkes Sünni halkın önemli bir kesimi, cumhuriyetin ilk yıllarından beri CHP'ye oy vermekteydiler. Bu kesim cumhuriyetin oluşmasından bu yana, devletin Maraş'ta dayandığı en temel kesimdi. Bu grubun başında Maraş'ın en önemli ailelerinden, Yavuz döneminde Maraş'a yerleştirilmiş Kürt kökenli Beyazıtlar ailesi gelmekteydi.

Beyazıtlar, cumhuriyetin ilk yıllarından son dönemlere kadar, Maraş'ta, devlet partisi olan CHP'yi temsil etmiştir. Bu ailenin etkilediği çeşitli kesimler, Maraş merkez köylerin bazıları, özellikle eski Ermeni yerleşimlerinde bulanan ve sonradan gelen mübadiller, bu gruptan olarak, CHP'yi desteklemekteydiler. Çerkesler içinden de CHP'nin önemli bir etkisi bulunmaktaydı.

Kürt-Türk Alevi toplumu ise, cumhuriyet süreci boyunca, CHP'ye yakın durmuş, CHP'nin en önemli kitlesel gücü olmuştur. DP'nin ilk dönemlerinde çok sınırlı ölçüde DP'ye yönelen Alevi ileri gelenleri ve din büyükleri olmuşsa da bu ilişki kısa sürmüş ve etkisiz kalmıştır.

Durumun böyle olmasının sonucunda, hem 5 Haziran 1977 de yapılan seçimlerde hem de 11 Aralık 1977 yerel seçimlerinde, CHP, Maraş'ta büyük bir gelişme göstermiştir. Genel seçimlerde, hak etmediği halde, sol adına halkın oylarını alan CHP, 7 milletvekilinin 3'ünü, oyların yüzde 35'ini alarak, Maraş'ta birinci parti olmuş, milliyetçilik adına ırkçılık yapan MHP ise 1 milletvekili çıkartabilmiştir.

Yerel seçimlerde ise, AP adayı Ahmet Uncu, belediye başkanlığının CHP'ye geçmemesi için, tüm sağ partilerin ortak adayı olarak seçimlere girmiş ve yürütülen özel çalışmalar sonucu, seçimleri kazanabilmiştir. Hiçbir gerici faşist partinin tek başına belediye başkanlığını almasının mümkün olmadığını gören bu partiler, CHP'nin karşısına, ortak adayla çıkarak sonuç alabilmişlerdir. Menderes'in DP dönemi dışında, 1960 ve sonrasından, belirtilen döneme kadar, Maraş'ın siyasal atmosferi, genel olarak sol adına, CHP'den yana olmuştur.

MHP, o günlerde Maraş'ı özel güç edindiği veya edineceği bir yer olarak görmüyordu. Maraş'ta yerel seçimleri kazanacak bir gücünün olmadığının farkındaydı. Bu nedenle MHP, 1977 yerel seçimlerinde Maraş'ta özel ve iddialı bir tutum alamıyordu. Kazanabileceğini sandığı Yozgat, Çankırı, Elazığ, Erzincan, Erzurum gibi 5 ilin belediye başkanlığına odaklanmış, bunlar üzerinde çalışıyordu.

O kadar ki, 6 gün süren radyo konuşmalarının iki gününde, genel başkan Alparslan Türkeş konuşurken, diğer dört günde ise Elazığ belediye başkan adayı Behçet Susmaz, Erzincan

Belediye başkan adayı Adnan Ercan, Yozgat Belediye başkan adayı Yaşar Erbaz ve Erzurum Belediye başkan adayı Yusuf Seyrek radyo konuşmalarını yapmışlardır. Bu durum MHP'nin 1977 yılında Maraş'taki toplumsal etkisinin, sanıldığı kadar güçlü olmadığını göstermektedir.

Son yıllara kadar devletle ve siyasal gelişmelerle çok ilgili olmayan Türk, Çerkes, Kürt, Sünni Maraş halklarının bir kısmı, bu yıllarda, İslami duyarlılıklarını MSP'de, sözde milliyetçi duyarlıklarını da MHP'de ifade etmek adına, belli ölçülerde bu partilere yönelmişlerdi. Geleneksel CHP karşıtlığı üzerinde, DP, AP çizgisinde olanların bir kısmı, böyle bir etki altına girmiş bulunuyorlardı. Yine de Sünni Maraşlıların büyük bir kesiminin o yıllardaki politik tercihi, önce DP, sonra AP olmuş, MSP ve MHP'nin etkisi sınırlı kalmıştır.

Genel olarak Aleviler, 1960 ve sonrasında, CHP dışında devrimci çevre ve partilerle ilişkilenmişlerdir. Bu ilişkilenmeyle, 1960'ların ikinci yarısında ve sonrası yıllarda, Maraş'ta devrimci kurum ve çevrelerin etkisi gelişmiş, legal olan Türkiye İşçi Partisi'ne(TİP)yönelimler olmuştur. Bu yönelimlerle, 1968 ve sonrasında, Kürt-Türk Aleviler, devrimci demokratik sürecin aktif ve kitlesel gücü olarak ortaya çıkmışlardır. Maraş'a bağlı olan Nurhak, Elbistan ve Pazarcık, o yıllarda devrimcilerin faaliyetlerinin en yoğun olduğu bölgelerin içindeydi.

Türkiye Halk Kurtuluş Ordusu (THKO) gerillaları olan Sinan Cemgil ve arkadaşları, Nurhak dağlarına bu nedenle gelmişlerdi. Sinan Cemgil ve arkadaşları girdikleri çatışmada, 1527 yılında isyancı halk önderi Kalender Çelebi'nin başının kesildiği Nurhak dağlarında şehit olmuşlardır. 443 yıl sonra THKO gerillalarının yaşadıklarıyla, Kalender Çelebi'nin yaşadıkları arasındaki benzerlik, bir tesadüf değil, ezilenlerin her başkaldırısında dağlara dayanmak zorunda olmalarının sonucuydu.

1960'larda başlayan ve Maraş'ı da etkileyen siyasal hareketlilik süreci, bilindiği gibi 1971 darbesiyle kesintiye uğramıştır. Buna rağmen Maraş ve çevresinde açığa çıkan devrimci-demokratik damar, yapılan tahribat ve baskılarla yok edilememiş, varlığını korumuştur.

1974'te, yeniden gelişmeye başlayan devrimci mücadele, Maraş ve çevresinde varlığını koruyan bu toplumsal zemin üzerinde, hızla yayılmıştır. Kürt-Türk Alevilerin yoğun olduğu ilçe ve köylerde gelişen mücadele, Maraş'ın içini de etkiliyordu. Devrimcilerin Maraş'ta varlığı ve çalışmaları, gerek yeni gelen ve gecekondularda yaşama tutunmak isteyen Kürt-Türk Aleviler tarafında, gerek Maraş'ta yaşayan "Muhacir" Aleviler tarafında, ilgiyle karşılanıyor, sahipleniliyor, destekleniyordu.

Bu nedenle, Maraş'taki devrimci toplumsal taban, yoğunluklu olarak çeşitli ilçelerde göçle gelen Kürt-Türk Alevilerle, cumhuriyet sonrası göçmeye zorlanmış olan Erzincan-Dersimli Alevi "muhacirler" den meydana gelmekteydi. Ayrıca Maraş'ın yerli Türk Sünnileri, Çerkesleri ve mübadilleri içinde de devrimci ilişkiler, hızla gelişmekteydi.

Bu yıllarda yaşanan toplumsal gelişmeye bağlı olarak, Maraş'ta, işçilerin örgütlenmeye başladıkları görülmektedir. Birçok iş kolunda işçiler, ilk kez sendikalı örgütlülükler geliştiriyorlardı. DİSK, Mehmet Taşkesen vasıtasıyla, Maraş'ta Tekstil İşçileri Sendikası'nın şubesini açmış, işçileri örgütlemeye çalışıyordu.

Bunun dışında, Maraş'ın içinde, devrimcilerin, hemen her mahallede, okullarda, çeşitli düzeylerde etkisi ve ilişkileri bulunuyordu. Birçok devrimci çevrenin kurumları mevcuttu. Zaten en büyük iki mahalle olan Yörükselim ve Karamaraş Mahalleleri, tamamen devrimci güçlerin etkisi altındaydı. Diğer mahallelerde ise belli güç ve ilişkiler oluşmuş, halk, devrimcilerle ilişkilenmekten, onları tanımaktan rahatsızlık duymuyor, onları dinlemekten hoşnut oluyordu. Hiçbir devrimci faaliyete karşı, Maraş'ın Sünni halkından herhangi bir tepkinin gelişmesi söz konusu değildi. Halktan gelen hiçbir tepkiyle karşılaşmadan, afişlemeler yapılıyor, bildiriler dağıtılıyordu.

Maraş'ın çevresindeki ilçelerde, toplumsal mücadele, etkin ve güçlü bir gelişme göstermekteydi. Bütün ilçeler, hareket halindeydiler. Özellikle Elbistan güçlü bir devrimci tabanın yaratıldığı önemli bir merkez durumundaydı.

Pazarcık'ta köylüler örgütlenmeye yönelmişlerdi. Maraş'ın tarihinde ilk kez yoksul köylüler ve tarım işçileri, İleri Çapa-İş adında bir sendikanın önderliğinde, Maraş'ın merkezinde bir miting yapıyorlardı. Traktörler ve iş araçlarıyla yapılan miting ve yürüyüş, Maraş ve çevresinde ilgi ile karşılanmıştı. Ancak bütün bunların varlığı, Maraş'ta, güçlü ve yeterli bir devrimci örgütlülüğün bulunduğu anlamına gelmemektedir. Zaten katliamın önlenememiş veya yeterince sınırlandırılamamış olması bunu göstermektedir.

1977 1 Mayıs'ıyla başlayan illegal güçlerin operasyonlarının Maraş katliamına gelen sürecinde Maraş'ın toplumsal-siyasal yapısı bu durumdaydı.

Toplumsal-siyasal hayata, güncel-konjonktürel siyasal nedenlerden ve stratejik Türkleştirme politikalarından dolayı müdahale etmeye karar vermiş olan uluslararası ve ulusal illegal güçler, katliam şehri olarak Maraş'ı, belirtilen sosyal-siyasal yapısından dolayı seçmişlerdir.

Ancak belirtilen koşullar, objektif olarak katliamın yapılabilirliğini gösteren koşullardır. Bir katliam için bu koşulların varlığı yeterli olamaz, başkaca sebeplere de ihtiyaç bulunmaktaydı. Farklı etnik ve dinsel toplumların bulunduğu Maraş'ta, dini farklılıklar ve düşmanlıkların güncellenmesi ve katliam amacıyla kullanıma uygun hale getirilmesi gerekmekteydi.

Bu ihtiyacın sonucu Maraş katliamında, diğer nedenlerin yanında, bilindiği gibi, kullanılan en önemli argüman, toplumların günlük hayatlarında olmayan, tarihsel Alevi düşmanlığıdır. Yine bilindiği gibi, Osmanlı dönemi boyunca süren ve fiziki imha biçiminde sürdürülen Alevi düşmanlığı, cumhuriyet rejiminde ortada kaldırılmamış, Dersim katliamıyla devam etmiştir. Daha sonraki yıllarda ise önceki bölümde kısaca değinildiği gibi, özellikle bölgeye yönelik olarak yeniden kullanılmaya başlanmıştır.

Maraş katliamı, toplumlar arasında yaratılmış olan ve sürdürülmek istenen bu düşmanlık üzerinde pratikleştirilmiştir. Tarihte gelen ve egemenlerin icadı olan bu düşmanlığı güçlendiren yeni gelişmelerde bulunmaktaydı. Sünni Müslümanlarla Türk-Kürt Alevilerin birbirlerini tanımaya yeni başlamış olmasından gelen tedirginlik, Aleviler hakkında geliştirilmiş olan yalanlar, İslami gericilik, bu çevrelerin İslam düşmanı olarak gördükleri cumhuriyet rejimine Alevilerin sahip çıkar görünmeleri, düşmanlığı güçlendiren diğer sebeplerdi. Maraşlı Sünni toplulukların katliama katılması veya katliam karşısında pasif onaylayıcı tutum alması, bu sosyal olgular üzerine oturtulmuştur.

Alevilere yönelik söz konusu düşmanlığı güncel kılan ve diğerlerine eklenmesi gereken bir diğer önemli sebep, Alevilerin gelişen toplumsal mücadelenin aktif ve kitlesel gücü olmalarıydı. Egemenlerin yegâne korkusu olan devrimci yapıların ve bunların faaliyetlerinin Alevilerin tarihsel muhaliflikleriyle ve özellikle Kürtlerin ulusal talepleriyle birleşmesi ihtimalleri, büyük çoğunluğu Kürt olan Alevilere karşı söz konusu düşmanlığın geliştirilmesini ve kullanılmasını gerektirmiştir.

Bu gelişmelerin, egemenlerde yarattığı korkunun ve kaygının üzerinde gerçekleştirilmek üzere planlanan katliamın, belirtilen toplumsal ve tarihsel hedefleri dışında, güncel düşmanlara da ihtiyacı bulunmaktaydı. Doğal olarak bu düşmanlar, ırkçı-gerici yapı ve politikalarla mücadele eden devrimcilerdi. Bütün bunlar, diğer çaba ve olgularla birlikte, illegal yapının planladığı katliam için kullandığı olgulardır.

Maraş katliamını gerçekleştirmeyi tasarlayan illegal güçler, bu amaçla ortaya çıkan bilgilere göre başka bir olguyu da kullanmışlardır. Geçmişte gerçekleştirilmiş olan Ermeni katliamıyla yaratılmış olan Ermeni düşmanlığı, Ermeni asıllı Garbis Altınoğlu'nun bölgede devrimci faaliyet yürütüyor olmasıyla birleştirilerek, katliam için değerlendirilmiştir. Ermeni düşmanlığı ve Garbis Altınoğlu üzerinde yapılan propagandayla, sanal Ermeni tehlikesi, "somut ve yakın" tehlike olarak gösterilmiştir. Garbis Altınoğlu ve onun adı üzerinde güncellenen Ermeni düşmanlığının, katliamı kolaylaştırmak için değerlendirildiği ve bu değerlendirmenin bir plana bağlı olarak yapıldığı anlaşılmaktadır.

Ayrıca Alevi ve Kürtlerin şehirleşmesinden çıkarları yönünde rahatsızlık duyan ve katliamcı illegal güçlerle iç içe olan şehir eşrafının, bu gelişmeyi, katliamcıları teşvik etmenin unsuru olarak kullandığı görülmektedir. Bu amaçla Ermeni katliamında elde edilen maddi sonuçların, aynı şekilde, zengin gösterilen Kürt Türk Alevilerin katliamından da elde edilebileceği yönünde propaganda yapılmıştır. Bu propagandayla, farklı etnik yapıda olan Maraşlı yoksul Sünni saldırganlar, katliama yönlendirilmişlerdir. Zengin sandıkları Kürt-Türk Alevileri, yoksulluklarının sebebi kabul eden çeşitli saldırgan unsurlar, bu zenginliği yağmalama güdüsü ve beklentisi içinde olmuşlardır.

Katliam için kullanılan bir diğer neden olarak, CHP'nin hükümet olmasında ve yerel-devlet yapılanmasında yaptığı çeşitli atamalardan, söz etmek gerekmektedir.

Yerel devlet bürokrasisinde MC hükümetleri döneminde, faşistlerin kurduğu egemenlik, MC hükümeti gidip CHP hükümeti gelince, CHP lehine değiştirilmeye başlandı. Bu amaçla, Valilik, YSE, Milli Eğitim gibi kurumlara, CHP hükümeti kendi politikalarına uygun atamalar yapmıştır.

O dönemin bilinen siyasal atmosferini istismar eden katliamcılar, her CHP'li yerel bürokratı, en büyük komünist, Alevi, Kürt, dolayısıyla düşman olarak göstermişler ve bunun üzerinde geliştirilen düşmanlığı derinleştirmişlerdir. Aynı şekilde, bütün polisleri demokratik polis kurumu olan POL-DER'li, bütün öğretmenleri TÖB-DER'li ve bunların bütününü Alevi, Kürt, komünist, dolayısıyla kanı içilecek düşman olarak ilan etmişlerdir. Katliamcılar böylece, hem adı geçen demokratik kurum ve kişilere saldırma olanağı yaratmaya, hem de bu yolla katliamı meşrulaştırmaya çalışmışlardır.

Aynı zamanda, katliamcı illegal yapı, CHP hükümetinin varlığını, kendisinden bağımsız olarak, katliamcıları harekete geçirmenin bir unsuru olarak kullanılmıştır. Katliamın propagandistleri, CHP hükümetinin varlığını tehlikenin yakınlığına ve yakıcılığına gerekçe yapmışlar, böylece katliama katılmasını istedikleri güruhun motivasyonunu sağlamışlardır. CHP hükümetinin Maraş yerel devlet yapısına yaptığı bu atamalar, katliamcıları harekete geçirmek için değerlendirilmiştir.

Tam burada araya girmek ve konuyla ilgili kısa bir belirleme yapmak gerekir. Türkiye'de devlet yönetiminin bir özelliği bulunmaktadır. Hükümete gelen her parti, stratejik olan illegal devlet yapısına dokunamadan, devlet bürokrasisi içinde kendi parti kadroları lehine değişiklikler yapmakta, uygun gördüğü yerlere kendi kadrolarını atamaktadır. Her gelen hükümetin, halkın her gün değişik nedenlerle yüz yüze olduğu kurumlarda kendi kadrolarını istihdam etmesi, sistem ve devlet açısında çok yönlü faydası olan bir durumdur.

Böyle olduğu içindir ki, bütün partilerin muhalefetteyken çok karşıymış gibi tartıştıkları ve "kadrolaşma" olarak adlandırılan bu politikayı hükümet olduklarında bırakalım değiştirmeyi, aynı biçimde kullandıkları ve sürdürdükleri bilinmektedir. Aslında bütün partiler bu uygulamada mutabıktırlar. Kadrolaşma politikası, toplumu partiler vasıtasıyla kontrol altında tutmak isteyen sistemin bilinçli bir tercihidir. Gerçek böyle olmasına rağmen, bu durum, zaman zaman sistem partileri arasında, birbirlerine karşı kullandıkları bir mücadele aracı olabilmektedir. Muhalefet partisi, sanki kendisi hükümet olunca bunu yapmayacakmış gibi, ikiyüzlüce, hükümet olanı kadrolaşma yaptığı gerekçesiyle, eleştirebilmektedir.

Bu ara nottan sonra, katliamın koşulları ve nedenlerine dönebiliriz. Bu kapsamda, Türkiye'nin ve geniş anlamda bölgenin siyasal koşullarının katliamlar için uygunluğu, ilgili bölümde belirtilmiştir. İran'da yaşanan gelişmeler, ABD'nin bölgede güç kaybetmesi ve Türkiye'nin de kaybedilme riski taşıması, egemenlerin Maraş katliamını planlamalarına yol açan diğer nedenler olarak sayılabilir.

Son olarak elbette bu katliamı mümkün kılan en önemli neden, katliamı önleyecek düzeyde ve biçimde örgütlü bir halk gücünün olmamış olmasıdır. Eğer katliamı önleyecek düzeyde bir örgütlülük olmuş olsaydı, bütün istemelerine rağmen katliamcıların, bu katliamı yapmaları mümkün olamayacaktı.

Bütün bu uygunluklardan sonra, egemen katliamcı güçlerin karar verip planladıkları Maraş katliamıyla, diğer katliamlarda olduğu gibi, hem güncel siyasal amaçlar gerçekleştirilecek, hem de Türkleştirme projesi gereği, Maraş'ta yaşayan Kürtlerin ve Alevilerin tamamlanmamış asimilasyon sürecine bağlı olarak, istenen etnik arındırma yapılmış olacaktır.

Böylece objektif-subjektif koşulların uygunluğundan hareket eden katliamcı güçler için süreç, gerekli provokasyonların yapılması noktasına gelmiştir. Katliamcı güçlerin bu alanda sayısız tecrübeleri ve sınırsız olanakları bulunmaktaydı.

Türkiye'nin bir kan deryasına dönüştürüldüğü bu günlerde, illegal yapılar, paramiliter güçleriyle birlikte Maraş katliamı için, teyakkuz halindeydiler. İlk olarak "ortam oluşturma-gerginlik yaratma" amaçlı hazırlık saldırılarını bir plan dâhilinde ve arka arkaya gerçekleştirmeye başladılar.

Katliama giden pratik sürecin ilk adımları, "Esir Türkleri Kurtarma Ordusu" adıyla oluşturulmuş olan ETKO adlı çetenin gerçekleştirdiği kanlı saldırılarla atılmıştır. Artık Maraş'ta günler katliam yüklüydü.

Katliam İçin Yapılan Hazırlıklar ve Yapılan Provakatif Saldırılar

a. ETKO Saldırıları

ETKO, MHP-ÜGD çevresinde halka saldırı amacıyla, illegal olarak örgütlendirilmiş, bir provokasyon ve çete örgütlenmesidir. Bu çete, önce Şevket Çetin ve Salih Dayana tarafında Ankara'da oluşturulmuş, daha sonra çeşitli şehirlerde, çeşitli birimleri kurulmuştur. [1]

ETKO çetesi Maraş'ta, Nisan ayının başında, halka ve devrimcilere yönelik saldırılarını tırmandırmaya başladı. Çete, 3 Nisan günü Yörükselim Mahallesinde Kürt-Türk Alevilerin gittiği Saray Kahvesine, iki otomobilden, önce patlayıcı madde atmış, arkasından otomatik silahlarla taramıştır. Yapılan saldırıda, kahvede televizyon izleyen 81 yaşındaki Sabri Özkan Dede ölmüş, çok sayıda insan yaralanmıştır.[2] Bu saldırıyı ETKO sanığı olarak cezaevinde yatıp çıkan İsmet Çalışır, Özgür Açılım tarafında yapılmış olan Maraş Katliamı Belgesel'inde, bütün açıklığıyla itiraf etmektedir. Ancak konuyla ilgili hiçbir araştırma soruşturma yapılmamıştır.

ETKO çetesinin Maraş biriminin başlattığı bu provakatif saldırılar, Nisan ayı boyunca aralıksız devam etmiştir. Bunun üzerine, ETKO saldırılarının önlenmesi için Maraş halkı,

---

1-İtiraflar Ali Yurtaslan s. 102

2-İtiraflar Ali Yurtaslan S. 287

devletin ilgili birimlerine yoğun şikâyetlerde bulunmuştur. Yapılan şikâyetler üzerine, güvenlik güçleri, 17 Nisan gecesi Serintepe Mahallesinde dolaşan iki kişiyi gözaltına almışlardır. Bu kişilerin, bir süre önce İmam-Hatip Lisesi'nde hırsızlık yaptıkları iddiasıyla aranan Ahmet Kolutek ile Ali Koşargelir oldukları ortaya çıkmış, üzerlerinde patlamaya hazır üç dinamit lokumu bulunmuştur.

Bu gelişmede ortaya çıkan bilgiler üzerine, Maraş'ta yaygın bir arama yapılmıştır. Aramada 34 kişi gözaltına alınmış, üç otomatik silah, çok sayıda mermi ve patlayıcı madde ele geçirilmiştir.

Gözaltına alınanlar, ifadelerinde, birçok yeri bombaladık larını, "Türk Yıldırım Komandoları" ve "Esir Türkleri Kurtarma Ordusu" adlı gizli örgütlerle ilişkili olduklarını ve birçok yeri bombaladıklarını söylemişlerdir. Yine yakalananların ifadeleri sonucu, İstasyon Caddesi üzerinde ki camiinin avlusunda gömülü bulunan ve etrafı sıvanarak fitilleri dışarıda bırakılmış, patlamaya hazır beş adet dinamit lokumu ortaya çıkarılmıştır.

Bu gelişmelerle ilgili olarak bir emniyet yetkilisi, "Yapılan soruşturma kentte meydana gelen patlamaların bir provokasyon olduğunu ortaya çıkarmıştır; komandolar, özellikle kendi kuruluşları olan derneklere bombayı atıyorlar, sonra da suçu solcu gruplara yüklemek istiyorlar" (3) diye açıklama yapmıştır.

13 ayrı saldırıya ve çeşitli yaralama, öldürme ve bombalama olaylarına katıldıkları saptanan bu ülkücü ETKO'cu saldırganlar, mahkemeye sevk edilmişlerdir. Bunlardan, Edip Özbaş (stajyer avukat), Eyüp Gürbazer, Turan Tolu, Mehmet Tolun, Ali Koşargelir, İsmet Çalışır, Ahmet Sayın, Mehmet Timarcıoğlu, Celal Özyey, Cuma Akın, Ahmet Kolutek, Nuri Erkınacı, Hikmet Reşit Ayhan, Şahin Boru, Behzat Şen, İsmail Kütükçü, Haydar Atalay, Muharrem Aslan, Hasan Hüseyin Akbaş, Ökkeş Yorulmaz, Doğan Taşoran, Dursun Akçam, Recep Şahin, Veli Eski tutuklanmışlardır.

Tutuklanan sanıklardan Edip Özbaş, Kahramanmaraş MHP Milletvekili Mehmet Yusuf Özbaş'ın stajyer avukat oğludur. Daha sonra BBP' de milletvekilli olmuştur.

3-22.04.1978 Tarihli Cumhuriyet Gazetesi

ETKO adlı gizli örgütün Maraş yapılanmasının ortaya çıkartılmasından sonra, Maraş Savcısı, 26 Nisan 1978 tarihinde, Maraş'ta patlama ve bombalamaların kesildiğini, örgüt merkezinin Ankara'da olduğunu ve MHP milletvekilinin oğlu Edip Özbaş'ın da örgütte kuryelik yaptığını açıklamıştır.

Tutuklama haberini alan MHP Milletvekili Mehmet Yusuf Özbaş, bazı yandaşlarıyla birlikte Adliye binasına gitmiş; I. Asliye Ceza Yargıcı Kazım Demirsu ve 2. Asliye Ceza Yargıcı Ertop Kanmaz'a sinirli bir şekilde, "Tutuklamaları siz mi yapıyorsunuz? Sizi mahvedeceğim, pezevenkler..." diyerek küfretmiş ve fiili müdahalede bulunarak, I. Asliye Ceza Yargıcı Kazım Demirsu'ya yumrukla saldırmıştır. Bu esnada içeri giren Savcı Nuri Mimaroğlu da Özbaş'ın küfründen nasibini almıştır. Saldırıya uğrayan Yargıç Kazım Demirsu, Hükümet Tabipliğinden 5 günlük rapor almıştır. Savcı Nuri Mimaroğlu olayı şöyle anlatmıştır: "Saat 08.40 sıralarıydı. Makam odamda, ceza hâkimlerimiz Kazım Demirsu ile Ertop Kanmaz arkadaşlar beni bekliyorlardı. Ben o sırada savcı yardımcıları arkadaşlarımla birlikte tutuklama olayının tahlilini yapıyordum. Odacı gelerek hâkim beylerin beni makam odamda beklediklerini söyledi. Odaya girdiğimde her iki hâkimlerimizin ayakta olduklarını, polis memuru ile MHP'li Milletvekilinin de içeride bulunduğunu gördüm. Milletvekilinin bana ilk sözü 'Pezevenk' oldu. Çeşitli hakaretler yağdırıyordu. Polisler Milletvekilini dışarı çıkardılar." [4]

MHP milletvekilinin sözde bağımsız yargının temsilcilerine karşı tutumu, kull andığı ifadeler, haksız uygulamalara karşı çıkan birisini değil, provokasyonlarına çomak sokulmuş bir saldırganın tutumunu ifade etmektedir.

Gerek Pazarcık ve Malatya'da patlayan bombaların, gerek bu çeteler tarafında yapılan eylemlerde kullanılan dinamit ve bombaların, Başbakanlığa bağlı Ankara'daki Nükleer Araştırma Merkezi'nde yapıldığının saptandığı ileri sürülmüştür. ETKO' nun silah kaynağı sadece burası değildir. Aynı zamanda Maraşlı silah kaçakçıları Ökkeş Çokuçkun, Gabriel Aktürk ve esrarengiz Yüzbaşı Mehmet Ali Çeviker'inde ETKO'cu çeteye silah temin ettiği tespit edilmiştir.

4-22.04.1978 Tarihli Cumhuriyet, Milliyet, Hürriyet Gazeteleri

Maraş'ta bu gelişmelerin yaşandığı günlerde gerçekleştirilen Malatya katliamıyla ilgili Malatya'da bulunan Türkeş, Maraş katliamını haber verircesine, Malatya'da yaşananların benzerinin Maraş'ta yaşanacağı tehdidini savuruyor, aynı zamanda, ETKO çetesine sahip çıkıyordu.

b. Pazarcık'a gönderilen ölüm bombası

Maraş'ın ETKO saldırılarıyla sarsıldığı günlerde, daha önce değindiğimiz Malatya katliamı gerçekleştirilmiştir. Malatya katliamının gerçekleştirilmesinde kullanılan bombaların bir benzeri de, Pazarcık CHP ilçe başkanı Memiş Özdal'a, gönderilmişti. Türkiye'de ve bölgede yaşanan saldırıları dikkate alan CHP İlçe Başkanı Memiş Özdal, paketten şüphelenmiş ve açmamıştır. Bunun üzerine bombalı paketi açan posta görevlisi, meydana gelen korkunç patlamayla ölmüştür. Memiş Özdal, bombalı paketi açmış olsaydı, aynı günlerde, Pazarcık'tan da, benzer bir katliamın yaşanacağı, herkesin fikir birliği içinde olduğu bir belirlemedir.

Benzer katliamların diğer bombalı paketlerin gönderildiği Adıyaman ve Adana için de planlandığı görülmektedir. Bu demektir ki, eğer bu bombalar, adreslerinde patlamış olsalardı, aynı günlerde, Malatya, Adıyaman, Pazarcık ve Adana'da kitlesel katliamlar yapılmış olacaktı. En azında katliamcılar böyle tasarlamışlardı. Birbirine benzer özellikleri olan ve aynı bölge içinde yer alan dört şehirde, aynı zamanda gerçekleştirilmek istenen bu katliamları, güncel veya dönemsel sorunlardan kaynaklanan ve çapsız lümpen unsurların kararlaştırıp planladıkları sıradan faşist saldırılar olarak düşünmek mümkün müdür?

Memiş Özdal'ın Pazarcık'ta yapılmak istenen katliamı önleyen temkinliliğine rağmen, katliamcılar planlamalarına devam etmekte kararlıydılar. Güncel politik amaçlarını gerçekleştirmek ve bölgede Alevilerin ve Kürtlerin asimilasyonunu sağlamak isteyen illegal güçler, ellerine geçirdikleri bu uygun siyasal koşulları değerlendirmekten vazgeçmemişlerdir.

c. Elbistan'da provokasyon

Bölgede Nisan ayında başlayan kanlı, kapsamlı ve özel amaçlı saldırılar, devam etmiştir. Bölge üzerinde oynanan oyunlar, Malatya katliamı, Pazarcık'ta patlayan bomba, Maraş' ta ETKO saldırılarından sonra, Haziran-Temmuz aylarında, Elbistan'da yapılmak istenen saldırıyla sürdürülmüştür.

Bu saldırıyı ve sonuçlarını doğru değerlendirebilmek için, Elbistan'ın siyasal durumunu birkaç cümle ile hatırlamak gerekmektedir. Elbistan'da devrimci toplumsal mücadele, daha ileri düzeyde ve örgütlüydü. 1974'lerde başlayan gelişmelerin sonunda, hemen her köyde, çeşitli biçim ve ölçüde örgütlülükler yaratılmıştı. Daha önce özgünlüklerini gizleyerek yaşamak zorunda kalan bölgenin Kürt-Türk Alevi halkı, devrimcilerle bütünleşmiş, bu bütünleşmenin sonucunda siyasallaşmış, kendisini savunabileceği bir düzeyde örgütlenmişti. Halk kendisine ve devrimcilere güvenmekteydi, artık. Bu gelişme, faşist katliamcı güçleri geriletmiş, ama saldırganlıklarını artırmıştı.

Bunun üzerine, provokasyon planları yapan katliamcı güçler, haziran 1978'de başlayarak, Türk-Sünni köylerde propaganda çalışmalarını yoğunlaştırmışlardı. Yine hep aynı teranelerle, "komünist Alevilerin camileri basıp, Kuran yaktıklarını, " söyleyerek, Sünnileri kışkırtmakta, katliamcılığa hazırlamaktaydılar. Legal-illegal faşist güçlerce yapılan provokasyon amaçlı bu propagandalar, örgütlenme düzeyi ve çeşitliliği gelişmiş olan Elbistanlı devrimciler tarafında biliniyor, takip ediliyor, bir yandan da tedbirler geliştiriliyordu.

Bu saldırıların önlenmesinde, Sünni Türk Elbistanlı devrimciler ve Sünni halk, özel bir katkı yapmıştır. Gerek köylerinde yapılan faşist çalışmaları engelleyerek, gerekse bu çalışmaları devrimcilere haber vererek, Elbistan'da yapılmak istenen katliamın önlenmesini sağlamışlardır.

Nihayet faşist güçlerin hazırlandıkları gün geldi. Elbistan'ın en kalabalık günü olan pazartesi günü, Köprübaşı'nda toplanan kalabalık saldırganlar, ellerinde saldırı araçları, silahları sopaları, bıçaklarıyla hedefleri olan ve Kürt-Türk Alevilerin yoğun olduğu Malatya caddesine doğru yöneldiler. Bağırıp, çağırarak, sağa sola sataşarak yürüyen saldırganlar, çevrede bulunanları, kendilerine katılmaya zorluyorlardı. Yürüdükçe kalabalıklaşan ve saldırganlıkları artan grup, geçtiği yerlerde, korku, panik ve tedirginlik yaratmaktaydı.

Hazırlanan saldırıyı ve amaçlanan katliamı başından beri izleyen, buna göre hazırlıklar yapan Elbistan halkı ve devrimciler, saldırgan gruba gafil avlanmaya niyetli değillerdi ve tedbirlerini almış, Malatya Caddesinin girişinde beklemekteydiler.

Devrimcilerin ve halkın beklediği yere kadar herhangi bir engelle karşılaşmadan gelen saldırganlar, Malatya caddesinin girişinde, hiç tahmin etmedikleri bir sürprizle karşılaştılar. Saldırganları engellemeye, yapmak istedikleri katliama izin vermemeye kararlı olan halk ve devrimciler, saldırganların önlerini keserek direnişi başlattılar. Saldırganların beklemedikleri bu karşı koyuş sonunda çıkan çatışmalarda, üç saldırgan yaralandı ve katliamcılar çil yavrusu gibi dağılmak zorunda kaldılar. Elbistan saldırıları girişimi böylece, saldırganların hezimetiyle sonuçlanmıştır.

Maraş'ın çevresinde yaşanan bu kanlı provokasyon ve katliamlardan sonra, katliamcı yapının, planlarını uygulamak için tekrar Maraş'a yöneldiği anlaşılmaktadır. Daha önce yapılan saldırılarla, faşist saldırganlara karşı, Maraş halkında oluşan tepkilerin unutulduğu günlere girilmişti. Maraş, ETKO saldırılarından sonra, kısmen sakin günler yaşamaktaydı.

d. Maraş'ta ÜGD kuruluyor.

Katliamcı güruhu harekete geçirmek, onları sevk ve idare etmek, katliamla illegal güçler arasındaki ilişkileri koordine etmek, genç unsurların kontrol edilemez enerjilerini katliamda değerlendirmek için paravan örgütlere gerek vardı.

Maraş'ta bu ihtiyacı gidermek için dönemin paramiliter örgütü olan ÜGD, katliamdan 40 gün kadar önce, 15 Kasım 1978'de kurulmuştur. Daha önce var olan, Büyük Ülkü Bir Derneği, ETKO saldırılarından sonra kapatıldığı için bu dernek oluşturulmuştur.

Kurulan derneğin herhangi bir kitle gücü ve desteği yoktu. Genel etkisi ve ilişkileri dışında, toplumda ilgi görmemekteydi.

Özellikle Maraş'ın içinde yaşayanlar, ÜGD'ye sempati beslememekteydiler. Yakın merkez köylerin gençleri içinde kısmi ilişkileri bulunmaktaydı. Dayandığı toplumsal kesim, her yerde olduğu gibi, işsiz ve lümpenleşen, çok az sayıda köylü veya köy kökenli gençlerdi. Öğrenci gençlik içinde çok sınırlı bir gücü bulunmaktaydı. Buna rağmen, öğrencilerin ve polislerin içinde bulunan ilişkileri, dayanak ve faaliyetlerinin ana unsurlarını teşkil etmekteydi. ÜGD Maraş'ta kitlesel bir gençlik kurumu değildi ve buna uygun hiçbir ilişkisi ve gücü bulunmamaktaydı.

ÜGD şubesinin Maraş'taki esas dayanağı, MHP'nin ilişkileri ve gücüydü. Ayrıca belediyenin, çeşitli kurumların ve işadamlarının desteği ve koruması altında varlık ifade etmekteydi. Bunun dışında, ÜGD'nin asıl varlığını içinde bulunduğu çok çeşitli illegal ilişkilere dayandırdığı ortaya çıkan genel bilgilerde anlaşılmaktadır. Gerek kuruluşunun katliamın öngünlerine denk gelmiş olması, gerek açığa çıkan diğer bilgiler bunu göstermektedir.

e. Maraşlı İşadamlarının toplantısı

Katliam için yapılması gereken ön çalışmalardan birisi, katliamcı güruhu hazırlamaktı. Ayrıca bu çalışmalar için maddi bir kaynağa da ihtiyaç bulunmaktaydı. Katliamın bu yöndeki hazırlığı için Maraş katliamı başlamadan iki hafta önce Edem Yağ Fabrikasında bazı işadamlarıyla AP'li ve MHP'li yöneticilerin, Maraş Belediye Başkanının ve MİSK (Milliyetçi İşçi Sendikaları Konfederasyonu) temsilcisinin katıldığı bir toplantı yapılmıştır. Bu toplantıya katılanların, hükümete, Alevilere, Kürtlere ve devrimcilere, hadlerini bildirme, Maraş'ı TÖB-DER ve POL-DER'den kurtarma kararı aldıkları açığa çıkmıştır. Dönemin Aydınlık Gazetesi aracılığıyla basına ve kamuoyuna yansıyan ve katliam gerçeğinin anlaşılmasını sağlayan bu haber, yalanlanmamış ve bu habere dair yetkililer tarafında, önemine uygun bir araştırma yapılmamıştır. Bu konuyla ilgili olarak, gerektiği gibi bir araştırmanın-soruşturmanın yapılması, herhalde bazı karanlık noktaların açığa kavuşmasında işe yarayabilirdi. Tam da bu nedenle, yapılması gereken araştırma, gerektiği gibi yapılmamıştır. Söz konusu haberde şunlar yazılmaktadır.

"Kahramanmaraş katliamı, Edem (Yağ Fabrikası) toplantısında kararlaştırıldı. Katliamdan 15 gün öncesine rastlayan toplantıya, Edem ortağı Faruk Arıkan, Fabrikatör ve Hacı Çiftliğinin sahibi Muammer Pakdil, kardeşi Cahit Pakdil, Faruk Arıkan'ın ağabeyi Hacı Osman Arıkan, Pişkinler İplik Fabrikası sahibi Abdurrahman Pişkin, Çırçır ve Prese Fabrikatörü Sıddık Akdişli, Tanrıverdi Çırçır Fabrikası sahiplerinden Zekeriya Kirişçi, Yağlıca kardeşler Kooperatif şirketi sahipleri Kasım ve Ali Yağlıca, Fabrikatör Tarık Sarıkatipoğlu, Çırçır Fabrikatörü Mehmet Vakkasoğlu, AP İl Başkanı ve Kadıoğlu Çiftlikleri sahibi Faruk Kadıoğlu, Belediye Başkanı Ahmet Uncu, MİSK Bölge Temsilcisi (Başkanı) Cemil Tozkoparan katıldılar. . .

"Toplantının açış konuşmasını yapan Hasan Balcı, 'Bugüne kadar bizleri koruyabilmeleri için ülküdaşlarımıza her ay 250 bin lira para veriyorum. Sizler ise bugüne kadar bir kuruş yardım yapmadınız. Hükümete haddini bildirmek ve Alevi komünistleri yok etmek istiyorsak mutlaka birleşip bütün gücümüzü ortaya koymalıyız. Elbirliği yapalım, Maraş'ı komünistlerden, POL-DER'cilerden, TÖB-DER'cilerden temizleyelim' demiştir." Yazılanlara eklenecek tek cümle, ne kadar olabilirse, bu bilgilerin araştırılarak gereğinin yapılmasını istemekte ısrar etmek olabilir. (5)

f. CIA Ajanı A. Peck Maraş'ta

Maraş'ta planlanan katliamın hazırlığı kapsamında, ABD Büyükelçiliği 1. Kâtibi Robert Alexander Peck'in Maraş Katliamından bir kaç gün önce, Maraş'a gittiği, sağ partilerin il yöneticileriyle, bazı iş adamlarıyla görüştüğü bilinmektedir. A. Peck, söz konusu dönemde, Kıbrıs'la ilgili görev yapan bir CIA ajanıdır. Böyle olmasına rağmen Türkiye'de katliamlar organize etmekte ve dönemin içişleri bakanı Hasan Fehmi Güneş'in anlatımına uygun olarak "her gittiği yerde olay çıkartmaktadır." Ayrıca o dönemde ABD Büyükelçiliğinde 2. Kâtip olan ve daha önce Endonezya'da çalışmış Christy adlı CIA ajanının da, Maraş katliamının planlamasında yer aldığı iddia edilmiştir.

5-12. 01. 1979 Tarihli Aydınlık Gazetesi

A.Peck'in kanlı faaliyetlerinden rahatsız olan ve bunları önlemek için bu ajanın yurtdışı edilmesini sağlayan Hasan Fehmi Güneş, CIA tarafında yapıldığı iddia edilen bir komplo ile görevinde ayrılmak zorunda kaldı ve CIA'nin katliamcı elemanları, katliamlarını sürdürmek için tekrar Türkiye 'de bulunmaya devam ettiler.

Bütün bu bilgi ve iddialara rağmen, Maraş katliamında sözü geçen CIA ajanlarının rolüyle ilgili kapsamlı bir araştırma yapılmamıştır. Böyle bir gerçek hiç yokmuş gibi, bütün söylem ve iddialar görmezden gelinmiş, konu unutturulmaya terk edilmiştir. Daha doğrusu bu gerçek, katliamcı yapının ve suçlarının gizlemesi için kullanılmak amacıyla, sis perdesi arkasında tutulmuştur. Bilindiği gibi katliamcıların, konuyla ilgili iddialarından birisi de, Maraş katliamını dış güçlerin yaptığı propagandasıdır.

Maraş katliamında, adı geçen veya halen adı telaffuz edilmeyen, sayısız CIA ajanının yer aldığında zerrece kuşku yok. CIA'nin Maraş katliamını düzenleyen, planlayan, karar veren illegal, faşist-gerici güçlerin en başında bulunduğu gerçeği tartışılmazdır. Başından beri devrimci-demokratik çevreler, CIA'nin bütün dünyada bu tür operasyonlar yaptığını, Maraş katliamından da mutlaka rol oynadığını, ortaya koymaya çalışmışlardır.

Ancak bu gerçek, yıllar sonra, katliamcı güç ve unsurlar tarafında, can simidi niyetine, kendilerini aklamanın aracı olarak kullanılmak istenmektedir. Katliam savunucuları, katliamının sorumluları olarak CIA ajanlarını işaret ederek, "dış güçler edebiyatıyla" suç ve sorumluluklarını gizlemeye çalışmaktadırlar. Böylece hem katliamın müsebbipleri hem de katliamcı politika ve yapılar, kurtarılmak istenmektedir.

Katliamda CIA ajanlarının rolü ve "dış güçler" propagandası, öyle bir tarzda yapılmaktadır ki, sanki CIA ajanları, yerel katliamcılardan bağımsız olarak, akıllarına esmiş, gitmiş Maraş'ta bu katliamı yapmışlar. Maraş katliamını bu şekilde, "dış güçler" üzerinde tartışanların, Alexander Peck ve diğer ajan veya ajanların, bölgede veya şehirde, katliamın gerektirdiği örgütlülüğe sahip olmadan, böyle bir katliamı nasıl organize edebildiklerini açıklamaları gerekir.

"Dış güçler" edebiyatı yaparak katliamın izlerini bulanıklaştırmaya çalışanlar, şu sorunun cevabını da vermek zorundadırlar. Maraş katliamında organizatör olarak rol ve görev alan CIA ajanları, Maraş'ta kim veya kimlerle görüştüler? Her halde DEV-SAVAŞ'la, DHB veya PKK ile görüşmediler. Böyle bir görüşme yapılmış olsaydı, devlet ve CIA, gerek o günlerde, gerek daha sonra, bunu, hem açığa çıkartır, hem de devrimcilerin aleyhine fazlasıyla kullanırdı. 12 Eylül dâhil, yakın tarihin hiçbir döneminde, bütün dezenformasyonlara rağmen, devrimcilerin CIA ajanlarıyla görüştüklerini, devrimci demokratik çevrelerin kan içici düşmanı olan CIA'nin kendisi dâhil, hiçbir güç ispatlayamamıştır. Hatta, bu tür iddialar, artık inandırıcılığı kalmadığı için, dezenformasyon aracı olarak bile tedavülden kaldırılmış, kullanılmamaktadır.

Bu katillerin, Maraş'ta katliam için yardım ve bilgi alabilecekleri güçlerle görüştüklerini, yerel unsurları harekete geçirmeye çalıştıklarını, Çorum Katliamındaki rolleri ispatlamaktadır. Bilindiği gibi CIA ajanı A.Peck, 1980 Mayıs'ın da yapılan Çorum Katliamı öncesinde, Çorum'a gitmiş, orada, çeşitli partilerin temsilcileriyle görüşmüş, arkasında Çorum Katliamı yaşanmıştır.

Böyle bir katliamın yapılabilmesi için işin içinde CIA'nin olması mutlaka gerekir. Ama aynı zamanda, yerli illegal yapılanmalar olmadan, CIA ajanları, tek ve kendi başlarına, böyle bir katliamı gerçekleştiremezler. Bu nedenle, CIA ajanlarının, bu ve diğer katliamları, içerdeki katliamcı illegal politik güçlere dayanarak planladıkları ve yaptıkları gerçeği göz ardı edilemez. Dolayısıyla yerel katliamcılarla birlikte ifade edilmeyen soyut "dış güç" iddiası, gerçek katliamcıları gizlemenin aracı olarak işlev görmektedir. CIA ajanlarının varlığından hareketle gündemleştirilen muğlâk "dış güç" ifadesinin gizemli perdesiyle, esas olarak yerel katliamcıların üstü örtülmeye çalışılmaktadır.

Çarpıtma amaçlı, esrarengiz "dış güç" yalanı yerine, doğrudan ve tüm katliamcıların açığa çıkartılmasına sağlayacak bir tutum içinde olunmalıdır. Bu anlamda, CIA ajan veya ajanlarının Maraş'a geldikleri gerçeğine sarılan katliam savunucularının, bir doğruyu söylüyor olmanın verdiği güvenle, kitleleri aldatmalarına izin verilmemelidir.

Katliamcıların gerçeği gizleme ve kamuoyunu yanlış bilgilendirme amaçlı "dış güçler" masalı, bazen saçmalama düzeyine kadar vardırılabilmektedir. İşin en kötüsü bu tür saçmalıkların önemli bilgi olarak savunulmaya çalışılmasıdır. "Sözde" ciddi insanların ve ciddi yayın organlarının bu tür özel olarak üretilmiş "bilgileri" kamuoyuna önemli bilgi olarak sunması, Maraş katliamının gerçeklerini gizlemek isteyenlerin tuzaklarına alet olmaktan öte bir anlam ifade etmemektedir.

g. İşyerleri ve evlerin işaretlenmesi

Planlanan katliamın istenen şekilde yürütülmesi için katliamcıların saldıracakları hedeflerin özel olarak tespit edilmeye çalışıldığı görülmektedir. Bu amaçla katliamın başlamasından 20-25 gün ve bazı yerlerde bir hafta önce gibi değişen sürelerden, nüfus sayımı, PTT işlemi ve belediyenin numarataj çalışması bahanesiyle, Alevilere ait evlerin tespit edilerek işaretlendiği, Gerekçeli Karar'ın her bölümünde belirtilmektedir. Bunlara dair birkaç örneği, arka arkaya ve araya girmeden sunmak, konunun somutlaştırılarak anlaşılması için yeterli olacaktır.

"Alevilere ait evler önceden işaretlenmiştir, bazı yerlerde ise bunun tersi yapılarak Sünnilere ait evler işaretlenmiştir. 'MHP, ÜGD, Katil Ecevit' ve üç hilal yazılı olan işyerlerine dokunulmamıştır"(6)

"Namık Kemal Mahallesinde yapılan araştırmada, yanmamış ve Sünnilere ait olduğu belirtilen evlerin duvarlarında 'Bu ev satılıktır' ibaresinin bulunduğu; 24 Aralık 1978 günkü olaylar sırasında Sünnilere ait evlerin üzerinde Türk bayrağı veya çatıda direğe asılı kırmızı bezler bulunduğu; yanan evlerin hiçbirisinde böyle bir yazıya rastlanmadığı ve bu gibi yanan evlerin daha çok işaretlenmiş evler arasında kalan Alevi evlerinin olduğunun tespit edildiği, "(7)

6-Maraş Olayları Gerekçeli Karar S. 337

7-Maraş Olayları Gerekçeli Karar S. 263

"482" iddianame no'lu sanık Ali Korkulu, mahkememiz huzurunda verdiği ifadesinde:

"24 Aralık 1978 pazar günü evinde bulunduğu sırada komşularının öğleye doğru kaçmaya başladıklarını; 'nereye kaçıyorsunuz, ne var' diye sorduğunda "Namık Kemal Mahallesinde sağ-sol çatışması var, bundan korkup kaçıyoruz" dediklerini; bu komşular mahalleyi terk etmeden önce Namık Kemal Mahallesi tarafından büyük bir topluluğun gelmekte olduğunu; bu topluluğun evinin ön tarafındaki odanın penceresinin önüne yığıldığını; burada 'üzerinde yazı bulunan evleri yakın, diğer evlere dokunmayın' diye ses geldiğini; bu söyleyenin kim olduğunu bilmediğini; olay öncesinde evlerin duvarlarında böyle yazılar gördüğünü..."

"Hasan Subaşı ifadesinde, "Olaydan 20-25 gün önce eve geldiğinde duvarın dış tarafına kırmızı kalemle işaret koyduklarını görerek, çocuklara sorduğunda belediyeden gelen 2 kişinin yazdığını söylediklerini..."

"Ökkeş Yılmaz ifadesinde, "Olaydan 15-20 gün önce 3 memurun gelerek kapılara tebeşir ile işaret vurduklarını; kendilerine nedenini sorduğumda 'ilerde mektuplarınız gelince sizi kolay bulsun' diye yazıyoruz dediklerini; ertesi gün bu defa 4 kişinin geldiğini, üçünün önceki, dördüncünün ise yabancı olduğunu; bunlardan bazılarının yazı yazdığını, bazılarının da 'evde kaç kişi var' diye sorduklarını,

"Sultan Küçükkahyaoğlu, "Olaylardan tahminen bir hafta önce iki kişinin gelerek belediye tarafından görevlendirildiklerini ve kapı numaralarını değiştireceklerini söyledikleri ve değiştirdikleri, "Olay sonrasında yaptırılan tespitlerde Yenimahalle Refet Efendi Caddesi, Zeytin sokak, Sakarya mahallesi Dereköy sokaktaki bazı evlerde belediyenin normal olarak yaptığı numarataj işlemi dışında, özel olarak işaretler konulmuş olduğu ve tahrip edilen evlerin bu şekilde işaret konulmuş evler olduğu anlaşılmıştır. " (8)

8-Maraş Olayları Gerekçeli Karar S. 246-247

Yukarıdaki ifadeler, Maraş katliamı davasının görüldüğü ilgili resmi belgede alınan, açık ve net ifadelerdir. Ayrıca benzer olaylar tek olmadığı için, hiçbir kuşku ve tereddüttün kalmadığı bu iddiayı askeri savcılık ve mahkeme, teyit etmek durumunda kalmıştır.

Ev ve işyerlerinin işaretlenmesi, tek başına ve iki yönüyle, katliam gerçeğinin anlaşılması için önemlidir. Birincisi, katliamda ev ve işyeri işaretlenmesi, sıradan bir örgütlenmenin yapabileceği bir iş değildir. Bunun için gerekli olan teknik bilgi ve olanakların yanında, bu işi yapacak olanların, büyük bir kararlılık, öz güven ve netlik içinde olmaları zorunludur. Normal günlük hayatta insanlar, başkalarının evlerini işaretlemelerini geçelim, tanımadığı bir evin kapısını çalmakta bile zorlanırlar. Birilerinin, bu denli sıkıntılı bir "işi" rahatça yapabilmesi, katliamın, özel ve büyük bir organize güç tarafında yapıldığını gösteren unsurlardan birisidir.

İkincisi, katliam hazırlığı için evlerin işaretlenmesinde, doğal olarak tanınmamaları için Maraşlı katliamcılar değil, dışarıda getirtilen katliamcılar kullanılmış olmalıdır. Bir katliamın ön hazırlığı için şehir dışında kadro istihdam edebilmek, sıradan herhangi bir örgütlenmeyle yapılamaz. Bunu yapabilecek güç ve ilişki, ancak egemen illegal siyasal yapıların imkânları dâhilindedir.

Sıkıyönetim mahkemesi, ev ve işyeri işaretlemenin üstüne gitmek, bu yapılanları kim, niçin, kimin emriyle yaptı, diye sorgulayarak katliamcılara ulaşabilecekken, öyle yapmamış, sadece mızrak çuvala sığmadığı için durum tespiti yapmakla yetinmiştir. Hâlbuki bu tespit üzerinde yapılacak olan ciddi ve kapsamlı bir soruşturmayla, katliamcılara ulaşmak, onları açığa çıkartmak, en azında ipuçları bulmak mümkündü.

Sonuç ve özet olarak, bütün bu veriler bir arada değerlendirildiğinde, katliamın pratik hazırlık sürecinin, Nisan 1978'de yoğunlaşan ETKO saldırıları, Malatya ve Pazarcık'ta patlayan bombalarla başladığı görülmektedir. Ancak ETKO çetesine yönelik olarak yapılan operasyonla, sürece ara verilmiştir. Ara verdikleri kanlı planlarından vazgeçmeyen egemen illegal güçlerin, Kasım 1978'de, katliamdan takriben iki ay önce, katliam için çalışmalarına tekrar başladıkları anlaşılmaktadır.

h. "Milli Piyangocu" katliamcıların Maraş'a gelmesi

Katliam gibi devasa ve kanlı bir organizasyon çok boyutludur. Buna bağlı olarak çok yönlü bir örgütlülük gerektirmektedir. Bu yönlerden birisi de katliam da hayati öneme sahip olan fiili ve pratik önderlik sorunudur. Katliamcı güruhun önüne düşüp, ev ev, sokak sokak, insan öldürmek amacıyla katiller sürüsünü sevk ve idare etmek, doğabilecek pratik sıkıntıları aşmak profesyonellik gerektirmektedir. Ayrıca katliamın fiili önderliğini yapacak olan bu katillerin tanınmaması da gerekmekteydi. Bu nedenle yerli olmayan katliamcılara ihtiyaç duyulmuştur. Dışarıdan getirtilen bu profesyonel katiller, yabancı olmanın yarattığı etkiyle, katliamcılaştırılmaya çalışılan güruhun motivasyonunu yükseltecek, saldırıları yüzeysellikten çıkartarak derinleşmesini sağlayacak ve beklenmedik sorunları aşmakta inisiyatif geliştirebileceklerdir. Bu nedenle katliam sürecine, çok sayıda dışarıdan getirtilmiş profesyonel katliamcının katılması sağlanmıştır.

Katliamla ilgili olarak, resmi makamlara verilen ve daha sonra kamuoyuna mal edilerek yayınlanan bir raporda, katliam süresince, Maraş'ta çok sayıda sözde milli piyangocunun bulunduğu tespit edilmiştir. Katliamı soruşturmakla görevli polis yetkilisi Kazım Ulusoy, yazdığı raporda, "Adıyaman ilinden gelerek Çelik Palas Otelinde 19-20 Aralık 1978 günlerinde yatan ve kendini milli piyangocu olarak tanıtan 26 değişik isimli şahsın" bulunduğunu yazmıştır.

Ancak yapılan araştırmada bu milli piyangocuların sahte oldukları " Milli Piyango idaresinden alınan belgelerde sabit ya da seyyar bayi olmadıkları" anlaşılmıştır.

Katliamla ilgili olarak yazılmış bir başka resmi raporda, Ankara'dan Hüseyin Yıldız, Ünal Ağaoğlu, Haluk Kırcı, Mustafa Özmen, Mustafa Dülger, Remzi Çayır, Mustafa Demir, Bünyamin Adanalı, Ahmet Ercüment Gedikli, Mustafa Korkmaz ve İsmail Ufuk ile Mehmet Gürses'in Maraş'a gittikleri belirtilmiştir. Yine İskenderun Demir Çelik İşletmesi'nde Fabrika Stok Kontrol Müdür Muavini olan Hayri Kuşçu, Çelik-İş Sendikası yetkililerinden Tuncay Terekli'nin de olaylardan önce ve olaylar sırasında Maraş'a gittikleri kaydedilmiştir. Ancak ne o dönemde, ne daha sonra, bu iddialarla ilgili hiçbir araştırma ve soruşturma yapılmamış, sanki kamuoyu böyle bir iddiada bulunmuyormuş gibi, sağırlık oyununa yatılmıştır.

Bütün bu bilgilere rağmen, katliamı meşru göstermeye çalışanlar, yıllar sonra bu iddia ve olguyu, katliamcıları aklamak için kullanma hevesine kapılmışlardır. Söz konusu sahte milli piyangocuların varlıklarını inkâr edemedikleri için, bunların dışarıdan kamyonlarla gelmiş devrimciler olduklarını iddia etmeye çalışmaktadırlar. Suçluluk duygusuyla üretilen bu yalanlar, laf ebeliği yapılarak gerçek haline getirilemezler. Dışarıdan getirildiği ve milli piyangocu olduğu iddiasıyla adı geçenler ortadadır ve yukarıya alınmış olan raporla sabittir ve bunların kim olduklarını da dünya âlem bilmektedir.

Devlet yapılmak istenen katliamı bilmiyor muydu?

Katliam için yapılan hazırlıkların bir parçası olarak, devletin ilgili kurumları, ya yanlış ve eksik bilgilendirilmiş veya bilgilendirmeyerek, katliamın koşulları oluşturulmuştur.

Ancak, Maraş katliamı için yapılan hazırlık çalışmalarının olası sonuçlarını öngörebilmek için derin ve gizli bilgilere gerek yoktu. Pratik çalışmaların içinde boğulmamış ve politik gelişmeleri yakında izleyen her aklı başında insan, gerek genel gelişmelerin, gerek Maraş özgülünde yaşananların nasıl bir sonuç yaratacağını tahmin edebilirdi. Dolayısıyla devletin ilgili kurumları ve yöneticileri, gelişmelerde hareket ederek neler olabileceğini görüyor ve bu gördüklerini ilgili birimlere aktarıyorlardı.

Maraş valisi ve emniyet yetkilileri, bu yönde bilgilendirmeler yapmış, merkezi hükümete raporlar yazmışlardır.

Dönemin MİT Adana Bölge Başkanı Nazif Abanozoğlu'nun K. Maraş Valisi Tahsin Soylu'ya; "Kentte, 21 Aralık günü, çok vahim olaylar olacağını" haber verdiği yazılmıştır. Doğal olarak Valinin bu bilgiyi ilgili devlet kurumlarına aktardığını varsaymak gerekir.

Bu durumda orta çıkmaktadır ki, göre göre gelen katliamı, katliam organizasyonu dışında kalan devletin yönetici unsurları, diğer ilgili kurumlara bildirmişler, ancak etkili olamamışlardır. Başta içişleri bakanı İrfan Özaydın olmak üzere, hükümet yetkililerini oyuncak gibi kullanan illegal güçler, onları yanlış bilgilendirerek, gerekli önleyici tedbirlerin zamanında alınmasını engellemişlerdir. Zaten Ecevit'e gönderilen raporda bu durum, "MHP'nin bir organı haline gelen MİT, CHP zamanında meydana elen büyük olayları yapan ve yaptıran MHP'lilere ait hiçbir istihbarat ve bilgi verilmeyip saklanmış, sadece sola ait bilgiler aktarılmak suretiyle olayı sola mal etmiştir." (9) diye ifade edilmektedir.

Ayrıca devletin en tecrübeli adamı, Süleyman Demirel, Maraş katliamı devam ederken yaptığı bir açıklamada, muhalefet olarak hükümeti eleştirmek adına bir gerçeği ifade ediyordu. 25 Aralık 1978 tarihli Cumhuriyet Gazetesine yansıyan bu açıklamada Demirel, "hükümetin bu olayın olacağından mutlaka haberi vardır" demektedir. Demirel gibi devleti çok yakından tanıyan birisinin yaptığı bu açıklama sadece açıklama olarak görülemez. Açıktır ki böyle bir açıklama, bir 'derin' bilginin sonucu olarak yapılmıştır.

Görüldüğü gibi devletin bu katliamı önceden bildiğine dair herhangi bir kuşkuya gerek bulunmamaktadır. Ancak ana kumanda merkezlerine hâkim olan illegal güç odakları, bu bilginin önleyici tarzda değerlendirilmesini de engelleyecek şekilde örgütlendikleri için bu bilginin işlevselliği sağlanamamıştır.

Böylece katliamcı illegal örgütlenme, yapılan kapsamlı hazırlıklardan ve olası engelleyici veya sınırlayıcı gelişmeleri de kontrol altına alarak, katliamı icra safhasına geçmiştir.

9-Ecevit'in Gizli Arşivi Rıdvan Akar-Can Dündar S. 240

VE KATLİAM

"Gülüyorlardı.
İğrenç kanlı yüzleri, kirli sarı dişleriyle. "
İnci Aral

Maraş Katliamı'nın kısa hikâyesi

Maraş Katliamı'nı, fiili katliamcıların bazıları "Kürtlerin düğünü" bazıları ise **"Alevilerin son günü"** olarak nitelemişlerdir. Yüreklerine zerk edilen ve esir edildikleri düşmanlığı, böyle açığa vuruyorlardı. Uğur Mumcu da katliam günlerini "Kristal geceler" olarak adlandırmıştı. 1500'lü yıllarda Fransa'da Katolikler ve Protestanlar arasında yaşatılan ve 100 bin kişinin ölümüne yol açan Saint Barthelemy Katliamı'na gönderme yaparak.

Bu bölümde, belirtilen şekillerde tanımlanan Maraş Katliamı'nın kısa hikâyesi, "özet"lenmeye çalışılacaktır. Bu "özet" için, tam adı "Kahramanmaraş'ta 19-25 Aralık 1978 Tarihinde Meydana Gelen Olayların Sanıkları Hakkında Gerekçeli Hüküm" olan katliamın resmi belgesinde sık-sık alıntılara başvurulacaktır. Bundan sonraki metinde tırnak içinde olan ve özel bir kaynak belirtilmemiş tüm alıntılar, "Gerekçeli Karar" olarak kısaltılacak olan bu metnin ilgili bölüm ve sayfalarında alınmıştır.

Alıntıların şöyle bir faydası da vardır. Gerek özel olarak yaratılan bilgi kirliliğiyle, gerek arada geçen uzun zamandan dolayı, Maraş Katliamı'nın gerçekleri unutulmuş veya çarpıtılmıştır. Bu durumda yararlanmak isteyen katliam savunucuları, uluorta iddialarda bulunmakta, gerçekleri ters yüz etmeye çalışmaktadırlar. Bu durumda katliama dair anlatılan gerçekler, sadece Alevilerin, solcuların ve Kürtlerin, sübjektif ve tek taraflı anlatımları veya onların iddialarıymış gibi algılanmaktadırlar. Böylece katliamcıların, katliamı meşru gösterme ve savunma imkânı doğmaktadır.

Bunun sonucunda, iki türlü katliam anlatımı ve algısı çıkmaktadır ortaya. Katliam savunucuları, bu fırsatı ganimet bilip, kendi yalanlarını ortaya sürmektedirler. Bir sanal ikilemle karşı karşıya kalan ve eksik bilgi içinde olan kamuoyu ise, bundan etkilenmekte, yaratılan "e siz öyle diyorsunuz ama başkaları da böyle diyor" tuzağına itilmektedir. Bu sahte ikilem tuzağının sunduğu olanakla, birileri, katliama dair, aklına ve işine geleni söyleyebilmekte, katliamın gerçeklerini gizlemeye, katliamı meşru göstermeye ve katliamcıları aklamaya çalışmaktadır. Bu durumda, yeterli olanaklara sahip olamayan katliam mağdurları ve devrimci demokratik çevreler, sadece iddia eden durumda kalmaktadırlar. En nihayet böylece yaratılan bu sahte algı, olgunun yerine ikame edilmekte, Maraş Katliamı, gerçekte olduğundan farklı biçimde, bilinçlere nakşedilmeye çalışılmaktadır.

Hâlbuki Maraş Katliamı'yla ilgili mağdurlar ve demokratik çevreler tarafındann söylenenler, yapılanların sadece bir kısmıdır ve bunların hepsi, daha fazlası, dünyanın maddi gerçeği kadar gerçektir. Katliamın gerçeklerini tersyüz etmek isteyenler bilsinler ki, eğer bu katliamı gizleme imkânı bulunabilseydi, aşağıya alacağımız alıntının sahipleri, yani Sıkıyönetim Mahkemesinin yetkileri, herkesten önce bunu yaparlardı. Gerçek o denli açık ve o denli çarpıcı ki, Sıkıyönetim Mahkemesi bile bunu gizleyecek kılıf bulamamış, gerçekleri kayıt altına almak zorunda kalmıştır.

Ancak hemen belirtilmeli ki, sıkıyönetim yargısı, Gerekçeli Karar'da, birçok gerçeği ortaya koymak zorunda kalmasına rağmen, aynı zamanda, "ince ayarlar" yaparak katliamın sebeplerinin gizlenmesini ve katliamcıların kurtarılmasını sağlamıştır. Bu kısa açıklamadan sonra, Gerekçeli Kararda ve genel bilgilerden yararlanarak katliamı özetlemeye çalışalım.

Katliama giden sürecin Nisan ayında, Maraş'ta ve bölgede yapılan saldırılarla, katliam ve cinayetlerle başladığı biliniyor. Söz konusu saldırı, katliam ve cinayetler, bölgede ve Maraş'ta tedirginliği ve kaygıları artırmıştı. Bu tedirgin, gergin ve güvensiz koşullarda, yaz ve sonbahar geçmiş, kış aylarına girilmişti.

Aralık ayının başında, katliam için geri sayım başlatılmıştır. "Aralık ayının 10'unda Orhun Film Şirketinde gelen iki kişi, ÜGD'ye gelerek 'Güneş Ne Zaman Doğacak'adlı filmin oynatılması için İkinci Başkan Mustafa Kanlıdere ile görüşürler." Görüşmenin sonunda, 16. 12. 1978 günü söz konusu film, Çiçek Sinemasında gösterilmeye başlanmıştır. İlkel ve ırkçı propagandanın yapıldığı filme, ÜGD'nin özel çabalarıyla, ilgi yaratılmaya çalışılmıştır. Gösterimin olduğu sinema, ülkücüler tarafından koruma altına alınmış, sinemaya gelen herkes üst aramasında geçirilmekte, ellerinde bulunan çantaları aranarak içeriye girmelerine izin verilmektedir. Sinemada slogan atılması amacıyla görevlendirme yapan ÜGD, aynı zamanda POL-BİR'li polislerle işbirliği içindedir ve sinemada POL-BİR'in dergisinin satışı yapılmaktadır.

1978 yılının 19 Aralık günü, Çiçek Sineması'nda, adı geçen film oynarken, sinemaya patlayıcı atılmış, meydana gelen patlamadan dolayı, çeşitli yaralanmalar olmuştur. Bunun üzerine saldırganlar, "belediye tarafındann yapılıp hazırlanmış ve sinemanın yanındaki bir binada muhafaza edilen özel sopaları" alarak, sloganlar eşliğinde, PTT ile CHP il binasının da içinde bulunduğu, Alevilere ve solculara ait çeşitli iş yerlerini tahrip ederler. Salman Ilıksoy adında Alevi bir genç, patlama esnasında kaçtığı için şüpheli olarak yakalanır. Kısa süre sonra, patlamadan dolayı meydana gelen panik sonucu kaçmakta olduğu anlaşılarak suçsuzluğu tespit edilen Salman Ilıksoy, serbest bırakılır.

19 Aralıkta Çiçek Sineması'na atılan bomba ve sonrasında yapılan saldırılarla katliamının startı verilmiştir. Maraş'ın kaderini ve yaşam kodlarını değiştiren, tarihi günler başlamıştı.

Başta Yörükselim halkı olmak üzere Maraş halkı, gelişmelerden tedirgin olur ve geceyi bu huzursuz ortamda, saldırı olabileceği kaygısıyla geçirirler. Özellikle Yörükselim Mahallesi, hem saldırıların yapıldığı bölgeye yakın olduğu, hem en hassas yer olduğu için ciddi bir endişe içindeydi. Aynı tedirginlik, Karamaraş ve tüm Maraşlı Aleviler ve ilericiler içinde söz konusuydu. Ancak hiç kimsenin yaşanacak katliama dair ne bir öngörüsü, ne de bir hazırlığı vardı. Devimci ve ilerici çevreler tarafından yapılan direniş ve mücadele içerikli genel propagandalar dışında, bir hazırlık söz konusu değildi.

Bir gün sonra, 20 Aralık 1978'de, Karamaraş'ta bulunan Türk-Kürt Alevilerin ve ilericilerin gittiği Akın Kıraathanesi bombalanır. Faşist katliam organizatörleri veya hempaları tarafındann yapılan bu saldırıda, 2 kişi yaralanır, kahvehanede hasar meydana gelir. Bu durum zaten tedirgin olan halkın daha da tedirginleşmesine yol açmıştır. Bir gün önce, işyerleri dağıtılan Aleviler, sorunlarını toplumsal bir sorun olarak görmek ve göstermekten kaçınıyorlardı. Daha büyük saldırılara vesile olur kaygısıyla, yaşananları, hafife alıyor görünüyorlardı. Yasal olarak yapılması gereken işlemlerin yapılmasıyla uğraşıyor veya kendi derdine, kendisi çare olmaya çalışıyorlardı. Kimsenin, katliamın ayak sesleri olan bu saldırıların niteliğini görmesi, buna göre değerlendirmesi söz konusu değildi. Çiçek Sineması'na atılan bomba ve sonrası saldırılar gibi, Akın Kıraathanesine yapılan saldırı da sıradan faşist bir saldırı olarak değerlendirilmekteydi.

Katliamın hazırlık saldırıları bitmemişti. Yine bir gün sonra, 21 Aralık 1978 günü, Türk-Sünni ve Maraş'ın yerlisi olan Mustafa Yüzbaşıoğlu ile Elbistanlı Türk-Alevi olan Hacı Çolak adlı TÖB-DER'li iki devrimci öğretmen, okuldan ayrıldıktan kısa süre sonra, dar bir sokakta, faşist katliamcılar tarafından vuruldular. Hacı Çolak olay yerinde, Mustafa Yüzbaşıoğlu ise, yaralı olarak götürüldüğü Hastanede öldüler. Mustafa Yüzbaşıoğlu Hastanede ölmeden önce verdiği ifadesinde bu saldırıyı ve saldırıyı yapan katliamcıyı şöyle anlatmaktadır.

"Maktul Mustafa Yüzbaşıoğlu'nun Hastanede yaralı iken alınan ifadeli zabıt varakasında; yanında kimya öğretmeni

Hacı Çolak olduğu halde Yörükselim Mahallesi girişinde ismini bilmediği bir caddede arkalarından gelmekte bulunan, 25-30 yaşlarında hafif kıvırcık saçlı, siyah bıyıklı, 1:85 cm. boyunda, üzerinde mavi ceket, siyah ya da kahverengi pantolonu bulunan, o güne kadar hiç görmediği ve tanımadığı bir şahsın tabanca ile önce Hacı Çolak'a ateş ederek vurduğunu, sonrada kendisine ateş edip, yaralayarak sokak arasından kaçıp gittiğini, Hacı Çolak'ın olay yerinde öldüğünü, kendisinin Hastaneye kaldırıldığını, sanığı tanımadığını, belirtmiştir".[1]

Mustafa Yüzbaşıoğlu, planlanan katliamı hesaplayamamış olsa da, kendisine ve arkadaşı Hacı Çolak'a yapılan bu saldırının, sivil faşistler tarafından yapılan bir saldırı olduğunu, bu ifadesiyle ve bütün açıklığıyla ortaya koymuştur. Mustafa Yüzbaşıoğlu, söz konusu ifadesinin aşağıya alınan bölümünde, muhtemel katillere uzanacak olan ipuçlarını içeren şu bilgileri vermektedir.

"Bu vurulma olayının Endüstri Meslek Lisesinde öğrenci olup okuldan atılmak üzere disiplin kuruluna verilen Mükremin Sevim, Ömer Kayış ve Hamdi Kar tarafındann azmettirilmiş olabileceğini belirtmiştir." Mustafa Yüzbaşıoğlu'nun ifadesinde adı geçen isimler okuldaki faşist unsurlardır ve okulda faşist bir güç yaratmak için sürdürdükleri çabalarda bu öğretmenleri engel görmektedirler.

Maraş, devrimci öğretmenlerin öldürülmesiyle daha derinden, etkilendi ve sarsıldı. "Ortam oluşturmak" için istenen "gerginlik" daha ürpertici ve daha yaygın olarak hissedilmeye başlandı. Üç günden beri yaşananlarla, katliam saati işliyordu.

Devrimci çevre ve kurumlar, tüm samimiyetlerine, mücadele arzu ve kararlılıklarına rağmen, yaklaşmakta olan Maraş Katliamı'nın kanlı adımlarını göremiyorlardı. Sorun henüz kavranmamış, nelerin planlandığı anlaşılmamıştı. Ne bir katliam öngörüleri vardı ne de bir perspektifleri veya hazırlıkları söz konusuydu. Bir şeylerin normal dışı olduğu, özel gelişmelerin yaşandığı düşünülüyor, ancak bu durum, doğru bir yoruma, doğru bir perspektife dönüştürülemiyor, güçlü sonuçlar çıkartılamıyordu. Çok az sayıda çevrenin, şiddet içeren mücadele

---

1-Dava Dosyasında

yöntemlerine hazırlıklı olmak için sürdürdüğü genel ve soyut yaklaşımların dışında, kimsenin somut ve özel bir hazırlığı yoktu. Yapılan saldırılar, dönemin özgün faşist saldırıları olarak görülüyordu.

Öğretmenlerin öldürülmesi üzerine, devrimci kurum ve çevreler, cenaze töreni için hazırlıklara başladılar. Maraş'ın Kürt-Türk Alevileri ve devrimcileri, cenaze töreninin, Maraş'ta yapılmış diğer etkinliklerde farklı olması gerektiğini düşünüyor ve planlıyorlardı. Yapılacak güçlü bu cenaze töreniyle, faşist saldırılara cevap olunacağı hesaplanıyordu.

Devrimciler, kısa süreli ve ayaküstü yapılan görüşmelerle, cenaze töreni ve diğer günlük gelişmeleri değerlendiriyorlar, ama dar pratik dışına çıkamıyorlardı. Bu koşullarda öğretmenlerin cenaze töreninin yapılması için bir araya gelen çeşitli devrimci çevre ve kurumlar, başta TÖB-DER olmak üzere, çalışmalarını yoğunlaştırmaktaydılar.

Halkın CHP'yi dikkate alan büyük bir kesimi, saldırıların büyütülmemesi yönünde tavır alıyor, devrimcilere, temkinli olmak adına ilgisizlik öneriyorlardı. Hükümette CHP'nin varlığı, Alevi halkının, duyarlılıklarını zayıflatmış, olumsuz gelişmelerin olmayacağı yanılsaması yaratmış, rehavet doğmasına yol açmıştı. Bu ruh hali içindeki halk, devrimcilere, herhangi bir saldırı karşında bile, "taşkınlık" yapmamaları yönünde, dostça ama ısrarlı telkinlerde bulunmaktaydı.

Bu arada, öldürülen öğretmenlerin çalıştığı okul dâhil tüm okullar, okul yönetiminin önerisi ve valinin kararıyla, 1 günlüğüne tatil edildi. (2)

22 Aralık 1978 Cuma günü, Yörükselim halkı ve öldürülen öğretmenlerin meslektaşları ile öğrencilerden oluşan büyük bir kalabalık, cenazelerin bulunduğu Devlet Hastanesi'nin önünde saldırıları lanetlemek amacı ile toplanmaya başladılar. Cenazelerin otopsisi, geciktirilmekteydi. Hastane Başhekimi Çetin Diker, savcının geç geldiğini ileri sürerek, otopsilerin gecikmesinden savcıyı sorumlu ilan ediyordu. Ancak daha sonra anlatılanlara göre, Çetin Diker, katliam sürecinin yerel unsurlarından birisi olarak, otopsilerin cuma namazı saatine denk gelmesi için geciktirilmesini sağlamaya çalışmıştır.

2-Maraş Olayları Gerekçeli Karar S. 291

Devlet Hastanesi önünde toplanmış olan öğretmenler, öğrenciler ve Maraş'ın ilerici Kürt-Türk Alevi halkı, öğretmenlerine sahip çıkmakta kararlıydı. Lakin güvenlik güçleri, öğretmenlerin cenazesine katılmak için toplanmış olan 5-6 bin kişilik kitleyi, sürekli taciz etmekteydiler. Cenaze törenine katılım engellenmekte, kitlenin slogan atmasına ve her türlü hareketine, eften püften bahanelerle müdahale edilerek sorun çıkartılmakta, sataşmalar yaşanmaktaydı.

Güvenlik güçleri, yaptıkları bu taciz ve müdahaleleri, "Öğretmen Mustafa Yüzbaşıoğlu'nun Hastanede ameliyata alındığı sırada Devlet Hastanesi civarında toplanan sol görüşlü grupların gösteri düzenleme çabaları, polis ve jandarmanın ortak çalışması sonucu önlenmiştir" diye anlatmaktaydılar. Yetkililer, bu ifadeleriyle, bütün dikkat ve enerjilerini, öğretmenleri öldüren katillere değil, cenazelerine sahip çıkan halkın üzerinde yoğunlaştırdıklarını itiraf etmekteydiler. Birkaç saat sonra başlayacak olan katliam için yapılan hazırlıklar, Ulu Cami önünde ve çevresinde biriken saldırganlar ve onların yaptıkları gösteriler, güvenlik güçlerinin gündeminde değildi.

Maraş'ın Türk-Kürt, Alevi-Sünni ilerici halkı ile devrimciler, planlanmış olan katliamdan habersiz, öfke ve tedirginlik içinde, cenaze töreniyle ilgiliydiler. Aynı saatlerde, faşist katliamcı güçler, saldırılarda kullanacakları güruhu toplayıp harekete geçirmekle meşgullerdi. Yakında bulunan merkez köylerde getirtilmiş olan bu yığınlara, "cami bombalandı, Alevi komünistler Kuran yaktı" gibi alçak ve korkunç yalanlarla süslenen ve hızla yayılan, klasik propaganda yapılmıştı. Bu yalanların etkisiyle toplanan sıradan güruhla, cenaze törenine saldırmak için görevlendirilmiş faşist profesyonel katillerin, Ulu Cami çevresini ve Mağaralı Mahallesini, toplanma ve sevk alanı olarak kullandıkları anlaşılmaktadır.

Devletin yerel kurumları, gelişmelerden, en az halk ve devrimciler kadar tedirgindiler. Ancak bu tedirginlikleri, sorunun esas kaynağına yönelmek yerine, cenaze törenin yapılmaması yönünde, engelleyici, zorlayıcı tutumlar geliştirmelerine yol açıyordu. Ne de olsa aldıkları devlet terbiyesi ve kültürü, en büyük tehlikenin devrimcilerden geldiğini, faşist-gerici güçlerin devletin yardımcı kuvvetleri olduğunu düşünmelerine yol açmaktaydı. Bu mantık içinde davranarak, toplanan kitleyi rahatsız eden güvenlik kuvvetlerinin cenaze törenini önleme çabaları sonuç vermemişti. Halkın, öğretmen ve öğrencilerin cenazelerine sahip çıkması, yerel yetkililerin engelleme çabalarını aşmıştı.

Saat 14.30'da, yürüyüş için kitle korteji oluşturulurken, "hareket etmeden önce, kortejde bulunan şahısların üzerleri aranmış,... Bazı şahısların ellerinde bulunan sopa ve taş gibi maddeler toplanmıştır. Jandarma kuvvetlerinin 70'i kortejin sağına, 70'i kortejin soluna 5'er metre aralıklarla dizilmiş, polislerde kortejin ön ve arkasında tertibat almışlardır. Etrafı bu şekilde güvenlik kuvvetleri ile sarılmış olan 4-5 bin kişilik cenaze korteji,"(3) pankartlarının, flamalarının arkasında, sloganlarını atarak harekete geçti. Cenaze töreni başladığında, törene katılan herkes, buruk bir heyecan içindeydiler. Burukluklari yoldaşlarının ölümündeydi, heyecanları ise, yapılan törenle güçlü ve etkili bir sonucun doğmasına dair taşıdıkları beklentiden kaynaklanıyordu.

Kortejde bulunanlarda, hüzün, coşku, tedirginlik gibi farklı duygular aynı anda yaşanıyordu. Maraş, ilk kez böylesine büyük bir devrimci eylem yaşıyordu. Bu durum, törene katılanlara moral veriyor ve güç katıyordu. Ama kısa süre önceden beri yaşananlar, üzüntü ve tedirginlik kaynağıydı.

Yürüyüş boyunca Maraşlı emekçiler, devrimci ve demokratlar, nisan ayından bu yana yaşanan faşist saldırıları kınıyor, lanet ediyor ve halka, birlik ve mücadele mesajları vermeye çalışıyorlardı. Güvenlik kuvvetleri, "Yolda kortejin içindeki bazı kişileri ellerindeki kırmızı yağlı boya ve fırçalarla zaman zaman duvarlara çeşitli sloganlar yazmak istemişler, ancak bunlara fırsat verilmeyerek ellerindeki boyaları dökülmüş ve fırçaları kırılmıştır" diye tarif ettiği gibi, yürüyüş kitlesini kontrol altına almıştı. Yürüyüştekiler ise, gergin ortamı daha da germemek için buna ses çıkartmamışlardır. Cenaze törenine katılan kitle bunları yaşarken, katliamcılar, planladıkları tarihi katliamlarının yeni merhalesine hazırlanıyorlardı.

3-Maraş Olayları Gerekçeli Karar S. 292

Tören için yürüyüşe başlayan "Cenaze korteji PTT kavşağına gelene kadar slogan atılması dışında herhangi bir taşkınlık ve tahrip yapmamış, normal bir şekilde hareket etmiş" olarak cenaze namazının kılınacağı "Ulu Cami önündeki eski belediye meydanına kadar jandarma ve polis tarafındann etrafı çevrilmiş olarak, muhafaza altında" gelmiştir. [4]

Bu esnada, Ulu Cami önünde ve çevresinde toplanmış olan 8-10 bin kişilik kalabalığın içindeki örgütlü saldırganlar, "komünistler Moskova'ya, Komünistlerin namazı bu camide kılınmaz" diye bağırmakta ve kortej kitlesine ellerine geçirdikleri taş ve benzeri cisimleri atarak saldırmaktaydılar. Ulu Cami ve çevresinde birikmiş olan sınırlı sayıda faşist, "Alevi komünistler camiyi ve Kuran'ı 'yaktılar' yalanıyla köylerde toplayıp getirdikleri kocaman kalabalığı, cenaze törenine saldırtmak için sloganlarla tahrik ediyor, onlar adına cenazenin camiye gelmesini engellemeye çalışıyordu. Bu saldırı atmosferi üzerine, cenaze kitlesinin en küçük davranışını bile engelleyen, kontrol altına alan güvenlik kuvvetleri, yürüyüş kitlesinin önünü kesmiş, onları bekletmeye almıştı.

Cenaze kortejini bekleten yerel devlet yetkilileri, aynı anda, cenaze namazının camide kılınmasına müsaade etmeleri için, faşist saldırganlarla pazarlık yapmaya, onları ikna etmeye, bir anlamda izin almaya çalışmaktaydılar. Güvenlik kuvvetlerinin saldırganlara karşı izlediği pazarlıkçı, müsamahalı, uzlaşmacı tutum, saldırganların daha fazla pervasız davranmalarına yol açmıştı. Bunun sonucu olarak saldırganlar, hem güvenlik kuvvetlerinin dağılma önerilerini kabul etmemişler, hem de o ana kadar cenaze kortejinde bulunanlara karşı, uzakta sürdürdükleri taciz etme şeklindeki saldırılarını, aktif-fiziki saldırıya dönüştürmüşlerdi.

Cami önü ve çevresinde "200–300 kişilik kaleye çıkmış bir grup" silahı olanlar silahlarıyla, silahı olmayanlar, ellerine geçirdikleri taş ve benzeri cisimler atarak, kortej kitlesine saldırmaktaydılar. Kitlenin üstüne yağmur gibi yağan kurşunlar ve taşlar, kitlede çok sayıda insanın yaralanmasına ve insanların panik hali yaşamasına yol açtı. Saldırılar güvenlik kuvvetle-

---

4-Maraş Olayları Gerekçeli Karar S. 292

rinin gözleri önünde yaşanmaktaydı. Bunun üzerine, "Cenaze kortejini oluşturan sol grup karşı grubun saldırısı üzerine cenazeleri yerde bırakarak dağılmış ve güvenlik kuvvetlerinin himayesinde olay yerinden uzaklaştırılmıştır."[5]

Cenaze törenine katılmak için gelmiş olan binlerce insan, can havliyle, cenazelerini de yere bırakarak, bulabildikleri her araç ve yolla, uygun buldukları yerlere kaçmak zorunda kalmıştır.

Yol üstünde, kale çevresinde ve Ulu Cami önünde yoğunlaşmış olan saldırganların, taş, sopa, silah vs gibi çeşitli saldırı araçlarıyla sürdürdükleri saldırılarını, saldırganlara karşı fazlasıyla hoşgörülü ve pasif bir tutum içinde olan devletin güvenlik güçleri "engelleyemiyordu". Ama aynı güvenlik güçleri, cenazeler Devlet Hastanesindeyken yürüyüş için toplanan kitleyi sürekli taciz ediyor, her türlü baskıyı uygulayabiliyorlardı.

Saldırılar, bu saatten sonra başka bir evreye geçmişti. Her şeyi saldırganlar belirliyordu ve yaşanan, tek taraflı bir katliama dönüşmüştü. Katliam planlayıcıları, planlarını adım adım uygulamış ve belli bir aşamaya gelmişlerdi. Saldırganlar, motive edilmiş, harekete geçirilmiş, cenaze törenine yapılan saldırıyla katliamın hedef kitlesi olan Kürt-Türk Aleviler püskürtülmüş, güvenlik kuvvetleri etkisizleştirilmişti. Maraş, bu andan başlamak üzere, katliam günleri boyunca, saldırganların kontrolü ve denetimi altındaydı.

Katliamın bu ilk gününde, faşist katliamcılar tarafından yapılan saldırılar esnasında, üç saldırgan öldürülmüştür. "Cenaze kortejinin dağılmasından sonra, Mağaralı Mahallesi sakinlerinden Memili Bakıcı, saat 17:45 sıralarında, koma halinde Yörükselim Mahallesinden Cemil Karadutlu isimli şahıs da saat 18:25 Sıralarında ölü olarak Devlet Hastanesine getirilmiştir, Memili Bakıcı yarım saat sonra, Hastanede ölmüştür. Yine Mağaralı Mahallesinden Hamza Yıldız saat 17:30 Sıralarında ağır yaralı olarak Ortaseki Sağlık Ocağı'na getirilmiş, yapılan tıbbi müdahaleye rağmen saat 18:00 de ölmüştür."[6] Bu ölümler, büyütülerek sürdürülmek istenen katliamın devamının aracı yapılmıştır.

5-Maraş Olayları Gerekçeli Karar S. 293

6-Maraş Olayları Gerekçeli Karar S. 295

Aslında tam olarak, kim veya kimler tarafından öldürüldükleri açığa çıkartılamamış olan bu saldırganların ölümü, sonraki günlerde sürdürülen katliamın gerekçesi gibi sunulmaktadır. Bunun doğru olmadığı, katliamın hazırlıkları içinde gördüğümüz ve dava dosyasında yer alan günler öncesindeki ev ve işyeri "işaretlerinde" anlaşılmaktadır. Günler önce yapılan ve katliamda kullanılan işaretlemelerin varlığı, bu katliamın önceden verilmiş bir karar ve planla yapıldığını gösteren en önemli kanıtlardan birisidir. Bu işaretlemeler, cenaze töreninde hiç kimse ölmemiş olsaydı da bu katliamın yapılacağının ifadesidir.

Üç saldırganın ölümünün yarattığı gerilimi, katliamın şiddetini artırmak için değerlendiren katliam organizatörleri, yaptıklarını soykırım düzeyinde derinleştirmeye yönelmişlerdir. Maraş Katliamı'nın, derinlikli ve kapsamlı bir politikanın gereği olarak yapılmış ayrıntılı bir planlamayla gerçekleştirildiği, her olay ve olguda ortaya çıktığı gibi buradan da görülebilmektedir. O dönem yaşanan bu tür durumların karşılıklı çatışmalara yol açtığı biliniyor. Bu üç saldırganın ölümüne karşı faşist kadroların yapacağı, intikam amaçlı sıradan bir saldırı olabilirdi. Paramiliter faşist güçlerin o dönem yaptıkları bu türden saldırılardı. Ama Maraş'ta durum böyle gelişmemiş, üç saldırganın ölümü, katliamı derinleştirmenin ve bu amaçla güruhlaştırılmış katliamcı güçleri harekete geçirmenin aracı olarak kullanılmıştır. Buradan bakılınca, öldürülen söz konusu üç saldırganın, katliamcılar tarafından öldürülmüş olması ihtimali, hafife alınır bir ihtimal değildir. Lakin katliam yargılamasında bu yönlü bir araştırma yapılmamış, öldürülen saldırganların birisinden dolayı, hukuk zorlanarak bir Alevi genç cezalandırılmış, öldürülen diğer saldırganların fail veya failleri tespit edilememiştir.

Bu çerçevede katliama hazırlanan illegal güçler ve yerel unsurları, gecenin geç saatlerine kadar, şehir içinde, mahallelerde, gösteriler yapıyor, yaptırıyordu. Aynı anda, çevre köylere ve ilçelere adamlar gönderilerek, kamyonlarla, traktörlerle, katliam için Maraş'a katliamcı taşınmaktaydı.

Katliamın bu ilk adımında yapılan saldırılar, Ulu Caminin önü ve çevresinde yaşanmıştır. Bu durum, Maraş Katliamı'nın, cami cemaatinin saldırılarıyla başladığı şeklindeki algılamayı doğurmuş ve beslemiştir. Veya en azında, Cuma namazından dolayı, camide bulunan cemaatin, saldırılarla ilgili olduğunu düşündürmüş, toplumda böyle bir kanaatin oluşmasına yol açmıştır.

Bütün katliamlarda olduğu gibi, Maraş Katliamı'ndan da, kutsal değerlerin kullanıldığı biliniyor. Aynı zamanda çok sayıda din görevlisinin, Maraş Katliamı'nda rol aldığı da bir gerçektir. Ancak Maraş Katliamı'nın başladığı Ulu Cami önü ve çevresinde yapılan bu saldırılarda, Ulu Caminin ve cemaatin, faşist katliamcılar tarafından, dekor ve figüran olarak kullanıldığı görülmektedir. Bu gerçeği, Gerekçeli Karar'da anlatılan şu ifadelerin ayrıntılarında çıkartabiliyoruz.

"Nitekim Ulu Cami imam hatibi Vakkas Vakkasoğlu, mülkiye müfettişi tarafındann alınan ifadesinde, (Askeri savcılık soruşturması klasör 47 Mülkiye müfettişleri raporu sayfa 65) Cuma namazını kısa sürede kıldırarak camiyi kilitlediğini, ikindi namazını kıldırmak için saat 15:00 sıralarında camiye döndüğünü, cami içindeki topluluğu biran önce dağıtmak için ikindi namazını sekiz dakikada kıldırarak camiyi kilitleyip müftülüğe gittiğini" (7) anlatmıştır.

Bu ifadenin güvenilirliği tartışılabilinir. Ancak normal koşullarda, namazı kısaltmadan kıldırabilecek ve bunu savunabilecek durumda olan bir imamın, hiç bir zorunluluğu olmadığı, tersine birçok riski bulunduğu halde, böyle bir tutum takınması ve bunu ifadesinde açıkça belirtmesi, ifadenin güvenirliliğini kuvvetlendirmektedir.

Bu ifade, "Allah için" katliam yapmaya çıktıklarını, her biçimde ortaya koyan yığınla katliamcının yaklaşımlarına aykırı bir ifadedir. Bu ifadeyi veren imam, hiç gerekmediği halde, katliamcılarla ayrışmakta, onların düşmanlığını kazanmaya yol açacak bir tutum içine girmektedir. Katliam koşullarında, katliamcı güruhun düşmanlığını göze alarak bu ifadenin verilmesi, cami cemaatinin tavrının anlatıldığı gibi olduğunu ve ifadenin doğruluğunu göstermektedir.

Faşist saldırganların belirtilen bu ilk kitlesel saldırıların sonunda, cenaze kortejini dağıtan saldırganlar, saldırılarına

---

7-Maraş Olayları Gerekçeli Karar S. 294

devam etmişlerdir. Çarşıda ve saldırı alanında bulunan, önceden işaretlenmiş ne kadar Alevi ve ilerici insanın iş yeri varsa, hepsi tahrip edilmiş, yakılmış, yıkılmış, yakalananlar dövülmüş, yaralanmıştır. Bununla yetinilmemiş, çarşı bölgesinde Yörükselim'e kaçmaya çalışan cenaze törenine katılanlar, takip edilmiş, böylece saldırıların Yörükselim'de sürdürülmesi istenmiştir. Yörükselim Mahallesine girmek için yapılan bu saldırılar karşısında, mahallede direnişler geliştirilmiştir.

Kapsamlı bir planın gereği olarak başlayan Maraş Katliamı'nın bu raundu, katliamın derinleştirilerek sürdürülmesi için kullanılmıştır. Bu amaçla, çevre merkez köylüler kışkırtılarak harekete geçmeleri sağlanmış, her yol ve araçla şehre akan güruh dışarıdan getirtilen profesyonel katillerin elebaşılığıyla katiller sürüsüne dönüştürülmüştür.

Yapılan bu ilk saldırılarda, "80-100 işyeri tahrip edilmiş; 39 vatandaş, 4 polis, 3 komando, üç jandarma rütbelisi ve bir jandarma eri hafif şekilde yaralanmış; bir trafik otosu, Emniyet hizmetine tahsis edilen DSİ 'ye ait bir minibüs yakılmak suretiyle, 5 polis aracı da camları kırılmak suretiyle tahrip edilmiş; 3 kişi yakalanarak gözaltına alınmıştır."(8)

Katliamla ilgili olarak yakalananlarının sayısına dikkat çekmek gerekir. Bunca kapsamlı bir saldırıdan dolayı yakalananların sayısı 3'tür. Bu sayının önemi, katliamcılara karşı güvenlik kuvvetlerinin yaklaşımını göstermesinden kaynaklanmaktadır. Türkiye'de yaşayan her insan biliyor ki, böylesine bir saldırıdan yakalanması gereken ve yakalanabilecek olan saldırganların sayısı bu denli az olamaz. Eğer gerçek anlamda katliamcıları engellemeyi amaçlayan bir tutum alınmış olsaydı, daha çok saldırganın yakalanması gerekirdi ve böylesine geniş kesimlerin katıldığı olaylarda, çok sayıda insanın yakalanması fazlasıyla mümkün ve olanaklıydı. Çok az sayıda saldırganın yakalanmış olması, saldırganları cesaretlendirmiş, önünün açılmasını sağlamıştır.

Katliamın birinci günü bitmişti. Devrimci öğretmenlerin cenazeleri ortada kalmış, cenaze töreni yapılamamış, kitle dağıtılmıştı. Halk, Yörükselim Mahallesinde toplanmış, gelişmeleri

---

8-Maraş Olayları Gerekçeli Karar S. 294

anlamaya, yaralarını sarmaya, kayıplarını bulmaya çalışıyordu. Dışarıdan gelenler köylerine, şehirlerine dönmenin yollarını arıyorlardı. Yaşanan gerginlik, telaş ve panik, yapılan saldırların sonuçlarını, doğru düzgün öğrenmeyi ve yorumlamayı imkânsızlaştırmıştı.

Oluşan bu tedirginlik ortamında, gecenin içinde, camii ve belediye hoparlörlerinde, tahrik edici, bir anons okunmaya başladı. Bu anonsların şu şekilde yapıldığı yazılmaktadır. "Kahramanmaraş Teknik Makine Sanatkârları Derneği, Kahramanmaraş Ülkücü Gençlik Derneği ve Milliyetçi Hareket Partisi Kahramanmaraş Merkez İlçe Başkanlığı, Gerek 22 Aralık 1978 gecesi Ulu Cami'den, gerekse sabahın erken saatlerinden itibaren belediye hoparlöründen 'üç Müslüman din kardeşimiz komünistler tarafındann öldürüldü bunların kanları yerde kalmayacak' sözleri birçok kereler anons edilmiş ve halk bu şahısların cenazelerine çağrılmıştır." (9)

Belirtildiği gibi, üç saldırganın ölümü, bu anonslarla duyurularak, katliamın devamı için çağrı yapılıyordu. Katliamcı güçler, gerek bu anonslarla, gerek yapılan diğer hazırlıklarla, gecenin karanlığında sabahın ilk ışıklarına kadar, katliam hazırlıklarını sürdürülmüşlerdir. Yapılan kışkırtıcı propagandalar sonucu, kamyonlarla, traktör römorklarıyla, yürüyerek, şehre doluşan katliamcı güruh saldırı alanlarına sevk edilmiş, şehir, katliamcıların denetimine geçmişti. Fazlasıyla gerilmiş olan bu ortamda, katliam organizatörlerinin, bu kontrolsüz sürüyü katliamcı olarak kullanmasının bütün sosyo-psikolojik koşulları oluşmuştu.

"Alevilerin son günü"

Sabah olduğunda, şehrin mahallelerinde ve merkez köylerde gelmiş olan saldırganlar, **"Alevilerin son günü"** için Mağaralı Mahallesinde ve Yörükselim Mahallesiyle sınır olan Devlet Hastanesi'nde birikmeye başladılar. Sabaha kadar uyumadan gelişmeleri izlemeye çalışan Yörükselim Mahallesinin halkı da, gergin bir bekleyiş içinde ve ayaktaydı.

Yapılan çağrı ve çalışmalarla toplanmış olan 15 bin kadar katliamcı, en önemli hedef olarak belirledikleri ve doğu tara-

---

9 -Maraş Olayları Gerekçeli Karar S. 297

fı askeri kışla olan Yörükselim'e, üç koldan saldırmaya başlamışlardı. Sabah saat 8:00-8:30 gibi başlayan bu mahalle savaşı, gün boyu ve bütün şiddetiyle süren, tam bir savaştı. Yörükselim Mahallesinde yaşanan bu direniş, bu çalışmayla yapılamasa da, çok yönlü ve derinlikli bir anlatım gerektirecek kadar önemlidir. Yörükselim Mahallesine, ara vermeden ve her cephede, on binlerce saldırgan tarafından sürdürülen faşist saldırılar, halkın ve devrimcilerin sınırlı olanaklarla geliştirdikleri kararlı direnişler ve askerlerin "Uçaksavar atışları ile" önlenebilmiştir.

Yörükselim Mahallesine yapılan saldırılar, Gerekçeli Karar'da, "Yörükselim Mahallesine taarruz edenlerin içinde uzun menzilli silahlar, tabancalar ve av tüfekleri kullananlar olduğunu; askerin mukabil atışı üzerine bu saldırganların dağıtıldığını; geri tepmesiz top ve 12,7'lik makineli tüfeklerle ihtar atışı yapıldığı" şeklinde ifade edilmektedir. [10]

Katliamın en yoğun yaşandığı bu anlarda, belediye hoparlöründe, bir gün önce başlayan yayınlar sürdürülmekte, aralıksız olarak, cihat naraları atılmakta, katliamın propagandası yapılmaktaydı. Yerel devlet yetkilileri, gelişmelerin, on binlerce saldırganın sokakları işgal ettiği bu aşamasında, yapılan ırkçı, gerici, tahrik edici anonslara müdahale etmeye ve hiçbir işlerliği olmayacak olan sokağa çıkma yasağı koymaya karar vermişlerdir.

Bunun üzerine, "Yzb. Bülent Engin, hoparlörden yapılmakta olan yayınları duyarak kendi bölgesindeki belediye binasına gidip, etrafta bulunanlara 'Bu yayını kim yaptı'diye sorduğunda 'Bilmiyoruz'diye cevap almıştır. Kendisine valilik tarafındann sokağa çıkma yasağı konulduğu telsizle bildirilerek bu yasağa ilişkin valilik yazısının belediye hoparlöründen yayınlatılmasının emri verilmiştir. Bunun üzerine Yzb. Bülent Engin tekrar belediye yayın odasına gitmiştir. Yzb. Bülent Engin orada bulunan memurlara valilik emrini neden yayınlamadıklarını sorduğunda "Şu anda belediye başkanı uyuyor, onun emri olmadan yayın yapamayız" cevabını almıştır. Bunun üzerine Yzb. Bülent Engin valilik emrinin yayınlanması için belediye

10-Maraş Olayları Gerekçeli Karar S. 180

reisinin iznine gerek olmadığını, sokağa çıkma yasağına ilişkin yazı metninin, yayınlanmaması halinde, yayın odasına el koyup yayın yapmayanları tutuklayacağını söyleyince saat 10. 00'dan itibaren sokağa çıkma yasağına ilişkin valilik emri belediye hoparlöründen yayınlanmaya, başlamıştır."

Ancak gerek alınan sokağa çıkma yasağı kararı, gerek faşist propagandanın yapıldığı yayınların durdurulması kararı, artık hiçbir anlam ifade etmemekteydi. İnisiyatif, katliamcı güçlerin eline geçmiş, katliam bütün dehşetiyle, yapılmaktaydı.

Yerel devlet yetkilileri, katliamın en yoğun yaşandığı bu saatlerde, "saat 12:30 da vilayette, mahalle muhtarları, belediye başkanı ve müftülerle toplantı yaparak" sözde katliamı önlemek için katliamcıların sözcüleriyle pazarlık olanağı yaratmaya çalışıyorlardı.

Bu pazarlıkların yapılmaya çalışıldığı anlarda, katliam saldırıları, şehrin her tarafından, bütün vahşeti ve korkunçluğuyla sürdürülmekteydi. Her yönden toplu saldırılara uğrayan Yörükselim'e giremeyen on binlerce saldırgan, yakın mahallelerde başlatılmış olan saldırılara destek vermeye yönelmişlerdir. Katliamın başladığı ve herhangi bir direnişin geliştirilemediği diğer mahallelerde, kelimenin tam anlamıyla, kan gövdeyi götürmekteydi.

Devlet saldırganları önlemekte "aciz" kalmıştı. Akşam saatlerine kadar bütün kanlılığı ve canavarlığıyla sürdürülen katliamı "önleyemeyen" devlet, Yörükselim halkından, "2600 kişiyi, Taburda iaşe ve iskân ederek" sorunu çözmeye çalışmıştır. Aynı şekilde, Serintepe Mahallesinden de "Molla Tabak'ın evine ve civardaki yaklaşık 50 eve dağılmış olan 700-800 Alevi kariyerlerin himayesinde saat 15. 00'e kadar kışlaya taşınmışlardır."

Zaten kısa olan kış günü bitmeye, karanlık çökmeye, gece olmaya başlamıştı. Maraş'ın her tarafından, binlerce yangının alevleri yükseliyordu. Evlerin yakılması katliamın önemli bir parçası olarak tasarlanmıştır. Yaktıkları evlerin söndürülmesini istemeyen saldırganlar, buna karşı hazırlıklıydılar. İtfaiyenin bu yöndeki bütün girişimleri, katliam boyunca, engellenmiştir. Kaldı ki zaten itfaiye içinde katliamcıların yandaşlarının bulunması da bu gelişmeyi kolaylaştırmaktaydı. Katliamcılar evleri ve içindeki insanları yakmış, destekçileri zevkle seyretmiş, mağdurların dostları ise, çaresizlik içinde ve yangını yüreklerinde hissederek izlemişlerdir.

Çok az yerlerde askerlerin baskısıyla itfaiyenin çalışması sağlanarak evlerdeki yangınların söndürülmesi mümkün olabilmiştir. "Çıkan yangınlara gitmek isteyen itfaiye üzerine ateş açılmış, yangınlara müdahale ettirilmemiştir." "Saldırganlar 25 Aralık 1978 pazartesi günü çıkan yangınlara dahi itfaiye ekiplerine müdahale ettirmemişlerdir" gibi ifadelere, Gerekçeli Karar'ın tümünde rastlanmaktadır.

Bütün saldırlarına rağmen, saldırganlar, katliamın bu gününün sonunda, Yörükselim'e tamamen girememişler, esas hedefleri olan Yörükselim Mahallesini fethedememişlerdir. Dört bir yanda kuşatılarak ele geçirilmek istenen Yörükselim'de, kadın, genç yaşlı, çocuk herkes direnişin etrafında birleşmeye, direnişi güçlendirmeye, kendisine, halkına ve mahallesine sahip çıkmaya çalışmaktaydı. Ancak buna rağmen, katliamda tam anlamıyla korunmak mümkün olamamış, birçok kenar evde, ciddi tahribatlar yaşanmıştır.

Katliam boyunca Maraş, bir savaş alanı gibi değil, kelimenin tam anlamıyla bir savaş alanıydı. Gerek şehri havasız bırakacak kadar yoğunlaşmış yangın dumanıyla, gerek geceye yayılan ve her biri ölüm taşıyan alevleriyle, gerek sokaklarda serpilmiş ölüleriyle, bir savaş sonrası hali yaşanmaktaydı. Mahalle sakinlerinin büyük bir kısmı, evlerinden alınarak askeri kışlaya götürülmüştü.

Yörükselim Mahallesi boşalmış, ölü sessizliği içindeydi. Her akşamın rutini olan evlerin önünde içilen çayların sefasında, komşular arası yemek davetlerinin dostluk dolu gürültüsünde eser yoktu. Çocukların özgürlük ve içtenlik dolu oyunlarının sesleri de kesilmişti. Kışlaya götürülenlerin dışında, bir biçimde evlerinde kalanlar, ya yaralılarıyla ilgileniyor, ya yaşadıklarını anlamaya, kayıplarının muhasebesini yapmaya çalışıyorlardı. Sokaklar, halen saldırganların elindeydi. Yollara, köylere ve şehrin tamamına, katliamcılar hükmetmekteydi.

Aralık ayının kısa bir günü içinde, saldırganların uğramadığı Maraş'ın hiçbir sokağı, hiç bir mahallesi kalmamıştı. Sabahın ilk saatlerinde, belirledikleri bütün sokak ve mahallelere saldırmışlar, bazılarında katliamlarını icra etmişler, diğerlerine gözdağı vererek, gövde gösterisi yaparak geçmişlerdi. Aslında yapılacak objektif bir araştırmayla, katliamın çok boyutlu ve büyük hazırlıklarla yapıldığının en iyi kanıtını, bu durum üzerinde bulmak mümkündür. Aynı saatlerde, farklı mahallelerde, aynı amaçlı saldırıların başlatılması ve sürdürülmesi, basit bir planlamayla olabilecek bir düzenleme değildir. Böyle bir saldırı büyük bir organizasyonla mümkün olabilir ancak.

"yarın Kürtlerin düğünü olacak, evinizbombalanacak"[11]

Diğer mahallelerde, aynı saatlerde başlayan katliam, tüm dehşetiyle ve gün boyu devam etmiştir. Katliamın birinci gününün ilk saatlerinde, Yörükselime bitişik olan Mağaralı Mahallesinde bulunan az sayıda Alevi, ya öldürülmüş veya Serintepe veya Yörükselim mahallelerine kaçmak zorunda kalmıştır.

Serintepe Mahallesi, özellikle yeni yerleşmiş Kürt Alevilerin yoğun olarak yaşadığı yeni oluşan bir mahalleydi. Evler dağınık ve korumasızdı. Her tarafta saldırılara karşı, açık hedef olan evlere, "Saat 8:00-8:30 sıralarında minibüsler kamyonlar ve dolmuşlarla gelen gruplar, bakkal Murat Demir'in dükkânının önünde toplanmışlar" ellerinde silahı, bıçağı, tahrası olan "Alevileri öldürelim memlekette temizleyelim" sloganlarıyla saldırılarına başlamışlardı. Kürt-Türk Alevi halkı, bu mahallede tamamen korumasızdı, kalabalıktılar ama örgütsüzlüğün yalnızlığını yaşıyorlardı. Önemsiz ve gereksiz buldukları devrimci örgütlenmelerin olmaması, bu ve benzer diğer mahallelerde ölümlerin artmasına yol açmıştı.

Serintepe Mahallesinde, "Ordu millet el ele" sloganlarıyla, saat 14. 30'a kadar sürdürülen saldırılarda, "komünist" Aleviler, öldürülmüş, evler yakılmış, mahalle kan deryasına dönmüştü. Saldırganlar, evlerin camlarını, kapısını, bacasını kırıyor, girdikleri, İman Ergönül'ün evinde bulunanlardan 5 kişiyi, öldürüyorlardı."[12] Mahallede bulunan askeri güçler, bu saldırıları "önleyemiyorlardı."

11--Maraş Olayları Gerekçeli Karar S. 738

12-Maraş Olayları Gerekçeli Karar S. 194

Bu saatte, katliam planının bir parçası olan "askeri kışla basıldı" yalan, hedef şaşırtma amaçlı haber üzerine askerler, Serintepe Mahallesinde çekilmişlerdir. Her şeye rağmen, kısmen de olsa saldırıları sınırlayan askeri kuvvetler, Kürt-Türk Alevi ve ilerici insanları, saldırganların insafına terk ederek "kışlalarını" kurtarmaya gitmişlerdir. Ne de olsa devletin kışlası, insanlardan daha önemliydi. Bunun üzerine, birkaç evde toplu halde saklanmaya çalışan Alevilerin, askerlerle birlikte kaçabilenleri kurtulmuş, kaçamayanlar öldürülmüşlerdir. Serintepe Mahallesinde, zaten gecekondu olan bütün evler yakılmış, talan edilmiştir.

Ne garip bir ironi! Yıllar önce, Fransız emperyalistlerine bel bağlamış olan Ermeniler, onlar tarafındann yüz üstü bırakılarak ölüme mahkûm edilmişlerdi. Aynı topraklarda, yıllar sonra, Kürt Türk Aleviler, onları koruması gereken ordu tarafından, kışlayı kurtarmak bahanesiyle, her biri ölüm makinesi haline getirilmiş canavarların elinde öldürülmeye terk edebiliyorlar.

Aynı gün, aynı saatlerde Yusuflar Mahallesinde, " solcu evi gösterin, Alevi evi gösterin" diye, gösteri yapan saldırganların, önünde hiçbir engel yoktu. Ellerinde her türlü saldırı aracıyla, mahallede, Alevi-solcu evi aramaktaydılar. Hedef aldıkları Ünver ailesini korumaya çalışan Türk Sünni Osman Küçükbeşer'e, "sen solcuymuşsun Alevi besliyormuşsun" denilerek evi basılmıştır. Burada saklanmaya çalışan Ünver ailesi dışarı çıkartılarak, aileden 4 kişi öldürülmüştür.

Oğlu ve kızı öldürülmüş olan Döndü Ünver, "ikimizi birlikte öldürün" diye, öldürülmek üzere olan kocasına sarılarak, benzeri destanlarda bulunan tarzda, ölümü sevdiğiyle paylaşmıştır. Döndü Ünver'in gösterdiği bu büyük insani duygulanma karşısında, küçülerek köpekleşen güruh, daha fazla saldırganlaşmış, canavarlaşmıştır. Saldırgan katiller, bu destan kahramanlarına, "coşmuşçasına, bıçaklarını vücutlarına rastgele sokup çıkartmışlar, ellerinde tahralarla vurmuşlar, kurşunlarını boşaltmışlardır."(13) Eğer birileri insanlığı ve katliamcıları tanımak istiyorsa, burada yaşanan duruma bakarak, anlamak istediği kavramları anlayabilir. Bir yanda sevdiğiyle ölümü kor-

13-Maraş Olayları Gerekçeli Karar S. 197-198

kusuzca paylaşan bir yürek diğer yanda bu yüceliğin karşısında cüceleşen katliamcıların gösterdiği vahşi saldırganlık. İşte katliamcılık, işte insani değerlerle arasındaki fark. Bu insanlara vurulan her bıçak darbesi, insanlığın en yüce değerlerine vurulmuş, sıkılan her kurşun, insanlığın kurtuluşuna sıkılmıştır.

Saldırgan güruh, bu saldırılar esnasında, kendilerinden olan Mehdi Köklü adlı saldırganı da vurarak, öldürmüşlerdir.(14)

Yusuflar Mahallesinde, az sayıda bulunan savunmasız Alevi evleri, saldırganlarca, kısa sürede kontrol altına alınmış, kuşatılarak yakılmış, yıkılmış, talan edilmiş, içindekiler öldürülmüşlerdir. Soyadları, Yıldırım, Akırmak, Yılmaz olan aileler ve daha başkaları Yusuflar mahallesinde yok edilmişlerdir.

Aynı gün öğleden sonra, saldırgan katiller, Dumlupınar Mahallesine girdiler. Dumlupınar Mahallesi de Alevilerin ve solcuların az ve savunmasız olduğu, katillerin kolayca kontrol altına alabildiği mahallelerden biriydi. Bu mahalleye giren saldırgan canavarlar, Türk Sünni olmasına rağmen, solcu olarak bilinen öğretmen Ali Rıza İşbilir ve ailesini arıyorlardı. Evi bulduklarında, İşbilir ailesi "evi kilitleyerek misafir odasında saklanmaya" çalışıyordu. Saldırganlar, kilitleri kırıp içeri girdiklerinde, öğretmen Ali Rıza İşbilir, "teslimim çocuklarıma ve aileme dokunmayın ne yapacaksanız bana yapın" (15) demesine rağmen, dışarı çıkartılarak, et keserleriyle kafasına vurularak öldürülmüşlerdir. Beraberinde ailenin diğer fertleri öldürülmüş ve "buranın işi tamam" denerek, başka saldırılara geçilmiştir.

Dumlupınar Mahallesinde yaşayan Alevilerin ve solcuların, sağ kalanları esir alınmış, sözde "kelime-i şahadet" getirtilerek Müslümanlaştırılmışlardır. Saldırganlar, akşamın geç saatlerine kadar, herhangi bir engelle karşılaşmadan, saldırılarına devam etmişlerdir.

Her saldırgan grup, görevli olduğu mahallede katliamcılık yapıyor, insan kesiyor, ev yakıyordu. Sakarya ve Yenimahalle'de katliam yapacak olan katillerin hedefleri, önceden belirlenmişti. Musa Suna ve Süleyman Metin aileleri hedefteydi. Bu her iki

---

14-Maraş Olayları Gerekçeli Karar S. 197

15-Maraş Olayları Gerekçeli Karar S. 204

insan, Maraş'ın belli ölçülerde tanınmış ilericileri ve demokratlarıydılar. Bundan dolayı faşist katiller için önemli hedeflerdi.

Sabahleyin Çınarlı Camii önünde toplanan saldırganlar, avını yakalamaya çalışan köpekler gibi anlaşılmaz bağırtı ve gürültülerle, saldırıya geçtiler. Belirlenmiş çeşitli Kürt-Türk Alevinin evine yapılan saldırılardan sonra, "kahrolsun komünistler, Alevilere ölüm" bağırtılarıyla, Musa Suna'nın ve Süleyman Metin'in evine saldırdılar. Evin içine atılan yanıcı ve patlayıcılarla ev tutuşmaya, alev almaya başladı.

Evin alev almasıyla, Süleyman Metin'in eşi, katillerden, kendilerine bir şey yapmayacaklarına dair, "nikâh üzerine" yeminle sözde güvence alarak, teslim olacaklarını söylemiştir. Bunun üzerine evin içine doluşan köpekler, "nikâh üzerine" verdikleri yemine uymayarak içeride bulunanlardan Süleyman Metin'i öldürmüşler, diğerlerini yaralamış ve esir almışlardır. Saldırganlar, öldürdükleri İlkokul müfettişi Süleyman Metin'inin ölü bedenini, tüm ailesinin gözleri önünde, yakmak için ateşe atmaya çalışmışlardır. Ailenin genç kızları, esir alınmış, taciz edilmişlerdir.

Bu mahallenin hedeflerinde bir diğeri, Musa Suna ailesiydi. "Alevilere hücum komünistler Moskova'ya" bağırtılarıyla başlayan saldırı, saatlerce ve bütün şiddetiyle devam etmiştir. Aileye yardımcı olmak amacıyla gelen devrimci Musa Funda'nın karşı koyuşu, saldırgan katillerin eve girmelerini engelliyordu. Musa Funda'nın sürdürdüğü direnişte vurulması üzerine saldırganlar, eve girmek için daha çok yüklenmeye başladılar. Kapıları kırmaya çalışıyor, pencerelerden girmek istiyor, evin çatısını dağıtmaya çalışıyorlardı. Atılan ateşlerle ev yanmaya başlamış, sıkılan kurşunlarla evin içindekiler birer birer vurulmuşlardı. Ve nihayet, katiller, direnme olanağı ve gücü kalmayan Musa Suna ailesinin evine girerek, korkunç ve alçak katliamlarını gerçekleştirmiş, Suna ailesini yok etmişlerdir. Sekiz aylık hamile Esma Suna, karnındaki bebeğiyle birlikte, bu evde öldürülmüştür.

Aynı anlarda mahallenin değişik yerlerinde değişik katliamcı katiller iş başındaydılar. Bilmez ailesi, Altun ailesi, Yüzüak ailesi, katliamcıların saldırılarına maruz kalmış ve öldürülmüşlerdir. Bunca saldırı olurken ve bunca katil ellerini kollarını sallayarak insan öldürürken, devlet yoktu ortalıklarda. Akşama kadar süren saldırılarda, sözde resmi kayıtlara göre 14 Kürt Alevi devrimci insan öldürülmüştü bu mahallede. Taş üstünde taş kalmamış, ortalık yanan evlerle, enkazlarla, yanan insan cesetleri ve yerlere yayılmış kan izleriyle dolmuştu. Yangınları söndürmek için gelen itfaiye engelleniyor, yangınların devam etmesi için ayrıca yanıcı maddeler atılıyordu.

23 Aralık 1978 cumartesi günü, İsadivanlı Mahallesinin görevli katliamcıları belirledikleri aynı saatlerde, işbaşı yapar gibi, katliam için sokağa çıktılar. Böğürtüler aynıydı. "Kahrolsun komünistler, Alevilere ölüm" diye, bağırıyorlardı. Önlerinde maskeli ve silahlı elebaşlarıyla, insan avına çıkmışlardı. Ne kadar belirledikleri Alevi ve ilerici evi varsa hepsine saldırdılar, yaktılar, yıktılar.

İsadivanlı Mahallesine yapılması gereken saldırıların bitmediğini düşünen saldırganlar, bir gün sonrasında kaldıkları yerden devam etmek için tekrar gelmişlerdi. Katiller tarafından öldürülen Kemal Özdemir'in kızları Fatma ve Şehriban Özdemir, yapılan saldırıları şöyle anlatmışlardır, devlet yetkililerine. "24 Aralık 1978 pazar günü saat 13:00-14:00 sıralarında saldırganların Sabiha Kılıçoğlu'nun evine saldırarak ateşe verdiklerini, sıranın kendilerine geldiğini anlayarak evden içeri girdiklerini; mutfak penceresinden baktıklarında Hamo dayıyı görerek "İmdat bekliyoruz" dedikleri sırada Hamo dayının elinde uzun menzilli bir silahla evinin damından kendilerine doğru ateş ettiğini; saldırganların "Vurun Alevilere, Alevilerin kanı helaldir" diye bağırarak evin önüne geldiklerini; karşıdaki komşuları Gülüzar ve Zeliha'nın "Ellemeyin onlara onlar yetimdir" diye bağırdıklarını; saldırganların kendi evlerinin giriş kapısını kırdıklarını; eve her çeşit patlayıcı maddeyi attıklarını; babaları Kemal Özdemir'in o sırada kendilerini banyoya sakladığını; saldırganların salon kapısını kıracakları sırada babalarının kapıyı açarak "Tamam, ben sizinle geliyorum, çocuklarımı ellemeyin, ne yaparsanız bana yapın" dediğini; saldırganların babalarını kollarından tutarak aralarına aldıklarını, karşıdaki komşu Gülüzar'ın kendilerini evine götürdüğünü; o sırada saldırganların bir kısmının arkadan kendilerine saldırdığını, Gülizar'ın kapıyı zorla örttüğünü; pencereden baktıklarında evlerinin önünde babalarının alnı kanlı bir vaziyette iki saldırganın arasında evden dışarı çıkarlarken gördüklerini; babalarının "yavrularımı, çocuklarımı gösterin" demesi üzerine balkona çıkartıldıklarını; kendilerine bakan babalarının saldırganlar tarafındann ileriye doğru götürüldüğünü; akşam karanlık çökünce sokağa çıkıp babalarını aradıklarında, eve 25-30 metre uzaklıkta sokakta, göğsünden vurulmuş olarak bulduklarını,"[16] söylemişlerdir.

Bu anlatım, Gerekçeli Karar'da alınmış bir alıntıdır ve bundan dolayı, dili normal anlatım dili değildir. Buna rağmen, bu satırları okuyunca kanı donmayacak, gözleri dolmayacak, anlatılanlardan etkilenmeyecek birisi, ancak katliamcılardan birisi olabilir.

Yetim iki kız çocuğunun, yanlarında alınan babalarının öldürülüş öyküsüdür bu anlatılanlar. Baba, attığı her adımla ölüme yaklaşmaktadır. "Birkaç adımlık hayat"ında bile ne olacağını bilemediği kızlarını düşünmekte, adımlarını geciktirmek istemektedir. Son kez görmek istediği kızlarına, başkasının evinin penceresinde ve sımsıcak bir kucaklaşma imkânı bulamadan bakabilmektedir. Kızlar babalarıyla, baba kızlarıyla göz göze vedalaşabilmektedirler. Ölüm vedası yaşayan altı çift gözün öyküsünü, unutmak, unutturmak, insanın kendisine ihaneti değil midir? Faşizmin yaşattığı binlerce benzer dramın olduğu Maraş Katliamı'nı, bu yönleriyle toplumsal mücadelenin hafızasına kaydetmek, ciddi bir sorumluluk olarak kabul edilmelidir.

Duraklı Mahallesi, Alevi evlerinin çok az olduğu bir mahalledir. Bu mahalleye, 22 Aralık 1978 günü ilk saldırı girişimi başlamış, fakat yarım bırakıldığı için ikinci saldırı 24. 12, 1978. Pazar günü yapılmıştır. Alevilere ait evler yakılmış, yakalanabilen Aleviler öldürülmüştür.

"Sütçü imam aşkına" işlenen katliamın en yoğun yaşandığı mahallelerden birisi de Namık Kemal Mahallesiydi. Katliam, bu mahallede, 24 Aralık Pazar günü yoğunlaştırılmıştı. Cumartesi yapılan çeşitli tacizler, saldırılar, çok fazla etkili olmamış, katliamcılar için istenen sonuç alınmamıştı. Resmi yetkililerin

---

16-Maraş Olayları Gerekçeli Karar S. 232-233

ve güvenlik kuvvetlerinin, katliamcıların "rahatını" bozacak engelleyici bir tutumlarının olmaması, katliamcıların diğer mahallerde istedikleri sonucu almış olmaları, katliamlarını yaygınlaştırmak için heveslerini artırmıştır. Zaten bu mahalle, saldırganların hedefinde olan bir mahalleydi.

Ağzı ve eli kanlı saldırganlar bu hevesle, "Pazar günü sabah saatlerinde elinde bayrakla muhtar Mehmet Yemşen, önderliğinde" bilinen sloganlarla saldırılarını başlattılar. Saldırganların "parolası ay, işareti yıldız" dı. (17) Bu parola ve işaretle, Sünni evleriyle Alevi evleri ayırt edilecekti. Akşama kadar süren saldırılarda, güvenlik kuvvetlerinin etkisizliği, "askerin mermisi bittiği için müdahalede gecikme" olduğu şeklinde yazılmaktadır.(18)

Katliamcıların "rahatça" katliamlarını yaptıkları mahalle, boydan doya katliam alanı haline getirilmiştir. Gözleri tornavida ile oyularak baş aşağı lağım çukuruna atılan Maviş Toklu, bu mahallede öldürülmüştür.

Namık Kemal Mahallesine yapılan saldırıların bir bölümünü, görevli tanık asteğmen Rasih Muştu şöyle anlatmaktadır. "24 Aralık 1978 günü Namık Kemal Mahallesinde görev aldığını; mahalleye gittiklerinde 500 kişinin ellerinde çeşitli çapta tüfek, tabanca, sopa, balta ve bıçak bulunan bir grubun evlere saldırmakta olduklarını; bu sırada girdiği sokakta 10-15 kişilik silahlı bir grubun evden çıktıklarını gördüğünü, kaçan bu gruptan ellerinde kanlı sopalar bulunan 3 kişiyi yakaladığını; bu silahlı grubun biraz önce çıktığı ve dumanlar yükselen eve (Uzunpınar ailesinin evi) koştuklarını; içeriye girdiklerinde 8-10 yaşlarında bir çocuk cesedi, 35 yaşlarında bir erkek cesedi, bir gözünden yaralı 15 yaşlarında bir çocuk, 25 yaşlarında kolundan, boyun ve ensesinden yaralanmış bir genci buldukla rını; yanmakta olan evden acele ile ceset ve yaralıları alarak o sırada gelen kariyere koyduklarını; o arada yandaki evlerden 5-6 kişilik kadın ve kız grubunun çıkıp ağlaşarak yanlarına geldiğini, bunlardan birisinin ceset ve yaralı çıkardıkları evin kendi evi olduğunu ve yaralıların çocukları olduğunu söyledi-

---

17-Maraş Olayları Gerekçeli Karar S. 324-328

18-Maraş Olayları Gerekçeli Karar S. 327

ğini; yakaladığı 3 kişiyi erlere teslim ederek Bölük Karargâhına gönderdiğini; bunların yolda silahlı bir grubun saldırısına uğrayan 3 erin elinden kaçmayı başardıklarını, sonra o mıntıkada 2 ceset daha bulduklarını" (19) söylemektedir.

Görevli tanığın bu anlatımlarında, dikkati çeken önemli bir ayrıntı bulunmaktadır. Söz konusu ayrıntı, yakalanmış olan saldırganların, silahlı bir başka saldırgan grup tarafından, askerlerin elinde kurtarılarak kaçmalarının sağlanmış olmasıdır. Bu durum, hukuksal olarak nasıl yorumlanır, nasıl değerlendirilir ayrı bir konudur. Ancak gücüne ve büyüklüğüne laf söyletmeyen "devlet mi küçüldü, yoksa saldırganlarla bağlantısı mı var" diye sormak, her katliam karşıtının hakkı ve görevi olan bir sorudur.

Bölümün başından beri buraya kadar anlatılanlar, "yarın Kürtlerin düğünü olacak" diye başlatılan Maraş Katliamı'nın resmi belgesi olan Gerekçeli Karar'da aktarılanların, özetinin özetidir. Burada ifade edilen gerçeklerin, en ince ayrıntısına kadar ve bütün yönleriyle, açıklığa kavuşturulması, hem katliamda ölen Kürt-Türk Alevi Sünni ilericilere karşı yerine getirilmesi gereken zorunlu bir görev, hem de katliamcılara karşı mücadelenin bir parçası olarak görülmelidir.

Maraş Katliamı'nın Gerekçeli Karar'da ifade edilen bir de bilançosu bulunmaktadır. Kamuoyunun bilmesi için buraya kaydedilmesi yararlı olacaktır.

"Kahramanmaraş'ta belirtilen tarihlerde cereyan eden olaylarda 111 vatandaş öldürülmüş, 552 ev, 289 işyeri ve 8 oto tahrip edilmiş, milyonlarca liralık hasar meydana gelmiştir. Olaylarla ilgili fotoğraflar (Bakınız Askeri savcılık ek klasör 2/1 dosya 1, 2, 3 Askeri savcılık ek klasör 2/2 dosya 5-6) ve filmlerden de (Bakınız Askeri mahkeme ek klasör 5) açıkça görüldüğü üzere şehir sanki harpte bombalanmış, yakılmış, yıkılmış bir hale dönmüştür." (20)

Gerekçeli Karar'da okunan bu ifadeler, gerçeğin tamamı olmasa da, sağlıklı her insanın tepkilerine yol açmaya yeterlidir.

19-Maraş Olayları Gerekçeli Karar S. 245

20-Maraş Olayları Gerekçeli Karar S. 334

Yukarıdaki sayıların anlamını daha net görebilmek için basit bir hesap yapılması yanlış olmayacaktır. Tahrip edilen 552 evin her birinde, ortalama 5 insanın yaşadığı düşünülürse, 3000'e yakın bir rakam çıkmaktadır. Aynı duruma işyerlerini eklersek, rakam 5000'e yaklaşmaktadır. Bu rakamlara ölü ve yaralılar, tüm mağdurların yakınları eklendiğinde, on binlerce insanın Maraş Katliamı'nı, bütün yakıcılığı, acıları dehşeti ve vahşetiyle yaşadığı ortaya çıkmaktadır. Bir de bu rakamların gerçek rakamlar olmadığı, gerçeğin bundan daha fazla olduğu dikkate alınırsa, katliamdan etkilenen insan kitlesinin boyutu daha da büyümektedir.

Maraş Katliamı, bilindiğinden çok daha fazla kanlı ve vahşi bir katliam olarak gerçekleştirilmiştir. Katliamın fiili önderliğinin, sevk ve idaresinin, "yüzleri maskeli, ellerinde uzun namlulu silahlar" olan profesyonel katiller tarafından yapıldığı, yine Gerekçeli Karar'ın birçok yerinde ifade edilmektedir. Ancak ne hikmetse bu katillerin hiçbirisi yakalanamamıştır.

Bu katliam, 22 Aralıkta ve özellikle 23 Aralıkta bütün Maraş sathında gerçekleştirilmiştir. Tespit edilmiş veya o an tespit edilen Türk–Kürt Alevilerin ve ilericilerin tamamı saldırıya uğramış, mağdur edilmiştir.

Bütün kanlı vahşetiyle süren katliam, 24-25 Aralık günlerinde Maraş'ın merkezinde, diğer mahallelerinde, çevresinde ve giriş yollarında devam etmiştir. Yakınlarının durumunu öğrenmek için şehre gelmeye çalışanlar ve katliamdan kaçmak için şehri terk etmek isteyenler, bu günlerde, katliamla karşılaşmışlardır.

Maraş Katliamı'nda Aleviler ayrı, Kürtler ayrı görülmemişler. Alevilerin büyük bir kısmının Kürt olmasından kaynaklı olarak Solcular, Kürtler ve Aleviler aynı şekilde tanımlanmış ve katliamın hedefi olarak kabul edilmişlerdir.

Maraş Katliamı'nda, özellikle Karamaraş Mahallesinde yaşayan Çingeneler-Romanlar da katliamın hedefi yapılmışlardır. Yaşam tarzları ve inançlarıyla, Türkçü anlayışla uyumlu olmayan bu topluluğun da katliamın hedefi yapılmış olması, katliamdaki Türkleştirme anlayışının ifadesiydi. Ancak katliama karşı direnen Çingenelerin bu tutumunun, katliamcıların ve katliamın sınırlandırılmasında etkili olduğunun belirtilmesi gerekir.

Katliamın yaşandığı esnada, devlet kurumlarına, yetkililerine ve hükümetin bakanlarına saldırılmıştır. Bakanlara yapılan saldırıların, hükümete karşı olmaktan kaynaklandığı açıktır. Ancak devlet kurumlarına karşı yapılan saldırılar için böyle bir değerlendirme yapmak, ya yüzeysellik rahatlığıyla veya politik aklın yetersizliğiyle mümkün olabilir.

Katliamda kullanılan unsurların sosyal ve kültürel durumları biliniyor. Bu sosyokültürel yapıda olan sıradan saldırganların içinde, herhangi birisinin, Askeri Kışlaya, Jandarma Alay Binasına, Hükümet Konağına ve diğer devlet kurumlarına saldırabileceğini sanmak, art niyetlilik değilse, fazla safdillik olur. Her biri tek tek ele alındıklarında "kandırılmış birer zavallı" köylü olan ve yaş ortalaması itibarıyla orta yaşlarda bulunan bu saldırganların hiçbirisinin, hükümet üyelerine değil, ama 'kutlu devlet'lerine saldırmış olmaları, hiçbir durumda mümkün değildir. Söz konusu sıradan, köylü, çiftçi, işçi, işsiz-işçi vs konumunda olan saldırganların, formasyonlarının, anlayışları ve donanımlarının, devlet kurumlarını doğrudan hedef alan böylesine keskin politik bir saldırıyı yapmaya uygun olmadığı ortadadır. Bu gerçeğin yanında, illegal güçlerin, bu tarz komplolarla yaşadıkları, böyle kirli pratiklerle amaçlarını gerçekleştirdikleri de göz önüne aldığında, söz konusu saldırıların, katliam planının bir parçası olarak, katliam organizatörlerince yapıldığını/yaptırıldığını söylemek, gerçeğin kendisini ifade etmek olacaktır.

Gerek katliamcı politikalardan, gerek uygulamalara bakılarak, bu sonuca varmak zorlama değildir. Maraş Katliamı'nda devlet kurumlarına karşı yapılan bu saldırıların kimler tarafından yapıldığının açıklığa kavuşturulması, katliamın bilinmezlerinin öğrenilmesi için önemli bir gelişme olacaktır.

Önemle altı çizilmesi gereken bu noktayı belirttikten sonra, katliamın vahşetinin anlaşılmasına katkıda bulunmak amacıyla, birkaç örneğin kaydedilmesi gerekmektedir. Maraş Katliamı'nda yapılan saldırıların birine maruz kalan Fatma Bil'in yaşadıkları, birçok başka örnek gibi, insanı insanlığından utandıracak türdendir. Fatma Bil, Gerekçeli Karar'daki ifadesinde yazıldığına göre, "24 Aralık 1978 pazar günü sabahı Erkenez

Çayına doğru kaçarken Dereli Köyü yönünden traktörle gelen silahlı saldırganların önlerini kestiğini; üzerlerine ateş açtığını, oğlu Bayram Bil'i öldürdüklerini ve kendisini de yaraladıklarını; sabaha kadar oğlunun cesedinin başında kaldığını."(21) belirtmektedir. Bu kısacık birkaç cümle, bütün bir dünyayı ve yaşamı anlatmaktadır.

Bir an için bedenen ve yürekte yaralı olan Fatma Bil'in yaşadığı dramı muhayyilemizde canlandırmaya çalışalım ve duygularımızı bu cümlelerin devamı olarak dillendirelim. Herkesin gürül gürül yanan bir sobanın başında olmayı arzuladığı soğuk bir kış gecesinde, yaralı Fatma Bil, tam bir cehennem gecesi yaşıyordu. Toprak buz gibi, ayaz donduruyordu. Ortalık zifiri karanlıktı. Bir ana, yaralarıyla ve yapayalnız beklemekteydi umutlarla büyüttüğü oğlunun cesedini. Ölü oğlunun başı kucağında, bedenini okşuyor, oğlunun ve kendisinin yaralarında akan kanı siliyor ve bazen hıçkırarak, ama çoğu zaman sessizleşerek ağlıyordu. Korkuyordu Fatma Bil. Saldırgan köpeklerin tekrar gelmesinden, kurttan, kuştan, yarasından ve kendi sesinden. Yüreğinde kopan fırtınayı sesine yükleyemiyor, ağıt yakamıyordu gönlünce oğluna. Oğlunun ölümünün acısı, kendi yarasının acısını bastırıyordu.

Kim bilir Fatma Ana, ne çok ölmüştür o gece, sayabilir miyiz? Korkudan ölmüştür, soğuktan, yalnızlıktan, çaresizlikten ölmüştür. Ama en çok, oğlunun ölü bedenine her baktığında, her dokunduğunda, her saçlarını okşadığında, ölmüş olmalıdır. Bir insan, çıldırmadan yaşabilir mi bunca ölümü?! Yaralı Fatma Ana'nın gecenin yalnızlığı altında ve korkular içinde çektiği bu acıları ve döktüğü gözyaşlarını anlayabilir, anlatabilir miyiz?

Unutulmaması için, benzer birkaç saldırı daha kaydedilebilir. Veysel Kalkandere, Maraş Katliamı'na karşı, yakınlarına ve halkına yardımcı olmak amacıyla, Maraş'ta bulunmuş. Maraş'tan ayrılırken gözü dönmüş katiller tarafından yakalanmış, öldürülmüştür. "Saldırganlar, o sırada Kahramanmaraş'tan gelmekte olan bir tankeri durdurmuşlar, tankerin üzerinde bulunan Mehmet Kocamaz ve Veysel Kalkandere'yi de dövmeye başlamışlardır. Saldırganlar kaçmakta olan Veysel Kalkandere'nin

21-Maraş Olayları Gerekçeli Karar S. 261

arkasından ateş ederek öldürmüşlerdir."(22) Ölümden korkmamıştı Veysel. Ama bu şekilde bir ölümü de düşünmemişti. Halk düşmanlarıyla çarpışarak ölmek O'na yakışırdı.

Aynı şekilde "Alevi kökenli Mitat Bozkurt, 24 Aralık 1978 Pazar günü sabahı, istasyona gelen Yahya Köse tarafındann görülünce dövülerek istasyondan dışarı çıkarılmıştır. Yahya Köse o sırada Hasancık köyünden traktörle istasyona gelen saldırgan topluluğa "gelin burada bir Alevi var, öldürelim" diye bağırmış, traktörden inen bir grup saldırganla beraber Mitat Bozkurt'un donunu indirerek sünnetli olup olmadığına bakmışlardır."

"Yahya Köse, yolda Mitat Bozkurt'un üzerine arabayı sürmüş, Mitat Bozkurt yolun kenarına kaçmıştır, önde gitmekte olan topluluğa yetişen Yahya Köse, bu topluluğu durdurmuş ve hep birlikte, Mitat Bozkurt'u tutarak yolun kenarındaki bir tepenin arkasına indirmişler ve orada üzerine ateş ederek ağır yaralamışlardır. Bir süre sonra olay yerinden geçmekte olan bir otobüs yolcuları tarafındann görülen Mitat Bozkurt, bilâhare kaldırıldığı Hastanede ölmüştür." (23)

Mithat Bozkurt'a yapılan bu sapkınlık, 6-7 Eylül saldırılarında gördüğümüz bir manzaranın aynısıdır. O saldırılarda da, insanlarının donu indirilerek sünnetli olup olmadığı kontrol edilmiştir. 6-7 Eylül saldırılarında yıllar sonra, İstanbul'da çok uzakta, düşmanlığa bile sığmayan, aynı sapık davranış görülebilmektedir.

Bu nasıl bir alçaklıktır ki, insanların sünnetli olup olmaması, insanın ölüm fermanı olabilmektedir. Yapılan bu alçaklık, sadece katliamcıların düşünce ve inanç dünyasını yansıtan bir davranış olarak görülmemeli, kabul edilmemelidir. Burada en bayağı, en rezil, bir toplumsal yozluk, insanlığa karşı yapılmış bir saldırı söz konusudur ve yapılan iğrençlik, bu şekilde ele alınarak tutum geliştirilmelidir.

Hatice Görür, 10 yaşında bir kız çocuğuydu. Katliam başlayıp evlerine saldırıldığında, babası İmam Görür, kızının elin-

---

22-Maraş Olayları Gerekçeli Karar S. 331

23-Maraş Olayları Gerekçeli Karar S. 331

den tutarak, ölümden kaçmaya çalışırlar. Hatice kız, babasının elinde ölüme koştuğundan habersizdi. Öleceğini düşünemeyecek kadar çocuktu, ama henüz ölümle alay edecek kadar gençte değildi, Hatice. Kaç ölüm görmüş olabilirdi ki kısacık hayatında?

Aklındaki tek korku babasının ölmesiydi. 10 yaşındaki Hatice çocuğun, babasından daha değerli kimi olabilirdi ki? Kaçarken yalvarıyor, dua ediyordu babası ölmesin diye. Bağırmıyor, hıçkırmıyor ağlamıyordu. Ama gözlerinden akan gözyaşları, minik damlacıklar halinde düşüyordu, donmuş toprağa.

Hatice kız kaçarlarken, önde gidiyor, babası onu takip ediyordu. Babasının elini sıkı sıkı tutarak koşmaya çalışan Hatice, babasını sürüklüyormuş gibi ortaya çıkan görüntüyle, O'nu, ölüm çizgisinden yaşam çizgisine taşımak istiyordu sanki. Kurşun sıkan katliamcılar için, çocuk veya büyük olmanın hiçbir farkı ve önemi yoktu, Alevi, Kürt ve solcuysa eğer veya öyle olacağı düşünülüyorsa, "bir eksik olsun" dediler ve nişan alarak sıktılar kurşunu, Hatice'nin küçücük bedenine.

Hatice kız, hiç düşünmediği bir anda ve biçimde öldü. O'nun için bütün korkular bitmişti artık. Ölüler, korku yaşayamazlar çünkü. Ama ya İmam Görür'ün, o an neler yaşadığını bilmek, anlamak, hissedebilmek ve anlatabilmek gerekmez mi? Az önce el ele evden birlikte çıktığı küçücük Hatice'si, elinde kaymış, gitmiş ve kendisi hiç, ama hiçbir şey yapamamaktaydı. Çaresizlik içinde yanıp tutuşmayı tarif edebilenler, İmam Görür'ün durumunu anlar, anlatabilirler belki!.[24]

Bu toprakların ezilen halkları, ölümlerin her türüne aşinadırlar. Her çeşit ölümü tatmışlardır. Özgürlük uğruna yaşanan bu ölümler, unutulmamıştır, unutulmayacaktır da. Ancak katliamlarda öldürülenler, hiç ama hiç, unutulmamalıdır.

Katliamın çok kısa özeti olan bu bölümü bitirirken, çeşitli vesilelerle belirtildiği için, sıkıcı olmuş olabilir, ancak yine de ifade edilmesi gerekir ki, Maraş Katliamı'nın, çok yönlü incelenmesi ve yazılması, bir görev ve sorumluluktur.

24-Maraş Olayları Gerekçeli Karar S. 331

Katliam icra edilirken yayınlanan "Sükûnet Bildirisi"

Maraş Katliamı'nın doğru anlaşılabilmesi ve tanımlanabilmesi için bazı ayrıntılara bakılması gerekir. Böyle katliamların tamamlayıcı boyutlarında birisi de, saldırganları etkileyecek çeşitli bireylerin devreye konarak, sözde katliamın önlenmeye çalışılmasıdır. Devletin bu yaklaşımı, egemenlerin klasik yaklaşımıdır. Katliam ve isyan anlarında, ilgili kitlenin önde gelen çeşitli şahsiyetleri aracılığıyla, gelişmelerde kontrolü ele almak için bu yöntem kullanılır. Hemen tüm katliam ve saldırılarda kullanılan bu yöntemin asıl amacı, katliamı önlemekten çok, egemen ideolojinin etkisini ve ona bağımlılığı artırmak, güçlendirmektir.

Bu yöntem, Maraş Katliamı'ndan da denenmiştir. Ancak katliam esnasında görevli olan en yetkili askeri komutan General Mahmut Boğuşlu'nun anılarında ve kamuoyuna yansıyan bilgilerde görülmektedir ki, bu yöntemin işlevsel olmasını sağlayacak bir tutum izlenmemiştir. Yapılan düzenlemeyle, katliamcıların meşruiyeti sağlanmak istenmiş, öte yanda, devletin tarafsız olduğu görüntüsü verilerek, devlet aklanmaya çalışılmıştır.

Bu çerçevede yapılan düzenlemeyle, katliamcılarla saldırıya uğrayanlar aynı kefede kabul edilerek, saldırganların temsilcileri ve suç ortaklarıyla, mağdurların temsilcileri, aynı ortak çağrıyı yapmak üzere bir araya getirilmişlerdir. Korkularından hükümet binasından çıkamayan yerel devlet yetkilileri, bakanlar ve milletvekilleri, katliamın suç ortaklarının yanına, saldırıya uğrayanları "temsilen" CHP'li milletvekillerini de katarak, istenen ortak bildiriyi yayınlamışlardır.

Hoparlörlerden okunan bildiride, barış çağrısı yapılmıştır. CHP'li Milletvekili Hüseyin Doğan, Orhan Sezal, AP'li Milletvekilleri, Halit Evliya, Mehmet Şerefoğlu, Adnan Karaküçük, Ali Rıza Akgün'ün ortak imzalı sözde barış çağrısı şöyleydi: "İki günden beri devam eden, yüreğimizi yaralayan hadiseler eminiz ki, bizi olduğu kadar, ecdadımızın da kemiklerini sızlatacak noktaya maalesef gelmiştir. Senelerce kardeşçe yaşamış olan sizler tahriklere kapılmayın. İçişleri Bakanımız, Milletvekillerimiz ve Senatörlerimiz de aranızdadır. Verilen emirlere itaat ediniz. Şerefli Türk Ordusuna ve güvenlik kuvvetlerine yardımcı olunuz. Hastalar ve kayıplar hepimizin acısıdır. Bu olaylar burada bitmeli ve acımız daha da büyümemelidir. Her türlü tedbir ve vecibeler yerine getirilmektedir. Bize inanınız, güveniniz. Sükûnetinizi muhafaza ederek, evlerinizde istirahat ediniz."(25)

Katliamı önlemek için gerekli iradeyi göstermeyen, katliamcılar üzerinde caydırıcı baskı kurmayan merkezi ve yerel devlet yetkilileri, bu bildiriyi yayınlanarak, katliamcıların insafa geleceklerini sanıyorlar veya kitlelerin devletten kopmaması için görev yapmışlık algısı yaratmak istiyorlardı.

Ancak beklendiği gibi, bildirinin herhangi bir etkisi olmamıştır. Saldırıya uğrayan mahalleler için için yanıyor ve "her biri birer can parçası" cesetler sokaklarda kokuşuyorken, yayınlanan sükûnet bildirisine karşı saldırgan faşistler, "Yaşasın başbuğ Türkeş" sloganlarıyla sokaklarda nara atıyorlardı.

Basında çıkan bu bildiride CHP'nin de imzasının olduğu yazılmaktaysa da, Maraş Katliamı'nda bulunan askeri komutan Mahmut Boğuşlu, anılarında, "CHP ve MHP temsilcileri bu toplantıya gelmediler" diye yazmaktadır.(26) Anlaşılan adı geçen partiler, söz konusu toplantıya katılım sağlamamış, ancak istenen bildiriyi imzalamışlardır.

"Katliam alanı" ve hareket halindeki kitle

Maraş Katliamı'nın büyüklüğünü ve kapsamını anlamak için, mevcut bilgileri bu yönde değerlendirmek yeterlidir. Katliamının "kapsama alanı" Maraş'ın içi ve yakın çevresinin tamamıdır. Maraş'ın en kuzey ve kuzey doğusunda bulunan Yörükselim Mahallesi, batısında bulunan Serintepe Mahallesi, güneyde Karamaraş ve diğer mahalleleri dikkate alındığında, Maraş'ın çepeçevre dört bir yanının "katliam sahası" olduğu görülmektedir.

Aynı şekilde, Yusuflar, Dumlupınar, Sakarya, Yenimahalle, İsadivanlı, Duraklı ve Namık Kemal mahallelerinde yapılan saldırılarla katliamın alanı, tüm şehrin iç bölgelerini de kaplamış

25-25 Aralık 1978 Tarihli Milliyet Gazetesi

26-1960-1978 Olayları Anılar Yorumlar Mahmut Boğuşlu S. 78

oluyordu. Ayrıca, Ulu Cami, Maraş Kalesinin çevresi gibi şehir merkezi olan alanlar ve şehrin ana caddeleri, tümüyle katliamcıların hareket sahasına girmekteydi.

Yine şehrin merkezi yerlerinde bulunan İl Valiliği, Hükümet Konağı, Askeri Kışla, İl Jandarma Alay Komutanlığı, Devlet Hastanesi ve bu kurumların çevresi, tamamen, katliamcıların saldırılarına hedef olmuş yerler arasındaydı. Yani Maraş, doğuda Yörükselim Mahallesine, batıda Serintepe'ye, güneyde Karamaraş ve Namık Kemal mahallesine, kuzeyde yine Yörükselim Mahallesine yapılan saldırılarla, her yönde kuşatılmıştı. İçerde, diğer mahallelere ve çeşitli devlet kurumlarına yapılan saldırılarla, şehrin her sokağı, her deresi alt üst edilmişti.

Maraş'a giren çevre yollar tutulmuş, Maraş'ın Adana-Gaziantep-Göksun-Kayseri-Andırın yol çıkışlarında saldırganlar, saldırılarını, denetim ve kontrollerini sürdürmekteydiler. Böylece Maraş ve çevresi, günlerce devam eden bu kuşatma altında, saldırganların "icraatlarını" serbestçe yapılabilecekleri koşullarda, sahipsiz ve korumasız kalmıştır.

Katliamın yaşanmadığı veya herhangi bir saldırının yapılmadığı hiçbir köşe, hiçbir sokak kalmamıştı. Maraş'ın gökte havasına, yerde toprağına, suyuna, börtü böceğine, ağacına, çiçeğine katliam havası hâkim olmuştur.

Katliam esnasında, Maraş ve çevre köylerin nüfusu tümüyle mobilize olmuş durumdaydı. Çevre köylerle birlikte, toplam 200 bin nüfusun yaşadığı "katliam sahası" Maraş'ta yaşayan bütün insanlar, katliamdan etkilenmişlerdir. Ancak hareket halinde bulunan katliamcıların sayısı, belge üzerinde yapılan çalışmaya göre, en az 30-40 bini bulmaktadır. Maraşlı her beş kişiden birisinin katliamcı olduğunu gösteren bu rakam, korkunç bir rakamdır. Buna rağmen, ortaya çıkan bu rakamsal veri, her şeye rağmen, on binlerce Maraşlının, yani Maraşlıların çoğunluğunun, katliamda yer almadığını göstermekte, katliamcı olmadığına işaret etmektedir.

Maraş Katliamı'nda, gerek katliam alanının büyüklüğü ve gerekse katılan güruhun çokluğu, devletin katliamı önlemede yaşadığı başarısızlığının da gerekçesi yapılmıştır. Gerekçeli Karar'dan da görüleceği gibi, her mahallede yaşanan saldırıların önlenememiş olması, aynı anda diğer mahallelerde yapılan saldırılara ve dolayısıyla askeri güçlerin yetememiş olmasına bağlanmıştır.

Katliamın tüm şehirde, aynı anda başlatılmış olması doğrudur, bunun güvenlik açısında bir sorun yarattığı da doğrudur. Ancak katliamın önlenmesiyle ilgili olarak, askeri güçlerin azlığı bahanesi doğru değildir. Çünkü burada sorun, askeri güçlerin sayısal azlığı veya çokluğu değil, askeri güçlerin aldığı tutumdur. Askeri güçler, bu güruha karşı, kararlı, kesin ve etkin bir pozisyonla tutum alsalardı, bu katliam yapılamazdı. Askeri güçlerin göstereceği kararlı bir karşı koyuşla, söz konusu katliamcıların püsKürtülmesi, geriletilmesi, saldırganların çil yavrusu gibi dağılması, böylece gerçekleştirilen katliamın önlenmesi, işten bile değildi.

Katliamcılara karşı böyle davranılmadığı gibi, sürekli görüşme yapılmaya çalışılarak, katliamcıların "temsilcileri" diye katillerle pazarlık ortamlarına girilerek, katliamcılar cesaretlendirilmiş, teşvik edilmiş, meydan ve inisiyatif onlara bırakılmıştır.

Aslında katliamın sivil faşist güçlerce ve yoğun bir katılımla yapılmış olması, katliamın "önlenememiş" olduğu şeklindeki dayanaksız gerekçenin inandırıcılığını artırmak için kullanılmıştır. Yoksa gerçek böyle değildir. İstenseydi bu katliam, hazırlık sürecinde önlenebileceği gibi, cenaze töreninde ve daha sonraki saldırılar esnasında, gösterilecek kararlı bir tutumla da, önlenebilinirdi.

Katliamı önleyecek güç ve olanağa sahip olan devletin bu yönde tutum almamış olmasının nedeni, tek tek birey veya kurumlarının sorunu değildir. Katliam karşısında alınan bu tutum, hâkim illegal muktedirlerin, katliamı kolaylaştırmak için planladığı ve koşullarını oluşturduğu bir tutum olarak görülmelidir.

"Çarşaf ve Kuran" katliamda kurtulmanın araçları

Katliamın her safahatında ve her bölgesinde, katliama maruz kalan savunmasız Kürt-Türk Alevi halkına, katliamdan kurtuluşun yolu olarak, Kuran ve Müslümanlığın ilk şartı olan besmeleyi okumak dayatılmıştır. Kimi yerde ise, kara çarşaf giyerek kaçmak, kurtulmak için tek çare olmuştur. Katliam koşullarında, herkesin zorunlu kaldığında yapacağı bu davranış, esasında tıpkı insanın "don" unun çıkartılarak sünnetli olup olmadığının kontrol edilmesi gibi, onur kırıcı, aşağılayıcı, en az katledilmek kadar, katliamcı bir davranıştır.

Maraş Katliamı'nda bu onur kırıcı, ayrımcı ve katliamcı davranışla çok sayıda mağdur karşılaşmış, ya besmele okumak, namaz kılmak veya çarşaf giymek zorunda kalmışlardır. İşte örnekleri;

İki ayrı saldırgan gruba salâvat getirmek zorunda kalan Fatma Şengül'ü "Camiye götürmüşlerdir. Orada "salâvat getir, bakalım Müslüman mısın" demişler, Kelime-i şahadet getirmesi üzerine Fatma Şengül'ü serbest bırakmışlar've Fatma Şengül oradan tekrar ev sahibinin evine gelmiştir. Bir süre sonra bu defa aynı evin önüne bir başka grup gelerek "bu evde Alevi varmış yakacağız" diye bağırmışlar, ev sahibi Şerife Karaaslan bu gruba Fatma Şengül'ün Müslüman olduğunu söylemiştir. Saldırgan grup "Pencereye gelsin eşhedü çeksin" demesi üzerine Fatma Şengül pencereye çıkarak kelime-i şahadet getirmiş, o zaman saldırgan grup kendisini alkışlamıştır."(27)

Bir diğer örnek, "Mustafa Doğan eline Kuran alarak karısı ve çocukları ile birlikte dışarı çıkmıştır. Saldırganlar Mustafa Doğan'a dini sorular sormuşlar, cevap verince de bir kısmı 'Aleviler, solcular, komünistler, dinsizler vurun', diğer bir kısmı 'artık yeter' diyerek aralarında tartışmışlardır. Daha sonra mademki sen Müslümansın da niye evde yatıyorsun, Müslümansan, Türksen, sağcı isen, biz kan döküyoruz, can veriyoruz, bizimle gel'demişler ve Mustafa Doğan ile beraber 100-150 metre ilerdeki esas topluluğun olduğu yere gitmişlerdir. Bir kısım saldırganlar orada da Mustafa Doğan'ı öldürmek istemişler"(28)

Katliamı, en vahşi haliyle yaşayan Musa Suna ailesini, kelime-i şahadet getirmek de kurtaramamıştır. "Elif Suna Kelime-i şahadet getirdiği halde inanmamakta, saldırılarına devam etmektedirler" diye yazılmaktadır Gerekçeli Karar'da.

27-Maraş Olayları Gerekçeli Karar S. 309

28-Maraş Olayları Gerekçeli Karar S. 322

Boz ailesi de aynı zulmü yaşamıştır. "Saldırganlar balkonda bulunan kadınları ve çocukları dama çıkarmışlar, orada kendilerine 'bizi öldürmeyin, sizde Müslümanlık, din, iman yok mu'diye yalvaran kadın ve çocuklara kelime-i şahadet getirtmişler 'gâvursanız da artık Müslüman oldunuz'demişlerdir. Saldırganlar Boz ailesinin fertlerine Kelime-i şahadet getirtmekle kalmamışlar ayrıca namaz kıldırmışlardır."[29]

Aktaracağımız başka bir örnekte, erkekler çarşaf giymek zorunda kalmışlardır. "Halil Uzunlar, Ali Serin'in kendisine ait evde kiracı olarak oturduğunu; 23 Aralık 1978 Cumartesi günü saat 16. 00 sıralarında çoğunun elinde bıçak, sopa ve birinde de tabanca olan mahşer gibi kalabalığın mahalleyi bastıklarını, o sırada kendilerine sığınmış olan Serin ailesinin kızlarını mutfağa, erkeklerin yatak odasına girdiklerini; saldırganların dükkânını yağmaladıklarını ve kapıyı kırarak içeriye girip ateş ettiklerini; yalvararak saldırganları evden dışarı çıkardıklarını ve Serin ailesinden iki erkeğe çarşaf giydirerek kaçırdığını; daha sonra da kızların evden gittiği,"[30] şeklinde anlatmaktadır yaşanan durumu.

Maraş Katliamı'nda, buna benzer çok fazla örnek olduğu bilinmelidir. Ancak verilen örnekler, konunun anlaşılması için yeterlidir.

Ne yazık ki bu ülkede ve genel olarak sistemde, katliamların meşrulaştırılmasının unsurları olan bu sapkınlıklara, gereken tepki, gereken ölçü ve biçimde verilmemektedir. Katledilmek, sanki salt fiziki yok edilmekmiş gibi ele alınmaktadır. Hâlbuki en sıradan insan da bilir ki, insanı insan kılan, sahip olduğu değerler ve haklardır ve bu değerlere ve haklara saygı göstermek, ortak yaşamın, dolayısıyla insan olmanın, zorunlu ön koşuludur. Buna rağmen tüm katliamlarda, insanların onuruyla, inançlarıyla oynanmış, insanlar bu yolla da katledilmişlerdir. Tüm katliamlarda olduğu gibi, Maraş Katliamı'ndan da yapılmış olan bu tür sapkınlıklara, en az katledilmek kadar tepki gösterilmesi, insanlığımızın ölçüsünü gösterecektir.

29-Maraş Olayları Gerekçeli Karar S. 308

30-Maraş Olayları Gerekçeli Karar S. 228

Her insan inandıklarıyla ve inandığı gibi yaşama hakkına sahiptir, böyle yaşayabildiği ölçüde insanlaşabilir. Ama Maraş Katliamı'nda ve benzer başka katliamlarda, görüldüğü gibi, katliamcı güruh, başkalarının en doğal ve en tartışılmaz insan haklarını gasp etmekte, engelleyebilmektedir. Normal koşullarda hiçbir biçimde çarşaf giymeyecek olan insanlara, zorla çarşaf giydiriliyor, Kuran okutuluyor, namaz kıldırılıyor. Fiziki olmasa bile bu zulmün, insanların zihin ve moral dünyasını nasıl alt üst ettiğini anlamak, hiç de zor değildir. Devrimci demokratik mücadelenin bu zorbalığa karşı sürekli ve anlamlı bir tutum geliştirmesi, katliamlara karşı mücadelenin bir unsuru olarak görülmelidir.

Katliamcı politikaların bir parçası olan bu baskı ve zorbalık, devletin zorla asimilasyon politikalarından destek ve cesaret alınmadan yürütülemez. Yıllar yılı uygulanan zorla İslamlaştırma ve Türkleştirme politikaları, bu tür baskıların ve zorbalıkların güç bulmasına, rahatlık içinde uygulanmasına yol açmaktadır.

Katliamda ele geçen silahlar

Katliamın resmi belgelerinden birisi olan Gerekçeli Kararda, ele geçen silahlar da belirtilmektedir. Konuyla ilgili bölümde şunlar yazılmaktadır.

"Olaylar sırasında 18 tabanca; 225 tabanca fişeği, 22 tabanca şarjörü, üç makineli tabanca, 329 makineli tabanca fişeği, dört makineli tabanca şarjörü, üç İngiliz piyade tüfeği, 7 piyade tüfeği fişeği, 244 av tüfeği, 24 bıçak ve kama, 9 satır, 2 balta, 2 pala, iki tahra, 2 tornavida, 27 dinamit lokumu, 1 Kg saçma ele geçirilmiştir."(31)

Maraş Katliamı'nda yakalanan silahlar bunlardır. 12 Eylül koşullarında 30-40 hanelik herhangi bir köyde bile bu kadar silah çıkartmaya köylüleri zorunlu kılan sıkıyönetim, Maraş Katliamı gibi günlerce süren silahlı bir katliamda, bu "kadarcık" silah yakalayabilmiştir. Yani, 21 tabanca, 3 piyade tüfeği ve 244 av tüfeği, ayrıca 41 adet kesici-delici alet ve 27 dina-

31-Maraş Olayları Gerekçeli Karar S. 334

mit lokumu. Buna insaf demekten öte bir şeyler söylenmelidir. Maraş Katliamı'nın, bu kadar silahla yapılmış olduğu, nasıl düşünülebilinir? Bu durumun, kamuoyu tarafından kabul edilmesi nasıl beklenebilir?

Maraş Katliamı'nın ilgili dokümanlarında, saldırılarda kullanılan uzun namlulu silahlarda söz edilir, çokça. "Saldırganların içinde büyük silahları ellerinde bulunduran şahıslar" "A. Mümin Navruzoğlu, karşıdaki Anadolu hamamından açılan ateşle başından ve göğsünden yaralanmıştır." "bu şahsın evinin damından uzun menzilli silahla yaptığı ateşle karşılaşmışlardır" gibi ifadeler hemen her mahallede yapılan saldırıların klasik anlatımlarıdır.

Ancak görüldüğü gibi, yakalanan silahların içinde söz konusu uzun namlulu silahlar bulunmamaktadır. Eğer katliamda kullanılan silahlar ortaya çıkartılmış olsaydı, hem katliamın bağlantılarını, silah kaçakçılarıyla olan ilişkilerini, hem de katliamın çapını anlamak mümkün olacaktı. Onun için katliamda kullanılan silahlar yakalanmamış, ortaya dağın fare doğurması gibi, bir avuç silah çıkartılmış, yapılan bu korkunç katliamında, bu silahlarla yapılmış olduğunu kabul etmemiz istenmiştir.

Ayrıca yakalanan silahların azlığı, yargılanan 760 saldırgan sanığın hangi koşullarda yakalandığını da göstermektedir. Bu bilgiden anlaşılıyor ki, saldırganlar saldırı esnasında ellerinde saldırı araçlarıyla yakalanmamışlardır. Bu sanıkların çok azı, katliam esnasında yakalanmışlardır. Büyük bir kısmı mağdurların ve tanıkların daha sonra verdikleri ifadeler sonucu, evlerinde, işlerinde, yakalanarak açığa çıkartılmışlardır. Böyle olunca da sanıkların, ellerinde herhangi bir silahın yakalanması söz konusu olmamış, katliamda kullanılan silahlar, açığa çıkmamıştır.

Katliam koşullarında görev yapan en sorumlu komutan olan General Boğuşlu, saldırılara karşı kendilerini korumaya çalışan, Yörükselim'in yiğit genç kızının gösterdiği dirence karşı, ona inanarak, pasif kaldığı için hayıflanmaktadır katliamı anlattığı anılarında. Ama aynı hassasiyeti, gerçek saldırganları ve silahlarını yakalamak ve onları silahlarıyla birlikte açığa çıkartmak için geliştirmediği, göstermediği görülmektedir.

General Boğuşlu, Alevilere ve devrimcilere karşı takındığı ön yargılı tutumu aşmadığı için silahı onlarda aramaya çalışmış, esas katliamcı güçlerin silahlarını bulmak için mesai harcamaya yönelmemiştir.

Faili meçhul ölüler

Maraş Katliamı'nda, failleri tespit edilemeyen ölüler bulunmaktadır. Gerekçeli Karar'da, "23-25 Aralık 1978 tarihlerinde cereyan eden olaylar sırasında, Mehmet Kahveci, Adem Armut, Ökkeş Dalkıran, İsmail Tercan, Mehmet Özkekik, Hayrullah Sevğür, Abdullah Polat, Mehmet Ergündüz, Süleyman Aydoğan, Ökkeş İnce, Mehmet Mengücek, Necati Parlamış, Zeki Yıldırım, Hacı Bıyıklı, Bünyamin Varol, Mehdi Köklü, Abdullah Kandemir'in mukateleye iştirak ettikleri ve olaylar sırasında öldükleri; büyük bir kitlenin katıldığı olaylarda çoğu uzun menzilli silahlarla vurulan maktulleri öldüren faillerin tespit edilemediği, Nazım Tosun isimli şahsın olayları izlerken kalp krizi sonucu; Ercan Köse isimli 3 yaşındaki çocuğun da kariyer çarpması sonucu öldükleri,"[32] ifade edilmektedir.

Bu faili meçhul ölümlerle ilgili olarak, Mehmet Mengücek ve Mehdi Köklü üzerinde geliştirilen çarpıtma ve söylenen yalanlara ilerde değinilecektir. Burada belirtilen faili meçhul ölüler, katliamcı saldırganlar olarak, fiilen yer aldıkları katliamda öldürülmüşlerdir. Bu katliamcıların devrimciler ve Aleviler tarafından öldürüldüğü iddia edilmesine rağmen, bu iddia, ispat edilememiş ve Sıkıyönetim Mahkemesi tarafından ciddiye alınmamıştır.

Bu ölülerinin çoğunun uzun namlulu silahlarla öldürüldükleri yazılmaktadır. Aynı şekilde, katliamcı saldırganların içinde çok sayıda ve hemen her mahallede uzun namlulu silah kullanan katliamcının bulunduğu belirtilmektedir Gerekçeli Karar'da. Bu ölülerin, uzun namlulu silahlarla öldürüldükleri, bu tür silahların katliamcılarda bulunduğuyla birlikte göz önüne alındığında, bu ölülerin, katliamcılar tarafından öldürülmüş olabilecekleri ihtimali önemli bir olasılık olarak görülmelidir.

32-Maraş Olayları Gerekçeli Karar S. 91

Ayrıca, Gerekçeli Karar'daki bilgilere göre, katliam boyunca, hemen her mahallede, saldırganlarla askeri güçler arasında çatışmalar yaşanmıştır. Kimler tarafından öldürüldükleri belirlenemeyen bu saldırganların, askerler tarafından açılan ateşle veya askerlerle girilen çatışmalarda öldürülmüş olmaları da akla yakın ihtimallerin bir diğeridir.

Kimliği tespit edilemeyen ölüler

Bu konuda, Gerekçeli Karar'da, "Altı adet cesedin kimliklerinin tespit edilemediği; ancak bunların kesici alet ve ateşli silahlarla olaylar sırasında öldürüldükleri kesin olmakla beraber, büyük bir kitlenin karıştığı olaylarda faillerinin tespit edilemediği"[(33)] yazılmaktadır.

Katliamı meşru göstererek savunmaya çalışanlar, bu ölülerin Alevilere, devrimcilere ve sünnetsiz Ermenilere ait olduğunu iddia etmişlerdir, o günden beri. Ölülerin sözde sünnetsizliğine daha çok vurgu yapılarak, bu ölülerin Ermenilere, Ermeni devrimcilerin varlığından hareketle, devrimcilere ait oldukları anlatılmaya çalışılmıştır. İddia tüm yönleriyle, katliamcı politikalara ve katliamcılar için son derece gerekli ve önemli olan dezenformasyon çalışmalarına uygun bir iddiadır. Ama bu iddia, tek kelimeyle büyük bir yalandır.

Bu cesetlerin sünnetsizlere ve Ermenilere ait olduğuna dair iddianın, pespaye, temelsiz ve ırkçılıkla malul olduğu açıktır. Kaldı ki böyle bir iddiayı doğrulayacak en sıradan bir bilgi bulunsaydı, devlet, böyle bir bilgiyi fazlasıyla değerlendirir, gerekli sonuçları alabilirdi.

Söz konusu kimliği meçhul cesetlerin, katliama maruz kalan Türk-Kürt Alevi ve devrimcilerin cesetleri olmaları ise mümkün değildir. Konuyla ilgili matematik kesinlikte iddialarda bulunmak için hiçbir gereklilik yoktur. Özgün ve spesifik durumlar olabilir. Buna rağmen bu cesetlerin Alevilere ait olması mümkün görünmemektedir.

Katliama maruz kalan Aleviler ve devrimciler, katliam koşullarında ve sonrasında, toplu halde, devletin denetimi altın-

---

33-Maraş Olayları Gerekçeli Karar S. 197

da, askeri kışlalarda ve farklı kurumlarda sözde barındırılmaktaydılar. Saldırılar kontrol altına alınıncaya kadar, bu durum böyle devam etmiştir.

Ölülerin tespiti işlemi yapılmaya başlandığında, mağdur Kürt-Türk Aleviler, ölülerin bulunduğu yere götürülerek, ölüler gösterilmiş, böylece her aile kendi ölüsünü tespit edebilmiştir. Bu ortamda, Alevilerin kendi ölülerini tespit ederek sahip çıkmaları, herhangi bir riski olmadığı gibi, kolayca mümkün olmuştur.

Ayrıca, katliama uğrayan Kürt-Türk Alevilerin ve devrimcilerin, ölülerini tespit ederek resmileştirmeleri, mağduriyetlerinin teyidi ve tescili için gerekli ve zorunluydu. Ölülerini tespit ederek tescil ettiremeyen mağdurların, katliamda yaşadıkları mağduriyeti kanıtlamaları mümkün olamayacağı için herhangi bir dava açma veya şikâyetçi olma hakları kaybolmaktaydı. Türk-Kürt Alevilerin ölülerini tespit etmelerinin hem bu kadar kolay, hem de gerekli ve zorunlu olduğu bu koşullarda, herhangi bir mağdur ailenin ölüsüne sahip çıkmaması, mantıksal olarak, düşülemez. Hatta yurt dışına gitmek zorunda kalan mağdur aileler bile, avukatları vasıtasıyla, bu amaçlı girişimlerini sürdürmüşler, ölülerine sahip çıkmışlardır.

Dolayısıyla kimliği belli olmayan ölülerin içinde mağdurların olması veya böyle bir ihtimali akla yatkın kılan hiçbir gerekçe bulunmamaktadır. Bu sebeple mağdurların, belirtildiği gibi, ölülerini aramaları, bulmaları hem kolay hem de mağduriyetlerini göstermek için gerekliydi.

Ancak aynı durum, yüze yakın köyde ve Maraş'ın tüm mahallelerinde toplanarak katliamı icra etmiş olan katliamcı saldırganlar için söz konusu değildir. Tam tersine bu cesetlerin saldırganlara ait olabileceğini düşünmek için fazlasıyla makul sebepler bulunmaktadır. Katliamdan sonra, katliama katılmış olan bütün saldırganlar, yakalanmamak için, saklanmaya, "sır" lara karışmaya, izlerini kaybettirmeye çalışmışlardır. Mağdur ailelerin yapılan soruşturmalarda, tanıdıkları katliamcı saldırganlar hakkında şikâyet ve ihbarlarda bulunmaları, bu katliamcıların daha da temkinli olmalarına yol açmıştır. Bu koşullarda, katliama katılmış olan saldırganlar, katliamla bağlantılarının açığa çıkacağı her türlü ilişki ve ortamdan uzak kalmaya özen göstermek zorundaydılar ve böyle davranmışlardır.

Bu nedenle, katliamla ilişkilerinin açığa çıkacağından korkan bazı saldırgan aileler, ölülerine sahip çıkmayarak, kendilerini korumaya, kurtarmaya çalışmışlardır. Dolayısla söz konusu ölülerin, katliamla ilişkilerinin açığa çıkacağı korkusuyla, ailelerinin sahip çıkmadığı ölüler olması ihtimali, gerçeklik payı oldukça yüksek olan bir ihtimaldir.

Çok güçlü olan diğer bir ihtimal ise, kimliği belli olmayan ölülerin, başka illerde gelip, Maraş Katliamı'na katılmış saldırganlar oldukları ihtimalidir.

Maraş Katliamı'nda, başka illerde faşist saldırganların görevli olarak geldikleri, devletin raporlarında yer almıştır. Katliam esnasında, ellerinde uzun namlulu silahlarla, yüzleri maskeli, katliamcı güruha önderlik eden saldırganlar, muhtemelen bu saldırganlardı.

Bu saldırganlardan bazılarının, katliamda yaşadıkları çatışmalarda öldürülmüş olması, çok mümkündür. Bu ölülerin kim olduğunun ve niçin gelip Maraş'taki katliamda öldüğünün açığa çıkması halinde, katliama dair ipuçlarının da açığa çıkacağı muhakkaktı. Doğaldır ki, katliamcı illegal yapının böyle bir gelişmeye izin vermesi, söz konusu olamazdı.

Türkiye'nin herhangi bir yerinden Maraş'a gelmiş, hangi faşist siyasal ilişkilerin içinde olduğu bilinebilecek olan bir katilin, Maraş Katliamı'nda ölüsünün bulunması, katliamın kimler tarafından organize edildiğinin açığa çıkmasına yol açabilirdi. Katliamcı yapının deşifre olmaması için, katliam esnasında ölen bu saldırganlara sahip çıkılması, uygun görülmemiş olabilir. Çok büyük ihtimalle kimliksiz ölüler, katliamcıların başka illerden getirttikleri ve sahip çıkmaktan korktukları bu saldırganlardır. Bu ihtimal, söylenti olarak, hem o dönemde, hem daha sonra, Maraşlılar tarafından fazlasıyla dillendirilmiştir.

Söz konusu ölüler için bu iki ihtimalin herhangi birisi, tek başına, gerekmemektedir. Her iki ihtimalde, hem ayrı ayrı hem birlikte mümkündür. Ölülerin bazıları ailelerin sahip çıkmadığı ölüler, bazıları katliamcı illegal yapının gizlediği ölüler olabilir.

Son olarak, tüm sosyal-siyasal tarihlerinde, Alevilerin ve devrimcilerin, ölülerini isimsiz ve sahipsiz bıraktıklarını düşünmek, en azında genel olarak, gerçekçi değildir. Ancak faşizmin kanlı tarihinde, buna benzer sayısız vaka olduğu biliniyor.

Yerel devlet kurumlarının tutumu

Maraş Katliamı'nda devletin nasıl bir tutum içinde olduğu, katliamı engelleyemeye çalışıp çalışmadığı, ne kadar etkili olduğu, önlemeye niyetli olup olmadığı, aynı şekilde, mahalli devlet organ ve yetkililerinin tutumu, katliamla ilgili tartışmaların temel konularından birisi olmuştur. Konuyla ilgili somut duruma bakmadan önce, bu tartışmalarda bir noktanın mimlenmesi gerekiyor.

Genellikle ve haklı olarak, halktan herhangi biri, devlet denince ilk karşısına çıkan devlet yetkilisini ve görevlisini tanımakta, devleti bu ilişki üzerinde değerlendirmektedir. Ancak meselenin, bu yüzeysellik içinde ele alınamayacak kadar kapsamlı olduğu biliniyor. Devletin devasa bir organizasyon olduğu ve asıl devletin illegal boyutta kendisini ortaya koyduğu, Maraş Katliamı'nın da karakteri itibarıyla illegal güçlerin bir faaliyeti olduğu, göz önüne alınarak bakıldığında, gerçeğe uygun düşünce geliştirmek mümkün olacaktır. Böyle yapıldığı zaman, hem genel olarak katliam doğru değerlendirmiş olunacak, hem de yerel devlet organlarının herhangi bir davranışı yerli yerine oturtulacaktır.

İllegal egemen güçler tarafından organize edilmiş olan bu katliamın, yine devletin herhangi bir yerel birimi, organı veya kişisi tarafından bilinmesi, onunla bu anlamda bir ilişki içinde olunması zorunlu olmayabilir. Dahası, böyle bir bilgilendirme, katliamcı illegal yapı açısında, yanlış ve sakıncalı görülmüş de olabilir. Katliamı bilmesi ve işin tüm süreçlerinde olması gerekenler, illegal unsurlardırlar. Bunun dışında kalanlar, ister vali, ister üst düzey komutan olsun, herhangi bir yetkili, planlanan katliamdan haberdar olmayabilir.

Bu koşullarda, katliam organizasyonunda yer almayan herhangi bir yetkili, kendi inisiyatifi ile çeşitli tasarruflarda bulunabilir, hatta bu tasarruflarıyla katliamın gidişatını etkileyebilir.

Teorik olarak mümkün olan bu durum, tek başına, ne katliamın gerçek niteliğini değiştirir ve ne de söz konusu kişi veya kurum, varsayalım, katliamı önlemiş bile olsa, demokrat, vs olabilir. Bütün yaptığı, illegal güçlerin işleyişine çomak sokma pahasına da olsa, kendince uygun gördüğü bir tutumu almış olmaktır.

Bu gerçek üzerinde Maraş Katliamı'na bakıldığında, resmi-yerel devlet yapılanması içinde, katliamcı çevrelerle direkt ilişki içinde olanların kimler olduğu sorusu, cevabı aranacak temel soru olarak çıkmaktadır ortaya. Bu anlamda, Maraş Katliamı'yla ilgili olarak, Rıdvan Akar ve Can Dündar tarafından ortaya çıkartılmış en önemli belge olan Ecevit'in arşivinde çıkan belgede, çeşitli isimler, rumuzlarıyla da olsa, açığa çıkmıştır. Bunların içinde, katliamın yerel unsurları da bulunmaktadır. Ancak bu bilgiler üzerinde siyasal otoritenin yapması gereken çalışmalar yapılmadığı için, katliamın yerel bağlantıları, tam ve olması gereken düzeyde deşifre edilmiş değildir.

Buna rağmen, mevcut bilgileri bir araya getirerek bazı sonuçlar çıkartılabilir. Maraş Katliamı'nda, devletin yerel kurumlarından Belediye Başkanı Ahmet Uncu, MHP milletvekili Mehmet Yusuf Özbaş, çok sayıda polis, bekçi, muhtar, Devlet Hastanesi Başhekimi Çetin Diker ve çok sayıda resmi din görevlisi, şu ya da bu biçim ve düzeyde, katliamla ilgili olmuşlardır. Zaten MHP milletvekili Mehmet Yusuf Özbaş'ın katliamla yakınlığı çok yönlüdür ve bilinmektedir.

Şehrin Valisinin ve Emniyet Müdürünün tutumu konusunda, şu ana kadar ortaya çıkan bilgiler çerçevesinde bakıldığında, katliamın gidişatını engelleyici bir fonksiyon geliştiremedikleri bilinmektedir. Askeri yetkililerin ise, soruna "tarafsızlık" düzeyinde yaklaşarak, katliamcılarla, katledilenleri aynı kefeye koydukları, böylece fiilen katliamcıların işine yarayan bir rol aldıkları görülmektedir.

Katliam sürecinde polis işlevsizleştirilmiş, etkin bir rol oynama şansı elinde alınmıştır. Saldırganların POL-DER'li diye polislere karşı aldıkları tutum gerekçe yapılarak, polisler etkin pozisyon içinde olmaktan alıkonmuştur. Yerel devlet yetkililerinin katliamcılarla uzlaşmasının bir sonucu olan bu durum, aynı zamanda, saldırganlara verilen tavizlerin düzeyini de göstermektedir.

Askeri güçlerin gösterdiği sözde "tarafsız" tavırdan dolayı, katliamcıların elde ettikleri manevi üstünlük ve kendilerine güven, daha kanlı ve pervasız saldırmalarına yol açmıştır. Bunun sonucudur ki, saldırganlar, çeşitli mahallelerde askeri yetkililerle "bana silah verin ben de Alevilere komünistlere saldırayım siz yapamıyorsunuz" türünde diyaloglar içinde olabilmişlerdir. Bu türden diyalogların çokluğuna bakıldığında, katliamcıların askerlerin varlığını, engelleyici bir unsur olarak görmedikleri ortaya çıkmaktadır. Daha önemlisi, askeri güçlerin saldırganların bu tutumlarına karşı kararlı, kesin ve gerekli ölçüde sert bir tepki göstermek yerine, tam tersine, müsamahalı, caydırıcı ve engelleyici olmayan, görmezden gelen bir tutum içinde olmalardır.

Askeri yetkililerle belirtilen tarzda diyalogların hangi koşullarda kurulabileceğini, bu toprağın insanları çok iyi bilmektedirler. Hele de böyle bir durumda askerle kurulacak ilişkinin, kaçmak, saklanmak olması gerekirken, Maraş Katliamı'nda tersine bir durum yaşanmıştır. Gerekçeli Karar'da görüldüğü gibi, saldırganlar, pekâlâ askerlerin yanında silah kullanabilmekte, askerden silahını kullanmak için isteyebilmektedirler. Böyle bir durum, ancak işgal koşullarında, düşman askerine karşı yapılan savaşta olabilecek bir durumdur. Zaten bütüne bakıldığında görülecektir ki, Maraş Katliamı'nda, askerlerle saldırganlar arasında kurulan ilişkiler, esas olarak bu mantalite üzerinde olmuştur. Kürt-Türk Aleviler ve saldırganların solcu dedikleri devrimciler, ortak ve yok edilmesi gereken düşman gibi görülmüşler, asker ise saldırganlara yardım etmesi gereken "dost kuvvet" olarak görülmüştür. Dikkat çekici olan ise, katliamcıların belirlediği bu rol dağıtımı, yetkili askeri güçler tarafından, esas ve fiili olarak, kabul edilmiştir.

Cenaze töreninde yapılan saldırılarla ilgili olarak, MHP'nin de desteklediği AP'li belediye başkanı Ahmet Uncu'nun girişimiyle, askeri yetkililer ve vali, saldırganları taraf kabul ederek görüşme yapmışlardır. "Belediye Reisi Ahmet Uncu ile J. Kd. Yzb. Teoman Saraç Ulu Cami önündeki sağ gruptan 10 kişilik bir heyet ile görüşmüşlerdir. Sağ topluluğun temsilcileri 'Okullardaki tahriklerin kalkmasını, Karakollardaki baskıların sona erdirilmesini, devlet dairelerindeki sol görüşlü memur ve işçilerin tahriklerinin önlenmesini, okulların polis yerine asker tarafındann korunmasını, cenaze defin töreninin yapılmamasını, solcu polislerin ve solcu öğretmenlerin derhal tayin edilmesini, POL-DER ve TÖB-DER'in kapatılmasını'istemişler, bu istekler İl valisine, iletilmiştir."[34] Görüldüğü gibi katliamcıların tam yetkili "temsilcileri" bulunmaktadır. Bu "temsilciler", belediye başkanı Ahmet Uncu'nun tavassutuyla yerel devlet erkânına, katliamcılar adına, içinde ırkçı-faşist politik taleplerinde bulunduğu birçok isteklerini dayatmakta, ültimatom vermektedirler.

Saldırganların temsilcileri ile devlet yetkilileri arasında yapılan bu görüşmede, bu denli dikkate alınmak, devlet yetkilileriyle politik talepler için pazarlık yapabilmek, saldırgan gruplara büyük bir motivasyon kazandırmış, etkin bir konum elde etmelerini sağlamıştır.

Öte yanda, katliamcıların bu temsilcilerinin kimler olduklarını, neyi temsil ettiklerini, on binlerce saldırganı hangi yetki ile ve ne için temsil ettiklerini, kimse dönüp sorgulamamıştır. Aynı şekilde yaşanan katliamdan sonra, bu temsilcilere, katliamcılar adına yaptıkları pazarlığın hesabı sorulmamıştır.

Katliamda nasıl bir pozisyon içinde olduğu bilinmeyen, dönemin Maraş Vali Yardımcısı olarak görev yapan Abdulkadir Aksu'dur. Abdulkadir Aksu'nun adı konunun bir başka boyutuyla da ilgilidir. 1978 Nisanında, dört ayrı adrese gönderilen bombalardan birisinin, Abdulkadir Aksu'ya gönderildiği ileri sürülmüştü, o dönemde. Bilindiği gibi bu bombalar Malatya'da Hamit Fendoğlu'nun ölümüne ve Malatya katliamına, Pazarcık'ta Memiş Özdal'a gönderilen bomba ise, bir postacının ölümüne yol açmıştı.

Abdulkadir Aksu, adının geçtiği bu konularla ilgili olarak o günden bu güne kadar herhangi bir bilgi vermemiştir kamuoyuna. Bu suskunluk, katliamla ilgili bilgisizlikten mi, yoksa illegal güçlerin selameti için susma hakkının kullanılmasından mı, bilinmiyor. Abdulkadir Aksu'nun Maraş Katliamı'yla ilgili olarak bildiklerini veya bilmediklerini kamuoyuna anlatması,

---

34-Maraş Olayları Gerekçeli Karar S. 294

katliamın gerçeklerinin açığa çıkmasına yardımcı olabilir. Bunu yapmaktan kaçınmak, doğal olarak katliamcıların yarasalar gibi karanlıkta kalmalarına hizmet etmektedir.

Konuya dair, değinilmesi gereken bir başka boyut da, mağdur halkın, katliamda görev yapan askerlerle ilgili görüş ve düşünceleridir. Mağdur halkın bir kesimi, yaşadıkları katliamda, somut hiçbir karşılığı olmayan, "askerlerin kendilerini kurtardığını" söylemektedirler. Katliam mağduru Kürt-Türk Alevi halkı, bu söylemleriyle, gizli bir ordu seviciliğinin etkisi altında hareket etmektedir.

Bu insanların içinde bulundukları somut gerçeklik ve ruh hali, böyle düşünmelerini gerektirebilir. Bunu anlamak mümkündür. Ancak, bu yanılsamanın ısrarla, gerçekmiş gibi sunulması, gerçeklere karşı kılıç sallamaktır. Yedi gün boyunca Maraş'ta kan akarken, katliamı önlemekle görevli devlet ve en önemli unsuru olan asker neyi kurtarmıştır? Askerin daha çok insanın ölmesini engellediği söylenecekse eğer, bu inandırıcı değildir. Gerçeğin böyle olmadığı hem yaşananlarda, hem katliamın resmi belgelerinde bütün açıklığıyla ortadadır. Ayrıca askerin gelerek katliamın daha fazla devam etmesini engellemiş olduğunu düşünmek de mümkün değildir. Çünkü katliamın birkaç gün daha devam etmesi, birçok sebepten dolayı, zaten fiilen mümkün olamazdı. Katliam günlerinde ise, askerin önleyici herhangi bir fonksiyonu olmamış, katliamcılar yapabildiklerini yapmışlardı. Katliamın cereyan tarzı ve askerin yaptıkları-yapamadıkları incelendiğinden, bu gerçek görülebilmektedir. Kimse katliam karşısında izlenen bu tutumu, bürokratik işleyişin sorunlarıyla açıklamaya çalışarak, katliamcı politikaları ve o politikaların araçlarını aklamaya çalışmamalıdır.

Ayrıca asker olmak, mutlaka katliamcı olmak anlamına gelmez. Sonuçta bu askerlerin, özellikle alt rütbeli olanlarının tamamı, yapılan katliama karşı tutum alabilecek olan halktan insanlardır. Dolayısıyla, özellikle alt rütbeli askerlerin, tek tek veya genel olarak katliamda önleyici bir rol almaya çalışmış olması, Maraş Katliamı'nın egemen illegal güçlerin operasyonu olduğu gerçeğini değiştirmez.

Maraş Katliamı'nı, en büyük askeri yetkili olarak yaşayan General Mahmut Boğuşlu'nun görüşleri, devletin yaklaşımını yansıttığı için önemlidir. General Mahmut Boğuşlu, Maraş Katliamı'nı, "yüz kızartıcı" olarak nitelemektedir. General, egemen söylemin gereğine uygun olarak, katliamın "Maraş dışında hazırlanmış ve tezgâhlanmış olduğunu" ifade etmektedir.

General Mahmut Boğuşlu, egemen ideolojik politik anlayışa itiraz eder gibi, "laiklik ve irtica, biraz da milliyetçilik üzerine 70-80 senedir konuşulan lisan... irtica ve milliyetçilikle ilgili meseleleri çözen bir lisan değil, kavgaları körükleyen bir sürtüşme lisanıdır"[35] diyerek, ırkçı-gerici politikaları sorgulamak istediği görüntüsü vermektedir. Ancak General Boğuşlu, söylemine uygun pratik bir tutum içinde bulunmamıştır.

Yetiştiği ve içinde bulunduğu kurumun bütün özelliklerini genlerinde taşıyan komutan, bulunduğu konumunun gereğini yaparak, katliamın en yoğun yaşandığı esnada, subaylarına "tarafsızlık" emrini verdiğini yazmaktadır. Çünkü General Boğuşlu, Maraş Katliamı'nı Alevilerle Sünniler arasında yaşanmış bir çatışma olarak yorumlamaktadır. Katliama dair yapılan bu tanım ve tanıma uygun olarak geliştirilen politika, o koşullarda fiilen, güçlüden, yani katliamcıdan yana olmaktı. Dolayısıyla komutan Boğuşlu, "tarafsızlık" adı altında geliştirdiği tutumuyla, objektif olarak, saldırganlara hizmet etmiştir. Bunu söyleyebilmek için kehanete veya katliamı yaşamaya gerek yoktur.

General Boğuşlu, katliamı önleyici tedbir olarak, askerin silah kullanımına dair şunları yazmaktadır. "Maraş'ta askerin silah kullanımıyla ilgili bazı zorluklar yaşandı. Silah kullanma yetkisini Maraş'ta olabildiğince dikkatli ve titiz kullandık. Göstergesi de ölü sayısıdır. Bu sayı, en azıdır. Gerektiği yerde ateş etmekten çekinse idik, mesela, Yörükselim'de Alevi vatandaşlarımızın zayiatı birkaç misli fazla olur, gelişi güzel ateş edeydik bu seferde sadece elindeki sopalarıyla Yörükselim'e yürüyen ve bu mahallede kesif denecek kadar yoğun bir otomatik silah atışıyla karşılaşan Sünni vatandaşlarımız daha fazla ölü verebilirdi."[36]

35-1960-1978 Olayları Anılar Yorumlar Mahmut Boğuşlu S. 69-70

36-1960-1978 Olayları Anılar Yorumlar Mahmut Boğuşlu S. 76

Generalin anlatımları kısa, ama çok anlamlıdır. Yörükselim'e yürüyenlerin elinde "sadece sopaları" bulunmaktaymış, Yörükselim'de ise "kesif denecek yoğunlukta otomatik silah atışı" yapılmaktaymış. Bu anlatımlarıyla, General Boğuşlu'nun yaşanan katliamı nasıl gördüğü anlaşılmaktadır. Yörükselim'e saldıranların elinde sadece sopa varsa, öte yanda Yörükselim'dekiler otomatik silahlarla kesif ateş yapıyorlarsa, o zaman yaşananlar, Yörükselim'e yönelik bir katliam olarak tanımlanamaz. Komutan böyle düşünmekte, elinde sadece sopa bulunduğunu söylediği saldırganları, Yörükselim'de açılan kesif ateşe maruz kalan mazlumlar olarak görmekte, göstermeye çalışmaktadır.

Gözlerinin önünde yaşanan katliamı bu şekilde anlatabilen bir komutanın yapması gereken, "elleri sopalı" olanlara karşı, "otomatik silahlıların" etkisizleştirilmesi, yok edilmesidir ve komutanda, bunu yapmaya, Yörükselim'deki Kürt-Türk Alevi ve devrimcilere karşı, saldırganları korumaya çalıştığını, en net haliyle ifade etmektedir. Ancak General Boğuşlu, gerçeği çarpıtmakta, gizlemektedir. Eli sopalı olan saldırganların, ellerinde otomatik tüfekler bulunduğunu ileri sürdüğü Yörükselim'deki Alevileri nasıl öldürebildiklerini açıklaması gerekiyor.

Aynı kısacık paragrafta, bir yanda bunları söyleyen General Boğuşlu, diğer yanda, "ateş etmekten çekinse idik Alevilerin zayiatı birkaç misli fazla olurdu" demektedir. Bu ifadede, saldırganların yapılan ateşle durdurulduğunu, yoksa saldırganların birkaç misli fazla Aleviyi öldürmüş olabileceklerini anlıyoruz. Hani Yörükselimde kesif ateş edenler vardı ve oraya saldıranların elinde sadece sopa bulunuyordu. Yoksa eli sopalılalr uzun namlulu silahlıları öldürebilen süpermenler miydi. Ayrıca mademki saldırganlar, askerin ateş etmesiyle önlenebiliyorlar, o halde neden bu yöntem yeterince kullanılmadı? Boğuşlu'nun bu sorunun cevabı olarak anlattıkları, sadece, basiretsizliği ve faşizme karşı hoşgörülü tutumu gizlemeye yarayan birer masaldır.

Komutanın anlatımlarında, saldırganlar ve saldırılanlar belli olmasına rağmen, Alevilere karşı kopkoyu bir önyargı içinde davrandığı çok net görülmektedir. Komutan, katilleri açıkça adlandırmaktan, deşifre etmekten kaçınmakta, onlarla mağdur ve mazlum olanları aynı kefeye koymaktadır.

General Mahmut Boğuşlu, saldırganlara o denli müsamahalı yaklaşmıştır ki, bir Alevi evine yapılan saldırıyı, engellemek yerine, saldırganların yönlendirmesiyle, saldırıya uğrayan evi basmıştır. Evde bulunan kırma tüfeğini eline almış, burada otomatik tüfekle silah sıkıldığını iddia eden saldırganlara, "ne otomatik tüfeğinden dem vuruyorsunuz, görmüyor musunuz bu av tüfeği" diyerek, saldırganları, ikna etmeye çalışmıştır.

General Mahmut Boğuşlu, "saldırıya uğrayan Alevilerle, saldırgan Sünniler arasında bir mütareke yapmayı hesapladığını" yazmaktadır. Komutan Boğuşlu, Maraş Katliamı'nı önlemek için saldırganları engellemesi gereken en yetkili askeri komutan değil de, bir arabulucu gibi davranmış, böylece katliamcıları cesaretlendirmiştir. Aslında bu da göstermektedir ki katliamın ayrıntıları, ilk baştan beri planlanmıştır.

General Boğuşlu, yazdıklarının devamında, saldırganların yönlendirmesiyle bastığı evde, ev sahibinin Almanya'da bulunduğunun söylenmesine karşı "kapısı kilitli oda sahibinin Almanya'da olduğuna inanmamıştım"[(37)] diyerek, evdeki Alevilere güvensizliğini ifade etmekten hiçbir sakınca görmemektedir. Ama aynı general, "eli sopalı" saldırganlara karşı, anlayış ve hoşgörüyü esirgememekte ve tam bir güvenle yaklaşmaktadır.

General M.Boğuşlu, yazdıklarına bakılırsa, Yörükselim Mahallesine dair, hiç sempatik duygular içinde değildir. Yazdığı birkaç paragraflık anlatımların tamamına hâkim olan görüş, Yörükselim'den sürekli ateş edildiği şeklindedir. Sanki Yörükselim'de bir ordu bulunmakta veya Yörükselim gereksiz yere ateş etmektedir. Sadece sıradan ve tamamen insani bir soru bile generalin tavrının anlamsızlığını görmek için yeterlidir. General Mahmut Boğuşlu, Yörükselim Mahallesinde bu katliamı yaşıyor olsaydı, kendisini korumak için elinde bulunan olanağı kullanmaz mıydı?

Mağdurlar cephesinde, Komutandan insaf ve hakkaniyetli yaklaşım beklenemez elbette. Böyle bir beklenti yanlış yerde doğruları aramak gibi bir anlamsızlık olur. Ama komutanın

37-1960-1978 Olaylar Anılar-Yorumlar Mahmut Boğuşlu S. 77-78

gerçeği çarpıtmasına, ön yargılı yaklaşımına ve mağdurları suçlu göstermeye çalışmasına sessiz kalınamaz.

General Mahmut Boğuşlu'nun, Maraş Katliamı'nı, Alevilerle Sünniler arasındaki bir çatışma olarak tanımlayan anlayışı, Sıkıyönetim Mahkemesinin ve genel olarak katliamla ilgili yapılan devlet kaynaklı değerlendirmelerin temelini oluşturmuştur.

Görüldüğü gibi Maraş Katliamı'nda, genel olarak, yerel devlet veya kurum yetkililerinin büyük bir kısmı, şu ya da bu biçim ve düzeyde, katliamcıların yanında yer almışlardır.

Maraş Katliamı'yla ilgili olarak yerel devlet güçlerinin, katliamı önleyemeyen bu tutumu, kamuoyu tarafındann da eleştirilmiş, tartışılmıştır. Cüneyt Arcayürek bu konuda şunları yazmaktadır.

"Maraş'ta sivil otorite görevini yapmamıştır. Kente gelen birlikler yasal yetkileri olmadığını bildirerek işin içine girmemiş, karışmamıştır." [38] Ancak katliam günlerinden de yoğunca dile getirilen bu görüş ve düşünceler, dikkate alınmamış, görmezden gelinmiştir.

Katliamın yankısı

Bütün dünyanın gözü önünde ve günlerce devam eden Maraş Katliamı, Türkiye'nin ve dünyanın gündemi olmuştu. Katliamla ilgili olarak dünyada ve Türkiye'de bütün politik çevreler ve basın, çeşitli yorum ve değerlendirmelerde bulunmaktaydı. Türkeş ve Demirel, katliamı, Ecevit'i hükümetten düşürmenin aracına dönüştürmek için çalışırken, Türkeş ayrıca, sıkıyönetim ilan edilmesini istiyordu. Ordu, Maraş Katliamı'nı, halka yönelik yapılması planlanan saldırılar için kullanmaya hazırlanıyordu. Demirel meşhur, "Bana sağcılar adam öldürüyor dedirtemezsiniz" sözünü bu günlerde kullanmış, [39] böylece katillerin arkasında durduğunu açıkça itiraf etmişti

Le Monde gazetesi, 25 Aralıktaki başyazısında, "Ecevit'in bazı dış haber örgütleriyle gizli iç örgütlerin hedefi haline geldiğini" yazmaktaydı.[40]

38-Cüneyt Arcayürek cilt 8 S. 14

39-Kahramanmaraş Katliamı O. Tüleylioğlu S. 11

40-25 Aralık Tarihli Le Monde Gazetesi

25 Aralık 1978'de BBC'nin yorumunda şu görüşlere yer verilmişti: "Kahramanmaraş olayları, Pakistan, Afganistan ve İran'dan sonra belki de kaos ve belirsizlik içine düşme sırasının Türkiye'ye geldiğini gösteriyor" tespitinden sonra, "siyasal şiddet olayları şimdi büyük kentlerin dışındaki yerleşme bölgelerine de yayıldı. Bu bölgelere Sünniler ile Şiiler Türkler ile Kürtler arasındaki ayrılık egemen" diyerek, Maraş Katliamı'nın hedef toplumsal kitlesine ve kullanılacak olan saldırganlara işaret etmekte, aynı zamanda katliamla etnik arındırma politikasının muhtemel ilişkisine dikkat çekmeye çalışmaktaydı.

Aynı yorumunun devamında BBC, "Başbakan Bülent Ecevit dâhil olmak üzere, giderek artan sayıda kişi, bir iç savaş tehlikesinde" söz etmekte, buna karşı 'muhalefet lideri Demirel, Ecevit'in kan denizinde boğulacağını' ileri sürerek gerilimi tırmandırdığını söylemektedir. Son olarak BBC'i, "her ne kadar pek dramatik bir tahmin olsa da Türk Silahlı Kuvvetlerinin bir kez daha kendisini müdahale zorunda hissetmesi-eğer durum düzelmez ise-olasılığı güçlü durumda..." belirlemesini yapmıştır.[(41)]

Kahramanmaraş Katliamı'nı değerlendiren Radio France Internationale, 27 Aralık 1978'de, "Türkiye'de meydana gelen olaylarda yabancı gizli servislerin, özellikle CIA'nin rolü var" şeklinde yayın yapmaktaydı.

Gerek yabancı siyasi odaklarda ve gerekse iç-dış basında yapılan değerlendirmelerin tamamında, farklı üsluplarla ve farklı niyetlerle de söylense, aynı ortak belirleme yapılmaktadır: Maraş Katliamı, egemen illegal güçler tarafındann ve politik amaçlarla yapılmıştır.

Katliamın Hukuki tanımı

Bir olgunun tanımı, kısaca, o olgunun değiştirilemez ve vazgeçilemez özgün özellikleriyle ifade edilmesidir. Yapılan tanım, aynı zamanda, onunla kurulmuş veya kurulacak ilişkileri de belirler. Maraş Katliamı'nın tanımı da çok çeşitli çevrelerce ve çeşitli biçimlerde yapılmıştır. Konuyla ilgili yapılan her tanım, aynı zamanda, tanımı yapan çevrenin bulunduğu konumun sonucu ve ifadesi olmuştur.

41-Cüneyt Arcayürek cilt 8 S. 11

Bu anlamda, Sıkıyönetim Mahkemesinin Maraş Katliamı'yla ilgili yaptığı tanımlama önemlidir ve belirleyici özelliğe sahiptir. Devletin yetkili kurumu olan Sıkıyönetim Mahkemesinin söz konusu tanımlaması, sadece bir hüküm gerekçesi olarak görülemez. Yapılan tanımlama, aynı zamanda, devletin resmi ve bağlayıcı politikalarının da ifadesi olarak okunmalıdır. Dolayısıyla Maraş Katliamı'nın tanımlaması tartışılmadan, Maraş Katliamı ve katliamla ilgili devletin tutumu değerlendirilmiş olamaz veya yapılan, ciddi yanlışlıkları içinde barındıran, eksik bir değerlendirme olur.

İlk olarak, daha önce değinilen bir hususun, konunun yaygınlığından dolayı, özellikle Maraş Katliamı için de, tekrar edilmesi gereklidir. Tüm benzerlerinde olduğu gibi, Maraş Katliamı da, Mahkeme tarafından, işin başında sonuna kadar, "olay ve olaylar" olarak tanımlanmıştır. Katliamı gizlemeye yönelik ilk ve en önemli çaba, burada başlamaktadır. Egemenlerin klasik anlayışı olan bu tanımla katliam, basitleştirilmekte ve olağanlaştırılmaktadır. Buna bağlı olarak tepkiler kontrol altına alınmaya çalışılmaktadır. Sıkıyönetim savcılığı iddianamede, "K. Maraş Olayları" ön tanımı ve adlandırmasıyla başlayan ve Gerekçeli Karar'da tekrarlanan resmi tanımını, şöyle ifade etmektedir.

"*1-19 Aralık 1978 ile 22 Aralık 1978 tarihleri arasında cereyan eden olaylar yönünden:*

a. Çiçek Sineması'na patlayıcı madde atılması olayının halkın tansiyonunu yükselttiği, daha sonra cereyan eden silahlı isyan ve mukatelenin oluşmasında bir etken ve bu çatışmayı hazırlayıcı sebeplerden biri olduğu görülmekte ise de; sinemadaki patlama olayının faillerinin halkı silahlı isyan ve kıtale kasten teşvik ettiklerine dair maddi bir delil bulunamadığı; bu olayla, daha sonra meydana gelen Kahramanmaraş olayları arasında maddi unsur yönünden bir illiyet bağı tespit edilemediği'[42]

b. Cenaze töreni sırasında cereyan eden olayların daha sonra 23-24 Aralık 1978 cumartesi ve Pazar günleri Aleviler ve

---

42-Maraş Olayları Gerekçeli Karar S. 91

Sünniler arasında cereyan eden mukatelenin başlamasında ve oluşmasında önemli bir etken olduğu, bu yönden silahlı isyan ve mukatele ile irtibatlı bulunduğu kanaatine varıldığı'[43]

c. 19 Aralık 1978 tarihinden 22 Aralık 1978 akşamına kadar cereyan eden yaygın şiddet eylemlerinin sonradan meydana gelen silahlı çarpışma ve isyanı kademeli olarak hazırlayan olaylar olduğu muhakkak ise de; söz konusu eylemlerin sanıklarının 'Halkı silahlandırarak çarpışmaya ve silahlı isyana kasten teşvik'ettiklerini gösterir bir delile rastlanamadığı,"[44] "Bu nedenlerle belirtilen tarihler arasında işlenen suçlardan dolayı, sanıkları hakkında ilgili kanun hükümlerinin uygulanması,"[45]

*"**2.** 23 Aralık 1978 ile 25 Aralık 1978 tarihleri arasında cereyan eden olaylar yönünden:*

"a. Olaylara fiilen sebebiyet veren ve katılanların 'hükümete karşı silahlı isyan ve Türkiye ahalisini biri, biri aleyhine silahlanarak mukatelesi'... suçlarını oluşturduğunu" belirtmektedir.

"b. Yapılan soruşturmalarda olay öncesinde, "Halkı hükümet aleyhine silahlı isyana veya Türkiye ahalisini birbiri aleyhine silahlandırarak mukateleye teşvik edenlerin tespit edilemediği,"[46] ifade edilmektedir.

Esas hakkındaki mütalaada ise, iki husus belirtilmektedir. Birincisi, iddianamede ileri sürülen görüş ve iddialar, genel olarak tekrarlanmaktadır. İkincisi ise, "İddianamede denildiği gibi duruşmalar sırasında da olay öncesinden de 'Halkı hükümet aleyhine silahlı isyana veya Türkiye ahalisini birbiri aleyhine silahlandırarak mukateleye teşvik edenler'bulunamamış ise de" [47] denerek esas katliamcıların bulunamadığı bir kez daha kayıt altına alınmaktadır. Böylece katliam karşıtlarına, hiçbir

---

43-Maraş Olayları Gerekçeli Karar S. 91

44-Maraş Olayları Gerekçeli Karar S. 91

45-Maraş Olayları Gerekçeli Karar S. 91

46-Maraş Olayları Gerekçeli Karar S. 92

47-Maraş Olayları Gerekçeli Karar S. 93

biçimde katliamcıların açığa çıkmasını beklemeyin, mesajı verilmektedir.

Sıkıyönetim Mahkemesi, savcılığın, katliamın örtbas edilmesini sağlayacak olan iddialarını bazı ufak tefek farklarla, büyük ölçüde kabul ederek, davayı ele almıştır. Savcılıkla mahkeme arasında oluşan basit farklardan birisi, savcılığın cenaze törenini, isyan ve mukatele içinde saymasına rağmen mahkeme el insaf demiş olmalı ki, cenaze törenini, "isyan ve mukateleye yol açan olaylar" kapsamında değerlendirmeyi doğru bulmamıştır. Buna göre mahkeme katliama ilişkin tanımlamasını, aşağıdaki gibi yapmıştır.

19 Aralık 1978 ile 22 Aralık 1978 tarihleri arasındaki olaylar:

"19 Aralık 1978 günü akşamı, Çiçek Sinemasında vuku bulan patlama, bu patlama sonrasında CHP İl Binasının tahribi, 20 Aralık 1978 günü Alevi şahıslarca işletilen Akın Kıraathanesinin bombalanması, 21 Arallık 1978 günü akşamı sol görüşlü olarak bilinen iki öğretmenin öldürülmesi, 22 Aralık 1978 Cuma günü bu iki öğretmenin cenazelerini taşıyan kortejin aşırı sağ çevrelerce Ulu Camiye sokulmayarak saldırıya maruz bırakılması, cenaze töreninde çıkan olaylar sonrasında 3 Sünni vatandaşın öldürülmesiyle olaylar doruk noktasına çıkmıştır."

"19-22 Aralık 1978 tarihleri arasında cereyan eden olaylar; sonraki günlerde cereyan eden yakma, yıkma, öldürme, yaralama, devlet kuvvetlerine karşı gelme olaylarının meydana gelmesinde şüphesiz ki büyük etken olmuştur... Belirtilen günlerde Kahramanmaraş'da cereyan eden olaylar o tarihlerde Türkiye'nin hemen her tarafından cereyan etmekte olan olaylardan farklı bir görünümde değildir. Bu nedenlerle Kahramanmaraş'da 19-22 Aralık 1978 tarihleri arasında cereyan eden olayların sanıkları hakkında TCK nun 149. maddesi değil, eylemlerinin temas ettiği diğer hükümler uygulanmıştır."

23 Aralık 1978 ile 25 Aralık 1978 tarihleri arasındaki olaylar:

Tümünü buraya almadığımız Gerekçeli Karar'ın bu bölümünde, uzun değerlendirmeler yapılmaktadır. Yapılan değerlendirmelerde, Maraş Katliamı'na dair birçok gerçek, inkâr edilemeyecek kadar bariz olduğu için, ortaya konmakta, ifade edilmektedir. Katliamın organize ve kolektif güçler tarafından yapıldığı anlatılmakta ve bunun kanıtları ortaya konmaktadır. Ayrıca katliamı yapan güçler içinde MHP ve ÜGD 'nin rolüne vurgu yapılmaktadır. Ancak yapılan uzun açıklamalara, sayfalar dolusu laf kalabalığına ve kabul edilmek zorunda kalınan doğrulara rağmen, en sonunda mahkeme, katliamı şöyle tanımlamaktadır.

"Açıklanan tüm bu nedenlerden dolayı 23-25 Aralık 1978 günleri Kahramanmaraş'ta cereyan eden olaylar mahkememizce TCK nunun 149'uncu maddesine giren "Hükümete karşı silahlı isyan" ve "Türkiye ahalisini birbiri aleyhine mukatelesi" (48) olarak kabul edilmiştir.

Sıkıyönetim Savcılığı ve Mahkemesinin değerlendirmesini günlük dile çevirir ve özetlersek, şunlar söylenmektedir: Arka arkaya yapılan ve illegal devlet organizasyonları olduğu çok açık olan; Çiçek Sineması'na bomba atılması, öğretmenlerin öldürülmesi, Akın Kıraathanesine yapılan bombalı saldırı, yapılan katliamın başlamasına yol açan saldırılardır. Ancak bu saldırılar, her ne kadar katliamın başlamasına neden olmuşsa da, bu saldırıları yapanların katliam olmasını istediklerine dair, maddi bir delil bulunamamıştır. Dolayısıyla Türkiye'nin başka yerlerinden de yaşanmakta olan bu tür olayları, katliamla ilişkilendirmek, katliama yol açan olaylar ve katliamın başlangıcı olarak değerlendirmek söz konusu olamaz. Bu olaylar ilgili yasa ve maddelere göre yangılanırlar. İkinci olarak mahkeme, Maraş Katliamı'nı, bir katliam olarak değil, iki tarafın birbirlerini öldürmesi, "mukatele" olarak kabul etmiştir. Sıkıyönetim Mahkemesi üçüncü ve son olarak ta Maraş Katliamı'nın teşvikçilerinin bulunamadığını iddia ve ilan etmiştir. Böylece Maraş Katliamı'nın, illegal kurumların organizasyonu olduğu gerçeği, Sıkıyönetim Mahkemesinin bu yaklaşımıyla, üç adımda, gizlenmeye, örtbas edilmeye çalışılmıştır.

Konuyla ilgili bazı ayrıntılar üzerinde durulması gerekmektedir. Sıkıyönetim yargısı, ilk adımda, katliama yol açtığını ka-

---

48-Maraş Olayları Gerekçeli Karar S. 338

bul ettiği provokatif hazırlık saldırılarıyla, katliam arasındaki ilişkiyi kopartmış, hazırlık saldırılarını ayrı 'olaylar' olarak değerlendirmiştir. Böylece ETKO saldırılarıyla başlayan, Çiçek Sineması'na yapılan saldırıyla devam eden ve öğretmenlerin öldürülmesiyle katliama giden provokatif hazırlık saldırlarından kopartılan katliamın, sosyal-siyasal yapısı bozularak niteliği değiştirilmiştir.

Bir bütünün parçaları olan hazırlık saldırılarının katliamdan kopartılması, katliamın kimler tarafındann yapıldığına dair araştırma-soruşturma yapılması ihtiyacını ve imkânını ortadan kaldırmış, katliamcı olarak, sadece, katliama fiilen katılanların bazıları yakalanmış ve yargılanmışlardır. Böylece yapılan hukuk oyunuyla, katliamın sebeplerinin ve sorumlularının açığa çıkmasının önü kapatılmıştır. Sıkıyönetim yargısının attığı bu ilk adımla, Maraş Katliamı, tam bir faali meçhule bağlanmıştır.

Üstelik bu yapılırken, toplumla ve gerçekle alay edilircesine, söz konusu saldırıların katliamın olmasına yol açtığı, altı çizilerek, ifade edilmiştir. Sıkıyönetim yargısı, başından sonuna kadar, bu saldırıların birbiriyle bağlantılı ve katliamın olmasında etkili olduklarını kabul etmiş ve tüm yargı süreçleri bu kabul üzerinde gerçekleştirilmiştir. Dolayısıyla yargılama boyunca, birlikte soruşturulan bu saldırılar açıklanmadan, katliamın açıklığa kavuşması, hiçbir biçimde mümkün değildir. Çünkü ETKO saldırıları, katliamın işaret fişeği olan Çiçek Sineması'na bomba atılması, Akın Kıraathanesine yapılan saldırı ve öğretmenlerin öldürülmesi, katliamı planlayanlar tarafından, katliamın hazırlık süreci için gerekli ve zorunlu olarak yapılmış saldırılardır. Adı geçen ve arka arkaya yapılan söz konusu saldırılar, özgün olarak, kendi başlarına yapılmış spesifik, sıradan saldırılar değildirler.

Daha önce kısaca incelenen 6-7-Eylül saldırıları, Selanik'te Atatürk'ün evine atılan bombanın kim tarafından atıldığı açığa çıkartılmadan, anlaşılabilir, yargılanabilir mi? Veya Trakya'da Yahudilerin sürgün edilmesine yol açan süreç, "vatandaş Türkçe konuş" kampanyasında ve bunun üzerinde yürütülen ırkçı propagandadan ayrı ele alınabilir mi?

Bu gerçeğe rağmen Sıkıyönetim Mahkemesinin bu saldırılarla katliam arasındaki bağı yok sayması, politik amaçlı bir düzenlemeden başka bir anlam taşımamaktadır. Sıkıyönetim Mahkemesinin bu yaklaşımı, tek başına, katliamın güruhlaştırılmış saldırganların marifeti olamayacağını gösteren önemli bir olgudur.

Bir olguyu, ona yol açan süreçlerden kopartarak ele alan mantık yürütmesi, eğer burjuva hukuk açısında uygunsa, zaten bu durum, burjuva hukuk denen rezaletin ne olduğunu göstermesi bakımında önemlidir. Yok, böyle bir mantık yürütmesi burjuva hukuk açısından da yanlışsa, o zaman, Sıkıyönetim Mahkemesinin ilgilileri, bu "yaratıcı marifetlerinden" dolayı, üstleri tarafından ne kadar taltif edilseler azdır.

Sıkıyönetim yargısı, Maraş Katliamı'nı faili meçhul eden bu ilk adımdan sonraki ikinci adımıyla, katliamı, gerçek adıyla değil, 'Hükümete karşı silahlı isyan ve Türkiye ahalisinin birbiri aleyhine mukatelesi' olarak tanımlamıştır. Böylece, katliamcılarla mağdurlar aynı kefeye konarak, sanki ortada bir birini boğazlayan iki topluluk varmış gibi bir görüntü yaratılmış ve yargılama bu sahte görüntü üzerinde yapılmıştır.

Sıkıyönetim yargısının yaptığı tanımlamada yer alan "mukatele" kavramı, düşman toplulukların, karşılıklı olarak birbirlerini öldürmelerini ifade etmektedir. Konumuzla ilgili olarak kullanılan bu kavramla, denmek istenmektedir ki, Maraş Katliamı'nda farklı topluluklar olarak Sünniler ve Aleviler, karşılıklı olarak birbirlerini öldürmüşlerdir.

Mahkemenin bu iddiasını dayandırdığı en önemli kanıt, katliamda, saldırganlardan bazılarının faili meçhul olarak, bir tane Sünni köylünün, Aleviler tarafından öldürülmüş olmasıdır. Böylece, mahkeme, bazı saldırganların öldürülmüş olmasını, Maraş Katliamı'nın "mukatele" olarak görülmesinin gerekçesi yapmıştır.

Durumu anlamak için detaylandırmak gerekir. Bütün katliam boyunca, 25-30 arasında olduğu sanılan faşist saldırgan ölmüştür. Katliamda ölen bu saldırganların aktif katliamcı oldukları, Gerekçeli Karar'da, açıkça ifade edilmektedir. Ancak katliam esnasında ölen bu faşist-saldırganların, ikisinin dışındakilerin nasıl ve kimler tarafından öldürüldükleri tespit edilememiştir. Bu saldırganların ölümünün, birkaç şekilde mümkün olmuş olabileceği, daha önceki ilgili bölümde belirtilmişti.

Buna göre, ölen faşist katliamcı saldırganların, çatışmaya girdikleri askerler tarafından veya katliamın çapını ve vahşetini derinleştirmek isteyen katliam organizatörleri tarafından veya Mehdi Köklü'de olduğu gibi, saldırganların arkadaşları tarafından, öldürülmüş olmaları mümkündür.

Öte yandan, ölen belli sayıda saldırganların çoğunun, mağdur Alevilerde olmayan uzun namlulu silahlarla ve faili belli olmayan bir biçimde öldürüldüğü, sadece birisinin Alevi köylüler tarafından öldürülmüş olduğu, tespit edilmiş, Gerekçeli Karar'da belirtilmiştir. Bu durumda katliam mağduru olanlar tarafındann öldürülmediği açık olan bazı katliamcıların ölmüş olması, bu katliamın "mukatele" olduğunu ispat etmeye yeterli neden olamaz. Ölen saldırganların varlığından hareketle, tek taraflı yapıldığı açık olan bu katliamı, "mukatele" olarak görmek ve göstermek, bunun üzerinde, mağdurları katliamcı gibi yargılayıp cezalandırmak, ancak politik bir amaçla ve gerçekler çarpıtılarak mümkün olabilir.

Son olarak var sayalım ki, mağdur Aleviler ve devrimciler, kendilerini savunmaya çalışırlarken, saldırganların bazılarının ölmesine yol açmış olsunlar. Bu durumda meşru savunma hakkı diye hukuksal bir hak söz konusu olmasına rağmen, katliama uğrayan mağdurlar için bu hak, tanınmamış, mağdurların katliam gibi korkunç bir anda kendilerini savunmak için yaptıkları veya yapmaya çalıştıkları, meşru savunma olarak görülmemiştir.

Kaldı ki, yaşanan katliamın tamamında, Aleviler tarafından öldürülen, sadece bir tane Sünni-Türk bulunmaktadır. O da Pazarcık-Çiğli köyünde öldürülen, Sünni Osman Andız'dır. Ayrıca öldürülen saldırgan Cemil Tozkoparan'ın ölümü de, zorlama yorumlarla, genç bir Alevinin üzerine yıkılarak, katliamın "mukatele" olarak tanımlanmasının unsuru olarak kullanılmıştır. Bunların yanına, yine hukuksal zorlamalarla, kendilerini savunmaya çalışan birkaç Alevinin çabaları da, "mukatele" iddiasına dayanak yapılmıştır.

Hâlbuki katliam boyunca, katliama uğrayanların bütün yapmaya çalıştıkları, kendilerini korumaya çalışmak olmuştur ki, bunu bile yapamadıkları, yaşadıkları katliamın sonuçlarıyla, katliama maruz kalmışlıklarıyla, çırılçıplak bir gerçek olarak ortada değil mi?

Bütün bunlar göstermektedir ki, Maraş Katliamı, olağan burjuva ve sıkıyönetim hukuku zorlanarak tanımlanmış, değerlendirilmiştir. Alevilerin Sünnilerle karşılıklı "mukatele" yapmış olduklarını gösteren hiçbir olgu olmadığı halde, çarpıtmalarla, hukuk oyunlarıyla, katliam, bu şekilde gösterilmeye çalışılmıştır. Maraş Katliamı'nda hukuk, illegal güçlerin ihtiyaçlarına uygun bir biçimde değerlendirilmiştir.

Mahkemenin yaptığı "mukatele" tanımının çarpıklığını görmek için özel bilgilere gerek yok. Sıkıyönetim savcısının düzenlediği iddianame ortada, katliamda yapılan saldırıların seyri ortada, ölenler, öldürenler ortada, öldürenlerin niçin öldürdükleri ortada. Bütün bu bilgilerden sonra, tek taraflı olarak yapılan bir katliamın, karşılıklı topluluklarının birbirlerini öldürdükleri bir "mukatele" olduğunu iddia etmek, bu tanımlamayı veri kabul etmek, ancak illegal güçlerin halk düşmanı politikalarıyla anlaşılabilinir, anlatılabilinir.

Sıkıyönetim Mahkemesi, yaptığı bu tanımla, hem katliamcı piyonlara sahip çıkarak ve katliam yapmayı meşrulaştırarak, katliamlara davetiye çıkartmış, hem de Alevileri, 'siz neden kendinizi savunmaya kalkıştınız'diye, suçlamış, cezalandırmıştır. Hukukçu olmadan da, hukukçuların alanına girme pahasına, şu kadarı rahatça söylenebilir. İnsanların kişisel ve sıradan ilişkilerinde ve burjuva hukukunda bulunan meşru savunma hakkı, Sıkıyönetim Mahkemesinin bu yaklaşımıyla ortadan kaldırılmış, katliam mağduru Kürt-Türk Alevi ve devrimciler için, bu hak, yok sayılmıştır.

Maraş Katliamı'nın tanımlanmasında bir de "isyan" kavramı kullanılmıştır. Bu kavramla klasik Kemalist yaklaşımın, katliamcıları, dinsel gericilik üzerinde ciddi bir yargılamaya tabii tutacağı görüntüsü verilmiştir. Ayrıca bu yolla, katliama karşı, toplumda oluşan tepkilere sahip çıkıldığı izlenimi yaratılmak istenmiştir. Aslında böyle davranılarak, kamuoyunda oluşan öfke ve tepkinin, kontrol altına alınarak etkisizleştirilmesi murat edilmiştir.

Maraş Katliamı'nın tanımına eklenen "isyan" kavramı, başka bir amaçla da kullanılmıştır. Katliamcılar, devlete karşı isyan etmiş gösterilerek ve böyle durumlarda, devletin isyancı da olsa vatandaşlarına hoşgörülü davranması gerektiği ileri sürülerek, katliamcıların, daha sonra çıkartılan af yasasında yararlandırılmasının ve cezaevinde çıkartılmasının yolu döşenmiştir.

Ayrıca Sıkıyönetim Mahkemesi, Maraş Katliamı için yaptığı bu tanımlamayla, kendilerini savunmaya çalışırken tutuklanan Kürt-Türk Alevileri, "isyan ve mukatele" kapsamına alarak, yargılanmalarını ve cezalandırılmalarını sağlamıştır. Böylece hiçbir şeyden haberi olmayan Kürt-Türk Alevi toplumunda insanlar, bir yanda katliamla kırılmış, öldürülmüşler, diğer yanda, son derece sınırlı olanaklarla ve çeşitli biçimlerde, kendini savunarak ölümden kurtulabilenler, sıkıyönetim yargısı tarafından, bir anlamda, "neden kendini savundun ve ölmedin" suçlamasıyla, cezalandırılmışlardır.

Arada geçen bunca yıldan sonra bile, katliamcılardan başka, bu tek taraflı katliamı, "isyan ve mukatele" olarak tanımlayacak hiçbir aklı başında insan bulunamaz. Sıkıyönetim Mahkemesinin bu tanımlaması ve bu tanımlama üzerinde yapılan yargılamalar, sıradan veya kişisel bir tutum olarak görülemez. Sıkıyönetim Mahkemesi, Maraş Katliamı'nı bu kavramla tanımlayarak, hem yakalanan sıradan katliamcıların, hem de katliamcı politikaların aklanmasına hizmet etmiştir.

Sıkıyönetim yargısı, belirlediği stratejik-politik amacına varmak için attığı üçüncü adımda, Maraş Katliamı'nın fiili yöneticileri olan "teşvikçileri bulunamamıştır"[(49)] diyerek, gerçek katliamcıların açığa çıkartılmadığını itiraf etmiştir.

Gerekçeli Karar'da ve 'Esas Hakkındaki Mütalaa'da yazılan bu İfadelerle, Sıkıyönetim Mahkemesi, esas katliamcılara "rahat olmalarını", katliam karşıtlarına da, "katliamcıların açığa çıkmasını beklememeleri" gerektiği mesajını da vermiş olmaktaydı.

49-Maraş Olayları Gerekçeli Karar S. 338

Yapılan bu tespitle, Maraş Katliamı yargılamasının en önemli gelişmesi ifade edilmiş olunmaktadır. Sıkıyönetim yargısının yaptığı bu tespitin günlük dilde ki karşılığı şudur, bu katliamın "teşvik edicileri", planlayıcıları, karar vericileri, bulunamamıştır. Son derece basit ve önemsiz bir ayrıntıdan söz eder gibi yazılmış olan bu ifade ile mahkeme, katliamın esas sorumlularının açığa çıkmamış olmasını olağanlaştırarak kanıksanmasını ve kamuoyunun dikkatinin sıradan katliamcılarda yoğunlaştırılmasını istemiştir. Nasıl olsa sıradan katliamcılar, kısmen feda edilmiş, gözden çıkartılmış, onlar için yapılacak olanların formatı değişmiştir.

Maraş Katliamı yargılaması, "teşvikçilerinin" yani esas sorumlularının, kim olduğunun bilinmediği ve bulunamadığı, bir yargılama olarak yapılmıştır. Bu durumda, savcılığın, bunca polisin ve güvenlik kuvvetlerinin işi nedir, diye sormak gerekmiyor mu? Bu kurumların görevleri, suçluları, aramak, bulmak, açığa çıkartmak, yakalamak ve yargılamak değil midir? Hadi "teşvikçiler" , bunca bilgi ve delile rağmen o anda bulunamadılar, bunların kim oldukları, arkalarında hangi güçlerin bulunduğu, neden açığa çıkartılamamıştır? Savcılık, güvenlik kuvvetleri bu amaçla yapılması gerekenleri yeterince yapmış mıdır? Yapmamışsa neden yapmamıştır? Sıkıyönetim Mahkemesinin muktedir komutanları, hangi iç huzuruyla yüzlerce masum insanın katillerinin bulunamadığını söylenebilmektedirler. Yoksul emekçilere ve evlatlarına karşı bütün öfkesi ve şiddetiyle celallenen darbeciler, neden böyle bir katliamın "teşvikçilerini" bulmakta aciz kalıyorlar. "Teşvikçileri" açığa çıkartılamamış olan bir katliam yargılaması, gerçek ve adil bir yargılama olarak kabul edilebilir mi? Müdahil avukatların, can bedeli ortaya koydukları bu yöndeki çabaları neden karşılıksız bırakılmıştır?

Maraş Katliamı'nda, görüldüğü gibi, ne bu sorulara, ne de geliştirilecek başka sorulara cevap aranmamış, böyle bir kaygı gösterilmemiş, açığa çıkan gerçekler çarpıtılarak, katliamın hukuksal zemini yok edilmiştir.

Yukarıda beri yazılanları özetlersek, katliam, önce, "olay" olarak tanımlanarak, insanların, bilinçaltı tepkilerinin yumuşaması sağlanmıştır. Katliam süreçleri birbirinden kopartılarak, yapılmak istenen tanımının koşulları oluşturulmuştur. Devamında katliam, "isyan ve mukatele" olarak tanımlanarak, katliam gerçeği gizlenmiş ve katliamcıların yanına mağdurlar da dâhil edilmiştir. Son olarak "isyan ve mukatelenin", "teşvikçilerinin bulunamadığı" belirtilerek, Maraş Katliamı'nın sorumluları faili meçhul edilmiştir. Böylece Maraş Katliamı, hazırlık saldırılarından kopartılan, esas karar vericilerinin ve teşvik edicilerinin bulunamadığı, birbirleriyle "mukatele" eden, ama aynı zamanda devlete karşı da "isyan" eden toplulukların yarattığı, dolayısıyla mağdurlarının da suçlu olduğu "olaylar dizisi" olarak görülmüş ve kamuoyuna da böyle sunulmuştur.

Sıkıyönetim Mahkemesinin Maraş Katliamı'nı örtbas etme ve gerçek katliamcıları gizleme çabalarının düşünsel altyapısını kurmak amacıyla yaptığı hukuk ve tanımlama oyunları, bir katliamın, nasıl gizlenebileceğinin yaratıcı bir örneğini ortaya koymuştur. Bütün bu düzenlemeler, katliamın bir parçası olarak ve psikolojik harp yöntemleri kullanılarak yapılmış düzenlemelerdir.

Sıkıyönetim yargısını tartışmanın gerekli olmadığı açıktır. Ancak Sıkıyönetim Mahkemesinin Maraş Katliamı'yla ilgili katliamcıların açığa çıkmasını önleme rolünün, sadece bu mahkemeye veya sadece sıkıyönetim mahkemelerine ait bir özellik olduğunu varsaymak, katliamcı politikalarla hesaplaşmayı zayıflatabilir. Maraş Katliamı yargılamasını yapan mahkeme, başka bir mahkeme olsaydı, durum başka türlü olur muydu diye düşünerek, bu mahkemelerin ele alınmaması gerekir. Başka türlü, yani katliamcıların açığa çıkartılacağı ve suçlarından dolayı yargılanacağı mahkemeler, tabii olacaktır. Ancak böyle bir mahkemenin olabilmesi, kitlelerin hak alma bilincinin ve örgütlülüğünün gelişmesine bağlıdır. Tek başına bazı düzenlemeler veya bazı iyi niyetli yaklaşımlarla, arzu edilen sonuç elde edilemez.

Sıkıyönetim Mahkemesi dışında, Maraş Katliamı'nın nasıl ele alındığını gösteren bir başka belgeye, katliam esnasında Maraş'a giden Jandarma Genel Komutanı Sedat Celasun'un raporuna bakılmalıdır. Jandarma Genel Komutanı Sedat Celasun, 23. Aralık günü, yani katliamın en şiddetli yaşandığı gün, içişleri bakanı İrfan Özaydınlı ile birlikte Maraş'a gelmiş, görüşmeler yapmıştır. Komutan Sedat Celasun, burada aldığı bilgilerle oluşturduğu raporu, muhtemelen, katliamda birkaç gün sonra yazmış olmalıdır. Raporda yazılanlar, katliamla ilgili olarak en yüksek makamda bulunan askeri komutanın, dolayısıyla devletin, politikasını ve anlayışını ortaya koyduğu için önemlidir.

Söz konusu raporda, "Polisin çoğu POL-DER'li ve Sünni kesimin kanaatine göre Alevidir. Yan tutmuş, Alevileri himaye etmiştir. Karşı tarafa insanlık dışı işkence yapmıştır" (50) " YSE ve Orman İdaresi imkânlarını Alevi vatandaşlara tahsis etmiş görünümü vermiştir"(51) mealinde cümleler bulunmakta ve şöyle devam etmektedir.

"Olaylara dar bir çerçevede, nedenlerine inilmeden bakışta; Kahramanmaraş'ta irticaın hortladığı, devlete yönelik bir hareketin yapıldığı kanısı uyanmaktadır. Ancak, olayların oluşu detaylı bir şekilde incelenirse, bunun uzun süre devam eden yanlı yönetimlerin, taraflarda oluşturduğu isyan hissinin patlama noktasına gelmesinden kaynaklandığı anlaşılacaktır. Taarruz edilen devletin polisi değil, kendi yasal amirini tanımayan POL-DER'in polisidir. Yansız ve etkin şekilde görev yapan devletin polisi saygınlık görmektedir."(52)

Devlet yetkilileri, maşallah böyle katliamları, "detaylı" incelemekte, ama bu "detaylı" incelemelerin sonucunda, hep katliamcılar aklanmakta, haklılardan yana olanlar suçlanmakta, itham edilmektedirler. Aslında "detaylı" inceleme denerek etkisi artırılmak istenen ifadeler, katliamcıları kurtarmanın ideolojik-teorik alt yapısı oluşturulmakta, katliamcı politikaların aklanması sağlanmak istenmektedir.

Komutan, anlatımlarında devletin çeşitli birimlerinde görev yapan memurları suçlamakta, dahası yargısız infaza tabi tutmaktadır. Söz konusu devlet memurlarını suçlama ve yargılama gerekçesi de çok açık, Kürt-Türk Alevilere hizmet gö-

50-Kenan Evren Anıları S. 232

51-Kenan Evren Anıları S. 232

52-Kenan Evren Anıları S. 232

türmek. Sanki Aleviler insan değil, sanki onlardan vatandaş olarak vergi alınmıyor. Kürt-Türk Alevilere çeşitli hizmetlerin götürülmesini suçlama gerekçesi yapan bir komutanın katliamı önlemesi veya katliamcıları açığa çıkartması beklenemez herhalde. Kürt-Türk Alevilere düşmanlığı bu denli derin olan aynı komutan, halkın huzurunda yaptığı konuşmalarda, kardeşlikten, birlik ve beraberlikten söz edebilmektedir.

Devam ediyor Jandarma Genel Komutanı, "Halkın Karayollarının, Devlet Su İşlerinin, Silahlı Kuvvetlerin, belediyenin araçlarına husumeti yoktur. Gâvur icadı devlet malı deyip taarruz etmiyor. Yanlı bir yönetim sürdüren YSE'nin, Orman'ın ve Polisin araçlarına saldırıyor."(53)

Komutan, hak arayan herkesin anarşist, bölücü, terörist olarak gösterildiği yıllarda, raporunun tamamında, "YSE'nin, Orman'ın ve Polisin araçlarına saldıran" katliamcılardan "halk" diye söz etmektedir. Bu ifade, Komutanın, saldırganlara gösterdiği sempatiyi, hoşgörüyü ortaya koymaktadır. General Sedat Celasun'un raporunda yer alan aşağıdaki ifadeler, devletin Maraş Katliamı'na nasıl baktığını ve nasıl yaklaştığını, dolayısıyla rolü ve sorumluluğunu göstermesi açısında önemlidir.

"Halkın saldırısından, devlet dairelerinin ve okulların çoğunluğu masumdur. Yanlı yönetime sahne olmuştur. YSE ve Orman İdaresi binalarına, karşıt görüşlülerin eline geçtiğini bildiği okullara saldırmıştır. Sokak kavgasına tahrik edenler ve yöneltenler aşırı sağın ve aşırı solun militanları olmuştur. Gece, komşu ev ve mahalleye sızarak öldürmeleri başlatan bidayet de Alevilerin temsilcileri militanlardır. İrticanın temsilcisi gösterilmek istenen kısım katliamın haber alınması üzerine karşı harekete geçmiştir." (54)

Okunan satırlar, katliamcıları savunan bir avukatın veya katliamcıların ifadeleri değil, katliamcıları önlemesi gereken ve en yüksek konumda bulunan askeri sorumlu Komutanın anlatımlarıdır. 'Gece komşu ev ve mahalleye sızarak öldürmeleri başlatan bidayet de Alevilerin temsilcileri militanlardır' diyen Komutan, hangi Alevinin, hangi komşu mahalle ve eve sızarak

53-Kenan Evren Anıları S. 232

54-Kenan Evren Anıları S. 232

kimi öldürdüğü iddiasını, somut kanıtlarıyla ortaya koymaya, delilleri göstermeye çalışmamakta, ama bu tür iddia ve yargısız infazlarla, katliamcıların kurtulmasının yolunu döşemektedir. Bu durum ve bu bilgi, katliamın neden önlenemediğini daha net göstermektedir.

Komutanın raporunda yazılmış bir diğer cümle. "Bu olayın müşevvikleri, şiddetlendirici ve yaygınlaştırıcıları; sağ kesimde mürteciler ve muhtemelen sağcı komandolar, sol kesimde ise yasa dışı aşırı sol militanlardır." (55)

Yukarıdaki ifadeler, komutanın katliamı kimlerin üzerine yıkmak istediğini ortaya koymaktadır. Irkçı ve faşist yapılara karşı gösterilen müsamahayla onlar temize çıkartılmak istenmekte, katliamın sorumluluğu, Alevilere, "temsilcileri" olarak gösterilen ve "yasa dışı sol militanlar" diye tanımlanan devrimcilere yıkılmak istenmektedir. Bu yaklaşımın sonucu olarak, sağcı komandolar için "muhtemel" ifadesi kullanılarak onların katliamdaki varlıkları ve rolleri, ihtimal düzeyinde kabul edilmiş, ama katliamda mağdur olan devrimciler, doğrudan ve ikirciksiz suçlanmışlardır.

General Sedat Celasun, gerçekleri bir bütün olarak gizleyemeyeceğinin farkındadır. Dolayısıyla "Olayları başlatanların Milliyetçi Hareket Partisi yanlısı ülkücü militanların olduğu ve olaylar süresince bunların aktif rollerini sürdürdüğü kanısı yaygındır. Bunu doğrulayan görünümler mevcuttur" demek zorunda kalmıştır. Ancak burada söylenene aldanıp, General Sedat Celasun'un bir kez olsun doğru bir tespit yaptığını düşünmeyin. "Alevi kesimine de dışarıdan katılmaların olduğu kuşkusuzdur."(56) denerek bu doğruyu çürüten cümle hemen arkasına ekleniyor.

Alevilere dışarıda kimler katılmış, nerede bunlar? Komutan Sedat Celasun'un iddialarını ispatlaması gerekmiyor nasıl olsa. Söylediklerinin politik etkisi yeterlidir. Zaten söyledikleri, yeni ve özgün değildir, klasik Türkleştirme politikasının böyle durumlarda, kullandığı klasik söylemlerdir. Mağdurları suçlamak, katliamcıların korunmasını sağlamaya yeterli olmakta, böylece katliamcı yapı ve politika temize çıkartılmaktadır.

55-Kenan Evren Anıları S. 232

56-Kenan Evren Anıları S. 232

General Sedat Celasun, iddialarını sürdürmektedir. "Partizan tasarruflu tayinler, memurları taraflı icraata yöneltmiş ve hamilerine dayanarak rahatlıkla üstlerine sırt çevirebilmiştir. Neticede hareketlerinde kendini, düşünceleri dışında kayıtsız kabul eden ve memuriyet sıfatı ile bağdaşmayan bir icraatçılar manzumesi olmuştur. Öyle ki, solcu öğretmenlerin cenaze törenine katılmalarını sağlamak için Enstitü Müdürü rahatlıkla olayın başladığı cenaze günü öğretime ara vermiş, okulu kimseden müsaade almadan tatil etmiştir."[57]

Komutan Celasun'un son iddiasından başlayalım. Okulların Enstitü Müdürü tarafındann ve kimseden izin alınmadan tatil edildiğini ileri sürmektedir. Okullar, dokümandan da görüldüğü gibi, resmi olarak vali tarafından ve bir günlüğüne tatil edilmiştir. Komutan bunu bile bile yalan rapor yazmıştır. Ne yazık ki Türkiye'nin yoksul emekçileri, bu "koca koca" adamlara, bu tür eksiklikleri yakıştırmamakta, onların böyle zaaflarda uzak olduğunu sanmaktadırlar.

Hâlbuki bu "kocaman" sanılanlar, görüldüğü gibi, utanmadan, sıkılmadan yalan söyleyebilmektedirler. Bunların ne utanmalarını ne de yalan söylememelerini beklemek söz konusu değildir. Ancak bu kadar bariz ve pervasız yalan söyleyebilmek için, insanın, ya büyük bir zaaf içinde olması veya iflah olmaz bir halk ve gerçek düşmanı olması gerekir.

Jandarma Genel Komutanının raporu, mahkemenin Gerekçeli Karar'ına ve katliamcıların savunmalarına ne çok benziyor? Aynı mantığın ürünü oldukları çok açık ve belirgindir. Söz konusu dokümanın tümünde ve Jandarma Genel Komutanının raporunda, Aleviler rahatça ve isim verilerek, topluluk halinde suçlanabilirken, saldırganlar, masum, katliamı yapmaya zorlanmış "halk" ve "insanlar" olarak gösterilmeye çalışılmaktadır. Demokratik kurum ve kişiler, özel olarak hedef gösterilmektedir. Özellikle çeşitli okul müdürleri ve YSE ile Orman İşletmesi Müdürleri, açık hedef haline getirilmektedirler.

Buna rağmen, komutan Sedat Celasun'un, raporunda, MHP'yi suçlamaya dili varmamaktadır. Esas kitlesel olarak saldırıya katılanların "sağ kesimde mürteciler" diye tanımladığı

57-Kenan Evren Anıları S. 232

dini hassasiyeti olan kimseler olduğunu göstermeye çalışmaktadır. Zaten komutuna bakılırsa, katliamın sorumluları Aleviler, aşırı solcular dediği devrimciler ve CHP'nin partizanlık yapmış olan yerel kadrolarıdırlar. CHP'nin yönetici kadrolarının "yanlı" uygulamaları ve "öldürmeleri başlatan Alevilerin temsilcileri militanların" tutumları sonucunda ve doğal olarak, "irticanın temsilcisi gösterilmek istenen mürteciler" karşı harekete geçmiş ve bu katliamın olmasına yol açmışlardır. Dolayısıyla bu katliamın sorumluları, aşırı solcular, onların destekçileri Aleviler ve Müslümanlardır. Aslında bu yazılanlarla İttihat ve Terakkinin geliştirdiği Türkleştirme politikası, Maraş Katliamı'nda, en yetkili birisinin kaleminde bu kadar açıkça ifade edilmektedir. Komutan Sedat Celasun'un raporunun çıkış noktası, özeti ve vardığı sonuç budur.

Bu rapor, devletin, Maraş Katliamı'na nasıl baktığını açıkça ortaya koymaktadır. Maraş Katliamı yargılamalarının hangi zihniyet içinde ve hangi politik mülahazalarla yapıldığı, bundan daha net ortaya konamaz. Böyle olduğu içindir ki bu rapor katliamla ilgili olarak bağlayıcı ve belirleyici bir özellik taşımıştır, taşımaktadır.

Devleti, en etkin konumda temsil eden Jandarma Genel Komutanının düşüncelerine karşı düşünce ifade etmek, başka bir devlet yetkilisi için çok kolay değildi ve olamazdı. Bu raporu okuyan herhangi bir askeri savcının veya hâkimin, ya da başkaca bir yetkilinin, o günün koşullarında, bu rapordaki ifadelerden farklı bir şey söylemesi, ileri sürmesi, nasıl mümkün olabilirdi.

Buradan görülmekte ve anlaşılmaktadır ki, Jandarma Genel Komutanı Sedat Celasun, yazdığı raporla, hükümeti, POL-DER'i, YSE ve Orman Müdürü'nü, Alevi halkı ve devrimcileri suçlayarak, mahkemeyi yönlendirmiştir. Mahkemenin neden dengeci bir tutum izleyerek katliamın asli faallerini koruduğu, bu raporla, daha iyi anlaşılmaktadır. Sıkıyönetim Mahkemesi, Sedat Celasun'un görüşleriyle, gizleyemediği gerçekleri bağdaştırarak yargılama yapmıştır. Ancak yine de belirtilmelidir ki bu raporu okuyan herkes, Sıkıyönetim Mahkemesinin, gerçekleri gizleyemediği için olsa da, en azından katliamın yapılış tarzını anlatımda, daha realist davrandığını düşünmek durumunda kalacaktır.

Bu raporda ileri sürülen iddia ve görüşler, aynı zamanda, o günden beri katliamı meşru göstermek isteyen katliamcıların, temel referansları olmuştur. Raporda anlatılanların tamamı, kelimesi kelimesine, tüm katliamcılar tarafından ileri sürülerek, katliamın gerçekleri gizlenmeye, katliam haklı gösterilmeye çalışılmaktadır.

Dönemin Genelkurmay Başkanı 12 Eylülün şefi, Kenan Evren, onayladığı bu rapora yer verdiği anılarında, Maraş Katliamı'nı, "MHP militanları ve dinci yobazlar tarafından başlatılan katliam" diye tanımlamaktadır. Kenan Evren bu iddiayla, kendini temize çıkartmaya, katliamlarını gizlemeye çalışmaktadır. "Pişkinlik ve ikiyüzlülük nasıl bir şeydir" diye merak edenlere, verilebilecek bundan daha güzel bir örnek bulunabilir mi?

Katliamın sosyolojik tanımı

Maraş Katliamı'nın bu hukuksal tanımı dışında, sosyolojik-politik bir tanımlanması da yapılmış, yapılmaktadır. Söz konusu katliam, bir Alevi katliamı mıdır, Alevi-Sünni ya da sağ-sol çatışması mıdır, gibi sorular bağlamından da, tartışılmaktadır.

Gerekçeli Karar, Maraş Katliamı'nı bu yönüyle, şöyle tanımlamaktadır. "Saldırganların eylemleri aynı zamanda kendilerinden farklı mezhep ve siyasal görüşe sahip halk kesimine yöneliktir." Dedikten sonra, "Allahını seven, Peygamberini seven yürüsün", "Komünist Alevileri öldürün", "Alevileri yaşatmayın", "Bunları öldüren cennetlik olur", "Vurun kızıl komünistlere", "Bunlara yaşamak haramdır", "Alevi komünist dışarıya çık", 'Maraş Alevilere mezar olacak" gibi sloganlarla, Alevilere ve devrimcilere yönelik saldırıların yapıldığını belirtmektedir.

Devamla sıkıyönetim hâkimleri şunları yazmaktadırlar, "saldırgan sağ grupların hedefinin Alevi vatandaşlar olduğunu göstermektedir. Saldırganlara göre Aleviler kızıl komünisttir, bunlara yaşamak haramdır, bunları öldüren hacca gitmiş sayılır, cennetlik olur, Aleviler Milliyetçi değildir." Burada şu husus hemen dikkati çekmektedir. Saldırganların Alevilere karşı olmalarının birinci nedeni onların o zamanki siyasal iktidara oy veren kişiler olarak bilinmeleridir. Aleviler zamanın iktidarı ile özdeş kabul edilmişler ve yine onların şahsında zamanın iktidarı hedef alınmıştır. Bu nedenle Kahramanmaraş Olaylarında Sünni Alevi zıtlığından ziyade, sağ-sol siyasal görüş ayrılığının daha ön planda geldiğini söylemek yanlış olmasa gerektir." (58) Sıkıyönetim Mahkemesi, Maraş Katliamı'nı, bu anlamda, "sağ-sol çatışması" olarak tanımlamıştır.

Katliamın sosyolojik olarak bu şekilde tanımlanması, genel olarak kamuoyunu da etkilemiştir. Sistemin ve devletin iradesizleştirerek kontrol altına aldığı belli bir kesim, Maraş Katliamı'nı, bu şekilde görmektedir.

Maraş Katliamı, ne Alevi-Sünni, ne de sağ-sol çatışmasıdır. Bu katliamı, Alevi-Sünni veya sağ-sol çatışması olarak sunmak, katliamcı politikanın bir parçası, bir unsurudur. Aynı zamanda bu yaklaşım, daha önce görüldüğü gibi, bütün katliamlarda uygulanan manipülasyonların sonucudur. Ayrıca bu yolla, hem katliamcı illegal güçler gizlenmekte, hem de katliama maruz kalanlar, daha çok ve daha sistemli baskı altına alınabilmektedirler.

Maraş Katliamı, tam bir Alevi ve devrimci kırımı olarak gerçekleştirilmiştir. Bu gerçek göstermektedir ki Maraş Katliamı, devrimcilere ve Alevilere yönelik olarak yapılmıştır. Ölen faşist saldırganların dışında, öldürülenlerin tamamı, Türk-Kürt Aleviler ve devrimcilerdir. Öldürülen Alevilerin çok büyük bir kısmı Kürt Alevilerdir. Dolayısıyla sağ-sol çatışmasında, Alevi-Sünni çatışmasında söz etmek, hiçbir durumda mümkün değildir. Ne Aleviler, ne de "aşırı sol" denen devrimciler, yapabildikleri kadarıyla, yaptıkları meşru savunma dışında, katliama yol açan veya katliam olarak tanımlanabilecek hiç bir saldırıda bulunmamışlardır.

Gerek Gerekçeli Karar'da gerek diğer yetkili ve ilgililer tarafından, Maraş Katliamı'nın "mukatele" ve "sağ-sol çatışması" olarak tanımlanması, faşist-gerici basın ve kurumların geliştirdiği, Maraş Katliamı'nın bir Alevi-Sünni, sağ-sol çatışması veya solcuların bir provokasyonu olduğu yönündeki iddiaların temelini oluşturmuştur.

58-Maraş Olayları Gerekçeli Karar S. 337

Maraş Katliamı'nın bu yönüyle ilgili olarak, varılan sonuç şudur; Maraş Katliamı'yla, tarihsel ve stratejik neden olarak, Alevilerin ve Kürtlerin asimilasyonu sağlanmak istenmiş, Konjonktürel neden olarak, gelişen toplumsal mücadelenin bastırılması amaçlanmıştır. İçeriği ve programı böyle olan Maraş Katliamı'nın buna göre hedef kitlesi, solcular ve Türk-Kürt Aleviler olmuştur. Kürtlerin, görünüşte esas ve fiziki hedef durumunda olmamış olmaları, bu gerçeği değiştirmemektedir.

Kısa bir not

Gerekçeli Karar'da, Maraş Katliamı'yla ilgili olarak yapılan bir değerlendirmeyi, öneminden dolayı buraya almak gerekmektedir. "Olay tarihlerinde Türkiye'de demokratik anlamda sol çizgide bir program izleyeceğini öne süren bir siyasal kadro, TBMM'den güvenoyu alarak iktidar olmuştur. Bu siyasal görüşü benimsemeyen aşırı sağ siyasal görüşteki kuruluş ve kişilerin, iktidarı anayasal yollarla değil de şiddet eylemleriyle zayıflatıp yıpratarak sonuçta istifasını sağlamak için, sade vatandaşları tahrik ve teşvik ettikleri bilinen bir gerçektir. İşte uzun süreden beri yapıla gelen bu tahrik ve teşvik sonucu Kahramanmaraş ilinde, 23 Aralık 1978 Cumartesi günü sabah erken saatlerden itibaren, binlerce Sünni vatandaş sokaklara dökülmüş, 25 Aralık 1978 günü akşamına kadar Kahramanmaraş'ta devlet güçleri zaafa uğratılmış ve şehre sokaktaki güçler hâkim olmuştur." [59]

Yukarıdaki alıntıda yapılan bir tespit dikkat çekicidir. İlk cümlede adları söylenmeden CHP'den ve MHP'den söz edilmektedir. Hem de, CHP meşru ve haklı gösterilirken, MHP ise itham edilmektedir. İkinci cümle daha da ilginçtir. "aşırı sağ siyasal görüşteki kuruluş ve kişilerin" binlerce Maraşlıyı sokağa döktüğü söylenmektedir. Ancak yargılamalar, hiç de bu tespite uygun yapılmamıştır. Burada ifade edilenler üzerinde bir araştırma-soruşturma yapılmamış, bu yazılanlar, kitlelere sahte umut vermek, onları beklenti içinde tutarak etki altına almak için yazılmıştır.

59-Maraş Olayları Gerekçeli Karar S. 335

Buna rağmen bu tespitten çıkartılması gereken sonuçlar bulunmaktadır. Birincisi egemenlerin bazen doğru söylemelerine bel bağlanmamalı, umut üretilmemelidir. İkincisi, birincisine bağlı olarak, yine egemen güçlerce bazen doğru söylenmesi, sonuçta, ezilenlerin aleyhine kullanılmakta ve böyle bir amaca hizmet edebilmektedir.

Vicdanlarımızda aklanamayan katliamcılar

Hayatlarında karşılarına çıkan en sıradan bir sorunu bile çözemeyecek olan güruhlaştırılmış grubun eliyle gerçekleştirilen Maraş Katliamı, karmaşık, büyük çaplı ve kanlı bir operasyondur. Bu operasyonun, yani Maraş Katliamı'nın, kim tarafından, niçin ve nasıl yapıldığı soruları, o günden beri, somut cevapları aranan sorulardır.

Siyasal bir amaçla yapılmış olan bu katliama dair söz konusu cevapların verilebilmesi, katliamların ve Maraş Katliamı'nın gerçek anlamda açığa çıkması ve hesabının sorulması, siyasal mücadelenin işidir, siyasal güç ve irade gerektirmektedir. Bu anlamda, söz konusu can alıcı sorulara en kesin ve en somut cevapların verilmesi, ihtiyaç duyulan gücün yetersizliğinden ve illegal egemen siyasal güçlerin konum ve tutumlarından dolayı, kolay olamamaktadır. Dolayısıyla, katliamcı illegal güç odakları yeterince deşifre edilemediği sürece, Maraş Katliamı'yla ilgili soruların cevapları, beklenen somutlukta ve kesinlikte ortaya konamayabilir.

Buna rağmen, gerek katliamın siyasal, gerekse de fiili sorumlularının kimler olduğu ve bu katliamın hangi amaçla, nasıl yapıldığı konusunda, azımsanmayacak bilgiler bulunmaktadır. Doğrusu kamuoyunun büyük bir kesimi için, Maraş Katliamı'nın failleri açık ve bellidir. Sorun, Maraş Katliamı'yla ilgili olarak açık ve belli olan bu bilgilerin, hukuksal resmiyete kavuşturulmasıdır. Mevcut bilgiler, adaletin gerçekleşebileceği uygun ortam oluştuğunda, katliamcıların açığa çıkartılarak sonuca gidilmesini sağlamaya yeterlidir.

Bu amaçla yapılan bu çalışmada değerlendirilen bilgiler ve ileri sürülen iddialar, hukuksal sonuçlar yaratmayabilir. Ancak istenen sonucun doğmasına gidecek olan ilk adımda böyle atılacaktır. Maraş Katliamı'nın hesabının sorulacağı süreç, bu amaçla yapılacak olan girişim ve çalışmalar, bu ilk adımdan sonra gelişebilir.

Katliamın sorumlularıyla ilgili temel soruların cevaplarını bulmak için, dönemin siyasal-sosyal tablosunun hatırlanması gerekmektedir.

Bölgede sahip olduğu siyasal avantajı kaybetmek istemeyen ABD, CIA ve yerel siyasal illegal güçler, "Gayri Nizami Savaş" yöntemleriyle Türkiye'deki egemenliklerini sürdürmek için dönemin ihtiyaçlarına uygun olarak, katliam ve saldırıları planlamış, gerçekleştirmişlerdir.

ABD ve CIA, geniş anlamda bölgede zorlanıyordu. İran, ABD kontrolünden çıkıyordu. Afganistan, Rusya'nın denetimindeydi. Bölgenin diğer güçleri ya ABD'ye yakınlık anlamında sallantıda veya ABD'nin etki alanının dışındaydılar. Bu koşullarda Türkiye, hareketli siyasal hayatıyla, ABD'nin uykularını kaçırıyordu. ABD, bölgedeki karakolu durumunda olan Türkiye'yi elden kaçırmayı göze alamazdı. Elbette ABD'nin bu planı Türkiye'de egemen olan siyasal güçlerden bağımsız değildi. Gelişen toplumsal mücadele ABD ile birlikte onların yerli ortaklarını da rahatsız etmekteydi ve oluşturulan politikalar, ortak çıkarlara hizmet etmek durumundaydı.

ABD ve egemen Türk siyasal güçleri, belirtilen gelişmelerin ve genel emperyalist politikalarının gereği olarak, Türkiye'nin, emin ellere teslim edilmesini sağlamak istiyorlardı. Türkiye'de yönetimi alacak olan ABD'nin ve yerel işbirlikçilerinin güveneceği emin eller, hazırda beklemekteydiler. CIA, bu amaçla elinin altında bulundurduğu cuntaları harekete geçirdi.

Türkiye'de egemen olan illegal siyasal güçler, belirtilen gelişmeyle birlikte, temel stratejik sorunları olan etnik arındırma-Türkleştirme programlarıyla ilgili plan ve politikalarını güncellediler.

Söz konusu politikaların projelendirmesi zor olmamıştır. Yüzyıllardır denenmiş olan yöntemler ve bu yöntemlerin uygulanacağı alanlar biliniyordu. Gerek uzun bir geçmişin üzerinde kendisini yapılandıran Türk devleti, gerekse ABD, bu konularda fazlasıyla tecrübeli ve mahirdiler. Bütün yapılması gereken bu uygulamaların günün koşullarına uyarlanmasıydı.

Bu politik projelerin uygulanmak istendiği koşullarda, CHP hükümette bulunmaktaydı. Bu durum sanıldığından farklı olarak, katliamcı güçler için avantajlar yaratıyordu. Söz konusu güçler, politik projelerini hayata geçirmek için, CHP'ye karşı mücadele adı altında, halka ve devrimcilere yönelik saldırılarını tırmandırmaya başladılar.

Bu saldırı ve katliamların bir parçası ve devamı olarak, adı geçen güçler tarafından, Maraş Katliamı planlanmış ve yaşatılmıştır. Katliamın siyasal sorumluları, planlayıcıları ve uygulayıcıları belirtilen politikaları sürdürmek isteyen güçlerdir. Bu güçler, ABD, CIA ve yerel illegal siyasal yapılar ve onlarla birlikte faaliyet yürüten, sözde legal paramiliter, ırkçı, şoven kuruluşlardır.

İllegal yapılanmalarla iç içe olan ve dönemin bu tür bütün süreçlerinde kullanılan siyasal-vurucu güç, MHP-ÜGD idi. İllegal güçlerin kendi politikaları için yararlandığı MHP, bu ilişkide, kendi politik hesapları adına sonuçlar çıkartacağını hesaplıyordu. Egemen illegal güçlerle, MHP-ÜGD arasında sürdürülen bu ilişkinin politik zemini, her iki tarafın ortaklaştığı, "devlet ve millet kurtarma" , buna bağlı olarak "Türk-İslam savunuculuğu ile komünizm düşmanlığı" söylemleriyle ifade edilen ırkçı-şoven, politikalardı. Türkleştirmeye hizmet edecek olan etnik arındırma ve asimilasyon, bu politikanın zorunlu sonucuydu.

Bu politik zemin üzerinde, MHP'nin askeri bir darbeye yönelik çağrı ve çabaları bulunmaktaydı. Bu talep ve formülasyon, illegal cuntaların da talebi ve arzusuydu. Ortaklaştırılan bu politika, asimile edilememiş Kürt ve Alevileri, daha öncekilere yapıldığı gibi, asimile etmeyi de kapsamaktaydı.

Belirtilen yıllarda, MHP'nin illegal güçlerle ilişkileri kamuoyuna mal olmuş, çoğu durumda resmi bilgiye dönüşmüştür. İlgili bölümlerde ayrıntılarını gördüğümüz bu bilgiler üzerinde bakıldığında, MHP içinde, illegal güçlerle ilişkileri kuran, sürdüren ve düzenleyen bir yapılanmanın olduğu görülmektedir. Zaten o dönem MHP genel merkezinde çok sayıda yüksek rütbeli emekli asker bulunmaktaydı. Bunlardan, 12 Eylül darbesinde, MHP'nin Genel Sekreteri olan Necati Gültekin ve Baki Tuğ, söz konusu illegal ilişkileri kuruyor ve düzenliyorlardı.[60]

60-İtiraflar Ali Yurtaslan S. 126

Kurulan bu ilişki ve yapılanmaların, MİT içinde belirleyici konumlarda, bağlantıları bulunduğu bilinmektedir. Maraş Katliamı'yla MHP ve MİT'in bağlantı ve ilişkisi, bir kez daha, en son ve en tartışılmaz bilgilerle ve somutlaşmış olarak Ecevit'in arşivinden çıkan bir belgede, açığa çıkmıştır. Söz konusu belge, bir MİT mensubunun başbakan Ecevit'e, Maraş Katliamı'ndan kısa süre sonra yazdığı bir rapordur. Gazeteci Can Dündar ve Rıdvan Akar'ın, "Ecevit ve Gizli Arşivi" adlı kitapta yayınladıkları söz konusu raporun ilgili bölümü şöyle, "CHP iktidarı devraldıktan sonra vuku bulan büyük olayların (Malatya, Sivas, Kahramanmaraş) çıkacağına dair 1-2 ay evvelinde haber verilmediğinden yüzlerce vatandaşımızın can ve milyonlarca mal kaybına sebebiyet vermişlerdir. Önceden haber vermek bir tarafa, üstelik olayın yaratılmasında en etkin rolü oynamışlardır. Nitekim yeni vuku bulan Kahramanmaraş Olayı, başta Türkeş K.Maraş milletvekili M. Y. Ö: olmak üzere MİT'ten Ş.H , A.K , M.K , Av.M.E , N.K nin müşterek planları ile çıkarılmıştır."

Raporun devam eden satırlarında, "S.Y'nin ayrılmasıyla Adana bölgesini ele geçiren Türkeş derhal oraya Ş.H'nin tavassutuyla N.A'yı tayin ettirerek Güney Bölgesi'ni ele geçirmiş ve Kahramanmaraş olayını rahatlıkla tertip ettirmiştir. Eğer MİT olayın içinde olmasaydı Maraş'tan her türlü istihbaratı aylar evvel alır ve olayın zuhur etmesine meydan vermezdi."

Yine raporda devamla, "MHP'nin bir organı haline gelen MİT, CHP zamanında meydana gelen büyük olayları yapan ve yaptıran MHP'lilere ait bilgileri saklamış, sadece sola ait bilgiler aktarılmak suretiyle olayı sola mal etmiştir. Kurulan sıkıyönetim mahkemelerine, sağa ait raporların verilmemesi sadece sola ait raporların verilmesi hususunda Türkeş'in MİT'teki elemanlarına talimat vermiştir" denilmektedir.[(61)]

Bu raporda ayrıca, MİT'in tamamı ile MHP yanlısı bir kuruluş haline dönüştürüldüğü ve kimi daire başkanlarının yurda kaçak silah getirdiği ve bu silahları MHP'lilere dağıttığı iddia edilmektedir. [(62)]

---

61 -Ecevit'in Gizli Arşivi-Can Dündar Rıdvan Akar S. 239

62 -Ecevit'in Gizli Arşivi-Can Dündar Rıdvan Akar S. 239

Ecevit'in arşivinden çıkan ve bir MİT yetkilisi tarafından yazılmış olan bu raporda, Maraş Katliamı'nın düzenleyicileri olarak adı geçenlerin tamamının tespit edilmesi mümkün ve katliamın bilinmeyenlerinin deşifre olması açısında zorunludur. Tek başına bu rapordaki bilgilerin objektif bir biçimde değerlendirilmesi ve adı geçenlerin kamuoyuna açıklanarak sorgulanması, Maraş Katliamı'nın sorumlularının açığa çıkması için yeterli olacaktır.

Bu güne kadar bu bilgilerle ilgili olarak başta Ecevit olmak üzere, hiçbir yetkili, adı geçenlerin kimler olduklarını, bu iddialara dair ne söyleyeceklerini, ne araştırmış ve ne de herhangi bir açıklama yapmıştır. Maraş Katliamı'nın sorumlularının açığa çıkartılması için, Ecevit'e, katliamda 10 gün gibi çok kısa bir süre sonra, bir MİT görevlisi tarafından ulaştırılan ve Ecevit'in de "önemlidir" diye not düştüğü bu belgeden, daha güvenilir ne aranmaktadır?

Sorunun cevabı açık ve basittir. Maraş Katliamı'nın sorumlularının açığa çıkartılabilmesi, yukarıdan da belirtildiği gibi, katliamlarla hesaplaşmak isteyen siyasal bir örgütlülük ve güç gerektirmektedir.

Ancak, yine de bu raporda belirtilen bilgiler üzerinde gereken sonuç alıcı çalışmaların yapılmamış olması, bu bilgilerin değerlendirilmesine engel değildir. Amatörce yöntemlerle, Maraş Katliamı'nın planlayıcıları, karar vericileri olarak bu raporda adı geçen isimlerin kimler olduğunu, bazı bilgileri kullanarak ve tahmin yürüterek bulmak mümkündür.

Belgede adı geçen MHP genel başkanı ve ÜGD'nin başbuğu A. Türkeş, NATO konseptinde Özel Harp Dairesi'nde çalışmış, komando yetiştirmede görev almış bir subaydır.

MHP'nin, Türkeş vasıtasıyla, ordu, Özel Harp Dairesi ve MİT içindeki cuntalarla, çok yoğun ve derin ilişkisi bulunduğu bilinmektedir. Türkeş'in bilinen bu özelliğini, daha önce yazılanlara ek olması anlamında, şu alıntıdan da görebiliyoruz. "Birleşik devletler Türkiye'nin NATO'daki varlığını sağlama bağlamak için baskın Pantürkizm hareketini kullandı. Pantürkizm hareketinin de çıkarlarına uyan bu süreçte, aşırı sağcı kurmay Albay Alpaslan Türkeş merkezi bir rol oynadı. Türkeş, İkinci Dünya

Savaşı sırasında Alman Nazilerinin Türkiye'deki bağlantı kişisiydi. Ülke çapında ismini ilk kez 1944 yılında, antikomünist bir gösteriye katılma suçlamasıyla, yanındaki 30 kişiyle birlikte tutuklandığında duyurdu. Genelde ırk üstünlüğü teorisine, özelde Türklerin üstünlüğüne inanan Albay Türkeş, kariyeri süresince Hitler'in Mein Kampf (Kavgam) kitabında alıntılar yaptı. Savaşın ardından 1948'de CIA ile bağlantıya geçti ve söylenenlere göre, bu süre boyunca CIA emirleri doğrultusunda Türkiye'de gizli bir gölge ordu kurma çalışmalarına katıldı. Albay Türkeş, hem Pentagonla hem CIA ile samimi bağlantılar kurdu. 1955'ten 1958'e kadar NATO'yla ilgili Türk askeri görevi nedeniyle Washington da görev yaptı" (63)

Bu ve benzer özellikleri ve misyonu bilinen Türkeş, rapordan da ifade edildiği gibi, diğer illegal güçlerle birlikte, belirtilen politikaları hayata geçirmek için illegal güç ve ilişkilerini düzenlemiş, hazırlamış, planlamıştır.

Dönemin Maraş MHP milletvekili M. Yusuf Özbaş'ın katliamla ilişkisi, ilgili yıllarda, hep yazıldı, tartışıldı. Oğlu stajyer avukat Edip Özbaş, Maraş Katliamı'nın hazırlık sürecinin saldırılarını yapan, dönemin karanlık, komplocu ve kanlı ETKO çetesinin sanığı olarak yakalanmış, 1990'lı yıllarda BBP milletvekilliği yapmıştır. M. Yusuf Özbaş'ın, katliamın başladığı günde, 22 Aralık'ta, kendi evinde, MHP merkez ve yerel yöneticileriyle bir toplantı yaptığı, yapılan yargılamalarda belirtilmiş, ancak mahkeme bu iddiayı araştırmak yerine, söz konusu kişilerin "böyle bir toplantı yapmadık" demelerinden hareketle, "dava dosyasında herhangi bir delil bulunmadığını" söyleyerek iddianın üstüne gitmemiştir.(64)

Şahap Homriş, MİT'in önemli üst düzey kadrolarından birisidir ve katliamın yaşandığı dönemde, MİT Hukuk Müşaviri olarak görev yapmaktaydı. Türkeş'le olan düşünsel yakınlığı, aynı zamanda sosyal bir yakınlığa dönüşmüş, Türkeş'in dünürü olmuştur. Türkeş'le Şahap Homriş arasında oluşmuş olan düşünsel ve sosyal yakınlık, MİT'in, Türkeş'in kontrolüne girmesini kolaylaştırmıştır.

63-Nato'nun Gizli Orduları Suat Parlar S. 394

64-Maraş Olayları Gerekçeli Karar S. 1177

Nazif Abanozoğlu adında, bölgede görevli-yetkili bir MİT ajanının, öğretmenlerin öldürüleceği günle ilgili olarak, Maraş Valisi Tahsin Soylu'ya "21 Aralıkta Maraş'ta çok önemli olaylar olacağına" dair bilgi verdiği yazılmıştır. Nazif Abanozoğlu, MİT Adana Bölge Başkanlığı yapan ve Türkeş'in ekibinde olarak bilinen bir görevlidir. Verdiği söylenen bilgi doğru çıkmış, söylediği günde ve söylediği gibi Maraş'ta öğretmenler öldürülmüş, arkasında katliam yapılmıştır. Bir MİT ajanının böyle bir bilgiyi bilmesi ve valiye bildirmesi, görevi gereğidir. Ancak Ecevit'in arşivinden çıkan raporda yazılanlar dikkate alınarak bu bilgi değerlendirilirse, Nazif Abanozoğlu'nun rolü daha farklı bir hale bürünmektedir. Daha önemlisi, söz konusu bilginin, katliam yargılamasında, yeterince değerlendirilmemiş olmasıdır.

Aslında Ecevit'in arşivinden çıkan belge, Nazif Abanozoğlu'nun verdiği ileri sürülen bilgi, öğretmenlerin katil veya katillerinin bulunamamış olması, birlikte değerlendirildiğinde, her düşünebilen insanın aklına aynı değerlendirme gelmektedir. MİT, katliamın önemli bir aşaması olan öğretmenlerin öldürülmesinin, kim/kimler tarafından ve niçin yapıldığını biliyordu ve bunu engellemek yerine, göz yumdu. Dolayısıyla hem konumu hemde bilgiyi veren görevli olması itibarı ile Nazif Abanozoğlu'nun katliam ve hazırlık saldırılarıyla bir ilişkisinin varlığını düşünmek gerekiyor.

Maraş Katliamı'nda rol aldıkları iddia edilen ilişkiler bunlardan ibaret değildir, kuşkusuz. Bu süreçlerin yaşandığı yıllarda, daha sonra adını ezberleyeceğimiz Jitem'in kurucularından Cem Ersever'de, sürecin önemli bir aktörü olarak çıkmaktadır ortaya. Cem Ersever, 1975-1977 yıllarında, Silopi'de üsteğmen rütbesiyle İlçe Bölük Komutanlığı yapmaktadır. MHP'liliğini, Kürt düşmanlığını, açıkça ortaya koymakta, özellikle vurgulamaktadır. Silopi halkı, ilçelerinde kurulmak istenen Ülkü Bir Derneğinin kuruluşuna karşı çıkmaktadır. Bunun üzerine çıkan olaylarda, Cem Ersever, emrindeki bölüğe " işte karşınızda Rumlar var, ateş serbest" diyerek, Silopililere ateş ettirecek kadar Kürt düşmanıdır.[(65)]

65- Binbaşı Cem Ersever'in İtirafları Soner Yalçın S. 37

Cem Ersever, bu yıllarda bölgenin silah kaçakçılığıyla yakından ilişkilidir. Zaten bir süre sonra kaçakçılık dairesinde resmi olarak görevlendirilecektir. Cem Ersever, ÜGD merkez yöneticisi Muhsin Yazıcıoğlu'yla yakın mesai içindendir. Ülkücülere yardımcı olmakta, onlarla silah kaçakçıları arasındaki ilişkileri düzenlemektedir. [(66)] Ersever'i ve ilişkilerini anlatan bu bilgi unutulmadan, diğer ilişkilere bakılabilinir.

1978 yılının şubat ayında, Maraş'ta yaşanan basit bir pavyon anlaşmazlığıyla başlayan soruşturma, başka "Özel Harpçı" ları ortaya çıkartmıştır. Pavyonda polislerle çatışmaya giren Ökkeş Çokuçkun'un evinde ele geçirilen patlayıcıların izi sürüldüğünde, Yüzbaşı Mehmet Ali Çeviker'e ve onun Ankara Mamak'taki evinde, çok miktarda TNT türü patlayıcıya ulaşıldı. [(67)] Maraş Katliamı öncesinde ETKO'nun yaptığı ve hazırlık amacı taşıyan bir dizi saldırıda, bu silah ve patlayıcıların kullanıldığı tespit edilmiştir.

Kamuoyunda "Esrarengiz Yüzbaşı" olarak tanınacak olan Mehmet Ali Çeviker, 1966 Harbiye mezunudur ve Kıbrıs çıkartmasına katılmıştır. 1975 yılında, MHP Genel Sekreteri emekli General Necati Gültekin aracılığıyla, aralarında Abdullah Çatlı gibi isimlerin olduğu ülkücülere "Özel Harp eğitimi" veren subaylar arasındaydı.

Yüzbaşı Çeviker, Ökkeş Çokuçkun'la iş ortağı, Abdullah Çatlı ile arkadaştır. Ordunun silah depolarından, silah çalarak, ülkücülere satmaktadır. Yakalanıp yargılandığında, yine ülkücüler tarafından sahiplenilmiş, daha sonra bu ilişkilerin verdiği avantajla, cezaevinden kaçırılmıştır. Dönemin Yeşil'i denebilecek kadar karanlık olan Yüzbaşı Çeviker, sırra kadem basmış, bulunup sorgulanamamıştır.

Ökkeş Çokuçkun, yeraltı dünyasını oldukça yakından tanıyan Maraşlı bir ülkücü ve silah kaçakçısıdır. Abdullah Çatlı ile Yüzbaşı Çeviker'i, ülkücü Ökkeş Çokuçkun tanıştırmıştır. Maraş Katliamı'nda çok sayıda Çokuçkun soyadını taşıyan sanık yargılanmış, bazıları ceza almıştır. Çatlı'yı, İstanbul'da yer altı dünyasıyla tanıştıran da Ökkeş Çokuçkun'dur.[(68)]

66- Binbaşı Cem Ersever'in İtirafları Soner Yalçın S. 40-41

67-Silah Kaçakçılığı ve Terör Uğur Mumcu S. 77-82

68-Reis-Soner Yalçın S. 69-71

Yüzbaşı Çeviker, Ökkeş Çokuçkun ve Gabriel Aktürk, birlikte kurdukları şirket aracılığıyla, MHP ve ÜGD'lilere silah ve patlayıcı madde temin etmekte yargılanmışlardır. Yüzbaşı Çeviker'in soruşturmasında, Maraş Katliamı'na giden süreçle ilgisi ortaya çıkmış olmasına rağmen yargılama sürecinde bu durum göz önüne alınmamıştır. Aynı şekilde Maraşlı ülkücü militan ve daha sonra MHP İstanbul Milletvekili Mustafa Verkaya'nın adı da, Ali Yurtaslan'ın itiraflarında geçmektedir.

İstanbul Fatih'te Ülkü Ocakları Teşkilat Başkanlığı yapan Verkaya, Abdullah Çatlı, Ökkeş Çokuçkun ve Gabriel Aktürk'ün silah kaçakçılığı ilişkilerinde adı geçen birisidir. Ülkücülere gelen silahların Verkaya adına geldiği ileri sürülmüştür. [69]

Bu kadar karmaşık ilişkileri anlaşılır hale getirmeye çalışalım. 1978 yılı, Mart-Mayıs ayları arası. Maraş Katliamı'na hazırlıkların yapıldığı günler. Bölgedeki kaçakçılıklarla çok yakın ilişkisi olan, Cem Ersever, Muhsin Yazıcıoğlu ile özel görüşmeler yapmaktadır. Cem Ersever, illegal devletin bir unsurudur ve aşırı MHP'li askeri bir yetkili olarak, kaçakçılarla MHP – ÜGD ilişkisini düzenlemektedir. Ökkeş Çokuçkun, Maraşlı, MHP'li silah kaçakçısıdır. A.Çatlı-Muhsin Yazıcıoğlu, o dönem ÜGD Merkez Yöneticisidirler. Yüzbaşı Mehmet Ali Çeviker, askeri bir unsur olarak, bu ilişkilerin tam ortasındadır. Adı geçenlerin hepsi, birbirleriyle çok yönlü bir ortaklık ve ilişki içindedirler. Bu unsurları bir araya getiren, hepsinin en önemli ortak yanları, MHP'li olmakta ifadesini bulan Türkleştirme politikası üzerindeki ortaklıklarıdır.

Şimdi, ister bu isimleri alt-alta yazalım, ister resimlerini yan yana koyarak bir kolaj yapalım. Maraş'a gelen CIA ajanları, Türkeş, M. Yusuf Özbaş, Necati Gültekin, Baki Tuğ, bunların yanına Şahap Homriş, Nazif Abanozoğlu ve Ecevit'in arşivinde çıkan belgede adı geçen ama açıklanmayan diğer MİT görevlileri, ÜGD'den Muhsin Yazıcıoğlu, A. Çatlı, ordudan Mehmet Ali Çeviker, Cem Ersever, mafya ve silah kaçakçılarında Ökkeş Çokuçkun, Gabriel Aktürk. Bütün bunların yanına kolajın eksik unsurları da konarak, resim tamamlanacaktır.

69-İtiraflar Ali Yurtaslan S. 128

Bu ilişkilerin somut olarak Maraş Katliamı'nda, nasıl bir yer ve rol aldıklarını, mevcut bilgilerden hareketle netleştirmek mümkün değildir. Ancak katliamla ilişkileri anlamında, adı geçenler üzerinde yapılacak olan bir araştırma soruşturma sonunda, katliama dair bütün sorular aydınlanacak, gizler ve esrarengizlikler, anlaşılır hale gelecektir.

Katliamın icrasında yer aldıkları iddia edilenler

Maraş Katliamı'nı başlatan ve yürüten aktif-fiili saldırganların içinde, Maraşlı faşist unsurların yanında, şehir dışından gelenler de yer almıştır.

Katliamın uygulayıcıları olarak Ankara ve çeşitli şehirlerde gönderilen ve kendilerini "milli piyangocu" olarak tanıtan çok sayıda mobilize faşist unsurun katliamda yer aldığı, resmi raporlarda, belirtilmiştir. Adı geçen bu mobilize faşist unsurların içinde, Hüseyin Yıldız, Ünal Ağaoğlu, Haluk Kırcı, Mustafa Özmen, Mustafa Dülger, Remzi Çayır, Mustafa Demir, Bünyamin Adanalı, Ahmet Ercüment Gedikli, Mustafa Korkmaz ve İsmail Ufuk ile Mehmet Gürses'in de bulunduğu belirtilmiştir. Ayrıca İskenderun Demir Çelik İşletmesi'nde Fabrika Stok Kontrol Müdür Muavini olan Hayri Kuşçu, Çelik-İş Sendikası yetkililerinden Tuncay Terekli gibi isimlerinde Maraş'a gittikleri ifade edilmiştir.

Ancak bilindiği gibi, bu yönde hiçbir sorgulama yapılmadığı için, söz konusu unsurlar açığa çıkartılamamışlardır. Sanki bu isimler, öylesine dillendiriliyor gibi, kimse duymak istememiştir.

Bu vesile ile önemli bir belirlemeye ihtiyaç bulunmaktadır. Maraş Katliamı'na "dışarıdan" faşist saldırganların katıldığı sorunu, bu katliamda Maraşlı katliamcılar yokmuş gibi tartışılmaya çalışılmaktadır. Böylece sanki dışarıdan birileri gelip bu katliamı yapmışlar gibi, ayakları yere basmayan ve katliamcı politika ve yapıları gizlemeye hizmet eden bir anlayış geliştirilmek istenmektedir.

Maraş Katliamı'nın, sadece ve tek başına, "dışarıdan gelen" katliamcılar tarafından gerçekleştirildiği iddiası, doğru değildir. Maraş Katliamı'nın fiili sürecinde yer alanların çok büyük bir kısmı Maraşlı faşistlerdir. Maraş'ı tüm mahalleleriyle yakan-yıkan, onca insanı katleden, on binlerce saldırgan Maraşlı olmadan, bu katliamın gerçekleştirilmesi düşünülemez.

Bu gerçeğe rağmen, katliamcıların "dışarıda gelenler" olduğunu ileri sürmek, iz kaybettirmek amaçlı demagojik bir iddiadır. Bu yolla, aynı zamanda, Maraşlı faşistler masum gösterilerek, katliamcılar kurtarılmaya ve katliamın gerçekleri çarpıtılmaya, katliamın sorumluluğu devrimcilere yıkılmaya çalışılmaktadır.

Maraş Katliamı'nda yer alan ve "dışarıdan" gelen unsurların olduğu, belirtilen belgelerle sabittir. Ancak bu katliama "dışarıdan" katılanların kimler olduğu, muğlâklaştırılarak, Maraşlı faşistler ve onlar üzerinde genel olarak katliamcılar aklanmaya çalışılmaktadır. Raporda belirtildiği gibi, Maraş Katliamı'nda yer alanların tamamının, adları bellidir ve bunların tümü, dönemin sivil faşist unsurlarıdırlar. Bu gerçeğe rağmen bu tür iddiaların ileri sürülmesi, devletin resmi belgeler üzerinde gerekli araştırma ve soruşturmayı yapmamasından, yapmak istememesinden, dolayısıyla, fiilen katliamcıları korumasından kaynaklanmaktadır.

Bu kapsamda değerlendirilmesi gereken dikkat çekici bir olgunun kaydedilmesi gerekmektedir. POL-BİR'li polisler Muhammet Demirbaş ve Mevlüt Coşkun'un da katliam sürecinde yer aldıkları görülmektedir. Bunlardan ikisi, Çiçek Sineması'na bomba atılması provokasyonunda yargılanmalarına rağmen, beraat ettirilerek, katliamdan hemen birkaç gün sonra, aynı günlerde, birisi Bolu'ya, diğeri Antalya'ya atanmışlardır.[70]

Eğer dışarıdan gelen katliamcı aranıyorsa, yapılması gereken diğer araştırmalarla birlikte, bu polislerin aynı günde ve katliamdan birkaç gün sonra Maraş'tan uzaklaştırılmış olmalarının anlamı sorgulanmalıdır.

Katliamın örgütlenmesi mekanizması ve işleyişi

Daha önce ifade edildiği gibi, katliamın "ortam oluşturma" süreci, nisan ayında Pazarcık'a gönderilen bomba ve aynı tarihlerde Maraş'ta yapılan ETKO saldırılarıyla başlamıştır. Pavyonda çıkan bir kavga üzerine, Ökkeş Çokuçkun ve Yüzbaşı Mehmet Ali Çeviker'in yakalanmasıyla ortaya çıkan ETKO saldırıları ve bu saldırılarda kullanılan silahların adı geçen illegal

---

70-Maraş Olayları Gerekçeli Karar S. 367

unsurlar tarafından temin edilmiş olması, bu gerçeği göstermektedir. Arada geçen yaz aylarında sonra şubat ayında, katliam hazırlıklarının yoğunlaştığı görülmektedir. Bu süreç, kasım ayında, ÜGD'nin kurulması, evlerin işaretlenmesi, işverenlerin toplantı yapması ile sürdürülmüştür.

Katliamcı yapının yerel paramiliter unsurları tarafından gerçekleştirilen bu hazırlık süreci saldırılarıyla ortam gerginleştirilmişti. Tedirginliğin ve kaygının yaratıldığı bu süreçten sonra, aynı katliamcı yapının karanlık unsurları tarafından, Çiçek Sineması'na atılan bomba ile katliamın ilk adımı atılmıştır. Bu provokasyonun hemen arkasında, gerginliğin katliam için gerekli düzeyde artırılması amacıyla, Akın Kahvesi bombalanmış, bir gün sonra, iki devrimci öğretmen öldürülerek fiili-pratik süreç işletilmiştir.

Bir yanda bu saldırılar yapılırken, öte yanda, özellikle köylerde, yoğun bir propaganda çalışmasının yapıldığı anlaşılmaktadır. Hatta bu çalışmaların katliam sürecinin başında, nisan ayında başlamış olması zorunludur. Zaten Gerekçeli Karar'da bu yönlü ifadeler bulunmaktadır.

Gerek köylerde, gerek şehir içinde sürdürülen katliamcı güruhu hazırlama sürecinde, dini hassasiyetlere yönelik propaganda, esas propaganda unsuru olarak kullanılmıştır. Komünist Alevilerin, Sünni toplumun kutsalı olan "camileri bastığı" "Kuran-ı Kerim'i yaktığı" ileri sürülerek Sünniler kışkırtılmış, bu yönde var olan duyarlılıklar tahrik edilmiştir.

Aynı propagandalarda, Garbis Altınoğlu üzerinde Ermeni düşmanlığı, önemli bir propaganda unsuru olarak kullanılmıştır. Katliamcıların sürdürdükleri propagandayla, Ermeni düşmanlığı, Alevi ve devrimci düşmanlığına dönüştürülerek kullanılmıştır.

Bu şekilde yapılan kışkırtma ve tahriklerle güruh haline getirilerek katliamcı olmaya hazırlanan yığınların harekete geçirilmesi zor olmamıştır. Yapılan saldırı ve provokasyonlar, katliamın başlatılması için yeterli olmuştur.

Bir Gayri Nizami Harp operasyonu olan Maraş Katliamı'nda, Gayri Nizami Harp kurallarına göre, kitleleri manipüle edecek, harekete geçirecek çeşitli kurumlara ve propaganda yapacak hücrelere ihtiyaç vardır. Bunlar, dönemin MHP ve ÜGD'sinden başkası olamazlar. Dönemde yaşanan bütün saldırı ve katliamlarda, bu güçlerin aktif olarak bulunması bir tesadüfün değil, böyle bir planlamanın sonucudur.

Mekanizmanın unsurları olan illegal güçler ve gerekli olan paramiliter kadroların birbirleriyle ilişkilerinin, başta Türkeş olmak üzere MHP içinde bulunan asker kökenliler tarafından yürütüldüğü görülmektedir. Ayrıca ordu içinde bulunan cunta veya cuntaların, bu ilişki ve faaliyetlerin sürdürülmesinde ve devamında rol aldıkları bir sır değil, malumun ilanıdır. Böylece, aslında varolan katliam mekanizması, Maraş Katliamı döneminde, zaten faal durumdadır. Siyasal ortamın uygunluğu, mekanizmanın hazır olması, katliam için tüm koşulların olgunlaştığı anlamına gelmiştir.

Bu hazırlık çalışmaları sonucunda başlayan cenaze töreninde tahmin edilenden daha büyük bir katliamın yaşanacağının ortaya çıkacağı tespit edilerek, buna uygun bir tutum belirlemesi yapıldığı görülmektedir. Maraş'ta, M. Yusuf Özbaş'ın evinde ve MHP üst düzey yöneticileriyle yerel yöneticilerin katılımıyla yapıldığı iddia edilen toplantının, bu gelişmeyle ilgili olarak ve bu amaçla yapıldığı anlaşılmaktadır.

Katliam sanıklarının sosyo-kültürel durumları

Maraş Katliamı'nda yakalanıp yargılananlarla ilgili, o yıllarda büyük ve yanıltıcı bir göz boyama propagandası yapıldı. "Cumhuriyet döneminin en fazla sanıklı davası" denerek, sözde, katledilenlere psikolojik moral verilmeye çalışıldı. Ayrıca sanki bu davaya özel bir ilgi gösterilecekmiş duygusu yaratılmak isteniyordu.

Hâlbuki köylerle birlikte 15 noktada yapılan saldırılarda yakalanan sanıkların gerçek kişiler olup olmadıkları ve yapılan yargılamaların biçimi ve içeriği, her yönüyle, katliam sürecinin bir tamamlayıcı unsuru olarak işlev görmüştür. Katliamla ilgili yakalanan saldırganlar, esas olarak, katliamı düzenleyen, planlayan ve uygulamada menfaati olanlar değillerdi. Mahkemenin düzenlediği belgelerde teşvikçiler olarak adlandırılan bu türden unsurlar, yine mahkemenin ifadesine göre, "yakalanamamışlardı."

Bilindiği gibi, Maraş Katliamı, güruh haline getirilerek yönlendirilen büyük bir insan kitlesi ile yapılmıştır. Bunların içinde yakalanan katliamcı sanıklar, yakalanabilecek olanların onda biri değildi. Ancak, katliamın icrasında kullanılan bu saldırganlarda, sütten çıkmış ak kaşık değillerdi elbette. Hatta bunların içinde katliamcı mekanizmayla yakın ilişkisi olan birçok sanığında yakalanmış olması, kesinlik derecesinde bir değerlendirme olarak yapılabilir. Mahkemenin ve sıkıyönetimin bilinen uygulamaları sonucu, bu tür unsurlar açığa çıkmamıştır. Belki hafif cezalarla, belki beraat ve tahliye edilerek kurtarılmışlardır. Bu katillerin hiçbirisine dair ciddi bir araştırma yapılmamış, yalnız o anda suçlandıkları suçlarla ilgili olarak "sözde" yargılama yapılmıştır.

Maraş Katliamı'nda, binlerle ifade edilen ve toplamda on binleri bulan saldırganlarının hepsi değil, topu topu 835 tanesi suçlanmış, bunlarında 68 tanesi "yakalanamamıştır" . Üstelik yargılanan sanıkların içinde, 104 tane sanık, katliamın mağduru olan Alevilerden, Kürtlerden ve devrimcilerden oluşmaktaydı.

Sıkıyönetimin denge sağlamak adına izlediği politikanın gereği olarak, mümkün olan her fırsat değerlendirilmiş, her durumda bir ve ya birkaç Alevi-Kürt devrimci sanık üretilmeye çalışılmıştır. Bunun için kullanılan en kestirme yöntem, katliam karşısında kendisini savunmak zorunda kalanların aynı suçlamalarla yargılanması olmuştur. Başka bir bölümde ele alacağımız bu sanıklar, toplam sanıkların değerlendirilmesinde, gerektikçe açıklama yapılmış, ama ayrı tutulmamıştır.

Yakalanan sanıklar üzerinde yapacağımız basit bir inceleme ve gözlem, katliamın anatomisini anlamamıza yardımcı olabilir. Aslında bu türden çalışmaların daha ayrıntılı ve sistematik olarak yapılması, birçok konuda ufkumuzu açacaktır. Katliamcıların sosyokültürel durumlarını bilmek, katliamlara ve katliamcılara karşı mücadelenin bir koşuludur. O nedenle, katliamcı sanıklarının sosyal ve kültürel özellikleri açığa çıkartılmaya çalışılmıştır. Katliama katılanların sosyokültürel durumlarına ilişkin yapılan çalışmanın tamamı, uzamaması için buraya alınmamıştır. Katliamın önemli dönemeçleri olan ilk üç dönemecin sanıklarına ilişkin bilgilerden sonra, toplu değerlendirme yapmak daha pratik olacaktır.

a. Çiçek sineması sanıkları

Çiçek Sineması'na atılan patlayıcı madde ile ilgili, 6 sanık bulunmaktadır. Bu sanıklar birçok özellikleriyle diğer sanıklardan farklıdırlar. Bunların ikisi öğrenci, ikisi polis, biri öğretmen, altıncısı da işsiz-işçidir. Bunların yaş ortalaması 23'tür. Eğitim durumları, mevcut sanıkların üstündedir. Bunların 4'ü bekâr, 2'si evlidir. Sanıkların 4'ü başka illerden gelmişlerdir, 2'si Maraşlıdır.

Bu sanıkları diğer sanıklardan ayıran temel farklardan birisi, bunların siyasal durumlarıdır. Bu sanıklardan Ökkeş Kenger, biliniyor, ÜGD üyesi, kâtibi ve çaycı kadrosundadır. Sanık polisler, dönemin faşist eğilimli polislerinin örgütlendiği bir polis örgütü olan POL-BİR'li dir, birisi POL-BİR yöneticisi durumundadır.

Adanalı ve 17 yaşında olan öğrenci sanık, ÜGD yöneticileri tarafından, sinemada slogan attırmakla görevlendirilmiştir. Sanık Yunus İlhan ise, ETKO davasında yargılanan Muhammet İlhan'ın kardeşidir. Sanıkların bir diğeri de, ÜGD Maraş Şubesi Başkanı Mehmet Leblebici'dir.

Bu sosyal profilleri ile Çiçek Sineması sanıkları, faşizmin kitle tabanının özelliklerini taşıdıkları gibi, zaten doğrudan söz konusu kurumlarda görevliydiler.

Bu sanıkların hiçbirisi, suçlandıkları suçlardan dolayı ceza almamışlar, bir dizi hukuksal düzenleme ile serbest kalmaları sağlanmış, böylece Çiçek Sineması'na atılan patlayıcı davası faali meçhul edilerek katliamın sorumlularıyla birlikte, şimdilik, karanlığa gömülmüştür.

b. Cenaze töreni sanıkları

Cenaze törenine yapılan saldırılardan dolayı, 59 sanık bulunmaktadır. Bu sanıkların 33 tanesi, öldürülen öğretmenlerin arkadaşları, öğrencileri ve yakınlarından oluşan Kürt-Türk Alevi ve demokratik kesimden sanıklardır. Diğer 26 tanesi ise, cenaze namazının Ulu Cami'de kılınmasını engellemeye çalışan saldırganlardan oluşmaktadır. Toplam sanıklarının büyük bir çoğunluğu, 47 tanesi, bekâr, 12 tanesi evlidir.

Tamamı Maraş'ta ikamet eden saldırgan sanıkların, 16 tanesi Maraş'ın merkez köylerinden, 10 tanesi Maraş'ın yerlisi, 1 tanesi ilçesindedir. Cenaze törenine yapılan saldırılardan dolayı yargılanmış olan sanıkların yaş ortalaması, genel yaş ortalamasına göre, şaşırtıcı bir biçimde düşüktür. Bu sanıkların yaş ortalaması 18, 5'tir. Saldırgan olarak yakalanmış olan bu sanıkların, 17 tanesi, 12-17 yaş arasındadır, 10 tanesi 18-40 yaş arasındadır. Eğitim durumları, okur-yazar ve ilkokul düzeyindedir. İki tane öğrenci bulunmaktadır.

Saldırgan grupta tutuklananların büyük bir kısmının gençlerden meydana geldiğinden bakılarak, öncelikle bu saldırının, "dini hassasiyetlerinden dolayı galeyana gelen" Müslüman halkın yaptığı bir saldırı olmadığı görülmektedir. Yakalanan bu saldırganların büyük kısmı, faşist-katliamcı yapının cenaze törenine saldırmak amacıyla harekete geçirdiği, lümpen gençlerden oluşmaktadır. Bunlar genellikle merkez köylü olan ve Maraş'ta çeşitli işlerde çalışıyor görünen, belki de salt bu amaçla harekete geçirilmiş olan saldırganlardır.

Cuma günü olmasından dolayı, Cuma namazı kılmak amacıyla camide bulunan cemaatin veya cemaatten bazılarının bu saldırılarda bulunduğu var sayılır. Ancak yakalanıp yargılanan sanıkların durumundan bakılınca, cami cemaatinde olduğu düşünülebilecek sanıklar, tahminlerin çok altındadır. Saldırganların hepsinin yakalanmamış olacağını göz önünde bulundurarak, bu bilgiler güvenli bulunmayabilir. Bu doğrudur. Ancak yinede her şeye rağmen bu saldırganların içinde, camiye namaz kılmak için gelmiş olan sıradan vatandaşlarında yakalanmış olması gerekirdi. Belgedeki bilgilerde, yakalanan saldırganların içinde, camide namaz kıldığı için bulunan herhangi bir sanık olmadığı görülmektedir.

Bu durum şunu göstermektedir. Cenaze törenine yapılan saldırı, "Ulu Camide komünistlerin cenaze namazının kılınmasını engellemek isteyen Maraşlı Müslümanların" yaptığı bir saldırı değildir. Bu saldırı faşist çapulcuların kullanıldığı, provokatif amaçlı bir saldırıdır. Bu saldırının, dinsel ve ırkçı düşüncelerin etkisinde bulunanların, katliam için harekete geçirilmesi amacıyla planlandığı ve kullanıldığı görülmektedir. İncelenen verilerden çıkartılan bu sonuç, Maraş Katliamı'nın gerçek ve asıl mimarlarının, General Sedat Celasun'un iddia ettiği gibi "sağ kesimden mürteciler" değil, egemen illegal güçler olduğunu bir kez daha teyit etmektedir.

Bu veriler katliamın bir diğer özelliğini de ortaya çıkartmaktadır. Cenaze törenine katılan ve öldürülen öğretmenlerin öğrencileri, öğretmen arkadaşları ve akrabaları, suçlu diye yakalanmışlar, yargılanmışlardır. Normal koşullarda olmaması gereken bu durum, katliamcı güçleri temize çıkartarak, katliamın "faili meçhul" edilmesi amacıyla geliştirilen denge politikasının sonucudur ve bu politikanın en baştan beri işletildiğini göstermektedir.

Katliamın önemli bir aşaması olan cenaze törenine yapılan saldırıdan dolayı, yargılanan sanıklardan, sadece 4 tanesi cezalandırılmıştır. Ama bunun yanında, ilericiliğinden dolayı katliamcıların hedefi olan Mehmet Taşkesen ve saldırganlardan birisini öldürdüğüne dair ileri sürülen düzmece iddialarla Murat Çağlar, yine mahkemenin bilinen politikasının gereği olarak, kurban seçilmiş ve cezalandırılmışlardır.

c. Yörükselim Mahallesine yapılan saldırının sanıkları

Yörükselim Mahallesinin sanıkları, ününe münasip olmayan bir biçimde, sadece 25 tanedirler. Bir hafta boyunca gerçek bir savaşın yaşandığı, hergün, her tarafından binlerce saldırganın girmek için çaba sarf ettiği, devletin askeri gücünün en çok mesai harcadığı bu mahallede, bütün bu saldırıları yapanlar olarak, topu-topu 25 sanık yakalanabilmiştir.

Üstelik bu sanıkların bazıları mağdur Alevilerdir. Yörükselim Mahallesinde, iki Alevi sanığın suçu, saldırganların Truva atı olarak kullanmaya çalıştıkları bir evi ve aileyi etkisizleştirmektir. Abdurrahman Kurt, evini, saldırganların atlama tahtası olarak kullandırmaktadır. Bunu gören komşuları, bu duruma müdahale ettikleri için sanık olarak yargılanmış ve cezalandırılmışlardır.

Yörükselim Mahallesi sanıklarının sosyokültürel durumu, yukarıda incelediğimiz sanıklardan ayrılır. Bu sanıkların yaş ortalaması, 36. 9'la orta yaş düzeyine yükselir, eğitim durumları, ilkokul okur-yazar noktasına düşer. Aynı şekilde sanıkların sosyal durumları da değişmiştir artık. 21'i çalışan ve işçi, 3 tanesi öğrenci, birisi bekçidir.

Yörükselim Mahallesi sanıklarının profili, katliamcıların değişen özelliklerini açıkça göstermektedir. Artık saldırılar, sıradan faşist saldırı olmaktan çıkmış, faşizmin harekete geçirdiği saldırgan güruhun eliyle gerçekleştirilen katliama dönüşmüştür. Katliamın geriye kalan sanıklarıyla ilgili olarak, kısaca ve toplu bir değerlendirme yeterli olacaktır.

d. Genel sanıkların iş ve meslek durumları

Katliamla ilgili yargılanan sanıklar, doğal olarak, çeşitli toplumsal grup ve kesimlerden meydana gelmişlerdir. Bunlar, 240 kişi ile çalışanlardan ve işçilerden, 220 kişi ile esnaflardan, 196 kişi ile de çiftçilerden, kalanlar da öğretmen, öğrenci ve çeşitli mesleklerde oluşmuştur. Sanık öğrenci ve öğretmenlerin, büyük bir kısmının, cenaze törenine katılmak için geldiği, katliamla bir ilgilerinin olmadığı yukarıda belirtilmiştir.

Katliamcıların içinde, çok sayıda camii imamı ve müezzin, yine 40 kadar ev kadını, motosikletli hamallar, sırt hamalları, köy, orman ve mahalle bekçileri, köy ve mahalle muhtarları, banka memurları, emekli memurlar, at arabacıları, zabıtalar, marangozlar, bakkallar, fırıncılar, terziler, büyük bir kasabada olabilecek her meslekten insanlar bulunmaktadır. Bütün bunların ortak özellikleri, yoksul ve ezilen sınıftan olmalarıdır.

Bu sanıkların içinde göze batan bir kaçı var ki, mutlaka kamuoyuna mal edilmesi gerekir. Katliama katılanlardan birisi, pavyon işletmecisidir. Bir camii imamı ile bir pavyon işleticisi, aynı "amaç" uğruna, Alevi ve komünist avına çıkmışlardır, Maraş Katliamı'nda. Katliama katılanların içinde iki figür daha var, birisi bir fabrikatör, diğeri bir avukat. Bu katliamcı unsurlar, katliamcıların asıl profiline uygun düşmedikleri halde, kişisel yararlanma güdüsüyle, katliamda yer almışlardır.

Katliamdan yargılananların içinde biriside, yaşadığı saldırılardan kendisini ve çevresini korumaya çalışan YSE müdürüdür. YSE müdürü, Ecevit Hükümeti tarafından tayin edilmiş iyi bir CHP kadrosu olan Kürt-Alevi Fevzi Onaç'tır. Katliamı önlemek ve tahribatı azaltmak için canla başla çalışmış, ancak bütün bunların karşılığı katliamcılarla birlikte, katliamcı gibi yargılanmak olmuştur.

Tek suçu CHP'li bir bürokrat olmak ve Kürt-Alevi köylerine hizmet götürmeye çalışmak olan Fevzi Onaç, başka bölümlerde gösterdiğimiz gibi, katliam esnasında Maraş'a gelen Jandarma Genel Komutanı tarafından suçlanmış, hedefe konmuştur. Bu yetmezmişçesine, katliam süresi boyunca Maraş'ta en yetkili komutan olan Mahmut Boğuşlu'da, "bizdeki istihbarata göre, YSE personelinin bazı kabahati vardı" (71) diyerek, Fevzi Onaç'ı hedef almıştır.

e. Genel Sanıkların diğer özellikleri

Yargılanan saldırganların içinde, bazı öğrenciler ve öğretmenler, birkaç banka memuru, birkaç polis ve birkaç emekli dışında, eğitimli sayısı bir elin parmaklarını geçmez.

Eğitimsizlik, bu ve benzeri katliamlarda kullanılacak olanları harekete geçirmek için kolaylaştırıcı bir etki yapmaktadır. Bu olgu, katliamın eğitimsizlikten kaynaklandığına yorumlanarak, çok revaçta olan, "eğitim olursa her şey çözülür" gibi gerici bir fikrin malzemesi yapılmamalıdır. Katliamlar, eğitim hangi düzeyde olursa olsun, sistem ihtiyaç duyduğunda ve katliamın hedefi olanlar gerekli düzeyde örgütlü değillerse, her zaman yaşatılabilinir.

Katliamcı sanıkların 206'sı bekâr, 623'ü evlidir. Görüldüğü gibi, katliam bu yönüyle de sıradan bir faşist saldırı olarak görülemez. Katliamcıların büyük bir yüzdesi evli, iş-güç sahibidirler. Sanıkların çocuk sayısı, dikkat çekici bir biçimde yüksektir. Sanıkların içinde, 9, 11, 12, 14 çocuklu olanlar az değildir. Bu gerçeğin, çok çocuklu olmayı Kürtlere has bir özellik gibi görenlere ve buradan yola çıkarak Kürtleri feodal-geri göstermeye çalışanlara ithaf edilmesi gerekir.

Katliama katılan sanıkların, tamamı, Sünni'dir. Çok büyük kısmı Türk olarak kendisini ifade etmektedir. Ancak, katliamcıların içinde, kendi kimliklerinden kopmuş Kürt-Sünnilerin ve Çerkeslerin varlığı da görülmektedir.

71-1960-1978 Olaylar Anılar Yorumlar S. 82

Sanıkların genel yaş ortalaması 34'tür. Dönemin tüm faşist saldırılarında yer alanların yaş ortalamasının çok genç olduğu biliniyor. Bu veriden hareketle, Maraş Katliamı'nı fiilen gerçekleştirenlerin sadece, sivil faşistlerin kitle tabanını oluşturan unsurlardan oluşmadığı görülmektedir.

Orta yaş ve üstü evli-barklı, çoluk-çocuk sahibi insanların, kanlı bir katliam için harekete geçirilebilmesi, ırkçılığın ve dinsel gericiliğin etkin kullanılmasıyla sağlanabilmiştir. Faşizmin, kitleleri ırkçılık ve dinsel gericilik üzerinde ve manipülasyonlarla, değiştirip-dönüştürme yeteneğini gösteren bu veri, siyasal mücadele yürütenler için önemlidir.

f. Genel sanıkların doğum-ikamet yerlerine göre durumları

Gerek çevre ilçelerde, gerek köylerde, göçün yaşandığı koşullardan dolayı Maraş, diğer tüm şehirlerde olduğu gibi, farklı doğum yeri olanlarla doludur. Dolayısıyla katliamda yer alan sanıkların durumuna, bu bilgi üzerinden bakılması gerekmektedir.

Sanıkların 294'ü Maraş merkez doğumlu, 385'i Maraş merkez köy doğumlu, 109'ü Maraş ilçelerinde, 41'i diğer il doğumludur. Maraş ilçelerinde doğmuş olan sanıkların dökümü, şöyle çıkmaktadır. 11'i Afşin doğumlu, ama Maraş'ta oturmaktadırlar. Bunların 6'sı cenazeye katıldıkları, kendilerini savunmaya çalıştıkları için yargılanmışlardır. Andırın'da 2 sanık bulunmaktadır. Elbistanlı 20 sanığın 8 tanesi, ya öldürülen TÖB-DER'li öğretmen Hacı Çolak'ın yakınları veya öğrenci ve sivil halktan insanlardır. Göksün'de 14 sanık bulunmaktadır, bunlarında 2 tanesi mağdurlardandır. Pazarcık, 23 sanıkla, en çok sanığın bulunduğu ikinci ilçedir. Maraş'a yakın olması, Pazarcık'ın köylerinde yaşananlar, Pazarcıklı sanıkların sayısını artırmıştır. Pazarcıklı 23 tane sanığın 3-4 tanesi saldırganlardan, diğerleri mağdurlardandır. Maraş'ın ilçelerinden en çok sanık, 40 kişi ile Türkoğlu'nda bulunmaktadır, bunların büyük bir kısmı, saldırgan-katliamcı sanık olarak yargılanmışlardır.

Büyük bir kısmı Maraşlı olan sanıkların ikametleri de Maraş'tadır. Sanıkların 622'si şehir merkezinde, 160'ı Maraş merkez köylerinde, Maraş'ın ilçelerinde 31, diğer illerde ise 16 sanık ikamet etmektedir. Maraş Katliamı'nda dışarıdan gelip yakalanmış olanların 13 tanesi cenaze töreni için çeşitli illerden gelmiş olan öğrenci ve öğretmenlerden oluşmaktadır.

Bu veriler, Maraş Katliamı'nın dışarıdan gelenler tarafından yapıldığı iddiasını da somut verilerle çürütmektedir. Maraş Katliamı'nda başka yerlerden gelen faşist saldırganların varlığından ve katliamı düzenleyen güçlerin başka yerlerde doğmuş, başka yerlerde ikamet ediyor olmasından ayrı olarak, Maraş Katliamı'nın, Maraşlı faşist saldırganlar tarafından pratikleştirildiğinin en açık göstergesi, ortaya çıkan bu verilerdir.

g. İdam ve müebbet alan sanıkların durumu

Maraş Katliamı'nda idam alan 22 kişi şunlardır; Mahmut Doğan (41, motosiklet sürücüsü), İsmet Çetin (33, belediye temizlik işçisi), Hanifi Çetinkaya (30. Orman işletmesinde memur), Murat Demir (35, bakkal), Mustafa bahar (31, Emniyet bekçisi), Mustafa Başel (29, Orman işletmesinde odacı), Remzi Karayazı (54. Tarım işçisi), Seydihan Kurt (28), Şaban Denizdolduran (29, okuryazar değil), Ahmet Denizdolduran (47, Hacı Ömer Camisi müezzini), Hüseyin Faruk Köse (26, rençber), Yusuf Sevilmiş (47, Çiftçi), Şevket Ünal (37, Şoför), Mehmet Yemşen (54, Namık Kemal Mahallesi Muhtarı), Süleyman Tomurcuk (30), Fevzi Görkem (29, Briketçi), Yaşar Kuru (36, Belediye işçisi), Bekir Tapa (41, Hızarcı), Cuma Yalçın (29, Soğuk demirci), Mustafa Değirmenci (35, çiftçi), Durdu Güner (36, çiftçi).

Ölüm cezasına çarptırılırken, bu cezaları yaşam boyu hapse çevrilenler ise şunlardır; Mehmet Güngör Gencay (38, Judo öğretmeni), Hacı Mehmet Ramazanoğulları (48, fabrika işçisi), Bayram Ali Yedikardeş (20, eczacı kalfası), Haydar Parmaksız (45, okuryazar değil), Fevzi Canpolat (21, ciltçi), Mehmet Köse (26, işçi).

İdam ve müebbet alan bu sanıkların tamamı katliamda birinci derecede rol almış katillerdir. Yüzeysel bir yaklaşımla bu katillerin, katliamın önderleri olarak kabul edilmesi gerekmektedir.

Ama öyle olmadığı ortadadır. Bu saldırganların hiçbirisinin, Maraş Katliamı'nda, planlayıcı, karar verici, organize edici düzeyde sorumlu olabilecek sosyal bir gerçekliklerinin olmadığı, yukarıda ortaya konan verilerden, açıkça görülebilmektedir.

İçlerinde çok sayıda okuma yazma bilmeyenlerinde bulunduğu bu katiller, camii imamı, emniyet bekçisi, işçi, çiftçi veya küçük esnaftır. Bu unsurların Maraş Katliamı'nda rol ve fonksiyonları, oynadıkları katliamcı olma rolünden daha ileri bir rol olamaz. Bunun dışında bir rol ve misyonlarının varlığı düşünülemez.

Bu bilgiler, Maraş Katliamı'nın Maraş merkez köylülerinin ağırlıklı olarak içinde yer aldıkları bir katliam olduğunu göstermektedir.

Ayrıca bütün bu bilgileri bir arada düşündüğümüzde katliamcıların kişiliğine ve sosyokültürel formlarına ilişkin fikir edinilebilinir. Maraş'ın yerli ve merkez köylerinde bulunan yoksul, eğitimsiz bir yığın insan, kolayca yönlendirilerek, bu katliamın yapılabilmesi sağlanmıştır.

Sonuç olarak, at arabasının üretim aracı olduğu, 8-9-11-12 hatta 14'e varan sayıda çocuk yapılabildiği, okuma yazmanın çok az sayıda insana nasip olduğu, feodal, yarı-feodal koşullarda, ırkçı ve gerici düşüncelerin derin etkisiyle, farklı halklara ve inançlara karşı düşmanlaştırılmış olan toplumsal bir kesim, Maraş Katliamı'nın kitle gücü olarak kullanılmıştır.

Bu feodal koşullar, katliamın çapı, biçimi, vs konularında etkili olmuş olabilir, yoksa tek başına katliamın olmasının koşulları olarak görülemezler.

Maraş Katliamı'nda yer alan merkez köylerin tarihsel ve kültürel durumu

Maraş Katliamı'nda yargılanan sanıkların en büyük bölümü, merkez köylerde yaşayan Maraşlılardır. Bu sanıklar, Maraş'ın içinde veya merkez köylerinde yaşamaktadırlar. Gerekçeli Karar üzerinde yapılan çalışmada, ortaya çıkan duruma göre, Maraş Katliamı'na katılmış 78 merkez köy bulunmaktadır. O yıllarda Maraş merkez köylerinin sayısının 119 olduğu göz önüne alınır ve bu köylerden 78'inin katliama fiilen katıldığı hesaba katılırsa, Maraş'ın nasıl bir alt üst oluş yaşadığını anlamak mümkün olmaktadır.

Merkez köylerin büyük bir kısmı Maraş'ın doğusunda, kuzeyinde ve kuzey doğusunda bulunan köylerdir. Bu köyler, orman ve hayvancılıkla, bağ, bahçe işleriyle yaşamlarını sürdürmektedirler.

Dolayısıyla yaşanan kapitalist gelişmeyle, geleneksel yaşam normları arasındaki çelişkileri, en derin ve keskin haliyle yaşamaktadırlar. Bununla beraber ve aynı nedenle, büyük bir yoksulluk ve toplumsallaşamama durumu içinde bulunmaktadırlar.

Bazıları uzun bir tarihi geçmişe sahip olan söz konusu köylerde, 1100-1200 yıllarına kadar, Türklerin yerleşik varlığından söz edilemez. Bu tarihler ve sonrasında, dönemin Selçuklu iktidarına karşı, "Maraş ve havalisinde ki göçebe Türkmen cemaatlerinin 1240 yılında çıkan Babailer isyanına katıldıkları"(72) tarihsel olarak tespit edilmiştir.

Bu dönemde, Maraş ve çevresinde bulunan başka aşiretlerde söz konusudur. Selçuklular döneminde, Ağaçeri aşiretinin Maraş'ta bulunan en geniş aşiretlerden birisi olduğu görülmektedir. Bu aşiretin, dönemin Maraş egemenlerine karşı "çıkardığı karışıklıklarda" ve "eşkıyalıklarında" çokça dert yanıldığına bakılırsa, aşiretin isyancı ve egemenlere tabii olmayan özelliği, belirgin bir biçimde gözlenmektedir. O dönemde Osmanlının son dönemine kadar göçebe bir yaşam süren bu aşiret, daha sonraki yıllarda Maraş merkez köylerinde yerleştirilmiş olan aşiretlerden birisidir.

Maraş ve köylerinde yerleşmiş olan Türk aşiretlerinden bir diğeri, Dede Garkın aşiretidir. Garkın Dede'ye bağlı olan Karkın veya Garkın aşiretinin, Babailer isyanında rol aldığı bilinmektedir.

Bu yıllarda, Maraş ve çevresinde önemli bir Ermeni yerleşiminin bulunduğu, söz konusu merkez köylerin bazılarının Ermeni köyleri olduğu, daha önceki bölümlerde belirtilmiştir.

Maraş ve çevresinde bulunan köylerde, Selçuklular dönemi boyunca, isyancı Türk-Kürt aşiretleri, Ermeniler, Yahudiler, Süryaniler ve Rumlar yaşamaktaydılar. Dulkadiroğlu Beyliği

---

72-Dulkadir Beyliği Prof. Refet Yİnanç S. 2

döneminde, bu gün Maraş'ın merkez köyleri olan köylerin bir kısmında, aynı topluluklar ve aynı baş eğmeyen özelikleriyle meskûndular. Ancak Maraş'ın toplumsal yapısı, Dulkadiroğlu Beyliği döneminden sonra, Türklerin yoğunlaşması ve etkin güç olması şeklinde gelişmiştir.

Maraş ve çevresi, Osmanlıların denetimine geçince, söz konusu topluluklarda, önemli toplumsal rahatsızlıklar açığa çıkmaya ve bu rahatsızlıkların sonucunda isyanlar yaşanmaya başlandı. Maraş'ta yaşayan çeşitli etnik ve dinsel yapıda olan aşiret ve topluluklar, bu isyanların ana kitlesini oluşturmaktaydılar. Bu aşiretlerden birisi olan, Ağcakoyun veya Akçakoyun aşireti, Süklün Koca, Zunnun Baba ve daha sonra gelişen bazı isyanların, hem önderliğini, hem de toplumsal tabanını oluşturmuşlardır. (73)

Osmanlıya tabiiyetlerinin ilk dönmelerinde sık-sık isyan eden bu aşiretlere, Osmanlı Devleti, daha sonraki yıllarda, uzunca bir süre dokunamamıştır. Bu aşiretler, yazları Maraş yaylalarına, kışları Halep ve Şam bölgesine gidip gelerek, yarı-göçebe bir yaşam sürdürmüşlerdir. Aşiretlerin kendi belirledikleri özel statülerinde, merkezi iktidarın kontrolüne çok fazla girmeden yaşadıkları bu dönem, Osmanlının son dönemine kadar devam etmiştir.

Bu süre içinde, Maraş ve çevresindeki köylere, zaman-zaman çeşitli yerleşimlerin olmuş olması mümkündür. Adı geçen aşiretler dışında, Avşar, Akçakoyun, Cerit, Ağaçeri ve Tecirli aşiretleri, 1866'da "zor nizam" denen Fırka-i İslâhiye döneminde, zorla yerleşik hayata geçirilerek bugün bulundukları köylere yerleştirilmişlerdir.

Aynı dönemde çeşitli Kürt Alevi ve Sünni aşireti de bu şekilde zorla yerleştirilmişlerdir. Zaten tarihte belli bir Kürt yerleşiminin varlığı, Maraş'a Kürtlerin yerleşmelerini kolaylaştırmıştır.

Maraş'ın merkez köylerinde Yusufhacılı köyü, 1866 yılında, oluşturulmuştur. Aynı şekilde ve tarihte, Çakallı, Nedirli, Kuşçu Ceridi, Yukarı Kılıçlı, Aşağı Kılıçlı köyleri oluşturulmuştur. (74) Adı geçen aşiretler, aynı dönemde Pazarcık'a da yerleştirilmişlerdi. (75)

73-Kızılbaş Türkler N. Çetinkaya S. 494

74-Os. İmparatorluğunda Aşiretlerin İskanı Cengiz Orhon S. 117

75-Os. İmparatorluğunda Aşiretlerin İskanı Cengiz Orhon S. 118

Osmanlının özel ordusu Fırka-ı İslâhiye, bu isyancı aşiretlerden Tecirliler'i, Maraş'a ve köylerine, Avşarlar'ı Göksün'e, Bozdoğanlar'ı Andırın'a yerleştirmiştir. (76)

Aynı tarihlerde Çerkesler, Rusya'nın işgalindeki yurtlarında zorla sürgün edilerek, Maraş ve çevresine yerleştirilmişlerdir. Göksün, Türkoğlu ve Andırın tarafından ki köylerin bir kısmı bu şekilde ve bu dönemde oluşturulmuş köylerdir.

1915-1922 dönemine bu sosyal doku ile giren Maraş'ın demografik yapısında yeni değişiklikler yapılmıştır. Maraş'ın içinde, Zeytun kasabasında ve çeşitli köylerinde yaşayan Ermenilerden boşaltılan yerleşimlere, Balkan mübadilleri iskân edilmişlerdir.

1921-28 yılları arasında Balkanlarda, özellikle Selanik, Romanya ve Arnavutluk'ta getirilen bu mübadillerden 1143 kişi, Maraş'a yerleştirilmişlerdir. (77)

1915 Nisan, Mayıs aylarında, Ermenilerden boşatılan köylere Makedon göçmenleri iskân edilmişlerdir. (78) Ermenilerin en önemli yerleşim yerlerinden birisi olan Zeytun bucağına Selanikli göçmenler yerleştirilmiş, Ermenilerin izleri de, adları da, yok olsun diye, burasının adı Süleymanlı olarak değiştirilmiştir.(79)

Özetle, Maraş Katliamı'nda yer almış olan Maraş merkez köylüler, isyancı bir tarihi geçmişi olan Türk aşiretlerinden, kısmen Sünni Kürtlerden, bir kısmı Ermeni yerleşimlerine iskân edilmiş Balkan mübadillerinden, belki çok azı Çerkeslerden oluşan topluluklardı.

Maraş merkez köylerinin sakinlerinin tarihsel yaşamlarının, katliamcı olmalarıyla nasıl bir ilişkisi vardır, doğrusu, bunu açıkça ortaya koymak kolay görünmemektedir. Ancak her şeye rağmen, daha öncede belirtildiği gibi, bu toplulukların tarihsel geçmişlerinin, bu günlerinin anlaşılmasında önemli bir veri olduğunu kabul etmek gerekiyor.

76-Maraş Tarihi ve Coğrafyası Besim Atalay S. 107

77-Türkiye Yunanistan Nüfus Mübadelesi Mihri Belli S. 96

78-İnsan Hakları Açısında Ermeni Sorunu Taner Akçam S. 307

79-Cenupta Türkmen Oymakları Ali Rıza Yalkın cilt 2 S. 324

Toplumların tarihsel geçmişlerinin, güne ve geleceğe etkisinin olduğunu dikkate aldığımızda, bu toplulukların, en azından, uzun olmayan bir süre önce Ermenilerin elinde alınarak kendilerine verilmiş olan bu yerlerin, tekrar Ermeniler tarafından ellerinden alınabileceğini, bilinçaltlarında saklı tuttukları düşünebilinir. Bu kaygı ve tedirginlik üzerinde oluşan toplumsal algının, bu kesimleri, katliamcı yapı ve planlara alet olabilecek bir sosyal kategori haline getirmiş olması, anlaşılır olmaktadır.

Böyle bir gelişme, dönemin koşullarıyla birlikte düşünüldüğünde, söz konusu toplumsal kesimlerin nasıl ve neden katliamcı olabildikleri, daha somut olarak anlaşılmaktadır. İçinde bulundukları bu özgün durum ve dönemin koşulları sonucu faşizmin ve gericiliğin etkisine alınmış, bununla birlikte, henüz kapitalist gelişmelere ayak uyduramamış olan bu toplumsal yapıdaki köylülerin, katliamcı olmaları sağlanmıştır.

Bütün bu yazılanlardan, katliamcılığın sosyal bir özellik olduğu sonucunun çıkartılması, herhalde samimiyetsiz bir değerlendirme olur. Hiçbir toplum, katliamcı değildir, tam tersine toplumsal yaşamın esası kardeşliktir. Toplumsal kesimleri katliamcı yapan, onların yaşamına müdahale eden, biçimlendiren, siyasal yapılanmalardır. Buradan da gösterilmeye çalışıldığı gibi, Maraş'ın hiçbir aşireti, toplumsal kesimi, bırakalım katliamcı olmasını, tarih içinde isyancı özellikleriyle egemenlere karşı birlikte mücadele etmeleriyle, öne çıkmaktadırlar. Dolayısıyla yapılan değerlendirmeler, herhangi bir toplumsal yapıyı katliamcı olarak göstermek için değil, gerçeklerin açığa çıkması içindir.

Maraş merkez köylerinin bazılarının belirtilen özellikleri somutlaştırılabilir. Daha önce ifade edildiği gibi, katliama katılan 78 köy bulunmaktadır. Bu aşiretin her birinin ayrıntılı geçmişini ortaya koyabilmek olanaklı da değil, çok gerekli de değil. Ancak belirtilen çerçevede konu ele alındığında, şu gerçekler tespit edebilmektedir.

Maraş Katliamı'na yoğun olarak katıldıkları bilinen Bertiz köyleri, tartışılan anlamda, ufuk açıcıdır. Bertiz, Maraş merkez köylerinin önemli bir kısmının birbirlerine yakın olarak konumlandığı Ahır Dağı'nın öte yakasında yer alan ormanlık bölgenin adıdır. Bertiz'in adı Ermenicedir ve "Bahçe" anlamına gelmektedir. Şu an yapılmış olan idari düzenlemeye göre 16 köyün bağlandığı bir kasabadır.

Bu köylerin bir kısmı, yüzyılın başında Ermeni yerleşimleriydiler. Zeytun kasabasına mübadillerin yerleştirildikleri belirtilmişti. Ayrıca, Fırnız, Fenk gibi Ermenilerden boşaltılan köylere, 1866 iskânıyla, baş eğmeyen aşiretlerin ve 1915-1928 yılları arasında getirtilen Balkan mübadillerinin yerleştirildiğini görmüştük. Yörükselim Mahallesine yapılan en büyük saldırılar, bu topluluklar tarafındann yapılan saldırılardı.

Maraş merkez köylerinin bir kısmı ise, Hartlap adıyla bilenen ve el yapımı bıçaklarıyla meşhur olan bölgede bulunan köylerdir. Hartlap isminin de Türkçe olmadığından bakılarak buranın da kadim Türk yerleşimi olmadığı, çok büyük ihtimalle Ermeni yerleşimi olduğu söylenebilir. Ayrıca bu bölgeye Türklerin yerleşmelerinin tarihi de, çok eski değildir. Çalışmanın ilgili bölümlerinde değindiğimiz gibi, Osmanlının 1750'lerde yapmaya çalıştığı iskân uygulamalarıyla, dönemin Osmanlıya tabi olmayan aşiretleri, kısmen de olsa, buraya yerleştirilmişlerdir.

Katliama en yüksek sayı olan 62 sanıkla katılan Yusufhacılı köyü ve bu köyde yaşayan aynı adlı aşiret, tarih içinde, Osmanlıya karşı isyancı topluluklar içinde yer almıştır. Bu aşiret, 1866 yılında zorlu mücadeleler sonucu, aynı adla kurulmuş olan köye ve bölgede bulunan çeşitli köylere yerleştirildiği belirtilmiştir. Katliamda yer alanların bulunduğu Başen köyünün 1920'de Ermenilerin karargâhı olduğu görülmektedir.[80]

Bu boyutta verilen ayrıntılar, konunun anlaşılmasını sağlayacak düzeydedir. Bu çalışma daha fazla ayrıntılı olarak yapılabilir. Belki ilginç bilgilere ulaşmak da mümkün olur. Ancak gerçeğin bu kadarının ortaya çıkmış olması, konumuz açısında yeterlidir.

Maraş'ın toplumsal yapısı üzerinde yapılan toplumsal mühendislik çalışmalarının katliamcı politikaların bir parçası olduğu ve katliamları kolaylaştırmak için yapıldığı görülmektedir.

80-Milli Mücadelede Güney Cephesi Maraş Yaşar Akbıyık S. 328

Dolayısıyla Maraş'ın demografik yapısı üzerinde gerçekleştirilen operasyonlarla Maraş Katliamı arasında tarihsel sosyal bir bağlantı bulunmaktadır. Uzak-yakın tarihte, ezilenlere karşı izlenen politikalarda, Maraş ve benzeri yerlerin katliam yapılabilir halde tutulması bu nedenledir. Irkçı-şoven ve gerici politikalar, canlı ve etkin tutularak katliamcı politikaların sürmesi istenmektedir.

Eğer Maraş'ın demografik yapısı üzerinde yapılmış tarihsel müdahaleler olmamış olsaydı, Maraş'ta katliam planlanması hiç olmazdı demek, yapılan bu çalışmanın ruhuna aykırıdır. Egemenler, katliamcı politikalarını, ezilenlerin örgütlü direnişinin olmadığı her durumda uygulayabilirler. Bütün bunların neden ve nasıl olduğu, önceki bölümlerde belirtilmeye çalışılmıştır.

Katliam ve Devrimci direniş

Maraş Katliamı'nın son yıllara kadar dillendirilemeyen bu yönü, aslında en çok konuşulması gereken yönlerinden birisidir. Maraş Katliamı, bir katliam olmasının yanında, aynı zamanda, yetersizde olsa, bir direniştir de. Söz konusu direniş, katliamın başladığı koşullarda, devrimci çevrelerin hem birlikte, hem ayrı-ayrı sürdürdüğü, doğal ve zorunlu bir direnişti.

Devrimci çevreler, Maraş'ın birçok mahallesinde bulunuyor olmalarına rağmen, esas olarak Yörükselim ve Karamaraş mahallelerinde, daha etkin ve örgütlüydüler. Yörükselim Mahallesi, o dönemde, hem Maraş'ın büyük mahallelerinden birisiydi, hem de Kürt-Türk Alevi ve devrimcilerin en yoğun bulundukları mahalleydi. Dolayısıyla faşist katliamcılar için en büyük hedefti. Katliamcıların hedeflerinin bir diğeri ise, Karamaraş mahallesiydi, ancak devrimcilerin orada bulunan örgütlülüğü, Yörükselim'de olduğu kadar güçlü değildi.

Bu mahallelerin bu özelliğinden dolayı faşist katliamcılar, bütün güçleriyle, başta Yörükselim olmak üzere, bu mahallelere yönelmişlerdi. Yörükselim Mahallesine yönelik saldırılar, cenaze törenine yapılan saldırılardan hemen sonra başlamıştır. Cenaze kortejinde dağılan kitlenin Yörükselim'de toplanması, zaten hedefte olan bu mahalleye, saldırganların yönelmelerine yol açmış, aynı anda mahalle halkı ve devrimciler, doğal bir refleks olarak direnişe geçmişlerdi.

Direniş, halkın katılımı ve desteği ile sürdürülen doğal, zorlu ve zorunlu bir direnişti. Devrimci çevrelerin etkin olduğu bu direniş, katliam boyunca devam etmiştir. Bu direniş sonucudur ki katliamcılar, Yörükselim'e girememişlerdir. Böylece katliam, faşistlerin istediği şekilde gelişmemiştir. Eğer, bu devrimci direniş yapılmamış ve katliamcılar Yörükselime girebilmiş olsalardı, katliamın sonuçlarının çok daha korkunç olacağını söylemek kehanet değildir.

Katliam günlerinde, 23. Aralık akşamı, Yörükselim ve Serintepe'de bulunan halkın büyük bir kısmı, askeri koruma altına alınmıştır. Askeri kışlaya alınan bu Kürt-Türk Alevi ve devrimcilerin sayısı 2700 olarak verilmektedir. Eğer devrimci direniş gelişmemiş ve faşist saldırganlar, Yörükselim'e girebilmiş olsalardı, bu insanların çok büyük bir kısmı öldürülmüş olacaktı. Devrimcilerin geliştirdiği ve halkında büyük destek verdiği bu sözü az edilen direniş, böylelikle, bu sayıda insanın hayatının kurtulmasını sağlamıştır.

Maraş Katliamı'nda özellikle Yörükselim'de ve kısmen Karamaraş'ta geliştirilen direnişte, mahallede bulunan tüm devrimci çevreler ilişkileri ve olanakları ölçüsünde yer almışlardır. Ancak özellikle Dev-Savaş örgütü ile Devrimci Halkın Birliği çevresinin ve henüz yeni örgütlenmeye başlayan PKK çevresinin gösterdiği kararlılığın belirleyici rolü olmuştur. 12 Eylül koşullarında, Dev-Savaş ve Devrimci Halkın Birliği yapılarının bu amaçla özel olarak sorgulanmasının ve katliamın sorumluları olarak ilan edilmelerinin bir nedeni de bu yapıların söz konusu direnişin içinde yer almış olmalarıdır.

Karamaraş Mahallesinde, katliamın hedefi olan Türk-Kürt Alevi ve devrimciler yeterince örgütlü olmadıkları için, başarılı bir direniş geliştirilememiştir. Ancak buna rağmen, özellikle Mehmet Mengücek'in, Musa Funda'nın ve 67. Nolu ev olarak ünlenen evde bulunan ev sahibi Hasan Solma'nın şahsında, güçlü ve etkili bir direniş gelişmiştir. Fakat örgütlülüğün zayıf olması, donanımın yetersizliği, direnen bu arkadaşların sınırlı sonuç almalarına ve Mehmet Mengücek ile Musa Funda'nın vurulup düşmelerine yol açmıştır.

Katliamın en acımaz ve vahşi yaşandığı diğer mahallelerde, solcular, Aleviler ve Kürtler münferiden yaşamaktaydılar. Alevi ve ilericilerin bu mahallelerde sayısal olarak az olmaları, toplumun örgütlü kesimlerinde ayrı olmaları, onları, katliamcılar için kolay hedef haline getirmişti. Zaten herhangi bir hazırlıkları ve örgütlülükleri olmayan bu yoksul Kürt-Alevi ve devrimci insanların, katliamcılar karşısında tam bir çaresizlik yaşamak zorunda kaldıkları, Gerekçeli Karar'da izlenebilmektedir.

Buna rağmen, söz konusu mahallelerde çeşitli küçük direnişler olmuş ve sonuç alınabilmiştir. Bir kısım halktan insan ise, direnme imkânları olmadığı için, katliamcılardan kurtulmak amacıyla kaçmaya çalışmışlar, ancak şehrin dışında, tarlalarda, yollarda katliamcılar tarafından yakalanarak öldürülmüşlerdir. Sonuçta katliamın en büyük vahşeti, devrimci direnişin yapılamadığı mahallelerde yaşanmıştı.

Katliamı duyan, gerek çevre köylüler, gerek devrimci unsurlar, her olanağı zorlayarak Maraş'ın katledilen yoksul halkına yardım için gelmeye çalışmışlardı. Bunların içinden sivil katliamcı güçlerin ve devletin engellerini aşarak Maraş'a gelebilenler, ellerindeki her olanağı, Maraş halkını katliamcılara karşı savunmak için kullanmışlardır. Mehmet Mengücek, Veysel Kalkandelen, Mithat Bozkurt, bu sürecin içinde şehit olmuşlardır. Ayrıca katliamcılara karşı halkın ve yakınlarının yanında yer almak amacıyla, Pazarcık ve Elbistan'da, Maraş'a gelmeye çalışan çok sayıda insan, ya yollarda engellenmiş veya yakalanarak suçlu gibi yargılanmışlardır.

Bu direnişten ortaya çıkan gerçek ise, sıkıcı olmasına rağmen ve tekraren, bu katliamları önleyebilmenin yegâne yolunun örgütlü devrimci direniş olduğudur. Bu gerçeği, hem yukarıda belirttiğimiz gibi Yörükselim Mahallesine katliamcıların girememiş olmalarında, hem de diğer mahallelerde yaşanan dramda görebiliyoruz.

Devrimcilerin olmadığı ve halkın "başım belaya girmesin" diye kendisini devrimcilerden uzak tuttuğu yerlerde, katliamcılar taş üstünde taş bırakmamacasına, ellerini kollarını sallayarak ve en küçük bir sorun yaşamadan, kan içe-içe, katliamlarını gerçekleştirmişlerdir. Bu durum katliamcılara karşı tek çözümün devrimci örgütlülük olduğu gerçeğini gösteren en açık veridir.

Çünkü hiçbir siyasal çevre veya anlayış, devrimcilerden daha fazla, halkın çıkarları için hayatını ortaya koyacak kadar politikasına ve geleneğine bağlı değildir. Onlar için halkın yanında olmak, onların dertleriyle dertlenmek ve onlarla birlikte savaşmak, gelip-geçici ve çeşitli sonuçları için katlanılması gereken bir külfet değil, bizatihi varlıkları ve gelecekleri için zorunlu bir görevdir. Dolayısıyla hükümet olan CHP'nin önleyemediği bu katliamı, çok ilkel ve sınırlı olanaklarıyla, bir avuç devrimci sınırlayabilmiş, binlerce çoluk çocuğun ölümünü önleyebilmiştir.

Yıllardır hemen her ortamda tartışılan katliamlara karşı "ne yapılmalı, ne yapılabilir" sorusunun cevabı olarak, Maraş Katliamı'nda ortaya konan bu direniş gösterebilinir, gösterilmelidir. Katliamları ve katliamcı güçleri önleyecek veya sınırlayacak olan yegâne çare, uygun tarzda örgütlenmiş halk güçleridir. Maraş Katliamı, bu gerçeği tartışmasız, kesin ve net bir biçimde ortaya koymuştur.

O günden beri, Maraş Katliamı'na dair yapılan ve yapılması mutlaka gerekli olan protesto etkinliklerinde, bu direniş gerçeği, yeterince değerlendirilmemektedir. Böyle olmasında mağduriyet üzerinden soruna yaklaşılmasının payı bulunmaktadır. Hâlbuki Maraş Katliamı, liberalizmin muğlâklığı ve ikircikliği ile ele alınamaz. Bu nedenle Maraş Katliamı protestoları, aynı zamanda, topluma direniş gerçeğinin ve direnişin yarattığı pratik kazanımların anlatıldığı, kavratıldığı etkinlikler olarak ele alındığı zaman anlamlı olacaktır. Toplumu katliamlar karşısında duyarlı ve donanımlı kılmak ve Maraş Katliamı'nda şehit olanlara karşı sorumluluk, bunu gerektirir.

Bu fasılda konuyla ilgili iki cümle daha yazabilinir. Dönemin devrimci çevre ve kurumları, gerek genel politikalarında, gerek Maraş özgülünde, eksiklikler yaşamış, hatalar yapmışlardır. Özellikle konumuz olan Maraş Katliamı'yla ilgili olarak, o günleri bütün sıcaklığıyla yaşayan ve bölgede faaliyet yürüten hiçbir devrimci çevrenin, Maraş Katliamı gibi siyasal bir alt üst oluşu görememiş, böyle bir ihtimali hesaplayamamış olması, oldukça önemli bir politik öngörüsüzlüktür. Aynı şekilde, siyasal mücadelenin en keskin biçimlerine hazırlıklı olma adına yapılanların, aslında hiç de ciddi bir hazırlık olarak yapılmadığı ortaya çıkmıştır. Bölgede faaliyet yürüten devrimci kurumların hiçbirisi, katliamı öngöremediği gibi, buna uygun bir hazırlık içinden de olamamışlardır. Katliam öncesinde siyasal durumu doğru değerlendirememiş olan bu devrimci çevrelerin yetmezliklerinin, halka ve geleceğe karşı sorumluluğun gereği olarak, kaydedilmesi önemlidir.

Belirtilen anlamda, Maraş'ta devrimciler, eğer görevlerini hakkıyla yerine getirebilselerdi, katliamı önlemede çok önemli sonuçlar yaratabilirlerdi. Bu anlamda Maraş'ta devrimci çevrelerin dayanacağı kitlesel güç, hiç de yabana atılır bir güç değildi.

Katliam öncesinde yapılmak istenen cenaze törenine, Maraş'ın o dönemki ölçüleri açısında ve kısa sürede önemli bir kitle katılımının sağlanması, bu gerçeği gösteren en iyi veridir. O yıllarda ve o koşullarda, Maraş'ta, on bine yaklaşan bir kitlenin, bir gecede toplanarak cenazeye katılmaya yönelmesi, sıradan veya kendiliğinden ortaya çıkmış bir gelişme değildi. Dolayısıyla doğru politik analizler ve ona uygun hazırlıklar yapılabilmiş olsaydı, Maraş Katliamı, bu şekilde sonuçlanmayabilirdi.

Katliamda ölü sayısı

Maraş Katliamı'nın tartışmalı konularından biriside ölü sayısıdır. Maraş Katliamı'nda ölenlerin sayısı konusunda devletin yaptığı resmi açıklama 111 ölü olduğu şeklindedir. Bu bilgiye, devletin bu konulardaki sicilini göz önünde bulunduran kesimler tarafından, kuşkuyla bakılmış, doğru bilgi olarak kabul edilmemiştir. Kuşkulananlar, bu kuşkularından haksız sayılmazlar, tecrübeleriyle bunu yaşamışlardır. Benzer durumlarda, ölü sayıları doğru bildirilmediği, gizlendiği için resmi rakamlara karşı haklı bir inançsızlık taşınmakta, toplum, devletin, böyle süreçlerde doğru söyleyeceğine inanmamaktadır.

Maraş Katliamı'nın ele alındığı Gerekçeli Karar'daki ölü sayılarında ve bu yöndeki anlatımlarda karmaşıklık olması, bu görüşü güçlendirmiştir. Ayrıca Maraş Katliamı'nda ölülerle ilgili olarak, ne Hastanelerde doğru düzgün bir kayıt tutulmuş, ne de otopsi yapılmıştır.

Kamuoyunun, verilen resmi rakamlara kuşku ile yaklaşmasını haklı kılan bir başka neden de, kimi yetkililerin yaptıkları açıklamalardır.

Sağlık Bakanı Mete Tan, Devlet Hastanesinde, tanık olduğu durumu şöyle anlatılmaktadır:

"Hastaneye getirilen ölülerden 52'sini inceledim. Bunlardan üç tanesi sopayla öldürülmüş, diğer ölüler 9 mm'lik mermilerle, ya başından, ya yüzünden ya da kalbinden vurulmuşlardır. Boğularak öldürülenlerin de olduğunu söylediler. Üç yaşında bir çocuk da kurşunla öldürülmüştü. Bir cehennem âleminden geldim. Allah bir daha göstermesin..."

"Kurşun yağmuru altında gidip geldim, etrafımızda, üstümüzde kurşunlar vızır vızır gidip geliyordu. Bazı yerlerde gazetecileri de ben kurtardım. 70'lik yaşlıları, üç yaşındaki bebekleri vurmuşlar. Cesetler kokuyordu. Kışkırtma var. Kışkırtma Alevilik-Sünnilik üzerine işlenmiş..."(81)

Savcı Dündar Saner'in açıklaması da, ölü sayılarıyla ilgili rakamların doğru olmayacağı görüşünü güçlendirmektedir.

"Uzun süreden beri tezgâhlanan plan bu şekilde tatbikat safhasına konuldu. 14-15 yaşlarındaki çocuklar, 20-25 yaşında şartlandırılmış kişiler tarafındann Yörükselim, Şeyhadil ve

---

81-25 Aralık 1978 Tarihli Milliyet / 26. 12. 1978 Tarihli Cumhuriyet Gazeteleri

dünden itibaren sırayla Kümbet, Yeni Mahalle'ye sevk edilerek burada cinayetler işletilmiştir. Küçük çocukların ve yaşlı adamların üzerine gaz dökülerek yakılmış. İnsanlık dışı olaylar işlenmiştir. Olayların başlangıcında 20 kişiye otopsi yapabilme imkânı bulduk. Bunlar uzun menzilli silahlarla öldürülmüş idi. Daha sonra gelen ceset fazlalığından değil otopsi, kimlik tespiti bile yapmaya imkân kalmamıştır. Daha önce ihbar olarak değerlendirdiğimiz toplu katliam olayları, toplu halde ceset bulunması ile doğrulanmaktadır. Nitekim çukurlar içerisinde, çatışma geçen mahallelerde, öğretmen evleri civarında üçer, dörder ceset bulunmaktadır. Bu yüzden ölü sayısının resmi miktarı aşarak 200'ü geçeceğini tahmin ediyorum." (82)

Devletin yetkili savcısının anlatımlarında, katliam doğru tanımlandığı gibi, birçok ilginç bilgilerde görülebilmektedir. Örneğin ölülerin otopsilerinin yapılmadığı ve kimliklerinin tespit edilemediği belirtilmektedir. Ölü sayıları konusunda ise, savcı, açıkça ölülerin belirtilen resmi rakamlardan fazla olduğunu ifade etmektedir.

Kamuoyuna yansıyan bu anlatımlardan ve katliamın vahşetinden dolayı, Maraş Katliamı'ndaki ölü sayısı, her insanın, katliamı tahayyülü üzerinde şekillenmektedir. Bunun sonucu olarak ve ikna edici bilgilerin olmamasından dolayı, katliamdaki ölü sayısı, her duruma göre artmakta, artan bu rakamlar karşısında, daha az rakam telaffuz etmek, neredeyse katledilenlere karşı saygısızlık gibi algılanmakta, böylece herkes, her seferde, yeni ve daha fazla rakamlar ileri sürmektedir.

Ancak Maraş Katliamı'ndaki ölü sayısı sorununa, objektif yaklaşılırsa, daha gerçekçi sonuçlara gidilebilir. Maraş Katliamı'nda ölü sayısı, belirtilen resmi rakamlardan fazladır, burası kesin. Resmi rakamlar eksiktir, çünkü çeşitli yaralılar, daha sonra ve başka Hastanelerde öldükleri için kayıtlara geçmemiş olabilirler. Ayrıca özellikle Yörükselim Mahallesine yapılan saldırılarda, saldırganların ölülerini ka-

---

82-25 Aralık 1978 Tarihli Tercüman Gazetesi

çırdıklarına dair iddialar olduğunu düşünürsek, ölü sayılarının, bu nedenle de, açıklanan resmi rakamlardan fazla olduğunu kabul etmek gerekiyor.

Fakat bu fazlalık, sanılan ve tartışmalarda ileri sürülen rakamlarda olabilecek bir fazlalık değildir. Maraş Katliamı'nda ölü sayısı, muhtemelen, resmi rakamların biraz üstündedir.

Katliamdaki ölü sayısının daha fazla olmadığını düşünmemize yol açan bir olgu da, Maraş Katliamı'nda, yakınlarını kaybeden, ancak resmi kayıtlara geçmemiş herhangi bir şikâyetin veya bilginin ortaya çıkmamış olmasıdır. Aradan geçen bunca zaman içinde, özellikle mağdurlardan hiç kimse çıkıp, "Maraş Katliamı'nda yakınımı kaybettim, ancak resmi belgelerde bu durum kayıtlı değildir" türünde bir şikâyet veya bilgi geliştirmemiştir.

Bu noktalardan bakılınca, ölü sayısının, belirtildiği gibi 500-1000-5000 gibi sayılarda olamayacağı görülmektedir. Resmi kayıtlar dışında, yukarıda belirtildiği gibi, başka şehirlerin Hastanelerinde ölmüş yaralılar ve saldırganların kaçırdıkları ölüleri, ölü sayısını artırabilecek olgulardır. Bu iki nedenle meydana gelecek olan artışların ise, tartışılan rakamlarda olabileceğini düşünmek çok gerçekçi değildir.

Katliamın yaşandığı günlerde, saldırıya uğrayan Türk-Kürt Alevilerin, amatörce bir çalışma sonucu da olsa, ortaya koydukları bir bilgi, konuyla ilgili olarak, kayda değer bir bilgidir. Türk-Kürt Aleviler, kendi yakınlarında 102 ölü tespit edebildiklerini ifade etmişlerdir. Her ne kadar yapılan bu tespit, resmi ve belgelenmiş bir tespit değilse de önemlidir. Çok büyük ihtimalle Alevilerin gerçek ölü rakamlarıdır veya o rakamlara yakındır. Bu rakama, çeşitli Hastanelerde ve daha sonra ölmüş olanlarla, saldırganlardan ölenlerin eklenmesiyle, gerçek rakamlara ulaşılabilinir.

Yapılan bu değerlendirme ve varılan sonuç, devletin resmi rakamlarına duyulan güvenden değil, anlatılan olgulardan çıkartılmakta ve yanılma ihtimali taşımaktadır.

Bu belirlemeleri yaptıktan sonra, ayrıca, katliamın vahşetini ve büyüklüğünü anlatmak için, ölülerin fazlalığına vurgu yapmanın gereksizliği belirtilmektedir. Bu katliam ve tüm katliamlar, gerek sözcük olarak, gerek fiili yaşanmışlıklarıyla, yeterince vahşi ve insanlık dışıdırlar. Bir katliamın vahşetinin anlatılması için ölü sayısının fazlalığına ihtiyaç duyulmamalıdır. Dahası bu katliamda yüzden fazla insanın ölmüş olması, çok mu az? Yüzden fazla ölü, çok sıradan bir durum mudur? İnsanlar ancak birkaç kuşakta bir böylesine durumlar yaşayabilirler. Dolayısıyla sayıların çokluğu üzerinde katliamın vahşetini anlatmaya çalışmak, doğru bir yaklaşım değildir ve soruna böyle yaklaşılmamalı, Maraş Katliamı gibi çok yönlü ve çok kanlı bir katliam, böylesine spekülatif tartışmalara heba edilmemelidir.

Maraş Katliamı'nda öldürülen Alevilerin mezarları nerede?

Maraş Katliamı'nda öldürülen Alevilerle ilgili olarak, gözden kaçırılan, esas tartışılması gereken konu, ölenlerin mezarları konusudur. Bu gün Maraş Katliamı'nda öldürülen Kürt-Türk Alevilerin bir kısmının mezarları, aileleri tarafından bilinmemektedir.

Görülen ve bilinen o ki, devlet bulduğu ölüyü, bulduğu yerde almış, bir yerlere gömmüştür. Daha sonra, ölüsünü arama imkânı olan ailelere, bir mezar numarası verilmiş, bu imkânı olmayan veya yaşadığı travmadan dolayı, ölüsünü arayamayan ailelere ise, bu türden herhangi bir bilgi bile verilmemiştir.

Öte yanda kendilerine mezar numarası verilen hiçbir aile, ne o numaralı mezarın nerede olduğunu görmüştür, ne de orada yakınının gömülü olup olmadığını öğrenebilmiştir.

Durumun anlaşılabilmesi için yaşanmışlıklar üzerinde ifade etmeye çalışalım. Katliam esnasında öldürülen Alevilerin ve devrimcilerin bazıları, aileleri tarafından sahiplenilmiş, alınıp istenen yere gömülmüştür. Böylece ailenin ölüsü ile ilgili herhangi bir sorunu kalmamıştır.

Bu şansı olmayan devletin çeşitli tesislerde denetim altına aldığı aileler ise, ölülerin tutulduğu depolara götürülüp, ölülerini teşhis etmeleri istenmiştir. Bunların içinde, ölüsünü teşhis edip götürenler olmuştur. Bu ailelerin de ölüleriyle ilgili bir sorunları kalmamıştır.

Bir kısım ölü sahibi ise, yaşadığı dehşetin etkisi ve olanaksızlık nedeniyle, ölüsünü alıp istediği yere gömme imkânına sahip olamamış, teşhis etmekle yetinmiştir.

Bu teşhis sürecinde bulunamayan ve ölüsüne o anda sahip çıkamayan aileler ise, uygun bir zaman geçtikten sonra, devletle bağlantıya geçerek ölüsünü aramaya başlamıştır. Gerek uygun zamanda, ölüsüne sahip çıkma imkânı bulamayan, gerek olanaksızlıktan veya dehşetin etkisiyle, ölüsünü kendisi alıp gömemeyen söz konusu ailelerin ölüleri, devlet tarafından gömülmüştür. Gömülen bu ölülerle ilgili olarak, bazı aileler hiç gelmemiş, ölüsünü yaşadıklarıyla birlikte unutmaya çalışmış, böylece ölüsüne dair herhangi bir bilgi sahibi olamamıştır.

Bir süre sonra, ölüsünü arayan bazı ailelere ise devlet, yeni çeşitli mezarlık numaraları vermiş, ölülerinin verilen mezarlık numaralarında gömülü olduğunu söyleyerek işin içinde çıkmıştır. Bazı aileler ise o gün bu gündür, yaşadıklarını ölüleriyle birlikte gömmek istercesine, katliamın yarattığı travmanın etkisiyle, ölülerini arayamamışlar, ölülerine dair herhangi bir bilgi sahibi olamamışlardır.

Ortaya şöyle bir durum çıkmıştır. Bazı aileler, ölülerinin nerede gömüldüklerine dair hiçbir bilgi sahibi olmamışlar, kendilerine numara verilen ölü sahibi ailelerin büyük bir kısmı ise gerek o dehşetin etkisiyle, gerek Maraş'ta oluşan atmosferden dolayı, verilen numaralarda yatan ölülerini tespit etme, ölülerini ziyaret etme olanağına sahip olamamışlardır.

Sonuç itibarıyla, Maraş Katliamı'nda ölenlerin bazılarının mezarları, aileler tarafından bilinmemektedir. Bazıları da kendilerine bir numara verilmiş olmasına rağmen o numarada bir mezarı ziyaret etmediği için ölüsünün orada olup olmadığını tespit ve tescil edememiştir.

Daha da vahimi, bu ölüler, aileler tarafından ve kendi dinsel inançlarına göre gömülmemişler, onlara bu olanak yaratılmamıştır. Yani birçok aile ölüsünü sahiplenme ve gömme hakkından mahrum edilmiştir. Onlara bu yönlü imkânlar yaratılmadığı gibi, daha sonra yapılan gömme işlemiyle ilgili gerekli bilgiler de verilmemiştir.

O gün demokratik kamuoyunun da yeterince ilgilenmediği bu durumun yarattığı sonuç Maraş Katliamı'nda öldürülenlerin mezarlarının kayıp olduğu gerçeğidir. Ölülerinin mezarlarından haberdar olamayan çok sayıda mağdur ailenin dillendiremediği, ancak yüreklerini yakan bu gerçek, bugünün koşullarında açıklığa kavuşturulmayı beklemektedir.

Katliamda üst düzey askeri görevli olan Mahmut Boğuşlu'nun anlatımları da, bu gerçeği dolaylı yoldan desteklemektedir. Konuyla ilgili olarak General Mahmut Boğuşlu şunları söylemektedir.

" şehrin değişik bölgelerinde alınan cesetler, belediyenin soğuk hava deposunda toplanıyordu. Olayların son günü-26. Aralık Çarşamba-teşhisleri için ölü sahiplerinin depoya gelmesi istendi. Bir ara bende depoya uğradım. Manzara feci bir manzara idi. Orada o gün 80-85 ölü vardı."[(83)]

Katliamın son günü olan 26 Aralıkta, henüz devletin denetiminde 85 ölü bulunuyorsa ve ölülerin uzun süre muhafazasının doğru ve mümkün olmadığı da göz önüne alınırsa, söz konusu cesetlerin devlet tarafından gömüldüğü anlaşılmaktadır. Devletin, belirtilen koşullarda ölüleri gömmüş olmasından doğan herhangi bir yanlışlıktan söz edilemez. Ancak bu gömme işleminde ve mezarlarda, ailelerin haberdar edilmesi, bilgilendirilmesi, ailelerin ölüsüne karşı yapmaları gereken son görevlerini yapmalarının koşullarının oluşturulması, bu tarz bir

---

83-1960-1978 Olayları Anılar Yorumlar M. Boğuşlu S. 83

gömme işleminin kendisinden daha fazla gerekli ve anlamlıdır. Ancak bunların hiçbirisi yapılmamış, süreç belirtilen şekilde gelişmiştir.

Mezarları aileleri tarafından bilinmeyen bu insanların sayısının kaç olduğunun elbette her aile için önemi bulunmaktadır. Fakat asıl olan, bu durumda olan ölü sahibi ailenin kaç olduğu değil, böyle bir gerçeğin bunca yıldır varlığı ve üzerine gidilmemiş olunmasıdır. Hem katliamcı politikalarla hesaplaşmak, hem ailelerin acılarına ortak olmak ve azaltmak açısında son derece vahim ve dramatik olan bu durumla ilgilenmek, bilinmezleri açıklığa kavuşturmak, önemlidir.

Türk ve Sünni olarak katliama maruz kalanlar

Maraş Katliamı'nın sadece Alevilere karşı yapılmış bir katliam olmadığı biliniyor. Fakat katliamın bu yönü somutlaştırılamadığı için, eksik kalmaktadır. Doğru söylemler somut bilgilerle beslenip desteklenmediği sürece yeterince anlaşılamazlar. Hem Maraş Katliamı'nın bu yönünün somutlaştırılması, hem de bilgi eksikliğinin giderilmesi için bu anlamda bazı bilgilerin paylaşılması gerekmektedir.

Bu çerçevede öncelikle, katliamın yapılması için kurban seçilen, TÖB-DER'li öğretmenler Mustafa Yüzbaşıoğlu ve Hacı Çolak'ın anılması önemlidir. Öğretmenlerden Mustafa Yüzbaşıoğlu, Maraş'ın yerlilerinden, Türk-Sünni bir aileden gelmektedir. Devrimci mücadeleyle yakın ilişki içinde olan Mustafa Yüzbaşıoğlu, öğretmenlerin mücadele örgütü olan TÖB-DER'in üyesidir. Mustafa Yüzbaşıoğlu, devrimci tutum ve yaklaşımlarıyla Maraş halkının sevdiği ve değer verdiği bir öğretmendi.

Katliamcı yapının, Mustafa Yüzbaşıoğlu'nu hedef seçmiş olması, son derece anlamlıdır. Gelişen mücadeleye bağlı olarak Maraş'ın yerli halkı, Alevilerle ve devrimcilerle iç içe olmaya, devrimci mücadeleye daha çok katılmaya başlamıştı. Türk-Sünni ve Maraş'ın yerlisi olan Mustafa Yüzbaşıoğlu katledilerek, hem bu gelişmenin önü kesilmek, hem de katliam planı uygulanmak istenmiştir. Alevilere ve devrimcilere katılmanın veya onlara yakınlık göstermenin bedelinin ölüm olduğu anlatılarak, gözdağı verilmeye, Maraşlıların devrimcileşmesine izin verilmeyeceği anlatılmaya çalışılmıştır.

Öldürülen diğer öğretmen Hacı Çolak ise, Türk Alevidir. Aynı şekilde TÖB-DER üyesi olan Hacı Çolak, Elbistan'ın Küçükyapalak köyündendir. Öldürülen her iki öğretmen, politik mücadele içinde özel hedef yapılacak kadar ileri bir konumda değillerdi. Bu iki öğretmenin öldürülmek için hedef seçilmesi, özel bir politik tercihi işaret etmektedir. Hedeflerin seçiminde dikkate alınan kriter, öğretmen arkadaşların kişisel durumları değil, katliamın gerçeği ve içeriği olmuştur. Bu yolla yaratılan Maraş Katliamı sonucunda, Alevi-Sünni ve Türk-Kürt kardeşliği dinamitlenmek istenmiştir.

Mehmet Taşkesen

Mehmet Taşkesen, katliam döneminde 50 yaşında bulunan Maraş'ın yerlilerinden, Türk-Sünni bir Maraşlıdır. Üniversite yıllarında, devrimci düşüncelerle tanışmış, bu şekilde başladığı devrimci faaliyetlerine, öldürülmesine kadar devam etmiştir. Üniversitede karıştığı bir cinayetten dolayı cezaevine düşmüştür. Cezaevinde çıktıktan sonra, okulu bırakmak zorunda kaldığı için Maraş'ta yaşamını sürdürmüştür. Maraş Katliamı döneminde, Maraş'ta DİSK'e bağlı Tekstil-Sen sendikasının temciliğini yapmaktaydı.

Cenaze törenini dışarıdan izleyen Mehmet Taşkesen, saldırganların ilk hedeflerindendir. Mehmet Taşkesen, uğradığı saldırıya karşı silahla kendisini korumaya ve saldırganları defetmeye çalışmıştır. Bu esnada yakalanmış, tutuklanmış, katliamcı sanıklarla birlikte yargılanmıştır. Aldığı ceza fazla olmadığı için cezasını yatarak, serbest bırakılmıştır.

Mehmet Taşkesen, cezaevinden çıktıktan sonra doğup büyüdüğü Maraş'ta yaşamına devam eder. Ancak faşist saldırganlar, Mehmet Taşkesen'in, bütün saldırılara rağmen sürdürdüğü kararlı ve ilerici duruşunu hazmedememişler ve kişisel bir davayı bahane ederek, bir komployla, öldürmüşlerdir.

İşbilir Ailesi

İşbilir ailesi Türk-Sünni bir ailedir. Öldürülmelerinin nedeni solcu olarak biliniyor olmalardır. Ayrıntıları ilgili belgeden okuyalım. "23 Aralık 1978 Cumartesi günü saat 15:00 sıralarında ellerinde taş, sopa, balta, av tüfeği, kazma, tahra, et keseri, tabanca olan kalabalık bir grup Sünni kökenli olmakla beraber çevresinde solcu olarak tanınan öğretmen Ali Rıza İşbilir'in evinin bulunduğu Dumlupınar Mahallesi Neyzen Sokağa gelmişlerdir... Öğretmen Ali Rıza İşbilir ellerini havaya kaldırarak ortaya çıkmış ve "Teslimim, çocuklarıma, aileme dokunmayın, ne yapacaksanız bana yapın"demiştir. "Ali Rıza İşbilir'i dışarı çıkararak kapısının önünde öldürmüşlerdir."

"Saldırganlar o sırada kaçmaya çalışan Ayşe İşbilir'i de yakalayarak kafasına vurup bayıltmışlar ve üzerine silahla ateş etmişler, sol elinden yaralamışlar ve öldü diye bırakmışlardır. Saldırganlar bu defa evin içinde bulunan Melahat İşbilir ve polis Hacı Veli İşbilir'i de dışarı çıkararak öldürmüşlerdir."

"Saldırganlardan biri odaya girerek elbise dolabına elindeki tahra ile vurunca, gelin Yeter İşbilir dışarı çıkmış ve tahra ile kendisini yaralayan saldırgandan kurtularak bahçe duvarından atlayıp kaçmıştır, arkasından açılan ateş sonucu sol omzundan yaralanmış, civardaki bir eve sığınmak istemiş ise de kendisini içeriye almamışlardır. Saldırganlar Yeter İşbilir'i tekrar yakalamışlar, "Türk müsün gâvur musun" diye sormuşlar, "Türküm, buraya yeni gelin geldim" cevabını alınca da "Bırakın bu Türkmüş" diyerek, kendisini tekrar eve getirmişlerdir... Önce bir düğün evine, daha sonra babasının evine götürmüşlerdir... Saldırganlardan bazıları öldürelim, bazıları öldürmeyelim diye konuşmuşlar, o arada Yeter İşbilir'in üstündeki altınları almışlar,.. Saldırganlar, Yeşilyurt Camisinin orada Mehmet İşbilir'i de öldürmüşlerdir. Daha sonra, saldırganlar "buranın işi tamam, bunların işini bitirdik diyerek dağılmışlardır." (84)

Hiçbir yoruma gerek yok. Kocaman bir Türk Sünni aile, solcu oldukları için, bütün fertleriyle yok ediliyor, bunu yapabilen canavarlar tahra ve kurşunla yaralanmış olan gelinin üzerindeki altınları almaktan bir an olsun utanmayabiliyorlar! İlginç bir ayrıntı daha göze çarpmaktadır. Esir alınan yaralı gelin Yeter İşbilir, önce bir düğün evine götürülüyor. Demek ki o katliam koşullarında birisi de düğün yapabilmektedir.

Türkoğlu yolunda öğretmen Ömer Babacan'a saldırı

Türk ve Sünni olmasına rağmen katliamcıların saldırlarına maruz kalan öğretmen Ömer Babacan'ın hikâyesi ise şöyle anlatılmaktadır, Gerekçeli Karar'da.

"Pazarcık İlçesi Gülhaş Karahöyük Köyü İlkokul öğretmeni olduğunu; 24 Aralık 1978 pazar günü görev yaptığı köyden olan arkadaşları ile birlikte Kahramanmaraş'tan yaya olarak Türkoğlu İlçesi Kılılı köyüne gitmek üzere hareket ettiklerini; Kılılı köyüne az bir mesafe kaldığında arkalarından gelen bir arabadan inen silahlı dört kişinin nereden geldiklerini sorduğunu, üzerlerini aradıklarını; kendisinin'öğretmen olduğunu hüviyetinden anlayınca, üzerine saldırarak dövdüklerini; saldırganlara Alevi olmadığını söylemesine rağmen "sen Alevi olmasan da TÖB-DER'lisin komünistlerdensin" dediklerini;"... (85)

Türk-Sünni olmanın katliama maruz kalmayı engellemediğine, Gerekçeli Karar'da, sanıldığından fazla sıklıkla rastlanmaktadır. Bunda şaşılacak herhangi bir durum da yoktur. Ancak konuyu özel olarak ele almaktaki amaç, katliamın bu yönünün unutulmasına müdahale etmektir. Katliam gerçeğinin doğru anlaşılması için ayrıntı gibi görülen bu noktanın gözden uzak tutulmaması, tam tersine her durumda işlenmesi gerekir.

84-Maraş Olayları Gerekçeli Karar S. 309-310

85-Maraş Olayları Gerekçeli Karar S. 280

Maraş Katliamı'ndan Alevilerin daha fazla katledilmiş olması, katliamın diğer boyutlarından kopartılarak ele alınamaz. Yukarıdaki cinayet ve saldırılarda göstermektedir ki, Maraş Katliamı'nda Alevilerin katledilmesinde, onların tarihte gelen dinsel duruşlarına karşı yaratılmış düşmanlığın yanında, Alevilerin devrimcilerin doğal tabanı olmaları da etkili olmuştur. Böyle olduğu içindir ki, çok sayıda insan Alevi olmadığı halde, solcu-devrimci olduğu için saldırıya uğramış, katledilmiştir.

Türk ve Sünnilerin katliama uğrayanları koruma çabaları

Türk-Kürt Alevilere ve devrimcilere karşı yapılan bu katliamda, Türk-Sünnilerin içinde, katliam karşıtlığını açıkça deklare ederek, katliamcılara tavır alan, mağdurları korumaya çalışan ve mahkemede, katliamcılar aleyhine ifade verenlerin sayısı da az değildir. Türk Sünni halkının, katliam karşıtlığını gösteren çok sayıda girişimleri ve çabaları bulunmaktadır. Bu gerçeğin bilinmesi, katliamın doğru ele alınması ve katliamcılığa karşı mücadele için önemli ve gereklidir.

Can pazarının yaşandığı katliam koşullarında, katliama karşı tutum almak, katliamın mağdurlarına sahip çıkmak, onları korumak, katliamcıların tarafından olması beklenen Maraşlı Türk-Sünniler için kolay değildi. Katliamcılar, toplumun bu kesimini doğal ve zorunlu tabanı olarak görmekle kalmamış, onları zorla katliama katmışlardır. İnsanların katliamcılığa zorlandığı çok sayıda örnek bulunmaktadır Gerekçeli Karar'da.

Zaten Maraş'ın Türk Sünni toplumu, bir bütün olarak katliamın içinde değildi. Sıradan Maraşlı, bir anda mahallesinde yaşanan katliam karşısında, katliamın anlam ve öneminin farkında olmayarak, katliamı, sola karşı yapılan lokal bir saldırı veya dönemin klasik çatışmalarından biri gibi algılamıştır. Bu nedenle kendilerini Müslüman-sağcı kabul edenler tarafından katliam, ilk başlarda, ya pasif destekle karşılanmış veya ilgisiz kalınmıştır.

Maraşlıların, başlarda böyle yaklaştığı katliam, kimi yerde komşularının, kimi zaman kiracılarının, kimi zaman ev sahiplerinin öldürülmesine kadar gelince, tutumlarını değiştirdikleri görülmektedir. Bunun üzerine ve vahşetin boyutları karşısında, genel olarak Maraşlılarda, hiçbir politik, etnik veya mezhepsel kaygı duymadan, sadece insani duyarlılık gösterilerek, katliam karşıtlığı gelişmiştir.

Şüphesiz o koşullarda katliamcılarla çatışmayı göze almak kolay değildi. Dolayısıyla, cepheden katliamcılarla çatışılmasa bile, ciddi karşı koyuşlar olmuştur. İtiraz eden, yapılan katliamı doğrudan değilse de, dolaylı yollarda onaylamadığını göstermeye çalışan çok sayıda Maraşlı, bu tutumlarıyla katliamcıların saldırı ve cinayetlerini sınırlamaya çalışmışlardır.

Daha önemlisi, çok sayıda katliam mağdurunun, Türk ve Sünniler tarafından kurtarılmış olmasıdır. Buna dair örneklerin üzerinde daha derinlikli bir çalışmanın yapılması konumuzla ilgili önemlidir, ancak konunun anlaşılması için birkaç örnek sunmak yeterli olacaktır.

"Saldırganlar ev sahibi Halil Uzunlar'a "senin evinde Alevi varmış, bize teslim et" demişler ve bu şahsın bitişikteki dükkânlarını tahrip ederek evin kapısını kırıp içeri girmişler, sağ taraftaki yatak odasına ateş etmişlerdir. Ev sahibi Halil Uzunlar ve karısı "o adamlar Müslümandır, durun, etmeyin, yapmayın" diyerek, Serin ailesini kurtarmaya çalışmışlar ve saldırganları evden dışarı çıkarmışlardır."

"Topluluklar "vurun komünistlere, Maraş Ülkü yuvası" diye bağırarak saldırıya başlayınca, Hüseyin ve Safiye Ünlüdağ ev sahibi Hacı Cesur'un üst kattaki evine çıkmışlar, burada ev sahibi Hacı Cesur, Hüseyin Ünlüdağ'ı hamamın 'üstündeki boşluğa, Safiye Ünlüdağ'ı da çarşaf giydirerek kerevitin altına saklamıştır.

"Nursel, Birgül ve Songül Metin, perişan bir vaziyette Hacer Büyükköse'nin evine sığınmışlar, kızlar gelen jandarma tarafındann kurtarılmışlardır."

"Saldırganların Balta ailesinin evine saldırmalarına engel olmak isteyen bir vatandaş; "Senin kanında bozukluk var, burada Aleviler oturuyormuş onları göster" denilerek dövülmüştür. Bir ara saldırganların elinden kaçan Elif Balta, komşusu Bekir Harman'ın evine sığınmış ve "Beni kurtar Bekir amca" diye yalvarmıştır. Bunun üzerine Bekir Harman Elif Balta'yı kendi evinden bir başka eve geçirmiştir. [86]

"23 Aralık 1978 Cumartesi gecesini tarlalarda geçiren M. Ali Balta, Şerif Balta, Mehmet Sağlam ve Ali Sağlam'a 24 Aralık 1978 Pazar günü arazide rastladıkları Önsen köylüleri "Dört Alevi de bizim köye nasip olsun" diyerek köye götürmüşler, fakat köyde Yaşar Kirik isimli şahıs, anılan şahısları kendi evine götürerek misafir etmiş ve köylüler tarafındann öldürülmelerini önlemiştir."[87] "Saldırganlar alt katta bulunan Keyfo Eren'i bularak yukarıya çıkarmışlar, o sırada olay yerine gelerek evin içine giren mahalle muhtarına, saldırganların başında bulunan şahıs, Keyfo Eren'in Alevi olup olmadığını sormuş, muhtarın 'Alevi değil, burada Alevi yok' cevabına karşılık Keyfo Eren'e dönerek 'Kelime-i şahadet getir' demiştir. Araya giren muhtar kendisi Kelime-i şahadet getirmiş, o zaman saldırganların lideri olan şahıs, muhtarın omzuna bir yumruk vurarak 'sen söyleme, o söylesin' demiştir. Muhtar bitkin bir halde olan Keyfo Eren'i omuzlarından sallayarak şahadet getirmesini söylemiş ve Keyfo Eren'de kelime-i şahadet getirmiştir. O zaman merdivenlerde duran saldırganların lideri 'tamam bırakın gidelim'demiş ve saldırganlar bunu müteakip evden ayrılmışlardır."[88]

Görüldüğü gibi normal koşullarda katliamcılarla birlikte olacak olan bu insanların risk alarak katliamcılara karşı tutum almış olmalarının bir değeri vardır ve bu bilinmelidir. Bu insanların katliamcıların hedefi olma pahasına giriştikleri bu tutum

---

86-Maraş Olayları Gerekçeli Karar S. 310

87-Maraş Olayları Gerekçeli Karar S. 309-310

88-Maraş Olayları Gerekçeli Karar S. 308

anlatılmadan ve anlaşılmadan Maraş Katliamı anlatılamaz. Bütün bu gerçekler, halkların kardeşliğine, farklı inançlar arasında olması gereken hoşgörünün önemine dikkat çekmek için ortaya konmaktadır.

Bu tespitler yapılarak, başka bir geçeğin göz ardı edildiği düşünülmemelidir. Katliam boyunca, saldırılardan korunmak için sağa sola kaçan ve bu esnada komşularına sığınmaya çalışan veya yardım isteyen, çok fazla sayıda katliam mağduru Aleviye karşı, saldırganlardan yana davranışlar geliştirildiğini, kapıların açılmadığını, kimsenin kaçan insanları evlerine almadığını unutmak veya göz ardı etmek söz konusu değildir. Maraş Katliamı gibi, devasa bir organizasyonda, bu tür davranışlar, sıradan insanların rutin davranışları olabileceği gibi, katliam atmosferine uyumlu davranılmasından da kaynaklanmış olabilir. Burada açığa çıkartılmak istenen, katliam koşullarında, katliamcılara karşı veya onlardan yana olmayanların tutumlarının sıra dışı davranışlar olarak tespit edilmesidir.

Katliamın maddi yönü

Diğer katliamlarda olduğu gibi, Maraş Katliamı'ndan da maddi beklenti içinde olan, bu amaçla katliama katılmış bulunan ve bunun için yağma yapanlar olmuştur, kuşkusuz. Maraş Katliamı'na sevk edilmiş olan saldırganlar, maddi değer kazanımını düşünmüş, buna yönelmişlerdir. Ayrıca, çok mümkündür ki, katliamının ön hazırlıkları için saldırganlar örgütlendirilirken, katliama katılanlara çeşitli maddi kazanımlar taahhüt edilmiştir. Alevilerin, Kürtlerin çok zengin oldukları, bunların Maraş'tan kovulması halinde, ellerindeki değerlerin, mal varlıklarının kendilerine verileceği söylenmiş olabilir.

Ancak Maraş Katliamı'nda yağmacılık, katliamın politik yönünü gölgede bırakacak düzeyde yaşanmamıştır. Maraş Katliamı'nın, motivasyonunda, daha çok politik saikler etkili olmuştur. Katledilen Alevilerin ve Kürtlerin, Ermenilerde olduğu gibi, fazlaca bir mal varlıklarının olmamış olması, bu yönde göze batar bir durumun yaşanmamasına yol açmıştır. Maraş Katliamı'na katılan ve tamamen yoksul olan güruh, Alevilerin-Kürtlerin ve solcuların evlerini, evlerindeki eşyalarını ve işyerlerini tahrip edip yağmalarken, beklediği gibi maddi bir sonuç elde edememiştir, bunu istemiş olmasına rağmen.

Ancak bu durum, söz konusu katliam mağdurlarının maddi kayıpları olmadığı anlamına, zinhar, gelmez. Katliamın mağduru olan Kürt-Türk Alevilerin, olağanüstü maddi kayıpları olduğu yadsınamaz bir gerçekliktir. Bütün evler yanmış, eşyalar ve işyerlerindeki mallar yağmalanmıştır. İnsanlar yıllardır, olağanüstü zor koşullarda, bir araya getirdikleri çeşitli imkânlarını, evlerini, işlerini kaybetmişlerdir. Ayrıca katliam esnasında yaşanan yığınla maddi kaybın yanında, Maraşlı Türk-Kürt Aleviler, evlerini, mülklerini, işyerlerini ve çeşitli taşınır, taşınmaz değerlerini yok pahasına satıp kaçmak zorunda kalmışlardır. Bunun sonucunda, binlerce ailenin bütün bir geleceği alt üst edilmiş, insanlar, aç-sefil, başka diyarlara sürgün olmak zorunda kalmışlardır.

Maraş Katliamı'nın hemen ardında, Türk ve Kürt Alevilerin yaşadığı bütün mahalleler, boşalmış, herkes, geçici de olsa başka yerlere gitmiş, mahalleler viraneye dönmüştür. Bu koşullarda, Maraş'ı terk etmek zorunda kalan mağdurlara devlet, "hayır siz buralısınız, burada yaşamak en tabii hakkınız ve biz bunu sağlamak zorundayız" diyerek sahip çıkmamıştır. Tam tersine, sanki adı konmamış sürgün edilişi, istiyor ve bekliyormuş gibi, göçü teşvik etmiş, özendirmiştir. Bu uygulama, özellikle sıkıyönetim ve sonrası 12 Eylül döneminde, yurt dışına gitmek isteyenlere gösterilen kolaylıklarla, daha bariz gözlenmiştir. Bu dönemde yapılan uygulama, Ermeni Katliamı'nda, Ermenilerin "isterlerse yurt dışına gitmelerine yardımcı olunacağını" söyleyen Osmanlı yöneticilerinin tutumunu hatırlatmaktadır.

Türk-Kürt Alevilerin Maraş'ta yaşamalarının engellenmesine yönelik bütün bu uygulamalara karşın, özellikle uzun süredir yerleşik yaşayan Maraşlı Aleviler, gerek hiç ayrılmayarak, gerek daha sonra geri dönerek, kendi evlerine, sokaklarına, sahip çıkmışlardır. Böylelikle doğup büyüdükleri şehirlerini, mahallelerini terk etmeyerek, Ermenilerin yaşadığı akıbeti yaşamayacaklarını göstermişlerdir.

Yargılama süreci ve sonuçları

Katliamın son günü ilan edilen sıkıyönetimle, Maraş Katliamı Davasının yargılamaları, Sıkıyönetim Mahkemesine geçmiştir. Maraş Katliamı davasında, yakalanan sanıkların büyük bir kısmı, sıradan katliamcılardan meydana gelen ve katliamcıların gerçek rakamlarıyla orantılı olmayan sayıda sanıklardı. Bunların içinde yer alan çok sayıda cinayet işlemiş olan canavar katillerin bazıları, özellikledе mağdur ailelerin çabaları sonucu yakalanmış ve yargılanmışlardır.

Haziran ayında başlayan yargılamalar, bir yıl gibi kısa bir sürede, bir kısım fiili katliamcı cezalandırılarak, sonuçlandırıldı. 37 sanığı ölüm cezasına çarptıran mahkeme, bunlardan 14'ünün cezalarını yaşam boyu hapse, birinin de yaşının küçük oluşu nedeniyle 20 yıl ağır hapse çevirdi. 379 kişi davadan beraat ederken, katliamda birinci dereceden rol oynayan 68 kişi hiç yakalanmadı. Yargılanan sanıklardan 7'si, 15-24 yıl arasında, 29'u 10-15 yıl, 259'u da 5-10 yıl arasında, 26'sı ise 1-5 yıl arasında hapis cezası aldılar. İdam ve müebbet hapis cezaları dışındakilere 1/6 oranında cezai indirim uygulanarak cezaları azaltıldı.

Ardından verilen idam ve müebbet hapis cezaları Yargıtay tarafındann bozuldu. Yeni yargılama sonucunda da idam cezaları uygulanmadı. Sonuçta, idam alanlarda dâhil, tüm katliamcılar, daha sonra çıkan, adı af olmayan afla, serbest kaldılar. Ne yapılan yargılamalar katliamın dehşetiyle orantılıydı, ne verilen cezalar. Zaten böyle yaklaşıldığı için kamuoyu vicdanı tatmin olmamış, yaralanmıştır.

Maraş Katliamı Davasının yargılamasında, başka bölümde belirtildiği gibi, yapılan çeşitli düzenlemeler sonucunda, gerçek ve adil bir yargılama yapılmamıştır. Katliam, gerçek niteliği olan katliam olarak değil, "isyan ve mukatele" olarak tanımlanmış, bunun sonucunda, katliamın mağdurlarıyla katliamcılar aynı cezalarla yargılandıkları gibi, katliamın gerçek niteliği saklanmıştır. Katliamın elebaşları, siyasal sorumluları, maskeli, uzun namlulu silahlı katliamcılar, yani belgenin anlatımıyla "teşvikçiler" bulunamamıştır. Böylece beklendiği gibi, Sıkıyönetim Mahkemesi, gerçek katliamcıları aklayarak, Maraş Katliamı davasını, bütün yönleriyle, "faili meçhul" ederek bitirmiştir.

Yargılamanın sonunda, sıradan bir yargılamada bile, mutlaka aydınlanması gereken hiçbir saldırı, aydınlığa kavuşturulmamıştır. ETKO saldırılarıyla katliam arasındaki bağlantı araştırılarak tespit edilememiştir. Çiçek Sineması'na atılan patlayıcının kim veya kimler tarafından atıldığı bulunamamıştır. Akın Kıraathanesine atılan bombanın kim veya kimler tarafından atıldığı açığa çıkartılamamıştır. Yine katliamın son derece önemli bir basamağı olan, öldürülen iki öğretmenin, kim tarafından öldürüldüğü tespit edilememiştir.

Sonuçta katliama giden bütün basamaklardaki saldırılar da "faili meçhul" kalmıştır. Mahkemenin bu gidişini önlemek için çalışan müdahil avukatlar, gösterdikleri çabalardan rahatsız olan katliamcı güçler tarafından ve arka arkaya öldürülmüşlerdir.

Maraş Katliamı'yla ilgili yargılamalar ve sonuçları, katliamcı politikaların mahkûmiyetine değil, devamını sağlamaya hizmet etmiştir. Aslında Sıkıyönetim Mahkemesinin, katliamcıları yargılamak yerine, katliamı ve katliamcıları aklamaya yönelik bir tutum içinde davranacağı, demokratik kamuoyu tarafından biliniyordu ve kısa sürede gerçeğin böyle olduğu ortaya çıktı.

Fakat Maraş Katliamı davasında yapılmak istenen, sadece bu değildi. Aynı zamanda ve tam olarak, 6-7 Eylülde yapılmaya çalışıldığı gibi, katliamın sorumluluğu devrimcilere yıkılmak isteniyordu. Sıkıyönetim koşullarında, var olan toplumsal muhalefetin baskısı, katliamın gizlenemeyen gerçekleri ve avukatların yoğun çabaları sonucu, illegal güçler bu arzusunu, istediği gibi gerçekleştirememişti. Ancak katliamcı illegal güçler,

Maraş Katliamı'nı devrimcilerin üstüne yıkmaktan vazgeçmemiş, bunun için çeşitli oyun ve komplolarını hayata geçirmenin yollarını aramaktaydılar. Bu durumla ilgili ayrıntılar başka bir bölümde ele alınacağı için belirtmekle yetiniyoruz.

Son olarak bu bölümde bir noktanın belirtilmesine ihtiyaç bulunmaktadır. Katliamlara karşı mücadeleyi ve katliamlarla yüzleşmeyi, sadece yargılamalar ve yargılamalarda kaç kişinin, ne kadar ceza aldığı çerçevesinde ele almak, eksik bir ele alış olacaktır. Uluslararası illegal yapılanmaların, yerel illegal güçlerle birlikte kotardıkları politik bir uygulama olan Maraş Katliamı'nın, hangi birey/bireyler tarafından yapılmış veya planlanmış olduğu ve yargılanıp yargılanmadığı, ne kadar ceza aldığı gibi hususlar, esas soruna dönüştürülerek, sorun, bu düzeye indirgenmemelidir.

Sorun, daha fazla kapsamlı, boyutlu ve politiktir. Unutmayalım ki, 6-7 Eylül saldırılarından dolayı dönemin hükümeti ve yetkilileri yargılanmışlar, hatta cezalandırılmışlardır. Aynı şekilde, Ermeni Katliamı'nda sorumlu tutulan İttihat ve Terakki Fırkasının yetkilileri de, yaptıkları katliamlardan dolayı, yargılanmışlardır. Ama bütün bunlar, katliamlar politikasının ortadan kalkmasına yol açmamıştır. Onun için, katliamlara karşı yapılması gerekenler, sadece, tek tek veya toplu olarak katliamcı bireylerin yargılanmasından ibaret olarak görülmemelidir.

Bu tür yargılanmalar, önemlidir, mutlaka yapılması ve adaletli sonucun alınması gerekir. Bu amaçla mücadele etmek ve çalışmak her ilerici ve demokratın görevi olmalıdır. Eli kanlı katliamcıların yakasına yapışılmalı, hesabı sorulmalıdır. Ancak yapılması gereken bu tür yargılamalar, katliamcı politikaların mahkûmiyetini, katliamcıların gerçekten hesap vermesini sağlayacaksa anlamlı olabilir. Katliamcılara karşı mücadele ve bu amaçla yapılacak olan yargılamalar, katliamcı politikalara karşı mücadele olarak ele alınmadığı ve sürdürülmediği sürece, amaçlanan noktaya götürülemez, istenen sonuç alınamaz. Katliamcı politikalarla hesaplaşmaya dayanmadan yapılan yargılamalarla alınan sonuç, bazı sıradan katliamcıların cezalandırılmalarından öteye gidemez, tarihte olduğu gibi.

MHP-ÜGD ve Katliam

Maraş Katliamı'nın başlangıcından bu güne tartışılan ve tartışılacak olan boyutlarından birisi de, katliamla MHP-ÜGD ilişkisidir. MHP'nin ve aynı yapının paramiliter gücü olan ÜGD'nin Maraş Katliamı'ndaki rolü, bütün iddialara rağmen, Sıkıyönetim Mahkemesinin daha önce belirtilen çaba ve yaklaşımlarıyla, yargılamalar sonucu alınan kararlarla, gizlenmiş, adı geçen güçler temize çıkartılmıştır.

Sıkıyönetim Mahkemesi, MHP ve ÜGD'nin aklandığı kararı verirken bile, toplumla alay eder gibi, MHP ve ÜGD'nin katliamla ilişkisini, bütün boyutlarıyla, itiraf etmiştir. Katliam esnasında kullanılan sloganlar, bayrak, sembol ve flamaların, MHP'nin ırkçı faşist söylemlerini ifade ettiği, açıkça belirtilmiş, tespit edilmiştir. Bu gerçeği gizleyemeyen mahkeme, bunları, Gerekçeli Karar'la kayıt altına almıştır. Ancak buna rağmen Sıkıyönetim Mahkemesi, yapılan katliamla bu yapılar arasında, "illiyet bağı bulunamamıştır" diyerek, bu yapıların beraatına karar vermiştir.

Gerekçeli Karar'da, ÜGD ile ilgili sıkıyönetim savcılığının iddiası ve mahkemenin kararı şöyledir.

"Askeri Savcılık iddianamesi ve esas hakkındaki mütalaasında Ülkücü Gençlik Derneği –Kahramanmaraş Şubesinin... Amacı dışında ve suç işlemeye yönelik faaliyetlerde bulunduğundan bahisle kapatılması talep edilmiştir."

Mahkeme ise bu talebi şu değerlendirme ile reddetmiştir.

"Sanıklardan ÜGD Kahramanmaraş Şubesi 1. Başkanı Mehmet Leblebici hakkında halkı sol çevreler aleyhine kışkırtmak amacıyla Çiçek Sineması'na patlayıcı madde atılması olayının tertip ve düzenlediği; aynı derneğin üyesi Ökkeş Kenger hakkında 1. Başkan Mehmet Leblebici'den aldığı talimat uyarınca Çiçek Sineması'na patlayıcı madde attığı iddiası ile kamu davası açılmış ise de;bu iki sanığa isnat edilen suçlar sabit olmamıştır. Yine sinemadaki sloganların dernek yöneticisi veya üyeleri tarafındann atıldığına dair herhangi bir delil elde edilememiştir. Açıklanan bu nedenlerle anılan derneğin kapatılmasına ilişkin As. Savcılık istemi reddedilmiştir."[89]

Alınan bu kararla ÜGD, sloganlarıyla, flamalarıyla, kadroları ve etkiledikleri unsurlarıyla, dışarıdan getirtildiği resmi raporlarla kayıtlara geçmiş olan Haluk Kırcıları ve diğerleriyle, tas tamam içinde olduğu Maraş Katliamı'nda, beraat ettirilmiştir.

Görüldüğü ve anlaşıldığı gibi, sistem, evirmiş çevirmiş, bildiğini okuyarak, ÜGD'nin beraatını sağlamıştır. Bu sonucu isterseniz Sıkıyönetim Mahkemesinin marifeti olarak tanımlayabilirsiniz, böyle bir tanım yanlış olmaz. Ama isterseniz mahkemenin, diğer illegal ve katliamcı güçleri harekete geçirerek, yalancı şahitler bularak, burjuva hukukunun açıklarından yararlanarak geliştirdiği bir karar diye tanımlayın, bu da yanlış bir tanım olmayacaktır. Ne denirse densin gerçek olan şu ki, katliamcı güçler, göz boyama amaçlı yargılamalarında, katliamcıları yüreklendiren ve kurtaran sonuçlar çıkartmışlardır.

ÜGD için alınan kararın aynısı MHP içinde alınmıştır. Üstelik MHP ile ilgili alınan kararda hayli merhalelerin atlatılmasının gerektiği, kılıfa uyarlamadan epey zorluk çekildiği görülmektedir.

Savcılık ve müdahil avukatlar, "Kahramanmaraş isyan ve katliamının planlayıcısı, örgütleyicisi ve teşvikçisi olduğu iddiası ile Milliyetçi Hareket Partisi hakkında siyasi partiler yasasına göre işlem yapılmak üzere Cumhuriyet Başsavcılığına suç duyurusunda bulunulmasını talep ederek" MHP ile ilgili yasal sürecin işletilmesini istemişlerdir. Mahkemenin kararı ve değerlendirmesi şudur.

"Olaylar sırasında saldırgan gruplar MHP'nin amblemini taşımışlar, MHP ile ilgili sloganlar söylemişler, üzerine MHP yazılı evlere veya dükkânlara dokunmamışlardır. Ancak tüm dava dosyası incelendiğinde bu olayların MHP'de OLAY TARİHİNDE KAYITLI OLDUĞU tespit edilmiş üyeler tarafındann meydana getirildiğine dair bir kanıt yoktur. Müdahiller vekilleri 22 Aralık 1978 Cuma günü akşamı MHP'nin ileri gelenlerinin MHP Millet-

89-Maraş Olayları Gerekçeli Karar S. 1175

vekili M. Yusuf Özbaş'ın evinde toplanarak saldırı için gerekli kararı aldıklarını, bu toplantıya MHP Genel İdare Kurulu Üyesi Hakkı YAPRAK, Merkez İlçe Başkanı Ömer AkTürk'ün de katıldığını öne sürmekte iseler de; böyle bir toplantının yapıldığına dair dava dosyasında herhangi bir delil olmadığı gibi, bu şahıslar davada sanıkta değillerdir. Yine ayni avukatlar sanık Hasan Balcıoğlu'nun MHP'nin Kahramanmaraş eski İl Başkanı olduğunu öne sürmekte iseler de; bu sanığın OLAY TARİHİNDE MHP ile resmi bir ilişkisinin olduğuna dair dava dosyasında herhangi bir kanıt yoktur."

Ne olursa olsun Sıkıyönetim Mahkemesi, MHP'ye toz kondurmak istememektedir. Dolayısıyla, Sıkıyönetim Mahkemesi, MHP'nin katliamla ilişkisinin açık kanıtları olan ve kayıtlara geçirilmiş bulunan ve üzerine gidilerek açıklığa kavuşturulması gereken bu gerçeklerin, üstünü örtmekte kararlıdır. MHP lehine slogan atan, Türkeş için; "insan boğazlayan", "Türkeşimiz burada" diyerek yüzlerce insanı katledenleri, mahkeme, MHP'li saymamakta direnmektedir.

Dahası bu saldırganların MHP'li olup olmadıklarının ispatı için bunların partiye resmi üyeliğini şart koşmaktadır. Bu da yetmemiş, savcılık olarak kendisinin yapması gereken, bu saldırganların MHP'ye üye olup olmadıklarının ispatını ise, böyle bir olanağı olmayan müdahil avukatlardan istemektedir. Eğer, MHP bayrağı, MHP sloganları ve MHP amblemiyle yapılan bu kanlı katliam, katliamı yapan bu canilerin MHP'liliğini ispata yetmiyorsa, bunların MHP'nin kayıtlı üyeleri olup olmadığının ispatı isteniyorsa, bunu yapması gereken sıkıyönetim savcılığı değil midir? Savcılık, MHP'nin üye kayıt formlarını incelemiş, bu canilerin MHP'ye üye olmadıklarını bu yolla tespit etmiş midir? Etmemişse, neden etmemiştir?

Yukarıda okuduğumuz alıntıya bakarak şöyle düşünebiliriz; mahkeme, MHP'ye resmi üyeliği kesin olan bir katliamcının varlığını tespit ederse, bu tespiti MHP'nin katliamla ilişkisinin varlığına gerekçe yaparak, MHP'yi yargılama sürecine dâhil edecektir. Hayır, öyle olmadığını aşağıda göreceğiz. Aslında işin gerçeği her durumda MHP'nin aklanacağıdır, yoksa sorun üyelik sorunu değildir.

"Askeri Savcılık hazırlık soruşturması klasör 30 sıra 69 dizideki MHP Türkoğlu ilçesi 1977 yılı genel kurul sonuçlarını içeren listeye göre TCK.nın 149. maddesine muhalefetten mahkûmiyetlerine karar verilen 757 iddia no'lu sanık Mehmet Kızıldağ ile 759 İddia no'lu sanık İsmail Apaydın'ın 1977 yılında MHP Türkoğlu İlçe teşkilatının üyesi oldukları anlaşılmakta ise de, bu sanıkların olay tarihi olan 23-25 Aralık 1978 tarihlerinde anılan partinin üyesi olduklarına dair dava dosyasında herhangi bir delil yoktur."(90)

Burada görüldüğü gibi, MHP üyesi olan iki sanık bulunmaktadır. Ancak mahkemenin bahanesi hazırdır. Bu sanıklar katliam anında üye değiller, daha önceki yılın üyeleridirler, diyerek, katliam sanığı olan bu MHP'lilerin üyeliklerinin eski tarihli olmasından hareketle, MHP'nin suçsuzluğuna hükmetmektedir. Yani MHP'nin yargılanabilmesi için üye bulmak yetmiyor, bulunacak üye/üyelerin katliam tarihinde üye olması da gerekiyor. Sakın, katliam esnasında üyeliği bulunan bir MHP'li saldırganın varlığının ortaya çıkartılmasıyla, MHP'nin yargılanmasının önünün açılacağını sanmayın, hayal kırıklığına uğrayacaksınız.

Çünkü dosyanın devamında, "Askeri Savcılık hazırlık soruşturması klasör 30 sıra 70 dizideki MHP Türkoğlu ilçesi 1978 yılı genel kurul sonuçlarını içeren listeye göre hakkında TCK'nın 149. maddesine muhalefetten dolayı kamu davası açılmış olan 235 iddia no'lu sanık Osman Akıllı'nın olay tarihinde MHP'nin üyesi olduğu anlaşılmakta ise de; bu sanığın beraatına karar verilmiştir. Müdahiller vekillerinin dilekçesinde ismi geçen 763 iddia no'lu sanık Ahmet Kızıldağ ise TCK'nın 254. maddesinde yazılı memura mukavemet suçundan sanık olup, ayni maddeden yargılanmıştır."(91)

Katliam esnasında MHP üyesi olan sanıkların varlığı da MHP'nin sorumluluğunun araştırılmasını, bu amaçla yargılan-

---

90-Maraş Olayları Gerekçeli Karar MHP Bölümü S. 1175

91-Maraş Olayları Gerekçeli Karar MHP Bölümü S. 1175

masını sağlamaya yetmemiştir. Katliam esasında MHP üyesi olarak yargılanan sanık, beraat ettiği için, MHP'nin yargılanmasının gerekmediği ileri sürülmüştür, bu defa.

Sıkıyönetim Mahkemesinin MHP ve ÜGD ile ilgili iddiaları nasıl ele aldığını, toplamda özetlemeye çalışalım. MHP'nin katliamda yargılanması için, önce, katliamcıların içinde MHP üyesi aranmıştır. MHP üyeleri bulununca, bu üyelerin, katliam esnasında MHP üyesi olması şartı aranmıştır. Bu şarta uygun katliam sanığı MHP üyelerinin varlığı ortaya çıkınca, bu defa da, MHP üyesi bu katliam sanıklarının Maraş Katliamı davasında ceza almaları şartı konmuştur. Bu şarta uygun katliamcı sanık bulunamadığı içinde, en nihayet Sıkıyönetim Mahkemesi, bin dereden su getirerek, MHP ve ÜGD'nin Maraş Katliamı'nda sorumluluğu olmadığına hükmetmiştir. Ve sonuç, "açıklanan tüm bu nedenlerle TCK'nun 149/2 veya 149/3 maddesinden mahkûmiyetlerine karar verilen sanıklardan hiçbirisinin olay tarihinde MHP'nin kayıtlı üyesi olduklarına dair dava dosyasında herhangi bir bilgi bulunmadığından; 648 sayılı yasanın 114/1 gereğince bu konuda gereği yapılmak üzere Askeri Savcılığa yazı yazılmasına ilişkin müdahil vekillerinin istemleri kabul edilmemiştir." (92)

Bir bilginin hatırlatılmaması eksiklik olacaktır. MHP'li ve ÜGD'li sanıkların olmadığından başlayan mahkeme, var olan MHP'li ve ÜGD'li sanıkların beraat etmiş olmasından hareketle, MHP'nin ve ÜGD'nin Maraş Katliamı'nda sorumlu olmadıklarına karar vermiştir. MHP'li ve ÜGD'li sanıkları kim beraat ettirdi, aynı mahkeme. MHP ve ÜGD'nin faaliyetleriyle ilgili araştırmayı yapması gerektiği halde yapmayan kim, aynı savcılık. Ayrıca bu davalardan birisi olan Çiçek Sineması'na atılan bomba ile ilgili dava da sanıkların hangi yol ve yöntemlerle nasıl beraat ettirildiğine, hem önceki bölümlerde değinilmişti, hem de sonraki bölümde görülecektir. Özetle; her yol zorlanarak ve değerlendirilerek, katliamın sorumlularının açığa çıkması önlendiği için, MHP ve ÜGD, Maraş Katliamı Davasında beraat ettirilmiştir.

92-Maraş Olayları Gerekçeli Karar S. 1178

Alevi ve Devrimcilerin yargılandığı olaylar ve sonuçları

Maraş Katliamı'nda, 104 tane Alevi-devrimci sanık yargılanmış, bazıları cezalandırılmıştır. Bunların 24 tanesi köylerde ve şehir içinde, diğerleri ise mahallelerde yapılan katliam esnasında yakalanmış sanıklardır.

Bu sanıkların Maraş Katliamı'nın sanıkları olarak yargılanmasının asıl amacının, katliamın gerçek niteliğini gizlemek, katliamı denge politikasıyla ele almanın altyapısını oluşturmak olduğu daha önce ifade edilmişti. Yapılacak basit bir incelemeyle görecektir ki, bu insanların katliamla ilgili olarak, "isyan ve mukatele" maddeleriyle yargılanmaları, hukukun hiçbir türü açısından mümkün değildir.

Maraş Katliamı'nda yargılanan Alevi ve devrimci sanıkların önemli bir kısmı, öldürülen öğretmenlerin cenaze törenine katılan, öğretmenlerin yakınları, meslektaşları ve öğrencileridirler. Bu sanıkların hemen tamamı, savcının talebine rağmen, yargılama sonucunda ceza almamış, serbest bırakılmışlardır.

Cenaze törenine yapılan saldırı ve yürüyüş kitlesinin dağıtılması sonrasında, öldürülen faşist saldırganlardan birisinin ölümünden dolayı, Alevi sanık Murat Çağlar yargılanmış ve cezalandırılmıştır. Murat Çağlar'ın yargılanması ve verilen ceza, Alevi ve devrimci sanıklarının nasıl üretildiğini ve ne amaçla yargılandıklarını ve bu sanıklara karşı mahkemenin tutumunu göstermesi bakımından önemlidir. Adı geçen dava, tam bir önyargıyla, baştan karar verilmiş gibi, zorlama yorumlar yapılarak, görülmüş ve sonuçlandırılmıştır.

Yörükselim Mahallesine yapılan saldırılarda yargılanan Alevi sanıklardan, 2'sine ceza verilmiştir. Bunlara isnat edilen ve cezalandırılmasına yol açan suç ise, saldırganların mahalleye girmelerine yardımcı olan bir katliamcıya müdahale edilmesidir. Faşistlerin saldırılarını kolaylaştırmak amacıyla kullandıkları bu evi etkisizleştirmek isteyen Alevi bir ailenin fertleri, bundan dolayı "isyan ve mukatele" yapmaktan yargılanmış ve ceza almışlardır. Bu yargılama ve cezalandırma da, Alevilerin ve devrimcilerin katliam suçuna ortak edilmesi amacıyla değerlendirilmiştir.

YSE saldırılarından dolayı yapılan yargılamalar, özellikle YSE müdürü CHP'li Fevzi Onaç'tan dolayı, devrimcilerin katliam suçuna ortak edilmesi amacıyla kullanılmıştır. Kürt ve Alevi olan Fevzi Onaç ve arkadaşlarının yargılanması, tas tamam katliamın sorumluluğunu devrimcilere yıkmak, bu konudaki faşist iddiaları güçlendirmek için özel bir önemle ele alınmıştır.

"Katliamcı" olarak yargılanan Alevilerden ikisi de Hasan Solma ve yeğeni Hacı Solma'dır. Namık Kemal Mahallesinde yakalanıp yargılanan, daha sonra demagojilerle meşhur edilen 67'nolu evin sahipleri olan bu sanıklar, kendilerine yapılan saldırıları önlemek için silahlı olarak kendilerini savunmaya çalışmışlardır. Can pazarı olan katliam anında direndiği için katliamcı kabul edilen Hasan Solma ve yeğeni yargılanıp, "isyan ve mukatele yapan" biri gibi ceza almışlardır.

Alevi sanıkların yargılandığı diğer bir dava, Sünni bir köylünün Pazarcık-Çiğli köyünde, öldürülmesiyle ilgili davalardır. Alevilerin ve devrimcilerin yargılandıkları bu davaların dışında, başka bazı davalar daha bulunmaktadır. Bu davaların hepsinde yargılanan sanıklar, aynı şekilde "isyan ve mukatele" suçlusu olarak yargılanmış, ceza almışlardır. Bunların dışında Alevi ve devrimcilerin yargılandıkları bazı davalar daha bulunmaktadır.

Maraş Katliamı Türkleştirme projesi olarak gerçekleştirildi

Buraya kadar olan bölümlerde, ne kadar başarıldığından bağımsız olarak, kuru bir iddianın değil, bir gerçeğin kendisi ve tarihsel kökeni açığa çıkartılmaya çalışıldı. Bununla bağlantılı olarak Maraş Katliamı'nın konjonktürel gelişmelerin yanında, Türkleştirme politikalarının sonucu olduğu gerçeği açığa çıkartılmak istenmiştir.

Bu anlamda Maraş'ın kaderini değiştiren, Maraş Katliamı'nı ve bu gün yaşadığı durumu yaşamasına yol açan süreç, denebilir ki Maraş Katliamı'na giden sosyolojik süreç, 1860'larda başlayan süreçtir. 1866-1922 yılları arasında Maraş'ın yaşadığı, "zor nizam"-zorunlu iskân, Çerkes göçleri ve arkasında yaşanan Ermeni Katliamı, Maraş'ı sosyal depremlerin yaşandığı toplumsal bir laboratuar haline getirmiştir. Bu yolla, yapılan siyasal müdahaleler ve toplumsal mühendislik çalışmalarıyla, operasyon ve katliamlarla, Maraş'ın sosyal dokusunun deformasyonu sağlanmıştır.

Maraş, yaşatılan bu operasyonların yarattığı travmaların ve baskının etkisiyle, istenen politikalara ve sonuçlarına uyumlu olmaya zorlanıyordu. Ancak yaşadığı bütün bu toplumsal sarsıntılara rağmen Maraş, halen yöneten siyasal güçler için, "tehlikeli" olmaya devam ediyordu. Çünkü çok uluslu ve çok dinli özelliği, çok şey kaybetmiş olsa bile, henüz ortada kalkmamış, yok edilememişti. Hem genel olarak Kürtler ve Aleviler, henüz asimile edilememiş, Türkleştirilememiş, Sünnileştirilememişlerdi, hem de özel olarak Maraş ve çevresi, bu etnik arındırma politikası kapsamında özellik arz etmekteydi. Tarihten gelen ve önemini koruyan bu sorun, illegal strateji oluşturma merkezlerinin önünde durmaktaydı. 1950'lerde, ABD ve CIA ile birlikte yeniden yapılandırılan illegal yapılar, bu sorunu çözmek amacıyla uygun bir fırsat kolluyordu.

1970'ler, bu konuda, beklenen fırsatı yaratmıştı. Maraş Katliamı'nın gerçekleştirildiği yıllarda, bilindiği gibi özellikle Kürtlerin ve Kürt Alevilerin yoğun bulunduğu bölgelerde, ciddi bir toplumsal-siyasal hareketlenme yaşanmaktaydı. Toplumsal devrim amacıyla dönemde yaşanan siyasal gelişmeler, egemen güçleri ürkütmekteydi.

Bu siyasal-toplumsal ortamda, son derece mümkün ve olağan olan Kürtlerin özgürlük taleplerinin gelişmesi, illegal devletin kâbusu olmuştur. Gelişen toplumsal mücadele, korkulduğu gibi, özellikle Kürtleri ve Alevileri yeniden canlandırmış, onların yaşanan mücadeleye bir bütün olarak katılmalarına yol açmıştı. Toplumsal mücadeleye ve sürece Alevilerin ve Kürtlerin güçlü katılımları, Türkleştirilememiş olan bu toplumsal kesimlerin üzerine gidilmesini gerektiriyor, zorluyor, objektif koşullarını olgunlaştırıyordu.

Böylece egemenler açısından ortaya çıkan sistemi zorlayan toplumsal mücadeleyi bastırma acil ve önemli görevi ve zorunluluğuyla, etnik arındırma politikalarını pratikleştirme ihtiyacı, birleştirilerek uygulamaya konmuştur. İllegal devlet, dönemde uyguladığı politikalarını bu iki gerçek üzerinde şekillendirmiştir.

Bu politikaların uygulanmasının aracı ve yöntemi olarak katliam enstrümanın kullanılması, diğer yöntemlerin yetersiz kalmasından kaynaklanmaktaydı. Denenen klasik yöntemlerle bastırılamayan halkların mücadelesinin önlenmesini önüne acil ve en temel görev olarak koymuş olan devletin, bu işi yapabilmek için mücadeleye katılanların güç ve azimlerini kırması gerekmektedir. Eldeki yasal olanaklar buna yetmemekte, hatta yasaları uygulaması gereken kurumlar, son tahlilde, içinde yaşadıkları toplumun birer unsuru oldukları için, gelişmelerden etkilenmekte ve bundan dolayı, devletin beklediği performansı gösterememekteydiler. O halde geriye kalan, toplumun şoven ırkçı düşüncelerle zehirlenmiş kesimlerini, ötekileştirilmiş Alevilere, Kürtlere ve komünistlere-devrimcilere karşı, harekete geçirmek ve bu yolla katliamlar yapmaktı.

Böylece sürüleştirilmiş yığınların kontrolsüz gücü ile illegal güçler, yapılacak katliamlarla, hem güncel sorun olarak sistemi zorlayan söz konusu gelişmeleri bastırmış olacak, hem de tamamlanmamış olan Kürt ve Alevi asimilasyonunu tamamlamış olacaklardı. Bu toplumsal kesimler, bu yolla, ya fiziki olarak yok edilecekler veya gönüllü asimilasyona zorlanarak Türkleşmeleri sağlanacaktı.

Nitekim bu gerçek, dönemin Maraş Valisi Tahsin Soylu tarafındann da itiraf edilmiştir. Vali Tahsin Soylu, verdiği ifadesinde, "olayların soykırıma yönelik olduğunu"[93] söylemiştir. Bu ifade, bilinçsizce veya tepki ile söylenmiş bir söz olarak alınamaz. Devletin labirentlerinden geçerek vali olmuş birisinin, dolayısıyla illegal devletin hassasiyetlerinden haberdar olan birisi olarak valinin, bu tespiti, olasılığı bilinen "derin" bir bilginin, yaşanan gerçekle örtüşmesi üzerine söylenmiş ve "en gerçeği" ifade eden bir tespittir.

93-Maraş Olayları Gerekçeli Karar S. 183

Aynı şekilde dönemin Jandarma Genel Komutanı Sedat Celasun'un raporunda ve askeri komutan Mahmut Boğuşlu'nun anılarında anlatılanlar da, Maraş Katliamı'nın bu yönüyle ilgilidir. Her iki komutanın tüm anlatım ve yaklaşımları, katledilenlere karşı ön yargı, katliamcılara karşı müsamaha ve hoş görü içermektedir. Komutanların bu tutumu, Türkleştirme politikasının bu insanların kodlarında oluşturduğu bir tutumdur. Katliam sonrasında mağdurların göç etmesinde izlenen kolaylaştırıcı yaklaşım, yukarıda yazılanlarla birlikte değerlendirildiğinde gerçeğin bu yönü, daha anlaşılır olmaktadır.

Bütün bu gerçeklerden sonra, kimse, bölgeye yönelik bunca saldırıyı ve Maraş Katliamı'nı, Konjonktürel sebeplerle izah etmeye veya herhangi bir tesadüfle açıklamaya kalkışarak, bu ülkenin aklı başında insanlarının zekâlarıyla alay etmemelidir. Bölgeye yönelik bu saldırıların ve devamında gelen katliamların, daha kapsamlı ve derinlikli nedenleri olduğu her gelişme ile açığa çıkmaktadır.

Maraş Katliamı'nın Kürtlerin asimilasyonunu içeren Türkleştirme politikalarıyla doğrudan ilgili olduğuna dair ortaya konan bu iddia, o günlerin içinden gelenlere tuhaf gelebilir. Ancak gördüğümüz ve belirttiğimiz gibi, devlet, bu konuda daha realist bakmış ve hedeflerini buna göre belirlemiştir

Maraş Katliamı ve diğer katliamlar, belirtilen politikaların gereği ve sonucu olarak, planlanmış ve pratikleştirilmiştir. Bu gerçek, yaşanan bunca yıldan sonra daha net görebilmektedir. Yapılan bu belirleme, Maraş Katliamı'nda en çok Alevilerin imha edildiği olgusunun yok sayılması üzerine kurgulanmadığı gibi, sadece, gerçeğin başka boyutlarını ortaya koymayı ve daha anlaşılır hale getirmeyi amaçlamaktadır.

Şüphesiz bu katliamın görünürdeki asıl hedefi Alevilerdi. Katliam döneminde, henüz kontrol altına alınamamış toplumsal kesimlerin en büyük kısmını Aleviler teşkil etmekteydi. Alevilerin henüz, devletin ve sistemin denetimine tam olarak girmemiş olmaları, düşünsel ve inanç dünyalarının egemen ideolojiyle barışık olmaması, devletin çözmesi gereken sorunlarının başında gelmekteydi. Devletin ve egemenlerin kendileri için geliştirdiği çözüm, Aleviliğin yok edilmesini veya asimile edilmesi gerektirmekteydi.

Bu katliamda, kitlesel olarak Türk-Kürt Alevilerin hedef oldukları gerçeği, Aleviliğin tarihsel özellikleri yanında, aynı zamanda, devrimcilerin toplumsal tabanı olmalarıyla ilgiliydi. Dolayısıyla Maraş Katliamı aynı zamanda, özellikle güncel planda, Alevilerin ve Aleviliğin asimilasyonu için yapılmıştır.

Alevilere ve Aleviliğe karşı izlenen asimilasyon ve kontrol altına alma ve esas olarak Alevileri isyancı özünden uzaklaştırılma çalışmaları, kendi başına bir amaç gibi görünmekle birlikte, aslında, Türkleştirmenin bir unsuru olarak değerlendirilmiştir. Türk Alevilerin varlığı üzerinde geliştirilmek istenen Alevilerin Sünnileştirilmeleri, Sünnileştirilmiş Alevilere dayanılarak Kürt ve Arap Alevilerinin Türkleştirilmesi, söz konusu politikanın yol haritası olarak belirlenmiştir. Böyle olduğu içindir ki Maraş Katliamı ve diğer katliamlar, Aleviliğin asimilasyonunu ve Alevilerin siteme ve devlete entegrasyonunu hızlandıran bir etki yapmıştır.

Bu katliam ve diğerleri, İttihat ve Terakki Fırkasının cumhuriyet öncesi dönemde başlattığı Alevileri Türkleştirmeye ve Sünnileştirmeye dönük çalışmaların devamı olarak görülmelidir. Ya da İttihat ve Terakki Fırkasının Alevilere yönelik olarak yaptıkları, bu katliamların teorik-politik altyapısını oluşturmuştur, diye kabul edilmelidir.

İttihat ve Terakki Fırkası'nın geliştirdiği politikalarla başlayan, Dersim katliamıyla sürdürülen Alevilerin asimilasyonu sürecinde, Maraş Katliamı, ne yazık ki bazı sonuçların alınmasında etkili olmuş, bu anlamda, bir dönemeç işlevi görmüştür.

Maraş Katliamı'nın 12 Eylül darbesi ile olan ilişkisinin de değerlendirilmesi gerekir. Maraş Katliamı, elbette 12 Eylül darbesine giden yolda önemli bir aşamadır. Ancak darbecilerin, salt 12 Eylül'e zemin oluşturmak için, Maraş Katliamı'nı yaptıklarını düşünmek, bunu ileri sürmek, yeterli ve ikna edici değildir. Ayrıca bu analiz, sanki darbeciler, katliamlar olmadan darbe yapamazlarmış gibi bir anlam çıkartılmasına, dolayısıyla halkın illegal güçler karşısında duyarlılığının zayıflamasına yol açan bir etki yapacağı için de tehlikelidir. Bu söylemden hareketle, darbenin olmasının şartı olarak katliamlar bekleyen halklar, katliamlar yapılmadan darbe yapılamayacağı gibi bir yanılgı içine düşeceklerdir. Ya da tersine herhangi bir katliamın arkasında darbe beklentisi gelişecektir. Her iki sonucun da doğru olmadığı ortadadır. Biliyoruz ki devlet, ihtiyaç duyduğu durumlarda, katliamlar olmadan da darbe yapabilmektedir. Yeter ki ABD, CIA ve darbeci cuntalar, darbeye karar vermiş ve aralarında yeterli uyumu kurulabilmiş olsunlar

Görüldüğü gibi Maraş Katliamı'nın biri Konjonktürel, diğeri stratejik olan iki temel sebebi bulunmaktadır. Konjonktürel sebebi çok konuşuldu, toplumsal mücadeleyi bastırmak ve darbe sürecini hazırlamaktı. Stratejik sebebi ise, katliamlar yoluyla, Alevileri ve Kürtleri ya yok etmek veya yok etmenin dayanılmaz korkusuyla asimile ederek, Türkleştirme projesinin eksik kalan ayağını tamamlamış olmaktır.

Belirtilen politikalar sonucu gerçekleştirilen Maraş Katliamı ile Maraş, sosyal ve tarihsel kimliğinden kopartılarak, bu gün olduğu noktaya getirilmiştir. Var olan toplumsal yapılar, yapılan sosyal siyasal ve kültürel müdahalelerle, değiştirilip dönüştürülerek katliamın yapılabilmesine uygun bir zemin yaratılmıştır. Maraş Katliamı, Maraş'ta faşistler etkin oldukları için değil, etkin kılınmak için yapılmış, faşizmin Maraş'ta egemen olması, katliam vasıtasıyla, sağlanmıştır.

Etnik arındırma esaslı politikalarının sonucu olan katliamların yapılacağı yerlerin tespiti de, bu politikanın ayrıntılarında bulunmaktadır. İllegal güçler, katliamların politikasını ve gerekçesini oluşturdukları gibi, katliam alanlarının belirlenmesini de sağlamışlardır.

Buna göre, Kürtlerin hedef olduğu bir katliam alanı, Kürt nüfusun yoğun olduğu bir bölge olamazdı. Kürt illerinde, Kürtlere yönelik bir katliamı, ancak özel güçler yapabilirdi ki bu türden katliamları ve saldırıları, Kürt halkı tarihi boyunca, yaşamıştır.

Aynı şekilde nüfusunun yüzde doksanının Alevi olduğu Dersim'de, Alevilere karşı bir katliam yaptırılamazdı. Çünkü orada da Alevileri katletmek için gerekli toplumsal güruh bulunmuyordu.

Büyük şehirlerde bu türden bir katliam birçok yönde sorun olacağı gibi, esas politik amaca da hizmet etmezdi. Büyük şehirlerde, etnik arındırmaya tabii tutulacak kimse kalmamıştı çünkü. İstanbul ve benzeri büyük şehirlerde yapılacak olan herhangi bir katliam olsa olsa güncel politikalara hizmet edebilirdi ki böyle katliamlar zaten yapılmaktaydı. Öğrencilere yönelik, halka yönelik birçok katliam yapıldığı bilinmektedir. Ancak bu katliamlar, sonuçta güncel soruna yönelik olarak işlev görüyor, faşizmin halkı bastırmasına ve illegal güçlerin inisiyatif almasına hizmet ediyordu. Asimilasyon amacına hizmet etmiyor, böyle bir gelişme yaratmıyordu, büyük şehirlerde yapılan katliamlar.

Amaca uygun katliamın yapılacağı yerler için, devletin rahatsız olacağı düzeyde belirgin bir muhalif kimlik sergileyen Türk-Kürt-Alevilerin yaşadığı, ama nüfusun çoğunluğunu teşkil etmedikleri, buna karşı paramiliter-faşist güç ve yapıların rahatça saldırılarını planlayıp yürütecek kadar güçlü oldukları yerler kalmaktaydı.

Türkeş'in verimli hilal dediği Malatya, Maraş, Çorum, Erzincan, Elazığ, Sivas, Bingöl bu plana göre, "katliamlar bölgesi" olarak belirlenmiştir. Elbistan, Kırıkhan, Malatya, Akçadağ ve Pazarcık'ın da alt birimler olarak içinde yer aldığı bu yerlerin, çok belirgin ayırt edici ortak özelliği, yukarıda belirtildiği gibi, Kürt-Türk Alevilerin yaşadığı, ama aynı zamanda faşizmin toplumsal taban edinmesinin mümkün olduğu yerler olmasıdır.

Adı geçen yerlerin hemen hepsinde, Türkleştirme projesi kapsamında yeterince asimile edilemediğinden hareketle ve yarım kalmış bu süreci tamamlamak için, katliam veya benzeri saldırılar gerçekleştirilmiştir.

Maraş Katliamı ve diğer katliamlar, ABD'nin ve yerli illegal güçlerin, karanlık organları aracılığıyla yapılmıştır. Katliamın müsebbipleri bağlamında, bu egemen güçlerin birisini bir diğerinden ayırmak söz konusu olamaz. Dolayısıyla bu katliam ve diğerleri ne tek başına dışarıdakilerin, ABD ve diğer emperyalistlerin, ne de salt içerdekilerin "işidir".

Dünyanın başka yerlerinde, başka toplumlarında yapılmış katliamlarla bu katliamın benzerlikleri, ABD ve CIA'nin Maraş Katliamı'ndaki varlığını, yeterince net bir şekilde ortaya çıkartmaktadır. Söz konusu benzerlikler o kadar baskındır ki, bu katliamlardan herhangi birisinde yaşanmış bir saldırı, Maraş Katliamı'nda yaşanmış gibi anlatılsa, farklılığın anlaşılması mümkün olmaz. Bu denli bir benzerliğin, tesadüf veya özgün bir durum olduğunu düşünmek, her halde akla ziyan olur.

Kozmik odalı illegal güçler tarafından gerçekleştirilen Maraş Katliamı'nın, güncel politik propaganda boyutu, üç dayanaktan beslenmiştir. Birincisi, Maraş'ın kadim bir Türk-İslam şehri olduğu, buna bağlı olarak Maraş'ta, politik ırkçılığın ve faşizmin etkin olduğu yalanıydı. Bu sözde tarihsel yalan, güncel faşist propagandanın en etkili unsuru olarak kullanılmıştır. İkincisi ise, komünizm üzerinde CHP iktidarına karşıtlıktır ki, CHP hükümetinin varlığı komünizmin bu günde yarına geleceği korkusunun yaratılması ve güçlendirilmesi için kullanılmıştır. Üçüncü propaganda malzemesi olarak, Ermeniler üzerinden gâvur düşmanlığıydı. Dini hassasiyetler, komünizm ve Ermeni düşmanlığı kullanılarak, bu katliam gerçekleştirilmiştir.

Söz konusu bu argümanların katliamda işlevsel olması için belirlenmiş hedef kitle ise, Aleviler ve Alevilerin toplum olarak içinde yer aldıkları devrimci gelişmeydi.

Faşizmin Maraş Katliamı için kullandığı bu tarihsel, ideolojik ve siyasal yalanlarına karşı ideolojik bir tutum almak, alınacak bu tutumu tarihsel temellerine oturmak, önemli bir görev olarak görülmelidir. Halk düşmanlarının bu yalanlarını deşifre etmek, mümkün ve gereklidir.

Bu bilgilerin derli toplu değerlendirmesinden sonra, halklarımızın tarihinde önemli bir etkisi ve yeri bulunan Maraş Katliamı'nın en can alıcı soruları olan bu katliamı, kim, niçin ve nasıl yaptı sorunlarının cevapları, daha kolay verilebilinir.

FAŞİZMİN YALANLARI VE MARAŞ KATLİAMI

"Bir yerde gölgeler büyüyorsa,

orada güneş batıyor demektir."

Çin Atasözü

Maraş Katliamı'yla ilgili olarak, hem katliam ve yargılama döneminde, hem o günden bugüne, çok çeşitli tartışmalar yapılmaktadır. Katliam yıllarından başlamak üzere yapılan bu tartışmalar, hiç kesilmemiş, özellikle katliamın yıl dönümlerinde, yoğunlaşarak sürmüştür. Katliamın unutulmamasını sağlayan bu tartışmaların yapılması gerekli ve zorunludur.

Doğal olarak, bu tartışmalarda iki taraf bulunmaktadır. Birisi, katliama karşı mücadele eden ve katliamın mağduru olan kesim, diğeri ise, tamamen illegal güçlerin desteğiyle, katliamı meşru göstermeye, katliamın gerçeklerini gizlemeye, sulandırmaya çalışan katliamcıların tarafı. Katliamın savunuculuğunu yapan ikinci grup, sürdürülen tartışmalarda, katliamı, devrimcilerin üstüne yıkmaya ve buna bağlı olarak katliam organizatörlerini aklamaya çalışmaktadır. Katliamcılar bu amaçlarına varmak için, faşizmin ayırt edici özelliği olan yalana ve demagojiye başvurmakta, bu yöntemi ölçüsüzce kullanmaktadırlar.

Tüm tarihi boyunca faşizm, kendisine yaşam alanı yaratmak için demagoji ve yalanı, temel mücadele yöntemi olarak kullanmıştır. Hitler, Almanya'da sosyalizmin etkisinden faydalanmak için partisini, "Nasyonal Sosyalist" olarak adlandırmıştı. Aynı şeyi İtalya'da Mussolini yapmıştı. Bizde de böyle olagelmiştir. Faşistler her dönem, kitlelerin kulağına hoş gelen yalanlar söyleyerek, amaçlarına giden yolu açmaya çalışmışlardır.

Faşistler bu yöntemle, halka karşı işledikleri suçları, özellikle devrimcilere ve komünistlere mal etmeyi amaçlamışlardır. Hitler'in Reichstag Parlamento binasını yaktırarak, arkasından komünistlere karşı giriştiği kanlı katliamlar bilinmektedir. Aynı yöntem, önceki bölümlerde işlendiği gibi, 6-7 Eylül 1955'te Rumlara ve Ermenilere karşı yapılan saldırılarda, Türkiye'den de uygulanmış, içlerinde Aziz Nesin'in de bulunduğu çok sayıda ilerici tutuklanmıştır. Faşizmin bu temel özelliğinin, yeterince teşhir edilememiş olması, siyasal mücadelenin bulunduğu noktanın geriliğinin sonucudur.

Faşizm, halklara ve "haklılara" karşı kullandığı bu temel siyasal mücadele yöntemini, Maraş Katliamı'yla ilgili olarak ta kullanmıştır. Çarpıcı bir örnek olarak Ahmet Kabaklı'nın yazısı gösterilebilinir. Katliam günlerinde, 25 Aralık 1978'de Tercüman Gazetesi yazarlarından Ahmet Kabaklı, Maraş Katliamı'nı, "binicisini beğenmeyen asil kısrağın" gösterdiği tepki olarak yorumlamıştır. Ahmet Kabaklı tarafında ifade edilen bu yorum ve anlayış, dönemin tüm ırkçı-faşist siyasal çevrelerince paylaşılmaktaydı.

Onlara göre Ecevit hükümetinin varlığı, ayrıca solun çalışmaları, "asil Türk ve Sünni Müslümanları kızdırmış" ve "şaha kalkan kısrak", yani katliamcılar, Maraş Katliamı'nı ve diğer katliamları yapmışlardır. 6 aylık Yılmaz Baz'ı, karnında taşıdığı sekiz aylık bebeğiyle Eşma Suna'yı, 10 yaşındaki Hatice Görür'ü ve diğerlerini öldüren katillerin "soylu kısrak" olarak kabul edilmesi, tanıtılması ve savunulması, faşizmin demagojik maharetleriyle mümkün olabilir, ancak. Ahmet Kabaklı, bu yazdıklarıyla, faşizmin insanı nasıl canavarlaştırdığını ve nasıl demagog haline getirdiğini göstermiş olmaktaydı.

O günlerde, Maraş Katliamı'nı devrimcilere mal etmek amacıyla yapılan propagandaların haddi hesabı yoktu. Ancak bu propagandalar istenen etkiyi yapmamaktaydı. Çünkü faşizmin ve katliamcıların kanlı elleri, en çok Maraş Katliamı'nda deşifre olmuş, en çok bu katliamla kitleler, faşizmi gerçek yüzüyle tanıma imkânına kavuşmuşlardı.

Faşizmin, bu şekilde, Maraş Katliamı'yla ilgili olarak geliştirip savunduğu ve kamuoyunu ikna etmeye çalıştığı yalanlar, bireysel çabalar olarak görülmemelidir. Israrla sürdürülen bu çabalar, katliamcı illegal güçlerin veya onların desteği ve denetimiyle sürdürülen çabalardı. Katliamcı yapılanma, bu yolla, bir yanda sorumluluktan kurtulmaya çalışırken, esas olarak, vazgeçilemezleri olan katliamcı politikalarını sürdürülmeyi güvence altına almak istemektedir. Onun için, Maraş Katliamı'yla ilgili olarak üretilen ve savunulan her yalan ve söylenen her demagoji, illegal güçlerin marifetiyle ve katliamcı politikaların gereği olarak, üretilmekte, savunulmakta, gündemleştirilmektedir.

Maraş Katliamı'yla ilgili olarak, gerek katliam esnasında, gerek yargılama sürecinde, üretilen sınırsız demagojiler ve yalanlar, izlenen politikalarla, direk bağlantılıdır. Daha önce işlenmiş olan ilgili bölümlerde gördüğümüz gibi, Sıkıyönetim Mahkemesinin katliama dair yaptığı tanımlama ve yargılamalarda izlediği tutum, o günden bugüne savunulmaya çalışılan ırkçı pespayeliklerin dayanağı yapılmıştır, yapılmaktadır. Aslında mahkemenin de temel aldığı ve bugün de sürdürülmek istenen iddiaların kaynağında, Jandarma Genel Komutanı Sedat Celasun'un belirlemeleri bulunmaktadır.

Böylece, ta başından beri, illegal devletin şekillendirip yönlendirdiği, Maraş Katliamı'yla ilgili dezenformasyon çalışmaları, 1990'da faşist cunta şefi Kenan Evren'in anılarında,

Maraş Katliamı'nı "MHP militanları ve dinci yobazlar tarafından yapılan bir katliam" olarak tanımlamasıyla alevlendi.[1] MHP'liler, başta Türkeş olmak üzere, bu iddiaya tepki göstererek kendilerini aklamaya çalıştılar. Sonraki yıllarda, Maraş Katliamı'yla ilgili tartışmalarda, katliam'ın 1. Nolu sanığı olması hasebiyle, Ökkeş Kenger, tartışmalara dâhil oldu. Ökkeş Kenger'in politik pozisyonunu kullanması, medya mensuplarının konuyla ilgili yeterince bilgilendirilememiş olması, bundan kaynaklanarak tartışmaların doğru bir zeminde yürütülememesi, Ökkeş Kenger'in bu tartışmalarda arz-ı endam etmesini kolaylaştırmıştır.

Ökkeş Kenger, böylece eline geçirdiği her fırsatta ve canhıraş bir çaba ile Maraş Katliamı'nı devrimci örgütlerin işlediğini iddia ve ispat etmeye çalışmıştır. Kendince bu yolla katliamcı güçleri aklayabileceğini sanmakta, bu amaçla uzatılan her mikrofonda, boy gösterebildiği her ekranda, inciler döktürmektedir.

Bu durum, hiç arzu edilmediği halde, Ökkeş Kenger'in iddialarının tartışılmasını gerektirmektedir. Ökkeş Kenger'in iddialarının tartışılmasının, hiç arzu edilir bulunmaması, ilk olarak, iddiaların düzeysiz, pespaye, asgari inandırıcılıktan uzak, ilkel propaganda olmaktan öte bir özellik arz etmemesindendir. İkincisi, katliam savunuculuğu düzeyine vardırılan bu iddiaların, Ökkeş Kenger üzerinden tartışılması, tamda onun aradığı meşruiyet çabasına hizmet etmektir. Çünkü pek itibar görmüyor da olsa, politik ikbal beklentisi ve arayışı söz konusudur.

Daha da ötesi, Maraş Katliamı'nın Ökkeş Kenger üzerinden tartışılması, gerçeklerin ortaya çıkmasına hizmet etmemektedir. Çünkü Ökkeş Kenger, Maraş Katliamı'nın üçüncü, beşinci sınıf bir figüranı olmanın dışında bir özelliğe sahip değildir. Ne katliamın planlayıcısıdır, ne planın işleticisidir. Bütün özelliği, illegal güçlerin kullandığı yüzlerce figürden birisi olmasıdır. Maraş Katliamı'nı böyleleriyle tartışmanın, magazinleştiren ve

1-Kenan Evren Anılar S. 230

katliamcıların karanlıklarda saklanmalarına hizmet eden bir tehlikesi bulunmaktadır. Yapılacak olan tartışmalar, bu tuzağa düşülmeden, gerçeğe hizmet edecek biçimde geliştirilmelidir. Sorunun bir yanı budur.

Sorunun diğer yanı, tam da bu anlayış ve amaçla, Ökkeş Kenger'in yalanlarını ele almak gerektiğidir. Çünkü katliamın savunulmasına varan söz konusu yalanlarının deşifre edilmesi, Maraş Katliamı'nın hesabının sorulmasını isteyenlerin görevi olarak görülmelidir. Ayrıca, Ökkeş Kenger ve benzerlerinin ileri sürdüklerini, Ökkeş Kenger' in iddiaları olarak değil, tam tersine, katliamla ilgili gerçekleri gizlemek için sürdürülen kapsamlı bir politikanın parçası olarak görmek durumundayız. Dolayısıyla Maraş Katliamı'na ilişkin yalan ve demagojilere karşı mücadelenin, aynı zamanda katliamcı politikalarla mücadele ile birleştirilmesi kapsamında, Ökkeş Kenger'in iddialarını tartışmak gerekmektedir.

Bu noktadan hareketle, Ökkeş Kenger'in yıllardır değişik ortamlarda savunduklarını ve söylediklerini, yazdığı, ilgili-ilgisiz birçok konunun bir arada bulunduğu, karmakarışık kitabını esas alarak, ele almak durumundayız. Böyle yaklaşmak, hem daha doğru olacaktır hem de ucuz spekülasyonlara meydan vermeyecektir. Ökkeş Kenger'in iddialarının en önemlisi olanından başlanabilir.

İddia 1. Maraş Katliamı'nı Devrimcilerin yaptı

Ökkeş Kenger'in temel iddialarının en revaçta olanı, Maraş Katliamı'nın devrimciler tarafında yapıldığıdır. Bilindiği gibi bu iddia, tek başına Ökkeş Kenger'in iddiası değildir. Ta katliamın hazırlık sürecinden başlamak üzere, illegal güçler ve sivil katliamcılar, ırkçı şoven yapılar, bütün kurum ve kurullarıyla bu yönde propaganda yapmaya başlamışlardı.

Katliamın bir parçası olarak sürdürülen bu çabalar, katliam sürecinde ve yargılamalarda daha da yoğunlaştırılmıştır. Ancak her şeye rağmen, dönemin toplumsal mücadele gücü, bu propagandanın etkisini sınırlamış, yapılmak istendiği gibi, devrimcilerin Maraş Katliamı'nı yaptıkları iddiası ilgi görmemiştir.

Buna rağmen illegal güçlerin bu yöndeki çabaları bitmemiş, 12 Eylülle, Maraş Katliamı'nda devrimcilerin sorumlu tutulması doğrultusundaki karanlık planlar, tekrar devreye konmuştur. Sıkıyönetim ve 12 Eylül faşist darbecileri, katliamı devrimcilerin üzerine yıkmak amacıyla, yeni bir dava açarak, çeşitli devrimci örgütleri Maraş Katliamı'yla ilişkilendirmeye çalışmışlardır. Sıkıyönetim ve özellikle faşist 12 Eylül cuntası, bu çabaları için sayısız devrimciyi işkencede geçirmiş, katletmiş, sakatlanmalarına yol açmıştır. Ancak bütün uğraşlarına rağmen sıkıyönetim ve 12 Eylül cuntası, yalana ve komploya dayalı bu iddiayı ispat edememiştir.

Fakat Ökkeş Kenger ve benzerleri, bu çabaların bir parçası ve faşizmin demagoji yönteminin gereği olarak, sıkıyönetimin ve 12 Eylülün ispatlayamadığı, Maraş Katliamı'nda devrimcilerin sorumlu oldukları yalanını, bulundukları her ortamda, iddia etmeye, ileri sürmeye devam etmektedirler.

Aradan geçen uzun yılların verdiği "unutmuşluk halini" de bu amaçla değerlendiren Ökkeş Kenger, yalana dayalı bu iftirasını, kitabının 47-55 sayfalarında, Maraş Katliamı'nı yapan devrimci örgütler olarak 4 tane devrimci örgütün üstünde somutlaştırmaya çalışmaktadır.

Ökkeş Kenger'in iddiasını dayandırdığı yegâne bilgi, Sıkıyönetim Mahkemesinin önceki bölümlerde değindiğimiz, Maraş Katliamı'nı devrimcilerin üzerine yıkma çabaları için bu devrimci örgütlere açılmış davalardır. Söz konusu devrimci örgütler, o dönemde, tüm ülkede ve Maraş'ta faaliyet yürüten örgütlerdir. Dolayısıyla bu örgütlerin, o anda Maraş'ta bulunan çeşitli taraftarları da, doğal olarak, katliama karşı sürdürülen direnişte yer almışlardır. Nasıl almasınlar ki, öldürülenler, katledilenler, evleri yakılanlar, bu insanların kendileriydiler, akrabaları, amcaları, dayılarıydılar.

Ökkeş Kenger'in kitabında, iddialarını yazdığı 8 sayfalık bölümün büyük kısmı, itham edilen örgütlerle ilgili, ama katliamı ilgilendirmeyen, Sıkıyönetim Mahkemesinden alınmış bilgileri içermektedir. Ökkeş Kenger, saçma sapan iddiasını ifade ederken, iddianame ve mahkeme kararlarına ilişkin, bol sayılı rakamlarla, hem belgelere dayandığı görüntüsü vermeye, hem de inandırıcılığını artırmaya çalışmaktadır.

Ökkeş Kenger bunu yaparak, güneşin üç beş rakamın balçığıyla sıvanabileceğini sanmaktadır. Bu yöntem, klasik göz boyama yöntemidir. Nasıl olsa herhangi bir okurun, o rakamlarda ifade edilen belgelere ulaşmasının kolay olamayacağı veya insanların bu zahmete katlanmayacağı varsayılmaktadır. Okuyucunun zaafından yararlanmaya dayanan ve okuyucuya güvensizliğin ifadesi olan bu hileli yöntemde medet ummak, iddia sahibinin zayıflığını ve çaresizliğini göstermektedir.

Bu girizgâhtan sonra, Ökkeş Kenger'in Maraş Katliamı'nı yaptığını iddia ettiği söz konusu 4 devrimci örgütle ilgili olarak yazdıklarını ve gerçekleri bir arada ele almaya çalışalım. Ökkeş Kenger, ilk olarak Garbis Altınoğlu'nu ve onun içinde bulunduğu "Devrimci Halkın Birliği" yayın organı çevresini suçlamakta, konuyla ilgili Sıkıyönetim Savcısının iddialarını tekrarlamaktadır. Garbis Altınoğlu ve DHB için yazılanlar şunlardır.

"6. 19-25 Aralık 1978 tarihinde cereyan eden K.Maraş Olaylarında, tertipleyici olarak görev almak ve silahlı çatışmaya girmek."(2) Ökkeş Kenger'in, en çok üzerinde durduğu örgütlerden DHB ve Garbis Altınoğlu'nun Maraş Katliamı'ndaki sorumluluğu bağlamında bütün söyleyebildiği, soyut "tertipçileri içinde yer almak" ve "silahlı çatışmaya girmek" şeklindeki iddiasıdır. Ökkeş Kenger, bu iddialarıyla ilgili hiçbir tanık, hiçbir kanıt sunamamakta, tam bir "çamur at izi kalsın" yöntemi uygulamaktadır.

İddialara geçmeden, okurun hoşgörüsüne sığınarak araya girmek gerekiyor. Konunun başında Ökkeş Kenger'in iddiaları-

---

2 -Kanlı Oyun Ökkeş Şendiller S. 49

nın düzeysizliğinden, dolayısıyla tartışmayı gerektirmediğinden söz etmiştik. Okunan iddialar tam da bunu göstermektedir. En basit bilgileri en basit kuralları tartışmak zorunda kalmaktır düzeysizlik ve bu iddialarla bu yapılmaktadır. Bir iddia, şüphe, emare, kanıt ve tanık gerektirir. Bunların en az herhangi birisinin olmadığı iddialar, sadece özel amaçlı yönelimler, iftiralar, yalanlar olmaktan başka bir anlam taşımazlar.

Buna göre Ökkeş Kenger'in iddiasına baktığımızda, Garbis Altınoğlu "Maraş Olaylarının tertipçileri içinde yer almış ve silahlı çatışmaya girmiş", deniyor, varsayalım öyle. İyi de bunun için bir delile, bir kanıta, bir tanığa, hiç mi gerek yok? Mesela, Garbis Altınoğlu, Maraş "olaylarını" nasıl, kimlerle, ne zaman, nerede tertiplemiş? Hangi hazırlık saldırısını yapmış, hangi mahallede hangi cinayeti işlemiş, kaç masum yoksul kişi veya kişileri öldürmüş, hangi evi yakmış, bu veya buna benzer bir tanecik olsun delil, kanıt, tanık göstermek gerekmiyor mu? İşkembeyi Kübra'dan atmakla insanların suçlu kabul edileceği mi sanılıyor? Sıkıyönetim Savcısından devşirilmiş böyle iftiralarla, gerçekler ters yüz edilebilinir mi?

Ökkeş Kenger'in iddiası, siyasal boyutundan bağımsız, yukarıda belirtildiği gibi, içi boş, gerçek dışı birkaç kelimeden ibarettir. Bu iddianın asıl sahipleri, sıkıyönetim ve 12 Eylül yargısıdır. Sıkıyönetim ve 12 Eylül cuntacıları, katliamı devrimcilere yıkma projesinin bir parçası olarak Garbis Altınoğlu ve onun üzerinden DHB-TKP-ML Hareketine özel bir tutumla yöneldiler. Yakalanan tüm DHB'li devrimciler, Maraş Katliamı'yla ilgili özel sorgulardan, korkunç işkencelerden geçirildiler. Yapılan işkencelerde, DHB'li Ali Ekber Yürek ve Cennet Değirmenci katledildiler.

Nihayet Garbis Altınoğlu, 1981 yılında girdiği bir çatışma sonucunda, İstanbul'da yakalandı ve 12 Eylülcülerin özel sorgularına alındı. Her türlü işkencenin uygulandığı sorgular, aylarca devam etti. Yapılan bütün insanlık dışı işkenceler, gerçeğin ve devrimci iradenin büyüklüğü karşısında, sonuçsuz kaldı.

İşkenceciler, iddialarını sürdüremez hale geldiler ve Garbis Altınoğlu'nun, Maraş Katliamı'yla ilişkisini tespit edemediler. Gerçeğe boyun eğmek zorunda kalan sıkıyönetim savcıları, Maraş Katliamı'ndan dolayı, Garbis Altınoğlu'nu suçlamaktan ve bu yönde iddialarda bulunmaktan vazgeçtiler.

Böylece Garbis Altınoğlu'nun ve onun üzerinde TKP-ML Hareketi-DHB'nin, Maraş Katliamı'yla hiç bir ilgisinin olmadığını, Ermeni düşmanlığını resmileştiren Sıkıyönetim Mahkemeleri de kabul ve itiraf etmek zorunda kaldılar. Sonuçta, hem Garbis Altınoğlu, hem de diğer DHB'liler, Maraş Katliamı davasında, sorgulandılar ama yargılanmayı gerektirecek herhangi bir durum olmadığı için suçsuz bulundular. Ökkeş Kenger'in aldığı alıntılar, sıkıyönetim savcısının iddiaları olarak kaldı. Garbis Altınoğlu ve diğer arkadaşlarının, Maraş Katliamı davasında suçsuzluğunun açığa çıkması, katliamın bir parçası olan komplonun, bu yönüyle, çökmesini sağlamıştır.

Ancak Ökkeş Kenger, sanki gerçekler böyle değilmiş gibi, DHB'yi ve Garbis Altınoğlu'nu çirkin yalanlar söyleyerek suçlu göstermeye devam etmektedir. Bu amaçla, "Devrimci Halkın Birliği örgütünde Ermeni Garbis Altınoğlu'nun hadiseden idam cezası alması ise bu konuyu ispatlıyor" [3] diyerek, Garbis Altınoğlu'nu, Maraş Katliamı'nda olmayan sorumluluğundan dolayı idam almış birisi olarak ilan etmekte, öyle göstermeye çalışmaktadır. Ökkeş Kenger, bu iddiasının çürüklüğünün farkındadır, onun için adı geçen geçemeyen binlerce devrimci arkadaşlarla ilgili Sıkıyönetim Mahkemesinin açtığı davaların bol sayılı dosya numaralarını vererek ve adı geçenlerin cezaevinde yatmışlığına dayanarak, iddiasını ispatladığını göstermeye çalışmaktadır. Ama Ökkeş Kenger, bilmelidir ki, en usta sihirbazlar bile sadece göz boyayabilirler, gerçeği değiştiremezler.

Ökkeş Kenger'in iddialarına rağmen gerçek durum şöyledir. Gerek Garbis Altınoğlu, gerek DHB'li diğer devrimciler, anlatılan süreçte yakalanmışlar, Maraş Katliamı da dâhil, birçok

3-Kanlı Oyun Ökkeş Şendiller S. 87

sözde suçla suçlanmışlardır. Ancak bu devrimciler, Maraş Katliamı davasında ceza almamış, beraat etmiş, hatta kimisi bu davada hiç sorgulanmamıştır. Örneğin Ökkeş Kenger'in Maraş Katliamı'nda sorumlu olarak gösterdiği, Hüseyin Çapartaş, İbrahim Horoz ve adı geçen daha başkaları, bu katliamla ilgili olarak hiç sorgulanmamış, yargılanmamışlardır. Buna rağmen, 12 Eylül cuntasının devrimcilere düşmanlığının sonucu olarak, adı geçen devrimciler, devrimci faaliyetlerinden dolayı, cezaevlerinde yatmışlar, mahkûm olmuşlar, idam cezası almışlardır. Bu durum, Ökkeş Kenger dâhil, ilgili herkesin bildiği veya bilmesi gereken bir gerçektir.

Aynı şekilde, Garbis Altınoğlu'da, Maraş Katliamı'ndan dolayı değil, diğer devrimci çalışmalarından dolayı ceza almış, cezaevinde yatmıştır. Ökkeş Kenger, bir sihirbaz marifetiyle, Garbis Altınoğlu ve başkaca DHB'li devrimciyi, sanki Maraş Katliamı'ndan dolayı yatmışlar gibi göstermeye çalışmaktadır. Bir devrimci örgütün mensupları olarak ve çeşitli devrimci faaliyetlerinden dolayı cezaevinde yatmış olan Garbis Altınoğlu ve diğer devrimcileri, Maraş Katliamı'nın sorumluları olarak cezaevinde yatmış gibi göstermek, kocaman bir yalandır. Katliamcı politikaları aklamaya çalışmanın gereği ve sonucu olarak başvurulan, ucuz bir hile ve üçüncü sınıf bir demagojidir.

Bütün bu gerçeklere rağmen Ökkeş Kenger'in Garbis Altınoğlu ve Ermeni düşmanlığı üzerinde bu iddiayı ileri sürmesi, faşist bir demagoji olmasının yanında özel, döneme ve bölgeye ilişkin amaçlar taşıyan bir iddiadır. Aynı zamanda bu iftira ve yalan kampanyası, gerek illegal güçler, gerek diğer faşist kurum ve çevrelerce, sadece politik amaçlarla ve tüm illegal güç ve organlar kullanarak sürdürülmektedir.

Ökkeş Kenger'in bu iddiasının, önemle üzerinde durulması gereken bir başka boyutu daha bulunmaktadır.

Bilindiği gibi, Maraş' ta yüzyılın başında yaşanan Ermeni direnişi ve katliamı, illegal devlet tarafında, ırkçılığın geliştirilmesi ve Ermeni düşmanlığının derinleştirilmesi amacıyla değerlendirilmiştir. Katliam günlerinde, henüz varlığını koruyan Ermeni düşmanlığının katliamcılar tarafında güncellenerek kullanıldığı ortadadır. Garbis Altınoğlu adı üzerinde Ermeni düşmanlığını, yeni katliamın malzemesi yapmak isteyen katliamcıların, planladıkları katliamın propagandasını bu olgu üzerine oturttukları daha önce belirtilmişti.

Garbis Altınoğlu, Türkiye devrimci hareketinde saygın bir yeri olan, bir devrimcidir. Söz konusu yıllarda TKP-ML Hareketi-DHB içinde ve bölgede faaliyet göstermekteydi. Garbis Altınoğlu'nun Ermeni halkının namuslu dürüst bir evladı olarak bölgede devrimci çalışma yürütüyor olması, belli ki, tüm egemenleri korkutmuştu.

Katliam öncesinde ve katliama hazırlık sürecinde, iş adamlarının yaptığı toplantı başta olmak üzere, yapılan çeşitli toplantıların tümünün gündemlerinde birisi, bir Ermeni devrimci olarak Garbis Altınoğlu'nun bölgede bulunması olmuştur. Söz konusu toplantılarda Garbis Altınoğlu adı üzerinde, Ermeni düşmanlığına sürekli ve ısrarla, özel vurgular yapılmıştır. Böylece Garbis Altınoğlu üzerinde tarihsel Ermeni düşmanlığı, güncel devrimci ve Alevi düşmanlığı ile birleştirilerek, katliamcı güruh motive edilmiştir.

Ancak Ermeni düşmanlığının Garbis Altınoğlu adıyla birlikte kullanılmasına, sıradan yaklaşmak doğru değildir. Katliamcıların, Ermeni Garbis Altınoğlu'nun bölgede devrimci faaliyet yürütüyor olmasını, söz konusu korkudan bağımsız olarak, değerlendirilmesi gereken bir olanak olarak gördükleri ve buna uygun bir pratik planlama içine girdikleri anlaşılıyor.

Salt Ermeni düşmanı olan sıradan saldırganların, özel olarak Garbis Altınoğlu'ndan ve bölgede bulunuyor olmasından haberdar olabilmesi, hatta kullandığı çeşitli illegal isimleri bilebilmesi mümkün değildir. Çünkü o dönem Garbis Altınoğlu, hem aranan bir devrimciydi, hem de zaten yasal olmayan bir örgütte bulunmaktaydı. Bu durumda Garbis Altınoğlu'nun bölgede bulunduğunu ve kullandığı illegal isimleri bilmek, ancak illegal güçlerin sahip olabileceği bir imkânla mümkündü.

Yaşananlardan anlaşılmaktadır ki, katliam için yapılan planlama ve kararlaşmada, Garbis Altınoğlu olgusu illegal güçler tarafında önemli bir avantaj olarak görülmüş ve değerlendirilmiştir. Yoksa herhangi bir katliamcı illegal yapının, organının, yetkilinin veya sıradan bir saldırganın, irticalen ve herhangi bir "an" da aklına gelen bir cin fikirliliğin sonucu değildir, bu olgunun katliam amacıyla değerlendirilmesi. Maraş Katliamı'nda Garbis Altınoğlu ve Ermeni düşmanlığı, katliamcı yapıların, katliamla ilgili yaptıkları planın bir parçası, katliamın bir unsuru olarak görülmelidir. Bu olgu, katliamın içinde illegal güçlerin varlığının da işaretidir. Tek başına bu gerçek bile katliamın faillerini ve niteliğini göstermeye yeterlidir.

Gerçeğin böyle olduğu, Ökkeş Kenger'in Sıkıyönetim Komutan Yardımcısı Tayyar Aygur'la yaptığı görüşmede, Garbis Altınoğlu'nun gündeme gelmesinden de anlaşılmaktadır. Tayyar Aygur, Ökkeş Kenger'e "Garbis adında birinin olduğunu tespit ettik. Eğer bu şahıs ölenler arasında değilse, yakında bir vilayetin başını daha yakabilir"(4) diyerek, hem Ökkeş Kenger'e yol yordam göstermiş, yönlendirmiş, hem de katliamın sorumlusu olarak kimleri hedef aldıklarını ortaya koymuştur. Üstelik bu düşüncelerini, kendisinde sayacak kadar yakın bulduğu, Ökkeş Kenger'le paylaşmıştır.

Bütün bunlar göstermektedir ki, Maraş Katliamı'nı Garbis Altınoğlu'nun yaptığı iddiası, Ökkeş Kenger'in geliştirip ileri sürdüğü bir iddia değil, Ökkeş Kenger üzerinden kamuoyuna sunulan, illegal güçlerin propaganda çalışmasının bir parçasıdır.

Konuyla ilgili önemli bir noktaya daha değinmek gerekmektedir. Ökkeş Kenger'in Garbis Altınoğlu ve Ermenilerle ilgili iddialarında, dehşetli ve iğrenç bir ırkçılık yapılmaktadır. Ökkeş Kenger'in ruhsal yapısını da ortaya koyan bu ırkçı ve faşist propagandanın, fütursuzca, açıktan yapılabilmesi ve Ermeni halkına karşı düşmanlığın rahatça savunulabilmesi, demokratik güçler açısında, kabul edilmesi mümkün olmayan bir

---

4-http://www. koxuz. org/anasayfa/taxonomy/term/11

durumdur. Daha da vahim olanı, Ökkeş Kenger'in bu derin ırkçılığına, Ermeni düşmanlığına ve kullandığı aşağılayıcı üsluba, toplumun hiçbir kesiminde anlamlı bir tepkinin geliştirilmiyor olmasıdır. Yapılan bu ırkçılığa sessiz kalmak, Maraş Katliamı'yla hesaplaşmanın ruhuna aykırıdır. Demokratik kamuoyunun bu sessizliğidir ki, Hrant Dink'in öldürülmesi için, Ogün Samast'lar yaratılabilmiştir.

Son olarak Ökkeş Kenger'in ilgili iddialarına dair, iddiaların muhatabı olan Garbis Altınoğlu'nun yazdığı cevabi yazıya bakalım. "12 Eylül döneminin, mensup olduğum örgütle birlikte beni de yargılayan ve idama mahkûm eden üst mahkemesi, beni hiçbir biçimde Maraş Katliamı'yla ilişkilendirmemiştir. Zaten ilişkilendirmesi de olanaksızdı. Herhalde, cuntanın buyruklarıyla hareket eden askeri ve sivil savcı ve yargıçların bu davranışı, bana ve diğer devrimcilere olan sempatilerinden değil, katliamın sorumluluğunu benim örgütüme ve bölgede aktif olan diğer devrimci örgütlere yıkma çabalarının başarısız kalmasından kaynaklanmaktadır. Bu bağlamda, 12 Eylül darbesinden sonra, özel olarak Maraş Sıkıyönetim Komutanı Korgeneral Yusuf Haznedaroğlu'nun direktifiyle Maraş'ta -içlerinde benim de bulunduğum- çok sayıda devrimcinin, bu amaçla aylarca işkencelerden geçirildiğini, ancak bu sorgulardan herhangi bir sonuç alınmadığını da anımsatmak isterim."

"Şunu eklemekte hiçbir sakınca görmüyorum: Maraş Katliamı döneminde ben bu yörede değildim; bir görev nedeniyle başka bir bölgede bulunuyordum. Ama bu alçakça katliam ve ona karşı yürütülen soylu direniş sırasında orada olsaydım, elbette bu direniş içinde yer alır ve sağ kalmam halinde bunu gururla açıklar, yargılandığım mahkemede de bunu belirtirdim."[5] Ökkeş Kenger'in Maraş Katliamı'nı Garbis Altınoğlu üzerinden devrimcilere yıkmaya çalıştığı iddialar ve iddiaların aslı budur.

Ökkeş Kenger kitabında, ikinci sırada, Dev-Savaş örgütünde söz ediyor. Bu örgütle özel olarak ilgilenmektedir. Kitapta

---

5- Kanlı Oyun Ökkeş Şendiller S. 120

bilmişlik görüntüsü verilmek amacıyla, konumuzu ilgilendirmeyen sıkıyönetim kaynaklı bilgiler alınmış, kullanılmıştır.

Söz konusu iddiayla ilgili olarak, kitapta, Dev-Savaş örgütünün "Kahramanmaraş Olaylarındaki Rolü" bölümünde şunlar yazılmaktadır. "Adana Sıkıyönetim Komutanlığı 1. Nolu Askeri Mahkemesinin 27 Eylül 1984 tarih ve 1984/208 Nolu Gerekçeli Kararında şöyle deniliyor (Askeri Yargıtayca onaylanmamış Gerekçeli Karardır.) "Dev-Savaş örgütü tarafından öldürülen, iki sol görüşlü öğretmenin öldürülüşünü istismar etmek ve kınamak maksadı ile cenaze töreni bir gövde gösterisine dönüştürülmek istenmiştir. (Not: Bahsedilen cenaze, olayların çıkmasına sebep olan provokasyondur. İki solcu öğretmeni öldürüp cenazeyi de tertibe alet ediyorlar)". "K. Maraş olayları esnasında, silah kullandıkları ve halkı taradıkları, yani olayları tertipleyen örgütlerin başında geldiği anlatılmaktadır."(6) Yazının devamında, Dev Savaş'ın faaliyetlerinin anlatıldığı bölümünde, "5. K. Maraş Çiçek Sineması'na 19 Aralık 1978 gecesi patlayıcı madde atılması. Bu olayı sanıklar, Ali Arabul, Derviş Koç, Hasan Aydın ve Hamit Kapan'ın işledikleri, ancak suçu başka üstlenenlerde olduğu için, şüpheli görülmüştür."(7) "Yeni Mahalledeki solcuların devam ettiği Akın Kıraathanesi 20 Aralık 1978'de Bayram Uğur Güven, Derviş Koç, Hamit Kapan, İbrahim Candemir, Turabi Elver ve Tahsin Kozanoğlu tarafından bombalanmış ve taranmıştır." denerek, bu saldırlar Dev Savaş'a mal edilmiş, devamında." 21 Aralık 1978 gecesi K. Maraş'ta sağ görüşlü M. Güngör Gençay'ın evine patlayıcı madde atılması" olayı da yine aynı devrimcilere yıkılmıştır.

Bunlarla yetinilmemekte, Maraş Katliamı'na giden en önemli saldırı olan öğretmenlerin öldürülmesi de bu grupta yer alan devrimcilerin yaptığı bir eylemmiş gibi anlatılmaktadır. "17 Eylül 1984/208 gerekçeli (Askeri Yargıtay'ca onaylanmamış) kararında şöyle anlatılıyor: "Bunun üzerinde Hamit

---

6 -Kanlı Oyun Ökkeş Şendiller S. 51

7 -Kanlı Oyun Ökkeş Şendiller S. 53

Kapan'ın Çiçek Sineması'na bomba konularak, sağ görüşün propagandasını yapan 'Güneş Ne Zaman Doğacak' isimli filmin oynatılmasına mani olunmasını önerdiği... Sanık Tahsin Kozanoğlu'nun ise Halkın Yolu fraksiyonunda öğretmen Mustafa Yüzbaşıoğlu'nun öldürülmesi önerisini getirdiği, zira bu öğretmenin örgüt liderlerinden Hamdullah Erbil'e sövdüğü ve Dev-Savaş örgütünü eleştirerek küçük düşürdüğünü söylediği... Tahsin Kozanoğlu'nun ısrarı üzerine, Mustafa Yüzbaşıoğlu'nun öldürülmesinin aralarında oya sunulduğu ve sanıkların "uygundur" şeklinde nihai görüş bildirmeleri üzerine "eylem" kararının icrası için karara vardıkları."

"Eylemi 21 Aralık 1978 günü akşam okul dağılışında, Yörükselim Mahallesine çıkan sokakta Hamit Kapan'ın 10-12 el ateş ederek Mustafa Yüzbaşıoğlu'nu ve yanında bulunan aynı okuldan Hacı Çolak'ı öldürdüğü" belirtilmektedir. [8]

Dev-Savaş için söylenenler bunlar. Ökkeş Kenger'in Sıkıyönetim Savcılığında alıntıladığı ve illegal güçlerin komplosunu ifade eden iddialarla ilgili olarak, bütün bu yazılanlara bakılırsa, Maraş Katliamı'nın yapılması için planlanmış tüm saldırıları ve Maraş Katliamı'nı, Dev-Savaş'ın yaptığını düşünmemiz, gerekmektedir.

Bunlar, Ökkeş Kenger'in ve katliamı devrimcilerin yaptığını iddia ederek meşru göstermek isteyenlerin iddialarıdır. Gerçekler ne gösteriyor onu görelim.

Sıkıyönetim Mahkemesinin Maraş Katliamı'nı devrimcilerin üzerine yıkma çabalarının devam ettiği günlerde, Dev-Savaş örgütünde Hamit Kapan, yakalanır. Hamit Kapan'ın silahıyla birlikte yakalanması, 1979'un Aralık ayında, Maraş'ın girişinde yapılan bir genel arama esnasında, gerçekleşir. Dönemin işkenceleriyle meşhur sıkıyönetim paşası Yusuf Haznedaroğlu için, Hamit Kapan büyük bir ganimetti. Zaten bu devrimciler, Maraş Katliamı'ndan dolayı suçlu ilan edilmiş, bu amaçla itham ediliyor, aranıyorlardı.

8-Kanlı Oyun Ökkeş Şendiller S. 66-67-68

Hamit Kapan'dan sonra yakalanan diğer arkadaşlarıyla birlikte bu devrimcilerin üzerinde, akıl almaz işkencelerle 'çalışıldı'. İşkenceciler, Hamit Kapan ve arkadaşlarını, Maraş Katliamı'nın sorumlusu olarak ilan etmişlerdi, işkencelerle bu ilanlarını ispat etmeye ve sonuca bağlamaya çalışmaktaydılar. Bu amaçla, Hamit Kapan'a 210 gün boyunca, yani tamı tamına 7 ay, işkence yaptılar. Hamit Kapan 10.01.2010 tarihli Sabah gazetesinde çıkan röportajında, yaşadığı işkenceleri şöyle anlamaktadır.

"Hiç duyulmadık yöntemler denediler benim üzerimde. Bunlardan bir tanesi Çin işkencesiydi. 10x10 uzunluğunda iki tane kalasa bağlıyorlardı... Üzerimde mübalağasız 40-50 tane kemer vardı, her tarafımdan bağlıydım, kafamı da usturayla tıraş etmişlerdi. Aşağı yukarı 2,5-3 metre yükseklikteki bir serum şişesinden kafamın tam ortasına su damlatıyorlardı. Dokuz gün fosseptik çukurunda tutuldum, ellerim arkadan bağlı, diz çökmüş ve boğazına kadar pisliğin içinde bir vaziyette. Ayak tırnaklarımın hepsi çekilmişti"

Hamit Kapan'a yapılan işkenceler, 1986 yılında, işkencelere bizzat katılan Sedat Caner'in itiraflarıyla, NOKTA dergisinde yayınlanmaya başlandı. Yaptığı işkenceleri itiraf ederek, Maraş Katliamı'nın devrimcilere yıkılması komplosunu bozan Sedat Caner, NOKTA dergisine şunları anlatmaktadır. "Dev Savaş davası sanığı "Hamit Kapan'ın sorgulaması sırasında biz başarılı olamamıştık. Ankara'dan ayrı bir sorgulama timi geldi, üç memur gelmişti. Biri emniyet amiriydi. Hamit Kapan'a öyle bir şey yapılmıştı ki, 8 saatte bir tim giriyordu, onlar çıkıyordu, diğer tim giriyordu, 8 saat onlar çalışıyorlardı. Diğer 16 saat içerisinde onun şeyini bitiren diğer timler istirahat ediyorlardı. Uyku uyumaksızın, şey yapmaksızın Hamit Kapan'ın sorgulaması devam etti. Bu böyle hemen-hemen 6 aya yakın sürdü. Bu zaman zarfında Hamit Kapan'a uyku filan yoktu. Gözleri kan çanağı gibi olmuştu, artık gözleri yara bağlamıştı. Haliyle gözleri sürekli açık kalmaktan gözyaşı kuruma yapıyordu. Gözleri böyle kan çanağı gibi yara oluştu. Ve öyle bir hale gelmişti ki, kimse Hamit Kapan'ın yüzüne bakamıyordu. Herkes camdan dışarıya bakıyordu."[9]

Hamit Kapan yıllar sonra anlattığı bu işkencelerle ilgili olarak, başka bir ayrıntı daha vermektedir. "Şüphesiz yapılan bu işkenceler, beni fiziki olarak etkilemiş, her tarafım lime-lime olmuştu, ama Elbistanlı Türk-Sünni devrimci arkadaşımız Mehmet Ceren' in cesediyle birlikte günlerce kalmam, en çok kahrolduğum işkenceydi. Hiçbir işkence bu kadar zalim olmaz. Bugün bile düşündükçe tüylerim diken-diken olmaktadır. Hergün ölü bir arkadaşının cesediyle olmak, O yanı başında cansız yatarken nefes almak, her halde binlerce ölüme bedeldir. Bugün yaşadığım fiziki işkenceleri şöyle ya da böyle geride bıraktım, ama Mehmet Ceren'in cesediyle birlikte olmanın acısını hiçbir zaman un utamadım." diye anlatmaktadır.

Yapılan bu işkencelerin sonunda, Hamit Kapan, "her şeyi ben yaptım" demek zorunda kalmıştır. Bunun üzerine, Dev-Savaş örgütünde Hamit Kapan ve arkadaşlarına, Maraş Katliamı'yla ilgili, Ökkeş Kenger'in kitabına aldığı ve sürekli kullandığı yukarıdaki iddianameyle, dava açılmıştır. Açılan bu davanın dayandırıldığı tek kanıt, Hamit Kapan ve arkadaşlarında, yoğun işkenceler sonucu alınan sözde ikrar ve itiraflardır. Davanın açılmasını gerektiren başkaca hiçbir hukuki delil, hiçbir dayanak söz konusu değildir. Hatta davanın birçok unsuru, işkence sonucu yaptırılan itiraflarla çelişmekteydi.

Bu şekilde, yerel Sıkıyönetim Mahkemesi tarafında açılan davada yapılan yargılamalar sonucu, işkencede alınan ifadeler dışında hiçbir delil olmadığı halde, Hamit Kapan ve arkadaşları, mahkûm edildiler.

Bilindiği gibi, istisnasız her mahkemenin verdiği kararın kesinleşmesi için Yargıtay tarafında onaylanması gerekmektedir. Yerel Sıkıyönetim Mahkemesinin Hamit Kapan ve arkadaşlarıyla ilgili olarak verdiği karar da, bu zorunluluktan dolayı, Yargıtay'a gitmiştir.

9- 9 Şubat 1986 tarihli Nokta Dergisi

Yargıtay'ın davayı görüştüğü döneme denk gelen Sedat Caner'in açıklamaları, davanın gidişatını değiştirmede önemli bir rol oynadı. Ayrıca öldürülen Mustafa Yüzbaşıoğlu'nun katille ilgili olarak verdiği eşkâl, Hamit Kapan'ın eşkâline uymuyordu. Sedat Caner'in açıklamaları, Mustafa Yüzbaşıoğlu'nun ölmeden önce verdiği ifadesi, delillerin yetersizliği, Hamit Kapan ve arkadaşlarının, Maraş Katliamı'yla ilgili olarak yargılandıkları davanın, Yargıtay tarafında bozulmasına yol açtı.

Bütün bu delil durumunu değerlendirerek yerel Sıkıyönetim Mahkemesinin verdiği kararı bozmakla Yargıtay, davanın seyrini değiştirmiş oldu. Bu kararla Maraş Katliamı'nın devrimcilere yıkılması komplosu bozulmuş, Hamit Kapan ve arkadaşlarının Maraş Katliamı'yla bir ilişkilerinin olmadığına ve beraatlarına karar verilmiştir.

Sonuçta Hamit Kapan ve arkadaşlarına 210 gün boyunca yapılan insanlık dışı işkencelere rağmen, gerçekler değiştirilememiş, Maraş Katliamı devrimcilerin üzerine yıkılamamış, bu nedenle itham edilen devrimcilerin, beraatları önlenememişti.

Hamit Kapan'ın Maraş Katliamı'yla ilgili yargılanmasının sonunda verilen karar şöyledir. "Sanık Hamit Kapan hakkında 20. 9. 1982 gün ve 1982/546 karar sayılı iddianame ile 'Çiçek Sineması'na' patlayıcı madde koydurtmak, Akın Kahvehanesine patlayıcı madde attırtmak, Hacı Çolak ve Mustafa Yüzbaşıoğlu isimli öğretmenleri öldürmek, Kahramanmaraş olayları sırasında Cemil Karadutlu'yu öldürmek, Hacı Çolak ve Mustafa Yüzbaşıoğlu isimli iki öğretmenin cenaze törenine katılmak, Kahramanmaraş olaylarında topluluk üzerine otomatik silahla ateş etmek, Kahramanmaraş'ta Güngör Gençay'ın evinin dinamitlenmesi olayına katılmak ve yasadışı Dev-Savaş örgütüne üye olmak" suçlarından dolayı kamu davası açılmıştır. Sanık soruşturmanın çeşitli aşamalarında özellikle zabıtadaki ifadelerinde iddianamede belirtilen eylemleri gerçekleştirdiğini ikrar etmiştir. Sanığın gerçekleştirdiğini ikrar ettiği birçok eylem hakkında sanığın mücerret ikrarından başka somut delil elde edilememiştir. Bu beyanda olmak üzere sanığın avukat Yusuf Özbaş'ın yazıhanesine patlayıcı madde attığına, motosiklet hırsızladığına, Kahramanmaraş'taki Çiçek Sineması'na patlayıcı madde koydurduğuna, Kahramanmaraş'taki akın kahvehanesine patlayıcı madde attırdığına, öğretmenler Hacı Çolak ve Mustafa Yüzbaşıoğlu'nu öldürdüğüne, Kahramanmaraş olayları sırasında Cemil Karadutlu'yu öldürdüğüne ve Kahramanmaraş olayları sırasında topluluk üzerine ateş ettiğine dair mahkûmiyetine yeter delil bulunmamaktadır. Mevcut deliller sanığın bu yasadığı Dev-Savaş örgütünün Yörükselim Mahallesi sorumlusu olduğunu, Güngör Gençay'ın evine dinamit atılması olayına katıldığını, örgütün bir kısım silah ve mermilerini naklettiği ve Kahramanmaraş olayları sırasında iki öğretmenin cenaze törenine silahlı olarak katıldığını göstermektedir. Sanığın işlediği bu eylemler bir kür halinde TCY'nın 146'ncı maddesinde yazılı suçu oluşturmaktadır. Sanık bu eylemleri ile anayasayı değiştirmeye cebren teşebbüs etmek suçuna fe'ran katılmış olmaktadır. Bu itibarla sanığın TCY'nın 146/3, 173/ son, 31. Ve 33'ncü maddeleri uyarınca cezalandırılmasına, sanığın tutukluluk halinin devamına ve iddianamede yazılı diğer eylemlerinden dolayı ise BERAATINA karar verilmes."[10] diyerek biten ve Ökkeş Kenger'in iddia ettiğinin tersine Hamit Kapan ve arkadaşlarının Maraş Katliamı'yla ilgili suçlamalarda beraatlarını veren Yargıtay kararına rağmen, Ökkeş Kenger, sahtekârca iddialarını sürdürmekten hiç bir sakınca görmemektedir.

Özetle, görüldüğü gibi, sıkıyönetim ve 12 Eylül yargısı, Maraş Katliamı'nı Hamit Kapan ve arkadaşlarına mal etmek istemiş, bunu gerçekleştirmek için yaptığı işkence seansları için "gecesini gündüzüne katmış", sonuçta belli ölçüde mesafe almıştır. Fakat Askeri Yargıtay, darbe mahkemesinin verdiği hukuksuz kararı bozmak zorunda kalmış, Hamit Kapan ve arkadaşlarının, bu davada, beraatlarına karar vermiştir. Beraat eden Hamit Kapan ve arkadaşları, diğer devrimci faaliyetlerinden dolayı ceza almış, cezaevinde yatmışlardır.

10- Dava Dosyası

Daha önce anlatıldığı gibi, Ökkeş Kenger, bu insanların devrimci faaliyetlerinde dolayı ceza almış olmalarını, söz konusu insanların Maraş Katliamı'ndan dolayı ceza aldıkları ve cezaevinde yattıkları şeklinde göstermeye çalışmaktadır. Ökkeş Kenger, sunulan çeşitli olanaklardan yararlanarak, hile yaparak, yanılsama yaratarak ve demagoji ile Maraş Katliamı'nın sorumluluğunu devrimcilere yıkmayı başarabileceğini sanmaktadır.

Ökkeş Kenger, bütün bu yaptıklarının gerçekleri tahrif etmek olduğunun farkındadır. Dolayısıyla "ayrıntılarda gizlenen şeytan"lardan medet ummaktadır. Ayrıntıda gizlenmiş şeytanlardan birisi şudur. Ökkeş Kenger, Hamit Kapan ve arkadaşların yargılandığı davayla ilgili yaptığı alıntıda, '(Askeri Yargıtay'ca onaylanmamış)' notunu, alıntıyla birlikte kullanmaktadır.

Herhangi bir davadan dolayı verilmiş olan bir karar, Yargıtay tarafında onaylanmadığı sürece, hukuksal anlamda henüz dava sonuçlanmamış ve kesin karar verilmemiş demektir. Yargıtay'ın onaylamadığı hiçbir karar, kesin ve nihai karar olarak kabul edilemez. Dolayısıyla Yargıtay'a gitmiş herhangi bir dava, onaylanabilir veya burada görüldüğü gibi, beraatla sonuçlanabilir ve insanların suçsuzluğu tescil edilebilir.

Bu gerçeğin konumuzu ilgilendiren boyutu şudur; Ökkeş Kenger'in bu iddiaları aldığı metinin hazırlandığı koşullarda, Hamit Kapan ve arkadaşları için söz konusu iddialar, henüz ispatlanmamış iddialar düzeyindedir. Ökkeş Kenger bu gerçeği bildiği için alıntıda bulunan "Askeri Yargıtay'ca onaylanmamıştır" notunu kullanmak zorunda kalmıştır.

Yargıtayca onaylanmamış bir kararın kesin karar olmadığı gerçeğini belirttik, biliniyor. Hamit Kapan ve arkadaşlarının davasının Yargıtay'ca onaylanmadığı, dolayısıyla cezalarının kesinleşmediği de açıkça belirtilmekte, gizlenememektedir. Henüz cezası Yargıtay'ca onaylanmamış olan herkesin masum olduğu da bilinen bir gerçektir. Bu bilgiler bir arada düşünüldüğünde, Hamit Kapan'ın davasının henüz Yargıtay'da onaylanmadığı ve suçunun sabit olmadığı ve bu gerçeğin Ökkeş

Kenger tarafında bilindiği ortaya çıkmaktadır. Bütün bunlara rağmen, Ökkeş Kenger'in iddialarını, kesin gerçekler gibi sunmasına ne ad verilir? Henüz kesinleşmemiş bir iddiadan dolayı insanların suçlu ilan edilmesi mümkün olmadığı halde, bu iddialar, neden sürdürülmektedir? Soruların cevabı çok basit, çünkü gerçeğe bağlı kalmayanların tek sermayesi yalan, iftira ve demagojidir. Ama unutulmasın ki, yalancının mumu yatsıyı da geçse en fazla güneş doğunca hükmü kalmayacaktır.

Ökkeş Kenger, söz konusu ayrıntıyı kullanarak, bilerek söylediği yalanın açığa çıkma ihtimaline karşı, illüzyonist bir hile yapmaya çalışmaktadır. İnsanlar bir metni okurken, genel bir alışkanlıkla, parantez içinde yazılmış olanları pek fazla göz önünde bulundurmazlar. Diğer okuduklarını esas alırlar, bu doğal ve psikolojik bir durumdur. İddiasına duyduğu güvensizlik içinde çırpınan Ökkeş Kenger, insanların bu psikolojik zaafı üzerinde, iddialarını ispat ettiğini göstermeye çalışmaktadır. Bütün bunlar beyhude çabalardır.

Ökkeş Kenger, itham ettiği bir diğer devrimci yayın çevresi olan Halkın Kurtuluşu içinde herhangi bir delil gösterememekte, sadece bir cümle ile iddiasını ispat edeceğini sanmaktadır. Örgütün faaliyetleri bölümünde, "Örgüt üyeleri 19-24 Aralık 1978 günleri arasında devam eden K. Maraş toplumsal olaylarında da faal olarak rol oynamışlardır." (11) Diyerek Halkın Kurtuluşu gazetesini ve bu gazete çevresinde örgütlenmiş bulunan arkadaşları, Maraş Katliamı'nın sorumlusu ilan etmektedir.

Ökkeş Kenger'in Maraş Katliamı'nda sorumlu diye iftira attığı bir diğer örgüt ise, katliamdan bir süre önce örgütlenmeye başlamış olan PKK'dir. Ökkeş Kenger, Kürt düşmanlığı refleksiyle, PKK'yi de Maraş Katliamı'nın sorumlusu ilan etmiştir. "K. Maraş Olaylarında da önemli rol oynayan örgütün, bölge sorumlularından Hüseyin Acar'ın (Kolsuz), olaylarda elinde bomba patlayarak kollarından birisi kopmuştur" dediği alıntı-

11-Kanlı Oyun Ökkeş Şendiller S. 52-53

sında, Hüseyin Acar'ın direniş içinde bulunmasını ve bu esnada yaralanmış olmasını, PKK'yi suçlamanın gerekçesi yapmaya çalışmıştır.(12) Bu iddia ile ilgili de Ökkeş Kenger herhangi bir belge göstermemekte, savcının iddiasını tekrarlayınca insanların suçlu kabul edileceğini sanmaktadır.

Ökkeş Kenger'in Halkın Kurtuluşu ve PKK ile Maraş Katliamı arasında kurmaya çalıştığı ilişki, Kürt ve devrimci düşmanlığı üzerinde şekillendirilmiş bir ilişki olmaktan öte bir anlam taşımamaktadır. Bu arkadaşların Yörükselim'de yaşıyor ve katliama karşı gelişen direnişte devrimciler olarak yer almış olmalarını, katliamdan sorumlu oldukları iddiasına dayanak yapmaya çalışmaktadır. Bunun dışında Maraş Katliamı'nı devrimcilerin üzerine yıkacak herhangi bir kanıt veya tanık bulamamakta, gösterememektedir.

Bütün bu gerçeklere rağmen, katliamcı faşist politika ve zihniyetin savunucuları, Ökkeş Kenger'le birlikte ve onun vasıtasıyla, bu iddialarını güncellemekte, devrimcilerin beraat ettikleri gerçeğini gizlemeye çalışmaktadırlar. Durumdan vazife çıkartan Ökkeş Kenger ise, "mal bulmuş mağribi gibi", yalan yanlış sözde bilgileri kullanarak, Maraş Katliamı'nı devrimcilerin veya devrimci örgütlerin üzerine yıkma uğraşına devam etmektedir. Sıkıyönetim ve 12 Eylül savcı ve yargısının yapamadığını, katliamcılar, Ökkeş Kenger'in yaygaracılığıyla yapmaya çalışmaktadırlar. Ökkeş Kenger, bu amaçla söz konusu iddiaları gündemde tutmayı özel misyonu kabul etmektedir.

Tekrarlar sıkıcıdır, ama bazen gerekli olmaktadır. Özetle Ökkeş Kenger, çeşitli devrimci faaliyetinden dolayı ceza almış bazı devrimcilerin, ceza almış ve Maraş Katliamı davasıyla ilgili sorgulanmış olmalarından hareketle, Maraş Katliamı'nı bu insanların işlediğini, ileri sürmektedir. Çirkin, acemi, suçluluğun gizlemesi için kullanılan basit bir yalandır bu. Adı geçen devrimciler ve devrimci örgütlerden hiç birisi, ama hiç birisi, Maraş Katliamı'ndan dolayı, ceza almamışlardır. O insanların bazıları,

12-Kanlı Oyun Ökkeş Şendiller S. 94

uzun, sistemli ve özel olarak Maraş Katliamı'nda sorumluluk kabul etmeleri için sorgulanmışlar, ilgili suçları kabul etmeleri için yoğun işkenceler görmüşlerdir. Hatta yapılan işkenceler sonucu, bazı suçları kabul etmek zorunda kalmışlardır. Ancak Ökkeş Kenger'in çok vurgu yaptığı 12 Eylül mahkemeleri bile, işkenceler sonucu alınmış ve başkaca yollarla kanıtlanamayan itirafların mahkûmiyet için yeterli olmadığına ve söz konusu insanların Maraş Katliamı davasında beraatlarına, karar vermek zorunda kalmıştır.

Eğer söz konusu devrimcilerin, Maraş Katliamı'ndan dolayı, ceza almalarını sağlayacak en küçük bir delil olsa veya bulunabilseydi, hatta yaratılabilseydi, darbe mahkemelerinin devrimcileri cezalandırmaktan en küçük bir tereddüdü olmayacaktı. Bu gerçeği bu ülkedeki darbeleri yaşayan herkes bilmektedir.

Maraş Katliamı davasında beraat eden bu insanlar diğer örgütsel faaliyetlerinden dolayı, 12 Eylül mahkemelerinde yargılanmışlar ve ceza almışlardır. Ökkeş Kenger, bütün iddialarını, bir el çabukluğu marifetiyle, bu devrimcilerin, belirtilen nedenlerle ceza almış ve cezaevlerinde yatmış olmalarına dayandırmaktadır.

Konuyla ilgili bir başka noktaya da kısaca temas etmekte yarar vardır. Ökkeş Kenger, 1 numaralı sanık olarak yargılandığı bu davada beraat etmiş olmasından hareketle "masumiyet karinesine" dayanarak TV ekranlarında gürültü yapmakta, tazminat davaları açmaktadır. Aynı "masumiyet karinesi" Ermeni, Kürt veya Alevi olmasına bakılmadan bu topraklarda yaşayan herkes için geçerlidir. Dolayısıyla Hamit Kapan ve Garbis Altınoğlu başta olmak üzere, Maraş Katliamı'nda sorgulanmış, ama beraat etmiş tüm devrimciler için de "masumiyet karinesi" çok daha fazla söz konusudur ve bunun gerekleri yerine getirilebilir.

Bu bilgilerden sonra, Ökkeş Kenger, Maraş Katliamı'nı devrimcilerin yaptığı iddiasını soyut, ayakları yere basmayan yalanlar ve demagojilerle değil, somut ve gerçek belgelerle ispat etmek zorundadır. Bunun için yapması gereken, çok basittir. Adlarını diline pelesenk ettiği Garbis Altınoğlu ve Hamit Kapan başta olmak üzere, diğer tüm devrimcilerden herhangi birisinin, Maraş Katliamı'yla ilgili ceza aldığını göstermesi, ispat etmesi gerekir.

Laf kalabalığı, gürültü kirliliği, kelime cambazlığı yapmadan, çok açık ve somut bir biçimde, söz konusu devrimcilerin, Sıkıyönetim Mahkemelerinde Maraş Katliamı'nın müsebbipleri olarak yargılandıklarını değil, ceza aldıklarını ispat etmelidir. Bu her iddia sahibin yapması gereken, en sıradan bir sorumluluk ve zorunluluktur. Klasik deyimle, iddiasını ispat edemeyen yalancı ve müfteri kabul edilir. Ökkeş Kenger, aynı ithamlarla birlikte, iddialarını ispat edemediği zaman, çok açtığı ve kazandığı için övündüğü tazminat davalarının sonuçlarına katlanmak zorunda kalabilir.

Ökkeş Kenger, kendisine fazla rol biçip, 6-7 Eylül 1955 saldırılarının Oktay Engin'i sanarak, böyle davranmakta haksız sayılmaz. Ne de olsa belli ölçülerde taltif edilmiş, kollanmıştır. Maraş Katliamı'nın 1 no'lu sanığı olmaktan başka hiçbir özelliği olmayan birisinin payelendirilmiş olması bunun sonucudur. Ancak yinede, Maraş Katliamı'nı meşru göstermek, bir "ÜGD çaycısının veya kâtibinin" gücünü aşar.

Bitirirken çok konuşulduğu ve daha önce değinildiği halde, Çiçek Sineması'na atılan patlayıcıyla ilgili Ökkeş Kenger'in yazdıklarına dair bir cümle yazılması gerekmektedir. Çiçek Sineması'na atılan patlayıcıyla ilgili, izleyicilerden, Alevi Salman Ilıksoy yakalanmış ve senaryo gereği hemen ilk elde "sinemaya patlayıcı atan sanık" olarak ilan edilmiştir.

Ancak yapılan soruşturmada, Salman Ilıksoy'un atılan patlayıcıyla ilgisi olmayan bir köylü olduğu anlaşılmış ve soruşturmaya gerek olmadığına karar verilerek Salman Ilıksoy, serbest bırakılmıştır. Bu gerçek, Gerekçeli Karar'da şu şekilde ve net olarak ifade edilmiştir. "Olay sonrasında yakalanan Salman Ilıksoy hakkında askeri savcılıkça kovuşturmaya yer olmadığına karar verildiği için bu sanığın durumu tartışma konusu yapılmamıştır." (13)

Ökkeş Kenger, bunu bildiği halde, kitabında bu konuyu da istismar etmeye çalışmaktadır. Salman Ilıksoy, Alevi ve devrimci bir köydendir, Ökkeş Kenger, salt bu iki olguyu kullanarak, patlayıcının atılmasının devrimciler tarafında yapıldığına dair kuşkular yaratmaya, kafa bulandırmaya çalışmaktadır. (14)

İddia-2 Ökkeş Kenger'in beraatı

Bilindiği gibi Ökkeş Kenger'in söz konusu tartışmalarda, en çok üzerinde durduğu konulardan birisi de kendisinin beraat etmiş olmasıdır. Diline dolamış, her ortamda, "ben beraat ettim, onun için beni neden suçluyorsunuz" diyor. Konuyu bilmeyenler, bu durumu, haklılığını ortaya koymaya çalışan birisinin masum bir talebi olarak görebilirler.

Hâlbuki yanıltma, tam burada başlamaktadır. Ökkeş Kenger, Maraş Katliamı'yla ilgili yapılan tartışmalarda, daha önce belirtilen özel düzenlemeler sonucu beraat etmişliğini, "masum" bir hak talebi olarak ele almamakta, katliamı meşru göstermenin aracı olarak kullanmaya çalışmaktadır. Sorun, sadece "masum" bir beraat etmiş olmakla sınırlı kalsa, tartışmanın içeriği de, boyutu da farklı olacaktır. Mevcut durumda Ökkeş Kenger, beraat etmişliği üzerinde sürdürülen tartışmalarda, Maraş Katliamı'nı, meşru ve haklı bir tepki olarak göstermeye, devrimciler tarafında yapıldığını ispat etmeye çalışmakta, katliamcı politikaların savunuculuğunu yapmaktadır.

Gerçekten "masum" olan sıradan hiç kimse, katliamı devrimcilerin yaptığını ileri sürerek ve ırkçılığı savunarak, masumiyetini ispat edemez. Masumiyet gibi son derece pozitif etki yapan tertemiz bir kavram, bu şekilde kirletilmemelidir.

Ökkeş Kenger, Maraş Katliamı'na yol açan hazırlık saldırılarından biri olan Çiçek Sineması'na atılan patlayıcı davasında

---

13-Maraş Olayları Gerekçeli Karar S. 290

14-Kanlı Oyun Ökkeş Şendiller S. 64-65

ve diğer davalarda berat ettirilmiştir. Bu reel durumdur. Zaten kimsenin Ökkeş Kenger'in berat etmediğini iddia etmesi söz konusu değildir veya bunun üzerinde yapılacak olan tartışma, kazandıran, gerçekleri açığa çıkartan bir tartışma değildir.

Sorunun iki yönü bulunmaktadır. Birisi, tam da Ökkeş Kenger'in kendisini haklı çıkartmak amacıyla kullandığı, beraat etmiş olmasıyla ilgilidir. Sıkıyönetim Mahkemesinin ne kadar hukuki olduğu bir yana, Maraş Katliamı gibi illegal operasyonlarda, bu tür özel uygulamaların yapıldığı, bilenler için sır değildir. Bugün sorgulanması ve tartışılması gereken şaibeli beraat kararı, siyasal mücadelenin ilgisizliğinden ve yetmezliğinden dolayı, Ökkeş Kenger tarafından, meşruiyetini ispat etmek için kullanılmaktadır.

Hâlbuki Maraş Katliamı davası, daha önce gördüğümüz gibi, illegal güçlerin müdahalesiyle, gerçek katliamcıların açığa çıkartılmaması ve yargılanmaması üzerinde şekillenmiş ve sonuçlandırılmıştır. Geliştirilen çeşitli yorumlamalarla, katliamın fiilen başlamasına yol açan bütün hazırlık saldırıları, sıradan ve adli vakalar durumuna indirgenmiş ve mahkeme kararını buna göre vermiştir. Yapılan bu hukuki düzenlemeyle Ökkeş Kenger, zaten ta başında kurtarılmıştı. Yani Ökkeş Kenger, beraat etmemiş olsaydı bile, yapılan hukuksal yorumla, sadece sıradan patlayıcı atma suçunda yargılanacak ve belki de yattığı süreden daha az bir süre yatıp çıkacaktı. Onun için Ökkeş Kenger'in mahkûmiyeti üzerinden sorunu ele almak, katliamcı politikalara karşı mücadelede bir ilerleme sağlamayacaktır. Esas olan katliamcı politikalarla hesaplaşmaktır.

Bir diğer boyut ise, başka bir bölümde değindiğimiz gibi, böyle durumlarda yargılanmaların tek başına bir anlam ifade etmemiş olduğudur. Katliamcıların yargılanması ve cezalandırılmaları katliamcı politikaların mahkûmiyetine yol açmıyorsa, bunu sağlamıyorsa, geriye kalan tek tek bireylerin ceza almış olmalarıdır ki, katliamcı politikalar sürdüğü sürece, bu tür yargılama ve cezalandırmalarda caydırıcı bir sonuç çıkmamaktadır. Aynı şekilde, hiç yargılanmayan, hatta taltif edilen yığınla katliamcının varlığı da biliniyor.

Tarihte ve yakın dönem katliamlarında, yapılan yargılamaların sonuçları aynı olmuştur. Her katliam sonrasında bazıları yargılanmış ve ceza almıştır. Ancak, bu cezalandırmalar caydırıcı bir etki yapmamış, illegal güçler, ihtiyaç duyduklarında tekrar katliamlar yapabilmişlerdir. Bu tür yargılamalarda, kimin yargılanıp yargılanmayacağını belirleyen, yine katliamcı illegal yapılar olmaktadırlar. Katliamcı politikaların teşhir olmasına, açığa çıkmasına yol açacak olan hiç kimse yargılanmamaktadır. Çünkü böyle bir gelişme, katliamcı politikaların zorlanması demektir. Ama kitlelerin tepkilerini kontrol altına almak için sıradan birçok katliamcı, yakalanıp yargılanabilmekte, cezalandırılabilmektedir. Yargılanan katliamcıların birçoğu ise, zaman içinde, illegal güçler tarafında sahiplenilmekte, onurlandırılmaktadırlar. Sonuçta, katliam yargılamalarında, katliamcı politikalar belirleyici olmaktadır.

Bu nedenle Ökkeş Kenger'in beraat etmiş olmasını, Maraş Katliamı'na yol açan politikalardan bağımsız veya onun üstünde bir olay olarak, Ökkeş Kenger sorunu gibi ele almak ve tartışmak doğru değildir. Ökkeş Kenger ceza alıp yıllarca yatmış da olabilirdi, böyle bir durum, tek başına, neyi değiştirecekti? Dolayısıyla Maraş Katliamı'yla ilgili tartışmaların, böyle bir noktada sürdürülmesi, anlamlı ve faydalı değildir. Bu tür tartışmalar, sınırlayan, darlaştıran ve Ökkeş Kenger'in müdahil olmasına yol açarak gündemleşmesine hizmet eden bir sonuç yaratmaktadır. Oysa sorun, tek başına herhangi birisinin yargılanması ve ceza alması gibi basit bir sorun olarak görülmemelidir, görülemez. Elbette bu yaklaşım Ökkeş Kenger'in yargılanmasının tartışılmaması, gerçeklerin açığa çıkartılmaması anlamına gelmez.

Ökkeş Kenger'in yargılanması ve beraatı sorunu, bu çerçevede ve bu bakış açısıyla ele alındığında, önce Ökkeş Kenger'in yaptığı bir propagandanın çürüklüğünün açığa çıkartılması gerekmektedir. Yapılan tartışmalarda öyle bir hava yaratılmaktadır ki, sanki hiçbir şey yokken ve sanki özel bir düşmanlıktan dolayı, buluna buluna Ökkeş Kenger bulunmuş ve hiç ilgisi olmadığı halde, yapılan bir komplo ile Ökkeş Kenger, cezaevinde yatırılmış, işkenceye maruz kalmış, mağdur edilmiştir.

Bir an için komplocu bir yapının var olduğunu ve bu yapının da böyle bir komplo yapmak istediğini kabul etsek bile, bu yapının komplo yapacağı en son kişi, Ökkeş Kenger'dir. Çünkü Ökkeş Kenger, o dönemde söz konusu ÜGD yapılanmasında, en aşağılarda, en önemsiz konumda yer almaktadır. Ve komplo yapılması için, hiç ama hiç bir özelliği yoktur.

Belirtilmesi gereken diğer bir husus ta Ökkeş Kenger'in yargılandığı tek suç, sanıldığı gibi sadece 19 Aralıkta sinemaya bomba atılması değildir. Ökkeş Kenger ayrıca, 23 Aralıkta, yani katliamın en vahşi gününde, Mağaralı Mahallesine, Yörükselim Mahallesine yapılan saldırılardan dolayı da yargılanmıştır. Bu bilgi, maalesef, kamuoyu tarafında bilinmediği için Ökkeş Kenger, sadece sinemaya patlayıcı atılması üzerinde tartışmaları sürdürmekte, böylece işini kolaylaştırmaktadır.

Yapılan bu açıklamalardan hareketle, konunun diğer ayrıntılarına geçmeden, bir noktanın daha belirtilmesi gerekmektedir. Konuyla ilgili olarak yazılanlar, hukuksal bir gelişme beklentisine yol açsın veya açmasın, tek, hatta asıl amaç bu değildir. Bu yazılanlarla yapılmak istenen, unutturulmaya çalışılan, gizlenmek istenen gerçek olguların kamuoyunun bilgisine sunulmasıdır. Ayrıca katliamcı yapı ve politikalarla, doğru bir hatta mücadele edilmesine katkı sunmak amaçlanmaktadır.

Bu çerçevede yargılamaları ve sonuca nasıl gidildiğini, yani Ökkeş Kenger'in nasıl beraat ettirildiğini inceleyebiliriz. Önce Sıkıyönetim Savcılığının iddianamesini ve esas hakkındaki mütalaasını, sonra buna dayanak olan Ökkeş Kenger'in ve diğer ilgililerin ifadelerini, tutanakları ve mahkemenin kararını, okuyucunun konuya hâkim olması için, kısaltarak buraya alıyoruz.

Gerekçeli Karar'da "Çiçek Sineması'na patlayıcı madde atılması" başlığı altında,(15) iddianame'ye atfen yazılan, esas hakkındaki

---

15-Maraş Olayları Gerekçeli Karar S. 343

mütalaada tekrarlanan, Ökkeş Kenger hakkındaki iddialar, yargılamalara dayanak olmak üzere, şu şekilde ifade edilmektedir.

"ÜGD Kahramanmaraş Şubesi Başkanı Mehmet Leblebici ve İkinci Başkanı Mustafa Kanlıdere'den aldığı 'halkı sol çevrelerin aleyhine kışkırtmak için solcuların attığı süsü verilerek tahrip gücü az bir dinamiti Çiçek Sineması salonunda patlatması' yolundaki emir ve talimat uyarınca 18 Aralık 1978 günü Şekerli Camii'ne giderek caminin tuvaletinde aldığı yarım dinamit lokumunu 19 Aralık 1978 günü saat 20.50 sıralarında Çiçek Sinemasının balkonundan sinema salonunun ön tarafına fırlatarak patlattığından bahisle" ilgili maddelerle cezalandırılmasını istemektedir.

Ayrıca, "23 Aralık 1978 günü yolda adam döverek, sağa sola ateş ederek Mağaralı Mahallesine gelen 25-30 kişilik saldırgan grubun liderliğini yaparak isyan ve kıtale sebebiyet verdiği" ve "Aynı gün olaylarda kullanması için diğer sanık Mehmet Fuat Şerement'e bir tabanca verdiği" iddia edilmektedir.[16]

Bu iddialara karşı, Ökkeş Kenger, yakalandıktan kısa süre sonra kendi el yazısı ile yazdığı 14 Ocak 1979 tarihli ifadesinde,

"Ülkücü Gençlik Derneği Kahramanmaraş şubesi üyesi ve çaycısı olduğunu;...18 Aralık 1978 Pazartesi günü dernek İkinci Başkanı Mustafa Kanlıdere'nin Birinci Başkan sanık, Mehmet Leblebici ile görüştükten sonra, halkı kışkırtmak, tahrik etmek ve isyanı sağlamak için solcuların attığı süsü verilerek tahrip gücü az bir dinamitin sinemada atılması için Mustafa Tecirli ile kendisine emir verdiğini ve saat 15.00 de Şekerli Camiine gelip dinamiti almalarını söylediğini; bu arada Birinci Başkanın, sanık Mehmet Leblebici, Ankara'ya genel merkeze (ÜGD genel merkezi) gittiğini; saat 15.00 de Şekerli Camiinin tuvaletine giderek bir beze ve ayrıca bir gazete parçasına sarılarak kâğıt torba içine konmuş olan ve 10 cm uzunluğunda siyah fitili bulunan dinamiti alarak Boğazkesen Camiinde Mustafa Tecirli'ye Salı günü getirmesi için verdiğini, saat 20:10 da sinemaya gi-

---

16-Maraş Olayları Gerekçeli Karar S. 343

derek Mustafa Tecirli tarafından beklemesi söylenen sanık Yunus İlhan'a dinamiti verdiklerini; Mustafa Tecirli'nin 'dinamiti ön sıralara atmasını', kendisinin de 'ön sıraların daha sakin olduğunu, film arasında dinamiti atmasını' sanık Yunus İlhan'a söylediklerini, saat 20.45 sıralarında ara verildiğinde patlamanın olduğunu;. . Halkı tahrik etmek için "kanımız aksa da zafer İslamın, kahrolsun komünistler" gibi sloganların atılmaya başlandığını; bu görevin Mustafa Ekici'ye verildiğini; yanında sanık Mustafa Özdemir'in de olduğunu, belediye arabası ile daha önceden getirilen eski Büyük Ülkü Derneğinin arkasına bırakılan 50 cm uzunluğunda yuvarlak sopaların sinemada bulunan grup tarafından alındığını,"(17) söylemektedir.

Ökkeş Kenger, kendi el yazısıyla yazdığı ve sinemaya atılan patlayıcı provokasyonunu, en ince ayrıntılarına kadar anlattığı bu ifadesinden, 4 gün sonra, Kahramanmaraş Emniyet Müdürlüğü tarafından alınan 18.1.1979 tarihli ifadesinde ise,

"18 Aralık 1978 Pazartesi günü ikinci Başkan Mustafa Kanlıdere'nin 'halkı sol çevreler aleyhine, kışkırtmak için solcuların attığı süsü verilerek sinemaya, tahrip gücü az bir dinamit atmaya karar verildiğini' belirterek bu dinamitin atılması için kendisine ve Mustafa Tecirli'ye emir verdiğini ve o gün saat 15.00 de Şekerli Camiine giderek dinamiti almalarını, kendisinin köye gideceğini söylediğini; bu sırada Birinci Başkan Mehmet Leblebici'nin Ankara'ya genel merkeze gittiğini; o gün Mustafa Tecirli ile beraber camiye giderek tuvalette İkinci Başkan Mustafa Kanlıdere'den dinamiti aldığını; dinamitin dışına bez ve gazete sarılmış, bir kâğıt torba içine konulmuş olduğunu ve 10 cm kadar siyah fitilinin, bulunduğunu dinamiti Boğazkesen Camiinin orada Mustafa Tecirli'ye vererek Salı günü getirmesini söylediğini, daha önceden Mustafa Tecirli'nin tembih ettiği sanık Yunus İlhan'a, sinemanın tuvaletinde dinamiti verdiklerini ve ön sıralara atmasını söylediklerini, saat 20.45 de sinema ara verdiği sırada patlamanın olduğunu, halkı tahrik edici ve bom-

---

17-Maraş Olayları Gerekçeli Karar S. 343-344

banın solcular tarafından atıldığını ima edecek şekilde "kanımız aksa da zafer İslam'ın, kahrolsun komünistler" gibi sloganların söylenmeye başladığını; slogan attırma ve halkı tahrik etme görevini Mustafa Ekici ve Mustafa Özdemir'e verildiğini, sinemadan çıkanların eski Büyük Ülkü Derneği civarına belediye tarafından daha önce hazırlanıp bir araba ile bırakıldığını duyduğu sopaları aldıklarını."[18] belirtmektedir.

Beraat eden Ökkeş Kenger, yukarıya alınan ifadelerini, toplam 14 günlük gözaltı süresinde vermişti. Bu süre içinde Ökkeş Kenger, gördüğü sözde yoğun işkenceler sonucunda, bu ifadelerdeki ikrar ve itirafları yaptığını ileri sürmektedir. Ökkeş Kenger'in bu iddiasının doğruluğuna ve yanlışlığına dair bir fikir sahibi olmak için, bazı hatırlatmaların yapılması gerekmektedir.

Yapılmayan bir fiil'den dolayı, işkence sonucu alınan itiraf ve ikrarlar, bu ülkede yaşayanlar tarafında bilinir. Bu tür ikrar veya itiraflarda, işkencecileri de boşluğa düşüren en temel sorun, ayrıntılarda meydana gelen tutarsızlıklar ve çelişkilerdir. İşkenceciler, işkence sonucu birisine bir suçu itiraf ettirmeye çalışırken, gerek işkence gören, suçu işlemediği için, gerek işkenceciler, bütün ayrıntılara hâkim olamadıkları için, çoğu zaman bu yolla elde edilen itiraf ve ikrarlarda, çelişkiler ve tutarsızlıklar oluşmaktadır.

Ancak görüldüğü gibi Ökkeş Kenger'in ifadelerinde, en küçük bir tutarsızlık, en küçük bir çelişki söz konusu değildir. Sinemaya atılan patlayıcıyla ilgisi olmadığını iddia eden Ökkeş Kenger, ne hikmetse, bütün ayrıntıları, dakikası dakikasına, tüm süreçleri ve ilişkileriyle anlatabilmekte, en küçük bir boşluk, çelişki yaşamamaktadır. En usta senaryo yazarları bile bu kadar ayrıntıyı, bu düzenlilikte ve uyum içinde ifade etmekte zorlanırlar.

Bu belirlemeden sonra, devam edelim. Konuyla ilgili yargılanan Yunus İlhan'ın polis tarafından alınan 20 Ocak 1979 tarihli ifadesinde:

18-Maraş Olayları Gerekçeli Karar S. 344-345

"Daha önceden, tanıdığı sanık Ökkeş Kenger'in 17 Aralık 1978 pazar günü kendisine 'biz Kahramanmaraş'ı düzelteceğiz, Çiçek Sinemasındaki film ülkücüleri savunuyor, sana da iş düşüyor, bir görev versek yapar mısın' dediğini; kendisinin 'kardeşimi yaktınız, beni de mi yakmak istiyorsunuz' diyerek bu teklifi kabul etmediğini ve Ökkeş Kenger'in yanından ayrıldığını; 18 Aralık 1978 Pazartesi günü Eski Belediye Önünde yine yanına gelen sanık Ökkeş Kenger'in 'sana bir görev vereceğim, yapmazsan seni harcarız' dediğini; sanığı atlatarak yanından ayrıldığını; akşam eve gelip kardeşi Mehmet İlhan'dan bir arkadaşının aradığını öğrenince Kümbet Çay Bahçesine gittiğini; orada beklemekte olan sanık Ökkeş Kenger'in 'Yarın akşam Çiçek Sineması'na patlayıcı madde atacağız, esas işi biz yapacağız, senin yapacağın iş'te korkacak bir şey yok, taş atmak gibi bir şey' diyerek, parkasının cebinden çıkardığı dinamit lokumunu kendisine verdiğini; bir başka yarım dinamit daha göstererek 'bir arkadaşımla beraber sinemada olacağız, yan salondan sahneye geçip oradan atacağız, sen yarın akşam sinema başladıktan sonra kaleye çıkan yoldan dolaş, patlamayı duyduktan sonra elindeki dinamiti ateşleyip sinemanın damına at" dediğini; 19 Aralık 1978 günü akşamı sinemadaki patlamayı duyunca kendisinin de elindeki dinamiti sinemanın damına fırlattığını, ancak dinamitin patlamadığını; sanık Ökkeş Kenger'in 'sen bizi kandırdın, dinamiti atmadın' dediğini."[19] söylemektedir.

Sinemaya atılan patlayıcıyla ilgili olarak yargılanan diğer sanık Yunus İlhan'ın ifadesi de Ökkeş Kenger'in ifadesiyle ve patlayıcının atılış tarzıyla uyum içindedir.

Ancak önemli bir ayrıntının, gözlerden kaçırtılarak, amiyane tabirle, arada kaynatılmaya bırakıldığı görülmektedir. Yunus İlhan patlayıcıyı, sinemanın içine değil, damına attığını söylemektedir. Bu durumda, sinemanın içine atılan patlayıcının, kim tarafından atıldığı karanlıkta kalmaktadır. Ya Yunus İlhan doğru ifade vermemektedir veya içerdeki patlayıcıyı atan birisi daha bulunmaktadır. Yunus İlhan, aşağıda göstereceğimiz

19-Maraş Olayları Gerekçeli Karar S. 350

yüzleştirme tutanağında, içerdeki patlayıcıyı Ökkeş Kenger'in kendisinin atacağını söylediğini ifade etmektedir. Maalesef kışkırtmanın bu yönü de, sıkıyönetim yargısı tarafında, açıklığa kavuşturulmamıştır.

Sinemaya atılan patlayıcıdan dolayı yargılanan bu sanıkların yukarıda gösterilen ifadeleri dışında, konuyla ilgili, yüzleştirme, yer gösterme tutanakları bulunmaktadır.

Bunlar,

"askeri savcılık hazırlık soruşturması klasör 1 sıra 51 deki polis ve jandarma tarafından yaptırılan yüzleştirme sonucu düzenlenen 20.1.1979 tarihli tutanağa göre; sanık Ökkeş Kenger'in:

"Yunus İlhan'a, dinamiti sinemanın tenha olan ön sıralarına atması için ben verdim, o da attı" dediği, [20]

"askeri savcılık hazırlık soruşturması klasör 1 sıra 50 deki polis tarafından yaptırılan yüzleştirme sonucu düzenlenen 22 Ocak 1979 tarihli tutanağa göre:

"Sanık Yunus İlhan'ın: Ökkeş Kenger patlamadan bir gün önce bana Kümbet Çay Bahçesinde yarım dinamiti verdi, elindeki yarım dinamiti göstererek "ben ve bir arkadaşım sinemanın içine bu dinamiti atacağız, sen de yarın akşam kaleye çıkan yolda dolaşacaksın, bizim attığımız dinamitin sesini duyduktan sonra elindeki dinamiti sinemanın damına atacaksın, bu başkanın emridir, yapmazsan şeni harcarız" demiştir. Ben de içerdeki patlama sesini duyduktan sonra dinamiti ateşleyip attım, ancak patlamadı, sanık Ökkeş Kenger'in: "patlama olduğu gece ben ve Mustafa Tecirli yarım dinamiti sinemanın tuvaletinde Yunus'a verdik, oda saat 20.45 de dinamiti attı" dediği" [21] yazılmaktadır.

"askeri savcılık hazırlık soruşturması klasör 1 sıra 52 deki polis tarafından düzenlenen 22 Ocak 1979 tarihli yer gösterme tutanağına göre:

20-Maraş Olayları Gerekçeli Karar S. 351

21-Maraş Olayları Gerekçeli Karar S. 351-352

"Çiçek Sineması'na götürülen sanık Ökkeş Kenger'in sinemanın üst balkon kısmına girişte sağ tarafta kadınlara mahsus tuvaletin önüne giderek "dinamiti Yunus İlhan'a burada verdim, kendisini ondan sonra görmedim, dinamit patladığı sırada ben balkonda idim" dediği," yazılmaktadır.[22] Görüldüğü gibi verilen ifadelerdeki ikrarlarda başka bütün tutanaklardan da gerçek bütün boyutlarıyla ve birbirini tamamlayan bir biçimde anlatılmaktadır.

Bu tutanaklardan başka, en önemli yüzleştirmenin yapıldığı bir tutanak daha bulunmaktadır. "askeri savcılık hazırlık soruşturması klasör 1 sıra 205, 206, 207, dizilerdeki Kahramanmaraş sıkıyönetim komutan yardımcılığına askeri savcılığın istemi üzerine düzenlenen 4.4.1979 tarihli tutanakta,

"Sanıklar Ökkeş Kenger ile Yunus İlhan'ın 19-22 Ocak 1979 tarihleri arasında bir günde Sıkıyönetim Komutan Yardımcısı huzuruna ayrı ayrı çıkarıldıklarında; Her iki sanığında ayrı-ayrı ilk ifadelerini inkâr etmeleri üzerine, sanık Yunus İlhan'a "gerçekleri söyledikleri takdirde cezasının indirilebileceği, ağabeysinin de cezaevinde olduğu, kendisinin de hapse girmesi halinde ailesine bakacak kimsenin kalmayacağı, vicdan azabı duyacağı ve genç yaşta ömrünün büyük bir kısmını cezaevinde geçireceği telkin edildiğinde; sanık Yunus İlhan'ın ağlayarak "kendisini bu eyleme Ökkeş Kenger'in ittiğini, olaylara karışmak istemediği halde Ökkeş Kenger'in kendisini bir kaç kez arayarak eyleme girmesi için baskı yaptığını, her seferinde direnmesine rağmen dinamit olayında kaçınamadığını" anlatarak "Sinemaya dinamit atanın ve kale yolunda sinemanın damına atması için kendisine dinamit verenin Ökkeş Kenger olduğunu, dinamiti aldığı gün Ökkeş Kenger'in kendisini evden aradığını, bulamayınca küçük kardeşi Mehmet İlhan'a Kümbet Çay Bahçesine gelmesini tembihlediğini, poliste alınan ifadesindeki diğer olayların doğru olduğunu, ancak dinamiti Ökkeş Kenger'le kararlaştırdıkları zamandan daha önce ve fitili

---

22-Maraş Olayları Gerekçeli Karar S. 352

ateşlemeden attığını ve bir çay bahçesine giderek gelişmeleri orada beklediğini, daha sonra kararlaştırdıkları yerde Ökkeş Kenger'le buluştuğunu, Ökkeş Kenger'in kendisini ihanetle ve verilen görevi yapmamakla suçlayarak bunların hesabını soracağız dediğini" söylediği;"

"bunun üzerine huzura alınan Ökkeş Kenger'in 'Yunus İlhan'ın evini bilmediğini ve evine gitmediğini söylemesi üzerine, Yunus İlhan'ın kardeşi Mehmet İlhan'ın huzura alındığında "patlama olayından bir süre önce akşamüzeri parkalı bir gencin evlerine gelerek ağabeyisi Yunus'u aradığını, evde olmadığını öğrenince de çay bahçesine gelmesini tembihlediğini, bu şahsı görürse tanıyacağını" söylediği."

"Sanık Ökkeş Kenger'in 14 sivil şahıs arasına konularak Yunus İlhan'ın kardeşi Mehmet İlhan'a gösterildiğinde Ökkeş Kenger'i gösterdiği, bu teşhis üzerine sanık Ökkeş Kenger'in "artık doğru söyleyeceğini, poliste daha önce alınan ifadesinin doğru olduğunu, Yunus İlhan'ı dinamit atmak için katiyen zorlamadığını, olayların sadece bir kargaşa çıkması için planladıklarını, katliama kadar varacak bir olaylar zinciri yaratmayı düşünmediklerini ve katliama da katılmadıklarını beyan ettiği," (23) yazılmaktadır.

Ökkeş Kenger'in ve beraber yargılandığı Yunus İlhan'ın ilk ifade ve yüzleştirme ile yer gösterme tutanaklarındaki gerçekler bunlar.

Şimdi konuyu özetlemeye çalışalım. Ökkeş Kenger, Maraş Katliamı'yla ilgili olarak arandığı günlerde, 4.1.1979 tarihinde, jandarmaya teslim olur. 14.1.1979 tarihinde, kendi el yazısıyla yazdığı ilk ifadesini verir. Yukarıya alınmış olan kendi el yazısıyla yazılmış bu ifadede, Çiçek Sineması'na kimin ve niçin patlayıcı attığını ayrıntılarıyla anlatılır. 4 gün sonra 18.1.1979 da alınan ikinci ifadesinde, aynı itirafları daha ayrıntılı olarak tekrar eder. 20.1.1979 tarihli polis ifadesinden de, aynı ikrarlara devam edilir. 20.1.1979'da polisin ve jandarmanın yaptığı yüzleştirmeden de, ifadeler aynıdır ve tutanakla kayıt altına alınır.

23- Maraş Olayları Gerekçeli Karar S. 353

20.1.1979'da Yunus İlhan'ın alınan ilk ifadesinden de verilen bilgiler birbirini tamamlayan bilgilerdir ve olay bütün açıklığıyla ortaya konmuştur. 22 Ocak 1979'da polisin yer gösterme tutanağından da, aynı ifadeler tekrar edilir. Bütün bu ifadelerde Ökkeş Kenger, patlayıcı atma emrini kimin ve niçin verdiğini, patlayıcıyı atması için Yunus İlhan'ı nasıl görevlendirdiğini, en ince ayrıntısına kadar anlatmaktadır.

Yani kısaca 3 tutanak, birisi el yazısıyla yazılmış 3 ifade ve Yunus İlhan'ın ifadesi ile Çiçek Sineması'na atılan patlayıcının sorumluları ve failleri açıkça ortaya konmuştur.

Bu itiraflar ve bu itiraflarla açığa çıkmaya başlamış olan Maraş Katliamı'nın gerçekleri, 19-22 Ocak 1979 tarihleri arasında bir günde Sıkıyönetim Komutan Yardımcısı tarafında yapıldığı belirtilen bir yüzleştirmeden sonra örtbas edilmeye ve faillerin izleri kaybolmaya başlamıştır. Bu tarihte başlatılan ve tüm katliam yargılamalarının seyrini değiştiren düzenlemeyi anlamak, katliam yargılamalarını anlamak için önemlidir.

Ökkeş Kenger' in kurtuluş günü, 22 Ocak 1979

Belirtilen sürecin ve Ökkeş Kenger'in beraatına nasıl gidildiğinin anlaşılabilmesi için bazı gelişmelerin yakından incelenmesi gerekmektedir. 22 Ocak 1979 tarihinde, günlük faaliyetlerin içinde, sessiz sedasız bir plan uygulanmaya başlanır. Bugünde neler olduğunu ve Ökkeş Kenger'in kurtulmasının nasıl sağlandığını, Ökkeş Kenger'in kitabında ve Gerekçeli Karar'daki bilgilerde görebiliyoruz.

İşe Ökkeş Kenger'in yakalanma süreciyle ilgili anlattıklarından başlanması gerekmektedir. Adı geçen kitabın ilgili bölümünde Ökkeş Kenger, MHP Genel Merkez Yöneticisi emekli Albay Tahsin Ünal'ı ve Sıkıyönetim Komutan Yardımcısı General Tayyar Aygur'la ilişkisini, ayrıca bu subay ve general tarafında kendisine gösterilen sahiplenmeyi şöyle anlatmaktadır.

"Babam gizlice şu haberi de getirmişti: MHP genel merkezi'nden K. Maraş'a gelen heyette bulunan genel idare kurulu üyesi emekli Albay Tahsin Ünal'ın Harp Okulu'ndan öğrencisi Tuğgeneral Tayyar Aygur K. Maraş'a Sıkıyönetim Komutanı olarak atanmış 'teslim olmamı ve polise teslim edilmeyeceğimi ve ifademin kendilerince alınacağını' söylemiş"...[24]

Böylece istediği güvenceleri almış olan Ökkeş Kenger, emekli subay MHP üst düzey yöneticisi Tahsin Ünal'ın tavassutuyla ve sıkıyönetim komutanının koruması altında, 4.1.1979'da, sözde teslim olmuştur. Ökkeş Kenger, 4 Ocakla, 22 Ocak arasında geçen sürede, yukarıya aldığımız ifadeleri vermiş ve yüzleştirmeleri yaşamıştır. Bu ifadelerde ortaya çıkan durum ve bunun üzerinde gelişecek olan yargılamanın sonucu, Ökkeş Kenger açısında iyi görünmemektedir. Ökkeş Kenger, katliama yol açan patlayıcının atılmasında yargılanacak, muhtemelen ceza alacaktır. Böyle bir gelişme, ilgili güçlerce arzu edilmemekte ve önlenmesi istenmektedir.

22 Ocak 1979 gününe denk gelen bu aşamada, yukarıda sözü edilen plan devre konmuştur. 22 Ocakta, aşağıyla alacağımız görüşmeyle, Ökkeş Kenger'in kaderini değiştiren ilk adım atılmıştır. Planın ayrıntılarını ve işletilmesi sürecini, anlatmaktan ziyade, Ökkeş Kenger'in kitabında izlemek daha doğru olacaktır.

Gözaltında gazeteci ile görüşme ve sahte imzalı dilekçe

Ökkeş Kenger kitabında bu gelişmeyi şöyle anlatmaktadır. "komutanlığın kimseyle görüştürülmememiz hakkında kesin talimatı olmasına rağmen, 22 Ocak günü sabahı jandarmaların müsamahası ile Babamla kısa bir görüşme yaptım. Babam, bir gazetecinin görüşmek istediğini söyledi. Hemen göndermelerini istedim."

"Hergün Gazetesi'nden bir muhabir geldi, nezarethanenin kapısında görüştük. Ben vereceğim bilgiyi verdim. Komutanla görüşeceğini söyledi, çıktı."

24-Kanlı Oyun Ökkeş Şendiller S. 98

"Aynı gün akşama doğru apar topar beni sıkıyönetim komutanlığına götürdüler. Yunus İlhan'da orada idi. Gözaltına alınalı 18 gün olmuştu. Biz sıkıyönetim komutanlığına daha yeni getiriliyoruz. O da babamla Hergün Gazetesi'nin muhabiri, durumu komutanla görüştükten sonra sağlanmıştı. Önce Naci Subaşı adında binbaşı ile görüştük. Yaptıklarınızı anlatın diye baskı yapıyordu. Kendisine, meseleyi komutanla görüşebileceğimizi, onun dışında kimseyle konuşmak istemediğimizi izah eyledik."[25] Ökkeş Kenger'in kendi anlatımlarıyla o gün yaşananlar bunlardır.

İnsanların işkencelerde öldürüldüğü, en yakınlarıyla bile görüşmenin hiçbir biçimde mümkün olmadığı o günlerde, Ökkeş Kenger'in Sıkıyönetim Komutan Yardımcısından gördüğü müsamaha dikkat çekicidir. Bu ön görüşmede Ökkeş Kenger'e gösterilen hoşgörü, binbaşıyla yaptığını söylediği konuşmadaki rahatlığı, aralarındaki "muhabbetin" derinliğini göstermekte, konunun anlaşılmasının ipuçlarını vermektedir.

Ökkeş Kenger'in kurtuluşuna giden Sıkıyönetim Komutan Yardımcısıyla yapılan bu görüşmenin, nasıl sağlandığını da Gerekçeli Karardaki bilgilerde ve kendi yazdıklarında görebiliyoruz. Anlatılanlara göre Hergün Gazetesi'nden "birileriyle" yapılan görüşmeden sonra askeri savcılığa Ökkeş Kenger'in babası tarafından ve Ökkeş Kenger'in adına atılan sahte imzayla bir dilekçe verilir. Bu dilekçenin sahteliği kayıtlarda şöyle belirtilmektedir. "(bu dilekçede sanığın 22 Ocak 1979 günü saat 19.00'da emniyet müdürlüğünden sıkıyönetim nezaretine alındığı dilekçenin sanığın babası tarafından getirildiği ve Kahramanmaraş Emniyet Müdürlüğü Teknik Bürosunca da yapılan mukayese de dilekçe altındaki imzanın sanığın imzasına benzemediği şerhleri bulunmaktadır.)" [26]

Bu sahte imzalı dilekçeyi veren ve sürecin değişmesini sağlayan sözde gazetecinin çalıştığı Hergün Gazetesi, dönemin

25 -Kanlı Oyun Ökkeş Şendiller S. 118-119

26-Maraş Olayları Gerekçeli Karar S. 345

MHP'sinin yayın organı olan bir gazetedir. MHP'nin eğitimci kadrosu burada istihdam ve finanse edilmektedir. Bu kadroda bulunanların çok büyük bir kısmı illegal güçlerle yakın ilişki içindedirler.

Söz konusu Hergün Gazetesinde gelen "birileri", Ökkeş Kenger adına sahte imzalı bir dilekçe yazarak, komutanla görüşmek isteğini belirtir ve Ökkeş Kenger kendi anlatımıyla "apar topar aynı günün akşamında" Sıkıyönetim Komutan Yardımcısı Tayyar Aygur'la görüşür. Bu bilgiler ışığında baktığımızda, sıkıyönetimin bütün yasaklarını aşarak Ökkeş Kenger'le görüşebilen, Ökkeş Kenger'in komutanla görüşmesini sağlayan, sahte imzalı dilekçeyi hazırlayan, böylece Ökkeş Kenger'i komutanla görüştüren Hergün Gazetesi'ndeki bu sözde gazetecinin, nasıl bir gazeteci olduğunu tahmin etmek, hiç de zor değildir.

Komutanla görüşme

Ökkeş Kenger adına dışarıda yazılan ve sahte imzalı olan dilekçede, ilk elde, o ana kadar verilen bütün ifadeler reddedilmiştir. Beraberinde, yapılanların bir komplo olduğu iddia edilmiş ve komutanla görüşmek isteği belirtilmiştir. Şeklen bu sahte dilekçe ile ama esasında Ökkeş Kenger'in kendisinin de yazdıklarına bakılırsa, Hergün Gazetesinden gelen "birilerinin" girişimiyle, Ökkeş Kenger'in komutanla görüşmesi sağlanmıştır. Ökkeş Kenger bu görüşmeyi yazdığı kitapta şöyle anlatmaktadır.

"O zamanki Sıkıyönetim Komutan Yardımcısı Tuğgeneral Tayyar Aygur paşa ile görüşmemizde Yunus İlhan'la beraberdik. Komutanın odasında bir binbaşı ve üç sivil şahıs daha vardı. Bunlardan birisi daha sonra tespit ettiğim kadarı ile MİT sorumlusu 'Kadir' isimli şahıstı."

"Komutan önce babam ve gazeteci ile nasıl görüştüğüm üzerinde durdu. Lavaboya çıkarken kapıda jandarmalar farkında olmadan görüştüğümü anlattım. Daha sonra, hadiseler hakkında sorular sordu ve itiraflarda bulunduğumuzu söyledi, olanları geniş geniş anlattık. İşkence altında olduğumuzu ve hadiselerin sorumluluğunun bize zorla yıkılmak istendiğini anlattık."

"Komutan, 'oğlum, bu hadiseler sizin boyunuzu aşar, bunu biz de biliyoruz. Soldan her şey elimizde. Silahlar, mermiler, dokümanlar, hepsini yakaladık. Hatta Ermeni Garbis adında birinin olduğunu tespit ettik. Eğer bu şahıs ölenler arasında değilse, yakında bir vilayetin başını daha yakabilir. İnşallah ölen 7 sünnetsizden birisi budur. Bunları biliyoruz. Peki, bu sağdaki çarıklı Mehmet Ağayı kim sokağa döktü biz bunu arıyoruz' diyerek, özellikle konu üzerinde durdu". (27)

Ökkeş Kenger'in anlattıkları, korkunç bir katliamın 1. Nolu sanığı ile onu cezalandırması gerekenler arasındaki ilişkiyi ve ilişkinin düzeyini göstermektedir. Sanık Ökkeş Kenger, komutanlardan birisinin görüşme isteğini reddedebilmekte, diğerlerine ise, "geniş geniş anlattık" diyerek, nasıl bir rahatlık içinde olduğunu ifade etmektedir. Görüşmeyle ilgili kullanılan ifadelerdeki laubaliliğe bakılırsa, Sıkıyönetim Komutan Yardımcısı Tayyar Aygur ile MİT sorumlusu Kadir'in de içinde olduğu dönemin "iyi çocuklarından" oluşan bir arkadaş grubunun, bir çay bahçesinde, çay sohbeti yapıyor oldukları izlenimi edinilmektedir. Zaten sürecin devamında, gelişmelerin böyle olduğu daha açık görülebilmektedir. Adı geçenlerle birlikte yapılan bu görüşmeyle, katliam davasının da, Ökkeş Kenger'le ilgili olan davaların da seyri, tam tersi yönde değişmeye başlamıştır.

Konu şöyle özetlenebilir. Ökkeş Kenger ve arkadaşları, yapılan bu yüzleştirme ve görüşmeye kadar, verdikleri tüm ifade ve tutulan tutanaklarda, Çiçek Sineması'na nasıl ve ne amaçla patlayıcı attıklarını, Mağaralı Mahallesinde Ökkeş Kenger'in nasıl aktif bir saldırgan olarak görev aldığını ayrıntılı olarak anlatmaktadırlar. Ökkeş Kenger'in yakalandığı 4 Ocak'tan 22 Ocak'a kadar durum bu şekilde gelişmiştir.

22 Ocak'ta Sıkıyönetim Komutan Yardımcısının huzurunda yapılan bu yüzleştirmede, önce inkâr yoluna gidilmiş, ancak bunun imkânsız ve gereksiz olduğu düşünüldüğünde olacak ki, bazı temel değişiklikler yapılarak, ifadeler yeniden düzen-

---

27-Kanlı Oyun Ökkeş Şendiller S. 119-120

lenmiştir. Yeniden şekillendirilen bu ifadelerde birkaç temel değişiklik yapılmıştır.

Bu değişikliklere göre, Ökkeş Kenger, sinemaya bomba atılmasıyla ilgili iddiayı kabul ediyor görünmektedir. Ama bu kabule rağmen, ayrıntılarda yapılan düzenlemelerle, Ökkeş Kenger'in kurtuluşuna giden yol açılmaktadır. Birincisi, sinemaya atılan patlayıcının, katliam çıkartmak amacıyla değil, "kargaşalık çıkartmak" gibi "basit" bir amaçla atıldığı söyletilmiştir. Böylece sinemaya atılan bomba ile katliam arasındaki bağlantı kopartılarak Ökkeş Kenger'in katliamdaki rolü gizlenmiş, Ökkeş Kenger'in suçu hafifletilerek beraatının önü açılmıştır. İkincisi, aynı düzenlemenin bir parçası olarak Ökkeş Kenger'in Mağaralı Mahallesi saldırılarında yer aldığı tamamen ortadan kaldırılmış, ifadeden çıkartılması sağlanmıştır.

Sonuçta sıkıyönetim komutanın yaptığı bu yüzleştirme ile sözde Ökkeş Kenger'e sinemaya atılan patlayıcıyı attığı itiraf ettirilerek, bunun karşılığında katliamla olan ilişki ve bağlantı ortadan kaldırılmıştır. İfadeler üzerinde yapılan bu düzenleme, Ökkeş Kenger'in beraatını ve katliamın esas unsurlarının gizlenmesini, kurtulmasını sağlayan en önemli düzenlemedir.

Ökkeş Kenger'in kurtarılması için yapılanlar bununla sınırlı değildir. Çünkü bunlar, yapılan itiraflardan dolayı, henüz Ökkeş Kenger'in kurtarılması için yeterli olanağı vermemektedir. Gelinen noktada sorun tam anlamıyla çözümlenmiş değildir. Ökkeş Kenger'in, basit de olsa, sinemaya bomba atılması iddiasıyla suçlanabileceği muhtemelen de cezalandırılabileceği bir durum varlığını korumaktadır. Üstelik Maraş Katliamı'nın birinci sanığı olarak büyük bir teşhir yaşamış olan Ökkeş Kenger'in, hemen kurtarılmasının kamuoyunda yaratacağı tepkilerin de hesaba katılması zorunluydu.

Ökkeş Kenger'e bu durumda "ilk yardım", yine Sıkıyönetim Komutan Yardımcısı Tayyar Aygur Paşa tarafından sağlanmıştır. Bu amaçla sözde bir "ihmal" yaratılmış, böylece Ökkeş Kenger'in kurtarılması olanaklı hale getirilmiştir. Normal yasal prosedüre göre, yapılan her yüzleştirmenin, aynı anda tutanak altına alınması ve bu tutanağın ilgili savcılığa ve mahkemeye gönderilmesi gerekmektedir. Ancak bu basit kuralı bilmiyor olması mümkün olmayan Tayyar Aygur Paşa, Ökkeş Kenger ve İlhan kardeşlerle yapılan yüzleştirmenin tutanağını, aynı anda ve usulüne uygun olarak, tutmayı "ihmal" etmiştir. Konu ile ilgili yazılanlar şunlardır.

"Anılan tutanakta geçen olay yani sanık Ökkeş Kenger, sanık Yunus ve tanık Mehmet İlhan'ın önce ayrı ayrı Sıkıyönetim Komutan Yardımcısının huzuruna alınıp sorgu, bilahare birlikte huzura alınıp yüzleştirme yapılması 19-20 Ocak 1979 tarihleri arasında bir gün de olduğu halde, o tarihte herhangi bir tutanak düzenlenmemiştir. Bahsi geçen tutanak olaydan 2,5 ay gibi bir süre sonra 4.4.1979 tarihinde düzenlenmiştir. Anılan tutanağın Sıkıyönetim Askeri Savcılığına gönderilişine ilişkin kapak yazısında (Askeri Savcılık hazırlık soruşturması klasör 1, sıra 207) "Ökkeş Kenger ile Yunus İlhan'ın 19-22 Ocak 1979 tarihleri sırasında Sıkıyönetim Komutan Yardımcılığı Karargâhında sorgulanmasının yapıldığını askeri savcılıkça bilindiği" ne ilişkin meşruhat nazara alındığında; Askeri Savcılıkça da belirtilen tarihte bu yüzleştirme konusunda bilgisi olan Sıkıyönetim ilgililerinin de ifadeleri tespit edilmemiştir. Anılan tutanakta yasanın amir hükmüne aykırı olarak sanıkların ve tanık Mehmet İlhan'ın imzaları da bulunmamaktadır. Gerek sanık Ökkeş KENGER gerekse sanık Yunus İLHAN tarafından anılan tutanak münderecatının kabul edilmediğine göre; sanıkların imzası bulunmayan ancak sanıkların huzuru ile yapılmış olan bir işleme ilişkin böyle bir tutanağa her şeyden önce yasaya uygun muteber bir delil niteliği atfetmek mümkün değildir..."[28]

Görüldüğü gibi Sıkıyönetim Mahkemesi, yargılama sürecinde, delil olarak değerlendirmek için bu tutanağı, Tayyar Aygur Paşa'dan istemiştir. Bunun üzerine Paşa, 2,5 ay sonra,

28- Kanlı Oyun Ökkeş Şendiller S. 97

usulüne uygun olmayan bir biçimde, tutanağı yeniden tanzim ederek mahkemeye göndermiştir. Zaten usulüne uygun olmayarak düzenlenmiş olan bu tutanakta, doğal olarak, sanıkların imzası da bulunmamaktaydı. Sıkıyönetim Mahkemesi, 2,5 ay sonra ve sanıkların imzası olmadan düzenlenmiş olan tutanağı usulsüz bularak, karar sürecinde değerlendirmeye almamıştır.

Böylece bu yüzleştirmede Ökkeş Kenger'in ve Yunus İlhan'ın, yaptığı itiraflar ve ortaya çıkan diğer bilgiler yok sayılmıştır. Eğer bu tutanak zamanında ve usulüne uygun olarak tutulup mahkemeye verilmiş olsaydı, muhtemelen Ökkeş Kenger, sınırlı da olsa, cezalandırılabilecekti. Bu itirafların ve yüzleştirmelerin yok sayılmasına yol açan, görüldüğü gibi, Sıkıyönetim Komutan Yardımcısı Tayyar Aygur Paşa'nın sözde ihmali olmuştur. Ökkeş Kenger'in yazdıklarında anladığımıza göre, Tayyar Aygur Paşayı böyle davranmasını sağlayan ise, okul arkadaşı MHP Genel Merkez Yöneticisi Albay Tahsin Ünal'dır.

Bu durumda, Ökkeş Kenger'in beraat kararına kuşku ile yaklaşmak, bu kararı şaibeli bulmak, çok mu ön yargılı bir yaklaşımdır? Bu denli kanlı bir katliamın açığa çıkmasına yol açacak olan bu yüzleştirmenin tutanağını zamanında ve usulüne uygun olarak tutup mahkemeye göndermemiş olan Paşa'nın tutumunu sorgulamak, çok mu haksız bir tutum olacaktır?

Bir sıkıyönetim komutanı düşünün ki, asli işini sözde bir "ihmal" veya unutkanlık sonucu yapmamış olsun. Veya kimse O'na, bunu neden yapmadın diye sormamış olsun. Bu denli önemli bir yüzleştirme tutanağının, böyle sıradan bir sebeple tutulmamış olması, mümkün müdür? Burada açıktır ki basit bir "ihmal" görüntüsü altında, kocaman bir özel düzenleme yapılmıştır. Ve bu durum bir özel savaş oyunudur.

Böyle olduğu şuradan da belli olmaktadır. Ökkeş Kenger, kitabında, bu görüşmenin teybe kaydedildiğini yazmaktadır. Şöyle veya böyle ama bu yüzleştirmenin mutlaka bir kaydı tutulmuştur, ancak bu kayıt, istenen kararın verilmesinin hukuksal zeminini oluşturmak amacıyla, mahkemeye gönderilmemiştir. Böylece yapılan tüm özel düzenlemeler, kalıbına uydurularak, ne mahkeme sorumlu tutulabilmiştir, ne de sıkıyönetim komutanı.

Ökkeş Kenger'in beraatını sağlayan bir diğer ayrıntı ise, mahkeme tarafında yapılan söz konusu patlayıcının "sinemaya dışarıda atıldığı mı, yoksa içeride bulunan birisi tarafında konduğu mu"[29] şeklindeki tartışmadır. Gerekçeli Karar'da, bu konuya uzunca sayfalar ayrılmıştır. Tartışmalar okunduğunda, amacın, kışkırtmayı karanlıkta bırakmak olduğu açıkça görülmektedir. İnsanın, "bunca çabayı katliamın açıklığa kavuşması için harcasaydınız ya" diyesi geliyor.

Bütün bu düzenlemeler sonucu ve ortaya çıkan bir dizi şahit vasıtasıyla, sinemaya atılan patlayıcı provokasyonuyla ilgili, bütün ayrıntıları açıklayarak sorumluğunu kabul eden, başta Ökkeş Kenger olmak üzere tüm sanıklar beraat etmişlerdir.

Ökkeş Kenger'in yargılandığı bir diğer suçlama ise Mağaralı Mahallesinde yapılan saldırıdır ve süreç şöyle gelişmiştir. Suçlamaya konu olan ifade sahibi, ifadesini "değiştirmiş", yolda dövülen ve silahı alınan polis Mehmet Poyraz, Ökkeş Kenger'i "teşhis edememiş" böylece Ökkeş Kenger, bu suçlamadan da beraat ettirilmiştir.

Konuyla ilgili olarak Sanık Mehmet Fuat Şerement, polis tarafından alınan 01.02.1979 tarihli ifadesinde: "23.12.1978 günü sabahı henüz olayların başlamadığı 08.00 sıralarında sanık Ökkeş Kenger'in "icap ettiği yerde kullanırsın" diyerek Beratta marka bir tabanca verdiğini; Mağaralı mahallesine Alevileri darp etmek ve öldürmek maksadıyla giden 30 kişilik grup içinde sanık Ökkeş Kenger'in de bulunduğunu ve herkesin elinde bu sanığın "bir atölyede yaptırdım" dediği sopaların olduğunu; Mağaralı mahallesinde tahribat yaptıkları sırada yanlarına gelen polis memuru Mehmet Poyraz'ın kafasına sanık Ökkeş Kenger'in elindeki sopa ile vurduğunu; sanık Ökkeş

---

29 - Kanlı Oyun Ökkeş Şendiller S. 98

Kenger'in kendisine gösterdiği Alevi evlerine ateş ettiğini"(30) anlatmaktadır.

Aynı sanık askeri savcı tarafından alınan ifadesinde: "23.12.1978 cumartesi günü sabah 08.00 sıralarında eve gelen Ökkeş Kenger ile beraber Mağaralı mahallesine doğru çıktıklarını; PTT'nin yukarısında tekel müdürlüğünün kale dibi denilen yerde 30-40 kişilik bir grup olduklarını; kendisinin elinde sanık Ökkeş Kenger'in yolda verdiği Beratta marka bir tabanca olduğunu; yolda rastladıkları polis memuru Mehmet Poyraz'a önce Ökkeş Kenger saldırarak sopa ile vurduğunu ve yere düştüğünü; oradan Şekerdere'ye doğru inerek bir Alevi evini taşladıklarını." (31) belirtmiştir.

Bütün bu ifadelere ve bu ifadelerin ortaya koyduğu gerçeklere rağmen, belirtildiği gibi, saldırıya uğrayan, ifade veren herkes, şikâyet ve ifadelerinden vazgeçerek Ökkeş Kenger'in bu suçtan da beraatı sağlanmıştır

Son olarak Ökkeş Kenger'in beraatıyla ilgili önemli bir noktanın altının çizilmesi gerekir. Ökkeş Kenger'in beraatı, Ökkeş Kenger'in şahsıyla ilgili bir durum değildir. Ökkeş Kenger'in suçluluğunun tescil edilmesi, aynı zamanda MHP'nin ve ÜGD'nin suçluluğunun da tescili anlamına gelecek, MHP ve ÜGD resmen katliam sanığı olarak yargılanacaktı. Bu durumun doğması ise illegal güçlerin bütün dönemsel planlarının altüst olması anlamına gelecekti.

Dolayısıyla Ökkeş Kenger'in yerine kim olsaydı aynı durum yaratılacaktı. Bu nedenle, illegal güçler için sorun, Ökkeş Kenger sorunu değildi ve öyle ele alınmamıştır. Ayrıca Ökkeş Kenger, her ne kadar belirleyici bir noktada değilse de, sürecin içinde yer almıştı. Çözülmesi, konuşması ve ceza alması, katliamcılar için arzu edilmeyen bir sonuç yaratabilirdi. Katliamcı politika ve anlayışın zayıflamasına yol açabilecek böyle bir sonuç istenmiyordu. Bunu istemeyen illegal organizasyonlar, ne

---

30 - Kanlı Oyun Ökkeş Şendiller S. 98

31 - Kanlı Oyun Ökkeş Şendiller S. 100 - 116

yapıp edip Ökkeş Kenger'in beraatını sağlamaya çalışmışlar ve sonuç bu nedenle alınabilmiştir. Hatırlanırsa benzer süreçler, Sivas, Malatya ve Çorum Katliamlarında ve diğer katliamlarda olduğu gibi tüm katliamlarda aynı şekilde işletilmiştir.

Yapılan bir dizi hukuksal düzenleme sonucu beraat ettirilen Ökkeş Kenger, bu durumu, katliam savuculuğu yapmaya götürecek kadar istismar ettiği için bu bilgilerin sunulmasına gerek duyulmuştur. Her fırsatta beraat ettiğini ileri sürerek masum görünmeye çalışmakta, ama aynı zamanda katliamın gerçeklerini gizleyerek ve katliamı meşru göstererek, ne kadar "masum" olduğunu ortaya koymuş olmaktadır.

Ayrıca beraat etmek, suçsuzluğun kanıtı değildir. Hatta yargılanmamış olmakta kimseyi suçsuz kılmaz. 12 Eylül darbecilerinin ve Kenan Evren'in hiç yargılanmamış olması onların suçsuzluğunu gösterir mi?

Bir başka nokta, nasıl Sıkıyönetim Mahkemesinin ceza kararları genel olarak adaletli kararlar olarak görülmüyor, kabul edilmiyorsa, beraat kararları da aynı şekilde, hepsi adaletle verilmiş kararlar olarak görülemezler. Ökkeş Kenger, kendisinin beraat etmiş olması söz konusu olduğunda, sıkıyönetim kararını dayanak yapabilmekte, dört elle bu karara sarılabilmektedir. Ama öte yanda devrimciler için verilmiş beraat kararlarını yok sayabilmekte, bu kararların varlığını gizlemek için her yola başvurmaktadır. İnsana sorarlar, bu ne perhiz, bu ne lahana turşusu.

Aklanmanın yolu sıkıyönetim kararlarında aranmamalı, hiç kimse katliamı savunarak, aklanmayı beklememelidir. Esas belirleyici aklanmanın tek yolu, halkın vicdanında aklanmaktır. Unutulmasın ki, halkların vicdanında mahkûm olanları, hiçbir mahkemenin hiçbir beraat kararı, aklayamaz.

Ökkeş Kenger'in yalanlarının temelini ve esasını bu iki yalan oluşturmakla birlikte, kitabında ve yaptığı çeşitli tartışmalarda, ipe sapa gelmez, sayısız iddia ileri sürmekte ve yalan söylemektedir. Ökkeş Kenger'in tüm yalanlarını burada ele almaya, ne yazık ki imkânımız yok. Ama özellikle bazılarının deşifre edilmesi gereklidir.

Sünnetsizler sorunu

Ökkeş Kenger'in, diğer iddiaları gibi, ucuz ve insanlık adına dehşetli rahatsız edici bir iddiası daha bulunmaktadır. Söz konusu iddia "ölenler arasında 7 sünnetsiz cesedin bulunması ise olayda Ermeni işbirliğini ortaya koyuyor ki"[(32)] diye anlatılmaktadır. Ökkeş Kenger, anlaşılan bu iddiasını, Sıkıyönetim Komutan Yardımcısı ve kurtarıcısı Tayyar Aygur'un söylediklerine dayandırmaktadır. Bu iddiasını Ökkeş Kenger, ayrıca Maraş Katliamı'nı sünnetsiz Ermenilerin yaptığının ispatı olarak kullanmaya çalışmaktadır.

Bilindiği gibi sünnet olmak, insanlığın ilkçağlarından beri yapılan bir uygulama olarak genellikle Hz. İbrahim'e dayandırılır. Yani henüz İslam dini yokken sünnet uygulaması bulunmaktaydı. Yahudilikte de uygulanan sünnet, daha sonra İslam dini tarafından da kabul edilmiştir. Bu uygulamayı gerekli görmeyen çeşitli inançlarda bulunmaktadır. Sünnet olmakla ilgili bu açıklamadan sonra Ökkeş Kenger'in iddiasına dönebiliriz.

Bu iddianın doğruluğuna yanlışlığına geçmeden önce, iddianın insan hakları ve insanlık adına iğrenç ve utanç verici olduğunun belirtilmesi gerekir. Böyle bir iddia üzerinde yapılan her tartışmanın, aynı zamanda, katliamcılığın zemini olan ırkçılığın en berbat halini meşrulaştırmak olduğunun, ifade edilmesi gerekir.

İnsanlığın içinden geçmekte olduğu günümüz koşullarında, insanları sünnetli veya sünnetsiz olarak ayırmak, tanımlamak, sünnetsiz olmayı, katledilmeyi meşrulaştıran bir kanıt olarak ileri sürmek ve tartışmak, ancak ırkçılığın en pespaye haliyle mümkündür. Bu yolla Ermeni düşmanlığı üzerinden Maraş

32- Kanlı Oyun Ökkeş Şendiller S. 103

Katliamı, haklı gösterilmek istenmektedir. Öncelikle bunun başka halklara ve inançlara karşı çirkin bir düşmanlık taşıdığı, bu yaklaşımın ilkel ve kaba bir ırkçılığın ifadesi olduğu, açıkça ortaya konmalıdır. Sünnetli-sünnetsiz ayrımı yapmak, bunun üzerinde Maraş Katliamı'nı tanımlamak halkın geri duygularını sömüren ırkçı ve sapık bir zihniyetin sonucudur.

Bu ülkede yaşayan insanların sünnetli veya sünnetsizliği, katliamlarla öldürülmelerini gerektirmez. Ökkeş Kenger, her şeye rağmen büyük bir demokratik potansiyeli olan bu topraklarda, milyonların gözünün içine bakarak ve koca koca ekranlarda bu ilkel ve pespaye ırkçığı yapabilmektedir. Doğrusu medya mensuplarının, Ökkeş Kenger'e en azından bu konuda tepki göstermemeleri de insanı ayrıca şaşırtmaktadır.

Konuya dair yapılan bu değerlendirmeye itiraz ederek, ırkçı olmadığını söyleyecek olan iddia sahiplerine bu tür bir söylemin en ilkel ırkçılık olduğu öğretilmelidir. Ökkeş Kenger'in bunu yapıyor olması, onun zihniyeti açısında sorun yaratmayabilir. Ancak, demokratik kurum ve kuruluşların, ilerici gazetecilerin, siyasetçilerin, aydınların, bu düzeysizliğe karşı sessiz kalmaları, ciddi bir tepki ortaya koymamış olmaları, anlaşılır ve kabul edilebilir bir durum değildir.

Bu açıklamadan sonra, Ökkeş Kenger'in iddiasının hiçbir kanıtının olmadığı belirtilmelidir. Maraş Katliamı'yla ilgili hiçbir belgede, bu iddiayı ispat edecek herhangi bir bilgiye, bulguya rastlanmamıştır. Maraş Katliamı'nın Gerekçeli Karar'ının, gerek ölülerle ilgili bölümlerinde, gerek diğer bölümlerinde, böyle nitelenen ölü veya bu iddiayı doğrulayacak hiçbir bilgi bulunmamaktadır.

Ayrıca bilindiği gibi bu halkın içinde, sünnet etmek vazgeçilmez bir durum olsa da sünnetin geciktirildiği, ileri yaşlarda yapıldığı vakıalar az değildir. Katliamda çok sayıda çocuğun ve çocuk yaşta gencin öldürüldüğü bilinmektedir. Ola ki bu insanlar, sünnet olmaya fırsat bulamamış insanlar olabilirler. Fakat bir noktanın daha ifade edilmesi gerekir ki, bu ölülerin katliam mağduru olan Alevilerin Kürtlerin veya devrimcilerin ölüleri olmadığı, daha önce belirtildiği gibi, kesindir. Sünnetli veya sünnetsiz eğer varsa böyle ölüler, bunlar saldırganların sahip çıkmaktan kaçındıkları ölüleri olabilirler.

Son olarak cenaze isimleri ortadadır. Eğer gerçekten varsa böyle bir bilgi çıkartılır insanların önüne konur. Bu sünnetsizler kimlerdir ve neredeler? Bunların açıkça kamuoyuna sunulması, iddia sahibinin yapması gereken bir zorunluluktur. Yoksa bu yalanlar söyleyenlerin boynunda asılı kalacaktır. Ancak, hiç mümkün olmamakla birlikte, bir an için, böyle bir durumun var olduğunu kabul etsek bile, bu durum katliamın savunulması için kullanılamaz, buna gerekçe yapılamaz. Bu ilkel ırkçı ve sapkın tartışmalarla Maraş Katliamı'nın gerçeklerinin karartılmasına izin verilemez.

Ökkeş Kenger'in gördüğü işkenceye dair

Ökkeş Kenger tarafından ileri sürülen iddialardan biriside "korkunç" işkenceler gördüğü iddiasıdır. Ökkeş Kenger yaptığı itirafları, bu iddia üzerine bina etmektedir. Bu konunun ele alınmasındaki amaç, sıkıyönetim işkencelerini ve bu işkenceleri gizleyen doktorları aklamak değildir. Elbette sıkıyönetim koşullarında son derece korkunç işkenceler yapılmış, yapılan işkencelerde insanlar öldürülmüştür. Aynı zamanda bu işkenceler, kendilerine doktor diyenlerin hem denetiminde yapılmış, hem de onların raporlarıyla gizlenmiştir. Dolayısıyla, ne sıkıyönetimin işkencelerini meşru göstermek ve ne de bu işkenceleri gizleyen raporları imzalayan sözde doktorları temize çıkartmak gibi bir yaklaşım söz konusu değildir.

Ancak Ökkeş Kenger, kendisine işkence yapıldığı iddiasını, olağanüstü abartmaktadır. Böylece karşılaştığı basit zorlama karşısındaki zayıflığını kahramanlık gibi sunmaya ve yaptığı itirafları, gördüğünü ileri sürdüğü sözde dehşetli işkencelerle izah ederek, kendisini aklamaya çalışmaktadır. İnsanların aylarca süren ve gerçekten korkunç işkenceler gördüğü koşullarda, Ökkeş Kenger'in gördüğünü söylediği işkencelerin düzeyini anlamaya çalışarak, büründüğü sahte kahramanlık pozlarını, anlatımlarındaki hileleri, açığa ve bilince çıkartmak için konunun ele alınması gerekmektedir.

4 Ocak 1979 günü, teslim olma sürecinde yaşanan gelişmeler, Ökkeş Kenger'in kendi anlatımlarıyla, daha önce belirtilmişti. Buna göre, MHP Genel Merkez Yöneticisi emekli General Tahsin Ünal, arkadaşı Maraş sıkıyönetim komutanı yardımcısı Tayyar Aygur'la, Ökkeş Kenger'in durumuyla ilgili bir görüşme yapmışlardır. Yapılan bu görüşmede, oluşturulan plan gereği, Ökkeş Kenger'in teslim olmasına karar verilmiştir.

Bunun üzerine Ökkeş Kenger, bulunduğu köyde babası tarafında ziyaret edilerek, bilgilendirilmiş ve komutanlar düzeyinde alınan "teslim olması" gerektiği yönündeki karar iletilmiştir. Ökkeş Kenger, bu ziyareti ve bilgilendirmeyi, "akşama doğru babam ve Hasan Hüseyin köye geldiler. Jandarmalar arabada bekliyormuş" [33] diye anlatmaktadır. Bu arada Ökkeş Kenger'in teslim olma esnasında, sıkıyönetim güvenlik kuvvetlerinde gördüğü "yakınlık" ve "samimiyet" dikkat çekicidir.

Anlatılanlar, illegal ilişkileri bir kez daha ve net bir biçimde ortaya koymaktadır. Sıkıyönetim koşullarında, Maraş Katliamı gibi dehşetli bir katliamın, 1 Nolu sanığı Ökkeş Kenger, sözde her yerde aranmaktadır. Sanığın bulunduğu köye, jandarma, babası ve arkadaşıyla birlikte gitmişler. Jandarmalar, köyün dışında bekleyerek Ökkeş Kenger'in babası ve arkadaşını, Ökkeş Kenger'in yanına, görüşme yapmak üzere göndermişler. Köyün dışında bekleyen jandarmalar, bir anlamda Ökkeş Kenger'in korumasını yapmaktadırlar. Ökkeş Kenger, yapılan görüşme sonunda, MHP Genel Merkez Yöneticisi Tahsin Ünal ve sıkıyönetim komutanı Tayyar Aygur'un taahhüt ettiği ve babası ve arkadaşı tarafında kendisine iletilen, işkence yapılmayacağı güvencesini alınca, "yemekten sonra" köyün dışında bekleyen " jandarmalar çağırılarak"misafirliğe gider gibi, "ar-

33-Kanlı Oyun Ökkeş Şendiller S. 104

kadaşlarıyla helalleşip vedalaşarak" "teslim" olur. [34]

Ökkeş Kenger, teslim olurken, "giderken başçavuştan rica ettim, Karacasu Kırım obasına uğradık, Cennet Ana'nın elini öptüm ve ayrıldık" [35] diye yazacak kadar rahat ve jandarmalar üzerinde etkilidir. Sanki Maraş Katliamı gibi korkunç bir katliamın sanığı değil, askerlerce, komutanlarla sohbet etmeye götürülen bir misafir muamelesi görmektedir. O dönem yakalanan çok sıradan bir devrimciye, sağ çıkabileceğinden korkulacak kadar akıl almaz işkenceler yapılırken, Ökkeş Kenger'e gösterilen hoşgörü, birçok bilinmezi anlatmaktadır.

Bu şekilde "yakalanan" Ökkeş Kenger'in, o dönem demokrat polislerin örgütü olan POL-DER'li polisler tarafından, çok büyük işkencelere maruz kaldığı iddiası bundan sonra başlamaktadır. Ökkeş Kenger, gördüğünü ileri sürdüğü işkenceleri, kulaktan dolma olduğu her haliyle anlaşılan işkence tasvirleriyle anlatmaya çalışmaktadır. [36]

Ökkeş Kenger, kitabında yazdıklarına göre, ilk işkenceleri 9 gün süren bu gözaltı sürecinde, "bu işkence iki gün devam etmiştir". [37] diye anlatmaktadır. Yine aynı kitapta, Ökkeş Kenger, POL-DER'lilerin "ellerinde beş gün kaldığını"[38] belirtmektedir.

Bütün bu bilgileri, doğru kabul edip bir arada düşündüğümüzde, konuya dair ortaya çıkan gerçek şudur: Ökkeş Kenger, 10 gün tutulduğu gözaltında, 5 gün polislerin elinde kalmış, bunun da, iki gününde işkence görmüştür. İki günlük işkence sonucundan da söz konusu iddiaları kabul edip el yazısıyla verdiği ifade ile bilinen itiraf ve ikrarları yapmıştır.

Yani kendi anlatımıyla Ökkeş Kenger, iki gün yediği kaba dayak ve falaka sonucu, suçlamaları kabul ve itiraf etmiştir.

34--Kanlı Oyun Ökkeş Şendiller S. 104

35-Kanlı Oyun Ökkeş Şendiller S. 87

36-Kanlı Oyun Ökkeş Şendiller S. 100-116

37-Kanlı Oyun Ökkeş Şendiller S. 103

38-Kanlı Oyun Ökkeş Şendiller S. 104

Buna rağmen Ökkeş Kenger, yaşadığı bu iki günlük sözde işkenceyi korkunç işkenceler olarak göstermeye çalışmaktadır. Bu yolla, hem neden suçlamaları kabul ettiğini açıklamış olmakta, hem de kendince sahte kahraman ve mağdur pozlarına girmektedir.

Bu ülkede ve o dönemde, işkencenin ne olduğunu ve nasıl yaşandığını bilenler açısından, nasıl bir propagandayla karşı karşıya olduğumuzu anlayabilmek için özel olarak işkence görmüş olmak gerekli değil.

Ayrıca Hamit Kapan'ın 210 gün boyunca gördüğü işkenceler sonucu, suçlamaları kabul etmiş olmasını dayanak yapan Ökkeş Kenger, iki günlük kaba dayak sonucu yaptığı itirafları gözlerden uzak tutmaya, kamuoyunu yanıltamaya çalışmaktadır.

Ökkeş Kenger'in ikinci işkence gördüğünü söylediği yer, Ankara'dır. 12 Ocak'ta Ankara'ya götürülen Ökkeş Kenger, 19 Ocak'a kadar burada kalmıştır. Burada bulunduğu süre içinde, üç gün işkence gördüğünü yazmaktadır. Bu durumda, toplam 18 gün süren gözaltı süresinde, 5 gün işkence görmüş olmaktadır.

Ökkeş Kenger'in işkence gördüğü iddiası, doğruluğuna itibar etmek istemesek de, yukarıdaki anlatımlarla birlikte ele aldığımızda, doktor raporuyla da çürütülmektedir. Gerekçeli Karar'daki bilgiye göre, "Askeri savcılık hazırlık soruşturması klasör 1 sıra 41 dizideki dilekçe altındaki şerh'e göre: Sanığın 22 Ocak 1979 günü saat 19:00 da Emniyet Müdürlüğünden Sıkıyönetim nezarethanesine alındığı ve kışla tabibine sevk edildiği, Askeri savcılık hazırlık soruşturması klasör 1 sıra 40'daki Kahramanmaraş 3.ncü P.TB.K.lığının 22 Ocak 1979 tarih ve 109 sayılı raporuna göre: Sanık Ökkeş Kenger'in yapılan muayenesinde vücudunda herhangi bir darb ve cebir hasarına rastlanmadığı."[39] belirtilmektedir.

Ökkeş Kenger, üstelik hiç ilgisi olmadığı halde işkence yalanını POL-DER'li polislere yıkmak için, yoğun bir çaba sarf

39 -Maraş Olayları Gerekçeli Karar S. 352

etmektedir. Bir insanlık suçu olan işkence, dönemin ilerici demokrat polislerinin kurumu olan POL-DER'lilerin işi değildir, olamaz. Onlar halkın polisi olmaya, halktan yana yer alan polisler olarak, görev yapmaya çalışmaktaydılar. İşkence, POL-DER'lilerin değil, sistemin bir uygulamasıdır ve tarihi boyunca da var olmuştur. İşkencenin asıl hedefi ise halktan yana olanlardır. Dolayısıyla işkence ile POL-DER'liler arasında bir bağlantı kurulamaz. 12 Martta işkence yapanlar, POL-DER'li miydi? O zaman POL-DER diye bir kurum mu vardı? 12 Eylül de işkence yapanlar, POL-DER'liler miydi? 1980'den bu yana, yine sistematik işkence yapılmaktadır, bunları da mı POL-DER'liler yapmaktadır?

Anlaşılan ve görülen o ki, Ökkeş Kenger, olaydaki rolünün gereği olarak, sınırlı ölçülerde, baskı görmüş, çok kısmi kaba dayak uygulaması yaşamıştır. Ancak Ökkeş Kenger, bu durumu, yıllardır politik ikbal yaratmanın malzemesi yapmaktadır.

67. No'lu Ev ile ilgili yalan

Ökkeş Kenger'in provakatif iddialar ve aynı zamanda acemi yalanlar manzumesi olan kitabında, başka bir yalan daha bulunmaktadır. "Namık Kemal mahallesindeki" 67 numaralı ev ve diğer özel siper olarak hazırlanmış evlerden makinelı tüfeklerle ateş açılıyor. Bu evlerde açılan ateşle birçok vatandaş vuruluyor. 67 numaralı şifreli evdeki ateşi akşama doğru askeri birlikler tanklarla susturuyorlar. Duvarlarına büyük rakamlarla 67 yazılı bu şifre "67 vilayetten, K. Maraş'ta başlayan devrim hareketi başarıya ulaşırsa Türkiye geneline yayılacaktır." "Meğer bu hain planın arkasında bu ham hayal varmış."(40)

Ökkeş Kenger'in iddiası böyle. Alıntıdaki anlatım bozukluklarını geçelim. Devrim ve "ham hayal" değerlendirmesiyle ilgili sadece bir kaç cümle yazmak yeterlidir. Hayal kurmak insana özgü olan ve insanlığın gelişmesini sağlayan çok temel

---

40 - Kanlı Oyun Ökkeş Şendiller S. 87

bir özelliktir. Dolayısıyla devrim, evet, ezilenlere ait bir "ham hayaldir". Tüm haramilerin ve onlara hizmet edenlerin korkulu rüyası, ama aynı zamanda tüm ezilenlerin hayatları boyunca peşinde koştukları ve hep gerçekleştirerek ilerledikleri bir "ham hayaldir." Olgunlaşarak yeni gelişmeler yaratan büyük "ham hayaller" olmadan insanlığın gelişmesi sağlanamaz. İnsanlığın gelişmesini sağlayanlar. Çünkü tüm olgular önce hayal edilir, sonra maddi gerçeğe dönüşürler. Ökkeş Kenger, bu gerçekleri bilmediği gibi, hayal etme yeteneğinin sınırlılığından dolayı, bu güzelliği küçümsemeye kalkışarak, aslında kendi gerçekliğini ortaya koymuş olmaktadır. Ayrıca insanlığın yegâne gelişme aracı olan toplumsal devrimler, siyasetten haberi olan herkes bilir ki, Ökkeş Kenger'in sandığı gibi, herhangi bir taşra şehrinde yapılan bir katliamla başlamaz.

Ökkeş Kenger bu yalanla, çaktırmadan kendisine bir rol ve misyon da üretmektedir. Maraş Katliamı'yla, Maraş'ta başlayan "devrimin" önlendiği, dolayısıyla tüm Türkiye'nin "devrimden" kurtarıldığı kanısı yaratmaya ve bundan kendisine pay çıkartmaya çalışmaktadır. Ökkeş Kenger, bunları kahvehanelerde kafa kol ilişkisine aldığı kafadarlarına, temel fıkrası niyetine dinletebilir, ama bu masallara itibar edecek bir tek aklı başında insan bulamaz.

Esas konumuz olan söz konusu 67. No'lu evle ilgili, Gerekçeli Karar'daki bölüm, Ökkeş Kenger'in nasıl yalan söylediğini bütün açıklığıyla göstermektedir.

Konunun anlaşılması için bir miktar ayrıntıya girilmesi gerekmektedir. Maraş'ın merkeze bağlı az sayıda Kürt Alevi köylerinden birisi olan Çokyaşar köyünde, Hasan Solma, Namık Kemal Mahallesi'nin Karamaraş semtinde, 67 numaralı evde, eşi Ayşe, çocukları Mustafa ve Doğan'la birlikte, oturmaktadır. Hayvancılık yaparak yaşamını sürdürmektedir. Katliamı duyan yeğeni Hacı Solma, koruma saikıyla, amcasının evine gelmiştir.

Katliam günü yaşanan durumu, Bnb. Talat Yörük: şöyle anlatmaktadır. "Dışarıdaki halkın 67 no'lu eve av tüfekleriyle ateş ettiğini, 67 no'lu evden de dışarıya dinamit atıldığını; kendilerinin 67 no'lu evde bulunanlara 'teslim ol' çağrısı yaptıklarını, bu sırada askerlerden de eve ateş edenler olduğunu; evde bulunan 2 adamın ve bir kadının dışarı çıktığını; evde bir torba içinde, fitili ve kapsülü takılı patlamaya hazır dinamitler bulduklarını; sanıkları ilgili yere teslim ettiklerini,"(41) belirtmektedir.

Aynı saldırının bir başka asker tanığı, Tnk. Yzb. A. İhsan Atalay'ın ifadesi şöyledir.

"Kendisinin de elindeki kuvvetle olay yerine gittiğini; askerlerle beraber mevzilere girmiş halkın 67 no'lu eve doğru ateş etmekte 'komünistler, gavurlar' diye bağırmakta olduklarını; kendilerine de bu evi göstererek 'komünistler bu evde' diyerek askerin anılan eve ateş etmesini istediklerini; önce askerlere, sivilleri aralarından çıkarmalarını emrettiğini; bu sırada duvarın kenarına sinmiş, nişan alıp ateş etmeye hazırlanan bir saldırganı, ancak elindeki tomson makinelı tabanca ile sağına soluna ateş etmek suretiyle, yakalayabildiğini; bu şahsın sinirlenerek silahını yere çarptığını ve 'böyle askerliğin, böyle askerin' diyerek homurdandığını; bu sırada karşıdaki topluluğun 'Yzb.'ım onu bırakın, o sizinle beraber' dediklerini; yani siz Sünni'siniz, o da Sünni, onu bırakın, silahı ile size yardımcı oluyor demek istediklerini; saldırgan toplulukların bölgeyi tanımayan askerlere kendilerinin yaptıklarını karşı grup yapıyormuş hissi vererek askerleri yanıltmaya ve yanlarına çekmeye çalıştıklarını fark ettiğini; bunun üzerine erlere yanlarındaki sivil silahlı şahısları yakalamalarını emrettiğini; bu emri duyan sivillerin askerlerin arasından fırlayarak geriye sokak aralarına doğu koşmaya başladıklarını; kaçarlarken de 'vurun, o karşınızdakiler gavurdur, dinsizdir, din düşmanıdır' diye bağırdıklarını" söylemektedir. (42) Yine 67 no'lu eve yapılan saldırının bir diğer tanığı Tnk. Atğm. Abdullah Dündar:

41-Maraş Olayları Gerekçeli Karar S. 934

42 - Maraş Olayları Gerekçeli Karar S. 243

"Verilen emir üzerine Karamaraş'a doğru gittiklerini; oradaki 67 no'lu eve 300 kişi kadar bir topluluğun silahla devamlı ateş etmekte olduğunu;67 no'lu evin etrafındaki bu grubun 'bugün cihad günüdür, öldürelim, bir Alevi öldüren cennete gider, komünistlere Alevilere ölüm' diye bağırdıklarını; saldırgan grupta tabancalar, baltalar, tahralar bulunduğunu, özellikle av tüfeğinin çok olduğunu; grupların önünde 'Bnb. Vuruldu' diye haber yayan bir şahsın bulunduğunu [(43)] anlatmaktadır.

Saldırıya uğrayan aileden Mustafa Solma, asker tanıkların söylediklerini doğrulayan ifadesinde

"24 Aralık Pazar günü sabahleyin Bağlarbaşı semtinde dumanların yükseldiğini, silah seslerinin geldiğini; bir süre sonra kardeşi Doğan Solma'nın etrafı seyretmek üzere dama çıktığı sırada komşuları Ahmet Gören'in evinin damından uzun namlulu bir silahla ağabeysine ateş edildiğini; babası Hasan Solma'nın Cuma Kaya'nın evine gittiğini ve bir süre sonra geldiğinde 'Cuma Kaya'nın evinde yer yokmuş bizi alamıyor' dediğini; eniştelerı Mustafa Aslantaş'ın 'burada kalırsak bizi öldürecekler' demesi üzerine çoluk çocuk hep beraber evden çıkarak YSE'ye kaçtıklarını; babası Hasan Solma ile amcasının oğlu Hacı Solma'nın evde kaldıklarını; [(44)] söylemektedir.

Hasan Solma'nın eniştesi Mustafa Aslantaş ve başka tanıklarda, Gerekçeli Karar'ın aynı sayfalarında, anlatılanları doğrulayan ifadeler vermektedirler.

Bu belge ve ifadelerin sonunda, mahkeme şu değerlendirmeyi yapmaktadır.

"67 Numaralı evin etrafında askerlerin yanında mevziye girmiş 300 kadar saldırgan bir topluluk bulunmaktadır. Bu saldırgan topluluk 67 Numaralı eve devamlı olarak ateş etmekte ve anılan evden de bu saldırgan gruba devamlı ateş edilmekte, dinamitler atılmaktadır. Saldırganlar, bir yandan da asker-

---

43- Kanlı Oyun Ökkeş Şendiller S. 74 - 75

44- Kanlı Oyun Ökkeş Şendiller S. 75

lere 67 Numaralı evi göstererek 'komünistler bu evde' deyip anılan eve askerin ateş etmesini istemektedir. Bu saldırgan grupların içinde özellikle büyük silahları ellerinde bulunduran maskeli kişiler vardır. Saat 15.30 sıralarında etrafındaki saldırgan gruplar dağıldıktan sonra 67 Numaralı eve kariyerlerle ateş edilerek, evin içinden dışarıdaki topluluğun üzerine dinamit atan sanık Hasan Solma yakalanmıştır." (45)

Sıkıyönetim Mahkemesinin yaptığı bu değerlendirme sonunda, alınan karar şöyledir. "Sanık Hasan Solma'nın Namık Kemal Mahallesindeki olaylarda kendisine saldıran gruba ve güvenlik kuvvetlerine ateş ederken görüldüğü, halkın üzerine bombayı atmasından hemen sonra Güvenlik Kuvvetlerince yakalandığı, "C. Savcısı tarafından alınan ifadesinde, Pazar günü saat 07.00-08.00 sıralarında, evinin üst tarafından ellerinde silah, sopa olan 1000 kişilik bir grubun etrafı yakıp yıkarak evine doğru geldiklerini, komşusu Cuma Kaya'nın yanına giderek, 'görüyorsun mahalledeki Kürtlerin evini yakıp yıkıyorlar sen hatırlısın mani ol bana bir şey yapmasınlar' dediğini o sırada Cuma Kaya'nın saldırgan gruplara etraftaki Kürt evlerini parmağı ile işaret edip gösterdiğini, gelen grubunda Cuma Kaya'nın işaret ettiği evleri yakıp yıkarak yaklaştığını, gelen topluluğun evinin camını penceresini kırdığını, ahırdaki hayvanlarını yakarak öldürdüklerini tartışılan deliller muvacehesinde, sanık Hasan Solma'nın mahkeme kurulunca 'hükümet aleyhine halkın silahlı isyanı ve birbiri aleyhine mukatele' olarak kabul edilen cürme iştirak ettiği hususunda mahkeme kurulunda tam bir vicdani kanaat oluşmakla sanığın eyleminin TCK. nun 149/3 maddesini ihlal ettiği kabul edilmiştir." (46) "Neticeten sanık Hasan Solma, 5 sene 10 ay hapisle cezalandırılmasına, cezasının 1/3'ü kadar Adıyaman'da sürgününe karar verilmiştir." (47)

45- Kanlı Oyun Ökkeş Şendiller S. 122

46- Kanlı Oyun Ökkeş Şendiller S. 88

47-Maraş Olayları Gerekçeli Karar S. 1277

Aktarılan bütün ifadelerde görülen gerçek şudur, 67 no'lu evde bulunanlar, sadece ev sahibi ailenin bireyleridirler. Kaldı ki evin çocukları, evi terk etmek zorunda kalmışlar ve evde, sadece ev sahibi karı-koca ile yeğenleri bulunmaktadır. Bütün ifadelerde görülen bu gerçeğe rağmen, toplam üç kişinin bulunduğu 67 Numaralı ev, 1000 kişilik saldırgan güruhun, silahlı saldırısı altındadır. 67 Numaralı eve yapılan saldırıda, askerlerde, saldırganlarla birlikte yer almışlardır. Ev sahibi Hasan Solma, elindeki kırma tüfeği ve birkaç dinamitle kendisini savunmakta, korumaya çalışmaktadır.

İşte gerçek, işte Ökkeş Kenger'in iddiası ve yalanı. 67 no'lu evde, ne "makinelı tüfekler" bulunmaktadır, ne bu evin "siper" haline getirilmiş olması söz konusudur. Ne devrimi yapacak olan insanlar vardır, ne bu evi kontrol altına alan tanklar bulunmaktadır ve ne de evin duvarlarında büyük rakamlarla yazılmış 67 rakamı söz konusudur. "Bir ayakta bin yalan söylemek" böyle bir şeydir, ama Ökkeş Kenger'in yaptığı sadece basit yalanlardan ibaret değildir. Bu yapılan aynı zamanda, katliamı meşrulaştırmaya çalışarak, ırkçığa meşruiyet yaratma çabasıdır. Bütün diğer iddialarında olduğu gibi, Ökkeş Kenger, bu iddiasını da ispatlamak zorundadır. Gerçeklerin sahibi vardır. Çamurda debelenenler, çamur atarak başkalarını kirletebilirler belki, ama çamurdan çıkışın yolu bu değildir.

Bu bölümdeki bilgilerle ilgili olarak birer cümle ile iki noktanın altının çizilmesi gereklidir. Sıkıyönetim Mahkemesinin, daha önceki bölümlerde değindiğimiz gibi, katliam davasına, hangi mantıkla yaklaştığı, bu saldırıyla ilgili verilen kararda, açıkça görülebilmektedir. Mahkemenin kendisini korumaktan başka hiçbir şey yapmayan Hasan Solma'yı, "isyan ve mukatele" yapmış gibi yargılaması, meşru savunma hakkını Kürt Aleviler için kabul etmediğinin en bariz göstergesidir. Bütün bunlar katliamın gerçeklerini bir kez daha ortaya koymaktadır. İkincisi katliamı önlemekle görevli askerlerin katliamcılarla birlikte, Hasan Solma'ya karşı, aynı mevzilerde silah sıkıyor olmaları ve katliamcıların askerlerle olan ilişkisi, katliamın niteliğini, katliam esnasında güvenlik kuvvetlerinin pozisyonu anlatan iyi bir örnektir ve bu durum tek değildir, diğer mahallelerde de yaşanmıştır.

Hilmi Soydan-Recep Sarıaslan

Ökkeş Kenger, sözde kitabında, meydanın boş olduğunu düşünerek aklına geleni yazmaktadır. Aklına geleni yazıp, bunları yayınlamış olmayı, büyük bir marifet saymaktadır. Herhangi bir işletmenin tanıtım broşürü bile bu kadar ciddiyetsizliklerle doldurulamaz. Neresini düzelteyim denir ya, işte öyle bir şey.

Bu türden iddialarından birisini daha ele almak gerekiyor. Elbistanlı avukat ve politikacı Hilmi Soydan, katliam günlerinde, Elbistan'da öldürülür. Ökkeş Kenger, bu öldürme eylemi ile Maraş Katliamı arasında bir ilişki kurmaya çalışmaktadır. İddia zaten ipe sapa gelmez bir iddiadır, ancak konuyla ilgili söyledikleri, Ökkeş Kenger'in marifetlerini anlamamız açısında daha da ilginçtir.

İddia şöyle "Aynı gün CHP eski senatörü, Hilmi Soydan, Dev-Sol militanı Ali Sarıaslan tarafında vurularak öldürüldü."[48] Bu iddianın yanlışları ise, birincisi, eylemi yapanın adı, Ali değil, Recep'tir, Mardinli Kürt bir devrimcidir. İkincisi Dev-Sol örgütünde değil, Türkiye Devrimin Yolu adlı bir örgütün militanıdır. Üçüncüsü bu devrimcinin izi kayıp değil, Malatya'nın dağlarında girdiği bir çatışmada öldürülmüştür.

Bu yanlış ve yalan bilgilerin dışında, Recep Sarıaslan'la ilgili olarak, Ökkeş Kenger, bir ifadeden söz etmektedir. Söz konusu ifadede Recep Sarıaslan'ın 'bu eylemi para karşılığı yaptığını' söylediği belirtilmekte ve "bu ilk ifadenin kaybedildiği" söylenmektedir. Ayrıca "Bu bilgileri veren kişi Ali (Re-

---

48--Kanlı Oyun Ökkeş Şendiller S. 74-75

cep) Sarıaslan'ı yakalayanlardan birisidir, ismi bizde saklıdır, gerektiğinde açıklayabiliriz" denerek duruma esrarengiz bir hava verilmektedir. (49)

Eğer bu bilgiler, Ökkeş Kenger'e, devlet içinde olduğunu söyleyen birisi tarafında verilmişse, bu durum, Ökkeş Kenger'in ilişkilerinin ne kadar çapsız ve sıradan ilişkiler olduğunu göstermesi açısında önemlidir. Recep Sarıaslan'la ilgili "ilk kez yayınlanıyor" denerek sansasyonel bir hava verilen bu bilgileri veren her kimse, bir tek doğru bilgi verememektedir. Ne Recep Sarıaslan'ın adını doğru bilmekte, ne örgütünü ve en önemlisi de akıbetini bilmemekte "izi kayboldu" demektedir.

Anlaşılan, olayın içindeki sıradan bir polis, sınırlı bilgilerini, esrarengiz bir hava vererek Ökkeş Kenger'e tamah bilgi diye satmış, o da, bu sınırlı ve yanlış bilgilerle teori kurmaya çalışmıştır. Bununla birlikte karşılaşacağı muhtemel riski hesaplayan Ökkeş Kenger, Recep Sarıaslan'la ilgili ilk ifadenin kaybedildiğini söyleyerek riskten kurtulmanın yolunu döşemek istemiştir. Ayrıca, Recep Sarıaslan'ın devlet içinde korunduğunu ima eden bu açıklamaların, hiçbir doğruluğunun olmadığını, yıllardır yaşananlardan hareketle, herkes bilebilecek kadar bilgi ve tecrübe sahibi olmuştur. Bu türden devlet içi düzenleme ve ilişkiler, olsa olsa katliamcılar için mümkün olabilir. Devletin içinde devrimcilerin kollanıp korunduğu görülmemiş, gösterilememiştir.

Mehmet Mengücek Devrimcidir. Katliamcı Mehdi Köklü arkadaşları tarafından öldürülmüştür.

Ökkeş Kenger, Gerekçeli Karar'da faili meçhul ölüler olarak kaydedilmiş olan ölülerin hepsini, "solcu militanlar tarafından, hastane civarında otomatik silahlarla taranarak öldürülen sağ görüşlüler" olarak göstermektedir.(50) Gerekçeli Karar'da olduğu gibi alınıp kitaba konan bu isimlerin içinde, Mehmet Men-

---

49--Kanlı Oyun Ökkeş Şendiller S. 75

50--Kanlı Oyun Ökkeş Şendiller S. 122

gücek adında, Pazarcık Yolboyu köyünün muhtarı da bulunmaktadır. Mehmet Mengücek katliamda, yakınlarını ve halkını savunmak için bulunmuş, girdiği çatışmada, hastane civarında değil, Namık Kemal Mahallesinde vurulmuştur. Ökkeş Kenger, demagojik alışkanlıkla, hiçbir araştırma yapmadan ve en garibi yazdıklarıyla çelişerek, bu yiğit fedakâr devrimci arkadaşa sahip çıkmaya çalışmaktadır.

Ökkeş Kenger'in bilgisizliğinden hareketle ileri sürdüğü bu iddia, Ökkeş Kenger'i de ürpertecek, tüylerini diken diken edecek bir iddiadır. Mehmet Mengücek, toprakta bile Ökkeş Kenger'le birlikte olmayacak kadar devrimcidir.

Daha ilginç olanı, Ökkeş Kenger, aynı kitabının başka bir sayfasında,[51] Mehmet Mengücek'in bir devrimci olduğunu yazmaktadır. Bu durum Ökkeş Kenger'in yazdıklarına hâkim olmadığını, yazdığını söylediği bir metinde bulunan en basit bilgilerde bile kendi kendisiyle çeliştiğini göstermektedir.

Ökkeş Kenger, aynı alıntıda, faili belli olmayan ölülerin içinde adı sayılan katliamcı Mehdi Köklü'yü, sanki devrimciler öldürmüş gibi göstermektedir. Bu da Ökkeş Kenger'in diğer yalanları gibi bir yalandır. Aşağıdaki alıntıda gösterileceği gibi Mehdi Köklü, Yusuflar Mahallesine yapılan saldırılarda, saldırgan "arkadaşları" tarafında vurulmuştur. Sıkıyönetim Mahkemesi açığa çıkartmamış da olsa, fail veya failleri, saldırgan katliamcıların içinde bulunmaktadırlar.

İlgili bölümde, anlatılanlar şunlardır. "Ailenin diğer fertleri bu ölülerin üzerine kapanarak, ağladıkları sırada, tüm saldırganlar Ünver ailesinin geri kalan fertlerinin üzerine ateş etmişler, bu ateş sonucu ailenin yaşlıları Zühre Yıldırım ile kocası Abdurrahman (Abdülvahap) Yıldırım'ı da öldürmüşlerdir. Bu atışlar sırasında saldırganlar kendi içlerinden Mehdi Köklü isimli şahsı da yanlışlıkla vurmuşlar ve olay yerinden kaçırmışlardır." [52]

51- -Kanlı Oyun Ökkeş Şendiller S. 88

52-Maraş Olayları Gerekçeli Karar S. 307

Görüldüğü gibi, saldırganların siyasal pratiğine de uygun olan davadan dönenin vurulması, Maraş Katliamı'nda da yaşanmıştır. Aslında ölen diğer saldırganlarla ilgili yapılacak ayrıntılı bir araştırma ile farklı bilgilerin ortaya çıkması mümkündür.

Parça parça bilgilerle, konunun kavranmasının ve anlaşılmasının zorlaştığı, arada geçen zamandan dolayı bilgilerin unutulmaya yüz tuttuğu bu koşullarda, böylesine üstünkörü yaklaşımlarla, Ökkeş Kenger, kitleleri aldatmaya çalışmaktadır.

Ökkeş Kenger Maraş Katliamı'nda nerede olacaktı?

Yukarıdaki sorunun, somut bir soru olmadığı ortadadır. Sorunun cevapları spekülatiftir, pratik hiçbir karşılığı da yoktur. Ama konunun anlaşılmasına yardımcı olabilir. Bazen böyle varsayımsal sorularla gerçeğe ulaşmak mümkündür ve bu soru tam da öyle bir soru olarak, muhtemel cevaplarından yararlanılabilecek bir sorudur. Bu soru hukuksal da değildir, hukuksal bir cevabı da olmayacaktır. Aynı şekilde, bazen hukuksal olmayan bir olgu, durumun anlaşılmasına daha fazla yardımcı olabilir.

Ökkeş Kenger, Maraş Katliamı'yla ilişkisinin olmadığını, beraat ettiğini göstererek anlatmaktadır.

Peki, Ökkeş Kenger, Maraş Katliamı'nda, ÜGD'li bir Maraşlı olarak, yukarıda beri anlatılan ilişkiler içinde olmamış ve bu avantajın sonucu beraat etmemiş olsaydı, nerede olacaktı?

Maraş Katliamı'nda Ökkeş Kenger'in köyünden 10'a yakın sanık vardır ve bunların büyük bir kısmı Ökkeş Kenger'in akrabalarıdır. Bunların içinde bir kısmı da ceza almıştır. Sözünü ettiğimiz sanıkların içinde, Ökkeş Kenger'den dolayı alınan kardeşini saymıyor, Ökkeş Kenger'den bağımsız olarak, katliamla ilgili yargılanan Kenger soyadlı sanıklardan söz ediyoruz.

Bu durumda, yakınları, köylüleri, katliamda, katliamın icracıları içinde olan birisinin nerede yer alacağı açık değil mi? Hiç kuşkusuz katliamcıların içinde olacaktı ve çok mümkündür ki sıradan bir saldırgan olarak beraat edemeyecek, tam tersine ceza alacaktı.

Ayrıca, böyle bir beklenti için değil, kamuoyunun konuyu daha kolay anlayabilmesi için, Ökkeş Kenger'in, katliamı yapanlara, insan öldüren katillere, hiçbir gün lanet etmemiş olmasına dikkat çekilmesi gerekmektedir. Eğer gerçekten katliamı lanetliyorsa, en azından fiilen katliamda yer almış olanları lanetleyerek işe başlamalı, bunların katiller sürüsü olduğunu bağırarak söyleyebilmelidir. Ökkeş Kenger, katliamcıların içinde bulunanları lanetlemeyerek, katliamda durduğu yeri açıkça göstermektedir. Aynı şekilde Ökkeş Kenger, bunu yapmak yerine, bütün konuşmalarında bir sürü ipe sapa gelmez iddiayı bol demagoji ve ajitasyonla soslayarak, katliamcıları pohpohlayarak hem fiili katliamcılara hoş görünmeye çalışmakta hem de katliamcı güçlere hizmetlerini devam ettirdiğini göstermek istemektedir.

Ökkeş Kenger ve medya

Bilindiği gibi, Maraş Katliamı'nın her yıldönümünde, Ökkeş Kenger, medyada konuk edilmektedir. Ökkeş Kenger'in medya tarafından, Maraş Katliamı'yla ilgili olarak, tanık adı altında kamuoyuna takdim edilerek, "bir bilen"gibi konuşturulması, tuzaklar içermekte, yanılsamalara yol açmaktadır.

Öncelikle Ökkeş Kenger'in Maraş Katliamı'nı, katliam olarak değil, solcuların yaptığı bir "olay" olarak sunması, toplumun karşısına bir ikilem çıkartmaktadır. Sanki söz konusu olan, "sağcılarla solcuların" çatışmasıymış gibi yanlış ve zararlı bir tablo çıkmaktadır ortaya.

Sorun böyle formüle edilince, Maraş Katliamı'yla ilgili tartışmalar, "solcuların mı sağcıların mı" yaptığı belli olmayan bir "olayla" ilgili yapılan tartışmalar şeklinde gelişmektedir. Dönemde yaşanmış diğer katliamlarla ilgili olarak bu şekilde sürdürülmeyen tartışmalar, Maraş Katliamı gündeme gelince, bu düzlemde geliştirilerek kafa karışıklığı yaratılmaktadır.

Maraş Katliamı'yla ilgili olarak ortaya çıkan bu sorunlu durumun iki nedeni bulunmaktadır. Birincisi, katliamla ilgili, ulaşılabilecek derli toplu ve yeterli materyalin bulunmamasıdır. Konuya dair yapılmış çalışmaların yetersizliği, hatta yokluğu, tanıkların unutmuşluğundan ve sübjektifliğinden kaynaklı sınırlılıklar, Maraş Katliamı'nın gerçeklerinin açığa çıkmasını, bilinmesini zorlaştırmaktadır.

Medyanın bu şekilde davranmasının nedenlerinden diğeri ise, eskilerin deyimiyle "beşeri" insani bir nedendir. Bugün medya vasıtasıyla kamuoyu oluşturan insanların çok büyük bir kısmı, 40-50 yaş arasındadırlar. Hatta çok daha genç olan yetkili ve etkili medya mensupları bulunmaktadır. Bu demektir ki Maraş Katliamı olunca, bugün medyada etkin olan insanların büyük bir kısmı 15'li yaşlarındaydılar. Dolayısıyla Maraş Katliamı bu insanların kafasında, iz bırakmış kötü bir anı olmaktan ibarettir. Söz konusu ilgililerin katliamla ilgili olarak sahip olabildikleri bilgiler, gazete kupürlerine yansıyan bilgilerden, parça-parça yazılmış yazılardan ve kısmi anlatımlardan oluşmaktadır.

Bu koşullar, medya ilgililerinin konuyu sınırlılıklar içinde ele almalarına yol açmış ve bu durum devam etmektedir. Adı geçen sınırlılıklar içinde Maraş Katliamı'nı ele alan medyanın karşısına, 1 Nolu sanık olarak politik kimliği de bulunan Ökkeş Kenger çıkmış ve konunun bu şekilde sulandırılmasının koşulları oluşmuştur.

Ökkeş Kenger'in Maraş Katliamı'ndaki rolünden dolayı, unutulmaması gereklidir. Bu doğru ve doğal olandır. Beraat etmiş de olsa katliamın 1 Numaralı sanığı olarak yargılanmıştır. Elbette Ökkeş Kenger, Maraş Katliamı'yla ilgili konuşabilir, konuşmalıdır da, bundan bir sakınca olmadığı gibi, "merdi Kıpti şecaatin arz ederken sirkatin söyler" misali, her konuşmasının bir yerlerinde, açık vermekte, zayıflıklarını gözler önüne sermektedir, benzeri bazılarının yaptığı gibi.

Ancak gelişme, anlatılan nedenlerden dolayı, farklı özelliklerde içermektedir. Ökkeş Kenger'in Maraş Katliamı üzerinde medyada boy göstermesi, Ökkeş Kenger tarafında istismar edilmektedir. Ökkeş Kenger, daha önce çeşitli vesilelerle değinildiği gibi Maraş Katliamı'yla ilgili bilgisizliğin ve unutulmuşluğun yarattığı olumsuz durumdan yararlanarak, katliamı ve katliamcı politikaları haklı ve meşru göstermeye çalışmaktadır. Çeşitli nedenlerden dolayı bugüne kadar Ökkeş Kenger'in iddialarına, demagoji ve manipülasyonlarına uygun cevapların verilememiş olması, söz konusu sonucun doğmasında etkili olmuştur.

Özellikle liberal-demokrat medyanın, katliamı meşru göstermeye çalışan ve basit ikbal beklentileri içinde olan Ökkeş Kenger'i, bu söylemi ve yaklaşımı üzerinde tartışmalara katması, medyanın işlevi açısında, doğru değildir. Söz konusu medyanın Ökkeş Kenger'in ırkçı, ayrımcı şoven propagandalarının taşıyıcısı olmayacak ve ikbal beklentilerinin aracılığını yapmayacak kadar sorumluluk taşıdığına inanmak gerekiyor.

Siyasal görüşü ne olursa olsun, sorumlu ve toplumun çıkarlarından ve selametinden yana olan her medya mensubunun, Maraş Katliamı'nın gerçeklerine, daha dikkatli yaklaşması, mesleğinin ve sorumluluğunun gereği ve sonucudur. Ökkeş Kenger'in katliamı ve katliamcıları meşru ve haklı gösteren tutumuna aracılık yapmak, mesleği gerçeği halka sunmaya çalışmak olan basının, genel basın ilkelerine, kurallarının ve ruhuna uygun değildir.

Maraş Katliamı'nın her yıldönümünde, Ökkeş Kenger'in bu söylem ve yaklaşımla gündemleştirilmesi, bu denli büyük bir katliamın bu söylemler çerçevesinde tartışılması ona mikrofonların, ekranların açılması, insani değerlerin yozlaşmasına hizmet edecektir. Katliamda öldürülen yüzlerce masum Kürt-

Türk Alevi ve devrimcinin toprakta çürüyen bedenlerine, onların masumiyetlerine ve haklılıklarına dolayısıyla insani değerlere karşı yapılmış bir haksızlık olacaktır.

Bu türden tartışmalar, katliamın bilinmezlerinin açığa çıkmasına, en önemlisi katliamcı politikalara karşı mücadeleye katkı yapmamaktadır. Tam tersine Ökkeş Kenger'in, kendisini abartarak ve bu avantajdan aldığı güçle, ulu orta konuşmasına, kafa karıştırmasına yol açmaktadır.

Ayrıca bu katliamın salt tanıklar üzerinde konuşulması da eksik bir yaklaşımdır. Tanıkların konuşması anlatması mutlaka önemli ve gereklidir. Ancak unutulmamalıdır ki her tanık tanıklık ettiği an ve alanla sınırlıdır. Yörükselim Mahallesinde katliamı yaşayan birisi sadece orada gördüklerini ve yaşadıklarını anlatabilir, ne başka bir yerde yaşananı anlatabilir ne de bütüne dair bir katkısı olabilir. Aynı şekilde her tanık doğal olarak yaşadıklarını anlatırken önemli ölçüde sübjektif yaklaşımlar geliştirebilir. Bütün bunlar Maraş Katliamı'nın sadece tanıklıklar üzerinde yapılacak tartışmalarla sınırlandırılmaması gerektiğini ortaya koymaktadır.

SONUÇ

Bir rutini yerine getirmek için değil ama bir şeylerin altını çizmek ve bazı belirlemeleri yapmak adına birkaç cümle eklemek gerekmektedir.

Belirtildiği gibi saldırganlar tarafından 'Alevilerin son günü' ve 'Kürtlerin düğünü' olarak tanımlanan Maraş katliamıyla ilgili yazılabilecekler yazılanlardan ibaret değildir. Bu gerçekten hareketle konuyla ilgili değişik alanlarda çeşitli çalışmalar yapılması gerektiği ortadadır. Bir görev ve sorumluluk bilinciyle ele alınması gereken bu çalışmalar hiç bir boyutuyla açığa çıkmamış olan Maraş katliamının gizlerinin açığa çıkartılmasına katkı sunacaktır. Ayrıca bu katliamın vahşetinin kitlesel bilince kazınması, gerçekleştirilen direnişin halkların mücadele tarihine kaydedilmesi de bu görevi dayatmaktadır.

Bu belirlemeyi yaptıktan sonra, metin içinde yeterince değinilmemiş birkaç noktaya değinmek gerekmektedir. Toplumların sosyal siyasal hayatında bazı yalanlar vardır, bütün boyutlarıyla yalan olduğu bilinmesine rağmen öyle bir düzenlenmişlerdir ki yalan olduklarını ispat etmek bir yana, iddia etmek bile sorun olmaktadır. Maraş katliamı meselesi de bu hale getirilmiştir. Maraş katliamı sözde yargılamaları yapılmış, sorumluları cezalandırılmış kapanmış bir dava gibi gösterilmek istenmektedir.Hâlbuki gerçek bunun tam tersidir. Maraş katliamında, hazırlık saldırılarının hiçbiri ve Maraş katliamının kendisi aydınlanmamış, açıklığa kavuşturulmamıştır. Hiçbir saldırı çözümlenmemiş, gerçek failler açığa çıkartılmamıştır.

Dolayısıyla Maraş ve yaşanan tüm katliamlarla yüzleşmek ve hesaplaşmak önemli bir görev olarak,her ilerici demokratik kurumun önünde durmaktadır. Bu nedenle özel bir yeri olan Maraş katliamının gerçeklerinin bütün ayrıntılarıyla bilinmesi, bilince çıkartılması ve kamuoyuna sunulması bir zorunluluk olarak görülmelidir.

Elbette sorun tek başına yüzleşmek olarak ele alınamaz. Hatta yüzleşmenin amacı hesaplaşmak olarak görülmelidir. Bu anlamda Maraş katliamıyla hesaplaşmak, sıradan bir hak talebi veya bir mağduriyet olarak ele alınamaz. Maraş ve diğer katliamlarla hesaplaşmak, tastamam bu sitemle ve tüm kurum ve politikalarıyla mücadele olarak ele alınmalıdır. Sorun böyle ele alınmadığı sürece, herhangi sıradan bir taviz üzerinde uzlaşmak kaçınılmaz olacaktır. Hâlbuki katliamcı politikalarla en avantajlı uzlaşma bile katliamların ortadan kalkmasına yol açmayacaktır.

Maraş katliamıyla hesaplaşmak için ilk yapılması gereken bu davanın yeniden ve tüm boyutlarıyla görülmesinin sağlanmasıdır. Ancak bu noktada bir tuzağa karşı fazlasıyla dikkatli olmak gerekir. Bilindiği gibi devlet böyle durumlarda halkların gelişen haklı taleplerini bastırmaktan ziyade o taleplere sahipleniyormuş gibi davranarak talebin içini boşaltmakta, sürdürülen mücadeleyi etkisizleştirmekte, işlevsizleştirmekte oldukça ustadır. Maraş katliamı gibi bir sorundan da benzer bir tutum içinde olunacağından kuşku duyulmamalıdır. Bu durumda karşımıza çıkan her gelişmeyi hemen onaylamak yerine dikkatle yaklaşmak gerekir.Sürdürülen mücadelelerde ortaya çıkan sonuçların katliamcı politika ve yapıların gücünü ve etkisini zayıflatmasına hizmet etmesi sağlanmalıdır.

Belirtilenler kapsamında Maraş katliamıyla hesaplaşmak adına acilen yapılması gereken ve yapılabilecek olan iki nokta bulunmaktadır. Birincisi Maraş katliamında öldürülenlerin mezarlarının açığa çıkartılmasıdır. Ailelerin ve demokratik kurumların bu yönlü sistemli çabaları geliştirilmeli ve bu sorun çözülmelidir.İkincisi ise Maraş katliamında katledilenlerin anısına ve Maraş'ın uygun bir yerine, bu katliamı mahkûm eden herhangi bir düzenlemenin yapılmasıdır. Böyle bir çalışma Maraş'ı bu kanlı ve kara lekeden kurtaracak ve halklar arasındaki kardeşliği güçlendirecektir.

Son olarak Maraş katliamıyla ilgili sürdürülecek olan mücadelede ön açıcı birçok sorunun sorulduğu biliniyor. Söz konusu sorulara ek olarak aşağıdaki sorular da sorulmalı ve cevabı aranmalıdır.

1.Katliamdan altı ay önce başlayan Etko saldırılarıyla Maraş katliamı arasında ki ilişki nedir?

2.Bu süreçte Mehmet Ali Çeviker, Ökkeş Çokuçkun ve Etko arasındaki ilişki neydi?

3. Aynı şekilde ve aynı süreçte Muhsin Yazıcıoğlu ile Cem Ersever'in ilişkisi neydi ve Maraş katliamıyla bağlantısı var mıdır?

4. Çiçek sinemasına kim patlayıcı madde attı?

5.Akın kıraathanesine kim bomba attı?

6. Öğretmenleri kim öldürdü?

7. Nazif Abanozoğlu'nun öğretmenlerin öldürülmesinden

önce, Vali Tahsin Soylu'ya verdiği ve 'ayın 21.'de büyük olaylar olacak' bilgisiyle ilgili olarak nasıl bir değerlendirme yapılmıştır? Bu bilginin söylendiği gibi gerçekleşmiş olması ile katliam arasındaki ilişki göz önüne alınarak değerlendirildi mi? Verilen bilgiye rağmen öğretmenlere yapılan saldırı neden önlenmedi veya gerekli tedbirler alınmadı?

8. Katliam esnasında askeri bina ve kurumlara saldıranlar kimlerdi bunlar yakalandı mı, yakalanmadıysa buna uygun bir araştırma, soruşturma yapıldı mı sonuçları nedir?

9. Cenaze töreninde katliamcılar adına askeri yetkililerle pazarlık yapanlar kimlerdi ve bunların katliamla ilişkileri araştırıldı mı?

10. Öldürülen Alevilerin kaçını devlet gömdü, mezarları nerede?

11. Ökkeş Kenger'le görüşen Hergün gazetesindeki "gazeteci" kimdi ve ne görüştüler?

12. Tayyar Aygur'un yapılan yüzleştirmeyle ilgili tutanak tutmamış olması soruşturuldu mu? Yapılan bu ihmalin hesabı soruldu mu?

Şüphesiz bu ve benzeri sorular çoğaltılabilinir, çoğaltılmalıdır da. Biliyoruz ki toplumsal hayatta yaşanan bütün gelişmeler, sorulan doğru sorularla ilerlemektedir. Maraş katliamı da sorulacak ve cevaplarının peşine düşülecek doğru sorularla aydınlanacaktır. Ancak yine biliyoruz ki sorulacak en büyük ve en doğru soru zulmün, sömürünün ve katliamcıların hükümranlığını sorgulayan soru olacaktır. Ve hiçbir katliam, halkların bu sorulara vereceği büyük cevabı önleyemeyecektir.

Maraş Katliamında Ölenlerin Resmi Listesi

Katledilen Alevi Ve İlericiler

1. Mustafa Yüzbaşıoğlu
2. Hacı Çolak
3. Kamil Ün
4. Gülşen Ün
5. Zekeriya Ün
6. Ali Ün
7. Yusuf Lakap
8. Şah İsmail Kalaycı
9. Mehmet Duman
10. Hasan Öztaş
11. Hatice Görür
12. Ali Aslan
13. Cemal Bayır
14. Fatma Baz
15. Yılmaz Baz
16. Zeynep Aydoğdu
17. İmam Ergönül
18. Hüseyin Ergönül
19. Güllü Ergönül
20. Hacı Bektaş Bozkurt
21. Mahmut Ünal
22. İsmail Karaca
23. Mehmet Ünver
24. Döndü Ünver
25. İbrahim Ünver
26. Zühre Ünver
27. Malik Ünver
28. Abdurrahman Yıldırım
29. Gülsüm Akırmak
30. Hasan Akırmak
31. Hatice Yılmaz
32. Ali Yılmaz
33. Hüseyin Yılmaz
34. Yusuf Levendiz
35. İsmail Nergiz
36. Zeynep Nergiz
37. Ali Akıncı
38. Elif Balta
39. Mehmet Ali Balta
40. Ali Rıza İşbilir
41. Sebahat İşbilir
42. H. Veli İşbilir
43. Mehmet İşbilir
44. Mehmet Sağlam
45. Ali Sağlam
46. Süleyman Metin
47. Musa Funda
48. Mehmet Mengücek
49. Aziz Tüzün
50. Fidan Suna
51. Esma Suna
52. Ali Suna
53. Mehmet Suna

54. Hasan Ildırcan
55. Hasan Küçükyakar
56. Ali Bilmez
57. Fatma Bilmez
58. Hasan Bilmez
59. Hasan Yüzüak
60. Musa Altun
61. Kemal Özdemir
62. Mehmet Torun
63. Ali Doğan
64. Abidin Uzunpınar
65. Ali Uzunpınar
66. Hasan Uzunpınar
67. Ali Traş
68. Kalender Toklu
69. Hüseyin Toklu
70. İbrahim Usta
71. Şıho Bekan
72. Cennet Çimen
73. Bayram Bil
74. Hasan Cengiz
75. Hüseyin Ceren
76. Mitat Bozkurt
77. Veysel Kalkandelen
78. Derviş Zülküflü
79. Abbas Karakız
80. Veli Yıldız
81. Mustafa Âcınıklı

Ölen Saldırganların Listesi

82. İsmail Tercan
83. Osman Andız
84. Mehmet Kahveci
85. Âdem Armut
86. Ökkeş Dalkıran
87. Evliya Ermiş
88. Mehmet Özkekik
89. Hayrullah Sevğür
90. Abdullah Polat
91. Mehmet Ergündüz
92. Süleyman Aydoğan
93. Ökkeş İnce
94. Necati Parlamış
95. Zeki Yıldırım
96. Hacı Bıyıklı
97. Bünyamin Varol
98. Mehdi Köklü
99. Abdullah Kandemir
100. Hamza Yıldız
101. Memeli Bakıcı
102. Cemil Karadutlu

Bunların dışında **kimliği belli olmayan 6 kişi,** kalp krizi geçirdiği belirtilen 1 kişi ve panzerin ezdiği birde çocuk ölmüşlerdir.

Kaynakça

1. El Balazuri – Fütükü'l Büldan- Kültür Bakanlığı
2. C.W. Ceram – Tanrıların Vatanı Anadolu- Remzi Kitabevi
3. Heredotos - Heredot Tarihi- Remzi Kitabevi
4. Erhan Akyıldız - Taş Çağında Anadolu'ya- Milliyet Yayınları
5. Strabon - Antik Anadolu Coğrafyası- Arkeoloji ve Sanat Yayınları
6. Sevgi Aktüre - Anadolu'da Demir Çağı Kentleri- Tarih Vakfı Yurt Yay.
7. Bilge Umar - İlk Çağda Türkiye Halkı- İnkılâp
8. Bilge Umar - Türkiye Halkının Ortaçağ Tarihi- İnkılâp
9. Marko Polo Seyahatnamesi- Tercüman yayınları
10. Timur Han- Devlet Yönetmek- bky
11. Eśkiçağdan Modern Çağa Ordular- Feridun M. Emecen- Kitabevi
12. Urfalı Mateos Vakayinamesi- TTK
13. Gregory Abul- Farac- Abul Farac Tarihi- 1-2- TTK
14. Tori - Birlikte Olduğumuz Halklar- Koral
15. Tori - Kürt Sultan Selahattin Eyyübi ve Hanedanı- Berfin
16. Tori - Med İmparatorluğu Sonrasında Kürtler- Aram
17. Mehmet Bayrak - İç Toroslarda Alevi Kürt Aşiretler- Özge
18. Murat Papşu - Vatanında Uzakta Çerkesler- çiviyazıları
19. Rene Grousset – Başlangıçta 1071 E Ermeni Tarihi- Aras

20. Esat Uras - Tarihte Ermeniler ve Ermeni Meselesi- Belge Yayıncılık

21. M. Kalman - Batı Ermenistan Kürt İlişkileri- Zel yayıncılık

22. Mehmet Ersan - Selçuklular Zamanında Anadolu'da Ermeniler- TTK

23. C.Zorlu - Abbasilere Yönelik Dini ve Siyasi İsyanlar – Ank. Okulu Yay.

24. Tacettin Şimşek - İsevilikten Hıristiyanlığa- Ekin yayınları

25. Ahmet Bin Mahmut - Selçukname - 1-2- Tercüman yayınları-

26. İbrahim Kafesoğlu - Selçuklu Tarihi- TTK

27. M. Altay Köymen - Alpaslan ve Zamanı- MEB

28. Said Nefisi- Babek- Berfin Yay.

29. A. Y. Ocak- Babailer İsyanı - Aleviliğin Tarihsel Alt Yapısı- Dergâh Yay.

30. Ahmet Yaşar Ocak – Kalenderilik- TTK

31. İsmail E. Erünsal - Ahmet Yaşar Ocak - Menâkıbu'l-Kudsiyye Fî Manâsıbi'l – Ünsiyye - TTK

32. Claude Cahen - Osmanlıda Önce Anadolu'da Türkler- E Yayınları

33. Judıth Herrin- Bizans- İletişim Yay.

34. Tarsus- Aziz Pavlus'un kenti- Levent Zoroğlu- TTK

35. M.V. Levtenchenko - Bizans Tarihi- Doruk

36. Auguste Bailly- Bizans imparatorluğu tarihi- Noktakitap

37. Prof.Dr. Faruk Sümer - Türk Cumhuriyetini Meydana Getiren Eller ve Türk Destanları – Ders Kitapları A.Ş

38. Prof.Dr. Faruk Sümer - Safevi Devletinin Kuruluşu ve Gelişmesinde Anadolu Türklerinin Rolü- TTK

39. Prof.Dr. Faruk Sümer Kara Koyunlular- TTK

40. Atsız - Aşık Paşa Tarihi- TTK

41. Zeki Velidi Toğan - Umumi Türk Tarihine Giriş- Enderun

42. Prof- Dr. Lazslo Rasonyi- Tarihte Türklük- Türk Kültürü Enstitüsü

43. Refet Yinanç - Dulkadir Beyliği- TTK

44. Dr. İsmail Altınörs - Dulkadir Eyaletinin Kuruluşu- Ukde Yay.

45. Ahmet Ağırakça - Emeviler Döneminde Kıyamlar- Şafak Yay.

46. Paul Wittek- Osmanlı İmparatorluğunun Doğuşu- Kaynak Yay.Yay.

47. Prof.Dr Fuat Köprülü - Osmanlı Devletinin Kuruluşu- TTK

48. Eprahim İsa Yusuf - Süryani Vakanüvisler- Doz Yay.Yay.

49. Ali Sevim – Anadolu'nun Fethi- TTK

50. M. Altay Köymen - Selçuklu Devri Türk Tarihi- TTK

51. Y. Ziya Yörükan - Anadolu'da Aleviler ve Tahtacılar – Ötüken Neşriyat

52. Minorsky - Kürtler Kürdistan- Doz Yay.

53. Mehrad İzady - Bir El Kitabı – Kürtler- Doz Yay.

54. Seyhun Tunaşar - Ön Asyalı Üç Bilge- Piramit Yay.

55. Patrica Corine - Ortaçağ İslam Dünyasında Siyasi Düşünce- Kapı Yay.

56. Hüseyin Aslan - 16.Yy. Osmanlı Toplumunda Yönetim, Nüfus, İskan, Göç ve Sürgün – Kaknüs Yay.

57. Nizamülmülk – Siyasetname- Dergâh Yayınları

58. Seyfullah Kara - Selçukluların Dini Serüveni Türkiye'nin Dini Yapısının Tarihsel Arka Planı- Sema Yay.

59. Z. Çakır – Encümen-i Danış Sarmalında Konsept Savaşı – Neden Yay.

60. Hulusi Turgut - Kılıç Alinin Anıları- T. İşbankası Yayınları

61. Prof. İsmail Özçelik - Milli Mücadelede Anadolu Basınında Güney Cephesi- Atatürk Araştırma Merkezi

62. Taner Akçam – İnsan Hakları ve Ermeni Sorunu- İmge Yay.

63. Kemal Koçer - Mm Örgütünün Gizli Eylemleri – Özne Yay.

64. Ali Kemali - Erzincan Tarihi- Kaynak Yay.

65. Atma aşireti- Abdurrahman Anaç- Engin Yayıncılık

66. Atmi aşiretinin hikayesi- Diyap Gökduman- Fırat Yayınları

67. Şerefhan – Şerefname- Hasat Yay.

68. Arthur Fonvıll - Çerkesya Bağımsızlık Savaşı- Chiviyazıları Yay.

69. Adolf Berje - Murat Papşu - Kafkasya - Chiviyazıları Yay.

70. Avni Özgürel - İktidar Oyunu- Etkileşim Yayıncılık

71. Hilmi Ziya Ülken – Anadolu'nun Dini Sosyal Tarihi- Kalan Yayıncılık

72. Doğan Kitap Avcıoğlu Milli Kurtuluş Tarihi -1-2-3- İstanbul Matbaası

73. B. Sait Bey - Türkiye'de Alevi - Bektaşi Ahi ve Nusayri Zümreler – Kitabevi Yay.

74. Ahmet Refik -İki Komita İki Kıtal - Bedir Yay.

75. Cevdet Paşa - Tezakir-1-2-3-4- TTK

76. İsmail Kaygusuz - Baba Resul- Alev Yayınları

77. Nejat Birdoğan - Anadolu'da Ocaklar- Kaynak Yay.

78. Prof. Dr. Osman Turan - Doğu Anadolu Türk Devletleri Tarihi- Ötüken Neşriyat

79. K. Maraş Belediyesi - K. Maraş 1. Kurtuluş Sempozyumu

80. N. Günay- Maraş'ta Ermeniler ve Zeytun İsyanları - Kültür Sanat Yay.

81. Ali R. Yalman - Cenupta Türkmen Oymakları-1-2 - Kültür Bakan. Yay.

82. Besim Atalay – Maraş Tarihi ve Coğrafyası- Ukde Yay.

83. Haz;Y. Alparslan-S. Yakar - Seyahatnamelere Göre Maraş - Ukde Yay.

84. Nejla Günay - 1909 Maraş'ta Ermeni Olayları - Ukde Yay.

85. M. Çubuk - Maraş'ta Misyoner Faaliyetleri ve Misyoner Okulları - Ukde Yay.

86. C. Orhonlu - Osmanlı İmparatorluğunda Aşiretlerin İskânı- Eren Yay.

87. Y. Hallaçoğlu - 18. Yy. Osmanlı İmparatorluğunda İskân Siyaseti- TTK

88. Ahmet Refik- Anadolu'da Türk Aşiretleri- Enderun Yay.

89. Emine Uyumaz - Sultan 1. Alaaddin Keykubad Devri- TTK

90. Saim Koca - Sultan 1. Keykavus Devri- TTK

91. Peçevi İbrahim Efendi - Peçevi Tarihi - 1-2- Kültür Bakanlığı

92. Hoca Sadettin Efendi Tacü't Tevarih 1-2-3-4- Kültür Bakanlığı

93. Mehmet Neşri - Neşri Tarihi-1-2- Kültür Bakanlığı

94. Nihat Çetinkaya - Kızılbaş Türkler- Toplumsal Dönüşüm Yayınları

95. Baki Öz - Osmanlıda Alevi Ayaklanmaları- Can Yayınları

96. Haydar Çelebi Ruznamesi- Tercüman 1001 temel eser

97. Necdet Sakaoğlu - Köse Paşa Hanedanı- Tarih Vakfı Yurt Yayınları

98. Sina Akşin - Komisyon - Türkiye Tarihi - 1-2-3-4- Cem Yayınları

99. Mustafa Akdağ - Celali İsyanları- YKY

100. Evliya Çelebi Seyahatnamesi – Üç Dal Yayıncılık

100. Faik Bulut - Hasan Sabah Gerçeği- Berfin

101. Faik Bulut - Ortadoğu'nun Solan Renkleri- Berfin

102. Sabahattin Selek - Anadolu İhtilali- Burçak Yayınevi

103. Erik Jan Zürcher- Milli Mücadelede İttihatçılık- İletişim Yay.

104. Cemal Paşa – Hatırat- Arma Yay.

105. E. W. C. Noel - 1919 Kürdistan Binbaşı Noelin Günlüğü- Remzi Yay.

106. H.V. Moltke - Moltkenin Türkiye Mektupları- Avesta Yay.

107. Ahmet Özer - Kürtler ve Türkler- Hemen Kitap

108. Alpay Kabacalı - Talat Paşanın Anıları- İletişim Yay.

109. Mihri Belli - Türkiye Yunanistan Nüfus Mübadelesi- Belge Yay.

110. Prof Yaşar Akbıyık - Milli Mücadelede Güney Cephesi Maraş - Atatürk Araştırmaları Merkezi

111. Ali Yurtaslan - İtiraflar – Kaynak Yay.

112. M. Boğuşlu- 1960-1978- Olayları Anılar- Yorumlar- Kastaş Yay.
113. Ecevit'in Gizli Arşivi - Can Dündar - Rıdvan Akar- İmge Yay.
114. H.Nedim Şahhüseyinoğlu - Yakın Tarihimizde Kitlesel Katliamlar - Paragraf Yay.
115. Ecevit Kılıç – Jitem - Timaş Yay. Yay.
116. Daniele Ganser- Nato'nun Gizli Orduları-Güncel Yayıncılık
117. Philip Willan – Kuklacılar- Pınar Yayınları
118. Yaşar Okuyan - O Yıllar- Doğan Kitap
119. Tanıl Bora –Kemal Can - Devlet Ocak Dergâh- İletişim Yay.
120. Tuncay Özkan - Mit'in Gizli Tarihi - Alfa Yay.
121. Ecevit Kılıç - Özel Harp Dairesi- Timaş Yay.
122. Ş. Pektaş - Milli Şef Döneminde Cumhuriyet Gazetesi- Fırat Yay.
123. Atilla Akar- Derin Dünya Devleti- Timaş Yay.
124. A. Akar - Türkiye Komploları ve Provokasyonlar Tarihi- Profil Yay.
125. Hakan Akpınar - Kurtların Kardeşliği- Birharf yayıncılık
126. Soner Yalçın - Bay Pipo - Doğan Kitap
127. Soner Yalçın - Reis - Doğan Kitap
128. Soner Yalçın - Binbaşı Ersever'in İtirafları- Doğan Kitap
129. Dadaloğlu Bütün Şiirleri - E Yay.
130. Uğur Mumcu - Silah Kaçakçılığı ve Terör - Tekin Yay.
131. Grace Arnolt - ABD Komünist Parti Tarihi- Sentez Yayıncılık
132. Yıldız Sertel - Ardımdaki Yıllar- Belge Yay.
133. M. Hulusi Dosdoğru - 6 - 7 Olayları- Bağlam Yayınları
134. Fahri Çoker Arşivi- - 6-7 Eylül Belgeler- Tarih Vakfı Yurt Yay.
135. Mehmet Arif Demirer- Yassıada 6-7 Eylül Davası- Bağlam Yayınları
136. Dilek Güven - Cumhuriyet Dönemi Azınlık Politikaları ve 6 – 7 Eylül Olayları- İletişim Yay.
137. Komisyon - Ülkücü Komando Kampları- Kaynak Yay.
138. Süleyman Genç - Bıçağın Sırtındaki Türkiye- Der Yay.
139. Hasan İldeş - Yeşil Kuşak- Fırat Yay.
140. Gültekin Sümer – Kissinger- Artus Yay.
141. Ayhan Aktar - Varlık vergisi- İletişim Yay.
142. Nail Güreli - 1 Mayıs- İletişim Yay.
143. Hulusi Turgut - 12 Eylül Partileri- ABC Yay.

144. Çetin Ağaşe - Cem Ersever ve Jitem Gerçeği - Pencere Yay.
145. Sıtkı Öner- Halkın Polisi- Pol-Der Anıları- İletişim Yay.
146. Cüneyt Arcayürek - Darbeler ve Gizli Servisler- Detay Yayıncılık
147. Cüneyt Arcayürek- yazıyor- 1-10 ciltleri- Bilgi Yayıncılık
148. Kenan Evren - Anılar-1-2- Milliyet Yayıncılık
149. Ökkeş Şendiller - Kanlı Oyun - İbre Yay.
150. Ali Göçmen - Alevi Katliamları - Vesta Yay.
151. Orhan Tüleyoğlu - Kahramanmaraş Katliamı - um:ağ
152. Sadi Koçaş- Atatürk'ten 12 Mart'a - May Yayıncılık
153. Hakkı Öznur - Ülkücü Hareket - 1-2-3-4-5-6- Alternatif Yay.
154. Naci Kutlay - İttihat Terakki ve Kürtler- Belge Yay.
155. M. Emin Değer - Cia Kontr Gerilla ve Türkiye- Çağ Matbaası
156. Ayşegül Sebuktay - Devletin Yasal Olmayan Faaliyetleri - Metis Yay.
157. Muhammet Bahadır - 12. Eylül ve Ülkücüler
158. İnci Aral - Kıran Resimleri- Turkuaz Kitap
159. Suat Parlar - Osmanlıda Günümüze Gizli Devlet- Spartaküs Yayın.
160. Suat Parlar - Kirli İşler İmparatorluğu- Mep kitap
161. Lenin - Sosyalizm ve Din - Sosyal Yay.
162. Marks / Engles - Din Üzerine - İnter Yay.
163. T. Turhan - Özel Savaş Terör ve Kontrgerilla - Tüm Zamanlar Yay.
164. Osman Okyar - Fethi Okyar'ın Anılar - T.İş Bankası Yay.
165. İsmail Tokalak- Dünyayı yönetenler ve sistemleri- Gülerboy Yay.
166. Öfkeli Yıllar- Altan Öymen- Doğan Kitap
167. Hasan Reşit Tankut- Maraş Yollarında- Ukde Yay.
168. www. ozgurluk. org/kitaplil/webarsiv/kurtulus/eskisayilar/H-icin48/CIA. HTML
169. http://www. marksist. com/selim_fuat/endonezya_da_1965_darbesi. htm
170. http://www. samanyoluhaber. com/h_454931_ozel-harp-turkiyede-de-cami-yakti-mi. html--http://www.yenisafak. com. tr/diziler/mah/index. html
171. http://www. uzumbaba. com/Alevi/malatya_katliami. htm
172. http://www. stratejikboyut. com/haber/Ecevite-suikastin-perde-arkasi--10606. html